Paru dans Le Livre de Poche :

Collection dirigée par Michel Zink et Michel Jarrety

VICTOR HUGO

Quatrevingt-Treize

INTRODUCTION ET NOTES PAR BERNARD LEUILLIOT

LE LIVRE DE POCHE
Classiques

Professeur émérite à l'Université de Caen, Bernard Leuilliot a consacré
de nombreux travaux à Hugo dont il a, en particulier, édité les œuvres
poétiques (Seuil, « L'intégrale »).

© Librairie Générale Française, 2001, pour la présente édition.

ISBN : 978-2-253-16078-6 – 1re publication - LGF

INTRODUCTION

Quatrevingt-Treize, en italiques et en deux mots, avec chaque fois la majuscule, est le titre, en 1874, d'un cycle narratif dont *La Guerre civile* constituait le « Premier récit ». Resté sans suite, celui-ci n'est plus connu que sous le titre d'abord réservé au cycle projeté. Quoique parfaitement achevé, le dernier roman de Victor Hugo peut donc passer pour incomplet. Il est inséparable des œuvres publiées par son auteur à son retour d'exil, et des circonstances de leur genèse, de *L'Année terrible* (1872) à *L'Art d'être grand-père* (1877), en passant par la préface — « Le droit et la loi » — du premier volume d'*Actes et Paroles* (1875). Le siège de Paris et le « sacre », à Versailles, de Guillaume de Prusse, devenu empereur d'Allemagne, la Commune et la Semaine sanglante, où se manifesta l'« antagonisme de la loi et du droit », et le vote, le 30 janvier 1875, à une voix de majorité, d'un amendement introduisant, comme à regret, le mot « république » dans la rédaction des lois constitutionnelles en constituent l'arrière-plan : ce sont œuvres, comme on dit, de circonstances, au même titre que *Quatrevingt-Treize*. Les analogies ne manquent pas entre l'année 1793, où la « coalition s'avance », où la « Vendée menace », où s'affrontent Gironde et Montagne, et les premiers pas de la République troisième du nom, vaincue par l'ennemi du dehors, menacée au-dedans par les effets d'une guerre « plus que civile », la Commune, et par les visées des « restaurateurs de monarchie » ou des nostalgiques de Napoléon. On en peut faire l'application à la « querelle », rue du Paon, des trois juges d'enfer, Danton, Marat et Robespierre.

La publication de *Quatrevingt-Treize* semblait donc répondre à l'urgence d'une situation. La conception en remontait pourtant au lendemain de l'achèvement des *Misérables*, soit à l'été 1862, pendant lequel Victor Hugo avait fait part à son entourage de son projet concernant le futur roman. L'ajournement du projet, resté, pendant dix ans, à l'état d'« œuvre flottante », au profit des *Travailleurs de la mer* (1866), puis de *L'Homme qui rit* (1869), n'était que provisoire. Il témoigne du caractère aléatoire de l'invention et des intentions d'un écrivain dont les « livres se mêlent comme les arbres dans une forêt », et dont les stratégies d'écriture et de publication relèvent d'un ordre pascalien, celui de la « digression sur chaque point qui a rapport à la fin pour la montrer toujours ». Il se trouve aussi que le roman paru en 1874 ne saurait passer seulement pour réaliser le projet formulé quelque dix ans plus tôt. La pensée de la Révolution française — et des révolutions — est en fait omniprésente dans l'œuvre de Victor Hugo, dont le premier recueil, en 1822, d'*Odes et Poésies diverses* s'ouvrait par l'ode du *Poète dans les révolutions*. La formulation, en 1862, du projet 93 ne se comprend que par référence à ces commencements, qui remontent à l'« adolescence monarchique » de Victor Hugo. Le roman de 1874 est l'aboutissement d'une réflexion conduite en plus de cinquante ans sur les « destinées » de la Révolution française et sa légitimité[1].

Le point de vue fut d'abord celui, sous la Restauration, de la contre-opposition de droite, et d'un lecteur, bientôt dissident, de Joseph de Maistre, d'un fidèle de Chateaubriand, d'un familier de Lamennais. Victor Hugo doit à Chateaubriand sa perception d'une histoire unifiée, où la Révolution fait date, « de ce côté-ci de la Croix », comme un point de la « révolution générale ». Il convenait de rappeler à une opinion comme frappée d'amnésie que les tombes de Vendée et le « gouffre » des révolutions res-

---

1. Voir, en fin de volume, l'Aperçu chronologique : « Victor Hugo et la Révolution française ».

taient ouverts dans les « dessous » de la société restaurée. Victor Hugo avait dédié, en 1819, à Chateaubriand son ode sur *Les Destins de la Vendée*. Le « martyre » des Vendéens (et de leurs survivants, outragés par le « système ministériel ») y est présenté comme subordonné au déroulement, jusqu'à la fin des temps — ou du temps — de la passion du « Dieu mourant ». *Quiberon*, en 1821, évoque le « massacre » dont furent victimes les membres du corps expéditionnaire débarqué par la flotte anglaise en 1795. Leur supplice était à mettre au compte des succès de Satan, l'« Ange proscrit », par lesquels le « Maudit se dévoile ». Dans l'ode consacrée en 1822 à la mort, à la prison du Temple, du très jeune Louis XVII, l'« interrogation funèbre et trop connue » par laquelle ses gardiens avaient coutume de réveiller l'« orphelin du Temple » (« Capet, éveille-toi ! ») a fourni l'épigraphe du poème où l'on voit effectivement le jeune Capet s'éveiller pour entrer « dans sa gloire céleste » et recevoir la « couronne des innocents ». L'image se double ensuite d'une référence à Jésus, l'« héritier de David », couronné d'épines et portant le sceptre de roseau. « Le trône, disait Lamennais, n'est qu'un autel où l'homme-roi s'immole pour le salut de la multitude. » Victor Hugo doit à ses deux « prophètes », Chateaubriand et Lamennais, l'orientation providentialiste de cette vision de l'histoire. Il en vint comme eux à buter sur la monarchie comme sur l'impossibilité de toute restauration fondée sur l'alliance du trône et de l'autel. Loin de n'avoir été qu'une crise, autorisant la restauration ou « reconstitution » après coup de la société naturelle, la Révolution française avait bel et bien été cette rupture de l'ordre ancien à laquelle elle prétendait. Elle ne saurait être terminée, parce qu'interminable. Chateaubriand, comme du reste Lamennais, promettra bientôt aux Bourbons restaurés la « destinée » des rois Stuarts [1].

Appartenant à l'histoire immédiate, ce sont, à compter

---

1. *Les Quatre Stuarts*, 1828. Il s'agit de Jacques Ier, Charles Ier (décapité en 1649), Charles II et Jacques II (détrôné en 1688).

de 1824, d'autres martyrs qui succèdent, dans l'imaginaire hugolien, aux malheureux Vendéens. Victor Hugo, de 1825 à 1828, célébra comme il convenait les grandes dates de la guerre menée par les Grecs pour leur indépendance, et la cause de ces « quelques chrétiens abandonnés, selon Chateaubriand, de la chrétienté entière ». La cause des *klephtes* pouvait passer pour avoir été celle, en Vendée, d'autres *brigands*. On s'apprêtait à vendre — à « convertir en 3 % » — la liberté de la Grèce comme on avait vendu ou « octroyé » celle de Saint-Domingue. Ces circonstances auront décidé de la réécriture, en 1825, de *Bug-Jargal*, courte nouvelle publiée par Victor Hugo en 1820 sur un sujet dont le « fond » était emprunté à la révolte des esclaves de Saint-Domingue en 1791. C'est bien cette fois d'un roman qu'il s'agit, et d'un roman de la Révolution. Le lecteur y est invité à déchiffrer la révolte noire de 1791 à la lumière de la Terreur et de la mort, en 1793, du narrateur, aristocrate décrété contre-révolutionnaire par la Convention. Son sort aurait été celui de Gauvain, dans *Quatrevingt-Treize*, s'il n'avait pas été tué dans une « grande bataille gagnée par les troupes de la République sur l'armée de l'Europe », la veille de l'arrivée de l'« ambassadeur en bonnet rouge » chargé par la Convention de procéder à son arrestation. Victor Hugo avait aussi rebaptisé le personnage du narrateur. Avec « *Léopold* d'Auverney », nom de plume du très jeune Victor Hugo, c'est l'alliance du père, *Léopold*, et du maternel pays nantais qui décide cette fois de la constitution du moi dans ce récit en première personne [1]. Dans le poème liminaire des *Feuilles d'automne*, cette aptitude à voir les deux côtés des choses se retrouvera dans l'effigie contrastée du couple parental :

« Mon père vieux soldat, ma mère vendéenne ! »

C'est au prix d'un effet de légende que Sophie Trébuchet peut passer pour avoir été une *brigande*. Vendéenne, elle le devint, par haine du « despotisme ». Victor Hugo

---

[1]. Propriété de la famille de Sophie Trébuchet, mère de Victor Hugo, le « château » de la Renaudière était situé sur le territoire de la commune d'*Auverné*.

n'avait pas pu connaître la républicaine qu'elle fut probablement à Nantes et à Châteaubriant. Il s'autorisa du souvenir de son père pour fonder en droit son propre récit de
la guerre de Vendée : « Cette guerre, mon père l'a faite,
et j'en puis parler. » La fable parentale, du « vieux soldat » et de la « vendéenne », relève d'une archéologie qui
reconduit la biographie — la « vie que nous nous faisons » — aux origines de l'histoire qu'on nous a faite,
des destins qu'on nous a accordés[1]. Après leur adoption,
dans *Quatrevingt-Treize*, par le sergent Radoub, « vieux
soldat », les enfants de la « vendéenne », Michèle Fléchard, auront eux aussi à assumer un double héritage :
enfants de France, et de Bretagne.

Tout se passe ensuite, pour le jeune Hugo, comme si
le présent ou sa genèse immédiate n'étaient plus représen-
tables qu'au passé et par le recours au théâtre, à la théâtra-
lisation de l'histoire en ce « miroir de concentration »[2]
qui la donne à voir en même temps qu'il lui appartient.
Le rôle-titre de *Cromwell* (1827) est celui d'un régicide
que menace d'assassinat une double conspiration,
royaliste et républicaine, au moment où il s'apprête à se
faire lui-même couronner roi, huit ans après l'exécution,
le 30 janvier 1649, de Charles Ier d'Angleterre. Il y
renonce, avec pour effet l'échec des deux conspirations.
Ses derniers mots — « Quand donc serai-je roi ? » — font
écho à la question que posait Lamennais en 1822 : « Je
cherche des rois, où sont-ils ? » Son tort est de vouloir la
« chose sans le nom », le « pouvoir sans le titre », en des
temps où il n'y a pas de place pour les *génies*, « ces rois,
disait Lamennais, qui n'en ont pas le nom et règnent véri-
tablement ». La représentation bouffonne des conjurés en
restaurateurs de monarchie ou en rêveurs de république
est celle d'une impasse historique où Révolution et Restauration n'en finissent pas de se contredire, comme dans

---

1. *Data fata secutus* (Virgile, *Enéide*, I, 381). C'est l'épigraphe
de « Ce siècle avait deux ans... » (*Les Feuilles d'automne*, I).
2. *Speculum concentrationis*, formule leibnizienne, vulgarisée par
Voltaire, reprise par Hugo pour définir le théâtre, appliquée par Balzac à l'« homme de génie » (Avertissement du *Gars*, 1828).

la « vision » — qualifiée de « prodige » — qui ne cessait, depuis l'enfance, de hanter Cromwell, celle d'une « tête coupée » lui murmurant tout bas, avec un « ris cruel » : « *Honneur au Roi Cromwell !* » Le trône n'est jamais qu'un « tréteau sous un dais ». Le « vingt cinq juin mil six cent cinquante sept » aurait pu être le « dernier jour » de Richard Cromwell. Quelques mois après la publication du drame et de sa préface, Victor Hugo aborde, en 1828, la rédaction du *Dernier Jour d'un condamné*. Considérée comme le « cas limite où le droit se transgresse lui-même », la peine de mort y constitue le point de vue d'où l'on est appelé à juger, en ce crépuscule de la monarchie de droit divin, le « trop-plein fallacieux d'une époque » (J. Seebacher). Hugo ne variera plus dans sa condamnation du « meurtre juridique », avec laquelle il lui faudra désormais compter dans son appréciation de 93 et de la légitimité de la Terreur.

L'interdiction, en 1829, de *Marion de Lorme*, sous le prétexte que le traitement au théâtre du personnage d'un « roi mort » portait atteinte à la légitimité du « roi vivant », précède de peu le « tumulte » de 1830, et l'avènement d'un roi « citoyen ». Au « tumulte de la place publique », Victor Hugo oppose alors les exigences de l'*art*, qui se doit de rester « fidèle à lui-même », et de la « liberté », devenue la « condition du romantisme ». L'inexprimé de la violence révolutionnaire demeurait inexprimable, ailleurs que sur le théâtre, qu'il s'agisse, dans *Le Roi s'amuse* (1832), de la fable, sous François Ier, d'un régicide avorté, ou, avec *Ruy Blas* (1838), d'une « parabole de la Révolution »[1]. Le rôle-titre est celui, là encore, d'un « génie » appelé à régner sans couronne[2], et devenu, entre les mains d'un « Satan » (don Salluste), l'instrument de sa propre mort et une cause de destruction pour son frère ou son double (don César). Toute violence révolutionnaire peut être dite « caïnique »[3]. Cela peut se dire aussi de la guerre « plus que civile » que se livrent,

---

1. Anne Ubersfeld, *Le Roi et le Bouffon*, p. 605-607.   **2.** « Sois fier, car le génie est ta couronne, à toi ! » (v. 1275).   **3.** Anne Ubersfeld, *Le Roi et le Bouffon*, p. 607.

dans *Quatrevingt-Treize*, le marquis de Lantenac et Gauvain, son petit-neveu, et de la mise à mort, par Cimourdain, de Gauvain, son fils spirituel.

La représentation et la mise en question de l'histoire par le théâtre impliquait aussi une rhétorique. On l'a rapprochée de l'éloquence révolutionnaire, que peut passer pour avoir fait revivre sur scène l'auteur, en 1834, d'un bel essai sur Mirabeau[1]. L'essai sur Mirabeau est repris dans *Littérature et philosophie mêlées*, où les idées et les opinions du « jacobite de 1819[2] » sont devenues celles d'un « révolutionnaire de 1830 », qui avait cessé d'« aimer » les héros de la Vendée, et se contentait, désormais, d'« admirer », sans les « haïr », Mirabeau et Napoléon. Le fantasme et la représentation des exécutions capitales n'en continua pas moins, jusqu'aux *Burgraves* (1843), de hanter son théâtre. L'élection de Victor Hugo à l'Académie française (1841) lui avait entre-temps « ouvert la carrière politique », par la possibilité ainsi offerte de se voir bientôt nommer pair de France. Son discours de réception fut interprété comme un acte d'allégeance à la royauté citoyenne : après avoir, en 89, « rêvé un paradis », la France, en 93, avait, selon lui, « réalisé un enfer », mais fondé, en 1830, un « état libre ». Le ton n'est pas le même dans le privé de ses écrits restés en portefeuille, comme dans les pages, datées du 17 février 1847, où les « siècles » sont appelés à « se pencher, rêveurs, sur cette chute d'une société et d'une monarchie, sur cette immense cataracte de la civilisation qu'on appelle la Révolution française ». Acceptée dans son ensemble et justifiée dans ses outrances, la Révolution relevait désormais d'une métaphore cataclysmique : « La Convention, tempête, la Monarchie, épave », notera Hugo en marge de *Quatrevingt-Treize*.

Le « tumulte de la place publique » eut à nouveau raison, en février 1848, du régime en place, auquel succéda la République, deuxième du nom. Elle se réclamait de la

---

1. Jean Gaudon, *Victor Hugo et le théâtre*, p. 62-65.   **2.** « Jacobite », partisan des rois Stuarts (voir n. 1, p. 9).

première et célébra officiellement l'anniversaire du 21 septembre 1792. Élu successivement à la Constituante, puis à la Législative, Victor Hugo y afficha d'abord un républicanisme très modéré. Mais c'est par référence à la Convention qu'il jugeait « carnavalesque » l'atmosphère de la nouvelle assemblée : « J'aime mieux 93 que 48. J'aime mieux voir patauger les titans dans le chaos que les jocrisses dans le gâchis. » Provoqué en juin par la dissolution des Ateliers nationaux, le déclenchement de l'insurrection ouvrière, qualifiée par Alexis de Tocqueville de « guerre servile », le conduisit à devoir s'acquitter de la mission confiée aux soixante « représentants commissaires » chargés de « parlementer avec l'émeute » en « publiant », face aux barricades, le décret sur l'état de siège et sur les pleins pouvoirs du général Cavaignac [1]. Position intenable, en ce qu'elle supposait la réunion en un même acteur des figures antinomiques de la moralité et de l'action, du « droit » et de la « loi », de l'utopie et du réel, enjeux à venir du débat, dans *Quatrevingt-Treize*, entre Gauvain et Cimourdain. Il trouve ici sa source, pour ainsi dire, autobiographique. Durement vécue, l'expérience de Juin décida d'une évolution à retardement, qui le fit rejoindre, finalement, le camp des « vaincus ». La Montagne issue des élections de 1849, à laquelle il s'était rallié, se prévalait d'un grand exemple, celui des « géants » de 93. On peut y voir surtout la préfiguration de ce que sera, à l'époque de l'affaire Dreyfus et de Jaurès, le « Bloc des gauches », combinaison « de libéralisme pur, de démocratie et de socialisme pratique tiré des utopistes » [2]. Aux rumeurs de coup d'État, elle n'opposa, en 1851, que sa « confiance » dans la Constitution et son appel au respect des échéances électorales, dont elle espérait qu'elles lui seraient favorables.

Adversaire de la peine de mort, Victor Hugo n'était pas un adepte de la non-violence. Il multiplia, en décembre, jusqu'à son départ, le 11, pour Bruxelles, les appels aux

---

1. Leuilliot, « Les barricades mystérieuses », *Europe*, mars 1985, p. 127-136.   2. M. Agulhon, *Les Quarante-huitards*, p. 235 ; *1848 ou l'Apprentissage de la République*, p. 112.

armes, et tenta d'organiser la résistance au « dix-huit brumaire de Louis Bonaparte ». L'échec de la résistance au
coup d'État est attribué par Hugo, dans *Napoléon-le-Petit*,
au « contre-coup » des journées de Juin et à la léthargie
d'un peuple comme frappé d'amnésie. L'évocation, au
centre du livre, de la fondation, par Mirabeau, du « parlementarisme », et de sa destruction par Bonaparte, reconduit le présent à ses sources vives, à ce moment — « il y
a soixante-trois ans de cela » — où « le peuple français
voulut devenir homme et se mit en tête de demander des
comptes à la Monarchie ». Il convenait de refonder l'histoire, en rappelant au peuple du Deux-Décembre qu'il
avait derrière lui « la prise de la Bastille, la Fédération,
Danton, Robespierre et la Convention ». La remémoration
de ce passé révolutionnaire accompagne, dans *Napoléon-
le-Petit*, le « coup d'œil sur le lendemain ». La perspective ouverte est celle d'un véritable programme de
gouvernement, appelé à réaliser un jour l'« idéal démocratique » par la suppression de l'armée permanente, du
clergé fonctionnaire, de la magistrature inamovible et par
la décentralisation de l'administration. Il s'inspire des
propositions d'Émile de Girardin et rejoint le « projet
d'organisation communale et centrale de la République »,
auquel avait fait plus que collaborer Charles Renouvier,
auteur, en 1848, du *Manuel républicain de l'homme et du
citoyen*. Ce sera celui, en substance, du jeune Gambetta,
en 1869. C'est aussi le *credo* politique de Gauvain, dans
Quatrevingt-Treize.

Napoléon-le-Petit parut à Bruxelles le 5 août 1852.
Appréhendant les effets d'une loi destinée par le gouvernement belge à réprimer les offenses à un souverain
étranger, Victor Hugo s'était embarqué le 1er à Anvers,
pour Jersey. Les années qu'il venait de vivre lui apparaissaient surtout marquées par un défaut de réalité, dont il
dénonce, dans *Châtiments*, les faux-semblants. Le mythe
est alors appelé à tirer les leçons de l'histoire immédiate.
Publié en 1859 dans *La Légende des siècles*, et un
moment prévu pour servir d'ouverture à *Châtiments*, le
poème de « Caïn » (« La Conscience ») évoque le châti-

ment du premier meurtrier d'après la Chute, plus ou moins identifiable à Napoléon III, son plus récent représentant dans l'histoire. Celle-ci ne saurait être que violente, depuis l'accomplissement du meurtre primitif et sa perpétuation de siècle en siècle. *Guerre-Caïn-Histoire* : « Tout le crime n'est-il pas là ? », s'interrogea Hugo à propos d'une inscription relevée par lui dans la cellule de l'assassin Charles Tapner, exécuté à Guernesey le 10 février 1854. Les figures d'Abel et de Caïn n'avaient-elles pas hanté les représentations de la « guerre » de juin 1848 ? Le « châtiment » ne consiste pour Caïn qu'à demeurer à jamais *sacer*, ou maudit, en « conscience » et sous l'œil de Dieu, à rester ce qu'il est, mais pour l'éternité. On peut y voir l'effet d'une « clémence implacable », également réservée à Napoléon III par l'auteur de *Châtiments*, pour tenter d'en finir avec la loi du talion, qualifiée, dans *Quatrevingt-Treize*, de « routine du sang ». Victor Hugo se déclara « vivement contrarié » par le toast qu'avaient porté à l'exécution de Louis XVI les invités du banquet célébré à Jersey pour l'anniversaire de la Révolution polonaise. L'attention alors portée par lui aux discours tenus et aux propos échangés à la « table parlante » par des voix d'outre-tombe se situe sur le même plan que son recours au mythe, au « vieux symbole génésiaque »[1]. Il dialogue avec Marat, devenu à ses yeux l'« homme de l'œuvre fatale », au « double sens de *fatale* et de *nécessaire* », et l'égal de Danton et de Robespierre. Converti à la République, André Chénier[2] prend alors le relais de l'homme de génie, appelé à régner sans couronne, mais que la Révolution avait « frappé » : « L'échafaud a été le bourreau de Chénier royaliste et le parrain de Chénier républicain. 93 est mon assassin et mon père. Je suis le fils de ma mort. » Robespierre l'invite à « recommencer » son œuvre : « Glorifie la Révolution que tu as outragée. Rouvre tes yeux morts, et qu'on voie le fantôme de Chénier se réconcilier avec Robespierre. » Cela

---

1. *Les Misérables*, V, 7, 2.   **2.** Pierre Laforgue, « Hugo et Chénier : un dialogue d'outre-tombe », *Cahiers Roucher-Chénier*, 1995, p. 203-213.

fait de l'auteur des *Iambes* une très puissante figure iden-
titaire pour celui, naguère, de l'ode sur la Vendée. Il lui
incombait désormais de recommencer son œuvre, et d'ouvrir les yeux : « Moi, si je faisais l'histoire de la Révolution (et je la ferai), je dirais tous les crimes de la
Révolution, seulement je dirais quels sont les vrais coupables, ce sont les crimes de la Monarchie. »

Décrété à nouveau d'expulsion, pour insulte à la reine
d'Angleterre, Victor Hugo s'embarque le 31 mars 1855 à
Jersey pour Guernesey, non sans avoir publiquement
déclaré la « Révolution française en permanence »[1]. Il
forme alors le projet d'« exprimer l'humanité » — « successivement et simultanément » — par le moyen de la
légende (Homère) mêlée à l'*histoire* (Hérodote), « depuis
Ève, mère des hommes jusqu'à la Révolution, mère des
peuples », et d'illustrer ainsi la permanence du Progrès
à travers la succession des événements qui semblent le
contredire, représentés d'un point de vue qu'il appelle
« conjectural ». La Révolution des temps présents ne
s'inscrira jamais qu'en creux dans *La Légende des
siècles*, et par référence à son amont, la construction par
le crime et l'usurpation des royautés du Moyen Âge, à
l'origine de la monarchie d'Ancien Régime[2]. La trace
n'en existe pas moins de projets non avenus de « Petites
Épopées » consacrées aux « géants de 93 » (« Montagnards et Vendéens. Convention et Bocage »), que réali-
sera le roman de *Quatrevingt-Treize*, par le biais d'une
fiction elle aussi « conjecturale ». Victor Hugo avait également situé en 1793 le sujet de « La Révolution », poème
daté de la Noël 1857, composé dans l'optique de la première *Légende* et finalement « réservé », jusqu'à la publication, en 1881, du « livre épique » des *Quatre Vents de
l'esprit*. La statue de Henri IV, rejointe par celles de
Louis XIII et de Louis XIV, s'achemine vers la place

---

1. *Permanence*, situation d'une assemblée qui a décidé, en temps
de crise, de ne pas se séparer avant qu'une décision soit prise ou
une solution intervenue pour la résoudre. **2.** Exemples, dans la
Légende de 1859 : « Le Petit Roi de Galice », « Eviradnus », « La
Confiance du marquis Mardrus ».

Louis XV, pour y trouver la guillotine et voir passer
« dans l'ombre formidable » la tête de Louis XVI, décapité en « expiation » des crimes commis par lui-même et
ses « pères » :

> Deux nuages traçaient au fond des cieux de ce nombre
>   Quatrevingt-treize, chiffre on ne sait d'où venu.

À la nécessité plus ou moins consentie de la loi du
talion, répondra, en janvier suivant, un *nouveau* poème,
« La Pitié suprême », nouvel appel à la clémence, à la
« pitié pour les impitoyables ». Jean Huss, sur le bûcher,
y fait preuve d'une intraitable compassion envers son
bourreau, à la fois « esclave infâme » et « maître de
l'œuvre obscure de la mort », coupable et misérable. Le
sens antinomique des événements ne paraît ainsi déchif-
frable que « successivement », dans l'un, puis dans l'autre
poème, et replacé surtout, par « La Pitié suprême », dans
une perspective mythique et à très long terme, où se succèdent, depuis Caïn et le meurtre primitif, victimes et
bourreaux de tous les temps. Dans ce « zéro noir qui du
monde est la somme », dans ces « ténèbres de l'homme
où rampe son désir », « toujours Satan revient avec le
paria ».

Esquissé en 1854 à Jersey, le poème de « Satan pardonné », ou de « La Fin de Satan », devait s'achever en ce
point du jour où le *mythe* (la « fin » de Satan) et l'*histoire*
(la prise de la Bastille) auraient fini par coïncider. Il est
remarquable qu'aucune ébauche ne se rapporte au récit
de la prise de la Bastille. On attribue communément
l'abandon du poème à une « impossibilité scripturale [1] »,
à un recul de Hugo devant la chose à dire. L'ajournement
de « La Fin de Satan » correspond en fait au moment où
il aurait fallu choisir de subordonner ou non l'avènement
sur terre de la Liberté au « consentement » de Satan, *hors
de la terre*, et tient d'abord au déséquilibre structurel
auquel ne pouvait que conduire la représentation,

---

1. Pierre Laforgue, « Mythe, Révolution et Histoire », *La Pensée*,
mai-juin 1985, p. 29-40.

conforme aux lois du merveilleux épique[1], des deux espaces où se joue l'argumentation d'une théodicée. Le titre auquel Victor Hugo se résigna de préférence à celui du *Point du jour* ne fait paradoxalement que signaler l'impossibilité de conclure dans les limites qu'il s'était lui-même fixées. Ce n'était de toute façon, en 1789, et depuis six mille ans, la fin de rien, ni des massacres, ni des gibets, ni de Satan. L'argument du poème supposait que la Révolution eût définitivement « fermé la porte du mal ». Il supposait aussi qu'on pût fêter Juillet, la « grande date des pierres », sans fêter la Terreur. L'antinomie des deux points de vue, autant que l'impasse formelle à laquelle conduisait la mise en œuvre du poème, en rendait l'exécution décidément impraticable. Le « point du jour » sera celui où l'on assiste, dans *Quatrevingt-Treize*, à l'« envol » final des âmes « mêlées » de Cimourdain et de Gauvain.

L'abandon du poème de Satan n'était pas un renoncement. En revenant aux *Misérables*, interrompus en 1848 « pour cause de révolution », Hugo fait le choix, en 1860, du roman contre la poésie, et de l'histoire contre le mythe : « Le commencement de ces histoires date de trente ans », fait-il dire à Javert dans un épisode du roman qui se situe en 1823. La référence à 93 semble avoir inspiré son travail de relecture, de réécriture et de complément des parties déjà rédigées[2], dont il entreprend alors de « modifier le côté politique » jusqu'à en faire « une sorte de manifeste, une déclaration de principes sur la Révolution française et le sens qu'il lui donne à présent[3] ». Esquissé en 1859, l'épisode de la rencontre de l'évêque Myriel et d'un « vieux conventionnel non régicide » (n'ayant pas voté la mort du roi), fournit l'occasion d'un débat contradictoire sur les crimes respectifs de la monarchie d'Ancien Régime et de la Terreur révolution-

---

1. Celles des poèmes homériques aussi bien que des *Martyrs*, l'épopée consacrée par Chateaubriand au « triomphe de la religion chrétienne » (1809).   **2.** Leuilliot, « *Quatrevingt-Treize* dans *Les Misérables* », *Romantisme*, 60 (1988), p. 99-107.   **3.** Henri Guillemin, « Un carnet de Victor Hugo », *Lettres romanes*, 1947, p. 195.

naire, au terme duquel l'ancien représentant meurt socra-
tiquement. La signification de l'épisode est dans la scène
finale : « Qu'est-ce que vous venez me demander ?
— Votre bénédiction, dit l'évêque. Et il s'agenouilla.
Quand l'évêque releva la tête, la face du conventionnel
était devenue auguste. Il venait d'expirer. » Bien que
Gustave Brion ait choisi, en 1865, d'illustrer le *blanc* du
texte en donnant à voir la bénédiction, rien n'indique que
la mort du conventionnel n'ait pas coupé court à la panto-
mime et aux espoirs ainsi placés dans la réconciliation des
deux églises, chrétienne et révolutionnaire, de l'ancien et
du nouveau monde. Le débat, qui procède à la façon
d'une *disputatio* médiévale, n'avait de toute façon rien
résolu. Il était de ceux qu'on a plutôt avec soi-même,
comme l'indique ce propos attribué par Hugo, dans un
brouillon, à l'évêque Bienvenu : « Il m'a semblé par
moments que cet homme était un moi-même qui me parlait ». Cela fait deux modes possibles de représentation
du débat d'idées : en extériorité et par personnages inter-
posés, dans le cas de l'« évêque en présence d'une
lumière inconnue » ou de Gauvain visité dans son cachot
par Cimourdain ; par intériorisation du conflit « sous un
crâne », celui d'un homme qui en vient à se dédoubler, à
la fois juge et partie dans un procès où il se met lui-
même en cause. C'est le cas dans l'épisode fameux d'une
« tempête sous un crâne », où Jean Valjean peut passer
pour dialoguer avec son double, M. Madeleine, maire de
Montreuil, et dans celui de Gauvain rendu « pensif » par
la « transfiguration » du marquis de Lantenac. C'est en
toute subjectivité qu'il accepte de comparaître devant sa
« conscience », au nom de la « vieille pitié humaine ». On
prendra garde que le motif est daté. Il doit s'entendre par
référence à la philosophie des Lumières et à la définition
kantienne de la « conscience morale », ce « tribunal intérieur en l'homme », qui se partage alors en un « double
moi ».

Hugo procéda aussi à l'« approfondissement des jeunes
gens républicains ». Cela vaut d'abord pour le personnage
de Marius, à « modifier, disait-il, absolument ». La modi-

fication porte sur les « phases » de son évolution :
« 1° royaliste 2° bonapartiste 3° républicain », ainsi rendue conforme à celle de l'auteur, qui entendait « hono-
rer » ses jeunes gens non plus comme « bonapartistes »
mais comme « républicains ». Y contribue, dans le cas de
Marius, la lecture qui lui est prêtée de la collection, pour
la Révolution, du *Moniteur*, future archive de *Quatrevingt-Treize*, appelée pour lors à « ouvrir les yeux » de
cet admirateur du *Mémorial de Sainte-Hélène*. L'approfondissement se poursuit dans le récit de « La guerre entre
quatre murs ». Le personnage d'Enjolras était de l'« école
épique et redoutable que résume ce mot : quatrevingt-
treize ». Mais son sermon sur la barricade (V, 1, 5),
auquel la « rêverie » de Gauvain devra beaucoup, n'est
pas séparable des « gaîtés » dont Grantaire l'assaisonne :
« 93 en grosses lettres. Boum ! Boum ! spectacle extraordinaire. » Pour Grantaire, tout est vanité, à ce jeu où tout
se vaut et ne vaut rien : « Il n'y a pas de morale sur la
terre. Donc ne croyons à rien. Il n'y a qu'une réalité :
boire. » Enjolras, comme Gauvain dans *Quatrevingt-
Treize*, ne trouve à lui opposer que sa vision d'avenir :
« Liberté ou la mort... Qui meurt ici meurt dans le rayonnement de l'avenir... Comme il n'y aura plus de Satan,
il n'y aura plus de Michel. » Narrateur omniprésent, et
conscient qu'une affirmation ne vaut que par ce qui la
nie ou la contredit, Hugo semble répondre par la voix
d'Enjolras aux questions que lui-même il se pose, dans
un débat dont l'enjeu porte sur la notion d'« événement »,
cette « rainure suiffée par Dieu ». La fin des événements
serait la marque que les temps sont accomplis, selon ce
qu'en dit Enjolras dans une formule reprise plus tard par
Hugo dans la préface du premier volume d'*Actes et
Paroles*, « Le droit et la loi » : « Alors, rien de semblable
à la vieille histoire. Il n'y aura plus d'événements. »
Considérées dans leur succession, les révolutions, en
effet, sont aussi vieilles que le monde et ne présentent, à
l'application du talion — œil pour œil, dent pour dent —
d'autre solution qu'utopique.

Victor Hugo avait pour méthode de « corriger un ouvrage dans un autre ouvrage »[1]. Cela définit un mode d'appartenance de la partie au tout qui fait la spécificité de ses *Œuvres complètes*. On mesurera de ce point de vue l'importance du chemin parcouru jusqu'à la publication des *Misérables*. Il se distingue par la reprise obstinée des mêmes thèmes et la répétition des mêmes questions. Ce sont les invariants d'une structure à géométrie variable, en constante transformation. La formulation, au sortir des *Misérables*, du projet *93* en constitue l'aboutissement provisoire.

La publication, en 1862, des *Misérables* avait laissé Hugo hésitant sur l'urgence des tâches à entreprendre. Le tricentenaire de Shakespeare lui fournit l'occasion de répondre, en 1864, au déchaînement contre le livre de la presse « réactionnaire ». Il avait entre-temps fait part à Meurice et aux siens de son projet concernant le futur roman de *Quatrevingt-Treize*, dont la genèse se trouve ainsi mêlée à l'écriture de *William Shakespeare*. Le livre sur Shakespeare se présente comme le « manifeste littéraire du XIXe siècle ». Les questions de poétique y sont inséparables de la réflexion politique. L'histoire « sérielle » ne comprend pas les passages d'un âge à un autre, les « crises climatériques de la civilisation », incapable qu'elle est de distinguer les « deux versants » — esclave et tyran — de la société. L'histoire « vraie » sait l'heure venue des « changements d'âge ». Du XVIIIe au XIXe siècle, le passage se fait par la Révolution, « toute la Révolution », que Victor Hugo en vient à considérer comme la « source » de la littérature de son siècle. Il appartient au « génie », ainsi logé dans un pli de l'histoire, de découvrir les formes où pouvait s'exprimer la vérité de son époque. Le projet *93* s'autorisa du « droit de la Révolution française à être représentée dans l'art », ici revendiqué au nom de l'appartenance du génie au peuple et à son histoire, et de l'« utilité du beau », loin de tout « enrôle-

---

1. Préface de *Cromwell* (1827).

ment » de la littérature au service d'une cause, comme de sa réduction à l'inutile, à l'art pour l'art.

La première « incubation » du futur roman occupe l'hiver 1862, consacré par Hugo à « mettre en mouvement la Montagne »[1]. La publication, en 1862, des *Mémoires* de Sanson[2], lui avait inspiré une note, restée inédite, sur le bourreau, l'« élu de Joseph de Maistre », dont le marquis de Lantenac se risquera, dans *Quatrevingt-Treize*, à faire l'apologie : « Il est, dit Hugo dans le manuscrit, marqué du signe de Caïn. » Cela fait de lui l'« éternel condamné » et l'« éternel patient », un « misérable », et le représentant, sur terre, de Satan, hors de la terre. Le bourreau, autrement dit et comme on dit, prend sur lui, en assumant la « haine », cette « antique maladie du genre humain », attribuable à cette « lèpre » qu'est la « loi », la loi du talion. Esquissée dans le même album que la note sur le bourreau, la « première page écrite » de *Quatrevingt-Treize* fait de Marat, lui aussi, et dans les mêmes termes, un « malade » : « Marat hait. Marat n'appartient pas spécialement à la Révolution française ; Marat est un type antérieur, profond et terrible. Marat, c'est le vieux spectre immense. Si vous voulez savoir son vrai nom, criez dans l'abîme ce mot : *Marat*, l'écho, du fond de l'infini, vous répondra : *Misère !* Le gouffre, questionné sur Marat, sanglote. Marat est un malade. Malade de l'antique maladie du genre humain[3]. »

C'est dans la perspective ouverte par le projet *93* que Victor Hugo avait entrepris de lire et d'« extraire » le « Journal » de l'avocat Barbier, publié en 1857 sous le titre de *Chronique de la Régence et du règne de Louis XV*. Sa « chronique » réalise assez bien le projet hugolien de 1846 : tenir le « journal » de ce qu'on apprend chaque jour, en

---

1. Leuilliot, « La "grande rêverie" de l'hiver 1862 et le projet *93* », *Revue d'Histoire Littéraire de la France*, septembre-octobre 1992, p. 846-862. **2.** *Sept Générations d'exécuteurs, 1688-1897*, Mémoires [...] publiés par Henri Sanson, ancien exécuteur. Charles-Henri Sanson avait été l'« exécuteur » de Louis XVI. **3.** Massin, t. XV, p. 523.

s'en tenant à la « région des faits ». Les faits retenus se rapportent principalement à la barbarie des temps, qu'il s'agisse du « pacte de famine », des « bains de sang » du souverain, des enlèvements d'enfants ou de l'arbitraire de la justice et de la férocité des peines : exécutions et supplices en tout genre, mutilations « sur les deux yeux, sur les deux oreilles, sur le nez et sur la langue » des condamnés aux galères, etc. Glosé par Hugo, le récit, dans Barbier, du procès et du supplice de Damiens, « tiré à quatre chevaux » le 28 mars 1757 pour un « coup de canif » donné à Louis XV, vient en confirmation des réflexions que lui avait inspirées, dès 1851, la mise à mort de ce « souffrant terrible » : « Machault, le garde des Sceaux, l'appelle *misérable* [souligné par Hugo]. Il [Damiens] lui dit : *tu es un plus grand misérable que moi.* » Damiens, donc, est un *misérable*, « dans le faux et dans le vrai tout à la fois, coupable et faisant justice », au même titre que son bourreau. Victor Hugo se plut dès lors à penser que les « âmes » de Danton, de Marat et de Robespierre, natif d'Arras, comme Robert-François Damiens, n'avaient pu être que pénétrées par « cette cendre du régicide », transmise par les « souffles de l'air » après que son corps eut été brûlé. Il ne pouvait lui-même que conclure, en cet hiver 1862, à l'égalité des mises : « Soit : la révolution s'appelle la Terreur. La monarchie s'appelle l'Horreur. »

La *Chronique* de Barbier et son annotateur avait également fourni Hugo en « choses utiles au détail du livre ». Elles concernent notamment les pilotis, plus ou moins interchangeables, du héros longtemps principal, celui du « duc » : « Le duc de la Meilleraye (de la famille Mazarin, éteinte), ou le duc de Réthel, de la même famille, *seraient possibles.* » C'étaient gens à la fois de bonne et mauvaise compagnie, dont Barbier n'en finit pas de détailler les frasques et les foucades. L'*ethos* du futur Lantenac était ainsi fixé. Il s'agit d'un type cher à Hugo[1],

---

1. « Lantenac, c'est Hugo lui-même » (Barbey d'Aurevilly, *Le Constitutionnel*, 9 mars 1874). Entièrement assumée par le personnage, sa verve « ne peut passer purement et simplement pour aberrante » (J. Gaudon).

celui, toujours traité avec humour, de l'aristocrate libertin ou du grand bourgeois voltairien, que représente ailleurs la figure, dans *Les Misérables*, du grand-père Gillenormand, ou celle, dans *Les Deux Trouvailles de Gallus*, du duc Gallus. La représentation de l'« horreur monarchique » n'allait donc pas sans une certaine gaieté dans le traitement des personnages, qu'il s'agisse de celui du duc ou, dans *Quatrevingt-Treize*, de celui du marquis de Lantenac, qu'on dirait échappés, l'un et l'autre, d'un *dramma giocoso*, avec, pour référence, le rôle-titre du *Don Juan* de Mozart.

Le « roman de la Monarchie » se réduira finalement au résumé, dans *Quatrevingt-Treize*, des « enfances Gauvain ». Victor Hugo n'y avait pas tout à fait renoncé en 1869 lorsqu'il conçut le projet d'une trilogie d'« études sociales », dont *L'Homme qui rit* aurait constitué le premier volet : « 1° *L'Aristocratie (L'Homme qui rit)* ; 2° *La Monarchie* ; 3° *Quatrevingt-Treize*. Et j'aurai fait la preuve de la Révolution. Ce sera le pendant des *Misérables*. » *William Shakespeare*, entre-temps, avait inauguré, un cycle anglais, marqué par l'ajournement du projet *93* et la publication des *Travailleurs de la mer* (1866) et de *L'Homme qui rit* (1869). On peut considérer cette « parenthèse anglaise » à la fois comme la cause du retard pris par *Quatrevingt-Treize* et comme préparation du roman de la Révolution française, appréhendée provisoirement *sub specie Britanniae*[1].

L'action et les personnages des *Travailleurs de la mer* sont conçus par rapport à la Révolution de France, où Mess Lethierry, propriétaire, à Guernesey, de la *Durande*, le « bateau-diable » lancé un 14 juillet et sauvé par Gilliatt, avait « tété 89 ». La « galiote à Lethierry » et son sauvetage symbolisent le progrès que la Révolution française avait rendu possible et que contredira, dans *Quatrevingt-Treize*, le passage, de Jersey en France, de la corvette *Claymore* avec à son bord le marquis de Lante-

---

1. Pierre Laforgue, « La Révolution française vue d'Angleterre », *Victor Hugo et la Grande-Bretagne*, éd. A.R.W. James, Vinaver Studies in French, III, Francis Cairns, Liverpool, 1986, p. 123.

nac, envoyé des Princes. Le cadre de l'action est aussi celui d'une « nationalité complexe », ayant reçu deux fois le « tremblement de l'indépendance », par « contre-coup », au XVIIe siècle, de la Révolution anglaise, et, au XIXe siècle, de la Révolution française. Cela faisait des îles de l'Archipel, une « sorte d'ailleurs, presque une uto-pie [1] », permettant de relativiser le finalisme d'une his-toire exclusivement déterminée par 93.

Victor Hugo a d'autre part situé l'intrigue de *L'Homme qui rit* dans cette période de l'histoire anglaise qui vit la dynastie de Hanovre succéder à celle des Stuarts, à la faveur d'une « révolution » qui passait pour avoir fait, en 1688, l'économie de la Terreur : une aristocratie éclairée avait permis, disait-on, en s'opposant à l'absolutisme royal, d'offrir une autre issue. Le parti libéral n'avait pas manqué, en France, d'opposer ce « modèle anglais » aux défenseurs d'un système politique inspiré de la Révolu-tion française. Hugo parle, lui, d'une « révolution faus-se », en ceci qu'elle n'avait abouti, comme chez nous 1830, qu'à un changement de dynastie, avec pour effet ou pour but d'exorciser l'ombre de Cromwell — incarna-tion « en un seul homme » de Robespierre, Danton et Bonaparte — et le souvenir de la « République d'Angle-terre, d'Écosse et d'Irlande ». L'état de l'Angleterre après sa révolution était comparable, selon lui, à celui de la France avant 1789, « révolution vraie », à laquelle 93 devait servir de « conclusion ». La Révolution française, autrement dit, est le passé du roman des *Travailleurs*, alors que dans *L'Homme qui rit* elle représente l'avenir [2], un avenir dont la « preuve » restait à faire.

L'effondrement du régime à Sedan, suivi de l'installa-tion, le 4 septembre 1870, d'un « Gouvernement de la Défense nationale » inaugura l'« année terrible », mar-quée par le siège de Paris et le déclenchement, au prin-temps suivant, d'une nouvelle « guerre civile » [3]. Nommé en février 1871 représentant de Paris, en même temps que

1. Laforgue, p. 124.　**2.** *Ibid.*, p. 127.　**3.** Guy Rosa, « Poli-tique du désastre : Victor Hugo durant "l'Année terrible" », *Europe*, mars 1985, p. 170-188.

Louis Blanc et Garibaldi, Victor Hugo gagne Bordeaux, où devait siéger la nouvelle assemblée, avec dans ses bagages les manuscrits en chantier de la future *Année terrible* (1872) et du « poème du *Grand-père* » (1877). Il échoue dans sa tentative d'union des deux gauches, « radicale » et « politique », et choisit l'occasion du débat sur la validation de l'élection de Garibaldi pour démissionner, quelques jours avant la mort de Charles, son fils aîné. L'enterrement a lieu à Paris, le 18 mars, dans une ville en état d'insurrection et que Thiers, en pourparlers avec les Prussiens, avait abandonnée le 14 pour s'installer à Versailles, où Guillaume II, roi de Prusse, venait, en janvier, de se faire proclamer empereur d'Allemagne. Victor Hugo quitta Paris le soir même pour Bruxelles, où l'appelaient ses « devoirs d'aïeul et de tuteur de deux orphelins ». Le jugement qu'il porte alors sur la Commune s'inspire de la distinction qu'il entendait faire entre l'« émeute » et l'« insurrection ». Question, disait-il, de « souveraineté collective » : « La guerre du tout contre la fraction est insurrection. L'attaque de la fraction contre le tout est émeute. Selon que les Tuileries contiennent le Roi ou la Convention, elles sont justement ou injustement attaquées[1]. » En prenant les armes contre l'institution qui le faisait souverain, l'« émeutier » mettait en cause sa propre souveraineté. La guerre *sociale* ne pouvait alors que faire obstacle à la lutte *politique*, désormais à l'ordre du jour. Victor Hugo accusa Thiers, en 1871, d'avoir lui-même, par « étourderie préméditée », voulu « éteindre la lutte politique » en provoquant la « guerre sociale ». Le soulèvement de la Vendée avait été celui de la « fraction contre le tout », par sa manière de faire cause commune avec l'ancienne monarchie contre les nouvelles institutions. La Commune pouvait dès lors passer, elle aussi, pour une « émeute », une Vendée parisienne, objectivement solidaire des adversaires d'une République encore vacillante. À quoi correspond la superposition implicite, dans *Quatrevingt-Treize*, des événements de Vendée à

---

1. *Les Misérables*, IV, 10, 2.

ceux de 1871. La « Semaine sanglante » devait conduire
Hugo à prendre, comme après Juin 1848, le parti des
vaincus, des « massacrés de l'ordre ». Il s'en souvient
dans l'unique phrase du roman qui se rapporte explicite-
ment au conflit de 1871, par référence à la pratique vendéenne des exécutions sommaires : « Nous avons revu
ces mœurs » (III, 1, 5). Et c'est l'« incident belge » : son
offre d'asile aux réfugiés de la Commune menacés d'extradition provoqua sous ses fenêtres une manifestation
violente, bientôt suivie de son expulsion de Belgique.
Comme Rousseau, en 1765, dans l'île de Saint-Pierre
après la lapidation de Môtiers, il se réfugie au Luxembourg. Il y multiplie les excursions, avec sans doute déjà
en tête l'image encore virtuelle de la Tourgue [1], pour ainsi
dire entrevue au château de Beaufort : « Il se compose de
deux châteaux, un du XVIIe siècle, et un du XIe au
XVIe siècle, en ruines. Une énorme tour-donjon que j'ai
dessinée. » De retour à Paris le 25 août, Victor Hugo est
battu à l'élection partielle du 7 janvier suivant pour avoir,
entre autres, exigé l'« amnistie », comme déjà en octobre
précédent, depuis le Luxembourg et au nom de l'antagonisme désormais « flagrant » à ses yeux de la « loi » et
du « droit » [2].

Les événements, ceux de la guerre étrangère et ceux
d'une guerre « plus que civile », par les analogies qu'ils
suggéraient, avaient rendu quelque peu obsolète le projet
du « roman de la Monarchie », et d'autant plus urgente la
« preuve » à faire de la Révolution, en réponse au « réqui-
sitoire » dont elle était l'objet et qu'évoque un des derniers poèmes de *L'Année terrible*, « Le procès à la
Révolution » : « Lorsque vous traduisez, juges, à votre
barre, / La Révolution qui fut dure et barbare / Et féroce
à ce point de chasser les hiboux ; [...] Ô juges, vous jugez
les crimes de l'aurore ! » Le contexte politique décida
de l'orientation du nouveau livre, véritable machine de
guerre dirigée contre la République opportuniste et

---

1. Pierre Georgel, « Vision et imagination plastique dans *Quatrevingt-Treize* », *Les Lettres romanes*, XIX-1, 1965, p. 3-27.
2. *Le Rappel*, 31 octobre 1871 : « L'amnistie, tout de suite ! »

conservatrice « présidée » par Adolphe Thiers. Il s'agissait pour Hugo, dans la perspective de l'amnistie,
d'obtenir des monarchistes qu'ils ne donnent pas rétrospectivement raison à la Convention d'avoir agi contre les
Vendéens comme ils agissaient eux-mêmes envers les
Communards, et de rappeler aux républicains modérés
leurs origines révolutionnaires pour mieux les convaincre
de rompre avec leurs adversaires naturels[1]. Le retour
d'exil se solda finalement par un nouveau départ de celui
à qui la France était devenue plus ou moins étrangère.
« Exilé satisfait »[2], Victor Hugo se retrouve le 10 août
1872 à Guernesey, non sans avoir fait, à Paris, l'acquisition — « pour mon livre » — de cartes de la Vendée.

L'écriture de *Quatrevingt-Treize* impliquait, comme
toujours, un intense travail de documentation et d'« incubation » préalables, auquel sont consacrés la fin de l'été
et le début de l'automne 1872. Hugo procède à la fois par
récupération de notes et d'esquisses antérieures, souvent
sans destination précise, qu'il réaffecte, pour ainsi dire, au
nouveau projet, et par « extraits », comme naguère pour le
Journal de Barbier, d'ouvrages appelés à constituer,
parmi les avant-textes du roman, l'« archive » d'une écriture qui s'en inspire sans en être jamais esclave. Effet,
plutôt, d'un gai savoir, qui se nourrit de l'imaginaire
propre à tout document[3]. Hugo ne se contente pas, au
demeurant, de copier ou d'« extraire ». Il s'approprie les
documents et en ébauche dès ce moment la réécriture.
Les faits retenus sont à la limite de l'information et de
son exploitation par la fiction à venir. Ils débordent aussi,
en quantité, l'étendue du savoir finalement mobilisé,
comme s'il s'agissait de se pénétrer avant tout de son
sujet pour mieux le dominer et en organiser la matière.

---

1. Guy Rosa, « Massacrer les massacres », *L'Arc*, 57, p. 78-79.
2. « L'exilé satisfait », *L'Art d'être grand-père*, I, 1. 3. Voir la
« Présentation » du recueil édité par Raymonde Debray-Genette et
Jacques Neefs, *Romans d'archives*, Presses Universitaires de Lille,
1987, et la contribution de Jean Gaudon, à propos de *L'Homme qui
rit* (« Savoir et effets de savoir », p. 103-136).

La nature des ouvrages consultés n'est pas non plus indifférente. Ses préférences vont aux témoignages de première main (Puisaye et Duchemin-Descépeaux, pour la Vendée et le parti de la contre-révolution, le *Moniteur* et Sébastien Mercier pour la scène parisienne), et aux historiens qu'on pourrait qualifier de « jacobins-socialistes » (Louis Blanc ou Ernest Hamel, biographe de Robespierre). Par sa diversité, et souvent réduite dans le roman à l'état de traces imperceptibles, l'archive de *Quatrevingt-Treize* conditionne la distribution entre tous les personnages, y compris celui du narrateur, des opinions et tendances des partis en présence. La fiction s'autorise de l'identité et de la destinée, bien réelles, des auteurs consultés, auxquels en vient à s'identifier, en se multipliant, la personne ou l'image du narrateur, dont ils sont comme autant de *pilotis*.

Victor Hugo aborde, le 16 décembre, la rédaction proprement dite, après un faux départ, le 21 novembre. L'hésitation semble avoir porté sur la manière d'aborder le récit, par ses épisodes bretons ou par son cadre parisien et la « querelle », déjà programmée, des trois « juges d'Enfer », Danton, Marat et Robespierre. Cet ultime délai permet un « travail de dernière incubation », qui « prépare, ajuste et coordonne toute l'œuvre ». La rédaction peut alors se poursuivre, sans pratiquement d'interruption, jusqu'à l'été suivant. Cette rapidité d'exécution contraste avec la rédaction aléatoire des romans précédents et tient sans doute à la très longue gestation du nouveau livre. L'impression se fait à Paris, sous la surveillance de l'auteur, redevenu parisien le 31 juillet 1873. Retardé pour cause de « dimanche gras », le livre paraît enfin, le 19 février 1874. Victor Hugo avait entre-temps procédé à la dernière « révision » du manuscrit et de la copie destinée à l'imprimeur. Une erreur de la copiste avait entraîné un « déficit » dans le nombre de pages, en partie comblé par le « livre spécial sur la Vendée » (III, 1), rédigé à Paris. Mais l'essentiel de cette révision concerne, rétrospectivement, la « division » et les titres des différents livres et de leurs chapitres. Hugo fait appel, dans la rédaction des titres, aux formes léguées par la tradition : titres narratifs à l'ancienne, titres brefs à la Walter Scott, plus quelques innovations plus ou moins de son cru, tels que titres en latin, formules pseudo-proverbiales, etc. Le procédé atteint à une insurpassable virtuosité, grâce à cette distance prise par l'auteur devenu son propre lecteur et commentateur. Il ne va pas sans humour, ni sans profondeur. Lue de près, la table des matières de *Quatrevingt-Treize* en constitue peut-être le plus séduisant et le plus éclairant des commentaires.

« En mer », « À Paris », « En Vendée » : les trois parties, comme il y a aussi trois enfants et les « triumvirs » de la rue du Paon, ou les trois côtés du couperet de la guillotine et ceux du bataillon rassemblé pour assister à l'exécution de Gauvain, correspondent à l'organisation métaphorique de l'espace. Si la Mer est « dehors », la Vendée ne se conçoit pas sans Paris, ni leur affrontement sans communication du dehors avec le dedans, par les interventions qu'il suppose de l'envoyé des Princes et du délégué du Comité de Salut public. La tempête sur mer et l'entrepont d'une corvette sont à l'image de la « révolution-tempête », qu'il s'agisse, au-dehors, du mouvement des rues de Paris, ou de l'intérieur de la Convention. Le boitement, dans la première partie, n'est qu'apparent : le bois de la Saudraie, comme la mer, est « dehors », en dehors de la guerre sociale, au péril près d'une « embuscade », dont la crainte se révèle infondée. La « verdure est sincère » et les « arbres ne mentent pas ». La nature contredit le social, tout en favorisant l'humanisation, par « adoption », des trois enfants. L'extériorité du cadre n'en reste pas moins continue à celle de la « mer en proie au vent », paradigme des révolutions et de la guerre civile. Le meilleur et le pire, au-dehors, se côtoient et se confondent, comme se rejoignent les parallèles, à l'infini d'une nature plus ou moins ensauvagée.

Le temps de l'histoire est celui du printemps et de l'été 1793, et non de la Grande Terreur de 1794. Il ne va pas sans anachronismes librement consentis, aux dépens de la stricte chronologie des faits. Avec le récit de la bataille de Dol, l'histoire se fait légende, par déplacement des dates, de novembre à juillet, et inversion des signes, de défaite en victoire. On bascule alors dans le *nulle part* (Dol, « ville espagnole de France en Bretagne »), pour rejoindre le temps épique des chansons de geste, celui de la conquête, par Roland, de l'Anjou et de la Bretagne. L'arrière-plan de la guerre qui se livre en Vendée est celui de la lutte, non moins fratricide, de la Montagne contre la Gironde, au lendemain de la trahison de Dumouriez, passé en mars à l'émigration. Trahison au-dehors, guerre civile au-dedans. Si le mal est partout, il est aussi de tous les temps : « J'ai six mille ans, dit Marat »[1]. Les personnages de Lantenac, mais aussi de Marat et de Cimourdain, ne se comprennent que par référence aux mythes de Satan et de Caïn. Le rire de Lantenac est évidemment satanique, et sa « transfiguration » en Lucifer céleste ne saurait être que provisoire, jusqu'à la fin des temps, ou du temps. Elle n'intervient qu'au terme d'un débat intérieur, où « jamais, dans aucun combat, Satan n'avait été plus visible, ni Dieu ». Le mal historique, comme le mal individuel, porte chez Hugo le nom de Caïn, et dans *Quatrevingt-Treize* celui de Marat (« Caïn saute parmi les hommes, et c'est Marat ») et de Cimourdain : « Je vous aime. Je suis votre frère », déclare-t-il à Lantenac, dont la voix, du haut de la Tourgue, lui répond : « Oui, Caïn ». On ne saurait mieux dire que toute violence révolutionnaire est d'essence caïnique, substantiellement « affreuse », « comme l'antique ». Les « grands duels d'Eschyle » et les « antiques tueries féodales » sont alors évoqués, en contrepoint, par exemple, du récit de l'assaut donné par Gauvain à la « retirade » de la Tourgue, qu'assaisonnent, il est vrai, les gaietés rabelaisiennes du sergent Radoub. Effet de grotesque, d'un grotesque « cramponné au sublime ». Le diable, après tout, ne manque pas non plus d'humour. Le temps de l'histoire — de l'histoire « écoutée

---

1. On assignait à l'espèce humaine un âge de six mille ans, établi par les exégètes des récits mosaïques.

aux portes de la légende » — en vient donc à coïncider avec celui des mythes, mythes d'origine, ou de fondation, appelés à rendre compte du « gouffre » d'où naissent les révolutions et où s'engendre le XIXe siècle.

Une histoire qu'on peut résumer est une histoire, disait Brecht, « mal racontée ». L'intrigue de *Quatrevingt-Treize* ne se prête pas au résumé. L'unité de l'action n'en est pas moins préservée, au-delà de l'apparente complication des intrigues secondaires, et des effets d'une écriture digressive. On pourrait dire que c'est l'histoire de trois enfants qui passent de mains en mains pour finalement être rendus à leur mère, rescapés comme par miracle de la fournaise où ils auraient dû périr. L'argument n'est pas sans équivalents dans le trésor des contes et légendes de tous les temps et de tous les pays. Il ne va pas non plus sans sa morale : il faut que les enfants vivent (et que Lantenac échappe) pour que l'histoire, l'histoire « réelle », reste intelligible et que le temps, le temps des hommes, soit représentable, pour que l'histoire continue, à laquelle ils appartiennent. L'histoire des individus, chez Hugo, est dans un rapport fondamentalement analogique et nécessaire avec celle de leur époque. Cette « nécessité », ou *anankè*, que Victor Hugo appelle aussi « fatalité », est « ce par quoi la conscience romantique échappe au narcissisme et accède à l'histoire sociale »[1]. Elle ne fait pas de ses héros des « bonshommes en pain de mie », comme le pensait ou le voulait Flaubert[2], mais les représentants des situations ou de la place qui sont les leurs dans un système historiquement déterminé. Le système des personnages, la façon dont les personnages, dans le roman, font système, répond à cette nécessité, d'essence dramatique plutôt qu'ontologique. Le drame et ses enjeux lui sont d'un bout à l'autre subordonnés.

On distinguera d'abord la place qu'y tiennent les acteurs collectifs, en Vendée et à la Convention. À leur multiplicité correspond la figure de l'accumulation, que

---

1. *Notre-Dame de Paris*, éd. J. Seebacher, Le Livre de Poche classique, n. 1, p. 470. **2.** À Mme Roger des Genettes, 1er mai 1874.

Victor Hugo appelle « dénombrement », toujours inachevé parce que inachevable. La différence tient à ce que,
en Vendée, les chouans ont besoin de porte-parole, et ne
sont désignés que par leurs noms de guerre, où le lecteur
d'alors croyait reconnaître ceux des « peaux-rouges de
Fenimore Cooper ». Il en est tout autrement à la Convention, dont les membres ont un nom, et pour la plupart une
renommée, et où chacun fait assaut d'éloquence. La
parole fait au contraire défaut aux victimes illettrées
d'une oppression plus que centenaire, et pour commencer
à la Flécharde, mère des trois enfants. À la différence du
marquis de Lantenac, maître des lieux et de la parole, elle
n'entend rien aux subtilités de l'ancien comme du nouveau langage, auquel s'emploie à l'initier le sergent
Radoub, en faisant d'elle une « citoyenne » à part entière.
Les triumvirs de la rue du Paon forment aussi, à leur
manière, un collectif. Leur portrait, en pied et de face,
peut passer pour une concession de Victor Hugo aux
conventions du « roman historique »[1], alors que dans
L'Homme qui rit la reine Anne, par exemple, n'est jamais
entrevue que « de profil ». Danton, Marat et Robespierre
en réalité ne font qu'un, dans cette « arrière-chambre »
d'un cabaret que le récit de leur rencontre, au demeurant
purement imaginaire, devait rendre « historique ». Leur
« querelle » s'apparente à une quelconque « tempête »
sous un même bonnet, où les arguments se croiseraient
sans qu'aucun vienne jamais à bout de l'autre, quelle que
soit la décision prise, qui semble ici donner raison à
Robespierre. Ils ne sont eux-mêmes et de toute façon que
les acteurs d'une très vieille histoire, et les représentants
sur cette terre des trois juges d'enfer, Minos, Éaque et
Rhadamante.

Les relations deviennent familiales dans le cas du mar

---

1. Lu comme un « roman historique », *Quatrevingt-Treize* témoignerait de l'« impossibilité de faire fonctionner ensemble le discours
historique et le discours romanesque » (G. Rosa, « *Quatrevingt-
Treize* ou la critique du roman historique », *Revue d'Histoire littéraire de la France*, mars-juin 1975, p. 329-343). Victor Hugo, quant
à lui, déclarait n'avoir jamais écrit de « roman historique ».

quis de Lantenac, un Rohan, et de Gauvain, son petit-neveu, orphelin de père et de mère, élevé par l'abbé Cimourdain, son précepteur, qui faisait lui-même et comme qui dirait « partie de la famille ». Tous trois portent les signes, fugitivement ou durablement, d'une « double identité », naturelle et acquise[1]. Le petit monde, d'où ils sont issus, et le grand monde, celui des événements ou du drame où ils sont appelés à jouer un rôle, en viennent, à travers eux, à se contredire. Le savoir acquis par Cimourdain, et l'éducation, toute paternelle, qu'en reçoit Gauvain les conduisent l'un et l'autre à changer de camp, comme Lantenac, ne serait-ce qu'un instant, en sauvant les trois enfants. Ils n'en restent pas moins tous les trois ce qu'ils sont, irrémédiablement nobles ou prêtre. Cela vaut pour Gauvain comme pour le narrateur en première personne de *Bug-Jargal*, le chevalier d'Auverney et, en d'autres temps, pour le chevalier de la Table ronde dont Gauvain porte le nom. Cela vaut aussi pour Cimourdain, devenu, comme Lamennais après sa rupture avec l'Église, un « prêtre sans espérance », plus ou moins identifiable, dans l'imaginaire hugolien, à Torquemada, le moine inquisiteur d'Espagne. Au cours de la longue genèse du drame que Hugo lui consacre en 1869, le personnage de ce « bourreau par pitié » était devenu inséparable de ceux de Robespierre et de Marat[2]. L'exécution ordonnée par Cimourdain, nouveau Caïn, de son fils spirituel remettra finalement en cause la possibilité et la justification de cette double appartenance, ainsi mise à mal par la violence du mouvement historique. Le suicide de l'ancien prêtre répondra à une impossibilité d'être, d'être à la fois soi-même et quelqu'un d'autre. Il y a de toute façon égalité du mal entre Cimourdain et Lantenac, tous deux composés d'une matière, la matière du mal, qui est la pierre (Lantenac est l'« homme de pierre ») ou le bronze, le « bronze de la guerre civile », à ceci près que

1. Guy Rosa, MASSIN, t. XV, p. 235. **2.** Jean-Claude Fizaine, « *Torquemada* : problèmes de genèse », Groupe interuniversitaire d'études sur Victor Hugo, 29 mai 1988.

« sur le front fatal de Cimourdain il y avait une lueur
d'aurore ».

Orphelins d'un père massacré par les bleus, les trois
enfants se retrouvent avec une mère qu'on a « fusillée »
et un père adoptif, *radoubeur* de la « grande fracture
ouverte du côté royaliste comme du côté populaire ».
Leur « adoption », par le sergent Radoub et son bataillon,
peut passer pour l'instauration d'une nouvelle sociabilité,
fondée sur l'appartenance à la nation, en lieu et place
d'archaïques solidarités, familiales ou féodales. Mais
l'enfant, dans *Quatrevingt-Treize*, n'est pas le *gamin* des
Misérables : « Le gamin est déjà la société : il en est la
critique. Le tout-petit est d'une nature innocente, un
humain pré-social[1] », avec, devant lui, la « sombre destinée humaine », et pour tout langage le « chuchotement
confus d'une pensée qui n'est encore qu'un instinct ».
Parallèlement, Hugo « isole ce qu'il y a d'animal dans
l'instinct maternel » : « La Flécharde n'est que maternité ». C'est une « innocente », en proie à une anxiété
« fauve » et séparée des autres par ce qu'elle a de plus
humain. Cela fait d'elle une « espèce de bête femelle »[2],
une Gorgone, identifiable aussi à la mère du Christ
— *mater dolorosa* — et au Christ lui-même, sur la « voie
douloureuse ». Elle « extravague », et passe pour folle,
comme Tellmarch, le « Caimand ». Le mendiant occupe
dans le système une position d'excentricité. Indifférent à
ce qui se passe « là-haut », dans la société, submergé dans
la « paix immense des choses », il « voit le juste et l'injuste des deux côtés » et « reproduit en lui cette opposition idéologique du texte entre un humain conçu comme
continu à la nature et le social »[3]. Humainement fiable,
socialement et politiquement infirme, il incarne la tenta-
tion à laquelle il arrive à Hugo de céder dans son île,
« exilé satisfait », tenté par le « désert ». Sa morale
conduit Tellmarch à sauver le marquis au lieu de le livrer

---

1. Henri Meschonnic.   **2.** Le nom de Fléchard a remplacé, dans
le manuscrit, celui de *Thomasse*, Thomasse *Louve* dans le *Reliquat*.
Voir *Dom Juan* de Molière (II, 1) et p. 449.   **3.** Meschonnic,
p. 193-194.

pour de l'argent (et à soigner la Flécharde, « ramassée dans la grande mare de sang de la ferme de Pré-en-Pail »). Sa philosophie reste prisonnière des « idées d'alors », dans « ce temps et ce pays-là », où existait « entre un homme et un autre homme des abîmes ». Sa rêverie (« Si j'avais su... ») le conduit à seulement douter de l'identité, chez Lantenac, de l'« homme » et du « seigneur » (« En suis-je bien sûr ? »). L'humanisme, comme les bonnes intentions, a ses limites, que révèle ici la portée d'un geste aux conséquences tragiques. Elles contribuent à justifier — « devoir terrible » — l'application par Cimourdain de la loi républicaine à Gauvain, son ancien élève, coupable, lui aussi, d'avoir fait plus que collaborer, mais cette fois par solidarité familiale autant que par humanité, à l'évasion du marquis, en qui s'était réveillé, l'espace d'un moment, ce « fond de vieille pitié humaine, qui est dans toutes les âmes, même les plus fatales ».

Le récit lui-même procède par épisodes, de tableau en tableau, comme au théâtre, avec pour cadre, ou pour décor, successivement et par alternance, du dehors et du dedans, le bois de l'Astillé, l'entrepont d'une corvette, Dol-en-Bretagne, l'intérieur de la Tourgue et l'esplanade, à ses pieds, où l'on assiste à l'exécution de Gauvain. Scènes de reconnaissance, péripéties, méprises et coups de théâtre contribuent aussi à la dramatisation de l'intrigue. Il faut enfin compter, comme souvent dans la fiction hugolienne, avec l'accélération du temps, de plusieurs mois à deux fois vingt-quatre heures pour le seul dénouement. Reste que le drame, comme la fiction, donne à penser.

L'épisode, dans l'entrepont de la *Claymore*, du canon déchaîné a valeur de démonstration[1]. Les mouvements du canon sont soumis à la résistance mécanique de la composition des forces : « Il est remué par le navire, qui est remué par la mer, qui est remué par le vent. » Ils sont donc calculables, en théorie. Mais le « glissement » du canon est présenté aussi, dans le même temps, comme

---

1. Leuilliot, « La loi des tempêtes », *Hugo le fabuleux*, Seghers, 1985, p. 84-97.

l'effet d'une contingence radicale : « Qu'on se figure une
goutte d'eau courant sur une vitre, un grain de plomb
secoué dans une bouteille. » Le réel est donc posé, successivement, comme rationnel ou contingent, selon que le
flot « dirige » ou non le navire. Ainsi mise en évidence,
la contradiction n'aboutit qu'à infirmer tout point de vue
éthique sur l'action. Le « corps à corps » auquel se sent
moralement obligé le « maître du canon », responsable de
l'incident, est rendu dérisoire par l'impossibilité où il se
trouve de prévoir les mouvements de la caronade. Le marquis assiste d'abord, impuissant, à la dévastation de l'entrepont. Son intervention — coupée de toute justification
éthique — ne devra finalement de réussir qu'à la façon
dont il saura mettre de son côté le jeu des forces natu-
relles, rendues à leur rationalité. D'un coup bien ajusté le
ballot de faux assignats fait « trébucher » le canon. Le
partage des rôles correspond à l'antinomie de la moralité
et de l'action, enjeu de la dernière conversation de Gauvain et de Cimourdain. Cela finit — dans la « pénombre » — par la « vision indistincte d'un prodige ». Figure
de l'immanence [1], le prodige (ou son équivalent monstrueux) permet à Hugo de penser ensemble la thèse et
l'antithèse. Ainsi voit-on la forme du canon « s'effacer »
dans la violence de sa course, tantôt « noir dans la clarté », tantôt « reflétant de vagues blancheurs dans l'obscurité ».

Les développements consacrés par Hugo à traiter de
son « sujet » — la Convention — sont eux-mêmes à
considérer dans leur rapport au « drame », et notamment
à la « diversion tragique » que constitue l'épisode de la
caronade. Nous sommes, à la Convention, comme dans
l'entrepont de la corvette : « Dans cette géométrie, on mit
la tempête... Être membre de la Convention, c'était être
une vague de l'Océan. » Chacun y vit, comme le canon
échappé, d'une « vie sinistre qui lui vient de l'infini », à
la merci de l'« inextricable réseau — au-dehors — des

---

1. Yves Gohin, « Sur l'emploi des mots "immanent" et "immanence"
chez Victor Hugo », *Archives des lettres modernes*, 94, 1968 (10).

courants populaires, ruissellement de volontés et de passions courant et errant dans tous les sens ». On s'y accommode, surtout, du « demi-éclairage » qui règne dans la salle, comme la « pénombre » dans l'entrepont de la *Claymore*, l'un comme l'autre propices à l'éclosion du *prodige* : « Tas de fumées poussées dans tous les sens », les esprits, certes, y sont « en proie au vent », mais ce vent est un « vent de prodige », en rapport avec ce que Victor Hugo appelle Nécessité. Elle n'a que peu à voir avec le principe de raison, qui voudrait que le réel soit toujours déjà rationnel. Elle concerne plutôt l'exigence d'une réponse aux questions que n'en finit pas de poser l'histoire : « Devant cette mystérieuse complication de bienfaits et de souffrances se dresse le Pourquoi ? de l'histoire. » La rationalité est ainsi posée comme exigence de sens et non plus comme vérité dogmatique, sans que son contraire soit pour autant récusé. L'histoire est un *Pourquoi ?* auquel répond, dans le texte de Hugo, un *Parce que.* Ne s'agirait-il donc que de se soumettre une fois de plus à l'autorité du fait accompli, du principe de raison ? Non, dit plus loin Hugo, car « cette raison de celui qui ne sait rien est aussi celle de celui qui sait tout ». La raison des effets se déduit ainsi de l'addition d'une ignorance (« celui qui ne sait rien ») et d'une omniscience (« celui qui sait tout »). La Nécessité relève donc d'une *docte ignorance*, en ce qu'elle exige de penser la coïncidence des contraires dans un absolu de vérité et de justice qui les absorbe et les dépasse, sur le modèle des paradoxes mathématiques impliqués dans l'infinitisation de certains rapports valables pour des objets finis[1]. La Convention est bien le lieu de la métamorphose de l'événement en prodige. C'est en tant que tel qu'il convient de saluer 93, en l'« exécrant à genoux » : « Les têtes se courbent devant l'immanent », monstre ou prodige.

Le dénouement est rythmé par le soleil, de « Quand le soleil parut... » (III, 2, 14) à « Cependant le soleil se

---

1. Alexandre Koyré, *Du monde clos à l'univers infini*, « Idées », Gallimard, 1973, p. 21.

lève... » (III, 7, 6), et par le sommeil des trois enfants, otages du marquis (« Où l'on voit se réveiller les enfants qu'on a vu se rendormir » (III, 5, 3). On se massacre entre hommes et pour de bon, la nuit, après la « mise en pièces », pour rire, d'un *Saint-Barthélemy*, dans une bibliothèque. Gauvain, la première nuit, rend visite à Lantenac prisonnier, dont il prend la place. La seconde nuit, Cimourdain, telle la statue du Commandeur, s'invite à souper chez Gauvain, dont il venait de signer, à midi, la condamnation à mort. Le lendemain, à l'aube, Gauvain est exécuté. Cimourdain se suicide.

Emblématique de tout le livre, le récit du « massacre de *Saint-Barthélemy* » ne se comprend que par référence à un chapitre de *Notre-Dame de Paris*, où *Ceci* — l'invention de l'imprimerie — était appelé à « tuer » *Cela*, la Bible de pierre, la Cathédrale. Les signes, avec le temps, se sont inversés, aux dépens de l'imprimé, en l'occurrence une vie de saint, « livre Bastille » et nouveau symbole de l'obscurantisme que contribue à perpétuer le « bouquinisme humain ». Mais la Saint-Barthélemy est aussi une date, celle des massacres de protestants ordonnés par Charles IX le 24 août 1572 et réputés emblématiques des Terreurs d'Ancien Régime. Victor Hugo entendait comparer les « quatre-vingt-treize aux Saint-Barthélemy »[1], et qu'on en finisse avec la pesée soi-disant équitable des violences contraires. À quoi contribue le jeu des enfants et l'« extermination » à laquelle il aboutit du livre et de ce qu'à bon entendeur il est censé représenter. Le jeu du titre *Le Massacre de Saint-Barthélemy* reprend lui-même le motif des enfants destructeurs. À ceci près que le jeu est maintenant plus que tout « valorisé ». Il ne va pas sans sauvagerie, qui s'autorise de l'« innocence » qu'à tort ou à raison on attribue au très jeune âge. « Massacre », « extermination », « mise en pièces » et par-dessus tout « écartèlement » ne sont pas seulement jeux d'enfants, et ces petits anges semblent ne faire qu'imiter les jeux des grands, dans

---

1. « Écrit en 1846 », *Les Contemplations*, V, 3, 4.

l'histoire. « Moment effrayant », dit Hugo, mi-plaisant, mi-sérieux. Ils ne pouvaient surtout venir à bout de « tailler l'histoire en pièces ». À peine se sont-ils endormis, au bruit du canon qui donne le signal de l'assaut, que commence le vrai massacre, « affreux comme l'ancien », celui de tous les temps. Le massacre de *Saint-Barthélemy* n'avait bien été qu'un jeu, un jeu d'enfants. Il s'était terminé par la « dispersion à tous les souffles de l'air » des pages du livre lacéré, version pour ainsi dire humorisée de l'envoi final des *Contemplations* « à celle qui est restée en France », et prélude à l'envol au ciel des âmes mêlées de Cimourdain et de Gauvain. La fin des massacres (de tous les massacres) ne pouvait relever que d'une évidence d'ordre strictement poétique, contraire à la leçon des faits comme à toute logique historique, ou du pari sur un avenir dont les trois enfants étaient porteurs. Les deux logiques, de l'histoire et de la poésie, se contredisent, comme l'« exécution inexorable » du livre-Bastille et son « évanouissement dans l'azur », effets l'un et l'autre d'une rage iconoclaste et somme toute anarchiste, à laquelle il n'appartient qu'au grand âge de savoir consentir. L'« art » du grand-père, du grand-père « anarchiste », n'est-il pas d'« obéir aux petits » ?

Dans le dernier chapitre, Gauvain et Cimourdain accomplissent leur destinée. Gauvain est exécuté, inexorablement, au lever du soleil. C'est la réalisation d'une métaphore qui sert de conclusion au chapitre précédent, où la « clarté d'aurore qu'il avait dans la prunelle grandissait », à l'approche de son dernier jour. Déjà comme mort, il ne pensait qu'à l'« avenir », à la venue duquel il savait « ne pouvoir ni ne devoir participer autrement qu'en s'en excluant par le sacrifice »[1]. En acceptant que s'appliquent à lui les décrets terroristes, le « guillotiné » avait donné raison au « guillotineur ». Le suicide de Cimourdain, inversement, donne raison au « guillotiné ». Il avait pris le temps, avant de mourir, de rédiger ce « papier », finalement non utilisé par Hugo : « Il y a deux

---

1. Guy Rosa, MASSIN, t. XV, p. 259.

choses, la loi et la justice. Toutes deux doivent être obéies. La mort de Gauvain satisfait à la loi ; la mienne satisfait à la justice. » Elles témoignaient toutes deux de l'impossibilité pour chacun d'être ce qu'il est dans l'histoire telle qu'elle est, et surtout d'être l'un sans l'autre. Leurs âmes ne pouvaient que se rejoindre, l'« ombre de l'une mêlée à la lumière de l'autre ». L'effet est celui d'un Rembrandt, de ceux que Victor Hugo ne manquait pas d'aller voir à La Haye ou à Amsterdam, ou qu'il regrettait de ne plus pouvoir admirer au Louvre, comme cet *Ange Raphaël quittant Tobie*, qu'il appelle *Le Départ de l'Ange* dans une lettre à Philippe Burty du 20 janvier 1866. On y assiste à l'« envol » d'un ange, comme ici à celui de deux âmes qui n'en font qu'une, par « allègement », pourrait-on dire, de la matière, ainsi délivrée de sa pesanteur. C'est l'occasion, comme dans le poème « Plein ciel » de la *Légende des siècles*, d'une brève rêverie ascensionnelle dont on n'hésitera pas à dire qu'elle est *heureuse*. Le motif est aussi celui des tous les hommages funèbres de Mallarmé, et de celui, en particulier, qu'il avait rendu, en même temps que Victor Hugo et dans le même volume, à Théophile Gautier. La mort, pour Hugo et selon la conclusion des « Mages » dans *Les Contemplations*, est « évanouissement », *dans* l'azur ou *des* cieux, par illimitation et dissolution des matières particulières, ici « mêlées » dans un clair-obscur qui est le contraire d'une antithèse. On y accède surtout à une autre temporalité, où la lumière de l'avenir ne serait plus appelée à *succéder*, comme dans la conclusion de *Châtiments*, à la nuit du présent, mais où, somme toute, il n'y aurait « plus d'événements », conformément à la façon dont, comme Gauvain dans *Quatrevingt-Treize*, Enjolras, au moment de mourir, se représentait lui-même l'avenir.

Œuvre longuement mûrie, résolution de très lointains accords, *Quatrevingt-Treize* peut passer pour la récapitulation de toute une œuvre, et de toute une vie. Victor Hugo, en 1874, avait changé, sans pour autant cesser d'être lui-même : « J'ai vécu, disait-il... J'ai grandi... J'ai songé... Je suis cet enfant-là, je suis cet homme-là... » Son dernier roman se termine par une vision d'avenir, qui en fait autre chose qu'un « roman historique », tourné vers le passé et sa reconstitution plus ou moins monumentale. À l'approche de la mort, et confronté à la perpétuation du mal, à la « routine du sang », Victor Hugo ne pouvait que conclure à l'affirmation d'une espérance appelée à contredire le fait accompli, attentive à tous les signes du *possible* inclus dans le présent, au rebours de tout providentialisme (celui de son « adolescence monarchique ») comme du « progressisme » de ses contemporains. « Le possible, disait Gauvain, est un oiseau mystérieux toujours planant au-dessus de l'homme. » Le progrès, à ce compte, ne saurait être qu'« asymptotique », pour autant que « jamais les Moïses ne virent les Chanaans ». Telle devait être la leçon, qu'on dirait tirée de *Quatrevingt-Treize*, de la préface « Le droit et la loi » du premier volume d'*Actes et Paroles*.

Bernard LEUILLIOT.

Rembrandt : *L'archange Raphaël quittant la famille de Tobie.*

« Gauvain arriva au pied de l'échafaud.
Il ressemblait à une vision. Jamais il n'avait apparu plus beau. Son cou
blanc faisait songer à une femme, et son œil héroïque et souverain faisait
songer à un archange. » (p. 519)

NOTE SUR L'ÉTABLISSEMENT DU TEXTE

Nous suivons le texte de l'édition originale, parue chez Michel Lévy frères, en 1874, 3 vol. in-8°. L'orthographe a été respectée. Les notes de Victor Hugo sont appelées par un astérisque.

L'annotation pèche par excès ou par défaut. Elle ne prétend pas à l'exhaustivité. Comme l'écrivait Louis Havet en 1874, il y a dans *Quatrevingt-Treize* de quoi « donner du fil à retordre » au lecteur, que rien n'empêche, au demeurant, de « se griser du plaisir de lire sans comprendre ». Cette griserie, Hugo lui-même s'entend à la provoquer. Elle ne va pas sans risque d'égarement. On s'est efforcé, dans les limites compatibles avec la lisibilité et la place disponible, d'éclairer les principales allusions ou références, sans toujours y parvenir. Il nous a paru utile d'insister sur quelques-uns des « documents » mis à contribution par Hugo. Le commentaire s'autorise le plus souvent de références aux œuvres qui constituent le tout dont *Quatrevingt-Treize* n'est jamais que la partie. On pourra suivre, dans la « Chronologie », l'« incubation », en quelque cinquante ans, du roman de la « guerre civile », avec, en préalable, le résumé des principaux événements de la Révolution française et de ses suites.

*

Jean et Sheila Gaudon, Yves Gohin, Jacques Seebacher et mes anciens collègues de Strasbourg, Émile Goichot et Jean-Paul Schneider, n'ont pas mesuré leur aide. Je les en remercie. Merci aussi à Gilles Malandain et à Michel

Philippe. Il a été souvent question de *Quatrevingt-Treize* aux réunions du Groupe interuniversitaire d'études sur Victor Hugo de l'Université de Paris VII, animées par Jacques Seebacher et son successeur, Guy Rosa. Je leur dois beaucoup. Je suis enfin reconnaissant, comme tant d'autres, de leur toujours bienveillant accueil, place des Vosges et rue de Richelieu, à Danielle Molinari, Conservateur général de la Maison de Victor Hugo et de Hauteville House, et à ses collaborateurs, ainsi qu'à Marie-Laure Prévost, en charge des manuscrits légués par Victor Hugo à la « Bibliothèque nationale de Paris ».

QUATREVINGT-TREIZE[1]

PREMIER RÉCIT — LA GUERRE CIVILE[2]

1. *Quatrevingt-Treize*, en deux mots avec chaque fois la majuscule, comme sur la page de titre du manuscrit et déjà, aux majuscules près, dans *Le Verso de la page* (1857) : « Le dix-huitième siècle atteignit quatrevingt. / Encore treize, le nombre étrange, et le jour vint » (*Toute la lyre*, I, 26). « Une date est une idée qui se fait chiffre », avait une fois noté Hugo.　**2.** « Sous ce titre, *Quatrevingt-Treize*, l'auteur publiera une série de récits. [...] Chacun de ces récits sera un drame à part, ayant tous d'ailleurs le même sujet, la Révolution, et le même horizon, Quatrevingt-Treize » (*Reliquat*). Cette sérialité est aussi celle des « petites épopées » de *La Légende des siècles*.

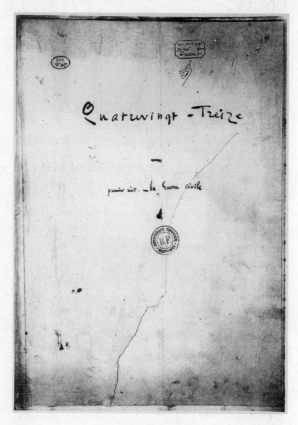

Page de titre du manuscrit.

PREMIÈRE PARTIE

EN MER

« En mer !... (ce qui fait que nous sommes dans les bois). »
(*Parodie de* 93, *par Baric,* 1874.)

LIVRE PREMIER

LE BOIS DE LA SAUDRAIE

Dans les derniers jours de mai 1793 [1], un des bataillons parisiens amenés en Bretagne [2] par Santerre [3] fouillait le redoutable bois de la Saudraie en Astillé [4]. On n'était pas plus de trois cents, car le bataillon était décimé par cette rude guerre. C'était l'époque où, après l'Argonne, Jemmapes et Valmy [5], du premier bataillon de Paris, qui était de six cents volontaires, il restait vingt-sept hommes, du deuxième trente-trois, et du troisième cinquante-sept. Temps des luttes épiques.

---

1. Nous sommes au lendemain de la trahison de Dumouriez, passé à l'émigration le 5 avril après sa défaite à Neerwinden (18 mars), et à la veille de la chute des Girondins (2 juin). L'insurrection vendéenne avait commencé en mars dans les bocages du sud de la Loire, provoquée par le décret de levée en masse de la Convention (24 février) et marquée dans ce premier temps par les succès de l'« Armée catholique et royale ».   **2.** Le terme est à prendre en un sens très extensif, plus légendaire que géographique. La « matière de Bretagne » était celle, au Moyen Âge, des romans de la Table Ronde.   **3.** Brasseur de son état et commandant de la Garde nationale, Santerre venait d'être promu général de l'« armée de l'Intérieur » et chargé d'un commandement en Vendée (19 mai). **4.** Les bois de la Saudraie (ou Saulaie), sur le territoire de la commune d'Astillé, dans l'ancien comté de Laval, en Mayenne. Né Cottereau, de parents bûcherons-sabotiers, Jean Chouan était originaire de Saint-Berthevin, près de Laval.   **5.** Le général Dumouriez avait remporté, contre les Austro-Prussiens, les victoires de Valmy (20 septembre 1792) et de Jemmapes (6 novembre 1792).

Les bataillons envoyés de Paris en Vendée[1] comptaient neuf cent douze hommes. Chaque bataillon avait trois pièces de canon. Ils avaient été rapidement mis sur pied. Le 25 avril, Gohier étant ministre de la justice et Bouchotte étant ministre de la guerre, la section du Bon-Conseil avait proposé d'envoyer des bataillons de volontaires en Vendée ; le membre de la commune Lubin avait fait le rapport ; le 1er mai, Santerre était prêt à faire partir douze mille soldats, trente pièces de campagne et un bataillon de canonniers. Ces bataillons, faits si vite, furent si bien faits, qu'ils servent aujourd'hui de modèles ; c'est d'après leur mode de composition qu'on forme les compagnies de ligne ; ils ont changé l'ancienne proportion entre le nombre des soldats et le nombre des sous-officiers[2].

Le 28 avril, la commune de Paris avait donné aux volontaires de Santerre cette consigne : *Point de grâce, point de quartier*[3]. À la fin de mai, sur les douze mille partis de Paris, huit mille étaient morts.

Le bataillon engagé dans le bois de la Saudraie se tenait sur ses gardes. On se ne hâtait point. On regardait à la fois à droite et à gauche, devant soi et derrière soi ; Kléber a dit : *Le soldat a un œil dans le dos*. Il y avait longtemps qu'on marchait. Quelle heure pouvait-il être ? à quel moment du jour en était-on[4] ? Il eût été difficile de le

---

1. Le terme s'entend par extension de la Vendée proprement dite à la région du bas Maine et du haut Poitou, avec la confusion que cela entraîne de l'insurrection vendéenne et de la chouannerie. **2.** Victor Hugo doit ces détails au *Moniteur*. Il privilégie les initiatives de la sans-culotterie parisienne, organisée depuis le 10 août 1792 en *Commune insurrectionnelle*. La section de Bonconseil (anciennement Mauconseil) était celle de la rue de la Chanvrerie, où Victor Hugo a situé, dans *Les Misérables*, la barricade des « Amis de l'A.B.C. ».   **3.** « Adresse » de la Commune aux Parisiens (26 avril), citée dans le *Moniteur* : « Citoyens, accourez, le tocsin sonne dans la Vendée. La patrie vous y appelle. Portez-y votre patriotisme et vos bras. Point de grâce, point de quartier envers les rebelles ! »   **4.** La Commune de 1871 avait inspiré à Hugo ce premier vers d'un poème de *L'Année terrible*, consacré au décret des otages : « Est-il jour ? est-il nuit ? Horreur crépusculaire ! » (Mai, IV).

dire, car il y a toujours une sorte de soir dans de si sauvages halliers, et il ne fait jamais clair dans ce bois-là.

Le bois de la Saudraie était tragique. C'était dans ce taillis que, dès le mois de novembre 1792, la guerre civile avait commencé ses crimes ; Mousqueton, le boiteux féroce, était sorti de ces épaisseurs funestes ; la quantité de meurtres qui s'étaient commis là faisait dresser les cheveux. Pas de lieu plus épouvantable. Les soldats s'y enfonçaient avec précaution. Tout était plein de fleurs ; on avait autour de soi une tremblante muraille de branches d'où tombait la charmante fraîcheur des feuilles ; des rayons de soleil trouaient çà et là ces ténèbres vertes ; à terre, le glaïeul, la flambe des marais, le narcisse des prés, la gênotte, cette petite fleur qui annonce le beau temps, le safran printanier, brodaient et passementaient un profond tapis de végétation où fourmillaient toutes les formes de la mousse [1], depuis celle qui ressemble à la chenille jusqu'à celle qui ressemble à l'étoile. Les soldats avançaient pas à pas, en silence, en écartant doucement les broussailles. Les oiseaux gazouillaient au-dessus des bayonnettes.

La Saudraie était un de ces halliers où jadis, dans les temps paisibles, on avait fait la Houiche-ba [2], qui est la chasse aux oiseaux pendant la nuit ; maintenant on y faisait la chasse aux hommes.

Le taillis était tout de bouleaux, de hêtres et de chênes ; le sol plat ; la mousse et l'herbe épaisse amortissaient le bruit des hommes en marche ; aucun sentier, ou des sentiers tout de suite perdus ; des houx, des prunelliers sauvages, des fougères, des haies d'arrête-bœufs [3], de hautes ronces ; impossibilité de voir un homme à dix pas.

Par instants passait dans le branchage un héron ou une poule d'eau indiquant le voisinage des marais.

On marchait. On allait à l'aventure, avec inquiétude et en craignant de trouver ce qu'on cherchait.

---

1. « *Gênotte*, petite plante dont la fleur annonçait l'arrivée du printemps » (*Dictionnaire franco-normand*). 2. « *Houiche-ba*, s. m., chasse aux oiseaux de nuit » (*Ibid.*). 3. *Arrête-bœuf*, légumineuse aux racines très résistantes.

De temps en temps on rencontrait des traces de campe-
ments, des places brûlées, des herbes foulées, des bâtons
en croix, des branches sanglantes. Là on avait fait la
soupe, là on avait dit la messe, là on avait pansé des
blessés. Mais ceux qui avaient passé avaient disparu. Où
étaient-ils ? bien loin peut-être. Peut-être là tout près,
cachés, l'espingole [1] au poing. Le bois semblait désert. Le
bataillon redoublait de prudence. Solitude, donc défiance.
On ne voyait personne ; raison de plus pour redouter quelqu'un. On avait affaire à une forêt mal famée.

Une embuscade était probable.

Trente grenadiers, détachés en éclaireurs et commandés
par un sergent, marchaient en avant à une assez grande
distance du gros de la troupe. La vivandière [2] du bataillon
les accompagnait. Les vivandières se joignent volontiers
aux avant-gardes. On court des dangers, mais on va voir
quelque chose. La curiosité est une des formes de la bravoure féminine.

Tout à coup les soldats de cette petite troupe d'avant-
garde eurent ce tressaillement connu des chasseurs qui
indique qu'on touche au gîte. On avait entendu comme
un souffle au centre d'un fourré, et il semblait qu'on
venait de voir un mouvement dans les feuilles. Les soldats
se firent signe.

Dans l'espèce de guet et de quête [3] confiée aux éclaireurs, les officiers n'ont pas besoin de s'en mêler ; ce qui
doit être fait se fait de soi-même.

En moins d'une minute le point où l'on avait remué fut
cerné ; un cercle de fusils braqués l'entoura ; le centre
obscur du hallier fut couché en joue de tous les côtés à la
fois, et les soldats, le doigt sur la détente, l'œil sur le

---

1. *Espingole*, fusil à la bouche évasée et de peu de portée, comme
le *trabuco* des bandits et contrebandiers espagnols.   **2.** Désignée
par le chef de corps, la « vivandière », ou cantinière, accompagnait les
troupes et leur vendait vivres et boissons. Après la Commune, Victor
Hugo avait contribué à sauver une cantinière de la Garde nationale,
condamnée à mort par les conseils de guerre.   **3.** Terme de vénerie :
action de détourner une bête pour la « lancer », la faire quitter son gîte.

lieu suspect, n'attendirent plus pour le mitrailler que le commandement du sergent.

Cependant la vivandière s'était hasardée à regarder à travers les broussailles, et au moment où le sergent allait crier : Feu ! cette femme cria : Halte !

Et se tournant vers les soldats : — Ne tirez pas, camarades !

Et elle se précipita dans le taillis. On l'y suivit.

Il y avait quelqu'un là en effet.

Au plus épais du fourré, au bord d'une de ces petites clairières rondes que font dans les bois les fourneaux à charbon en brûlant les racines des arbres, dans une sorte de trou de branches, espèce de chambre de feuillage, entr'ouverte comme une alcôve, une femme était assise sur la mousse, ayant au sein un enfant qui tétait et sur ses genoux les deux têtes blondes de deux enfants endormis.

C'était là l'embuscade.

— Qu'est-ce que vous faites ici, vous ? cria la vivandière.

La femme leva la tête.

La vivandière ajouta furieuse :

— Êtes-vous folle d'être là !

Et elle reprit :

— Un peu plus, vous étiez exterminée !

Et, s'adressant aux soldats, la vivandière ajouta :

— C'est une femme.

— Pardine, nous le voyons bien ! dit un grenadier.

La vivandière poursuivit :

— Venir dans les bois se faire massacrer ! a-t-on idée de faire des bêtises comme ça !

La femme stupéfaite, effarée, pétrifiée, regardait autour d'elle, comme à travers un rêve, ces fusils, ces sabres, ces bayonnettes, ces faces farouches.

Les deux enfants s'éveillèrent et crièrent.

— J'ai faim, dit l'un.

— J'ai peur, dit l'autre.

Le petit continuait de téter.

La vivandière lui adressa la parole.

— C'est toi qui as raison, lui dit-elle.

La mère était muette d'effroi.

Le sergent lui cria :

— N'ayez pas peur, nous sommes le bataillon du Bonnet-Rouge.

La femme trembla de la tête aux pieds. Elle regarda le sergent, rude visage dont on ne voyait que les sourcils, les moustaches et deux braises qui étaient les deux yeux.

— Le bataillon de la ci-devant Croix-Rouge, ajouta la vivandière [1].

Et le sergent continua :

— Qui es-tu, madame ?

La femme le considérait, terrifiée. Elle était maigre, jeune, pâle, en haillons ; elle avait le gros capuchon des paysannes bretonnes et la couverture de laine rattachée au cou avec une ficelle. Elle laissait voir son sein nu avec une indifférence de femelle. Ses pieds, sans bas ni souliers, saignaient.

— C'est une pauvre, dit le sergent.

Et la vivandière reprit de sa voix soldatesque et féminine, douce en dessous :

— Comment vous appelez-vous ?

La femme murmura dans un bégaiement presque indistinct :

— Michelle Fléchard [2].

---

1. Victor Hugo, dans un article du *Conservateur littéraire* (31 mars 1821), avait cité ironiquement ce passage du *Moniteur*, relatant une séance aux Jacobins : « La section de la Croix-Rouge, craignant que cette dénomination ne perpétue le poison du fanatisme, déclare qu'elle y substituera celle de la section du Bonnet-Rouge » (5 octobre 1793). La section du Bonnet-Rouge était celle de la rue du Cherche-Midi, quartier de l'Hôtel des Conseils de guerre, résidence du beau-père de Victor Hugo, près de la rue des Vieilles-Thuileries, où habitèrent Sophie Hugo et ses enfants. Le « bonnet rouge », à l'origine bonnet de pauvre, puis emblème de la Liberté, adopté vers l'automne de 1791 par la sans-culotterie parisienne.
2. Descépeaux mentionne le bourg de Saint-Georges-le-Fléchard, « à quatre lieues de Laval, sur la route du Mans ». Le patronyme est fréquent dans la région. Le prénom fait écho au nom de Louise Michel. Condamnée à la déportation après la Commune, elle signait « Enjolras » ses lettres à Victor Hugo. Voir n. 2, p. 36.

Cependant la vivandière caressait avec sa grosse main la petite tête du nourrisson.

— Quel âge a ce môme[1] ? demanda-t-elle.

La mère ne comprit pas. La vivandière insista.

— Je vous demande l'âge de ça.

— Ah ! dit la mère, dix-huit mois.

— C'est vieux, dit la vivandière. Ça ne doit plus téter. Il faudra me sevrer ça. Nous lui donnerons de la soupe.

La mère commençait à se rassurer. Les deux petits qui s'étaient réveillés étaient plus curieux qu'effrayés. Ils admiraient les plumets.

— Ah ! dit la mère, ils ont bien faim.

Et elle ajouta :

— Je n'ai plus de lait.

— On leur donnera à manger, cria le sergent, et à toi aussi. Mais ce n'est pas tout ça. Quelles sont tes opinions politiques ?

La femme regarda le sergent et ne répondit pas.

— Entends-tu ma question ?

Elle balbutia :

— J'ai été mise au couvent toute jeune, mais je me suis mariée, je ne suis pas religieuse. Les sœurs m'ont appris à parler français. On a mis le feu au village. Nous nous sommes sauvés si vite que je n'ai pas eu le temps de mettre des souliers.

— Je te demande quelles sont tes opinions politiques ?

— Je ne sais pas ça.

Le sergent poursuivit :

— C'est qu'il y a des espionnes. Ça se fusille, les espionnes. Voyons. Parle. Tu n'es pas bohémienne ? Quelle est ta patrie[2] ?

---

1. Le terme ne semble pas attesté avant la Restauration.   **2.** Le mot « patrie » change de sens au cours de ce dialogue, où il s'entend d'abord comme synonyme de « pays », pour désigner le pays de ses père et mère, seule acception connue de Michelle Fléchard. Il retrouve ensuite son sens révolutionnaire et patriotique, celui des « enfants de la Patrie ». La réflexion de la Flécharde, selon qui on est de France ou de Bretagne, y contribue en rappelant le sergent à ses sentiments de citoyen d'une République « une et indivisible ».

Elle continua de le regarder comme ne comprenant pas. Le sergent répéta :

— Quelle est ta patrie ?

— Je ne sais pas, dit-elle.

— Comment, tu ne sais pas quel est ton pays ?

— Ah ! mon pays. Si fait.

— Eh bien, quel est ton pays ?

La femme répondit :

— C'est la métairie de Siscoignard, dans la paroisse d'Azé[1].

Ce fut le tour du sergent d'être stupéfait. Il demeura un moment pensif, puis il reprit :

— Tu dis ?

— Siscoignard.

— Ce n'est pas une patrie, ça.

— C'est mon pays.

Et la femme, après un instant de réflexion, ajouta :

— Je comprends, monsieur. Vous êtes de France, moi je suis de Bretagne.

— Eh bien ?

— Ce n'est pas le même pays.

— Mais c'est la même patrie ! cria le sergent.

La femme se borna à répondre :

— Je suis de Siscoignard.

— Va pour Siscoignard, repartit le sergent. C'est de là qu'est ta famille ?

— Oui.

— Que fait-elle ?

— Elle est toute morte. Je n'ai plus personne.

Le sergent, qui était un peu beau parleur, continua l'interrogatoire.

— On a des parents, que diable ! ou on en a eu. Qui es-tu ? Parle.

La femme écouta, ahurie, cet — *ou on en a eu* — qui ressemblait plus à un cri de bête qu'à une parole humaine.

---

1. Selon Descépeaux la métairie de Siscoignard, dans la paroisse d'Azé (aujourd'hui faubourg de Château-Gontier) était tenue par un laboureur d'une piété exemplaire, dit « le Pape ». Petit-Auguste, son fils, se battait au côté de Jambe-d'Argent.

La vivandière sentit le besoin d'intervenir. Elle se remit à caresser l'enfant qui tétait, et donna une tape sur la joue aux deux autres.

— Comment s'appelle la téteuse ? demanda-t-elle ; car c'est une fille, ça.

La mère répondit : Georgette.

— Et l'aîné ? car c'est un homme, ce polisson-là.

— René-Jean[1].

— Et le cadet ? car lui aussi, il est un homme, et joufflu encore !

— Gros-Alain, dit la mère.

— Ils sont gentils, ces petits, dit la vivandière ; ça vous a déjà des airs d'être des personnes.

Cependant le sergent insistait.

— Parle donc, madame. As-tu une maison ?

— J'en avais une.

— Où ça ?

— À Azé.

— Pourquoi n'es-tu pas dans ta maison ?

— Parce qu'on l'a brûlée.

— Qui ça ?

— Je ne sais pas. Une bataille.

— D'où viens-tu ?

— De là.

— Où vas-tu ?

— Je ne sais pas.

— Arrive au fait. Qui es-tu ?

— Je ne sais pas.

— Tu ne sais pas qui tu es ?

— Nous sommes des gens qui nous sauvons.

— De quel parti es-tu ?

---

1. *Georgette* et René-*Jean* sont, au sexe près, comme Georges et Jeanne, les petits-enfants de Victor Hugo (et de *L'Art d'être grand-père*). *Jean* Chouan avait un frère prénommé *René*. Yves Gohin a proposé de reconnaître dans les trois enfants, si étroitement liés à leur mère, les « trois petits garçons Hugo » : Abel, l'aîné, dans René-Jean, Eugène, le « gros père » en Gros-Alain et Victor-Marie en Georgette (« On attendait Victorine, ce fut Victor qui vint... »). Victor Hugo, dans le manuscrit, a interverti les noms de René-Jean et de Gros-Alain.

— Je ne sais pas.

— Es-tu des bleus ? Es-tu des blancs[1] ? Avec qui es-tu ?

— Je suis avec mes enfants.

Il y eut une pause. La vivandière dit :

— Moi, je n'ai pas eu d'enfants. Je n'ai pas eu le temps.

Le sergent recommença.

— Mais tes parents ! Voyons, madame, mets-nous au fait de tes parents. Moi, je m'appelle Radoub[2] ; je suis sergent, je suis de la rue du Cherche-Midi, mon père et ma mère en étaient, je peux parler de mes parents. Parlenous des tiens. Dis-nous ce que c'était que tes parents.

— C'étaient les Fléchard. Voilà tout.

— Oui, les Fléchard sont les Fléchard, comme les Radoub sont les Radoub. Mais on a un état. Quel était l'état de tes parents ? Qu'est-ce qu'ils faisaient ? Qu'est-ce qu'ils font ? Qu'est-ce qu'ils fléchardaient, tes Fléchard ?

— C'étaient des laboureurs. Mon père était infirme et ne pouvait travailler à cause qu'il avait reçu des coups de bâton que le seigneur, son seigneur, notre seigneur, lui avait fait donner, ce qui était une bonté, parce que mon père avait pris un lapin, pour le fait de quoi on était jugé à mort ; mais le seigneur avait fait grâce et avait dit : Donnez-lui seulement cent coups de bâton ; et mon père était demeuré estropié.

— Et puis ?

— Mon grand-père était huguenot. Monsieur le curé l'a fait envoyer aux galères. J'étais toute petite.

— Et puis ?

---

1. Les « partis » se distinguaient par la couleur de l'uniforme, bleu pour les soldats républicains, ou « bleuets », blanc pour les troupes restées fidèles au roi, ou « culs blancs ».   2. L'opération de *radoub* consiste en la réparation d'un navire qui a subi des avaries ou l'usure du temps. Elle s'applique ici, par l'intermédiaire du sergent *Radoub*, à la tentative de colmatage d'une « fracture » : « La Vendée est la grande fracture, l'artère ouverte, du côté royaliste comme du côté populaire » (*Reliquat*).

— Le père de mon mari était un faux-saulnier. Le roi l'a fait pendre.

— Et ton mari, qu'est-ce qu'il fait ?

— Ces jours-ci, il se battait.

— Pour qui ?

— Pour le roi.

— Et puis ?

— Dame, pour son seigneur.

— Et puis ?

— Dame, pour monsieur le curé.

— Sacré mille noms de noms de brutes ! cria un grenadier.

La femme eut un soubresaut d'épouvante.

— Vous voyez, madame, nous sommes des Parisiens, dit gracieusement la vivandière.

La femme joignit les mains et cria :

— Ô mon Dieu seigneur Jésus !

— Pas de superstitions, reprit le sergent.

La vivandière s'assit à côté de la femme et attira entre ses genoux l'aîné des enfants, qui se laissa faire. Les enfants sont rassurés comme ils sont effarouchés, sans qu'on sache pourquoi. Ils ont on ne sait quels avertissements intérieurs.

— Ma pauvre bonne femme de ce pays-ci, vous avez de jolis mioches, c'est toujours ça. On devine leur âge. Le grand a quatre ans, son frère a trois ans. Par exemple, la momignarde qui tette est fameusement gouliafre [1]. Ah ! la monstre ! Veux-tu bien ne pas manger ta mère comme ça ! Voyez-vous, madame, ne craignez rien. Vous devriez entrer dans le bataillon. Vous feriez comme moi. Je m'appelle Houzarde [2] ; c'est un sobriquet. Mais j'aime mieux m'appeler Houzarde que mamzelle Bicorneau, comme ma mère. Je suis la cantinière, comme qui dirait celle qui

---

1. Archaïsme populaire, « gouliafre » remplace « goulue » dans le manuscrit. **2.** « Houzard », ancienne orthographe de « hussard ». La « houzarde » est aussi une danse d'origine hongroise, comme les corps de cavalerie qui servirent de modèle aux armées des autres pays. La mère Hucheloup, tenancière du cabaret Corinthe, est qualifiée de « housarde » par Grantaire dans *Les Misérables* (IV, 12, 3).

donne à boire quand on se mitraille et qu'on s'assassine.
Le diable et son train. Nous avons à peu près le même
pied, je vous donnerai des souliers à moi. J'étais à Paris
le 10 août. J'ai donné à boire à Westermann[1]. Ça a
marché. J'ai vu guillotiner Louis XVI, Louis Capet[2],
qu'on appelle. Il ne voulait pas. Dame, écoutez donc. Dire
que le 13 janvier il faisait cuire des marrons et qu'il riait
avec sa famille[3] ! Quand on l'a couché de force sur la
bascule, qu'on appelle, il n'avait plus ni habit ni souliers ;
il n'avait que sa chemise, une veste piquée, une culotte
de drap gris et des bas de soie gris. J'ai vu ça, moi. Le
fiacre où on l'a amené était peint en vert[4]. Voyez-vous,
venez avec nous, on est des bons garçons dans le bataillon ; vous serez la cantinière numéro deux ; je vous mon-
trerai l'état. Oh ! c'est bien simple ! on a son bidon et sa
clochette, on s'en va dans le vacarme, dans les feux de
peloton, dans les coups de canon, dans le hourvari, en
criant : Qui est-ce qui veut boire un coup, les enfants ?
Ce n'est pas plus malaisé que ça. Moi, je verse à boire à
tout le monde. Ma foi oui. Aux blancs comme aux bleus,
quoique je sois une bleue. Et même une bonne bleue.
Mais je donne à boire à tous. Les blessés, ça a soif. On
meurt sans distinction d'opinion. Les gens qui meurent,
ça devrait se serrer la main. Comme c'est godiche de se
battre ! Venez avec nous. Si je suis tuée, vous aurez ma
survivance. Voyez-vous, j'ai l'air comme ça ; mais je suis
une bonne femme et un brave homme. Ne craignez rien.

Quand la vivandière eut cessé de parler, la femme
murmura :

----

1. Guillotiné avec Danton en 1794, le général Westermann avait
marché, le 10 août 1792, contre les Tuileries, à la tête des Fédérés
bretons.   2. Après la journée du 10 Août, Louis XVI ne fut plus
désigné que sous le nom de Capet, par référence à Hugues Capet et
à la troisième race des rois de France, les Capétiens, dont descendait
la branche des Bourbons.   3. « Le 13 janvier, un officier municipal écrivait à Marat : "Jamais la famille de Louis XVI n'a été plus
gaie qu'aujourd'hui. Louis a passé la matinée à cuire des marrons". »
(Louis Blanc).   4. Victor Hugo s'inspire du récit, par Louis Blanc,
de l'exécution de Louis XVI, le 21 janvier 1793.

— Notre voisine s'appelait Marie-Jeanne et notre servante s'appelait Marie-Claude.

Cependant le sergent Radoub admonestait le grenadier.

— Tais-toi. Tu as fait peur à madame. On ne jure pas devant les dames.

— C'est que c'est tout de même un véritable massacrement pour l'entendement d'un honnête homme, répliqua le grenadier, que de voir des iroquois de la Chine qui ont eu leur beau-père estropié par le seigneur, leur grand-père galérien par le curé et leur père pendu par le roi, et qui se battent, nom d'un petit bonhomme ! et qui se fichent en révolte et qui se font écrabouiller pour le seigneur, le curé et le roi !

Le sergent cria :

— Silence dans les rangs !

— On se tait, sergent, reprit le grenadier ; mais ça n'empêche pas que c'est ennuyeux qu'une jolie femme comme ça s'expose à se faire casser la gueule pour les beaux yeux d'un calotin[1].

— Grenadier, dit le sergent, nous ne sommes pas ici au club de la section des Piques. Pas d'éloquence.

Et il se tourna vers la femme.

— Et ton mari, madame ? que fait-il ? Qu'est-ce qu'il est devenu ?

— Il est devenu rien, puisqu'on l'a tué.

— Où ça ?

— Dans la haie.

— Quand ça ?

— Il y a trois jours.

— Qui ça ?

— Je ne sais pas.

— Comment, tu ne sais pas qui a tué ton mari ?

— Non.

— Est-ce un bleu ? Est-ce un blanc ?

— C'est un coup de fusil.

— Et il y a trois jours ?

---

1. Le mot sert à dénigrer, depuis le XVIIIᵉ siècle, ceux qui portent la calotte ecclésiastique.

— Oui.

— De quel côté ?

— Du côté d'Ernée. Mon mari est tombé. Voilà.

— Et depuis que ton mari est mort, qu'est-ce que tu fais ?

— J'emporte mes petits.

— Où les emportes-tu ?

— Devant moi.

— Où couches-tu ?

— Par terre.

— Qu'est-ce que tu manges ?

— Rien.

Le sergent eut cette moue militaire qui fait toucher le nez par les moustaches.

— Rien ?

— C'est-à-dire des prunelles, des mûres dans les ronces, quand il y en a de reste de l'an passé, des graines de myrtille, des pousses de fougère.

— Oui. Autant dire rien.

L'aîné des enfants, qui semblait comprendre, dit : J'ai faim.

Le sergent tira de sa poche un morceau de pain de munition et le tendit à la mère. La mère rompit le pain en deux morceaux et les donna aux enfants. Les petits mordirent avidement.

— Elle n'en a pas gardé pour elle, grommela le sergent.

— C'est qu'elle n'a pas faim, dit un soldat.

— C'est qu'elle est la mère, dit le sergent.

Les enfants s'interrompirent.

— À boire, dit l'un.

— À boire, répéta l'autre.

— Il n'y a pas de ruisseau dans ce bois du diable ? dit le sergent.

La vivandière prit le gobelet de cuivre qui pendait à sa ceinture à côté de sa clochette, tourna le robinet du bidon qu'elle avait en bandoulière, versa quelques gouttes dans le gobelet et approcha le gobelet des lèvres des enfants.

Le premier but et fit la grimace.

Le second but et cracha.

— C'est pourtant bon, dit la vivandière.

— C'est du coupe-figure ? demanda le sergent.

— Oui, et du meilleur. Mais ce sont des paysans.

Et elle essuya son gobelet.

Le sergent reprit :

— Et comme ça, madame, tu te sauves ?

— Il faut bien.

— À travers champs, va comme je te pousse ?

— Je cours de toutes mes forces, et puis je marche, et puis je tombe.

— Pauvre paroissienne ! dit la vivandière.

— Les gens se battent, balbutia la femme. Je suis toute entourée de coups de fusil. Je ne sais pas ce qu'on se veut. On m'a tué mon mari. Je n'ai compris que ça.

Le sergent fit sonner à terre la crosse de son fusil, et cria :

— Quelle bête de guerre ! nom d'une bourrique !

La femme continua :

— La nuit passée, nous avons couché dans une émousse [1].

— Tous les quatre ?

— Tous les quatre.

— Couché ?

— Couché.

— Alors, dit le sergent, couché debout.

Et il se tourna vers les soldats :

— Camarades, un gros vieux arbre creux et mort où un homme peut se fourrer comme dans une gaîne, ces sauvages appellent ça une émousse. Qu'est-ce que vous voulez ? Ils ne sont pas forcés d'être de Paris.

— Coucher dans le creux d'un arbre ! dit la vivandière, et avec trois enfants !

— Et, reprit le sergent, quand les petits gueulaient, pour les gens qui passaient et qui ne voyaient rien du

---

1. Descépeaux évoque ces « arbres mutilés », appelés *émousses*, dont on a « arrêté la tige à une certaine hauteur », qui « poussent une grande quantité de branches latérales » et dont le tronc « finit par devenir fort gros, creux et ouvert par le haut ».

tout, ça devait être drôle d'entendre un arbre crier : *Papa,
maman !*

— Heureusement c'est l'été, soupira la femme.

Elle regardait la terre, résignée, ayant dans les yeux
l'étonnement des catastrophes.

Les soldats silencieux faisaient cercle autour de cette
misère.

Une veuve, trois orphelins, la fuite, l'abandon, la solitude, la guerre grondant tout autour de l'horizon, la faim,
la soif, pas d'autre nourriture que l'herbe, pas d'autre toit
que le ciel.

Le sergent s'approcha de la femme et fixa ses yeux sur
l'enfant qui tétait. La petite quitta le sein, tourna doucement la tête, regarda avec ses belles prunelles bleues l'effrayante face velue, hérissée et fauve qui se penchait sur
elle, et se mit à sourire.

Le sergent se redressa et l'on vit une grosse larme rouler sur sa joue et s'arrêter au bout de sa moustache comme
une perle.

Il éleva la voix.

— Camarades, de tout ça je conclus que le bataillon
va devenir père. Est-ce convenu ? Nous adoptons ces trois
enfants-là [1].

— Vive la République ! crièrent les grenadiers.

— C'est dit, fit le sergent.

Et il étendit les deux mains au-dessus de la mère et des
enfants.

— Voilà, dit-il, les enfants du bataillon du Bonnet-
Rouge.

La vivandière sauta de joie.

— Trois têtes dans un bonnet, cria-t-elle.

---

1. Instauration, par adoption symbolique, d'une nouvelle sociabilité, fondée sur l'appartenance à la nation, en lieu et place d'archaïques solidarités, familiales ou féodales. En discussion depuis
juin, votée en août 1793, la loi sur l'adoption reconnaissait à tout
citoyen le droit d'adopter. Le *Plan d'éducation publique et nationale*
de Lepelletier de Saint-Fargeau prévoyait que les enfants seraient
« élevés aux dépens de la République ».

Puis elle éclata en sanglots, embrassa éperdument la pauvre veuve et lui dit :

— Comme la petite a déjà l'air gamine !

— Vive la République ! répétèrent les soldats.

Et le sergent dit à la mère :

— Venez, citoyenne [1].

---

1. Le titre de « citoyen » fut légalement substitué à ceux de « monsieur » et de « sieur » le lendemain, 22 septembre 1792, de la proclamation de la République. La « citoyenneté », c'est-à-dire l'exercice de la liberté politique dans le cadre d'une Constitution librement acceptée, décidait de l'appartenance à la « nation ».

V. Hugo : les rochers « Douvres » ou *Dover* (p. 74).
« Ce n'est pas sans une certaine analogie qu'une tour se nomme une
douve » (p. 362).

LIVRE DEUXIÈME

LA CORVETTE *CLAYMORE*

I

ANGLETERRE ET FRANCE MÊLÉES

Au printemps de 1793, au moment où la France, atta-quée à la fois à toutes ses frontières, avait la pathétique distraction de la chute des Girondins, voici ce qui se pas-sait dans l'archipel de la Manche.

Un soir, le 1er juin, à Jersey, dans la petite baie déserte de Bonnenuit [1], une heure environ avant le coucher du soleil, par un de ces temps brumeux qui sont commodes pour s'en-fuir parce qu'ils sont dangereux pour naviguer, une corvette [2] mettait à la voile. Ce bâtiment était monté par un équipage français, mais faisait partie de la flottille anglaise placée en station et comme en sentinelle à la pointe orientale de l'île. Le prince de la Tour-d'Auvergne, qui était de la maison de Bouillon, commandait la flottille anglaise [3], et c'était par ses

---

1. La baie de Bonne-Nuit, située, comme Boulay-Bay, au nord de l'île, devait son nom à la légendaire chapelle de Sainte-Marie de Bona Nocte. Victor Hugo l'avait dessinée. **2.** *Corvette*, navire de guerre à trois mâts, intermédiaire entre la frégate et le brick. **3.** Contre-amiral anglais, Philippe d'Auvergne s'était fait adopter en 1789 par le dernier duc de Bouillon avant de passer en Angleterre. Lord Balcarras, gouver-neur de Jersey, en avait fait son aide de camp. Il avait détourné Chateau-briand du « dessein de passer en Bretagne », le jugeant inapte à une « vie de cavernes et de forêts » (*Mémoires d'outre-tombe*, I, 10, 3).

ordres, et pour un service urgent et spécial, que la corvette
en avait été détachée.

Cette corvette, immatriculée à la Trinity-House [1], sous
le nom de *the Claymore*, était en apparence une corvette
de charge, mais en réalité une corvette de guerre. Elle
avait la lourde et pacifique allure marchande ; il ne fallait
pas s'y fier pourtant. Elle avait été construite à deux fins,
ruse et force ; tromper, s'il est possible, combattre, s'il
est nécessaire. Pour le service qu'elle avait à faire cette
nuit-là, le chargement avait été remplacé dans l'entre-
pont par trente caronades [2] de fort calibre. Ces trente caronades, soit qu'on prévît une tempête, soit plutôt qu'on
voulût donner une figure débonnaire au navire, étaient à
la serre, c'est-à-dire fortement amarrées en dedans par de
triples chaînes et la volée appuyée aux écoutilles tampon-
nées ; rien ne se voyait au dehors ; les sabords étaient
aveuglés ; les panneaux étaient fermés ; c'était comme un
masque mis à la corvette [3]. Les corvettes d'ordonnance
n'ont de canons que sur le pont ; celle-ci, faite pour la
surprise et l'embûche, était à pont désarmé, et avait été
construite de façon à pouvoir porter, comme on vient de
le voir, une batterie d'entre-pont. *La Claymore* était d'un
gabarit massif et trapu, et pourtant bonne marcheuse ;
c'était la coque la plus solide de toute la marine anglaise,
et au combat elle valait presque une frégate, quoiqu'elle
n'eût pour mât d'artimon qu'un mâtereau avec une simple

---

1. Trinity-House, siège d'une corporation fondée au Moyen Âge
pour la surveillance des côtes, les secours en mer, la surveillance des
phares (J. Boudout). L'immatriculation à Trinity-House est un brevet
de neutralité, que dément la mission secrète de *La Claymore*. Ce
nom était celui de l'épée du *highlander*, héros des « hautes terres »
et de la poésie renouvelée au XVIIIe siècle des bardes écossais par
Ossian, leur imitateur. C'est aussi celui d'une des cinq canonnières
utilisées en avril 1871 par la Commune contre les Versaillais
(Y. Gohin).   **2.** Les premières *caronades*, bouches à feu très
courtes, avaient été fabriquées à Carron, en Écosse (1773). *La Caronade* fut aussi le nom, comme *La Claymore*, d'une canonnière utilisée par la Commune.   **3.** L'*écoutille* est l'ouverture pratiquée dans
le pont d'un navire. Les écoutilles sont ici fermées à l'aide de *tam-
pons*. Le *sabord* est l'ouverture permettant le passage de la *volée* du
canon.

brigantine[1]. Son gouvernail, de forme rare et savante, avait une membrure courbe presque unique qui avait coûté cinquante livres sterling dans les chantiers de Southampton.

L'équipage, tout français, était composé d'officiers émigrés et de matelots déserteurs. Ces hommes étaient triés ; pas un qui ne fût bon marin, bon soldat et bon royaliste. Ils avaient le triple fanatisme du navire, de l'épée et du roi.

Un demi-bataillon d'infanterie de marine, pouvant au besoin être débarqué, était amalgamé à l'équipage.

La corvette *Claymore* avait pour capitaine un chevalier de Saint-Louis, le comte du Boisberthelot, un des meilleurs officiers de l'ancienne marine royale, pour second le chevalier de La Vieuville qui avait commandé aux gardes-françaises la compagnie où Hoche avait été sergent[2], et pour pilote le plus sagace patron de Jersey, Philip Gacquoil[3].

On devinait que ce navire avait à faire quelque chose d'extraordinaire. Un homme, en effet, venait de s'y embarquer, qui avait tout l'air d'entrer dans une aventure[4]. C'était un haut vieillard, droit et robuste, à figure sévère, dont il eût été difficile de préciser l'âge, parce

---

1. Le mât le plus arrière, ou d'*artimon*, n'est qu'un *mâtereau*, de hauteur réduite, envergué d'une *brigantine*, voile trapézoïdale. 2. Agent de Puisaye, le comte du Boisberthelot partagea avec le chevalier de Tinténiac, nommé plus loin, le commandement du corps expéditionnaire débarqué dans la baie de Quiberon le 25 juin 1795. Le chevalier de La Vieuville échoua, en 1795, dans sa tentative de livrer Saint-Malo aux Anglais. Institué en 1693 par Louis XIV, l'ordre royal et militaire de Saint-Louis ne pouvait être accordé qu'aux officiers catholiques. La croix en était d'or, avec l'effigie de Saint-Louis tenant de la main droite une couronne de laurier et de la gauche une couronne d'épines et les clous de la passion. 3. Le nom rappelle celui de Hacquoil, qui figure sur une liste de personnages, qualifiés de « marins, pêcheurs, etc. », du « roman de la Monarchie ». Voir aussi la chanson de « Hacquoil le marin », recueillie dans *Toute la lyre* (VII, 23, 18). *Patron* se dit de celui qui est chargé du commandement de l'embarcation dont il tient la barre. 4. « Un des mots les plus chargés de Bretagne. Comme dans les romans arthuriens, le lecteur sait d'avance qui sera le héros de l'*aventure* » (H. Meschonnic).

qu'il semblait à la fois vieux et jeune ; un de ces hommes qui sont pleins d'années et de force, qui ont des cheveux blancs sur le front et un éclair dans le regard ; quarante ans pour la vigueur et quatre-vingts ans pour l'autorité. Au moment où il était monté sur la corvette, son manteau de mer s'était entr'ouvert, et l'on avait pu le voir vêtu, sous ce manteau, de larges braies dites *bragou-bras*, de bottes-jambières, et d'une veste en peau de chèvre montrant en dessus le cuir passementé de soie, et en dessous le poil hérissé et sauvage, costume complet du paysan breton. Ces anciennes vestes bretonnes étaient à deux fins, servaient aux jours de fête comme aux jours de travail, et se retournaient, offrant à volonté le côté velu ou le côté brodé ; peaux de bête toute la semaine, habits de gala le dimanche. Le vêtement de paysan que portait ce vieillard était, comme pour ajouter à une vraisemblance cherchée et voulue, usé aux genoux et aux coudes, et paraissait avoir été longtemps porté, et le manteau de mer, de grosse étoffe, ressemblait à un haillon de pêcheur. Ce vieillard avait sur la tête le chapeau rond du temps, à haute forme et à large bord, qui, rabattu, a l'aspect campagnard, et, relevé d'un côté par une ganse à cocarde, a l'aspect militaire. Il portait ce chapeau ras baissé à la paysanne, sans ganse ni cocarde.

Lord Balcarras, gouverneur de l'île, et le prince de la Tour-d'Auvergne, l'avaient en personne conduit et installé à bord. L'agent secret des princes, Gélambre, ancien garde du corps de M. le comte d'Artois [1], avait lui-même veillé à l'aménagement de sa cabine, poussant le soin et le respect, quoique fort bon gentilhomme, jusqu'à porter derrière ce vieillard sa valise. En le quittant pour retourner à terre, M. de Gélambre avait fait à ce paysan un profond salut ; lord Balcarras lui avait dit : *Bonne chance,*

---

1. « Gélambre », en surcharge sur « Villambre », nom authentique d'un agent double de Puisaye, qui a raconté sa trahison (t. I, p. 386-392). Le comte d'Artois, ou « Monsieur », frère du roi.

général, et le prince de la Tour-d'Auvergne lui avait dit :
Au revoir, mon cousin[1].

« Le paysan », c'était en effet le nom sous lequel les
gens de l'équipage s'étaient mis tout de suite à désigner
leur passager, dans les courts dialogues que les hommes
de mer ont entre eux ; mais, sans en savoir plus long, ils
comprenaient que ce paysan n'était pas plus un paysan
que la corvette de guerre n'était une corvette de charge.

Il y avait peu de vent. *La Claymore* quitta Bonnenuit,
passa devant Boulay-Bay, et fut quelque temps en vue,
courant des bordées ; puis elle décrut dans la nuit crois-
sante, et s'effaça.

Une heure après, Gélambre, rentré chez lui à Saint-
Hélier, expédia, par l'exprès de Southampton, à M. le
comte d'Artois, au quartier général du duc d'York[2], les
quatre lignes qui suivent :

« Monseigneur, le départ vient d'avoir lieu. Succès certain. Dans huit jours toute la côte sera en feu, de Granville
à Saint-Malo. »

Quatre jours auparavant, par émissaire secret, le représentant Prieur, de la Marne[3], en mission près de l'armée
des côtes de Cherbourg, et momentanément en résidence
à Granville, avait reçu, écrit de la même écriture que la
dépêche précédente, le message qu'on va lire :

« Citoyen représentant, le 1er juin, à l'heure de la
marée, la corvette de guerre *la Claymore*, à batterie masquée, appareillera pour déposer sur la côte de France un
homme dont voici le signalement : haute taille, vieux,
cheveux blancs, habits de paysan, mains d'aristocrate. Je
vous enverrai demain plus de détails. Il débarquera le 2 au
matin. Avertissez la croisière, capturez la corvette, faites
guillotiner l'homme. »

---

1. Le roi de France donnait le titre de « cousins » aux princes du
sang, aux pairs, aux cardinaux et à ses maréchaux.   **2.** Le duc
d'York commandait l'armée anglaise en Flandre.   **3.** Par décret
du 3 avril 1793, la Convention avait nommé « commissaires à l'armée des Côtes de Cherbourg les citoyens Prieur (de la Marne), Prieur
(de la Côte d'Or), Romme et Lecointre (de Versailles) ». Puisaye
mentionne leur arrivée.

II

NUIT SUR LE NAVIRE ET SUR LE PASSAGER

La corvette, au lieu de prendre par le sud et de se diriger vers Sainte-Catherine, avait mis le cap au nord, puis avait tourné à l'ouest et s'était résolument engagée entre Serk et Jersey dans le bras de mer qu'on appelle le Passage de la Déroute. Il n'y avait alors de phare sur aucun point de ces deux côtes.

Le soleil s'était bien couché ; la nuit était noire, plus que ne le sont d'ordinaire les nuits d'été ; c'était une nuit de lune, mais de vastes nuages, plutôt de l'équinoxe que du solstice, plafonnaient le ciel, et, selon toute apparence, la lune ne serait visible que lorsqu'elle toucherait l'horizon, au moment de son coucher. Quelques nuées pendaient jusque sur la mer et la couvraient de brume.

Toute cette obscurité était favorable.

L'intention du pilote Gacquoil était de laisser Jersey à gauche et Guernesey à droite, et de gagner, par une marche hardie entre les Hanois et les Douvres, une baie quelconque du littoral de Saint-Malo, route moins courte que par les Minquiers, mais plus sûre, la croisière française ayant pour consigne habituelle de faire surtout le guet entre Saint-Hélier et Granville [1].

Si le vent s'y prêtait, si rien ne survenait, et en couvrant la corvette de toile, Gacquoil espérait toucher la côte de France au point du jour.

Tout allait bien ; la corvette venait de dépasser Gros-Nez [2] ; vers neuf heures, le temps fit mine de bouder, comme disent

---

1. L'« intention » du pilote suppose un vaste détour par l'ouest et par les sites décrits dans *Les Travailleurs de la mer* à propos du sauvetage, par Gilliatt, de la *Durande*, « accrochée » aux Douvres. Les Douvres se trouvent à mi-distance de Jersey et de l'île de Bréhat. Les Hanois et les Minquiers sont des groupes d'îlots à mi-chemin de Jersey et de Saint-Malo. Saint-Hélier, capitale de Jersey et seconde étape, en 1852, de l'exil de Victor Hugo.   2. La pointe de Gros-Nez, à l'extrémité nord-ouest de Jersey, avec à sa gauche, d'ouest en est, la pointe de Plémont et la grève de Leeq.

les marins, et il y eut du vent et de la mer ; mais ce vent était bon, et cette mer était forte sans être violente. Pourtant, à de certains coups de lame, l'avant de la corvette embarquait.

Le « paysan » que lord Balcarras avait appelé *général*, et auquel le prince de la Tour-d'Auvergne avait dit : *Mon cousin*, avait le pied marin et se promenait avec une gravité tranquille sur le pont de la corvette. Il n'avait pas l'air de s'apercevoir qu'elle était fort secouée. De temps en temps il tirait de la poche de sa veste une tablette de chocolat dont il cassait et mâchait un morceau ; ses cheveux blancs n'empêchaient pas qu'il eût toutes ses dents [1].

Il ne parlait à personne, si ce n'est, par instants, bas et brièvement, au capitaine, qui l'écoutait avec déférence et semblait considérer ce passager comme plus commandant que lui-même.

La Claymore, habilement pilotée, côtoya, inaperçue dans le brouillard, le long escarpement nord de Jersey, serrant de près la côte, à cause du redoutable écueil Pierres-de-Leeq qui est au milieu du bras de mer entre Jersey et Serk. Gacquoil, debout à la barre, signalant tour à tour la Grève de Leeq, Gros-Nez, Plémont, faisait glisser la corvette parmi ces chaînes de récifs, en quelque sorte à tâtons, mais avec certitude, comme un homme qui est de la maison et qui connaît les êtres de l'Océan. La corvette n'avait pas de feu à l'avant, de crainte de dénoncer son passage dans ces mers surveillées. On se félicitait du brouillard. On atteignit la Grande-Etaque ; la brume était si épaisse qu'à peine distinguait-on la haute silhouette du Pinacle. On entendit dix heures sonner au clocher de Saint-Ouen, signe que le vent se maintenait vent-arrière. Tout continuait d'aller bien ; la mer devenait plus houleuse à cause du voisinage de la Corbière [2].

---

1. Comme, à quatre-vingt-dix ans, M. Gillenormand, dans *Les Misérables* (III, 2, 1). Le grand-père de Marius, qui espérait « ne pas voir deux fois 93 », a 93 ans lors du mariage de Cosette, en 1833.   **2.** *La Claymore*, après avoir doublé Gros-Nez, passe au large du Pinacle et de la Grande Etaquerel, sur la côte ouest de l'île et à quelques kilomètres, à l'intérieur des terres, de l'église de Saint-Ouen. Les écueils de la Corbière (ou des Corbeaux) sont signalés par un phare de pleine mer.

Un peu après dix heures, le comte du Boisberthelot et
le chevalier de La Vieuville reconduisirent l'homme aux
habits de paysan jusqu'à sa cabine qui était la propre
chambre du capitaine. Au moment d'y entrer, il leur dit
en baissant la voix :

— Vous le savez, messieurs, le secret importe. Silence
jusqu'au moment de l'explosion. Vous seuls connaissez
ici mon nom.

— Nous l'emporterons au tombeau, répondit Boisberthelot.

— Quant à moi, repartit le vieillard, fussé-je devant la
mort, je ne le dirais pas.

Et il entra dans sa chambre.

III

NOBLESSE ET ROTURE MÊLÉES

Le commandant et le second remontèrent sur le pont et
se mirent à marcher côte à côte en causant. Ils parlaient
évidemment de leur passager, et voici à peu près le dialogue que le vent dispersait dans les ténèbres.

Boisberthelot grommela à demi-voix à l'oreille de La
Vieuville :

— Nous allons voir si c'est un chef.

La Vieuville répondit :

— En attendant, c'est un prince.

— Presque.

— Gentilhomme en France, mais prince en Bretagne [1].

— Comme les La Trémoille, comme les Rohan.

— Dont il est l'allié.

Boisberthelot reprit :

---

[1]. Les « gentilshommes » dont la famille tirait son origine des
premiers souverains de Bretagne se prévalaient du titre de « princes ». Les droits et privilèges du duché de Bretagne furent maintenus
après sa réunion à la couronne de France, en août 1532.

— En France et dans les carrosses du roi, il est marquis comme je suis comte et comme vous êtes chevalier.

— Ils sont loin les carrosses ! s'écria La Vieuville. Nous en sommes au tombereau [1].

Il y eut un silence.

Boisberthelot repartit :

— À défaut d'un prince français, on prend un prince breton.

— Faute de grives... — Non, faute d'un aigle, on prend un corbeau.

— J'aimerais mieux un vautour, dit Boisberthelot.

Et La Vieuville répliqua :

— Certes ! un bec et des griffes.

— Nous allons voir.

— Oui, reprit La Vieuville, il est temps qu'il y ait un chef. Je suis de l'avis de Tinténiac [2] : *un chef, et de la poudre !* Tenez, commandant, je connais à peu près tous les chefs possibles et impossibles ; ceux d'hier, ceux d'aujourd'hui et ceux de demain ; pas un n'est la caboche de guerre qu'il nous faut. Dans cette diable de Vendée, il faut un général qui soit en même temps un procureur ; il faut ennuyer l'ennemi, lui disputer le moulin, le buisson, le fossé, le caillou, lui faire de mauvaises querelles, tirer parti de tout, veiller à tout, massacrer beaucoup, faire des exemples, n'avoir ni sommeil ni pitié. À cette heure, dans cette armée de paysans, il y a des héros, il n'y a pas de capitaines. D'Elbée est nul, Lescure est malade, Bonchamps fait grâce ; il est bon, c'est bête ; La Rochejaquelein est un magnifique sous-lieutenant ; Silz est un officier de rase campagne, impropre à la guerre d'expédients. Cathelineau est un charretier naïf, Stofflet est un garde-chasse rusé, Bérard est inepte, Boulainvilliers est ridicule, Charette est horrible. Et je ne parle pas du

---

1. Le « tombereau » qui conduisait les condamnés à la guillotine.
2. Le chevalier avait été l'un des agents les plus actifs de la conspiration de La Rouarie.

barbier Gaston[1]. Car, mordemonbleu ! à quoi bon chamailler la révolution et quelle différence y a-t-il entre les républicains et nous si nous faisons commander les gentilshommes par les perruquiers ?

— C'est que cette chienne de révolution nous gagne, nous aussi.

— Une gale qu'a la France !

— Gale du tiers état, reprit Boisberthelot. L'Angleterre seule peut nous tirer de là.

— Elle nous en tirera, n'en doutez pas, capitaine.

— En attendant, c'est laid.

— Certes, des manants partout ; la monarchie qui a pour général en chef Stofflet, garde-chasse de M. de Maulevrier, n'a rien à envier à la république qui a pour ministre Pache, fils du portier du duc de Castries[2]. Quel vis-à-vis que cette guerre de la Vendée : d'un côté Santerre le brasseur, de l'autre Gaston le merlan !

— Mon cher La Vieuville, je fais un certain cas de ce Gaston. Il n'a point mal agi dans son commandement de Guémenée. Il a gentiment arquebusé trois cents bleus après leur avoir fait creuser leur fosse par eux-mêmes.

— À la bonne heure ; mais je l'eusse fait tout aussi bien que lui.

— Pardieu, sans doute. Et moi aussi.

— Les grands actes de guerre, reprit La Vieuville, veulent de la noblesse dans qui les accomplit. Ce sont choses de chevaliers et non de perruquiers.

— Il y a pourtant dans ce tiers état, répliqua Boisberthelot, des hommes estimables. Tenez, par exemple, cet horloger Joly. Il avait été sergent au régiment de Flandre ; il se fait chef vendéen ; il commande une bande de la côte ; il a un fils, qui est républicain, et, pendant que le

---

1. Gaston Broudic, dit le Merlan, paysan-perruquier de Saint-Christophe-de-Ligneron, avait été tué dès les commencements de l'insurrection, mais « M. de Gaston » aurait ensuite servi de pseudonyme au marquis de Bonchamps. *Merlan*, perruquier, couvert de poudre comme le merlan de farine avant d'être frit.   2. Jean Pache avait dû démissionner du ministère de la Guerre sous la pression des Girondins avant d'être élu maire de Paris le 14 février 1793.

père sert dans les blancs, le fils sert dans les bleus. Rencontre. Bataille. Le père fait prisonnier son fils, et lui brûle la cervelle.

— Celui-là est bien, dit La Vieuville.

— Un Brutus royaliste, reprit Boisberthelot.

— Cela n'empêche pas qu'il est insupportable d'être commandé par un Coquereau, un Jean-Jean, un Moulins, un Focart, un Bouju, un Chouppes !

— Mon cher chevalier, la colère est la même de l'autre côté. Nous sommes pleins de bourgeois ; ils sont pleins de nobles. Croyez-vous que les sans-culottes soient contents d'être commandés par le comte de Canclaux, le vicomte de Miranda, le vicomte de Beauharnais, le comte de Valence, le marquis de Custine et le duc de Biron[1] !

— Quel gâchis !

— Et le duc de Chartres !

— Fils d'Égalité. Ah çà, quand sera-t-il roi, celui-là ?

— Jamais[2].

— Il monte au trône. Il est servi par ses crimes.

— Et desservi par ses vices, dit Boisberthelot.

Il y eut encore un silence, et Boisberthelot poursuivit :

— Il avait pourtant voulu se réconcilier. Il était venu voir le roi. J'étais là, à Versailles, quand on lui a craché dans le dos.

— Du haut du grand escalier ?

— Oui.

---

1. Le général Canclaux, ancien camarade de régiment de Puisaye, second de Hoche à Quiberon (1795), sera nommé pair de France par Louis XVIII après avoir voté la déchéance de Napoléon. Général péruvien passé au service de la France, don François Miranda ne dut son salut qu'au 9 Thermidor. Le comte de Valence, un des vainqueurs de Valmy, passa en Angleterre après la trahison de Dumouriez. Anciens généraux à l'armée du Rhin, le vicomte Alexandre de Beauharnais, le comte de Custine, grand-père de l'écrivain, et Armand Biron, neveu du duc de Choiseul, fait duc de Lauzun en 1766, finiront guillotinés. 2. Victor Hugo s'amuse : devenu duc d'Orléans après la mort de son père Philippe Égalité guillotiné le 6 novembre 1793, le duc de Chartres était appelé à régner sous le nom de Louis-Philippe. Égalité vota la mort du roi et complotait pour son propre compte.

— On a bien fait[1].

— Nous l'appelions Bourbon le Bourbeux.

— Il est chauve, il a des pustules, il est régicide, pouah !

Et La Vieuville ajouta :

— Moi, j'étais à Ouessant avec lui.

— Sur *le Saint-Esprit ?*

— Oui.

— S'il eût obéi au signal de tenir le vent que lui faisait l'amiral d'Orvilliers, il empêchait les Anglais de passer.

— Certes.

— Est-il vrai qu'il se soit caché à fond de cale ?

— Non. Mais il faut le dire tout de même[2].

Et La Vieuville éclata de rire.

Boisberthelot repartit :

— Il y a des imbéciles. Tenez, ce Boulainvilliers dont vous parliez, La Vieuville, je l'ai connu, je l'ai vu de près. Au commencement, les paysans étaient armés de piques ; ne s'était-il pas fourré dans la tête d'en faire des piquiers ? Il voulait leur apprendre l'exercice de la pique-en-biais et de la pique-traînante-le-fer-devant. Il avait rêvé de transformer ces sauvages en soldats de ligne. Il prétendait leur enseigner à émousser les angles d'un carré[3] et à faire des bataillons à centre vide. Il leur baragouinait la vieille langue militaire ; pour dire un chef d'escouade, il disait un *cap d'escade*, ce qui était l'appellation des caporaux sous Louis XIV. Il s'obstinait à créer un régiment avec tous ces braconniers ; il avait des compagnies régulières dont les sergents se rangeaient en rond tous les soirs, recevant le mot et le contre-mot du

---

1. Égalité fut empêché de faire sa cour, le dimanche 9 octobre 1791, par la cohue des courtisans et « reçut un crachat sur sa tête et quelques autres sur son habit » (Bertrand de Molleville).   2. Le père de Louis-Philippe fut accusé d'avoir, par une fausse manœuvre, permis la fuite de l'escadre anglaise lors du combat naval livré au large d'Ouessant le 27 juillet 1778. « Il circula des relations où il était représenté comme n'ayant pas vu le feu, comme s'étant caché à fond de cale » (Louis Blanc).   3. Opération consistant à retrancher les quatre coins d'un carré, de manière à faire face de huit côtés.

sergent de la colonelle[1] qui les disait tout bas au sergent
de la lieutenance, lequel les disait à son voisin qui les
transmettait au plus proche, et ainsi d'oreille en oreille
jusqu'au dernier. Il cassa un officier qui ne s'était pas
levé tête nue pour recevoir le mot d'ordre de la bouche
du sergent. Vous jugez comme cela a réussi. Ce butor ne
comprenait pas que les paysans veulent être menés à la
paysanne, et qu'on ne fait pas des hommes de caserne
avec des hommes des bois. Oui, j'ai connu ce Boulainvil-
liers-là[2].

Ils firent quelques pas, chacun songeant de son côté.

Puis la causerie continua :

— À propos, se confirme-t-il que Dampierre soit tué ?

— Oui, commandant.

— Devant Condé ?

— Au camp de Pamars[3] ; d'un boulet de canon.

Boisberthelot soupira.

— Le comte de Dampierre. Encore un des nôtres qui
était des leurs[4] !

— Bon voyage ! dit La Vieuville.

— Et Mesdames[5] ? où sont-elles ?

— À Trieste.

— Toujours ?

— Toujours.

Et La Vieuville s'écria :

— Ah ! cette république ! Que de dégâts pour peu de
chose ! Quand on pense que cette révolution est venue
pour un déficit de quelques millions[6] !

---

1. Le « contre-mot », réponse au mot de passe. « Colonelle » se
disait de la première compagnie d'un régiment, commandée par le
colonel.   **2.** Ancien de Royal-Marine, Boulainvilliers se signala en
1794, dans le Morbihan. Disparu avec la solde de ses troupes, il fut
rattrapé et passé par les armes.   **3.** Lire Farmars et non
Pamars.   **4.** Le général comte de Dampierre, un des vainqueurs de
Valmy, mortellement blessé devant Condé-sur-Escaut le 8 mai 1793
et panthéonisé.   **5.** « Mesdames royales », d'Artois et de Provence,
belles-sœurs de Louis XVI.   **6.** Louis Blanc consacre un chapitre
de son *Histoire* à l'« apparition du déficit ». L'intérêt annuel des
emprunts ouverts par Calonne avant la Révolution se montait à
45 420 000 livres.

— Se défier des petits points de départ, dit Boisberthelot.

— Tout va mal, reprit La Vieuville.

— Oui, La Rouarie est mort, Du Dresnay est idiot[1].
Quels tristes meneurs que tous ces évêques[2], ce Coucy,
l'évêque de La Rochelle, ce Beaupoil Saint-Aulaire,
l'évêque de Poitiers, ce Mercy, l'évêque de Luçon, amant
de madame de l'Eschasserie...

— Laquelle s'appelle Servanteau, vous savez,
commandant : l'Eschasserie est un nom de terre.

— Et ce faux évêque d'Agra, qui est curé de je ne sais
quoi !

— De Dol. Il s'appelle Guillot de Folleville. Il est
brave, du reste, et se bat[3].

— Des prêtres quand il faudrait des soldats ! Des
évêques qui ne sont pas des évêques ! des généraux qui
ne sont pas des généraux !

La Vieuville interrompit Boisberthelot.

— Commandant, vous avez le *Moniteur* dans votre
cabine ?

— Oui.

— Qu'est-ce donc qu'on joue à Paris dans ce moment-
ci ?

— *Adèle et Paulin*, et *la Caverne*[4].

— Je voudrais voir ça.

---

1. Chargé par le comte d'Artois, en 1791, de fédérer les « parti-
sans de l'autorité légitime du Roi et de la conservation des propriétés », le marquis de la Rouarie était mort le 27 janvier 1793. Son
successeur, le marquis du Dresnay, estimait « indigne d'un petit-
fils de Saint-Louis de s'en aller chouanner ».   **2.** Saint-Aulaire et
Mercy, anciens députés du clergé aux États généraux, Coucy, ancien
aumônier de Marie-Antoinette, tous trois passés à l'émigration.
3. Capturé à Thouars le 5 mai 1793, en uniforme de garde national,
l'abbé Guillot de Folleville, prêtre assermenté et ardent jacobin,
déclara aux insurgés ne s'être armé que pour passer dans leur camp,
se para du titre d'évêque *in partibus* d'Agra, en Inde, et les entraîna
désormais au combat.   **4.** *Adèle et Paulin ou la Prévention paternelle*, drame d'Étienne Delrieu, dénonçait l'« absurde préjugé » du
droit d'aînesse. Représentée au Théâtre Feydeau, *La Caverne* mettait
en scène, sur une musique du « citoyen Lesueur », un épisode du *Gil
Blas* de Lesage.

— Vous le verrez. Nous serons à Paris dans un mois.

Boisberthelot réfléchit un moment et ajouta :

— Au plus tard. M. Windham l'a dit à milord Hood[1].

— Mais alors, commandant, tout ne va pas si mal ?

— Tout irait bien, parbleu, à la condition que la guerre de Bretagne fût bien conduite.

La Vieuville hocha la tête.

— Commandant, reprit-il, débarquerons-nous l'infanterie de marine ?

— Oui, si la côte est pour nous ; non, si elle est hostile. Quelquefois il faut que la guerre enfonce les portes, quelquefois il faut qu'elle se glisse. La guerre civile doit toujours avoir dans sa poche une fausse clef. On fera le possible. Ce qui importe, c'est le chef.

Et Boisberthelot, pensif, ajouta :

— La Vieuville, que penseriez-vous du chevalier de Dieuzie ?

— Du jeune ?

— Oui.

— Pour commander ?

— Oui.

— Que c'est encore un officier de plaine et de bataille rangée. La broussaille ne connaît que le paysan.

— Alors, résignez-vous au général Stofflet et au général Cathelineau[2].

La Vieuville rêva un moment et dit :

— Il faudrait un prince, un prince de France, un prince du sang. Un vrai prince.

— Pourquoi ? Qui dit prince...

— Dit poltron. Je le sais, commandant. Mais c'est pour l'effet sur les gros yeux bêtes des gars[3].

— Mon cher chevalier, les princes ne veulent pas venir.

---

1. Collaborateur de Pitt, lord Windham organisa le débarquement de Quiberon (1795). L'amiral Hood, commandait en 1793 la flotte anglaise devant Toulon. **2.** Stofflet, fils d'un meunier de Lunéville et ancien garde-chasse. Cathelineau, ancien maçon devenu colporteur. **3.** Noms que se donnaient les insurgés. Le roman de Balzac, *Les Chouans*, s'est d'abord appelé *Le Gars*.

— On s'en passera.

Boisberthelot fit ce mouvement machinal qui consiste à se presser le front avec la main, comme pour en faire sortir une idée.

Il reprit :

— Enfin, essayons de ce général-ci.

— C'est un grand gentilhomme.

— Croyez-vous qu'il suffira ?

— Pourvu qu'il soit bon ! dit La Vieuville.

— C'est-à-dire féroce, dit Boisberthelot.

Le comte et le chevalier se regardèrent.

— Monsieur du Boisberthelot, vous avez dit le mot. Féroce. Oui, c'est là ce qu'il nous faut. Ceci est la guerre sans miséricorde. L'heure est aux sanguinaires. Les régicides ont coupé la tête à Louis XVI, nous arracherons les quatre membres aux régicides. Oui, le général nécessaire est le général Inexorable [1]. Dans l'Anjou et le haut Poitou, les chefs font les magnanimes ; on patauge dans la générosité ; rien ne va. Dans le Marais et dans le pays de Retz [2], les chefs sont atroces, tout marche. C'est parce que Charette est féroce qu'il tient tête à Parrein [3]. Hyène contre hyène.

Boisberthelot n'eut pas le temps de répondre à La Vieuville. La Vieuville eut la parole brusquement coupée par un cri désespéré, et en même temps on entendit un bruit qui ne ressemblait à aucun des bruits qu'on entend. Ce cri et ces bruits venaient du dedans du navire.

Le capitaine et le lieutenant se précipitèrent vers

---

1. *Inexorable*, un des maîtres mots de *Quatrevingt-Treize* (Y. Gohin). On ne saurait être à la fois « inexorable et irréprochable », comme se voulait Cimourdain (*Reliquat*). « J'ai fait un livre, disait Hugo, intitulé *Les Misérables* ; celui-ci pourrait être intitulé *Les Inexorables* » (*Reliquat*). Après la Commune, le triomphe des Versaillais lui paraissait avoir été celui des « inexorables » (*L'Année terrible*, Juillet-V).   2. Domaine de Charette, entre l'estuaire de la Loire et la baie de Bourgneuf-en-Retz, le « pays de Retz » est celui du bourg de Machecoul, dont la prise par les Vendéens s'acheva en carnage (10-11 mars 1793).   3. Commissaire aux armées, Parrein présida la commission militaire de Saumur, où les Jacobins le nommèrent général de brigade.

l'entre-pont, mais ne purent y entrer. Tous les canonniers remontaient éperdus.

Une chose effrayante venait d'arriver.

IV

TORMENTUM BELLI [1]

Une des caronades de la batterie, une pièce de vingt-quatre [2], s'était détachée.

Ceci est le plus redoutable peut-être des événements de mer. Rien de plus terrible ne peut arriver à un navire de guerre au large et en pleine marche.

Un canon qui casse son amarre devient brusquement on ne sait quelle bête surnaturelle. C'est une machine qui se transforme en un monstre. Cette masse court sur ses roues, a des mouvements de bille de billard, penche avec le roulis, plonge avec le tangage, va, vient, s'arrête, paraît méditer, reprend sa course, traverse comme une flèche le navire d'un bout à l'autre, pirouette, se dérobe, s'évade, se cabre, heurte, ébrèche, tue, extermine. C'est un bélier qui bat à sa fantaisie une muraille. Ajoutez ceci : le bélier est de fer, la muraille est de bois. C'est l'entrée en liberté de la matière [3] ; on dirait que cet esclave éternel se venge ; il semble que la méchanceté qui est dans ce que nous appelons les objets inertes sorte et éclate tout à coup ; cela a l'air de perdre patience et de prendre une étrange

---

1. « Machine de guerre », conçue pour le lancement d'armes de trait. *Tormentum*, « tourment », « torture ». Le radical est celui du verbe *torquere*, « tordre ». Victor Hugo a souvent évoqué ce qu'il appelle la « torsion du mal ».   **2.** Une pièce de 24 est un canon pouvant lancer des boulets de 24 livres.   **3.** C'est la « protestation de la matière », telle qu'on l'observe aussi dans le « troisième dessous social » : « Avoir faim, avoir soif, c'est le point de départ ; être Satan, c'est le point d'arrivée » (*Les Misérables*, III, VII, 2), sur fond d'abîme ou de chaos, où l'« informe » et la bestialité s'opposent à l'« idéal ».

revanche obscure ; rien de plus inexorable que la colère
de l'inanimé. Ce bloc forcené a les sauts de la panthère,
la lourdeur de l'éléphant, l'agilité de la souris, l'opiniâtreté de la cognée, l'inattendu de la houle, les coups de
coude de l'éclair, la surdité du sépulcre. Il pèse dix mille,
et il ricoche comme une balle d'enfant. Ce sont des tour-
noiements brusquement coupés d'angles droits. Et que
faire ? Comment en venir à bout ? Une tempête cesse, un
cyclone passe, un vent tombe, un mât brisé se remplace,
une voie d'eau se bouche, un incendie s'éteint ; mais que
devenir avec cette énorme brute de bronze ? De quelle
façon s'y prendre ? Vous pouvez raisonner un dogue,
étonner un taureau, fasciner un boa, effrayer un tigre,
attendrir un lion ; aucune ressource avec ce monstre, un
canon lâché. Vous ne pouvez pas le tuer, il est mort ; et
en même temps, il vit. Il vit d'une vie sinistre qui lui
vient de l'infini. Il a sous lui son plancher qui le balance.
Il est remué par le navire, qui est remué par la mer, qui
est remuée par le vent. Cet exterminateur est un jouet. Le
navire, les flots, les souffles, tout cela le tient ; de là sa
vie affreuse. Que faire à cet engrenage ? Comment entraver ce mécanisme monstrueux du naufrage ? Comment
prévoir ces allées et venues, ces retours, ces arrêts, ces
chocs ? Chacun de ces coups au bordage peut défoncer le
navire. Comment deviner ces affreux méandres ? On a
affaire à un projectile qui se ravise, qui a l'air d'avoir des
idées, et qui change à chaque instant de direction.
Comment arrêter ce qu'il faut éviter ? L'horrible canon
se démène, avance, recule, frappe à droite, frappe à
gauche, fuit, passe, déconcerte l'attente, broie l'obstacle,
écrase les hommes comme des mouches. Toute la terreur
de la situation est dans la mobilité du plancher. Comment
combattre un plan incliné qui a des caprices ? Le navire
a, pour ainsi dire, dans le ventre la foudre prisonnière qui
cherche à s'échapper ; quelque chose comme un tonnerre
roulant sur un tremblement de terre.

En un instant tout l'équipage fut sur pied. La faute était
au chef de pièce qui avait négligé de serrer l'écrou de la
chaîne d'amarrage et mal entravé les quatre roues de la

caronade ; ce qui donnait du jeu à la semelle et au châssis, désaccordait les deux plateaux, et avait fini par disloquer la brague. Le combleau s'était cassé, de sorte que le canon n'était plus ferme à l'affût[1]. La brague fixe, qui empêche le recul, n'était pas encore en usage à cette époque. Un paquet de mer étant venu frapper le sabord, la caronade mal amarrée avait reculé et brisé sa chaîne, et s'était mise à errer formidablement dans l'entre-pont.

Qu'on se figure, pour avoir une idée de ce glissement étrange, une goutte d'eau courant sur une vitre.

Au moment où l'amarre cassa, les canonniers étaient dans la batterie. Les uns groupés, les autres épars, occupés aux ouvrages de mer que font les marins en prévoyance d'un branle-bas de combat. La caronade, lancée par le tangage, fit une trouée dans ce tas d'hommes et en écrasa quatre du premier coup, puis, reprise et décochée par le roulis, elle coupa en deux un cinquième misérable, et alla heurter à la muraille de bâbord une pièce de la batterie qu'elle démonta. De là le cri de détresse qu'on venait d'entendre. Tous les hommes se pressèrent à l'escalier-échelle. La batterie se vida en un clin d'œil.

L'énorme pièce avait été laissée seule. Elle était livrée à elle-même. Elle était sa maîtresse, et la maîtresse du navire. Elle pouvait en faire ce qu'elle voulait. Tout cet équipage accoutumé à rire dans la bataille tremblait. Dire l'épouvante est impossible.

Le capitaine Boisberthelot et le lieutenant La Vieuville, deux intrépides pourtant, s'étaient arrêtés au haut de l'escalier, et, muets, pâles, hésitants, regardaient dans l'entre-pont. Quelqu'un les écarta du coude et descendit.

C'était leur passager, le paysan, l'homme dont ils venaient de parler le moment d'auparavant.

Arrivé au bas de l'escalier-échelle, il s'arrêta.

---

1. La *semelle* est la planche de bois qui soutient la caronade ; le *châssis* fait partie de l'affût ; la *brague* est le cordage qui retenait le canon au moment du recul ; le *combleau* la corde qui servait à tirer la caronade.

V

VIS ET VIR [1]

Le canon allait et venait dans l'entre-pont. On eût dit
le chariot vivant de l'Apocalypse. Le falot de marine,
oscillant sous l'étrave de la batterie, ajoutait à cette vision
un vertigineux balancement d'ombre et de lumière. La
forme du canon s'effaçait dans la violence de sa course,
et il apparaissait, tantôt noir dans la clarté, tantôt reflétant
de vagues blancheurs dans l'obscurité [2].

Il continuait l'exécution du navire. Il avait déjà fracassé
quatre autres pièces et fait dans la muraille deux crevasses
heureusement au-dessus de la flottaison, mais par où l'eau
entrerait, s'il survenait une bourrasque. Il se ruait frénétiquement sur la membrure ; les porques [3] très robustes
résistaient, les bois courbes ont une solidité particulière ;
mais on entendait leurs craquements sous cette massue
démesurée, frappant, avec une sorte d'ubiquité inouïe, de
tous les côtés à la fois. Un grain de plomb secoué dans
une bouteille n'a pas des percussions plus insensées et
plus rapides. Les quatre roues passaient et repassaient sur
les hommes tués, les coupaient, les dépeçaient et les
déchiquetaient, et des cinq cadavres avaient fait vingt
tronçons qui roulaient à travers la batterie ; les têtes
mortes semblaient crier ; des ruisseaux de sang se tordaient sur le plancher selon les balancements du roulis.
Le vaigrage, avarié en plusieurs endroits, commençait à
s'entr'ouvrir. Tout le navire était plein d'un bruit monstrueux.

Le capitaine avait promptement repris son sang-froid,

---

1. Le titre est glosé plus loin : « D'un côté une force, de l'autre
une âme. » Il s'agit d'une âme virile, c'est-à-dire douée de courage,
sens propre du latin *virtus*, qui est de la famille de *vir*.   **2.** Ainsi
voit-on la *forme* — ou l'âme — du canon « s'effacer » dans la *violence* de sa course, l'ombre de l'une mêlée à la lumière de l'autre.
Cette pénombre est celle, évoquée plus loin, où l'on aura la « vision
indistincte d'un prodige ».   **3.** *Porques* et plus loin *vaigrage*
contribuent au renforcement de la charpente du navire.

et sur son ordre on avait jeté par le carré, dans l'entrepont, tout ce qui pouvait amortir et entraver la course effrénée du canon, les matelas, les hamacs, les rechanges de voiles, les rouleaux de cordages, les sacs d'équipage, et les ballots de faux assignats dont la corvette avait tout un chargement, cette infamie anglaise[1] étant regardée comme de bonne guerre.

Mais que pouvaient faire ces chiffons ? Personne n'osant descendre pour les disposer comme il eût fallu, en quelques minutes ce fut de la charpie.

Il y avait juste assez de mer pour que l'accident fût aussi complet que possible. Une tempête eût été désirable ; elle eût peut-être culbuté le canon, et, une fois les quatre roues en l'air, on eût pu s'en rendre maître. Cependant le ravage s'aggravait. Il y avait des écorchures et même des fractures aux mâts, qui, emboîtés dans la charpente de la quille, traversent les étages des navires et y font comme de gros piliers ronds. Sous les frappements convulsifs du canon, le mât de misaine s'était lézardé, le grand mât lui-même était entamé. La batterie se disloquait. Dix pièces sur trente étaient hors de combat ; les brèches au bordage se multipliaient et la corvette commençait à faire eau.

Le vieux passager descendu dans l'entre-pont semblait un homme de pierre[2] au bas de l'escalier. Il jetait sur cette dévastation un œil sévère. Il ne bougeait point. Il paraissait impossible de faire un pas dans la batterie.

Chaque mouvement de la caronade en liberté ébauchait l'effondrement du navire. Encore quelques instants, et le naufrage était inévitable.

Il fallait périr ou couper court au désastre ; prendre un parti, mais lequel ?

Quelle combattante que cette caronade !

---

1. Le but était de « décréditer les assignats » par la « fabrication de faux assignats sur une immense échelle », selon un projet anglais du 20 mars 1793, cité par Louis Blanc. 2. C'est la « statue du Commandeur » (nommée p. 460), le « convive de pierre » des différentes versions de *Dom Juan*. Javert semblait, lui aussi, « fait de pierre » (*Les Misérables*, V, 3, 9).

Il s'agissait d'arrêter cette épouvantable folle.

Il s'agissait de colleter cet éclair.

Il s'agissait de terrasser cette foudre.

Boisberthelot dit à La Vieuville :

— Croyez-vous en Dieu, chevalier ?

La Vieuville répondit :

— Oui. Non. Quelquefois.

— Dans la tempête ?

— Oui. Et dans des moments comme celui-ci.

— Il n'y a en effet que Dieu qui puisse nous tirer de là, dit Boisberthelot[1].

Tous se taisaient, laissant la caronade faire son fracas horrible.

Du dehors, le flot battant le navire répondait aux chocs du canon par des coups de mer. On eût dit deux marteaux alternant.

Tout à coup, dans cette espèce de cirque inabordable où bondissait le canon échappé, on vit un homme apparaître, une barre de fer à la main. C'était l'auteur de la catastrophe, le chef de pièce coupable de négligence et cause de l'accident, le maître de la caronade. Ayant fait le mal, il voulait le réparer. Il avait empoigné une barre d'anspect d'une main, une drosse à nœud coulant de l'autre main[2], et il avait sauté par le carré dans l'entre-pont.

Alors une chose farouche commença ; spectacle titanique ; le combat du canon contre le canonnier ; la bataille de la matière et de l'intelligence, le duel de la chose contre l'homme.

L'homme s'était posté dans un angle, et, sa barre et sa corde dans ses deux poings, adossé à une porque, affermi sur ses jarrets qui semblaient deux piliers d'acier, livide, calme, tragique, comme enraciné dans le plancher, il attendait.

---

1. Boisberthelot s'en remet à une intervention divine dont l'« homme de pierre » ne serait que l'instrument, conformément à une vision « providentialiste » de l'histoire, celle d'un disciple de Joseph de Maistre.   2. L'*anspect* est un levier servant à la manœuvre du canon et la *drosse* (ou *brague*) un cordage servant à contrôler son recul.

Il attendait que le canon passât près de lui.

Le canonnier connaissait sa pièce, et il lui semblait qu'elle devait le connaître. Il vivait depuis longtemps avec elle. Que de fois il lui avait fourré la main dans la gueule ! C'était son monstre familier. Il se mit à lui parler comme à son chien.

— Viens, disait-il. Il l'aimait peut-être.

Il paraissait souhaiter qu'elle vînt à lui.

Mais venir à lui, c'était venir sur lui. Et alors il était perdu. Comment éviter l'écrasement ? Là était la question. Tous regardaient, terrifiés.

Pas une poitrine ne respirait librement, excepté peut-être celle du vieillard qui était seul dans l'entre-pont avec les deux combattants, témoin sinistre.

Il pouvait lui-même être broyé par la pièce. Il ne bougeait pas.

Sous eux le flot, aveugle, dirigeait le combat.

Au moment où, acceptant ce corps-à-corps effroyable, le canonnier vint provoquer le canon, un hasard des balancements de la mer fit que la caronade demeura un moment immobile et comme stupéfaite. « Viens donc ! » lui disait l'homme. Elle semblait écouter.

Subitement elle sauta sur lui. L'homme esquiva le choc.

La lutte s'engagea. Lutte inouïe. Le fragile se colletant avec l'invulnérable. Le belluaire de chair attaquant la bête d'airain. D'un côté une force, de l'autre une âme.

Tout cela se passait dans une pénombre. C'était comme la vision indistincte d'un prodige [1].

Une âme ; chose étrange, on eût dit que le canon en

---

1. Terme à consonance pascalienne : « Quelle chimère est-ce donc que l'homme ? Quelle nouveauté, quel monstre, quel chaos, quel sujet de contradiction, quel prodige ! » (*Pensées*, Le Livre de Poche, p. 116). « Le prodige, c'est le phénomène à l'état de chef-d'œuvre. Le chef-d'œuvre est parfois une catastrophe. Mais dans l'engrenage de la création, prodigieuse décomposition immédiatement recomposée, rien n'est sans but » (« La mer et le vent », *Œuvres complètes*, Critique Bouquins, p. 682). L'événement alors s'ouvre au sens et l'informe prend forme. La Révolution « monstre » tient aussi du « prodige » (p. 226, 254).

avait une, lui aussi ; mais une âme de haine et de rage.
Cette cécité paraissait avoir des yeux. Le monstre avait
l'air de guetter l'homme. Il y avait, on l'eût pu croire du
moins, de la ruse dans cette masse. Elle aussi choisissait
son moment. C'était on ne sait quel gigantesque insecte
de fer ayant ou semblant avoir une volonté de démon. Par
moment, cette sauterelle colossale cognait le plafond bas
de la batterie, puis elle retombait sur ses quatre roues
comme un tigre sur ses quatre griffes, et se remettait à
courir sur l'homme. Lui, souple, agile, adroit, se tordait
comme une couleuvre sous tous ces mouvements de
foudre. Il évitait les rencontres, mais les coups auxquels
il se dérobait tombaient sur le navire et continuaient de
le démolir.

Un bout de chaîne cassée était resté accroché à la caronade. Cette chaîne s'était enroulée on ne sait comment
dans la vis du bouton de culasse. Une extrémité de la
chaîne était fixée à l'affût. L'autre, libre, tournoyait éperdument autour du canon dont elle exagérait tous les soubresauts. La vis la tenait comme une main fermée, et cette
chaîne, multipliant les coups de bélier par des coups de
lanière, faisait autour du canon un tourbillon terrible,
fouet de fer dans un poing d'airain. Cette chaîne compli-
quait le combat.

Pourtant l'homme luttait. Même, par instants, c'était
l'homme qui attaquait le canon ; il rampait le long du
bordage, sa barre et sa corde à la main ; et le canon avait
l'air de comprendre, et, comme s'il devinait un piège,
fuyait. L'homme, formidable, le poursuivait.

De telles choses ne peuvent durer longtemps. Le canon
sembla se dire tout à coup : Allons ! il faut en finir ! et il
s'arrêta. On sentit l'approche du dénoûment. Le canon,
comme en suspens, semblait avoir ou avait, car pour tous
c'était un être, une préméditation féroce. Brusquement, il
se précipita sur le canonnier. Le canonnier se rangea de
côté, le laissa passer, et lui cria en riant : « À refaire ! »
Le canon, comme furieux, brisa une caronade à bâbord ;
puis ressaisi par la fronde invisible qui le tenait, il
s'élança à tribord sur l'homme, qui échappa. Trois caro-

nades s'effondrèrent sous la poussée du canon ; alors, comme aveugle et ne sachant plus ce qu'il faisait, il tourna le dos à l'homme, roula de l'arrière à l'avant, détraqua l'étrave et alla faire une brèche à la muraille de proue. L'homme s'était réfugié au pied de l'escalier, à quelques pas du vieillard témoin. Le canonnier tenait sa barre d'anspect en arrêt. Le canon parut l'apercevoir, et, sans prendre la peine de se retourner, recula sur l'homme avec une promptitude de coup de hache. L'homme acculé au bordage était perdu. Tout l'équipage poussa un cri.

Mais le vieux passager jusqu'alors immobile s'était élancé lui-même plus rapide que toutes ces rapidités farouches. Il avait saisi un ballot de faux assignats, et, au risque d'être écrasé, il avait réussi à le jeter entre les roues de la caronade. Ce mouvement décisif et périlleux n'eût pas été exécuté avec plus de justesse et de précision par un homme rompu à tous les exercices décrits dans le livre de Durosel sur la *Manœuvre du canon de mer* [1].

Le ballot fit l'effet d'un tampon. Un caillou enraye un bloc, une branche d'arbre détourne une avalanche. La caronade trébucha. Le canonnier à son tour, saisissant ce joint redoutable, plongea sa barre de fer entre les rayons d'une des roues d'arrière. Le canon s'arrêta.

Il penchait. L'homme, d'un mouvement de levier imprimé à la barre, le fit basculer. La lourde masse se renversa, avec le bruit d'une cloche qui s'écroule, et l'homme se ruant à corps perdu, ruisselant de sueur, passa le nœud coulant de la drosse au cou de bronze du monstre terrassé.

C'était fini. L'homme avait vaincu. La fourmi avait eu raison du mastodonte ; le pygmée avait fait le tonnerre prisonnier.

Les soldats et les marins battirent des mains.

Tout l'équipage se précipita avec des câbles et des chaînes, et en un instant le canon fut amarré.

---

1. *Instruction abrégée et méthodique concernant l'art de manœu-vrer et de servir le canon nautique ou Exercices de combat à l'usage des corsaires de la République*, par le citoyen P. C. Durosel, Paris, 1793.

Le canonnier salua le passager.

— Monsieur, lui dit-il, vous m'avez sauvé la vie.

Le vieillard avait repris son attitude impassible, et ne répondit pas.

VI

LES DEUX PLATEAUX DE LA BALANCE

L'homme avait vaincu, mais on pouvait dire que le canon avait vaincu aussi. Le naufrage immédiat était évité, mais la corvette n'était point sauvée. Le délabrement du navire paraissait irrémédiable. Le bordage avait cinq brèches, dont une fort grande à l'avant ; vingt caronades sur trente gisaient dans leur cadre. La caronade ressaisie et remise à la chaîne était elle-même hors de service ; la vis du bouton de culasse était forcée, et par conséquent le pointage impossible. La batterie était réduite à neuf pièces. La cale faisait eau. Il fallait tout de suite courir aux avaries et faire jouer les pompes.

L'entre-pont, maintenant qu'on le pouvait regarder, était effroyable à voir[1]. Le dedans d'une cage d'éléphant furieux n'est pas plus démantelé.

Quelle que fût pour la corvette la nécessité de ne pas être aperçue, il y avait une nécessité plus impérieuse encore, le sauvetage immédiat. Il avait fallu éclairer le pont par quelques falots plantés çà et là dans le bordage.

Cependant, tout le temps qu'avait duré cette diversion tragique, l'équipage étant absorbé par une question de vie ou de mort, on n'avait guère su ce qui se passait hors de la corvette. Le brouillard s'était épaissi ; le temps avait

---

1. Victor Hugo a en mémoire le spectacle d'un navire naufragé qu'on avait « traîné » dans le port de Saint-Pierre, à Guernesey. Le 16 décembre 1872, date à laquelle il aborde la rédaction du roman, il mentionne dans son agenda la présence de l'épave, qui lui apparaît le lendemain comme un « spectre ».

changé ; le vent avait fait du navire ce qu'il avait voulu ; on était hors de route, à découvert de Jersey et de Guernesey, plus au sud qu'on ne devait l'être ; on se trouvait en présence d'une mer démontée. De grosses vagues venaient baiser les plaies béantes de la corvette, baisers redoutables. Le bercement de la mer était menaçant. La brise devenait bise. Une bourrasque, une tempête peut-être, se dessinait. On ne voyait pas à quatre lames devant soi.

Pendant que les hommes d'équipage réparaient en hâte et sommairement les ravages de l'entre-pont, aveuglaient les voies d'eau et remettaient en batterie les pièces échappées au désastre, le vieux passager était remonté sur le pont.

Il s'était adossé au grand mât.

Il n'avait point pris garde à un mouvement qui avait eu lieu dans le navire. Le chevalier de La Vieuville avait fait mettre en bataille des deux côtés du grand mât les soldats d'infanterie de marine, et, sur un coup de sifflet du maître d'équipage, les matelots occupés à la manœuvre s'étaient rangés debout sur les vergues.

Le comte du Boisberthelot s'avança vers le passager.

Derrière le capitaine marchait un homme hagard, haletant, les habits en désordre, l'air satisfait pourtant.

C'était le canonnier qui venait de se montrer si à propos dompteur de monstres, et qui avait eu raison du canon.

Le comte fit au vieillard vêtu en paysan le salut militaire, et lui dit :

— Mon général, voilà l'homme.

Le canonnier se tenait debout, les yeux baissés, dans l'attitude d'ordonnance.

Le comte du Boisberthelot reprit :

— Mon général, en présence de ce qu'a fait cet homme, ne pensez-vous pas qu'il y a pour ses chefs quelque chose à faire ?

— Je le pense, dit le vieillard.

— Veuillez donner des ordres, repartit Boisberthelot.

— C'est à vous de les donner. Vous êtes le capitaine.

— Mais vous êtes le général, reprit Boisberthelot.

Le vieillard regarda le canonnier.

— Approche, dit-il.

Le canonnier fit un pas.

Le vieillard se tourna vers le comte du Boisberthelot, détacha la croix de Saint-Louis du capitaine, et la noua à la vareuse du canonnier.

— Hurrah ! crièrent les matelots.

Les soldats de marine présentèrent les armes.

Et le vieux passager, montrant du doigt le canonnier ébloui, ajouta :

— Maintenant, qu'on fusille cet homme.

La stupeur succéda à l'acclamation.

Alors, au milieu d'un silence de tombe, le vieillard éleva la voix. Il dit :

— Une négligence a compromis ce navire. À cette heure il est peut-être perdu. Être en mer, c'est être devant l'ennemi. Un navire qui fait une traversée est une armée qui livre une bataille. La tempête se cache, mais ne s'absente pas. Toute la mer est une embuscade. Peine de mort à toute faute commise en présence de l'ennemi. Il n'y a pas de faute réparable. Le courage doit être récompensé, et la négligence doit être punie.

Ces paroles tombaient l'une après l'autre, lentement, gravement, avec une sorte de mesure inexorable, comme des coups de cognée sur un chêne.

Et le vieillard, regardant les soldats, ajouta :

— Faites.

L'homme à la veste duquel brillait la croix de Saint-Louis courba la tête.

Sur un signe du comte du Boisberthelot, deux matelots descendirent dans l'entre-pont, puis revinrent apportant le hamac-suaire ; l'aumônier du bord, qui depuis le départ était en prière dans le carré des officiers, accompagnait les deux matelots ; un sergent détacha de la ligne de bataille douze soldats qu'il rangea sur deux rangs, six par six ; le canonnier, sans dire un mot, se plaça entre les deux files. L'aumônier, le crucifix en main, s'avança et se mit près de lui. « Marche », dit le sergent. — Le peloton se dirigea à pas lents vers l'avant. Les deux matelots, portant le suaire, suivaient.

Un morne silence se fit sur la corvette. Un ouragan lointain soufflait.

Quelques instants après, une détonation éclata dans les ténèbres, une lueur passa, puis tout se tut, et l'on entendit le bruit que fait un corps en tombant dans la mer.

Le vieux passager, toujours adossé au grand mât, avait croisé les bras, et songeait.

Boisberthelot, dirigeant vers lui l'index de sa main gauche, dit bas à La Vieuville :

— La Vendée a une tête.

VII

QUI MET À LA VOILE MET À LA LOTERIE

Mais qu'allait devenir la corvette ?

Les nuages, qui toute la nuit s'étaient mêlés aux vagues, avaient fini par s'abaisser tellement qu'il n'y avait plus d'horizon et que toute la mer était comme sous un manteau. Rien que le brouillard. Situation toujours périlleuse, même pour un navire bien portant.

À la brume s'ajoutait la houle.

On avait mis le temps à profit ; on avait allégé la corvette en jetant à la mer tout ce qu'on avait pu déblayer du dégât fait par la caronade, les canons démontés, les affûts brisés, les membrures tordues ou déclouées, les pièces de bois et de fer fracassées ; on avait ouvert les sabords, et l'on avait fait glisser sur des planches dans les vagues les cadavres et les débris humains enveloppés dans des prélarts [1].

La mer commençait à n'être plus tenable. Non que la

---

1. Toiles goudronnées servant de protection contre la pluie et l'eau de mer.

tempête devînt précisément imminente ; il semblait au contraire qu'on entendît décroître l'ouragan qui bruissait derrière l'horizon, et la rafale s'en allait au nord ; mais les lames restaient très hautes, ce qui indiquait un mauvais fond de mer, et, malade comme était la corvette, elle était peu résistante aux secousses, et les grandes vagues pouvaient lui être funestes.

Gacquoil était à la barre, pensif.

Faire bonne mine à mauvais jeu, c'est l'habitude des commandants de mer.

La Vieuville, qui était une nature d'homme gai dans les désastres, accosta Gacquoil.

— Eh bien, pilote, dit-il, l'ouragan rate. L'envie d'éternuer n'aboutit pas. Nous nous en tirerons. Nous aurons du vent. Voilà tout.

Gacquoil, sérieux, répondit :

— Qui a du vent a du flot.

Ni riant, ni triste, tel est le marin. La réponse avait un sens inquiétant. Pour un navire qui fait eau, avoir du flot, c'est s'emplir vite. Gacquoil avait souligné ce pronostic d'un vague froncement de sourcil. Peut-être, après la catastrophe du canon et du canonnier, La Vieuville avait-il dit, un peu trop tôt, des paroles presque joviales et légères. Il y a des choses qui portent malheur quand on est au large. La mer est secrète ; on ne sait jamais ce qu'elle a. Il faut prendre garde.

La Vieuville sentit le besoin de redevenir grave.

— Où sommes-nous, pilote ? demanda-t-il.

Le pilote répondit :

— Nous sommes dans la volonté de Dieu.

Un pilote est un maître ; il faut toujours le laisser faire et il faut souvent le laisser dire.

D'ailleurs cette espèce d'homme parle peu. La Vieuville s'éloigna.

La Vieuville avait fait une question au pilote, ce fut l'horizon qui répondit.

La mer se découvrit tout à coup.

Les brumes qui traînaient sur les vagues se déchirèrent, tout l'obscur bouleversement des flots s'étala à perte de vue dans un demi-jour crépusculaire, et voici ce qu'on vit.

Le ciel avait comme un couvercle de nuages ; mais les nuages ne touchaient plus la mer ; à l'est apparaissait une blancheur qui était le lever du jour, à l'ouest blêmissait une autre blancheur qui était le coucher de la lune. Ces deux blancheurs faisaient sur l'horizon, vis-à-vis l'une de l'autre, deux bandes étroites de lueur pâle entre la mer sombre et le ciel ténébreux.

Sur ces deux clartés se dessinaient, droites et immobiles, des silhouettes noires.

Au couchant, sur le ciel éclairé par la lune, se découpaient trois hautes roches, debout comme des peulvens[1] celtiques.

Au levant, sur l'horizon pâle du matin, se dressaient huit voiles rangées en ordre et espacées d'une façon redoutable.

Les trois roches étaient un écueil ; les huit voiles étaient une escadre.

On avait derrière soi les Minquiers, un rocher qui avait mauvaise réputation, devant soi la croisière française. À l'ouest l'abîme, à l'est le carnage ; on était entre un naufrage et un combat.

Pour faire face à l'écueil, la corvette avait une coque trouée, un gréement disloqué, une mâture ébranlée dans sa racine ; pour faire face à la bataille, elle avait une artillerie dont vingt et un canons sur trente étaient démontés, et dont les meilleurs canonniers étaient morts.

Le point du jour était très faible, et l'on avait un peu de nuit devant soi. Cette nuit pouvait même durer encore assez longtemps, étant surtout faite par les nuages, qui étaient hauts, épais et profonds, et avaient l'aspect solide d'une voûte.

Le vent qui avait fini par emporter les brumes d'en bas drossait la corvette sur les Minquiers.

---

1. Évoquant sa visite de Carnac, Victor Hugo écrivait de Vannes à sa femme, le 12 août 1834 : « Un peulven, c'est une pierre debout comme nous en avons vu ensemble à Autun dans ce doux et charmant voyage de 1825. »

Dans l'excès de fatigue et de délabrement où elle était, elle n'obéissait presque plus à la barre, elle roulait plutôt qu'elle ne voguait, et, souffletée par le flot, elle se laissait faire par lui.

Les Minquiers, écueil tragique, étaient plus âpres encore en ce temps-là qu'aujourd'hui. Plusieurs tours de cette citadelle de l'abîme ont été rasées par l'incessant dépècement que fait la mer ; la configuration des écueils change ; ce n'est pas en vain que les flots s'appellent les lames ; chaque marée est un trait de scie. À cette époque, toucher les Minquiers, c'était périr.

Quant à la croisière, c'était cette escadre de Cancale, devenue depuis célèbre sous le commandement de ce capitaine Duchesne que Léquinio appelait « le père Duchêne [1] ».

La situation était critique. La corvette avait, sans le savoir, pendant le déchaînement de la caronade, dévié et marché plutôt vers Granville que vers Saint-Malo. Quand même elle eût pu naviguer et faire voile, les Minquiers lui barraient le retour vers Jersey et la croisière lui barrait l'arrivée en France.

Du reste, de tempête point. Mais, comme l'avait dit le pilote, il y avait du flot. La mer, roulant sous un vent rude et sur un fond déchirant, était sauvage.

La mer ne dit jamais tout de suite ce qu'elle veut. Il y a de tout dans le gouffre, même de la chicane. On pourrait presque dire que la mer a une procédure ; elle avance et recule, elle propose et se dédit, elle ébauche une bourrasque et elle y renonce, elle promet l'abîme et ne le tient pas, elle menace le nord et frappe le sud. Toute la nuit, la corvette *la Claymore* avait eu le brouillard et craint la tourmente ; la mer venait de se démentir, mais d'une

---

1. Allusion au *Père Duchêne*, journal créé par Hébert en 1790, avec pour exergue : « Je suis le véritable Père Duchêne, foutre ! », et considéré comme l'« écho sonore des sans-culottes » (A. Soboul). Député du Morbihan, Lequinio fut l'inventeur, en 1791, de l'appellation de « Montagne », antonyme des « cavernes du despotisme ». Commissaire aux armées, il se signala, en Charente-Maritime, comme « déchristianisateur ».

façon farouche ; elle avait esquissé la tempête et réalisé l'écueil. C'était toujours, sous une autre forme, le naufrage.

Et à la perte sur les brisants s'ajoutait l'extermination par le combat. Un ennemi complétant l'autre.

La Vieuville s'écria à travers son vaillant rire :

— Naufrage ici, bataille là. Des deux côtés nous avons le quine[1].

VIII

9 = 380

La corvette n'était presque plus qu'une épave[2].

Dans la blême clarté éparse, dans la noirceur des nuées, dans les mobilités confuses de l'horizon, dans les mystérieux froncements des vagues, il y avait une solennité sépulcrale. Excepté le vent soufflant d'un souffle hostile, tout se taisait. La catastrophe sortait du gouffre avec majesté. Elle ressemblait plutôt à une apparition qu'à une attaque. Rien ne bougeait dans les rochers, rien ne remuait dans les navires. C'était on ne sait quel colossal silence. Avait-on affaire à quelque chose de réel ? On eût dit un rêve passant sur la mer. Les légendes ont de ces visions ; la corvette était en quelque sorte entre l'écueil démon et la flotte fantôme[3].

Le comte du Boisberthelot donna à demi-voix des ordres à La Vieuville qui descendit dans la batterie, puis le capitaine saisit sa longue-vue et vint se placer à l'arrière à côté du pilote.

Tout l'effort de Gacquoil était de maintenir la corvette

---

1. Par antiphrase, le coup de chance : cinq numéros sortant ensemble à la loterie. « Qu'est-ce que Waterloo ? Une victoire ? Non. Un quine » (*Les Misérables*, II, 1, 17).   **2.** « La Convention tempête, la Monarchie épave », avait noté Hugo (*Reliquat*).
3. Exemples de « métaphore apposition ».

debout au flot ; car, prise de côté par le vent et par la mer, elle eût inévitablement chaviré.

— Pilote, dit le capitaine, où sommes-nous ?

— Sur les Minquiers.

— De quel côté ?

— Du mauvais.

— Quel fond ?

— Roche criarde [1].

— Peut-on s'embosser ?

— On peut toujours mourir, dit le pilote.

Le capitaine dirigea sa lunette d'approche vers l'ouest et examina les Minquiers ; puis il la tourna vers l'est et considéra les voiles en vue.

Le pilote continua, comme se parlant à lui-même :

— C'est les Minquiers. Cela sert de reposoir à la mouette rieuse quand elle s'en va de Hollande et au grand goëland à manteau noir.

Cependant le capitaine avait compté les voiles.

Il y avait bien en effet huit navires correctement disposés et dressant sur l'eau leur profil de guerre. On apercevait au centre la haute stature d'un vaisseau à trois ponts.

Le capitaine questionna le pilote :

— Connaissez-vous ces voiles ?

— Certes ! répondit Gacquoil.

— Qu'est-ce ?

— C'est l'escadre.

— De France ?

— Du diable.

Il y eut un silence. Le capitaine reprit :

— Toute la croisière est-elle là ?

— Pas toute.

En effet, le 2 avril, Valazé avait annoncé à la Convention que dix frégates et six vaisseaux de ligne croisaient

---

1. Rendue « criarde » ou grondeuse par le peu de profondeur, comme récif à fleur d'eau.

dans la Manche[1]. Ce souvenir revint à l'esprit du capitaine.

— Au fait, dit-il, l'escadre est de seize bâtiments. Il n'y en a ici que huit.

— Le reste, dit Gacquoil, traîne par là-bas sur toute la côte, et espionne.

Le capitaine, tout en regardant à travers sa longue-vue, murmura :

— Un vaisseau à trois ponts, deux frégates de premier rang, cinq de deuxième rang.

— Mais moi aussi, grommela Gacquoil, je les ai espionnés.

— Bons bâtiments, dit le capitaine. J'ai un peu commandé tout cela.

— Moi, dit Gacquoil, je les ai vus de près. Je ne prends pas l'un pour l'autre. J'ai leur signalement dans la cervelle.

Le capitaine passa sa longue-vue au pilote.

— Pilote, distinguez-vous bien le bâtiment de haut bord ?

— Oui, mon commandant, c'est le vaisseau *la Côte-d'Or*.

— Qu'ils ont débaptisé, dit le capitaine. C'était autrefois *les États-de-Bourgogne*. Un navire neuf. Cent vingt-huit canons.

Il tira de sa poche un carnet et un crayon, et écrivit sur le carnet le chiffre 128.

Il poursuivit :

— Pilote, quelle est la première voile à bâbord ?

— C'est *l'Expérimentée*.

— Frégate de premier rang. Cinquante-deux canons. Elle était en armement à Brest il y a deux mois.

Le capitaine marqua sur son carnet le chiffre 52.

— Pilote, reprit-il, quelle est la deuxième voile à bâbord ?

— *La Dryade*.

1. *Moniteur*, 4 avril 1793. Décrété d'accusation avec les autres Girondins, Valazé se suicida en plein tribunal le 30 octobre 1793.

— Frégate de premier rang. Quarante canons de dix-huit. Elle a été dans l'Inde. Elle a une belle histoire militaire.

Et il écrivit au-dessous du chiffre 52 le chiffre 40 ; puis, relevant la tête :

— À tribord, maintenant.

— Mon commandant, ce sont toutes des frégates de second rang. Il y en a cinq.

— Quelle est la première à partir du vaisseau ?

— *La Résolue*.

— Trente-deux pièces de dix-huit. Et la seconde ?

— *La Richemont*.

— Même force. Après ?

— *L'Athée*.

— Drôle de nom pour aller en mer. Après ?

— *La Calypso*.

— Après ?

— *La Preneuse*.

— Cinq frégates de trente-deux chaque[*][1].

Le capitaine écrivit au-dessous des premiers chiffres, 160.

— Pilote, dit-il, vous les reconnaissez bien ?

— Et vous, répondit Gacquoil, vous les connaissez bien, mon commandant. Reconnaître est quelque chose, connaître est mieux.

Le capitaine avait l'œil fixé sur son carnet et additionnait entre ses dents.

— Cent vingt-huit, cinquante-deux, quarante, cent soixante.

En ce moment La Vieuville remontait sur le pont.

— Chevalier, lui cria le capitaine, nous sommes en présence de trois cent quatre-vingts pièces de canon.

— Soit, dit La Vieuville.

— Vous revenez de l'inspection, La Vieuville ;

---

[*] *Archives de la marine.* État de la flotte en mars 1793.

---

1. Victor Hugo s'inspire en fait d'un « État de la Marine de la République », publié à la suite du tableau de « répartition des armées », arrêté le 1er mars 1793 (*Moniteur*, 23 mars 1793).

combien décidément avons-nous de pièces en état de faire feu ?

— Neuf.

— Soit, dit à son tour Boisberthelot.

Il reprit la longue-vue des mains du pilote, et regarda l'horizon.

Les huit navires silencieux et noirs semblaient immobiles, mais ils grandissaient.

Ils se rapprochaient insensiblement.

La Vieuville fit le salut militaire[1].

— Commandant, dit La Vieuville, voici mon rapport. Je me défiais de cette corvette *Claymore*. C'est toujours ennuyeux d'être embarqué brusquement sur un navire qui ne vous connaît pas ou qui ne vous aime pas. Navire anglais, traître aux Français. La chienne de caronade l'a prouvé. J'ai fait la visite. Bonnes ancres. Ce n'est pas du fer de loupe, c'est forgé avec des barres soudées au martinet. Les cigales des ancres sont solides[2]. Câbles excellents, faciles à débiter, ayant la longueur d'ordonnance, cent vingt brasses. Force munitions. Six canonniers morts. Cent soixante et onze coups à tirer par pièce.

— Parce qu'il n'y a plus que neuf pièces, murmura le capitaine.

Boisberthelot braqua sa longue-vue sur l'horizon. La lente approche de l'escadre continuait.

Les caronades ont un avantage, trois hommes suffisent pour les manœuvrer ; mais elles ont un inconvénient, elles portent moins loin et tirent moins juste que les canons. Il fallait donc laisser arriver l'escadre à portée de caronade.

Le capitaine donna ses ordres à voix basse. Le silence se fit dans le navire. On ne sonna point le branle-bas, mais on l'exécuta. La corvette était aussi hors de combat contre les hommes que contre les flots. On tira tout le parti possible de ce reste de navire de guerre. On accumula près des drosses, sur le passavant, tout ce qu'il y

---

1. Manuscrit : « 1er janvier 1873 ».   **2.** Mêlé de scories, le *fer de loupe* est du fer non complètement épuré. Actionné par un moulin, le *martinet* servait à battre le fer. La *cigale* est l'anneau par lequel l'ancre est amarrée à sa chaîne.

avait d'aussières et de grelins de rechange pour raffermir
au besoin la mâture [1]. On mit en ordre le poste des blessés.
Selon la mode navale d'alors, on bastingua le pont, ce qui
est une garantie contre les balles, mais non contre les
boulets. On apporta les passe-balles, bien qu'il fût un peu
tard pour vérifier les calibres ; mais on n'avait pas prévu
tant d'incidents. Chaque matelot reçut une giberne et mit
dans sa ceinture une paire de pistolets et un poignard.
On plia les branles [2] ; on pointa l'artillerie ; on prépara la
mousqueterie ; on disposa les haches et les grappins ; on
tint prêtes les soutes à gargousses [3] et les soutes à boulets ;
on ouvrit la soute aux poudres. Chaque homme prit son
poste. Tout cela sans dire une parole et comme dans la
chambre d'un mourant. Ce fut rapide et lugubre.

Puis on embossa la corvette. Elle avait six ancres
comme une frégate. On les mouilla toutes les six ; l'ancre
de veille à l'avant, l'ancre de toue à l'arrière, l'ancre de
flot du côté du large, l'ancre de jusant du côté des brisants, l'ancre d'affourche à tribord et la maîtresse-ancre
à bâbord.

Les neuf caronades qui restaient vivantes furent mises en
batterie toutes les neuf d'un seul côté, du côté de l'ennemi.

L'escadre, non moins silencieuse, avait, elle aussi,
complété sa manœuvre. Les huit bâtiments formaient
maintenant un demi-cercle dont les Minquiers faisaient la
Corde. *La Claymore*, enfermée dans ce demi-cercle, et
d'ailleurs garrottée par ses propres ancres, était adossée à
l'écueil, c'est-à-dire au naufrage.

C'était comme une meute autour d'un sanglier, ne donnant pas de voix, mais montrant les dents.

Il semblait de part et d'autre qu'on s'attendait.

Les canonniers de *la Claymore* étaient à leurs pièces.

Boisberthelot dit à La Vieuville :

— Je tiendrais à commencer le feu.

— Plaisir de coquette, dit La Vieuville.

---

1. *Drosses*, cordages servant au maniement du gouvernail. Le
passavant permet le passage entre l'arrière et l'avant du navire. *Aussières* et *grelins* sont des cordages.   **2.** *Branles*, hamacs des matelots.   **3.** *Gargousse*, corruption de « cartouche ».

IX

QUELQU'UN ÉCHAPPE

Le passager n'avait pas quitté le pont, il observait tout, impassible.

Boisberthelot s'approcha de lui.

— Monsieur, lui dit-il, les préparatifs sont faits. Nous voilà maintenant cramponnés à notre tombeau, nous ne lâcherons pas prise. Nous sommes prisonniers de l'escadre ou de l'écueil. Nous rendre à l'ennemi ou sombrer dans les brisants, nous n'avons pas d'autre choix. Il nous reste une ressource, mourir. Combattre vaut mieux que naufrager. J'aime mieux être mitraillé que noyé ; en fait de mort, je préfère le feu à l'eau. Mais mourir, c'est notre affaire à nous autres, ce n'est pas la vôtre, à vous. Vous êtes l'homme choisi par les princes, vous avez une grande mission, diriger la guerre de Vendée. Vous de moins, c'est peut-être la monarchie perdue ; vous devez donc vivre. Notre honneur à nous est de rester ici, le vôtre est d'en sortir. Vous allez, mon général, quitter le navire. Je vais vous donner un homme et un canot. Gagner la côte par un détour n'est pas impossible. Il n'est pas encore jour, les lames sont hautes, la mer est obscure, vous échapperez. Il y a des cas où fuir, c'est vaincre.

Le vieillard fit, de sa tête sévère, un grave signe d'acquiescement.

Le comte du Boisberthelot éleva la voix :

— Soldats et matelots, cria-t-il.

Tous les mouvements s'arrêtèrent, et de tous les points du navire, les visages se tournèrent vers le capitaine.

Il poursuivit :

— L'homme qui est parmi nous représente le roi. Il nous est confié, nous devons le conserver. Il est nécessaire au trône de France ; à défaut d'un prince, il sera, c'est du moins notre attente, le chef de la Vendée. C'est un grand officier de guerre. Il devait aborder en France avec nous, il faut qu'il y aborde sans nous. Sauver la tête, c'est tout sauver.

— Oui ! oui ! oui ! crièrent toutes les voix de l'équipage.

Le capitaine continua :

— Il va courir, lui aussi, de sérieux dangers. Atteindre la côte n'est pas aisé. Il faudrait que le canot fût grand pour affronter la haute mer et il faut qu'il soit petit pour échapper à la croisière. Il s'agit d'aller atterrir à un point quelconque, qui soit sûr, et plutôt du côté de Fougères que du côté de Coutances. Il faut un matelot solide, bon rameur et bon nageur ; qui soit du pays et qui connaisse les passes. Il y a encore assez de nuit pour que le canot puisse s'éloigner de la corvette sans être aperçu. Et puis, il va y avoir de la fumée qui achèvera de le cacher. Sa petitesse l'aidera à se tirer des bas-fonds. Où la panthère est prise, la belette échappe. Il n'y a pas d'issue pour nous ; il y en a pour lui. Le canot s'éloignera à force de rames ; les navires ennemis ne le verront pas ; et d'ailleurs pendant ce temps-là, nous ici, nous allons les amuser. Est-ce dit ?

— Oui ! oui ! oui ! cria l'équipage.

— Il n'y a pas une minute à perdre, reprit le capitaine. Y a-t-il un homme de bonne volonté ?

Un matelot dans l'obscurité sortit des rangs et dit :

— Moi.

X

ÉCHAPPE-T-IL ?

Quelques instants après, un de ces petits canots qu'on appelle you-yous et qui sont spécialement affectés au service des capitaines s'éloignait du navire. Dans ce canot, il y avait deux hommes, le vieux passager qui était à l'arrière, et le matelot « de bonne volonté » qui était à l'avant[1]. La nuit était encore très obscure. Le matelot, conformément aux indications du capitaine, ramait vigoureusement dans la direction des Minquiers. Aucune autre issue n'était d'ailleurs possible.

On avait jeté au fond du canot quelques provisions, un sac de biscuits, une langue de bœuf fumée et un baril d'eau.

Au moment où le you-you[2] prit la mer, La Vieuville, goguenard devant le gouffre, se pencha par-dessus l'étambot[3] du gouvernail de la corvette, et ricana cet adieu au canot :

— C'est bon pour s'échapper, et excellent pour se noyer.

— Monsieur, dit le pilote, ne rions plus.

L'écart se fit vite et il y eut promptement bonne distance entre la corvette et le canot. Le vent et le flot étaient d'accord avec le rameur, et la petite barque fuyait rapidement, ondulant dans le crépuscule et cachée par les grands plis des vagues.

Il y avait sur la mer on ne sait quelle sombre attente.

Tout à coup, dans ce vaste et tumultueux silence de l'océan, il s'éleva une voix qui, grossie par le porte-voix comme par le masque d'airain de la tragédie antique, semblait presque surhumaine.

C'était le capitaine Boisberthelot qui prenait la parole.

— Marins du roi, cria-t-il, clouez le pavillon blanc au grand mât. Nous allons voir se lever notre dernier soleil.

Et un coup de canon partit de la corvette.

— Vive le roi ! cria l'équipage.

Alors on entendit au fond de l'horizon un autre cri, immense, lointain, confus, distinct pourtant :

— Vive la République !

---

1. À bord de l'« esquif puni » du Hollandais volant, qu'évoque Hugo dans un poème de 1854, « Judas songe, sans prière, / Sur l'avant, et sur l'arrière / Rêve Caïn » (« Les paysans au bord de la mer », *La Légende des siècles*, 1883, VIII, 3). On peut penser aussi à la barque de Caron, le passeur des Enfers. **2.** *Youyou*, petit canot utilisé dans les ports. Le mot n'est attesté qu'à partir du XIXe siècle. **3.** *Étambot*, pièce de bois qui supporte le gouvernail.

Et un bruit pareil au bruit de trois cents foudres éclata dans les profondeurs de l'océan.

La lutte commençait.

La mer se couvrit de fumée et de feu.

Les jets d'écume que font les boulets en tombant dans l'eau piquèrent les vagues de tous les côtés.

La Claymore se mit à cracher de la flamme sur les huit navires. En même temps toute l'escadre groupée en demi-lune autour de *la Claymore* faisait feu de toutes ses batteries. L'horizon s'incendia. On eût dit un volcan qui sort de la mer. Le vent tordait cette immense pourpre de la bataille où les navires apparaissaient et disparaissaient comme des spectres. Au premier plan, le squelette noir de la corvette se dessinait sur ce fond rouge.

On distinguait à la pointe du grand mât le pavillon fleurdelysé.

Les deux hommes qui étaient dans le canot se taisaient.

Le bas-fond triangulaire des Minquiers, sorte de trina-crie[1] sous-marine, est plus vaste que l'île entière de Jer-sey ; la mer le couvre ; il a pour point culminant un plateau qui émerge des plus hautes marées et duquel se détachent au nord-est six puissants rochers rangés en droite ligne, qui font l'effet d'une grande muraille écrou-lée çà et là. Le détroit entre le plateau et les six écueils n'est praticable qu'aux barques d'un très faible tirant d'eau. Au delà de ce détroit, on trouve le large.

Le matelot qui s'était chargé du sauvetage du canot engagea l'embarcation dans le détroit. De cette façon il mettait les Minquiers entre la bataille et le canot. Il nagea avec adresse dans l'étroit chenal, évitant les récifs à bâbord comme à tribord ; les rochers maintenant mas-quaient la bataille. La lueur de l'horizon et le fracas furieux de la canonnade commençaient à décroître, à cause de la distance qui augmentait ; mais, à la continuité des détonations, on pouvait comprendre que la corvette

---

1. Comme le nom antique de la Sicile, *Trinacria*, l'île aux trois pointes.

tenait bon et qu'elle voulait épuiser, jusqu'à la dernière, ses cent quatre-vingt-onze[1] bordées.

Bientôt, le canot se trouva dans une eau libre, hors de l'écueil, hors de la bataille, hors de la portée des projectiles.

Peu à peu le modelé de la mer devenait moins sombre, les luisants brusquement noyés de noirceurs s'élargissaient, les écumes compliquées se brisaient en jets de lumière, des blancheurs flottaient sur les méplats des vagues. Le jour parut.

Le canot était hors de l'atteinte de l'ennemi ; mais le plus difficile restait à faire. Le canot était sauvé de la mitraille, mais non du naufrage. Il était en haute mer, coque imperceptible, sans pont, sans voile, sans mât, sans boussole, n'ayant de ressource que la rame, en présence de l'océan et de l'ouragan, atome à la merci des colosses.

Alors, dans cette immensité, dans cette solitude, levant sa face que blêmissait le matin, l'homme qui était à l'avant du canot regarda fixement l'homme qui était à l'arrière et lui dit :

— Je suis le frère de celui que vous avez fait fusiller.

---

1. Cent soixante et onze (multiple de neuf), selon le chiffre cité plus haut par La Vieuville (p. 105).

« Halmalo », par Diogène Maillart (édition Hugues, 1876).

LIVRE TROISIÈME

HALMALO

I

LA PAROLE, C'EST LE VERBE [1]

Le vieillard redressa lentement la tête.

L'homme qui lui parlait avait environ trente ans. Il avait sur le front le hâle de la mer ; ses yeux étaient étranges ; c'était le regard sagace du matelot dans la prunelle candide du paysan. Il tenait puissamment les rames dans ses deux poings. Il avait l'air doux.

On voyait à sa ceinture un poignard, deux pistolets et un rosaire.

— Qui êtes-vous ? dit le vieillard.

— Je viens de vous le dire.

— Qu'est-ce que vous me voulez ?

L'homme quitta les avirons, croisa les bras et répondit :

---

1. Le « Verbe », c'est Dieu, dans la conception johannique (« Au commencement était le Verbe, et le Verbe était avec Dieu, et le Verbe était Dieu », Jean, I, 1), paraphrasée ailleurs par Hugo : « Car le mot c'est le Verbe et le Verbe c'est Dieu » (*Les Contemplations*, I, 8, « Suite »). C'est aussi l'instrument, à la tribune, du « gouvernement des hommes par la parole » : « Du Verbe de Dieu est sortie la création des êtres ; du Verbe de l'homme sortira la société des peuples » (*Napoléon-le-Petit*, V, « Le parlementarisme »). Chef-d'œuvre de persuasion sophistique, la prédication de Lantenac va en fournir un contre-exemple.

— Vous tuer.

— Comme vous voudrez, dit le vieillard.

L'homme haussa la voix.

— Préparez-vous.

— À quoi ?

— À mourir.

— Pourquoi ? demanda le vieillard.

Il y eut un silence. L'homme sembla un moment comme interdit de la question. Il reprit :

— Je dis que je veux vous tuer.

— Et je vous demande pourquoi ?

Un éclair passa dans les yeux du matelot.

— Parce que vous avez tué mon frère[1].

Le vieillard repartit avec calme :

— J'ai commencé par lui sauver la vie.

— C'est vrai. Vous l'avez sauvé d'abord et tué ensuite.

— Ce n'est pas moi qui l'ai tué.

— Qui donc l'a tué ?

— Sa faute.

Le matelot, béant, regarda le vieillard ; puis ses sourcils reprirent leur froncement farouche.

— Comment vous appelez-vous ? dit le vieillard.

— Je m'appelle Halmalo, mais vous n'avez pas besoin de savoir mon nom pour être tué par moi.

En ce moment le soleil se leva. Un rayon frappa le matelot en plein visage et éclaira vivement cette figure sauvage. Le vieillard le considérait attentivement.

La canonnade, qui se prolongeait toujours, avait maintenant des interruptions et des saccades d'agonie. Une vaste fumée s'affaissait sur l'horizon. Le canot, que ne maniait plus le rameur, allait à la dérive.

Le matelot saisit de sa main droite un des pistolets de sa ceinture et de sa main gauche son chapelet.

Le vieillard se dressa debout :

---

1. C'est la loi des « inexorables », celle du talion, à laquelle s'oppose la revendication par Hugo d'une « clémence implacable ». Voir dans *L'Année terrible*, en relation avec la Commune de 1871, les poèmes « Pas de représailles » et « Talion » (Avril, V, VI).

— Tu crois en Dieu ? dit-il.

— Notre Père qui est au ciel, répondit le matelot.

Et il fit le signe de la croix.

— As-tu ta mère ?

— Oui.

Il fit un deuxième signe de croix. Puis il reprit ;

— C'est dit. Je vous donne une minute, monseigneur.

Et il arma le pistolet.

— Pourquoi m'appelles-tu monseigneur ?

— Parce que vous êtes un seigneur. Cela se voit[1].

— As-tu un seigneur, toi ?

— Oui, et un grand. Est-ce qu'on vit sans seigneur ?

— Où est-il ?

— Je ne sais pas. Il a quitté le pays. Il s'appelle monsieur le marquis de Lantenac, vicomte de Fontenay, prince en Bretagne ; il est le seigneur des Sept-Forêts. Je ne l'ai jamais vu, ce qui ne l'empêche pas d'être mon maître.

— Et si tu le voyais, lui obéirais-tu ?

— Certes. Je serais donc un païen, si je ne lui obéissais pas ! on doit obéissance à Dieu, et puis au roi qui est comme Dieu, et puis au seigneur qui est comme le roi. Mais ce n'est pas tout ça, vous avez tué mon frère, il faut que je vous tue.

Le vieillard répondit :

— D'abord, j'ai tué ton frère, j'ai bien fait.

Le matelot crispa son poing sur son pistolet.

— Allons, dit-il.

— Soit, dit le vieillard.

Et, tranquille, il ajouta :

— Où est le prêtre ?

Le matelot le regarda.

— Le prêtre ?

— Oui, le prêtre. J'ai donné un prêtre à ton frère, tu me dois un prêtre.

— Je n'en ai pas, dit le matelot.

---

1. Halmalo « reconnaît » un seigneur sans le « connaître », comme Pécopin le diable, dans la *Légende du Beau Pécopin* (*Le Rhin*, XXI, 16).

Et il continua :

— Est-ce qu'on a des prêtres en pleine mer ?

On entendait les détonations convulsives du combat de plus en plus lointain.

— Ceux qui meurent là-bas ont le leur, dit le vieillard.

— C'est vrai, murmura le matelot. Ils ont monsieur l'aumônier.

Le vieillard poursuivit :

— Tu perds mon âme, ce qui est grave.

Le matelot baissa la tête, pensif.

— Et en perdant mon âme, reprit le vieillard, tu perds la tienne. Écoute. J'ai pitié de toi. Tu feras ce que tu voudras. Moi, j'ai fait mon devoir tout à l'heure, d'abord en sauvant la vie à ton frère et ensuite en la lui ôtant, et je fais mon devoir à présent en tâchant de sauver ton âme. Réfléchis. Cela te regarde. Entends-tu les coups de canon dans ce moment-ci ? Il y a là des hommes qui périssent, il y a là des désespérés qui agonisent, il y a là des maris qui ne reverront plus leurs femmes, des pères qui ne reverront plus leur enfant, des frères qui, comme toi, ne reverront plus leur frère. Et par la faute de qui ? par la faute de ton frère à toi. Tu crois en Dieu, n'est-ce pas ? Eh bien, tu sais que Dieu souffre en ce moment ; Dieu souffre dans son fils très-chrétien le roi de France [1] qui est enfant comme l'enfant Jésus et qui est en prison dans la tour du Temple ; Dieu souffre dans son église de Bretagne ; Dieu souffre dans ses cathédrales insultées, dans ses évangiles déchirés, dans ses maisons de prière violées ; Dieu souffre dans ses prêtres assassinés. Qu'est-ce que nous venions faire, nous, dans ce navire qui périt en ce moment ? Nous venions secourir Dieu. Si ton frère avait été un bon serviteur, s'il avait fidèlement fait son office d'homme sage et utile, le malheur de la caronade ne serait pas arrivé, la corvette n'eût pas été désemparée, elle n'eût pas manqué sa route, elle ne fût pas tombée dans cette flotte de perdition, et nous débarquerions à cette heure en France, tous, en vaillants hommes de guerre et de mer que nous sommes, sabre au poing, drapeau blanc déployé, nombreux, contents, joyeux, et nous viendrions aider les braves

---

1. Louis XVII.

paysans de Vendée à sauver la France, à sauver le roi, à sauver Dieu. Voilà ce que nous venions faire, voilà ce que nous ferions. Voilà ce que, moi, le seul qui reste, je viens faire. Mais tu t'y opposes. Dans cette lutte des impies contre les prêtres, dans cette lutte des régicides contre le roi, dans cette lutte de Satan contre Dieu, tu es pour Satan. Ton frère a été le premier auxiliaire du démon, tu es le second. Il a commencé, tu achèves. Tu es pour les régicides contre le trône, tu es pour les impies contre l'Église. Tu ôtes à Dieu sa dernière ressource. Parce que je ne serai point là, moi qui représente le roi, les hameaux vont continuer de brûler, les familles de pleurer, les prêtres de saigner, la Bretagne de souffrir, et le roi d'être en prison, et Jésus-Christ d'être en détresse. Et qui aura fait cela ? Toi. Va, c'est ton affaire. Je comptais sur toi pour tout le contraire. Je me suis trompé. Ah oui, c'est vrai, tu as raison, j'ai tué ton frère. Ton frère avait été courageux, je l'ai récompensé ; il avait été coupable, je l'ai puni. Il avait manqué à son devoir, je n'ai pas manqué au mien. Ce que j'ai fait, je le ferais encore. Et, je le jure par la grande sainte Anne d'Auray qui nous regarde, en pareil cas, de même que j'ai fait fusiller ton frère, je ferais fusiller mon fils. Maintenant, tu es le maître. Oui, je te plains. Tu as menti à ton capitaine. Toi, chrétien, tu es sans foi ; toi, Breton, tu es sans honneur ; j'ai été confié à ta loyauté et accepté par ta trahison ; tu donnes ma mort à ceux à qui tu as promis ma vie. Sais-tu qui tu perds ici ? C'est toi. Tu prends ma vie au roi et tu donnes ton éternité au démon. Va, commets ton crime, c'est bien. Tu fais bon marché de ta part de paradis. Grâce à toi, le diable vaincra, grâce à toi, les églises tomberont, grâce à toi, les païens continueront de fondre les cloches et d'en faire des canons ; on mitraillera les hommes avec ce qui sauvait les âmes. En ce moment où je parle, la cloche qui a sonné ton baptême tue peut-être ta mère. Va, aide le démon. Ne t'arrête pas. Oui, j'ai condamné ton frère, mais sache cela, je suis un instrument de Dieu [1]. Ah ! tu juges les moyens de Dieu ! tu vas donc te mettre à juger la foudre qui est dans le ciel ? Mal-

---

1. Le passager d'Halmalo se fait l'apologiste du bourreau, comme Joseph de Maistre dans *Les Soirées de Saint-Pétersbourg* (1821). L'histoire ne saurait être rédemptrice que par la mort et le sang versé.

heureux, tu seras jugé par elle. Prends garde à ce que tu vas faire. Sais-tu seulement si je suis en état de grâce ? Non. Va tout de même. Fais ce que tu voudras. Tu es libre de me jeter en enfer et de t'y jeter avec moi. Nos deux damnations sont dans ta main. Le responsable devant Dieu, ce sera toi. Nous sommes seuls et face à face dans l'abîme. Continue, termine, achève. Je suis vieux et tu es jeune ; je suis sans armes et tu es armé ; tue-moi.

Pendant que le vieillard, debout, d'une voix plus haute que le bruit de la mer, disait ces paroles, les ondulations de la vague le faisaient apparaître tantôt dans l'ombre, tantôt dans la lumière ; le matelot était devenu livide ; de grosses gouttes de sueur lui tombaient du front ; il tremblait comme la feuille ; par moments il baisait son rosaire ; quand le vieillard eut fini, il jeta son pistolet et tomba à genoux [1].

— Grâce, monseigneur ! pardonnez-moi, cria-t-il ; vous parlez comme le bon Dieu. J'ai tort. Mon frère a eu tort. Je ferai tout pour réparer son crime. Disposez de moi. Ordonnez. J'obéirai.

— Je te fais grâce, dit le vieillard [2].

II

MÉMOIRE DE PAYSAN VAUT SCIENCE DE CAPITAINE [3]

Les provisions qui étaient dans le canot ne furent pas inutiles.

Les deux fugitifs, obligés à de longs détours, mirent trente-six heures à atteindre la côte. Ils passèrent une nuit

---

1. Comme Paul, sur le chemin de Damas. Mais la « grâce » dont il va s'agir n'est pas celle dont Paul, selon Hugo, aurait été l'« inventeur », et que « nous nommons droit » (*William Shakespeare*, I, 2, § 10).   **2.** La puissance du « verbe » se mesure au renversement ironique d'une situation où celui qui fait grâce avait été en position de devoir la demander sous la menace d'un pistolet.   **3.** Nouveau titre en forme d'équation. Tout se vaut (ou rien ne vaut) : science des doctes et mémoire des ânes, comme « noblesse » et « roture ».

en mer ; mais la nuit fut belle, avec trop de lune cependant pour des gens qui cherchaient à se dérober.

Ils durent d'abord s'éloigner de France et gagner le large vers Jersey.

Ils entendirent la suprême canonnade de la corvette foudroyée, comme on entend le dernier rugissement du lion que les chasseurs tuent dans les bois. Puis le silence se fit sur la mer.

Cette corvette *la Claymore* mourut de la même façon que *le Vengeur*[1] ; mais la gloire l'a ignoré. On n'est pas héros contre son pays.

Halmalo était un marin surprenant. Il fit des miracles de dextérité et d'intelligence ; cette improvisation d'un itinéraire à travers les écueils, les vagues et le guet de l'ennemi fut un chef-d'œuvre. Le vent avait décru et la mer était devenue maniable.

Halmalo évita les Caux des Minquiers, contourna la Chaussée-aux-Bœufs, s'y abrita, afin d'y prendre quelques heures de repos dans la petite crique qui s'y fait au nord à mer basse, et, redescendant au sud, trouva moyen de passer entre Granville et les îles Chausey sans être aperçu ni de la vigie de Chausey ni de la vigie de Granville. Il s'engagea dans la baie de Saint-Michel, ce qui était hardi à cause du voisinage de Cancale, lieu d'ancrage de la croisière.

Le soir du second jour, environ une heure avant le coucher du soleil, il laissa derrière lui le mont Saint-Michel, et vint atterrir à une grève qui est toujours déserte, parce qu'elle est dangereuse ; on s'y enlise[2].

Heureusement la marée était haute.

Halmalo poussa l'embarcation le plus avant qu'il put, tâta le sable, le trouva solide, y échoua le canot et sauta à terre.

---

1. *Le Vengeur*, coulé par la flotte anglaise en mai 1794 alors qu'il escortait un convoi de grains venant d'Amérique. Son sacrifice fut célébré en vers par Lebrun-Pindare et Marie-Joseph Chénier.
2. « L'enlisement, c'est le sépulcre qui se fait marée », à l'exemple du « fontis » traversé par Jean Valjean, qui est comme la « grève du mont Saint-Michel dans un égout » (*Les Misérables*, V, 3, 6).

Le vieillard après lui enjamba le bord et examina l'horizon.

— Monseigneur, dit Halmalo, nous sommes ici à l'embouchure du Couesnon. Voilà Beauvoir à tribord et Huisnes à bâbord. Le clocher devant nous, c'est Ardevon.

Le vieillard se pencha dans le canot, y prit un biscuit qu'il mit dans sa poche, et dit à Halmalo :

— Prends le reste.

Halmalo mit dans le sac ce qui restait de viande avec ce qui restait de biscuit, et chargea le sac sur son épaule. Cela fait, il dit :

— Monseigneur, faut-il vous conduire ou vous suivre ?

— Ni l'un ni l'autre.

Halmalo stupéfait regarda le vieillard.

Le vieillard continua :

— Halmalo, nous allons nous séparer. Être deux ne vaut rien. Il faut être mille ou seul.

Il s'interrompit, et tira d'une de ses poches un nœud de soie verte, assez pareil à une cocarde, au centre duquel était brodée une fleur de lys en or. Il reprit :

— Sais-tu lire ?

— Non.

— C'est bien. Un homme qui lit, ça gêne[1]. As-tu bonne mémoire ?

— Oui.

— C'est bien. Écoute, Halmalo. Tu vas prendre à droite et moi à gauche. J'irai du côté de Fougères, toi du côté de Bazouges[2]. Garde ton sac qui te donne l'air d'un paysan. Cache tes armes. Coupe-toi un bâton dans les haies. Rampe dans les seigles qui sont hauts. Glisse-toi derrière les clôtures. Enjambe les échaliers[3] pour aller à travers champs. Laisse à distance les passants. Évite les

---

1. « Je ne sais pas lire », répond, dans un poème de *L'Année terrible*, l'incendiaire de la Bibliothèque (Juin-VIII).   **2.** Bazouges, dans la région de Combourg, en Ille-et-Vilaine. L'extravagant itinéraire prescrit à Halmalo le promènera, par voie d'écarts souvent inattendus, des Côtes-du-Nord à la « lisière du haut et du bas Maine ».   **3.** *Échaliers*, clôtures de branches d'arbre.

chemins et les ponts. N'entre pas à Pontorson. Ah ! tu auras à traverser le Couesnon. Comment le passeras-tu ?

— À la nage.

— C'est bien. Et puis il y a un gué. Sais-tu où il est ?

— Entre Ancey et Vieux-Viel[1].

— C'est bien. Tu es vraiment du pays.

— Mais la nuit vient. Où monseigneur couchera-t-il ?

— Je me charge de moi. Et toi, où coucheras-tu ?

— Il y a des émousses[2]. Avant d'être matelot j'ai été paysan.

— Jette ton chapeau de marin qui te trahirait. Tu trouveras bien quelque part une carapousse.

— Oh ! un tapabor[3], cela se trouve partout. Le premier pêcheur venu me vendra le sien.

— C'est bien. Maintenant, écoute. Tu connais les bois ?

— Tous.

— De tout le pays ?

— Depuis Noirmoutier jusqu'à Laval.

— Connais-tu aussi les noms ?

— Je connais les bois, je connais les noms, je connais tout.

— Tu n'oublieras rien ?

— Rien.

— C'est bien. À présent, attention. Combien peux-tu faire de lieues par jour ?

— Dix, quinze, dix-huit, vingt, s'il le faut.

— Il le faudra. Ne perds pas un mot de ce que je vais te dire. Tu iras au bois de Saint-Aubin.

— Près de Lamballe ?

---

1. Aucey-la-Plaine (et non « Ancey »), à l'ouest, et Vieux-Viel, à l'est, de part et d'autre du Couesnon, à une quinzaine de kilomètres de son embouchure. **2.** Voir n. 1, p. 65. **3.** « *Carapousse :* tapabor, vieux chapeau » (*Dictionnaire franco-normand*). *Tapabor* se trouve dans Corneille.

— Oui [1]. Sur la lisière du ravin qui est entre Saint-Rieul et Plédéliac il y a un gros châtaignier. Tu t'arrêteras là. Tu ne verras personne.

— Ce qui n'empêche pas qu'il y aura quelqu'un. Je sais.

— Tu feras l'appel. Sais-tu faire l'appel ?

Halmalo enfla ses joues, se tourna du côté de la mer, et l'on entendit le hou-hou de la chouette [2].

On eût dit que cela venait des profondeurs nocturnes ; c'était ressemblant et sinistre.

— Bien, dit le vieillard. Tu en es.

Il tendit à Halmalo le nœud de soie verte.

— Voici mon nœud de commandement. Prends-le. Il importe que personne encore ne sache mon nom. Mais ce nœud suffit. La fleur de lys a été brodée par Madame Royale [3] dans la prison du Temple.

Halmalo mit un genou en terre. Il reçut avec un tremblement le nœud fleurdelysé, et en approcha ses lèvres ; puis s'arrêtant comme effrayé de ce baiser :

— Le puis-je ? demanda-t-il.

— Oui, puisque tu baises le crucifix [4].

Halmalo baisa la fleur de lys.

— Relève-toi, dit le vieillard.

Halmalo se releva et mit le nœud dans sa poitrine.

Le vieillard poursuivit :

— Écoute bien ceci. Voici l'ordre : *Insurgez-vous. Pas de quartier*. Donc, sur la lisière du bois de Saint-Aubin tu feras l'appel. Tu le feras trois fois. À la troisième fois tu verras un homme sortir de terre.

— D'un trou sous les arbres. Je sais.

— Cet homme, c'est Planchenault, qu'on appelle aussi Cœur-de-Roi. Tu lui montreras ce nœud. Il comprendra.

---

1. Soit à quelque 60 kilomètres à l'ouest du Couesnon.   **2.** Signe de ralliement des chouans, qui lui doivent peut-être leur nom. **3.** Née en 1778, Madame Royale était la fille de Louis XVI. Elle sera « échangée », sous le Directoire, contre un ancien ministre et quatre commissaires, livrés par Dumouriez à l'Autriche en 1793.   **4.** Il y va de l'alliance du trône et de l'autel, selon une logique qui semble échapper à Halmalo.

Tu iras ensuite, par les chemins que tu inventeras, au bois
d'Astillé[1] ; tu y trouveras un homme cagneux qui est surnommé Mousqueton, et qui ne fait miséricorde à personne. Tu lui diras que je l'aime, et qu'il mette en branle
ses paroisses. Tu iras ensuite au bois de Couesbon qui est
à une lieue de Ploërmel[2]. Tu feras l'appel de la chouette ;
un homme sortira d'un trou ; c'est M. Thuault, sénéchal
de Ploërmel, qui a été de ce qu'on appelle l'Assemblée
constituante, mais du bon côté. Tu lui diras d'armer le
château de Couesbon qui est au marquis de Guer, émigré.
Ravins, petits bois, terrain inégal, bon endroit. M. Thuault
est un homme droit et d'esprit. Tu iras ensuite à Saint-
Ouen-les-Toits, et tu parleras à Jean Chouan, qui est à
mes yeux le vrai chef[3]. Tu iras ensuite au bois de Ville-
Anglose, tu y verras Guitter, qu'on appelle Saint-Martin,
tu lui diras d'avoir l'œil sur un certain Courmesnil, qui
est gendre du vieux Goupil de Préfeln et qui mène la
jacobinière d'Argentan[4]. Retiens bien tout. Je n'écris rien
parce qu'il ne faut rien écrire. La Rouarie a écrit une
liste ; cela a tout perdu. Tu iras ensuite au bois de Rougefeu[5] où est Miélette qui saute par-dessus les ravins en
s'arc-boutant sur une longue perche.

— Cela s'appelle une ferte[6].

— Sais-tu t'en servir ?

— Je ne serais donc pas Breton et je ne serais donc
pas paysan ? La ferte, c'est notre amie. Elle agrandit nos
bras et allonge nos jambes.

---

1. Cela fait, des environs de Lamballe à ceux de Laval, quelque
150 kilomètres.   2. Victor Hugo s'inspire d'une note prise dans
Puisaye : « Lieux possibles — à une lieue de Ploërmel, le château
de Couesbon, appartenant au marquis de Guer, émigré — petits bois,
terrain inégal, ravin — lieu propre, dit Puisaye, à une guerre de
broussailles. M. Thuault, ancien constituant, sénéchal de Ploërmel,
homme droit et d'esprit, dit Puisaye » (*Reliquat*). Mais Ploërmel
nous ramène en Bretagne, du côté de la forêt de Paimpont.   3. Retour en Mayenne.   4. Argentan, dans l'Orne, à une centaine de
kilomètres au nord-ouest de Laval.   5. Près de Bourgon, au sud
de Fougères.   6. « Son usage habituel est de servir d'appui pour
servir à franchir les haies et les fossés. Les faux sauniers en avaient
fait une arme redoutable » (Descépeaux).

— C'est-à-dire qu'elle rapetisse l'ennemi et raccourcit le chemin. Bon engin.

— Une fois, avec ma ferte, j'ai tenu tête à trois gabelous qui avaient des sabres.

— Quand ça ?

— Il y a dix ans.

— Sous le roi ?

— Mais oui.

— Tu t'es donc battu sous le roi ?

— Mais oui.

— Contre qui ?

— Ma foi, je ne sais pas. J'étais faux-saulnier[1].

— C'est bien.

— On appelait cela se battre contre les gabelles. Les gabelles, est-ce que c'est la même chose que le roi ?

— Oui. Non. Mais il n'est pas nécessaire que tu comprennes cela.

— Je demande pardon à monseigneur d'avoir fait une question à monseigneur.

— Continuons. Connais-tu la Tourgue ?

— Si je connais la Tourgue ! j'en suis.

— Comment ?

— Oui, puisque je suis de Parigné[2].

— En effet, la Tourgue est voisine de Parigné.

— Si je connais la Tourgue ! Le gros château rond qui est le château de famille de mes seigneurs ! Il y a une grosse porte de fer qui sépare le bâtiment neuf du bâtiment vieux et qu'on n'enfoncerait pas avec du canon.

---

1. Jean Chouan et ses frères avaient été faux-saulniers. La Bretagne, pays de franchise, n'étant pas soumise à la gabelle (impôt du sel), le sel n'y valait qu'un sou, alors que les paysans du Maine devaient le payer treize sous et ne se servaient que de *faux sel*, de sel de contrebande (Descépeaux). Les gabelous étaient chargés de la perception de la gabelle.   2. Parigné, en Ille-et-Vilaine, au nord de Fougères et de son château, visité et dessiné par Hugo en 1836. La tour Mélusine, à Fougères, passe, sans raison décisive, pour avoir servi de modèle à la Tourgue. « Voir s'il ne faut pas que Halmalo et Lantenac parlent de Gauvain-la-Tour et que Halmalo dise : — C'est là que je suis né, et il n'y a plus qu'un homme qui connaisse la sortie souterraine, c'est moi » (*Reliquat*).

C'est dans le bâtiment neuf qu'est le fameux livre sur saint Barthélemy qu'on venait voir par curiosité. Il y a des grenouilles dans l'herbe. J'ai joué tout petit avec ces grenouilles-là. Et la passe souterraine ! je la connais. Il n'y a peut-être plus que moi qui la connaisse.

— Quelle passe souterraine ? Je ne sais pas ce que tu veux dire.

— C'était pour autrefois, dans les temps, quand la Tourgue était assiégée. Les gens du dedans pouvaient se sauver dehors en passant par un passage sous terre qui va aboutir à la forêt.

— En effet, il y a un passage souterrain de ce genre au château de la Jupellière[1], et au château de la Hunaudaye[2], et à la tour de Champéon ; mais il n'y a rien de pareil à la Tourgue.

— Si fait, monseigneur. Je ne connais pas ces passages-là dont monseigneur parle. Je ne connais que celui de la Tourgue, parce que je suis du pays. Et, encore, il n'y a guère que moi qui sache cette passe-là. On n'en parlait pas. C'était défendu, parce que ce passage avait servi du temps des guerres de M. de Rohan[3]. Mon père savait le secret et il me l'a montré. Je connais le secret pour entrer et le secret pour sortir. Si je suis dans la forêt, je puis aller dans la tour, et si je suis dans la tour, je puis aller dans la forêt, sans qu'on me voie. Et quand les ennemis entrent, il n'y a plus personne. Voilà ce que c'est que la Tourgue. Ah ! je la connais.

Le vieillard demeura un moment silencieux.

— Tu te trompes évidemment ; s'il y avait un tel secret, je le saurais.

— Monseigneur, j'en suis sûr. Il y a une pierre qui tourne.

---

1. La Jupellière, près de Parné, au sud-est de Laval, en Mayenne. Descépeaux mentionne une « assemblée de chouans au château de la Jupellière ». **2.** Le château de la Hunaudaie, dans les Côtes-du-Nord, au sud-est de Plancoët. **3.** Après l'assassinat de Henri IV (1610), le duc de Rohan, gendre de Sully et prince breton, avait pris en Vendée la tête du parti réformé pour réclamer l'application de l'Édit de Nantes.

— Ah bon ! Vous autres paysans, vous croyez aux pierres qui tournent, aux pierres qui chantent, aux pierres qui vont boire la nuit au ruisseau d'à côté. Tas de contes.

— Mais puisque je l'ai fait tourner, la pierre...

— Comme d'autres l'ont entendue chanter. Camarade, la Tourgue est une bastille sûre et forte, facile à défendre ; mais celui qui compterait sur une issue souterraine pour s'en tirer serait naïf.

— Mais, monseigneur...

Le vieillard haussa les épaules.

— Ne perdons pas de temps, parlons de nos affaires.

Ce ton péremptoire coupa court à l'insistance de Halmalo.

Le vieillard reprit :

— Poursuivons. Écoute. De Rougefeu, tu iras au bois de Montchevrier, où est Bénédicité, qui est le chef des Douze[1]. C'est encore un bon. Il dit son *Benedicite* pendant qu'il fait arquebuser les gens. En guerre, pas de sensiblerie. De Montchevrier, tu iras...

Il s'interrompit.

— J'oubliais l'argent.

Il prit dans sa poche et mit dans la main de Halmalo une bourse et un portefeuille.

— Voilà dans ce portefeuille trente mille francs en assignats, quelque chose comme trois livres dix sous ; il faut dire que les assignats sont faux, mais les vrais valent juste autant ; et voici dans cette bourse, attention, cent louis en or. Je te donne tout ce que j'ai. Je n'ai plus besoin de rien ici. D'ailleurs, il vaut mieux qu'on ne puisse pas trouver d'argent sur moi. Je reprends. De Montchevrier tu iras à Antrain[2], où tu verras M. de Frotté ; d'Antrain à la Jupellière, où tu verras M. de Rochecotte ; de la Jupel-

---

1. Descépeaux mentionne plusieurs fois Jacques Bouvier, dit « Benedicite », de Parné, près de Laval. Il y a bien un Montchevrier, mais dans l'Indre, et un mont des Chèvres, mais dans l'île de Serk.
2. Antrain, à une douzaine de kilomètres au sud de Pontorson. Victor Hugo avait eu l'occasion, lors de son passage à Antrain, en 1836, de visiter le « fameux champ de bataille » où les Vendéens avaient écrasé l'arrière-garde d'une armée républicaine le 22 novembre 1793.

lière à Noirieux, où tu verras l'abbé Baudouin. Te rappel-
leras-tu tout cela ?

— Comme mon *Pater*.

— Tu verras M. Dubois-Guy à Saint-Brice-en-Cogle,
M. de Turpin, à Morannes, qui est un bourg fortifié, et le
prince de Talmont, à Château-Gonthier[1].

— Est-ce qu'un prince me parlera ?

— Puisque je te parle.

Halmalo ôta son chapeau.

— Tout le monde te recevra bien en voyant cette fleur
de lys de Madame. N'oublie pas qu'il faut que tu ailles
dans des endroits où il y a des montagnards et des
patauds[2]. Tu te déguiseras. C'est facile. Ces républicains
sont si bêtes, qu'avec un habit bleu, un chapeau à trois
cornes et une cocarde tricolore on passe partout. Il n'y a
plus de régiments, il n'y a plus d'uniformes, les corps
n'ont pas de numéros ; chacun met la guenille qu'il veut.
Tu iras à Saint-Mhervé[3]. Tu y verras Gaulier, dit Grand-
Pierre. Tu iras au cantonnement de Parné[4], où sont les
hommes aux visages noircis. Ils mettent du gravier dans
leurs fusils et double charge de poudre pour faire plus de
bruit, ils font bien ; mais surtout dis-leur de tuer, de tuer,
de tuer. Tu iras au camp de la Vache-Noire qui est sur
une hauteur, au milieu du bois de la Charnie[5], puis au
camp de l'Avoine, puis au camp Vert, puis au camp des
Fourmis. Tu iras au Grand-Bordage, qu'on appelle aussi
le Haut-du-Pré, et qui est habité par une veuve dont Tre-

---

1. Saint-Brice, en Mayenne. Morannes, dans le Maine-et-Loire, et
Château-Gontier, en Mayenne, au nord d'Angers. Surnommé le
« Capet des brigands », Antoine de la Trémoille, prince de Talmont,
servit d'abord dans l'émigration comme aide de camp du comte
d'Artois. Rentré en France, il fut arrêté à Château-Gontier d'où il
s'évada pour finir guillotiné à Laval en 1794.   2. Les chouans
« désignaient les habitants du pays qui n'étaient pas royalistes par le
nom de *patauts*, mot dont on ne connaît pas l'origine » (Descépeaux). Cela valait surtout pour les bourgeois citadins, acquéreurs
de biens nationaux.   3. Saint-M'Hervé, à une trentaine de kilomètres au nord-est de Laval.   4. Parné-sur-Roc, à une dizaine de
kilomètres au sud-est de Laval.   5. Le bois de la Charnie, près de
Sainte-Suzanne, dans la Sarthe.

ton, dit l'Anglais, a épousé la fille. Le Grand-Bordage est
dans la paroisse de Quelaines[1]. Tu visiteras Épineux-le-
Chevreuil, Sillé-le-Guillaume, Parannes, et tous les
hommes qui sont dans tous les bois. Tu auras des amis et
tu les enverras sur la lisière du haut et du bas Maine ; tu
verras Jean Treton dans la paroisse de Vaisges, Sans-
Regret au Bignon, Chambord à Bonchamps, les frères
Corbin à Maisoncelles, et le Petit-Sans-Peur, à Saint-
Jean-sur-Erve. C'est le même qui s'appelle Bourdoiseau.
Tout cela fait, et le mot d'ordre, *Insurgez-vous, Pas de
quartier*, donné partout, tu joindras la grande armée, l'armée catholique et royale, où elle sera. Tu verras
MM. d'Elbée, de Lescure, de La Rochejaquelein, ceux
des chefs qui vivront alors[2]. Tu leur montreras mon nœud
de commandement. Ils savent ce que c'est. Tu n'es qu'un
matelot, mais Cathelineau n'est qu'un charretier. Tu leur
diras de ma part ceci : Il est temps de faire les deux
guerres ensemble ; la grande et la petite[3]. La grande fait
plus de tapage, la petite plus de besogne. La Vendée est
bonne, la Chouannerie est pire ; et en guerre civile, c'est
la pire qui est la meilleure. La bonté d'une guerre se juge
à la quantité de mal qu'elle fait.

Il s'interrompit.

— Halmalo, je te dis tout cela. Tu ne comprends pas
les mots, mais tu comprends les choses. J'ai pris
confiance en toi en te voyant manœuvrer le canot ; tu ne
sais pas la géométrie, et tu fais des mouvements de mer
surprenants ; qui sait mener une barque peut piloter une

---

1. Quelaines-Saint-Gault, en Mayenne. La suite de la « visite »
concerne la Sarthe (Épineux-le-Chevreuil, Sillé-le-Guillaume,
Parennes, et non « Parannes ») et la Mayenne (Le Bignon-du-Maine,
Bonchamps-lez-Laval, Maisoncelles-du-Maine et Saint-Jean-sur-
Erve). L'effet est celui de l'« antienne » des noms dont se souvient
le « conscrit des cent villages » dans *La Diane française* d'Ara-
gon.   2. D'Elbée fut passé par les armes le 6 janvier 1794, à Noirmoutier. Le marquis de Lescure fut mortellement blessé à La
Tremblaye (automne 1793). La Rochejaquelein fut abattu le 26 janvier 1794.   3. Réfugié dans la forêt du Pertre après la débâcle de
Pacy-sur-Eure (juillet 1793), Puisaye tenta lui aussi de fédérer les
bandes chouannes et travailla à la « réunion » des « deux guerres ».

insurrection ; à la façon dont tu as manié l'intrigue de la mer, j'affirme que tu te tireras bien de toutes mes commissions. Je reprends. Tu diras donc ceci aux chefs, à peu près, comme tu pourras, mais ce sera bien. J'aime mieux la guerre des forêts que la guerre des plaines ; je ne tiens pas à aligner cent mille paysans sous la mitraille des soldats bleus et sous l'artillerie de monsieur Carnot [1] ; avant un mois je veux avoir cinq cent mille tueurs embusqués dans les bois. L'armée républicaine est mon gibier. Braconner, c'est guerroyer. Je suis le stratège des broussailles. Bon, voilà encore un mot que tu ne saisiras pas, c'est égal, tu saisiras ceci : Pas de quartier ! et des embuscades partout ! Je veux faire plus de Chouannerie que de Vendée. Tu ajouteras que les Anglais sont avec nous. Prenons la république entre deux feux. L'Europe nous aide. Finissons-en avec la révolution. Les rois lui font la guerre des royaumes, faisons-lui la guerre des paroisses. Tu diras cela. As-tu compris ?

— Oui. Il faut tout mettre à feu et à sang.

— C'est ça.

— Pas de quartier.

— À personne. C'est ça.

— J'irai partout.

— Et prends garde. Car dans ce pays-ci on est facilement un homme mort.

— La mort, cela ne me regarde point. Qui fait son premier pas use peut-être ses derniers souliers.

— Tu es un brave.

— Et si l'on me demande le nom de monseigneur ?

— On ne doit pas le savoir encore. Tu diras que tu ne le sais pas, et ce sera la vérité.

— Où reverrai-je monseigneur ?

— Où je serai.

— Comment le saurai-je ?

---

1. Représentant du Pas-de-Calais, Lazare Carnot se trouvait alors en mission dans le Nord. Élu le 14 août au Comité de salut public, il y fut chargé des questions militaires et notamment de l'organisation de la production d'armements.

— Parce que tout le monde le saura. Avant huit jours on parlera de moi, je ferai des exemples, je vengerai le roi et la religion, et tu reconnaîtras bien que c'est de moi qu'on parle.

— J'entends.

— N'oublie rien.

— Soyez tranquille.

— Pars maintenant. Que Dieu te conduise. Va.

— Je ferai tout ce que vous m'avez dit. J'irai. Je parlerai. J'obéirai. Je commanderai.

— Bien.

— Et si je réussis...

— Je te ferai chevalier de Saint-Louis.

— Comme mon frère ; et si je ne réussis pas, vous me ferez fusiller.

— Comme ton frère.

— C'est dit, monseigneur.

Le vieillard baissa la tête et sembla tomber dans une sévère rêverie. Quand il releva les yeux, il était seul. Halmalo n'était plus qu'un point noir s'enfonçant dans l'horizon.

Le soleil venait de se coucher.

Les goëlands et les mouettes à capuchon rentraient ; la mer c'est dehors.

On sentait dans l'espace cette espèce d'inquiétude qui précède la nuit ; les rainettes coassaient, les jaquets s'envolaient des flaques d'eau en sifflant, les mauves, les freux, les carabins, les grolles, faisaient leur vacarme du soir [1] ; les oiseaux de rivage s'appelaient ; mais pas un bruit humain. La solitude était profonde. Pas une voile dans la baie, pas un paysan dans la campagne. À perte de vue l'étendue déserte. Les grands chardons des sables frissonnaient [2]. Le ciel blanc du crépuscule jetait sur la

---

[1]. Bécassines, mouettes et corneilles. « *Carabin*, nom d'un oiseau de rivage. C'est le *grolle*, le *freux* » (*Dictionnaire franco-normand*).

[2]. « L'été rit, et l'on voit sur le bord de la mer / Fleurir le chardon bleu des sables » (*Les Contemplations*, V, 13, « 5 août 1854, anniversaire de mon arrivée à Jersey »).

grève une vaste clarté livide. Au loin les étangs dans la plaine sombre ressemblaient à des plaques d'étain posées à plat sur le sol. Le vent soufflait du large.

Soit. La révolution s'appelle la Terreur. La monarchie s'appelle l'Horreur.

En haut : Page de l'album acquis par Hugo le 7 novembre 1862, où est esquissée la « première page écrite de 93 ».

En bas : Un des pupitres aménagés dans le *look out* de Hauteville House.

LIVRE QUATRIÈME

TELLMARCH

I

LE HAUT DE LA DUNE

Le vieillard laissa disparaître Halmalo, puis serra son manteau de mer autour de lui, et se mit en marche. Il cheminait à pas lents, pensif. Il se dirigeait vers Huisnes, pendant que Halmalo s'en allait vers Beauvoir[1].

Derrière lui se dressait, énorme triangle noir, avec sa tiare de cathédrale et sa cuirasse de forteresse, avec ses deux grosses tours du levant, l'une ronde, l'autre carrée, qui aident la montagne à porter le poids de l'église et du village, le mont Saint-Michel, qui est à l'océan ce que Chéops est au désert[2].

Les sables mouvants de la baie du mont Saint-Michel déplacent insensiblement leurs dunes. Il y avait à cette époque entre Huisnes et Ardevon une dune très haute, effacée aujourd'hui. Cette dune, qu'un coup d'équinoxe

---

1. Beauvoir, à mi-chemin de la mer et de Pontorson, au sud. Huisnes-sur-Mer, en direction de Pontaubault, à l'est.   **2.** « Saint-Michel surgissait, seul sur les flots amers, / Chéops de l'occident, pyramide des mers » (*Les Quatre Vents de l'esprit*, III, 6, « Près d'Avranches », mai 1843). Louis XIV avait transformé l'abbaye en prison d'État, de sinistre réputation sous la Monarchie de Juillet et le Second Empire. Armand Barbès et Auguste Blanqui y furent incarcérés.

a nivelée, avait cette rareté d'être ancienne et de porter à son sommet une pierre milliaire érigée au XIIᵉ siècle en commémoration du concile tenu à Avranches contre les assassins de saint Thomas de Cantorbéry[1]. Du haut de cette dune on découvrait tout le pays, et l'on pouvait s'orienter.

Le vieillard marcha vers cette dune et y monta.

Quand il fut sur le sommet, il s'adossa à la pierre milliaire, s'assit sur une des quatre bornes qui en marquaient les angles, et se mit à examiner l'espèce de carte de géographie qu'il avait sous les pieds. Il semblait chercher une route dans un pays d'ailleurs connu. Dans ce vaste paysage, trouble à cause du crépuscule, il n'y avait de précis que l'horizon, noir sur le ciel blanc.

On y apercevait les groupes de toits de onze bourgs et villages ; on distinguait à plusieurs lieues de distance tous les clochers de la côte, qui sont très hauts, afin de servir au besoin de points de repère aux gens qui sont en mer.

Au bout de quelques instants, le vieillard sembla avoir trouvé dans ce clair-obscur ce qu'il cherchait ; son regard s'arrêta sur un enclos d'arbres, de murs et de toitures, à peu près visible au milieu de la plaine et des bois, et qui était une métairie ; il eut ce hochement de tête satisfait d'un homme qui se dit mentalement : C'est là ; et il se mit à tracer avec son doigt dans l'espace l'ébauche d'un itinéraire à travers les haies et les cultures. De temps en temps il examinait un objet informe et peu distinct, qui s'agitait au-dessus du toit principal de la métairie, et il semblait se demander : Qu'est-ce que c'est ? Cela était incolore et confus à cause de l'heure ; ce n'était pas une girouette puisque cela flottait, et il n'y avait aucune raison pour que ce fût un drapeau.

---

1. Le concile d'Avranches (1172) avait obligé Henri II Plantagenêt à expier, devant la cathédrale, en chemise et pieds nus, le meurtre, le 29 décembre 1170, à Canterbury, de l'archevêque Thomas Becket. Canonisé en 1172, Thomas passait pour le « champion de l'Église contre la royauté féodale » (Michelet). Mgr Darboy, archevêque de Paris, fusillé par les Communards, avait préfacé en ce sens sa biographie (1858).

Il était las ; il restait volontiers assis sur cette borne où il était ; et il se laissait aller à cette sorte de vague oubli que donne aux hommes fatigués la première minute de repos.

Il y a une heure du jour qu'on pourrait appeler l'absence de bruit, c'est l'heure sereine, l'heure du soir[1]. On était dans cette heure-là. Il en jouissait ; il regardait, il écoutait, quoi ? la tranquillité. Les farouches eux-mêmes ont leur instant de mélancolie. Subitement, cette tranquillité fut, non troublée, mais accentuée par des voix qui passaient ; c'étaient des voix de femmes et d'enfants. Il y a parfois dans l'ombre de ces carillons de joie inattendus. On ne voyait point, à cause des broussailles, le groupe d'où sortaient les voix, mais ce groupe cheminait au pied de la dune et s'en allait vers la plaine et la forêt. Ces voix montaient claires et fraîches jusqu'au vieillard pensif ; elles étaient si près qu'il n'en perdait rien.

Une voix de femme disait :

— Dépêchons-nous, la Flécharde. Est-ce par ici ?

— Non, c'est par là.

Et le dialogue continuait entre les deux voix, l'une haute, l'autre timide.

— Comment appelez-vous cette métairie que nous habitons en ce moment ?

— L'Herbe-en-Pail[2].

— En sommes-nous encore loin ?

— À un bon quart d'heure.

— Dépêchons-nous d'aller manger la soupe.

— C'est vrai que nous sommes en retard.

— Il faudrait courir. Mais vos mômes sont fatigués. Nous ne sommes que deux femmes, nous ne pouvons pas porter trois mioches. Et puis, vous en portez déjà un, vous, la Flécharde. Un vrai plomb. Vous l'avez sevrée, cette goinfre, mais vous la portez toujours. Mauvaise habitude. Faites-moi donc marcher ça. Ah ! tant pis, la soupe sera froide.

---

1. Le « serein », c'est la tombée du soir (du latin *serus*, « tardif ») et la sérénité qui l'accompagne.   **2.** Toponyme sans doute forgé par Hugo sur le modèle de Pré-en-Pail, en Mayenne.

— Ah ! les bons souliers que vous m'avez donnés là !
On dirait qu'ils sont faits pour moi.

— Ça vaut mieux que d'aller nu-pattes.

— Dépêche-toi donc, René-Jean.

— C'est pourtant lui qui nous a retardées. Il faut qu'il
parle à toutes les petites paysannes qu'on rencontre. Ça
fait son homme.

— Dame, il va sur cinq ans.

— Dis donc, René-Jean, pourquoi as-tu parlé à cette
petite dans le village ?

Une voix d'enfant, qui était une voix de garçon,
répondit :

— Parce que c'est une que je connais.

La femme reprit :

— Comment, tu la connais ?

— Oui, répondit le petit garçon, puisqu'elle m'a donné
des bêtes ce matin.

— Voilà qui est fort ! s'écria la femme, nous ne
sommes dans le pays que depuis trois jours, c'est gros
comme le poing, et ça vous a déjà une amoureuse !

Les voix s'éloignèrent. Tout bruit cessa.

II

AURES HABET, ET NON AUDIET [1]

Le vieillard restait immobile. Il ne pensait pas ; à peine
songeait-il. Autour de lui tout était sérénité, assoupisse-
ment, confiance, solitude. Il faisait grand jour encore sur
la dune, mais presque nuit dans la plaine et tout à fait
nuit dans les bois. La lune montait à l'orient. Quelques
étoiles piquaient le bleu pâle du zénith. Cet homme, bien
que plein de préoccupations violentes, s'abîmait dans

---

1. « Il a des oreilles et n'entendra pas ». Citation, transposée au
singulier, du Psaume 110 (« *Aures habent et non audient* »), inspiré
d'Isaïe (6, 10) et chanté à Vêpres le dimanche.

l'inexprimable mansuétude de l'infini. Il sentait monter
en lui cette aube obscure, l'espérance, si le mot espérance
peut s'appliquer aux attentes de la guerre civile. Pour
l'instant, il lui semblait qu'en sortant de cette mer qui
venait d'être si inexorable, et en touchant la terre, tout
danger s'était évanoui. Personne ne savait son nom, il
était seul, perdu pour l'ennemi, sans trace derrière lui, car
la surface de la mer ne garde rien, caché, ignoré, pas
même soupçonné. Il sentait on ne sait quel apaisement
suprême. Un peu plus il se serait endormi.

Ce qui, pour cet homme, en proie au dedans comme au
dehors à tant de tumultes, donnait un charme étrange à
cette heure calme qu'il traversait, c'était, sur la terre
comme au ciel, un profond silence.

On n'entendait que le vent qui venait de la mer, mais
le vent est une basse continue et cesse presque d'être un
bruit, tant il devient une habitude.

Tout à coup, il se dressa debout.

Son attention venait d'être brusquement réveillée ; il
considéra l'horizon. Quelque chose donnait à son regard
une fixité particulière.

Ce qu'il regardait, c'était le clocher de Cormeray qu'il
avait devant lui au fond de la plaine. On ne sait quoi
d'extraordinaire se passait en effet dans ce clocher.

La silhouette de ce clocher se découpait nettement ; on
voyait la tour surmontée de la pyramide, et, entre la tour
et la pyramide, la cage de la cloche, carrée, à jour, sans
abat-vent, et ouverte aux regards des quatre côtés, ce qui
est la mode des clochers bretons.

Or cette cage apparaissait alternativement ouverte et
fermée, à intervalles égaux ; sa haute fenêtre se dessinait
toute blanche, puis toute noire ; on voyait le ciel à travers,
puis on ne le voyait plus ; il y avait clarté, puis occultation, et l'ouverture et la fermeture se succédaient d'une
seconde à l'autre avec la régularité du marteau sur l'enclume.

Le vieillard avait ce clocher de Cormeray devant lui, à
une distance d'environ deux lieues ; il regarda à sa droite
le clocher de Baguer-Pican, également droit sur l'hori-

zon ; la cage de ce clocher s'ouvrait et se fermait comme
celle de Cormeray.

Il regarda à sa gauche le clocher de Tanis ; la cage du
clocher de Tanis s'ouvrait et se fermait comme celle de
Baguer-Pican.

Il regarda tous les clochers de l'horizon l'un après
l'autre, à sa gauche les clochers de Courtils, de Précey,
de Crollon et de la Croix-Avranchin ; à sa droite les clochers de Raz-sur-Couesnon, de Mordrey et des Pas ; en
face de lui, le clocher de Pontorson[1]. La cage de tous ces
clochers était alternativement noire et blanche.

Qu'est-ce que cela voulait dire ?

Cela signifiait que toutes les cloches étaient en branle.

Il fallait, pour apparaître et disparaître ainsi, qu'elles
fussent furieusement secouées.

Qu'était-ce donc ? évidemment le tocsin.

On sonnait le tocsin, on le sonnait frénétiquement, on
le sonnait partout, dans tous les clochers, dans toutes les
paroisses, dans tous les villages, et l'on n'entendait rien.

Cela tenait à la distance qui empêchait les sons d'arriver et au vent de mer qui soufflait du côté opposé et qui
emportait tous les bruits de la terre hors de l'horizon.

Toutes ces cloches forcenées appelant de toutes parts,
et en même temps ce silence, rien de plus sinistre.

Le vieillard regardait et écoutait.

Il n'entendait pas le tocsin, et il le voyait. Voir le tocsin, sensation étrange.

À qui en voulaient ces cloches ?

Contre qui ce tocsin ?

---

1. Le panorama est celui qu'on découvre aujourd'hui, avec de très
bons yeux, depuis le belvédère de l'ossuaire allemand de la dernière
guerre à Huisnes-le-Château.

III

UTILITÉ DES GROS CARACTÈRES

Certainement quelqu'un était traqué.

Qui ?

Cet homme d'acier eut un frémissement.

Ce ne pouvait être lui. On n'avait pu deviner son arrivée, il était impossible que les représentants en mission fussent déjà informés ; il venait à peine de débarquer. La corvette avait évidemment sombré sans qu'un homme échappât. Et dans la corvette même, excepté Boisberthelot et La Vieuville, personne ne savait son nom.

Les clochers continuaient leur jeu farouche. Il les examinait et les comptait machinalement, et sa rêverie, poussée d'une conjecture à l'autre, avait cette fluctuation que donne le passage d'une sécurité profonde à une certitude terrible. Pourtant, après tout, ce tocsin pouvait s'expliquer de bien des façons, et il finissait par se rassurer en se répétant : « En somme, personne ne sait mon arrivée et personne ne sait mon nom. »

Depuis quelques instants il se faisait un léger bruit au-dessus de lui et derrière lui. Ce bruit ressemblait au froissement d'une feuille d'arbre agitée. Il n'y prit d'abord pas garde ; puis, comme le bruit persistait, on pourrait dire insistait, il finit par se retourner. C'était une feuille en effet, mais une feuille de papier. Le vent était en train de décoller au-dessus de sa tête une large affiche appliquée sur la pierre milliaire. Cette affiche était placardée depuis peu de temps, car elle était encore humide et offrait prise au vent qui s'était mis à jouer avec elle et qui la détachait.

Le vieillard avait gravi la dune du côté opposé et n'avait pas vu cette affiche en arrivant.

Il monta sur la borne où il était assis, et posa sa main sur le coin du placard que le vent soulevait ; le ciel était serein, les crépuscules sont longs en juin ; le bas de la dune était ténébreux, mais le haut était éclairé ; une partie de l'affiche était imprimée en grosses lettres, et il faisait encore assez de jour pour qu'on pût les lire. Il lut ceci :

RÉPUBLIQUE FRANÇAISE, UNE ET INDIVISIBLE.

« Nous, Prieur, de la Marne, représentant du peuple en mission près de l'armée des Côtes-de-Cherbourg, — ordonnons : — Le ci-devant marquis de Lantenac, vicomte de Fontenay, soi-disant prince breton, furtivement débarqué sur la côte de Granville, est mis hors la loi. — Sa tête est mise à prix. — Il sera payé à qui le livrera, mort ou vivant, la somme de soixante mille livres. — Cette somme ne sera point payée en assignats, mais en or. — Un bataillon de l'armée des Côtes-de-Cherbourg sera immédiatement envoyé à la rencontre et à la recherche du ci-devant marquis de Lantenac. — Les communes sont requises de prêter main-forte. — Fait en la maison commune de Granville, le 2 juin 1793. — Signé :

« PRIEUR, DE LA MARNE [1]. »

Au-dessous de ce nom il y avait une autre signature, qui était en beaucoup plus petit caractère, et qu'on ne pouvait lire à cause du peu de jour qui restait.

Le vieillard rabaissa son chapeau sur ses yeux, croisa sa cape de mer jusque sous son menton, et descendit rapidement la dune. Il était évidemment inutile de s'attarder sur ce sommet éclairé.

Il y avait été peut-être trop longtemps déjà ; le haut de la dune était le seul point du paysage qui fût resté visible.

Quand il fut en bas et dans l'obscurité, il ralentit le pas.

Il se dirigeait dans le sens de l'itinéraire qu'il s'était tracé vers la métairie, ayant probablement des raisons de sécurité de ce côté-là.

---

1. Voir n. 3, p. 73. Un décret de mise « hors de la loi » des « rebelles » avait été pris le 19 mars (*Moniteur*, 21 mars 1793). Leur cas relevait désormais de « commissions militaires » faisant exception aux « lois concernant les procédures criminelles et l'institution des jurés ». Puisaye fait état d'un décret l'ayant mis personnellement *hors la loi* (« Proscrit et signalé, partout je lisais mon arrêt », t. II, p. 184).

Tout était désert. C'était l'heure où il n'y avait plus de passants.

Derrière une broussaille, il s'arrêta, défit son manteau, retourna sa veste du côté velu [1], rattacha à son cou son manteau qui était une guenille nouée d'une corde, et se remit en route.

Il faisait clair de lune.

Il arriva à un embranchement de deux chemins où se dressait une vieille croix de pierre. Sur le piédestal de la croix on distinguait un carré blanc qui était vraisemblablement une affiche pareille à celle qu'il venait de lire. Il s'en approcha.

— Où allez-vous ? lui dit une voix.

Il se retourna.

Un homme était là dans les haies, de haute taille comme lui, vieux comme lui, comme lui en cheveux blancs, et plus en haillons encore que lui-même. Presque son pareil [2].

Cet homme s'appuyait sur un long bâton.

L'homme reprit :

— Je vous demande où vous allez ?

— D'abord où suis-je ? dit-il, avec un calme presque hautain.

L'homme répondit :

— Vous êtes dans la seigneurie de Tanis, et j'en suis le mendiant, et vous en êtes le seigneur.

— Moi ?

— Oui, vous, monsieur le marquis de Lantenac.

---

1. Hugo se souvient d'une note prise par lui dans Sébastien Mercier (*Nouveau Paris*) concernant les « législations saliques et normandes » : « Mise hors la loi. / *Wargus esto* (qu'il soit loup !) » (*Reliquat*). En retournant sa veste « du côté velu », Lantenac se fait loup parmi les loups comme Caïn et les siens, « vêtus de peaux de bêtes » (*La Conscience*). **2.** Puisaye avait lui-même rencontré, à « deux lieues et demie de Rennes », un mendiant « couvert de haillons » qui l'hébergea pour la nuit dans sa « misérable hutte », près d'une ferme successivement prise et reprise par les « bleus » et les « royalistes » (t. II, p. 418-444).

IV

LE CAIMAND

Le marquis de Lantenac, nous le nommerons par son nom désormais, répondit gravement :

— Soit. Livrez-moi.

L'homme poursuivit :

— Nous sommes tous deux chez nous ici, vous dans le château, moi dans le buisson.

— Finissons. Faites. Livrez-moi, dit le marquis.

L'homme continua :

— Vous alliez à la métairie d'Herbe-en-Pail, n'est-ce pas ?

— Oui.

— N'y allez point.

— Pourquoi ?

— Parce que les bleus y sont.

— Depuis quand ?

— Depuis trois jours.

— Les habitants de la ferme et du hameau ont-ils résisté ?

— Non. Ils ont ouvert toutes les portes.

— Ah ! dit le marquis.

L'homme montra du doigt le toit de la métairie qu'on apercevait à quelque distance par-dessus les arbres.

— Voyez-vous le toit, monsieur le marquis ?

— Oui.

— Voyez-vous ce qu'il y a dessus ?

— Qui flotte ?

— Oui.

— C'est un drapeau.

— Tricolore, dit l'homme.

C'était l'objet qui avait déjà attiré l'attention du marquis quand il était au haut de la dune.

— Ne sonne-t-on pas le tocsin ? demanda le marquis.

— Oui.

— À cause de quoi ?

— Évidemment à cause de vous.

— Mais on ne l'entend pas ?

— C'est le vent qui empêche.

L'homme continua :

— Vous avez vu votre affiche ?

— Oui.

— On vous cherche.

Et, jetant un regard du côté de la métairie, il ajouta :

— Il y a là un demi-bataillon.

— De républicains ?

— Parisiens.

— Eh bien, dit le marquis, marchons.

Et il fit un pas vers la métairie.

L'homme lui saisit le bras.

— N'y allez pas.

— Et où voulez-vous que j'aille ?

— Chez moi.

Le marquis regarda le mendiant.

— Écoutez, monsieur le marquis, ce n'est pas beau chez moi, mais c'est sûr. Une cabane plus basse qu'une cave. Pour plancher un lit de varech, pour plafond un toit de branches et d'herbe. Venez. À la métairie vous seriez fusillé. Chez moi vous dormirez. Vous devez être las ; et demain matin les bleus se seront remis en marche, et vous irez où vous voudrez.

Le marquis considérait cet homme.

— De quel côté êtes-vous donc ? demanda le marquis ; êtes-vous républicain ? êtes-vous royaliste ?

— Je suis un pauvre.

— Ni royaliste, ni républicain ?

— Je ne crois pas.

— Êtes-vous pour ou contre le roi ?

— Je n'ai pas le temps de ça.

— Qu'est-ce que vous pensez de ce qui se passe ?

— Je n'ai pas de quoi vivre.

— Pourtant vous venez à mon secours.

— J'ai vu que vous étiez hors la loi. Qu'est-ce que c'est que cela, la loi ? On peut donc être dehors. Je ne comprends pas. Quant à moi, suis-je dans la loi ? suis-je hors la loi ? Je n'en sais rien. Mourir de faim, est-ce être dans la loi ?

— Depuis quand mourez-vous de faim ?

— Depuis toute ma vie.

— Et vous me sauvez ?

— Oui.

— Pourquoi ?

— Parce que j'ai dit : Voilà encore un plus pauvre que moi. J'ai le droit de respirer, lui ne l'a pas.

— C'est vrai. Et vous me sauvez ?

— Sans doute. Nous voilà frères, monseigneur. Je demande du pain, vous demandez la vie. Nous sommes deux mendiants.

— Mais savez-vous que ma tête est mise à prix ?

— Oui.

— Comment le savez-vous ?

— J'ai lu l'affiche.

— Vous savez lire ?

— Oui. Et écrire aussi. Pourquoi serais-je une brute ?

— Alors, puisque vous savez lire, et puisque vous avez lu l'affiche, vous savez qu'un homme qui me livrerait gagnerait soixante mille francs[1] ?

— Je le sais.

— Pas en assignats.

— Oui, je sais, en or.

— Vous savez que soixante mille francs, c'est une fortune ?

— Oui.

— Et que quelqu'un qui me livrerait ferait sa fortune ?

— Eh bien, après ?

— Sa fortune !

— C'est justement ce que j'ai pensé. En vous voyant je me suis dit : Quand je pense que quelqu'un qui livrerait cet homme-ci gagnerait soixante mille francs et ferait sa fortune ! Dépêchons-nous de le cacher.

Le marquis suivit le pauvre.

_____

1. « J'arrive de la ville, votre tête y a été mise à prix. On promet soixante mille francs à celui qui pourra vous faire prendre » (Puisaye).

Ils entrèrent dans un fourré. La tanière du mendiant était là. C'était une sorte de chambre qu'un grand vieux chêne avait laissé prendre chez lui à cet homme ; elle était creusée sous ses racines et couverte de ses branches. C'était obscur, bas, caché, invisible. Il y avait place pour deux.

— J'ai prévu que je pouvais avoir un hôte, dit le mendiant.

Cette espèce de logis sous terre, moins rare en Bretagne qu'on ne croit, s'appelle en langue paysanne *carnichot*. Ce nom s'applique aussi à des cachettes pratiquées dans l'épaisseur des murs[1].

C'est meublé de quelques pots, d'un grabat de paille ou de goëmon lavé et séché, d'une grosse couverture de créseau, et de quelques mèches de suif avec un briquet et des tiges creuses de brane-ursine pour allumettes[2].

Ils se courbèrent, rampèrent un peu, pénétrèrent dans la chambre où les grosses racines de l'arbre découpaient des compartiments bizarres, et s'assirent sur un tas de varech sec qui était le lit. L'intervalle de deux racines par où l'on entrait et qui servait de porte donnait quelque clarté. La nuit était venue, mais le regard se proportionne à la lumière, et l'on finit par trouver toujours un peu de jour dans l'ombre. Un reflet du clair de lune blanchissait vaguement l'entrée. Il y avait dans un coin une cruche d'eau, une galette de sarrasin et des châtaignes.

— Soupons, dit le pauvre.

Ils se partagèrent les châtaignes ; le marquis donna son morceau de biscuit ; ils mordirent à la même miche de blé noir et burent à la cruche l'un après l'autre.

Ils causèrent.

Le marquis se mit à interroger cet homme.

---

1. « *Carnichot*, chambrette ménagée dans un mur » (*Dictionnaire franco-normand*). C'est le cas du Trou-aux-Rats, où vit recluse Paquette-la-Chantefleurie, dite la « sachette », mère de la Esmeralda, dans *Notre-Dame de Paris*. 2. *Créseau*, étoffe de laine. *Brane-ursine*, nom populaire de l'acanthe. « On séchait autrefois les tiges creuses de notre brane-ursine pour faire des allumettes de ses éclats » (*Dictionnaire franco-normand*).

— Ainsi, tout ce qui arrive ou rien, c'est pour vous la même chose ?

— À peu près. Vous êtes des seigneurs, vous autres. Ce sont vos affaires.

— Mais enfin, ce qui se passe...

— Ça se passe là-haut.

Le mendiant ajouta :

— Et puis il y a des choses qui se passent encore plus haut, le soleil qui se lève, la lune qui augmente ou diminue, c'est de celles-là que je m'occupe.

Il but une gorgée à la cruche et dit :

— La bonne eau fraîche !

Et il reprit :

— Comment trouvez-vous cette eau, monseigneur ?

— Comment vous appelez-vous ? dit le marquis.

— Je m'appelle Tellmarch, et l'on m'appelle le Caimand [1].

— Je sais. Caimand est un mot du pays.

— Qui veut dire mendiant. On me surnomme aussi le Vieux.

Il poursuivit :

— Voilà quarante ans qu'on m'appelle le Vieux.

— Quarante ans ! mais vous étiez jeune ?

— Je n'ai jamais été jeune. Vous l'êtes toujours, vous, monsieur le marquis. Vous avez des jambes de vingt ans, vous escaladez la grande dune ; moi, je commence à ne plus marcher ; au bout d'un quart de lieue je suis las. Nous sommes pourtant du même âge ; mais les riches, ça a sur nous un avantage, c'est que ça mange tous les jours. Manger conserve.

Le mendiant, après un silence, continua :

— Les pauvres, les riches, c'est une terrible affaire. C'est ce qui produit les catastrophes. Du moins, ça me fait cet effet-là. Les pauvres veulent être riches, les riches ne veulent pas être pauvres. Je crois que c'est un peu là le fond. Je ne m'en mêle pas. Les événements sont les

---

1. « *Caîmànd* ou *quêmànd* : mendiant », ou *quémandeur* (*Dictionnaire franco-normand*).

événements. Je ne suis ni pour le créancier, ni pour le
débiteur. Je sais qu'il y a une dette et qu'on la paye. Voilà
tout. J'aurais mieux aimé qu'on ne tuât pas le roi, mais il
me serait difficile de dire pourquoi. Après ça, on me
répond : Mais autrefois, comme on vous accrochait les
gens aux arbres pour rien du tout ! Tenez, moi, pour un
méchant coup de fusil tiré à un chevreuil du roi, j'ai vu
pendre un homme qui avait une femme et sept enfants. Il
y a à dire des deux côtés.

Il se tut encore, puis ajouta :

— Vous comprenez, je ne sais pas au juste, on va, on
vient, il se passe des choses ; moi, je suis là sous les
étoiles.

Tellmarch eut encore une interruption de rêverie, puis
continua :

— Je suis un peu rebouteux, un peu médecin, je
connais les herbes, je tire parti des plantes, les paysans
me voient attentif devant rien, et cela me fait passer pour
sorcier[1]. Parce que je songe, on croit que je sais.

— Vous êtes du pays ? dit le marquis.

— Je n'en suis jamais sorti.

— Vous me connaissez ?

— Sans doute. La dernière fois que je vous ai vu, c'est
à votre dernier passage, il y a deux ans. Vous êtes allé
d'ici en Angleterre. Tout à l'heure j'ai aperçu un homme
au haut de la dune. Un homme de grande taille. Les
hommes grands sont rares ; c'est un pays d'hommes
petits, la Bretagne. J'ai bien regardé, j'avais lu l'affiche.
J'ai dit : tiens ! Et quand vous êtes descendu, il y avait
de la lune, je vous ai reconnu.

— Pourtant, moi, je ne vous connais pas.

— Vous m'avez vu, mais vous ne m'avez pas vu.

Et Tellmarch le Caimand ajouta :

— Je vous voyais, moi. De mendiant à passant, le
regard n'est pas le même.

— Est-ce que je vous avais rencontré autrefois ?

---

1. Comme Gilliatt, le « malin », dans *Les Travailleurs de la mer*,
et Ursus, dans *L'Homme qui rit*, avec des nuances qui tiennent à la
« songerie » propre à Tellmarch.

— Souvent, puisque je suis votre mendiant. J'étais le pauvre du bas du chemin de votre château. Vous m'avez dans l'occasion fait l'aumône ; mais celui qui donne ne regarde pas, celui qui reçoit examine et observe. Qui dit mendiant dit espion. Mais moi, quoique souvent triste, je tâche de ne pas être un mauvais espion. Je tendais la main, vous ne voyiez que la main, et vous y jetiez l'aumône dont j'avais besoin le matin pour ne pas mourir de faim le soir. On est des fois des vingt-quatre heures sans manger. Quelquefois un sou, c'est la vie. Je vous dois la vie, je vous la rends.

— C'est vrai, vous me sauvez.

— Oui, je vous sauve, monseigneur.

Et la voix de Tellmarch devint grave.

— À une condition.

— Laquelle ?

— C'est que vous ne venez pas ici pour faire le mal.

— Je viens ici pour faire le bien, dit le marquis.

— Dormons, dit le mendiant.

Ils se couchèrent côte à côte sur le lit de varech. Le mendiant fut tout de suite endormi. Le marquis, bien que très las, resta un moment rêveur, puis, dans cette ombre, il regarda le pauvre, et se coucha. Se coucher sur ce lit, c'était se coucher sur le sol ; il en profita pour coller son oreille à terre, et il écouta. Il y avait sous la terre un sombre bourdonnement ; on sait que le son se propage dans les profondeurs du sol ; on entendait le bruit des cloches.

Le tocsin continuait.

Le marquis s'endormit.

V

SIGNÉ GAUVAIN

Quand il se réveilla, il faisait jour.

Le mendiant était debout, non dans la tanière, car on ne pouvait s'y tenir droit, mais dehors et sur le seuil. Il était appuyé sur son bâton. Il y avait du soleil sur son visage.

— Monseigneur, dit Tellmarch, quatre heures du matin viennent de sonner au clocher de Tanis. J'ai entendu les quatre coups. Donc le vent a changé ; c'est le vent de terre ; je n'entends aucun autre bruit ; donc le tocsin a cessé. Tout est tranquille dans la métairie et dans le hameau d'Herbe-en-Pail. Les bleus dorment ou sont partis. Le plus fort du danger est passé ; il est sage de nous séparer. C'est mon heure de m'en aller.

Il désigna un point de l'horizon.

— Je m'en vais par là.

Et il désigna le point opposé.

— Vous, allez-vous-en par ici.

Le mendiant fit au marquis un grave salut de la main.

Il ajouta en montrant ce qui restait du souper :

— Emportez des châtaignes, si vous avez faim.

Un moment après, il avait disparu sous les arbres.

Le marquis se leva, et s'en alla du côté que lui avait indiqué Tellmarch.

C'était l'heure charmante que la vieille langue paysanne normande appelle la « piperette du jour »[1]. On entendait jaser les cardrounettes[2] et les moineaux de haie. Le marquis suivit le sentier par où ils étaient venus la veille. Il sortit du fourré et se retrouva à l'embranchement de routes marqué par la croix de pierre. L'affiche y était, blanche et comme gaie au soleil levant. Il se rappela qu'il y avait au bas de l'affiche quelque chose qu'il n'avait pu

---

1. La « piperette du jour » est l'heure où les oiseaux commencent à « piper » ou pépier.   2. « *Cardrounette* : chardonneret » (*Dictionnaire franco-normand*).

lire la veille à cause de la finesse des lettres et du peu de
jour qu'il faisait. Il alla au piédestal de la croix. L'affiche
se terminait en effet, au-dessous de la signature PRIEUR,
DE LA MARNE, par ces deux lignes en petits caractères :

« L'identité du ci-devant marquis de Lantenac constatée, il sera immédiatement passé par les armes.

— Signé : *le chef de bataillon, commandant la colonne
d'expédition*, GAUVAIN. »

— Gauvain ! dit le marquis [1].

Il s'arrêta profondément pensif, l'œil fixé sur l'affiche.

— Gauvain ! répéta-t-il.

Il se remit en marche, se retourna, regarda la croix,
revint sur ses pas, et lut l'affiche encore une fois.

Puis il s'éloigna à pas lents. Quelqu'un qui eût été près
de lui l'eût entendu murmurer à demi-voix : « Gauvain ! »

Du fond des chemins creux où il se glissait, on ne
voyait pas les toits de la métairie qu'il avait laissée à sa
gauche. Il côtoyait une éminence abrupte, toute couverte
d'ajoncs en fleur, de l'espèce dite longue-épine. Cette
éminence avait pour sommet une de ces pointes de terre
qu'on appelle dans le pays une « hure ». Au pied de
l'éminence, le regard se perdait tout de suite sous les
arbres. Les feuillages étaient comme trempés de lumière.
Toute la nature avait la joie profonde du matin.

Tout à coup ce paysage fut terrible. Ce fut comme une
embuscade qui éclate. On ne sait quelle trombe faite de
cris sauvages et de coups de fusil s'abattit sur ces champs
et ces bois pleins de rayons, et l'on vit s'élever, du côté
où était la métairie, une grande fumée coupée de flammes
claires, comme si le hameau et la ferme n'étaient plus
qu'une botte de paille qui brûlait. Ce fut subit et lugubre,
le passage brusque du calme à la furie, une explosion de
l'enfer en pleine aurore, l'horreur sans transition. On se
battait du côté d'Herbe-en-Pail. Le marquis s'arrêta.

Il n'est personne qui, en pareil cas, ne l'ait éprouvé, la

---

1. Gauvain est son petit-neveu. « La matière de Bretagne est dans
le nom de Gauvain. Le nom apporte la légende arthurienne, un idéal
de chevalerie au service de la Révolution » (H. Meschonnic). Juliette
Drouet était née Julienne-Joséphine Gauvain.

curiosité est plus forte que le danger ; on veut savoir, dût-on périr. Il monta sur l'éminence au bas de laquelle passait le chemin creux. De là on était vu, mais on voyait. Il fut sur la hure[1] en quelques minutes. Il regarda.

En effet, il y avait une fusillade et un incendie. On entendait des clameurs, on voyait du feu. La métairie était comme le centre d'on ne sait quelle catastrophe. Qu'était-ce ? La métairie d'Herbe-en-Pail était-elle attaquée ? Mais par qui ? Était-ce un combat ? N'était-ce pas plutôt une exécution militaire ? Les bleus, et cela leur était ordonné par un décret révolutionnaire, punissaient très souvent, en y mettant le feu, les fermes et les villages réfractaires ; on brûlait, pour l'exemple, toute métairie et tout hameau qui n'avaient point fait les abatis d'arbres prescrits par la loi et qui n'avaient pas ouvert et taillé dans les fourrés des passages pour la cavalerie républicaine. On avait notamment exécuté ainsi tout récemment la paroisse de Bourgon[2], près d'Ernée. Herbe-en-Pail était-il dans le même cas ? Il était visible qu'aucune des percées stratégiques commandées par le décret n'avait été faite dans les halliers et dans les enclos de Tanis et d'Herbe-en-Pail. Était-ce le châtiment ? Était-il arrivé un ordre à l'avant-garde qui occupait la métairie ? Cette avant-garde ne faisait-elle pas partie d'une de ces colonnes d'expédition surnommées *colonnes infernales*[3] ?

Un fourré très hérissé et très fauve entourait de toutes parts l'éminence au sommet de laquelle le marquis s'était placé en observation. Ce fourré, qu'on appelait le bocage d'Herbe-en-Pail, mais qui avait les proportions d'un bois, s'étendait jusqu'à la métairie, et cachait, comme tous les halliers bretons, un réseau de ravins, de sentiers et de

---

1. Emprunt au *Dictionnaire franco-normand*.   **2.** Bourgon, à une vingtaine de kilomètres au sud de Fougères.   **3.** Les « colonnes infernales » du général Turreau ne sévirent, au sud de la Loire, et après la défaite de l'« Armée catholique et royale » à Savenay, qu'à compter du 21 janvier 1794, massacrant, pillant et brûlant tout sur leur passage, jusqu'à leur rappel, le 13 mai, par la Convention.

chemins creux, labyrinthes où les armées républicaines se perdaient.

L'exécution, si c'était une exécution, avait dû être féroce, car elle fut courte. Ce fut, comme toutes les choses brutales, tout de suite fait. L'atrocité des guerres civiles comporte ces sauvageries. Pendant que le marquis, multipliant les conjectures, hésitant à descendre, hésitant à rester, écoutait et épiait, ce fracas d'extermination cessa, ou pour mieux dire se dispersa. Le marquis constata dans le hallier comme l'éparpillement d'une troupe furieuse et joyeuse. Un effrayant fourmillement se fit sous les arbres. De la métairie on se jetait dans le bois. Il y avait des tambours qui battaient la charge. On ne tirait plus de coups de fusil. Cela ressemblait maintenant à une battue ; on semblait fouiller, poursuivre, traquer ; il était évident qu'on cherchait quelqu'un ; le bruit était diffus et profond ; c'était une confusion de paroles de colère et de triomphe, une rumeur composée de clameurs ; on n'y distinguait rien ; brusquement, comme un linéament se dessine dans une fumée, quelque chose devint articulé et précis dans ce tumulte, c'était un nom, un nom répété par mille voix, et le marquis entendit nettement ce cri :

« Lantenac ! Lantenac ! le marquis de Lantenac ! »

C'était lui qu'on cherchait.

VI

LES PÉRIPÉTIES [1] DE LA GUERRE CIVILE

Et subitement, autour de lui, et de tous les côtés à la fois, le fourré se remplit de fusils, de bayonnettes et de sabres, un drapeau tricolore se dressa dans la pénombre, le cri *Lantenac !* éclata à son oreille, et à ses pieds, à

---

1. « Péripéties », au sens dramaturgique d'événements qui changent la face des choses et qu'on nomme aussi « catastrophes » dans la tragédie classique.

travers les ronces et les branches, des faces violentes apparurent.

Le marquis était seul, debout sur un sommet, visible de tous les points du bois. Il voyait à peine ceux qui criaient son nom, mais il était vu de tous. S'il y avait mille fusils dans le bois, il était là comme une cible. Il ne distinguait rien dans le taillis que des prunelles ardentes fixées sur lui.

Il ôta son chapeau, en retroussa le bord, arracha une longue épine sèche à un ajonc, tira de sa poche une cocarde blanche, fixa avec l'épine le bord retroussé et la cocarde à la forme du chapeau, et, remettant sur la tête le chapeau dont le bord relevé laissait voir son front et sa cocarde, il dit d'une voix haute, parlant à toute la forêt à la fois :

— Je suis l'homme que vous cherchez. Je suis le marquis de Lantenac, vicomte de Fontenay, prince breton, lieutenant général des armées du roi. Finissons-en. En joue ! Feu[1] !

Et, écartant de ses deux mains sa veste de peau de chèvre, il montra sa poitrine nue.

Il baissa les yeux, cherchant du regard les fusils braqués, et se vit entouré d'hommes à genoux.

Un immense cri s'éleva : « Vive Lantenac ! Vive monseigneur ! Vive le général ! »

En même temps des chapeaux sautaient en l'air, des sabres tournoyaient joyeusement, et l'on voyait dans tout le taillis se dresser des bâtons au bout desquels s'agitaient des bonnets de laine brune.

Ce qu'il avait autour de lui, c'était une bande vendéenne.

Cette bande s'était agenouillée en le voyant.

La légende raconte qu'il y avait dans les vieilles forêts thuringiennes des êtres étranges, race des géants, plus et moins qu'hommes, qui étaient considérés par les Romains comme des animaux horribles et par les Germains comme

---

1. Attitude de Jean Chouan dans le poème qui lui est consacré (*La Légende des siècles*, 1883).

des incarnations divines, et qui, selon la rencontre, couraient la chance d'être exterminés ou adorés.

Le marquis éprouva quelque chose de pareil à ce que devait ressentir un de ces êtres quand, s'attendant à être traité comme un monstre, il était brusquement traité comme un dieu.

Tous ces yeux pleins d'éclairs redoutables se fixaient sur le marquis avec une sorte de sauvage amour.

Cette cohue était armée de fusils, de sabres, de faulx, de perches, de bâtons ; tous avaient de grands feutres ou des bonnets bruns, avec des cocardes blanches, une profusion de rosaires et d'amulettes, de larges culottes ouvertes au genou, des casaques de poil, des guêtres en cuir, le jarret nu, les cheveux longs, quelques-uns l'air féroce, tous l'air naïf.

Un homme jeune et de belle mine traversa les gens agenouillés et monta à grands pas vers le marquis. Cet homme était, comme les paysans, coiffé d'un feutre à bord relevé et à cocarde blanche, et vêtu d'une casaque de poil, mais il avait les mains blanches et une chemise fine, et il portait par-dessus sa veste une écharpe de soie blanche à laquelle pendait une épée à poignée dorée.

Parvenu sur la hure, il jeta son chapeau, détacha son écharpe, mit un genou en terre, présenta au marquis l'écharpe et l'épée, et dit :

— Nous vous cherchions en effet, nous vous avons trouvé. Voici l'épée de commandement. Ces hommes sont maintenant à vous. J'étais leur commandant, je monte en grade, je suis votre soldat. Acceptez notre hommage, monseigneur. Donnez vos ordres, mon général.

Puis il fit un signe, et des hommes qui portaient un drapeau tricolore sortirent du bois. Ces hommes montèrent jusqu'au marquis et déposèrent le drapeau à ses pieds. C'était le drapeau qu'il venait d'entrevoir à travers les arbres.

— Mon général, dit le jeune homme qui lui avait présenté l'épée et l'écharpe, ceci est le drapeau que nous venons de prendre aux bleus qui étaient dans la ferme d'Herbe-en-Pail. Monseigneur, je m'appelle Gavard. J'ai été au marquis de la Rouarie[1].

— C'est bien, dit le marquis.

Et, calme et grave, il ceignit l'écharpe.

Puis il tira l'épée, et l'agitant nue au-dessus de sa tête :

— Debout ! dit-il, et vive le roi !

Tous se levèrent.

Et l'on entendit dans les profondeurs du bois une clameur éperdue et triomphante : *Vive le roi ! Vive notre marquis ! Vive Lantenac !*

Le marquis se tourna vers Gavard.

— Combien donc êtes-vous ?

— Sept mille.

Et tout en descendant de l'éminence, pendant que les paysans écartaient les ajoncs devant les pas du marquis de Lantenac, Gavard continua :

— Monseigneur, rien de plus simple. Tout cela s'explique d'un mot. On n'attendait qu'une étincelle. L'affiche de la république, en révélant votre présence, a insurgé le pays pour le roi. Nous avions en outre été avertis sous main par le maire de Granville qui est un homme à nous, le même qui a sauvé l'abbé Olivier. Cette nuit on a sonné le tocsin.

— Pour qui ?

— Pour vous.

— Ah ! dit le marquis.

— Et nous voilà, reprit Gavard.

— Et vous êtes sept mille ?

— Aujourd'hui. Nous serons quinze mille demain. C'est le rendement du pays. Quand M. Henri de La Rochejaquelein est parti pour l'armée catholique, on a sonné le tocsin, et en une nuit six paroisses, Isernay, Corqueux, les Échaubroignes, les Aubiers, Saint-Aubin et Nueil, lui ont amené dix mille hommes. On n'avait pas de munitions, on a trouvé chez un maçon soixante livres de poudre de mine, et M. de La Rochejaquelein est parti

---

1. Jean-Louis Gavard avait été « un des principaux agents de l'entreprise de la Rouarie » (Descépeaux).

avec cela[1]. Nous pensions bien que vous deviez être quelque part dans cette forêt, et nous vous cherchions.

— Et vous avez attaqué les bleus dans la ferme d'Herbe-en-Pail ?

— Le vent les avait empêchés d'entendre le tocsin. Ils ne se défiaient pas ; les gens du hameau, qui sont patauds, les avaient bien reçus. Ce matin, nous avons investi la ferme, les bleus dormaient, et en un tour de main la chose a été faite. J'ai un cheval. Daignez-vous l'accepter, mon général ?

— Oui.

Un paysan amena un cheval blanc militairement harnaché. Le marquis, sans user de l'aide que lui offrait Gavard, monta à cheval.

— Hurrah ! crièrent les paysans. Car les cris anglais sont fort usités sur la côte bretonne-normande, en commerce perpétuel avec les îles de la Manche.

Gavard fit le salut militaire et demanda :

— Quel sera votre quartier général, monseigneur ?

— D'abord la forêt de Fougères.

— C'est une de vos sept forêts, monsieur le marquis.

— Il faut un prêtre.

— Nous en avons un.

— Qui ?

— Le vicaire de la Chapelle-Erbrée.

— Je le connais. Il a fait le voyage de Jersey.

Un prêtre sortit des rangs et dit :

— Trois fois[2].

Le marquis tourna la tête.

— Bonjour, monsieur le vicaire. Vous allez avoir de la besogne.

— Tant mieux, monsieur le marquis.

---

1. Hugo s'inspire d'une note prise dans Louis Blanc. La région est celle, dans les Deux-Sèvres, du château de « M. Henri », à la Durbellière, près de Saint-Aubin. L'insurrection remonte au 7 avril 1793, dimanche de Quasimodo. **2.** Descépeaux a raconté les voyages à Jersey du « vicaire de la Chapelle-Erbrée », en Ille-et-Vilaine, qu'accompagnaient jusqu'à Granville Jean et François Chouan.

— Vous aurez du monde à confesser. Ceux qui voudront. On ne force personne.

— Monsieur le marquis, dit le prêtre, Gaston, à Guémenée, force les républicains à se confesser.

— C'est un perruquier, dit le marquis ; mais la mort doit être libre.

Gavard, qui était allé donner quelques consignes, revint :

— Mon général, j'attends vos commandements.

— D'abord, le rendez-vous est à la forêt de Fougères. Qu'on se disperse et qu'on y aille.

— L'ordre est donné.

— Ne m'avez-vous pas dit que les gens d'Herbe-en-Pail avaient bien reçu les bleus ?

— Oui, mon général.

— Vous avez brûlé la ferme ?

— Oui.

— Avez-vous brûlé le hameau ?

— Non.

— Brûlez-le.

— Les bleus ont essayé de se défendre ; mais ils étaient cent cinquante et nous étions sept mille.

— Qu'est-ce que c'est que ces bleus-là ?

— Des bleus de Santerre.

— Qui a commandé le roulement de tambours pendant qu'on coupait la tête au roi [1]. Alors c'est un bataillon de Paris ?

— Un demi-bataillon.

— Comment s'appelle ce bataillon ?

— Mon général, il y a sur le drapeau : Bataillon du Bonnet-Rouge.

— Des bêtes féroces.

— Que faut-il faire des blessés ?

— Achevez-les.

— Que faut-il faire des prisonniers ?

— Fusillez-les.

---

1. Santerre (voir n. 3, p. 51) avait été chargé d'escorter Louis XVI jusqu'à l'échafaud. Il passait pour avoir commandé le roulement de tambour destiné à l'empêcher de s'adresser à la foule.

— Il y en a environ quatre-vingts.

— Fusillez tout.

— Il y a deux femmes.

— Aussi.

— Il y a trois enfants.

— Emmenez-les. On verra ce qu'on en fera.

Et le marquis poussa son cheval.

VII

PAS DE GRÂCE (MOT D'ORDRE DE LA COMMUNE).
— PAS DE QUARTIER (MOT D'ORDRE DES PRINCES) [1].

Pendant que ceci se passait près de Tanis, le mendiant s'en était allé vers Crollon. Il s'était enfoncé dans les ravins, sous les vastes feuillées sourdes, inattentif à tout et attentif à rien, comme il l'avait dit lui-même, rêveur plutôt que pensif, car le pensif a un but et le rêveur n'en a pas, errant, rôdant, s'arrêtant, mangeant çà et là une pousse d'oseille sauvage, buvant aux sources, dressant la tête par moments à des fracas lointains, puis rentrant dans l'éblouissante fascination de la nature, offrant ses haillons au soleil, entendant peut-être le bruit des hommes, mais écoutant le chant des oiseaux.

Il était vieux et lent ; il ne pouvait aller loin ; comme il l'avait dit au marquis de Lantenac, un quart de lieue le fatiguait ; il fit un court circuit vers la Croix-Avranchin, et le soir était venu quand il s'en retourna.

Un peu au delà de Macey, le sentier qu'il suivait le conduisit sur une sorte de point culminant dégagé d'arbres, d'où l'on voit de très loin et d'où l'on découvre tout l'horizon de l'ouest jusqu'à la mer [2].

Une fumée appela son attention.

---

1. Voir n. 3, p. 52.   **2.** Crollon, la Croix-Avranchin et Macey forment un triangle, au sud de la route de Pontorson à Avranches.

Rien de plus doux qu'une fumée, rien de plus effrayant. Il y a les fumées paisibles et il y a les fumées scélérates. Une fumée, l'épaisseur et la couleur d'une fumée, c'est toute la différence entre la paix et la guerre, entre la fraternité et la haine, entre l'hospitalité et le sépulcre, entre la vie et la mort. Une fumée qui monte dans les arbres peut signifier ce qu'il y a de plus charmant au monde, le foyer, ou ce qu'il y a de plus affreux, l'incendie ; et tout le bonheur comme tout le malheur de l'homme sont parfois dans cette chose éparse au vent.

La fumée que regardait Tellmarch était inquiétante.

Elle était noire avec des rougeurs subites comme si le brasier d'où elle sortait avait des intermittences et achevait de s'éteindre, et elle s'élevait au-dessus d'Herbe-en-Pail.

Tellmarch hâta le pas et se dirigea vers cette fumée. Il était bien las, mais il voulait savoir ce que c'était.

Il arriva au sommet d'un coteau auquel étaient adossés le hameau et la métairie.

Il n'y avait plus ni métairie ni hameau.

Un tas de masures brûlait, et c'était là Herbe-en-Pail.

Il y a quelque chose de plus poignant à voir brûler qu'un palais, c'est une chaumière. Une chaumière en feu est lamentable. La dévastation s'abattant sur la misère, le vautour s'acharnant sur le ver de terre, il y a là on ne sait quel contre-sens qui serre le cœur.

À en croire la légende biblique, un incendie regardé change une créature humaine en statue ; Tellmarch fut un moment cette statue[1]. Le spectacle qu'il avait sous les yeux le fit immobile. Cette destruction s'accomplissait en silence. Pas un cri ne s'élevait ; pas un soupir humain ne se mêlait à cette fumée ; cette fournaise travaillait et achevait de dévorer ce village sans qu'on entendît d'autre bruit que le craquement des charpentes et le pétillement des chaumes. Par moments la fumée se déchirait, les toits effondrés laissaient voir les chambres béantes, le brasier

---

1. Comme la femme de Loth, changée en statue de sel pour avoir enfreint la consigne de ne pas se retourner vers Sodome et Gomorrhe, au moment de leur destruction par le feu du ciel (Gen., 19, 26).

montrait tous ses rubis, des guenilles écarlates et de pauvres vieux meubles couleur de pourpre se dressaient dans ces intérieurs vermeils, et Tellmarch avait le sinistre éblouissement du désastre.

Quelques arbres d'une châtaigneraie contiguë aux maisons avaient pris feu et flambaient.

Il écoutait, tâchant d'entendre une voix, un appel, une clameur ; rien ne remuait, excepté les flammes ; tout se taisait, excepté l'incendie. Est-ce donc que tous avaient fui ?

Où était ce groupe vivant et travaillant d'Herbe-en-Pail ? Qu'était devenu tout ce petit peuple ?

Tellmarch descendit du coteau.

Une énigme funèbre était devant lui. Il s'en approchait sans hâte et l'œil fixe. Il avançait vers cette ruine avec une lenteur d'ombre ; il se sentait fantôme dans cette tombe.

Il arriva à ce qui avait été la porte de la métairie, et il regarda dans la cour qui, maintenant, n'avait plus de murailles et se confondait avec le hameau groupé autour d'elle.

Ce qu'il avait vu n'était rien. Il n'avait encore aperçu que le terrible, l'horrible lui apparut.

Au milieu de la cour il y avait un monceau noir, vaguement modelé d'un côté par la flamme, de l'autre par la lune ; ce monceau était un tas d'hommes ; ces hommes étaient morts.

Il y avait autour de ce tas une grande mare qui fumait un peu ; l'incendie se reflétait dans cette mare ; mais elle n'avait pas besoin du feu pour être rouge ; c'était du sang.

Tellmarch s'approcha. Il se mit à examiner, l'un après l'autre, ces corps gisants ; tous étaient des cadavres.

La lune éclairait, l'incendie aussi.

Ces cadavres étaient des soldats. Tous étaient pieds nus ; on leur avait pris leurs souliers ; on leur avait aussi pris leurs armes ; ils avaient encore leurs uniformes qui étaient bleus ; çà et là on distinguait, dans l'amoncellement des membres et des têtes, des chapeaux troués avec des cocardes tricolores. C'étaient des républicains.

C'étaient ces Parisiens qui, la veille encore, étaient là tous vivants, et tenaient garnison dans la ferme d'Herbe-en-Pail. Ces hommes avaient été suppliciés, ce qu'indiquait la chute symétrique des corps ; ils avaient été foudroyés sur place, et avec soin. Ils étaient tous morts. Pas un râle ne sortait du tas.

Tellmarch passa cette revue des cadavres, sans en omettre un seul ; tous étaient criblés de balles.

Ceux qui les avaient mitraillés, pressés probablement d'aller ailleurs, n'avaient pas pris le temps de les enterrer.

Comme il allait se retirer, ses yeux tombèrent sur un mur bas qui était dans la cour, et il vit quatre pieds qui passaient de derrière l'angle de ce mur.

Ces pieds avaient des souliers ; ils étaient plus petits que les autres ; Tellmarch approcha. C'étaient des pieds de femme.

Deux femmes étaient gisantes côte à côte derrière le mur, fusillées aussi.

Tellmarch se pencha sur elles. L'une de ces femmes avait une sorte d'uniforme ; à côté d'elle était un bidon brisé et vidé ; c'était une vivandière. Elle avait quatre balles dans la tête. Elle était morte [1].

Tellmarch examina l'autre. C'était une paysanne. Elle était blême et béante. Ses yeux étaient fermés. Elle n'avait aucune plaie à la tête. Ses vêtements, dont les fatigues, sans doute, avaient fait des haillons, s'étaient ouverts dans sa chute, et laissaient voir son torse à demi nu. Tellmarch acheva de les écarter, et vit à une épaule la plaie ronde que fait une balle ; la clavicule était cassée. Il regarda ce sein livide.

— Mère et nourrice, murmura-t-il.

Il la toucha. Elle n'était pas froide.

Elle n'avait pas d'autre blessure que la clavicule cassée et la plaie à l'épaule.

Il posa la main sur le cœur et sentit un faible battement. Elle n'était pas morte.

---

1. Première rédaction : « Elle avait quatre balles dans la tête et elle souriait. Elle était morte et déjà froide. »

Tellmarch se redressa debout et cria d'une voix terrible :

— Il n'y a donc personne ici ?

— C'est toi, le caimand ! répondit une voix, si basse qu'on l'entendait à peine.

Et en même temps une tête sortit d'un trou de ruine.

Puis une autre face apparut dans une autre masure.

C'étaient deux paysans qui s'étaient cachés ; les seuls qui survécussent.

La voix connue du caimand les avait rassurés et les avait fait sortir des recoins où ils se blottissaient.

Ils avancèrent vers Tellmarch, fort tremblants encore.

Tellmarch avait pu crier, mais ne pouvait parler ; les émotions profondes sont ainsi.

Il leur montra du doigt la femme étendue à ses pieds.

— Est-ce qu'elle est encore en vie ? dit l'un des paysans.

Tellmarch fit de la tête signe que oui.

— L'autre femme est-elle vivante ? demanda l'autre paysan.

Tellmarch fit signe que non.

Le paysan qui s'était montré le premier, reprit :

— Tous les autres sont morts, n'est-ce pas ? J'ai vu cela. J'étais dans ma cave. Comme on remercie Dieu dans ces moments-là de n'avoir pas de famille ! Ma maison brûlait. Seigneur Jésus ! on a tout tué. Cette femme-ci avait des enfants. Trois enfants, tout petits ! Les enfants criaient : Mère ! La mère criait : Mes enfants ! On a tué la mère et on a emmené les enfants. J'ai vu cela, mon Dieu ! mon Dieu ! mon Dieu ! Ceux qui ont tout massacré sont partis. Ils étaient contents. Ils ont emmené les petits et tué la mère. Mais elle n'est pas morte, n'est-ce pas, elle n'est pas morte ? Dis donc, le caimand, est-ce que tu crois que tu pourrais la sauver ? veux-tu que nous t'aidions à la porter dans ton carnichot ?

Tellmarch fit signe que oui.

Le bois touchait à la ferme. Ils eurent vite fait un brancard avec des feuillages et des fougères. Ils placèrent sur le brancard la femme toujours immobile et se mirent en

marche dans le hallier, les deux paysans portant le brancard, l'un à la tête, l'autre aux pieds, Tellmarch soutenant
le bras de la femme et lui tâtant le pouls.

Tout en cheminant, les deux paysans causaient, et, par-
dessus la femme sanglante dont la lune éclairait la face
pâle, ils échangeaient des exclamations effarées.

— Tout tuer !

— Tout brûler !

— Ah ! monseigneur Dieu ! est-ce qu'on va être
comme ça à présent ?

— C'est ce grand homme vieux qui l'a voulu.

— Oui, c'est lui qui commandait.

— Je ne l'ai pas vu quand on a fusillé. Est-ce qu'il
était là ?

— Non. Il était parti. Mais c'est égal, tout s'est fait
par son commandement.

— Alors, c'est lui qui a tout fait.

— Il avait dit : Tuez ! brûlez ! pas de quartier !

— C'est un marquis ?

— Oui, puisque c'est notre marquis.

— Comment s'appelle-t-il donc déjà ?

— C'est monsieur de Lantenac.

Tellmarch leva les yeux au ciel et murmura entre ses
dents :

— Si j'avais su !

En haut : La Montagne, ou le « Sinaï » (p. 174), la « grande cime »
(p. 225) de la Révolution.

En bas : Exécution de Louis XVI.

DEUXIÈME PARTIE

À PARIS

« Sieyès [...] prenait une pelle et allait, avec le peuple, travailler au Champ de Mars. » (p. 242)

« *La Claymore* mourut de la même façon que *Le Vengeur*. » (p. 119)

LIVRE PREMIER

CIMOURDAIN

I

LES RUES DE PARIS DANS CE TEMPS-LÀ [1]

On vivait en public, on mangeait sur des tables dressées devant les portes, les femmes assises sur les perrons des églises faisaient de la charpie en chantant *la Marseillaise*, le parc Monceaux et le Luxembourg étaient des champs de manœuvre, il y avait dans tous les carrefours des armureries en plein travail, on fabriquait des fusils sous les yeux des passants qui battaient des mains ; on n'entendait que ce mot dans toutes les bouches : *Patience. Nous sommes en révolution.* On souriait héroïquement. On allait au spectacle comme à Athènes pendant la guerre du

---

1. Manuscrit : « Aujourd'hui *vingt-un janvier* 1873, je commence à écrire cette seconde partie du livre 93. » Soit le jour anniversaire de l'exécution de Louis XVI. La même annotation a été rayée en tête du chapitre II, 1, 2 (« Cimourdain »). L'évocation de l'« intérieur » (II, 3, 1) a d'abord précédé celle du « dehors » (II, 1, 1). L'épisode de la rue du Paon est éclairé de part et d'autre par ces « pages d'histoire », étrangères au « drame » mais non au « sujet ». Voir, dans *Les Misérables*, le chapitre « L'année 1817 » (I, 3, 1) et les « Quelques pages d'histoire », consacrées au règne de Louis-Philippe et aux « faits d'où l'histoire sort et que l'histoire ignore » (IV, 1). « Les rues de Paris jouent toujours un rôle considérable en révolution », avait noté Hugo en 1832.

Péloponnèse [1] ; on voyait affichés au coin des rues : *Le Siège de Thionville. — La Mère de famille sauvée des flammes. — Le Club des Sans-Soucis. — L'Aînée des papesses Jeanne. — Les Philosophes soldats. — L'Art d'aimer au village.* — Les Allemands étaient aux portes ; le bruit courait que le roi de Prusse avait fait retenir des loges à l'Opéra. Tout était effrayant et personne n'était effrayé. La ténébreuse loi des suspects, qui est le crime de Merlin de Douai, faisait la guillotine visible au-dessus de toutes les têtes [2]. Un procureur, nommé Séran, dénoncé, attendait qu'on vînt l'arrêter, en robe de chambre et en pantoufles, et en jouant de la flûte à sa fenêtre. Personne ne semblait avoir le temps. Tout le monde se hâtait. Pas un chapeau qui n'eût une cocarde. Les femmes disaient : *Nous sommes jolies sous le bonnet rouge.* Paris semblait plein d'un déménagement. Les marchands de bric-à-brac étaient encombrés de couronnes, de mitres, de sceptres en bois doré et de fleurs de lys, défroques des maisons royales ; c'était la démolition de la monarchie qui passait. On voyait chez les fripiers des chapes et des rochets [3] à vendre au *décroche-moi-ça*. Aux Porcherons et chez Ramponneau [4], des hommes affublés de surplis et d'étoles, montés sur des ânes caparaçonnés de chasubles, se faisaient verser le vin du cabaret dans les ciboires des cathédrales. Rue Saint-Jacques, des paveurs, pieds nus, arrêtaient la brouette d'un colporteur qui offrait des chaussures à vendre, se cotisaient et achetaient quinze paires de souliers qu'ils envoyaient à la Convention pour nos soldats. Les bustes de Franklin, de Rousseau, de Brutus, et il faut ajouter de Marat, abondaient ; au-dessous d'un de ces bustes de Marat, rue Cloche-Perce, était accroché sous verre, dans un cadre de bois noir, un réqui-

---

1. Comparaison dérisoire avec les tragédies de Sophocle et d'Euripide et les comédies d'Aristophane représentées à Athènes pendant la guerre du Péloponnèse (431-404 av. J.-C.).   **2.** La loi des suspects, qui aboutit à l'emprisonnement de 2 000 personnes rien qu'à Paris, ne sera votée que le 17 septembre.   **3.** Surplis ecclésiastiques.   **4.** Ramponneau tenait un cabaret au hameau des Porcherons (quartier Saint-Lazare).

sitoire contre Malouet, avec faits à l'appui et ces deux
lignes en marge : « Ces détails m'ont été donnés par la
maîtresse de Sylvain Bailly, bonne patriote qui a des
bontés pour moi. — Signé : MARAT. » [1] Sur la place du
Palais-Royal, l'inscription de la fontaine : *Quantos effundit in usus !* était cachée par deux grandes toiles peintes
à la détrempe, représentant l'une, Cahier de Gerville
dénonçant à l'Assemblée nationale le signe de ralliement
des « chiffonnistes » d'Arles ; l'autre, Louis XVI ramené
de Varennes dans son carrosse royal, et sous ce carrosse
une planche liée par des cordes portant à ses deux bouts
deux grenadiers, la bayonnette au fusil [2]. Peu de grandes
boutiques étaient ouvertes ; des merceries et des bimbelo-
teries roulantes circulaient traînées par des femmes, éclai-
rées par des chandelles, les suifs fondant sur les
marchandises ; des boutiques en plein vent étaient tenues
par des ex-religieuses en perruque blonde ; telle ravau-
deuse, raccommodant des bas dans une échoppe, était une
comtesse ; telle couturière était une marquise ; madame
de Boufflers habitait un grenier d'où elle voyait son
hôtel [3]. Des crieurs couraient, offrant les « papiers-nouvel-
les ». On appelait *écrouelleux* ceux qui cachaient leur
menton dans leur cravate [4]. Les chanteurs ambulants pul-
lulaient. La foule huait Pitou, le chansonnier royaliste,

---

1. Emprunt à Louis Blanc, qui ne mentionne pas la rue Cloche-
Perce, domicile par ailleurs de la Magnon, à qui la Thénardier avait
vendu les frères de Gavroche (*Les Misérables*, IV, 6, 1). Le représentant Malouet avait dénoncé un placard de Marat (« C'en est fait de
nous », 26 juillet 1790) et obtenu de l'Assemblée la condamnation des
« écrits excitant le peuple à l'insurrection ». Maire de Paris, Sylvain
Bailly avait ordonné la fusillade du Champ-de-Mars (17 juillet
1791).   **2.** Le percement de la rue de Rivoli a fait disparaître le château d'eau et la fontaine de la place du Palais-Royal. *Quantos effundit
in usus* ! « À quoi (et à qui) ses eaux ne servent-elles pas ! » Cahier de
Gerville, ministre de l'Intérieur en 1791-1792. Les « chiffonnistes »,
parti, en Arles, de la contre-révolution, combattu par les Jacobins de
Marseille (février-mars 1792).   **3.** L'enclos du Temple, résidence
du prince de Conti, dont la comtesse de Boufflers avait été la maîtresse
et chez qui fréquentait Rousseau.   **4.** Emprunt au *Nouveau Paris* de
Mercier. Il s'agit des cravates de mousseline qui donnaient aux
Incroyables, sous le Directoire, un air de goitreux, ou d'*écrouelleux*.

vaillant d'ailleurs, car il fut emprisonné vingt-deux fois
et fut traduit devant le tribunal révolutionnaire pour s'être
frappé le bas des reins en prononçant le mot *civisme* ;
voyant sa tête en danger, il s'écria : *Mais c'est le
contraire de ma tête qui est coupable !* ce qui fit rire les
juges et le sauva. Ce Pitou raillait la mode des noms grecs
et latins ; sa chanson favorite était sur un savetier qu'il
appelait *Cujus*, et dont il appelait la femme *Cujusdam*.
On faisait des rondes de carmagnole ; on ne disait pas *le
cavalier et la dame*, on disait « le citoyen et la citoyenne ». On dansait dans les cloîtres en ruine, avec des lam-
pions sur l'autel, à la voûte deux bâtons en croix portant
quatre chandelles, et des tombes sous la danse. — On
portait des vestes bleu de tyran. On avait des épingles de
chemise « au bonnet de la liberté » faites de pierres
blanches, bleues et rouges. La rue de Richelieu se nommait rue de la Loi ; le faubourg Saint-Antoine se nommait
le faubourg de Gloire ; il y avait sur la place de la Bastille
une statue de la Nature. On se montrait certains passants
connus, Chatelet, Didier, Nicolas et Garnier-Delaunay,
qui veillaient à la porte du menuisier Duplay [1] ; Voullant,
qui ne manquait pas un jour de guillotine et suivait les
charretées de condamnés, et qui appelait cela « aller à
la messe rouge » [2] ; Montflabert, juré révolutionnaire et
marquis, lequel se faisait appeler *Dix-Août*. On regardait
défiler les élèves de l'École militaire, qualifiés par les
décrets de la Convention « aspirants à l'école de Mars »,
et par le peuple « pages de Robespierre » [3]. On lisait les
proclamations de Fréron, dénonçant les suspects du crime
de « négotiantisme ». Les « muscadins » [4], ameutés aux
portes des mairies, raillaient les mariages civils, s'attrou-

---

1. Maurice Duplay, entrepreneur en menuiserie et hôte de Robespierre, au 366, rue Saint-Honoré. **2.** Voulland, conventionnel
ultra-terroriste et futur thermidorien, comme plus loin le publiciste
Fréron, organisateur de la Terreur dans le Midi, et dont le père avait
été l'adversaire de Voltaire et des Encyclopédistes. **3.** L'« École
de Mars », sorte de prytanée destiné aux fils de sans-culottes à raison
de six par district, créée le 1er juin 1794. **4.** Attesté au XVIIe siècle,
le mot désignait un bonbon au musc et s'appliqua, sous la Révolution, aux petits-maîtres de la jeunesse dorée.

paient au passage de l'épousée et de l'époux, et disaient :
« mariés *municipaliter* »[1]. Aux Invalides les statues des
saints et des rois étaient coiffées du bonnet phrygien. On
jouait aux cartes sur la borne des carrefours ; les jeux de
cartes étaient, eux aussi, en pleine révolution ; les rois
étaient remplacés par les génies, les dames par les
libertés, les valets par les égalités, et les as par les lois.
On labourait les jardins publics ; la charrue travaillait aux
Tuileries[2]. À tout cela était mêlée, surtout dans les partis
vaincus, on ne sait quelle hautaine lassitude de vivre ; un
homme écrivait à Fouquier-Tinville[3] : « Ayez la bonté de
me délivrer de la vie. Voici mon adresse. » Champcenetz[4]
était arrêté pour s'être écrié en plein Palais-Royal : « À
quand la révolution de Turquie ? Je voudrais voir la république à la Porte. » Partout des journaux. Des garçons
perruquiers crêpaient en public des perruques de femmes,
pendant que le patron lisait à haute voix le *Moniteur* ;
d'autres commentaient au milieu des groupes, avec force
gestes, le journal *Entendons-nous*, de Dubois-Crancé, ou
la *Trompette du Père Bellerose*[5]. Quelquefois les barbiers
étaient en même temps charcutiers ; et l'on voyait des
jambons et des andouilles pendre à côté d'une poupée
coiffée de cheveux d'or. Des marchands vendaient sur
la voie publique « des vins d'émigrés » ; un marchand
affichait des vins de *cinquante-deux espèces* ; d'autres
brocantaient des pendules en lyre et des sophas à la
duchesse ; un perruquier avait pour enseigne ceci : « Je
rase le clergé, je peigne la noblesse, j'accommode le tiers-
état. » On allait se faire tirer les cartes par Martin, au

---

1. Mariés « municipalement », ou civilement.　**2.** Le conventionnel Chaumette avait fait décréter la mise en culture des domaines
nationaux (septembre 1793).　**3.** Accusateur public au Tribunal
révolutionnaire, Fouquier-Tinville fut lui-même guillotiné en
1795.　**4.** Ancien collaborateur de Rivarol, Champcenetz publiait
les *Actes des apôtres*, l'une des feuilles les plus grossières de la
presse contre-révolutionnaire. Guillotiné en 1794.　**5.** Nous
n'avons pu identifier le « journal » de Dubois-Crancé, membre du
Comité de défense et promoteur à ce titre de l'« amalgame » des
volontaires dans l'armée de ligne, ni *Les Trompettes du Père Bellerose*.

n° 173 de la rue d'Anjou, ci-devant Dauphine[1]. Le pain
manquait, le charbon manquait, le savon manquait ; on
voyait passer des bandes de vaches laitières arrivant des
provinces. À la Vallée[2], l'agneau se vendait quinze francs
la livre. Une affiche de la Commune assignait à chaque
bouche une livre de viande par décade[3]. On faisait queue
aux portes des marchands ; une de ces queues est restée
légendaire, elle allait de la porte d'un épicier de la rue du
Petit-Carreau jusqu'au milieu de la rue Montorgueil[4].
Faire queue, cela s'appelait « tenir la ficelle », à cause
d'une longue corde que prenaient dans leur main, l'un
derrière l'autre, ceux qui étaient à la file. Les femmes
dans cette misère étaient vaillantes et douces. Elles passaient les nuits à attendre leur tour d'entrer chez le boulanger. Les expédients réussissaient à la révolution ; elle
soulevait cette vaste détresse avec deux moyens périlleux,
l'assignat et le maximum ; l'assignat était le levier, le
maximum était le point d'appui[5]. Cet empirisme sauva la
France. L'ennemi, aussi bien l'ennemi de Coblentz que
l'ennemi de Londres, agiotait sur l'assignat[6]. Des filles
allaient et venaient, offrant de l'eau de lavande, des jarre-
tières et des cadenettes[7], et faisant l'agio ; il y avait les
agioteurs du Perron de la rue Vivienne, en souliers
crottés, en cheveux gras, en bonnet à poil à queue de
renard, et les mayolets de la rue de Valois en bottes
cirées, le cure-dents à la bouche, le chapeau velu sur la

----

1. Mercier a consacré un chapitre au « tireur de cartes » Martin
(LXIII).   **2.** Quai de la Vallée, ou des Grands-Augustins.
3. Le calendrier révolutionnaire substitua la « décade » de dix jours
aux sept jours de la semaine.   **4.** « Dès deux heures du matin, les
femmes se rangeaient deux à deux sur une longue ligne que le peuple
désigna depuis sous le nom de *queue* » (Mercier, *Nouveau Paris*).
Le souvenir des « choses vues » pendant le siège de Paris en 1870-
1871 peut avoir inspiré la notation suivante.   **5.** Un premier
« maximum », décrété en mai, portait sur le prix des grains. Incluant
les salaires, le « maximum général » fut instauré le 29 septembre.   **6.** *Agioter*, spéculer sur la hausse et la baisse des effets
publics et de l'assignat. L'autorisation d'agioter avait été décrétée le
17 mai 1791.   **7.** Emprunt à Mercier. *Cadenettes*, chevelure postiche en tresses, dont l'usage est attesté sous Louis XIII.

tête, tutoyés par les filles[1]. Le peuple leur faisait la chasse, ainsi qu'aux voleurs, que les royalistes appelaient « citoyens actifs[2] ». Du reste, très peu de vols. Un dénûment farouche, une probité stoïque. Les va-nu-pieds et les meurt-de-faim passaient, les yeux gravement baissés, devant les devantures des bijoutiers du Palais-Égalité. Dans une visite domiciliaire que fit la section Antoine chez Beaumarchais, une femme cueillit dans le jardin une fleur ; le peuple la souffleta[3]. Le bois coûtait quatre cents francs, argent, la corde ; on voyait dans les rues des gens scier leur bois de lit ; l'hiver, les fontaines étaient gelées ; l'eau coûtait vingt sous la voie ; tout le monde se faisait porteur d'eau[4]. Le louis d'or valait trois mille neuf cent cinquante francs. Une course en fiacre coûtait six cents francs. Après une journée de fiacre on entendait ce dialogue : — Cocher, combien vous dois-je ? — Six mille livres. Une marchande d'herbe vendait pour vingt mille francs par jour. Un mendiant disait : *Par charité, secourez-moi ! il me manque deux cent trente livres pour payer mes souliers.* À l'entrée des ponts, on voyait des colosses sculptés et peints par David que Mercier insultait : *Énormes polichinelles de bois*, disait-il. Ces colosses figuraient le fédéralisme et la coalition terrassés[5]. Aucune défaillance dans ce peuple. La sombre joie d'en avoir fini avec les trônes. Les volontaires affluaient, offrant leurs

---

1. Le quartier est celui de la résidence de Philippe Égalité, duc d'Orléans, « ci-devant Palais-Royal ».   2. Citoyens « actifs », c'est-à-dire auxquels la Constitution de 1791 avait accordé le droit de vote, en fonction de leurs revenus. La distinction fut abolie le 11 août 1792.   3. Nuit du 29 août 1792.   4. La *corde* valait à peu près 4 stères, la *voie* (quantité d'eau que pouvaient contenir les deux seaux d'un porteur) une trentaine de litres.   5. Ornements destinés à remplacer sur le Pont-Neuf la statue déboulonnée d'Henri IV, dont le « rétablissement », en 1818, fut l'occasion d'une fête consensuelle et d'une ode de Victor Hugo. Les Girondins passaient pour « vouloir faire de la République un amas de républiques fédératives », selon le mot de Robespierre dans le débat où elle fut proclamée « une et indivisible » (25 septembre 1792). Ils contribuèrent, après leur chute, à soulever la province contre la Convention. Au parti girondin, les Jacobins opposaient leur conception de la République « une et indivisible ».

poitrines. Chaque rue donnait un bataillon. Les drapeaux des districts allaient et venaient, chacun avec sa devise. Sur le drapeau du district des Capucins on lisait : *Nul ne nous fera la barbe*. Sur un autre : *Plus de noblesse que dans le cœur*. Sur tous les murs, des affiches, grandes, petites, blanches, jaunes, vertes, rouges, imprimées, manuscrites, où on lisait ce cri : *Vive la République !* Les petits enfants bégayaient *Ça ira* [1].

Ces petits enfants, c'était l'immense avenir.

Plus tard, à la ville tragique succéda la ville cynique ; les rues de Paris ont eu deux aspects révolutionnaires très distincts, avant et après le 9 thermidor ; le Paris de Saint-Just fit place au Paris de Tallien ; et, ce sont là les continuelles antithèses de Dieu, immédiatement après le Sinaï, la Courtille apparut [2].

Un accès de folie publique, cela se voit. Cela s'était déjà vu quatre-vingts ans auparavant. On sort de Louis XIV comme on sort de Robespierre, avec un grand besoin de respirer ; de là la Régence qui ouvre le siècle et le Directoire qui le termine. Deux saturnales [3] après deux terrorismes. La France prend la clef des champs, hors du cloître puritain comme hors du cloître monarchique, avec une joie de nation échappée.

Après le 9 thermidor, Paris fut gai, d'une gaieté égarée. Une joie malsaine déborda. À la frénésie de mourir succéda la frénésie de vivre, et la grandeur s'éclipsa. On eut un Trimalcion qui s'appela Grimod de la Reynière ; on

---

1. Inspiré d'un mot de Benjamin Franklin, le *Ça ira* fut chanté par les Parisiens en prélude à la Fête de la Fédération (14 juillet 1790). 2. La chute, le 27 juillet 1794, et l'exécution de Robespierre et des siens fut suivie de la « réaction thermidorienne », dont Tallien, une des têtes du complot anti-robespierriste, fut l'un des acteurs. Le Sinaï, ou la Montagne, lieu de la révélation mosaïque ou, comme à la Convention, révolutionnaire. La Courtille, village de Belleville, d'où descendait, les jours de fête, tout un peuple en goguette. 3. *Saturnales*, fêtes romaines en l'honneur de Saturne, pendant lesquelles les esclaves étaient libres de se prendre pour leurs maîtres.

eut l'*Almanach des Gourmands*[1]. On dîna au bruit des
fanfares dans les entre-sols du Palais-Royal, avec des
orchestres de femmes battant du tambour et sonnant de la
trompette ; « le rigaudinier », l'archet au poing, régna ;
on soupa « à l'orientale » chez Méot[2], au milieu des cas-
solettes pleines de parfums. Le peintre Boze[3] peignait ses
filles, innocentes et charmantes têtes de seize ans, « en
guillotinées », c'est-à-dire décolletées avec des chemises
rouges. Aux danses violentes dans les églises en ruine
succédèrent les bals de Ruggieri, de Luquet, de Wenzel,
de Mauduit, de la Montansier[4] ; aux graves citoyennes
qui faisaient de la charpie succédèrent les sultanes, les
sauvages, les nymphes ; aux pieds nus des soldats couverts de sang, de boue et de poussière succédèrent les
pieds nus des femmes ornés de diamants ; en même temps
que l'impudeur, l'improbité reparut ; il y eut en haut les
fournisseurs et en bas « la petite pègre » ; un fourmillement de filous emplit Paris, et chacun dut veiller sur son
« luc », c'est-à-dire sur son portefeuille[5] : un des passe-
temps était d'aller voir, place du Palais-de-Justice, les
voleuses au tabouret[6] ; on était obligé de leur lier les
jupes ; à la sortie des théâtres, des gamins offraient des
cabriolets en disant : *Citoyen et citoyenne, il y a place
pour deux* ; on ne criait plus *le Vieux Cordelier* et *l'Ami*

---

1. Le récit, dans le *Satyricon* de Pétrone, du festin de Trimalcion
est souvent cité par Hugo en témoignage de l'orgie à laquelle se
livrent les parvenus de tous les temps, de Tibère à Napoléon-le-Petit.
L'*Almanach des gourmands*, de Grimod de La Reynière, ne parut
qu'en l'an X (1804).   **2.** Le restaurant Méot était situé entre la rue
de Valois et celle des Bons-Enfants.   **3.** Dévoué, sous la Révolution, à la famille royale, Joseph Boze sera le peintre officiel de
Louis XVIII.   **4.** Ruggieri, artificier et entrepreneur de spectacles
au jardin du Tivoli. Luquet, Wenzel, Mauduit, fêtes et bals en tout
genre, domiciliés rue Étienne, rue de l'Échiquier et rue Poissonnière.
Marguerite Brunet, dite Mme Montansier, directrice au Palais-Royal
d'un théâtre dont le foyer était une véritable « Bourse du plaisir ».   **5.** « Les *petits paigres*, c'est-à-dire les petits voleurs. [...]
Ils ont sous leurs ordres des *citoyens actifs* [...] qui se mêlent aussi
du soulèvement des portefeuilles qu'ils nomment *lucs* » (Mercier,
Nouveau Paris).   **6.** Le *tabouret*, variante du pilori.

du peuple[1], on criait *la Lettre de Polichinelle* et *la Pétition des Galopins* ; le marquis de Sade présidait la section
des Piques, place Vendôme[2]. La réaction était joviale et
féroce : les *Dragons de la Liberté* de 92 renaissaient
sous le nom de *Chevaliers du Poignard*[3]. En même temps
surgit sur les tréteaux ce type, Jocrisse[4]. On eut les « merveilleuses », et au-delà des merveilleuses les « inconce-
vables »[5] ; on jura par sa *paole victimée* et par sa *paole
verte* ; on recula de Mirabeau jusqu'à Bobèche[6]. C'est
ainsi que Paris va et vient ; il est l'énorme pendule de la
civilisation ; il touche tour à tour un pôle et l'autre, les
Thermopyles[7] et Gomorrhe. Après 93, la Révolution traversa une occultation singulière, le siècle sembla oublier
de finir ce qu'il avait commencé, on ne sait quelle orgie
s'interposa, prit le premier plan, fit reculer au second l'effrayante apocalypse, voila la vision démesurée, et éclata
de rire après l'épouvante ; la tragédie disparut dans la
parodie, et au fond de l'horizon une fumée de carnaval
effaça vaguement Méduse.

Mais en 93, où nous sommes, les rues de Paris avaient
encore tout l'aspect grandiose et farouche des commencements. Elles avaient leurs orateurs, Varlet qui promenait
une baraque roulante du haut de laquelle il haranguait les
passants, leurs héros, dont un s'appelait « le capitaine des

---

1. *Le Vieux Cordelier*, journal de Camille Desmoulins (déc. 1793-
fév. 1794). *L'Ami du Peuple*, journal de Marat (sept. 1789-juillet
1793).   **2.** Transféré de la Bastille à Charenton en juillet 1789,
libéré l'année suivante et devenu membre de la section des Piques,
l'auteur de *Justine ou les malheurs de la vertu* (1791) ne la « présida »
qu'épisodiquement, jusqu'à sa réincarcération, en décembre 1793, aux
Madelonnettes.   **3.** Chronologie erratique, à propos de faits remontant à 1791 : armés de poignards, quelque 300 jeunes aristocrates
s'étaient présentés aux Tuileries le 28 février, prêts à « mourir pour le
roi ».   **4.** Valet que son maître battait. Le « type » en remontait au
XVIIe siècle. Il était connu depuis l'enfance par Victor Hugo, grâce à la
parade de Bobino, au Luxembourg.   **5.** Autre nom, sous le Directoire, des « incroyables », qui affectaient par dandysme de ne pas prononcer les *r*.   **6.** Bobèche, nom de scène d'un pitre célèbre sous le
Premier Empire.   **7.** Dumouriez avait comparé l'Argonne aux
« Thermopyles de la France », en souvenir de la victoire remportée par
les Grecs sur les Perses en 480 av. J.-C.

bâtons ferrés », leurs favoris, Guffroy, l'auteur du pamphlet *Rougiff*[1]. Quelques-unes de ces popularités étaient malfaisantes ; d'autres étaient saines. Une entre toutes était honnête et fatale : c'était celle de Cimourdain.

II

CIMOURDAIN[2]

Cimourdain était une conscience pure, mais sombre. Il avait en lui l'absolu. Il avait été prêtre, ce qui est grave. L'homme peut, comme le ciel, avoir une sérénité noire ; il suffit que quelque chose fasse en lui la nuit. La prêtrise avait fait la nuit dans Cimourdain. Qui a été prêtre l'est.

Ce qui fait la nuit en nous peut laisser en nous les étoiles. Cimourdain était plein de vertus et de vérités, mais qui brillaient dans les ténèbres[3].

Son histoire était courte à faire. Il avait été curé de village et précepteur dans une grande maison ; puis un petit héritage lui était venu, et il s'était fait libre.

C'était par-dessus tout un opiniâtre. Il se servait de la méditation comme on se sert d'une tenaille ; il ne se croyait le droit de quitter une idée que lorsqu'il était arrivé au bout ; il pensait avec acharnement. Il savait

---

1. *Rougyff ou le Frank en vedette* (juillet 1793-mai 1794), journal de Guffroy, dans le style du *Père Duchesne* de Hébert. Rougyff (et non Rougiff), anagramme de Guffroy.   2. « Il y a les hommes que l'histoire constate et les hommes que l'histoire oublie. Nous allons parler d'un de ces derniers, Cimourdain », avait noté Hugo (*Reliquat*). Le personnage et son « histoire » appartenaient à l'intrigue ébauchée du « roman de la Monarchie ». Les premiers lecteurs du roman l'identifièrent à Claude Frollo, le prêtre de *Notre-Dame de Paris* et à Jacques Roux, prêtre « enragé » du Comité de l'Évêché, guillotiné en 1794. Il faut peut-être penser aussi à Lamennais. 3. « Quelqu'un a cité quelquefois ce vers : D'effrayants soleils noirs d'où rayonne la nuit. Ces astres noirs existent dans l'humanité. Cimourdain en était un » (*Reliquat*). Il s'agit d'un vers de « Ce que dit la bouche d'ombre » (*Les Contemplations*, VI, 26, v. 186).

toutes les langues de l'Europe et un peu les autres ; cet homme étudiait sans cesse, ce qui l'aidait à porter sa chasteté, mais rien de plus dangereux qu'un tel refoulement.

Prêtre, il avait, par orgueil, hasard ou hauteur d'âme, observé ses vœux ; mais il n'avait pu garder sa croyance. La science avait démoli sa foi ; le dogme s'était évanoui en lui. Alors, s'examinant, il s'était senti comme mutilé, et, ne pouvant se défaire prêtre, il avait travaillé à se refaire homme, mais d'une façon austère ; on lui avait ôté la famille, il avait adopté la patrie ; on lui avait refusé une femme, il avait épousé l'humanité [1]. Cette plénitude énorme, au fond, c'est le vide.

Ses parents, paysans, en le faisant prêtre, avaient voulu le faire sortir du peuple ; il était rentré dans le peuple.

Et il y était rentré passionnément. Il regardait les souffrants avec une tendresse redoutable. De prêtre il était devenu philosophe, et de philosophe athlète. Louis XV vivait encore que déjà Cimourdain se sentait vaguement républicain. De quelle république ? De la république de Platon peut-être, et peut-être aussi de la république de Dracon [2].

Défense lui étant faite d'aimer, il s'était mis à haïr. Il haïssait les mensonges, la monarchie, la théocratie, son habit de prêtre ; il haïssait le présent, et il appelait à grands cris l'avenir ; il le pressentait, il l'entrevoyait d'avance, il le devinait effrayant et magnifique ; il comprenait, pour le dénoûment de la lamentable misère humaine, quelque chose comme un vengeur qui serait un libérateur. Il adorait de loin la catastrophe.

En 1789, cette catastrophe était arrivée, et l'avait trouvé prêt. Cimourdain s'était jeté dans ce vaste renouvellement humain avec logique, c'est-à-dire, pour un

---

1. Victor Hugo était hostile à la « religion » de l'Humanité, célébrée par le *Catéchisme positiviste* et le « filousophe » Pierre Leroux : « Soyons les serviteurs de l'Humanité, n'en soyons pas les prêtres. C'est un mauvais sacerdoce que celui qui ne va pas à Dieu » (*Critique*, éd. Bouquins, p. 508).   **2.** Dracon, législateur « inexorable » des premiers temps de la république athénienne. On parle encore de lois ou de mesures « draconiennes ».

esprit de sa trempe, inexorablement ; la logique ne s'attendrit pas. Il avait vécu les grandes années révolutionnaires, et avait eu le tressaillement de tous ces souffles : 89, la chute de la Bastille, la fin du supplice des peuples ; 90, le 4 août, la fin de la féodalité[1] ; 91, Varennes, la fin de la royauté ; 92, l'avènement de la République. Il avait vu se lever la Révolution ; il n'était pas homme à avoir peur de cette géante ; loin de là, cette croissance de tout l'avait vivifié ; et quoique déjà presque vieux — il avait cinquante ans, — et un prêtre est plus vite vieux qu'un autre homme, il s'était mis à croître, lui aussi. D'année en année, il avait regardé les événements grandir, et il avait grandi comme eux. Il avait craint d'abord que la Révolution n'avortât, il l'observait, elle avait la raison et le droit, il exigeait qu'elle eût aussi le succès ; et à mesure qu'elle effrayait, il se sentait rassuré. Il voulait que cette Minerve, couronnée des étoiles de l'avenir, fût aussi Pallas et eût pour bouclier le masque aux serpents[2]. Il voulait que son œil divin pût au besoin jeter aux démons la lueur infernale, et leur rendre terreur pour terreur.

Il était arrivé ainsi à 93.

93 est la guerre de l'Europe contre la France et de la France contre Paris. Et qu'est-ce que la Révolution ? C'est la victoire de la France sur l'Europe et de Paris sur la France. De là, l'immensité de cette minute épouvantable, 93, plus grande que tout le reste du siècle.

Rien de plus tragique, l'Europe attaquant la France et la France attaquant Paris. Drame qui a la stature de l'épopée.

93 est une année intense. L'orage est là dans toute sa colère et dans toute sa grandeur. Cimourdain s'y sentait

---

1. Le manuscrit donne : « 90, le 19 juin, la fin de la féodalité », par référence à la séance de l'assemblée où furent abolis les titres héréditaires de la noblesse. La nuit du 4 août, où furent adoptés, dans un élan consensuel, l'égalité devant l'impôt et l'abolition ou le rachat des droits féodaux, suivit de peu, en 1789, la prise de la Bastille. L'édition dite « définitive » (1880) rétablit la date du 19 juin. **2.** Identifiée par les Romains à Minerve, déesse de la sagesse, Pallas Athènè, déesse armée, portait un bouclier à tête de Gorgone, coiffée de serpents.

à l'aise. Ce milieu éperdu, sauvage et splendide convenait
à son envergure. Cet homme avait, comme l'aigle de mer,
un profond calme intérieur, avec le goût du risque au
dehors. Certaines natures ailées, farouches et tranquilles
sont faites pour les grands vents. Les âmes de tempête,
cela existe.

Il avait une pitié à part, réservée seulement aux misérables. Devant l'espèce de souffrance qui fait horreur, il
se dévouait. Rien ne lui répugnait. C'était là son genre de
bonté. Il était hideusement secourable, et divinement. Il
cherchait les ulcères pour les baiser. Les belles actions
laides à voir sont les plus difficiles à faire ; il préférait
celles-là. Un jour à l'Hôtel-Dieu, un homme allait mourir,
étouffé par une tumeur à la gorge, abcès fétide, affreux,
contagieux peut-être et qu'il fallait vider sur-le-champ.
Cimourdain était là ; il appliqua sa bouche à la tumeur,
la pompa, recrachant à mesure que sa bouche était pleine,
vida l'abcès, et sauva l'homme [1]. Comme il portait encore
à cette époque son habit de prêtre, quelqu'un lui dit :
— Si vous faisiez cela au roi, vous seriez évêque. — Je
ne le ferais pas au roi, répondit Cimourdain. L'acte et la
réponse le firent populaire dans les quartiers sombres de
Paris.

Si bien qu'il faisait de ceux qui souffrent, qui pleurent
et qui menacent, ce qu'il voulait. À l'époque des colères
contre les accapareurs, colères si fécondes en méprises,
ce fut Cimourdain qui, d'un mot, empêcha le pillage d'un
bateau chargé de savon sur le port Saint-Nicolas et qui
dissipa les attroupements furieux arrêtant les voitures à la
barrière Saint-Lazare [2].

Ce fut lui qui, deux jours après le 10 août, mena le
peuple jeter bas les statues des rois. En tombant elles
tuèrent ; place Vendôme, une femme, Reine Violet, fut
écrasée par Louis XIV au cou duquel elle avait mis une
corde qu'elle tirait. Cette statue de Louis XIV avait été

---

   1. Le *topos* est celui de la rencontre de François d'Assise avec un
lépreux, et du baiser qu'il lui « imposa ».   **2.** Le port Saint-Nicolas, sous les galeries du Louvre. L'octroi de la barrière Saint-Lazare,
ou de Clichy.

cent ans debout ; elle avait été érigée le 12 août 1692, elle fut renversée le 12 août 1792[1]. Place de la Concorde[2], un nommé Guinguerlot ayant appelé les démolisseurs : canailles ! fut assommé sur le piédestal de Louis XV. La statue fut mise en pièces. Plus tard on en fit des sous. Le bras seul échappa ; c'était le bras droit que Louis XV étendait avec un geste d'empereur romain. Ce fut sur la demande de Cimourdain que le peuple donna et qu'une députation porta ce bras à Latude, l'homme enterré trente-sept ans à la Bastille[3]. Quand Latude, le carcan au cou, la chaîne au ventre, pourrissait vivant au fond de cette prison par ordre de ce roi dont la statue dominait Paris, qui lui eût dit que cette prison tomberait, que cette statue tomberait, qu'il sortirait du sépulcre et que la monarchie y entrerait, que lui, le prisonnier, il serait le maître de cette main de bronze qui avait signé son écrou, et que de ce roi de boue il ne resterait que ce bras d'airain !

Cimourdain était de ces hommes qui ont en eux une voix, et qui l'écoutent. Ces hommes-là semblent distraits ; point ; ils sont attentifs.

Cimourdain savait tout et ignorait tout. Il savait tout de la science et ignorait tout de la vie. De là sa rigidité. Il avait les yeux bandés comme la Thémis d'Homère[4]. Il avait la certitude aveugle de la flèche qui ne voit que le but et qui y va. En révolution rien de redoutable comme la ligne droite. Cimourdain allait devant lui, fatal.

Cimourdain croyait que, dans les genèses sociales, le point extrême est le terrain solide ; erreur propre aux esprits qui remplacent la raison par la logique. Il dépassait

---

1. Abattue le 13 août 1792 (et non le 12), elle fut remplacée sous l'Empire par la colonne d'Austerlitz, ou Vendôme, inaugurée le 15 août 1810 et abattue sous la Commune. **2.** Alors place Louis XV, rebaptisée à cette occasion place de la Révolution (11 août 1792). **3.** Figure emblématique des victimes de l'absolutisme (et roi des évasions), Latude avait publié l'*Histoire d'une détention de trente-neuf ans dans les prisons d'état*, après sa libération, en 1785. **4.** Thémis, fille du Ciel et de la Terre, déesse justicière. Homère ne la représente nulle part les yeux bandés, comme on le fait ordinairement de la Justice.

la Convention ; il dépassait la Commune ; il était de l'Évêché [1].

La réunion, dite l'Évêché, parce qu'elle tenait ses séances dans une salle du vieux palais épiscopal, était plutôt une complication d'hommes qu'une réunion. Là assistaient, comme à la Commune, ces spectateurs silencieux et significatifs qui avaient sur eux, comme dit Garat, « autant de pistolets que de poches ». L'Évêché était un pêle-mêle étrange ; pêle-mêle cosmopolite [2] et parisien, ce qui ne s'exclut point, Paris étant le lieu où bat le cœur des peuples. Là était la grande incandescence plébéienne. Près de l'Évêché la Convention était froide et la Commune était tiède. L'Évêché était une de ces formations révolutionnaires pareilles aux formations volcaniques ; l'Évêché contenait de tout, de l'ignorance, de la bêtise, de la probité, de l'héroïsme, de la colère et de la police. Brunswick [3] y avait des agents. Il y avait là des hommes dignes de Sparte et des hommes dignes du bagne. La plupart étaient forcenés et honnêtes. La Gironde, par la bouche d'Isnard, président momentané de la Convention, avait dit un mot monstrueux : — *Prenez garde, Parisiens. Il ne restera pas pierre sur pierre de votre ville, et l'on cherchera un jour la place où fut Paris* [4]. — Ce mot avait créé l'Évêché. Des hommes, et,

---

1. Réunis à l'Évêché le 31 mars 1793, les sectionnaires des « comités révolutionnaires » avaient décidé la création d'une « assemblée centrale de salut public ». Elle fut à l'origine du Comité insurrectionnel dit « de l'Évêché », constitué le 29 mai, auquel se joignit un Comité central révolutionnaire de 29 membres, qui dirigea les insurrections du 31 mai et du 2 juin. 2. Synonyme d'« universalisme », « cosmopolitisme » appartenait au vocabulaire de la philosophie des Lumières. 3. Commandant les armées « combinées » de l'Empereur et du Roi de Prusse, le duc de Brunswick avait signé la « déclaration » du 25 juillet 1792 qui sommait les Parisiens de « se soumettre au Roi sans délai » et menaçait de livrer leur ville « à une exécution militaire et à une subversion totale ». 4. Exactement : « S'il arrivait qu'on portât atteinte à la représentation nationale, je vous le déclare au nom de la France entière, Paris serait anéanti, bientôt on chercherait sur les rives de la Seine si cette ville a existé. » Intervention d'Isnard, porte-parole de la Gironde, à la séance du 25 mai 1793.

nous venons de le dire, des hommes de toutes nations, avaient senti le besoin de se serrer autour de Paris. Cimourdain s'était rallié à ce groupe.

Ce groupe réagissait contre les réacteurs. Il était né de ce besoin public de violence qui est le côté redoutable et mystérieux des révolutions. Fort de cette force, l'Évêché s'était tout de suite fait sa part. Dans les commotions de Paris, c'était la Commune qui tirait le canon, c'était l'Évêché qui sonnait le tocsin [1].

Cimourdain croyait, dans son ingénuité implacable, que tout est équité au service du vrai ; ce qui le rendait propre à dominer les partis extrêmes. Les coquins le sentaient honnête, et étaient contents. Des crimes sont flattés d'être présidés par une vertu. Cela les gêne et leur plaît. Palloy [2], l'architecte qui avait exploité la démolition de la Bastille, vendant ces pierres à son profit, et qui, chargé de badigeonner le cachot de Louis XVI, avait, par zèle, couvert le mur de barreaux, de chaînes et de carcans ; Gonchon [3], l'orateur suspect du faubourg Saint-Antoine dont on a retrouvé plus tard des quittances ; Fournier [4], l'Américain qui, le 17 juillet, avait tiré sur Lafayette un coup de pistolet payé, disait-on, par Lafayette ; Henriot [5], qui sortait de Bicêtre, et qui avait été valet, saltimbanque, voleur et espion avant d'être général et de pointer des canons sur la Convention ; La Reynie [6], l'ancien grand vicaire de Chartres, qui avait remplacé son bréviaire par le *Père Duchesne* ; tous ces hommes étaient tenus en respect par Cimourdain, et, à de

1. Le canon d'alarme et le tocsin appelaient à l'insurrection.
2. Palloy, l'« architecte démolisseur » de la Bastille, organisateur, en 1790, du premier bal du 14 juillet.   **3.** Clément Gonchon lisait à la Convention les textes des pétitionnaires, appuyé sur une pique coiffée d'un bonnet rouge.   **4.** Louis Blanc raconte l'attentat de Claude Fournier, dit l'« Américain », ancien distillateur de tafia à Saint-Domingue, contre La Fayette, au matin de la fusillade du Champ-de-Mars, le 17 juillet 1791.   **5.** Nommé commandant provisoire de la Garde nationale sur intervention de l'Évêché, Hanriot (et non Henriot) pointa ses canons sur la Convention lors de la journée du 2 juin. Hugo semble se faire l'écho des ragots colportés contre lui et repris par Michelet. Guillotiné en même temps que Robespierre.   **6.** L'abbé de La Reynie, auteur supposé du *Livre rouge ou Liste des pensions secrètes sur le Trésor public* (1790).

certains moments, pour empêcher les pires de broncher, il suffisait qu'ils sentissent en arrêt devant eux cette redoutable candeur convaincue. C'est ainsi que Saint-Just terrifiait Schneider[1]. En même temps, la majorité de l'Évêché, composée surtout de pauvres et d'hommes violents, qui étaient bons, croyait en Cimourdain et le suivait. Il avait pour vicaire ou pour aide de camp, comme on voudra, cet autre prêtre républicain, Danjou, que le peuple aimait pour sa haute taille et avait baptisé l'abbé Six-Pieds. Cimourdain eût mené où il eût voulu cet intrépide chef qu'on appelait le *général la Pique*, et ce hardi Truchon, dit le Grand-Nicolas, qui avait voulu sauver madame de Lamballe, et qui lui avait donné le bras et fait enjamber les cadavres ; ce qui eût réussi sans la féroce plaisanterie du barbier Charlot[2].

La Commune surveillait la Convention, l'Évêché surveillait la Commune ; Cimourdain, esprit droit et répugnant à l'intrigue, avait cassé plus d'un fil mystérieux dans la main de Pache, que Beurnonville appelait « l'homme noir »[3], Cimourdain, à l'Évêché, était de plain-pied avec tous. Il était consulté par Dobsent et Momoro[4]. Il parlait espagnol à Gusman, italien à Pio, anglais à Arthur, flamand à Pereyra, allemand à l'Autrichien Proly, bâtard d'un prince[5]. Il créait

---

1. Saint-Just, en mission en Alsace, fut à l'origine de la condamnation à mort d'Eulogius Schneider, accusateur public au Tribunal révolutionnaire de Strasbourg (décembre 1793), dont Charles Nodier avait été le secrétaire.   **2.** Nicolas Truchon est présenté par Mercier comme un « coupeur de têtes », et par Michelet comme responsable, avec le « perruquier » Charlat (et non Charlot), du massacre, le 3 septembre 1792, de la princesse de Lamballe, intime de Marie-Antoinette (VII, 6).   **3.** Le marquis de Beurnonville avait remplacé Pache, maire de Paris, au ministère de la Guerre, en février 1793.   **4.** Claude Dobsent, juge au Tribunal révolutionnaire et ardent sectionnaire. On doit à Momoro, président du club des Cordeliers, l'inscription sur les monuments publics de la devise imaginée par Robespierre : « Liberté, Égalité, Fraternité » (21 juin 1793). Guillotiné avec Hébert en 1794.   **5.** Dénombrement d'« agitateurs de circonstance » (Louis Blanc). Espagnol naturalisé, André Guzman était membre du Comité insurrectionnel de l'Évêché. Guillotiné en 1794 avec les dantonistes. Pierre Proli, fils supposé du chancelier Kaunitz, guillotiné avec Hébert. Le diable passait aussi pour polyglotte.

l'entente entre ces discordances. De là une situation obscure et forte. Hébert le craignait[1].

Cimourdain avait, dans ces temps et dans ces groupes tragiques, la puissance des inexorables. C'était un impeccable qui se croit infaillible. Personne ne l'avait vu pleurer. Vertu inaccessible et glaciale. Il était l'effrayant homme juste.

Pas de milieu pour un prêtre dans la révolution. Un prêtre ne pouvait se donner à la prodigieuse aventure flagrante[2] que pour les motifs les plus bas ou les plus hauts ; il fallait qu'il fût infâme ou qu'il fût sublime. Cimourdain était sublime ; mais sublime dans l'isolement, dans l'escarpement, dans la lividité inhospitalière ; sublime dans un entourage de précipices. Les hautes montagnes ont cette virginité sinistre.

Cimourdain avait l'apparence d'un homme ordinaire ; vêtu de vêtements quelconques, d'aspect pauvre. Jeune, il avait été tonsuré ; vieux, il était chauve. Le peu de cheveux qu'il avait étaient gris. Son front était large, et sur ce front il y avait pour l'observateur un signe. Cimourdain avait une façon de parler brusque, passionnée et solennelle ; la voix brève ; l'accent péremptoire ; la bouche triste et amère ; l'œil clair et profond, et sur tout le visage on ne sait quel air indigné.

Tel était Cimourdain.

Personne aujourd'hui ne sait son nom. L'histoire a de ces inconnus terribles.

---

1. Jacques Hébert, rédacteur du *Père Duchesne* et membre actif, comme plus ou moins Marat, du club des Cordeliers. Guillotiné en mars 1794, en même temps que son ami Momoro.   2. « Flagrant », en feu, ou, comme dans « flagrant délit », qui se produit au moment même.

III

UN COIN NON TREMPÉ DANS LE STYX [1]

Un tel homme était-il un homme ? Le serviteur du genre humain pouvait-il avoir une affection ? N'était-il pas trop une âme pour être un cœur ? Cet embrassement énorme qui admettait tout et tous, pouvait-il se réserver à quelqu'un ? Cimourdain pouvait-il aimer ? Disons-le. Oui.

Étant jeune et précepteur dans une maison presque princière, il avait eu un élève, fils et héritier de la maison [2], et il l'aimait. Aimer un enfant est si facile. Que ne pardonne-t-on pas à un enfant ? On lui pardonne d'être seigneur, d'être prince, d'être roi. L'innocence de l'âge fait oublier les crimes de la race ; la faiblesse de l'être fait oublier l'exagération du rang. Il est si petit qu'on lui pardonne d'être grand. L'esclave lui pardonne d'être le maître. Le vieillard nègre idolâtre le marmot blanc. Cimourdain avait pris en passion son élève. L'enfance a cela d'ineffable qu'on peut épuiser sur elle tous les amours. Tout ce qui pouvait aimer dans Cimourdain s'était abattu, pour ainsi dire, sur cet enfant ; ce doux être innocent était devenu une sorte de proie pour ce cœur condamné à la solitude. Il l'aimait de toutes les tendresses à la fois, comme père, comme frère, comme ami, comme créateur. C'était son fils ; le fils, non de sa chair, mais de son esprit [3]. Il n'était pas le père, et ce n'était pas son œuvre ; mais il était le maître, et c'était son chef-d'œuvre. De ce petit seigneur, il avait fait un homme. Qui sait ? Un grand homme peut-être. Car tels sont les rêves. À l'insu de la famille, — a-t-on besoin de permission pour

---

1. Plongé dans la Styx, fleuve des Enfers, par sa mère Thétis, Achille avait été rendu invulnérable, sauf au talon par lequel elle le tenait.   2. Le vicomte de Gauvain-Poingdextre, dans le « roman de la Monarchie ».   3. Nouvelle forme, après l'« adoption » des enfants Fléchard, de « réengendrement en dehors de la sexualité et de la chaîne parentale » (Y. Gohin).

créer une intelligence, une volonté et une droiture ? — il
avait communiqué au jeune vicomte, son élève, tout le
progrès qu'il avait en lui ; il lui avait inoculé le virus
redoutable de sa vertu ; il lui avait infusé dans les veines
sa conviction, sa conscience, son idéal ; dans ce cerveau
d'aristocrate, il avait versé l'âme du peuple [1].

L'esprit allaite, l'intelligence est une mamelle. Il y a
analogie entre la nourrice qui donne son lait et le précepteur qui donne sa pensée. Quelquefois le précepteur est
plus père que le père, de même que souvent la nourrice
est plus mère que la mère.

Cette profonde paternité spirituelle liait Cimourdain à
son élève. La seule vue de cet enfant l'attendrissait.

Ajoutons ceci : remplacer le père était facile, l'enfant
n'en avait plus ; il était orphelin ; son père était mort, sa
mère était morte ; il n'avait pour veiller sur lui qu'une
grand'mère aveugle et un grand-oncle absent. La grand'-
mère mourut ; le grand-oncle, chef de la famille, homme
d'épée et de grande seigneurie, pourvu de charges à la
cour, fuyait le vieux donjon de famille, vivait à Versailles,
allait aux armées, et laissait l'orphelin seul dans le château solitaire. Le précepteur était donc le maître, dans
toute l'acception du mot.

Ajoutons ceci encore : Cimourdain avait vu naître l'enfant qui avait été son élève. L'enfant, orphelin tout petit,
avait eu une maladie grave. Cimourdain, en ce danger de
mort, l'avait veillé jour et nuit ; c'est le médecin qui
soigne, c'est le garde-malade qui sauve, et Cimourdain
avait sauvé l'enfant. Non seulement son élève lui avait
dû l'éducation, l'instruction, la science ; mais il lui avait
dû la convalescence et la santé ; non seulement son élève
lui devait de penser ; mais il lui devait de vivre. Ceux qui

---

1. « Cimourdain. Magnifique profession de foi révolutionnaire,
rancune profonde du prêtre malgré lui. — Renvoyez, chassez-moi,
monsieur le duc, car je vous jure sur l'honneur que j'inoculerai la
révolution à votre petit neveu. — Pardieu, s'écria le duc, c'est trop
drôle, je te garde. / Fin de la première partie. / L'insurrection de la
Vendée éclate en février 1793 » (*Reliquat*).

nous doivent tout, on les adore ; Cimourdain adorait cet enfant.

L'écart naturel de la vie s'était fait. L'éducation finie, Cimourdain avait dû quitter l'enfant devenu jeune homme. Avec quelle froide et inconsciente cruauté ces séparations-là se font ! Comme les familles congédient tranquillement le précepteur qui laisse sa pensée dans un enfant, et la nourrice qui y laisse ses entrailles ! Cimourdain, payé et mis dehors, était sorti du monde d'en haut et rentré dans le monde d'en bas ; la cloison entre les grands et les petits s'était refermée ; le jeune seigneur, officier de naissance et fait d'emblée capitaine, était parti pour une garnison quelconque ; l'humble précepteur, déjà au fond de son cœur prêtre insoumis, s'était hâté de redescendre dans cet obscur rez-de-chaussée de l'Église, qu'on appelait le bas clergé ; et Cimourdain avait perdu de vue son élève.

La Révolution était venue ; le souvenir de cet être dont il avait fait un homme, avait continué de couver en lui, caché, mais non éteint, par l'immensité des choses publiques.

Modeler une statue et lui donner la vie, c'est beau ; modeler une intelligence et lui donner la vérité, c'est plus beau encore. Cimourdain était le Pygmalion [1] d'une âme.

Un esprit peut avoir un enfant.

Cet élève, cet enfant, cet orphelin, était le seul être qu'il aimât sur la terre.

Mais, même dans une telle affection, un tel homme était-il vulnérable ?

On va le voir.

---

1. Célibataire et misogyne, le sculpteur Pygmalion avait été condamné par Vénus à tomber amoureux d'une statue à laquelle, sur ses instances, elle donna la vie pour qu'il l'épouse.

LIVRE DEUXIÈME

LE CABARET DE LA RUE DU PAON

I

MINOS, ÉAQUE ET RHADAMANTE [1]

Il y avait rue du Paon [2] un cabaret qu'on appelait café. Ce café avait une arrière-chambre, aujourd'hui historique. C'était là que se rencontraient parfois à peu près secrètement des hommes tellement puissants et tellement surveillés qu'ils hésitaient à se parler en public. C'était là qu'avait été échangé, le 23 octobre 1792, un baiser fameux entre la Montagne et la Gironde [3]. C'était là que Garat, bien qu'il n'en convienne pas dans ses *Mémoires*, était venu aux renseignements dans cette nuit lugubre où,

---

1. Nom des trois « juges d'enfer », auxquels leur intégrité avait valu de siéger après leur mort dans le royaume de Pluton, et titre d'un chapitre de *L'Homme qui rit* (III, 6), appliqué ici à ceux que les Girondins appelaient les « triumvirs de la Montagne ». Il faut aussi penser au « triangle mystique », symbole de la Trinité, encadrant le nom hébreux de Dieu, également représenté par un œil ouvert, celui de la conscience dans le poème de Caïn (*La Légende des siècles*, 1859, I, 2).   2. Rue du Paon, à l'emplacement, aujourd'hui, du carrefour de l'Odéon, et à deux pas de chez Marat, rue des Cordeliers (aujourd'hui rue de l'École-de-Médecine).   3. Alphonse Esquiros (*Histoire des Montagnards*, t. II, p. 208) devait à la sœur de Marat ce « détail », repris par Louis Blanc.

après avoir mis Clavière en sûreté rue de Beaune, il arrêta sa voiture sur le Pont-Royal pour écouter le tocsin[1].

Le 28 juin 1793[2], trois hommes étaient réunis autour d'une table dans cette arrière-chambre. Leurs chaises ne se touchaient pas ; ils étaient assis chacun à un des côtés de la table, laissant vide le quatrième. Il était environ huit heures du soir ; il faisait jour encore dans la rue, mais il faisait nuit dans l'arrière-chambre, et un quinquet accroché au plafond, luxe d'alors, éclairait la table.

Le premier de ces trois hommes était pâle, jeune, grave, avec les lèvres minces et le regard froid. Il avait dans la joue un tic nerveux qui devait le gêner pour sourire. Il était poudré, ganté, brossé, boutonné ; son habit bleu clair ne faisait pas un pli. Il avait une culotte de nankin, des bas blancs, une haute cravate, un jabot plissé, des souliers à boucles d'argent. Les deux autres hommes étaient, l'un, une espèce de géant, l'autre, une espèce de nain. Le grand, débraillé dans un vaste habit de drap écarlate, le col nu dans une cravate dénouée tombant plus bas que le jabot, la veste ouverte avec des boutons arrachés, était botté de bottes à revers et avait les cheveux tout hérissés, quoiqu'on y vît un reste de coiffure et d'apprêt ; il y avait de la crinière dans sa perruque. Il avait la petite vérole sur la face, une ride de colère entre les sourcils, le pli de la bonté au coin de la bouche, les lèvres épaisses, les dents grandes, un poing de portefaix, l'œil éclatant. Le petit était un homme jaune qui, assis, semblait difforme ; il avait la tête renversée en arrière, les yeux injectés de sang, des plaques livides sur le visage, un mouchoir noué sur ses cheveux gras et plats, pas de front, une bouche énorme et terrible. Il avait un pantalon à pied, des pan-

---

1. Hugo s'inspire des *Mémoires* de Garat. Dans la « nuit lugubre » du 9 au 10 mars 1793, les jacobins avaient lancé un appel à l'insurrection qui ne fut pas suivi d'effet. Clavière et Garat, respectivement ministre des Finances dans le premier ministère girondin et ministre de l'Intérieur.   2. Le 28 juin, avant l'assassinat, le 13 juillet, de Marat, qui, malade, ne quittait plus sa chambre et s'était mis en congé d'assemblée. Il va de soi que la rencontre des « trois hommes » est de pure fiction.

toufles, un gilet qui semblait avoir été de satin blanc, et par-dessus ce gilet une rouppe dans les plis de laquelle une ligne dure et droite laissait deviner un poignard[1].

Le premier de ces hommes s'appelait Robespierre, le second Danton, le troisième Marat.

Ils étaient seuls dans cette salle. Il y avait devant Danton un verre et une bouteille de vin couverte de poussière, rappelant la chope de bière de Luther, devant Marat une tasse de café, devant Robespierre des papiers.

Auprès des papiers on voyait un de ces lourds encriers de plomb, ronds et striés, que se rappellent ceux qui étaient écoliers au commencement de ce siècle[2]. Une plume était jetée à côté de l'écritoire. Sur les papiers était posé un gros cachet de cuivre sur lequel on lisait *Palloy fecit*, et qui figurait un petit modèle exact de la Bastille[3].

Une carte de France était étalée au milieu de la table.

À la porte et dehors se tenait le chien de garde de Marat, ce Laurent Basse[4], commissionnaire du numéro 18 de la rue des Cordeliers, qui, le 13 juillet, environ quinze jours après ce 28 juin, devait asséner un coup de chaise sur la tête d'une femme nommée Charlotte Corday, laquelle en ce moment-là était à Caen, songeant vaguement. Laurent Basse était le porteur d'épreuves de *l'Ami du peuple*. Ce soir-là, amené par son maître au café de la rue du Paon, il avait la consigne de tenir fermée la salle où étaient Marat, Danton et Robespierre, et de n'y laisser pénétrer personne, à moins que ce ne fût quelqu'un du Comité de salut public, de la Commune ou de l'Évêché.

Robespierre ne voulait pas fermer la porte à Saint-Just,

---

1. Le 23 mars 1793, au Comité de sûreté générale, Marat avait tiré « un poignard de dessous sa rouppe », à l'appui de la proposition faite par Santerre d'envoyer la Garde nationale en Vendée (Louis Blanc). *Rouppe*, « blouse en drap fendue par le devant dont se servent surtout les bergers transhumants » (Littré).   **2.** On peut penser aussi à l'encrier de Marat, représenté par David auprès de *Marat mort* et devenu légendaire.   **3.** Palloy, déjà nommé p. 183.   **4.** Laurent Bas, plutôt que Basse.

Danton ne voulait pas la fermer à Pache, Marat ne voulait pas la fermer à Gusman[1].

La conférence durait depuis longtemps déjà. Elle avait pour sujet les papiers étalés sur la table et dont Robespierre avait donné lecture. Les voix commençaient à s'élever. Quelque chose comme de la colère grondait entre ces trois hommes. Du dehors on entendait par moment des éclats de parole. À cette époque l'habitude des tribunes publiques semblait avoir créé le droit d'écouter. C'était le temps où l'expéditionnaire Fabricius Pâris regardait par le trou de la serrure ce que faisait le Comité de salut public. Ce qui, soit dit en passant, ne fut pas inutile, car ce fut Pâris qui avertit Danton la nuit du 30 au 31 mars 1794[2]. Laurent Basse avait appliqué son oreille contre la porte de l'arrière-salle où étaient Danton, Marat et Robespierre. Laurent Basse servait Marat, mais il était de l'Évêché.

II

MAGNA TESTANTUR VOCE PER UMBRAS[3]

Danton venait de se lever ; il avait vivement reculé sa chaise.

— Écoutez, cria-t-il. Il n'y a qu'une urgence, la Répu-

---

1. Pache (voir n. 2, p. 78) passait pour « donner l'impulsion » avant de « serrer le frein ». Guzman, déjà nommé p. 184. **2.** Michelet situe l'épisode dans la nuit du 24 mars 1794 : « Danton était averti de tous côtés. Le greffier du tribunal révolutionnaire, Fabricius Paris, qui, ce soir-là, était allé au Comité et qui attendit la nuit, saisit quelque chose à travers les portes, et le matin courut à Sèvres » (XVII, 3). L'ordre d'arrêter Danton fut lancé par les Comités dans la nuit du 30 au 31 mars. **3.** Transposition au pluriel d'un vers de Virgile (*Énéide*, VI, 619) : « À haute voix ils témoignent parmi les ombres », cité exactement dans la section de *Napoléon-le-Petit* consacrée au « parlementarisme » (V, 4). Incendiaire du temple de Delphes, Phlégias clame aux Enfers son avertissement de craindre la colère des dieux.

blique en danger. Je ne connais qu'une chose, délivrer la France de l'ennemi. Pour cela tous les moyens sont bons. Tous ! tous ! tous ! Quand j'ai affaire à tous les périls, j'ai recours à toutes les ressources, et quand je crains tout, je brave tout. Ma pensée est une lionne. Pas de demi-mesures. Pas de pruderie en révolution. Némésis[1] n'est pas une bégueule. Soyons épouvantables et utiles. Est-ce que l'éléphant regarde où il met sa patte ? Écrasons l'ennemi.

Robespierre répondit avec douceur :

— Je veux bien.

Et il ajouta :

— La question est de savoir où est l'ennemi.

— Il est dehors, et je l'ai chassé, dit Danton.

— Il est dedans, et je le surveille, dit Robespierre[2].

— Et je le chasserai encore, reprit Danton.

— On ne chasse pas l'ennemi du dedans.

— Qu'est-ce donc qu'on fait ?

— On l'extermine.

— J'y consens, dit à son tour Danton.

Et il reprit :

— Je vous dis qu'il est dehors, Robespierre.

— Danton, je vous dis qu'il est dedans.

— Robespierre, il est à la frontière.

— Danton, il est en Vendée.

— Calmez-vous, dit une troisième voix, il est partout ; et vous êtes perdus.

C'était Marat qui parlait.

Robespierre regarda Marat et repartit tranquillement :

— Trêve aux généralités. Je précise. Voici des faits.

— Pédant ! grommela Marat.

---

1. Némésis, instrument de la vengeance des dieux.   **2.** Hugo s'inspire d'une note prise dans le *Robespierre* de Hamel : « Le 19 décembre 1791 [Robespierre] avait dit au club des Jacobins : — *Domptons d'abord nos ennemis du dedans, ensuite nous marche-rons contre nos ennemis du dehors.* » Robespierre, en 1792, s'était élevé contre la guerre voulue par les Girondins, « tant que le mal serait aux Tuileries » (Louis Blanc).

Robespierre posa la main sur les papiers étalés devant lui et continua :

— Je viens de vous lire les dépêches de Prieur de la Marne. Je viens de vous communiquer les renseignements donnés par ce Gélambre. Danton, écoutez, la guerre étrangère n'est rien, la guerre civile est tout. La guerre étrangère, c'est une écorchure qu'on a au coude ; la guerre civile, c'est l'ulcère qui vous mange le foie. De tout ce que je viens de vous lire, il résulte ceci : la Vendée, jusqu'à ce jour éparse entre plusieurs chefs, est au moment de se concentrer. Elle va désormais avoir un capitaine unique...

— Un brigand central, murmura Danton.

— C'est, poursuivit Robespierre, l'homme débarqué près de Pontorson le 2 juin. Vous avez vu ce qu'il est. Remarquez que ce débarquement coïncide avec l'arrestation des représentants en mission, Prieur de la Côte-d'Or et Romme, à Bayeux, par ce district traître du Calvados, le 2 juin, le même jour[1].

— Et leur translation au château de Caen, dit Danton.

Robespierre reprit :

— Je continue de résumer les dépêches. La guerre de forêt s'organise sur une vaste échelle. En même temps une descente anglaise se prépare ; Vendéens et Anglais, c'est Bretagne avec Bretagne. Les hurons du Finistère parlent la même langue que les topinambous du Cornouailles[2]. J'ai mis sous vos yeux une lettre intercepté de Puisaye où il est dit que « vingt mille habits rouges[3] distribués aux insurgés en feront lever cent mille ». Quand l'insurrection paysanne sera complète, la descente anglaise se fera. Voici le plan, suivez-le sur la carte.

Robespierre posa le doigt sur la carte, et poursuivit :

— Les Anglais ont le choix du point de descente, de

---

1. Louis Blanc fait état de leur incarcération au château de Caen.
2. Manuscrit : « Les brutes du Finistère parlent la même langue que les sauvages de Cornouailles. » Hugo se sera souvenu, en lisant les épreuves, d'une épigramme célèbre de Boileau contre Perrault, où les Hurons, Indiens d'Amérique du Nord, sont rapprochés des « Topinamboux », Indiens du Brésil (J. Boudout).   3. Uniformes anglais.

Cancale à Paimpol. Craig préférerait la baie de Saint-
Brieuc, Cornwallis la baie de Saint-Cast[1]. C'est un détail.
La rive gauche de la Loire est gardée par l'armée vendéenne rebelle, et quant aux vingt-huit lieues à découvert
entre Ancenis et Pontorson, quarante paroisses normandes
ont promis leur concours. La descente se fera sur trois
points, Plérin, Iffiniac et Pléneuf[2] ; de Plérin on ira à
Saint-Brieuc, et de Pléneuf à Lamballe ; le deuxième jour
on gagnera Dinan où il y a neuf cents prisonniers anglais,
et l'on occupera en même temps Saint-Jouan et Saint-
Méen ; on y laissera de la cavalerie ; le troisième jour,
deux colonnes se dirigeront l'une de Jouan sur Bédée,
l'autre de Dinan sur Becherel qui est une forteresse naturelle, et où l'on établira deux batteries ; le quatrième jour,
on est à Rennes. Rennes, c'est la clef de la Bretagne. Qui
a Rennes a tout. Rennes prise, Châteauneuf et Saint-Malo
tombent. Il y a à Rennes un million de cartouches et cinquante pièces d'artillerie de campagne...

— Qu'ils rafleraient, murmura Danton.

Robespierre continua :

— Je termine. De Rennes trois colonnes se jetteront
l'une sur Fougères, l'autre sur Vitré, l'autre sur Redon.
Comme les ponts sont coupés, les ennemis se muniront,
vous avez vu ce fait précisé, de pontons et de madriers,
et ils auront des guides pour les points guéables à la cavalerie. De Fougères on rayonnera sur Avranches, de Redon
sur Ancenis, de Vitré sur Laval. Nantes se rendra, Brest
se rendra. Redon donne tout le cours de la Vilaine, Fougères donne la route de Normandie, Vitré donne la route
de Paris. Dans quinze jours on aura une armée de brigands de trois cent mille hommes, et toute la Bretagne
sera au roi de France[3].

---

1. Adjoint à Jersey de lord Balcarras, gouverneur de l'île, le général Craig avait été chargé d'« ouvrir une correspondance avec les
Royalistes français » (Puisaye). Vainqueur en Inde de Tippoo-Saïb
(1792) et en Irlande du général Humbert (1798), le marquis de
Cornwallis commanda la flotte anglaise à Quiberon (1795).
2. Soit dans la baie de Saint-Brieux.   3. Purement conjectural,
l'exposé de Robespierre n'est pas sans rappeler le « conseil précipité » des gouverneurs de Picrochole (Rabelais, *Gargantua*, XXXIII).

— C'est-à-dire au roi d'Angleterre, dit Danton.

— Non, au roi de France.

Et Robespierre ajouta :

— Le roi de France est pire. Il faut quinze jours pour chasser l'étranger, et dix-huit cents ans pour éliminer la monarchie.

Danton, qui s'était rassis, mit ses coudes sur la table et la tête dans ses mains, rêveur.

— Vous voyez le péril, dit Robespierre. Vitré donne la route de Paris aux Anglais.

Danton redressa le front et rabattit ses deux grosses mains crispées sur la carte, comme sur une enclume.

— Robespierre, est-ce que Verdun ne donnait pas la route de Paris aux Prussiens ?

— Eh bien ?

— Eh bien, on chassera les Anglais comme on a chassé les Prussiens.

Et Danton se leva de nouveau.

Robespierre posa sa main froide sur le poing fiévreux de Danton.

— Danton, la Champagne n'était pas pour les Prussiens et la Bretagne est pour les Anglais. Reprendre Verdun, c'est de la guerre étrangère ; reprendre Vitré, c'est de la guerre civile.

Et Robespierre murmura avec un accent froid et profond :

— Sérieuse différence.

Il reprit :

— Rasseyez-vous, Danton, et regardez la carte au lieu de lui donner des coups de poing.

Mais Danton était tout à sa pensée.

— Voilà qui est fort ! s'écria-t-il, voir la catastrophe à l'ouest quand elle est à l'est. Robespierre, je vous accorde que l'Angleterre se dresse sur l'Océan ; mais l'Espagne se dresse aux Pyrénées, mais l'Italie se dresse aux Alpes,

---

On notera le passage du conditionnel, mode de l'imaginaire, au futur, puis au présent, et l'emploi équivoque de l'impersonnel.

mais l'Allemagne se dresse sur le Rhin. Et le grand ours
russe est au fond. Robespierre, le danger est un cercle et
nous sommes dedans. À l'extérieur la coalition, à l'intérieur la trahison. Au midi Servant entre-bâille la porte de
la France au roi d'Espagne [1]. Au nord Dumouriez passe à
l'ennemi. Au reste il avait toujours moins menacé la Hollande que Paris. Nerwinde efface Jemmapes et Valmy. Le
philosophe Rabaut Saint-Étienne, traître comme un pro-
testant qu'il est, correspond avec le courtisan Montes-
quiou [2]. L'armée est décimée. Pas un bataillon qui ait
maintenant plus de quatre cents hommes ; le vaillant régiment de Deux-Ponts est réduit à cent cinquante hommes ;
le camp de Pamars est livré ; il ne reste plus à Givet que
cinq cents sacs de farine ; nous rétrogradons sur Landau ;
Wurmser presse Kléber ; Mayence succombe vaillamment, Condé lâchement. Valenciennes aussi. Ce qui
n'empêche pas Chancel qui défend Valenciennes et le
vieux Féraud qui défend Condé d'être deux héros, aussi
bien que Meunier qui défendait Mayence [3]. Mais tous les
autres trahissent. Dharville trahit à Aix-la-Chapelle, Mouton trahit à Bruxelles, Valence trahit à Bréda, Neuilly trahit à Limbourg, Miranda trahit à Maëstricht ; Stengel,
traître, Lanoue, traître, Ligonnier, traître, Menou, traître,

---

1. La France avait déclaré la guerre à l'Espagne le 7 mars 1793.
Joseph Servan (et non « Servant ») de Gerbey, commandant l'armée
des Pyrénées-Orientales, avait été cassé de ses fonctions après la
chute des Girondins. Les Espagnols remportèrent la bataille de Truil-
las le 27 septembre 1793.   **2.** Rabaut-Saint-Étienne anima la
rébellion girondine dans le Midi. Ancien président de la Constituante, le duc de Montesquiou-Ferenzac était passé à l'émigration
après les massacres de Septembre.   **3.** Le camp de Famars (et non
« Pamars ») était tombé le 23 mai. Les Français ne levèrent qu'en
décembre le blocus de Landau. Mayence capitula le 23 juillet, après
un siège de quatre mois et avec les honneurs de la guerre. Réduite
par la famine, Condé se rendit aux Autrichiens le 10 juillet. Valenciennes capitula le 28. C'est Chancel qui « défendit » Condé, où il
fut fait prisonnier, et non Féraud, confondu ici avec le conventionnel
Jacques Ferrand, commissaire à l'armée du Nord. Le général Meus-
nier (et non « Meunier ») fut mortellement blessé le 19 juillet (et non
le 13 juin, comme il est dit plus loin) à Cassel, sous Mayence.

Dillon, traître ; monnaie hideuse de Dumouriez[1]. Il faut des exemples. Les contre-marches de Custine me sont suspectes ; je soupçonne Custine de préférer la prise lucrative de Francfort à la prise utile de Coblentz[2]. Francfort peut payer quatre millions de contributions de guerre, soit. Qu'est-ce que cela à côté du nid des émigrés écrasé ? Trahison, dis-je. Meunier est mort le 13 juin. Voilà Kléber seul. En attendant, Brunswick grossit et avance. Il arbore le drapeau allemand sur toutes les places françaises qu'il prend. Le margrave de Brandebourg[3] est aujourd'hui l'arbitre de l'Europe ; il empoche nos provinces ; il s'adjugera la Belgique, vous verrez ; on dirait que c'est pour Berlin que nous travaillons ; si cela continue, et si nous n'y mettons ordre, la révolution française se sera faite au profit de Potsdam ; elle aura eu pour unique résultat d'agrandir le petit État de Frédéric II, et nous aurons tué le roi de France pour le roi de Prusse[4].

Et Danton, terrible, éclata de rire.

Le rire de Danton fit sourire Marat.

— Vous avez chacun votre dada ; vous, Danton, la Prusse ; vous, Robespierre, la Vendée. Je vais préciser, moi aussi. Vous ne voyez pas le vrai péril ; le voici : les cafés et les tripots. Le café de Choiseul est jacobin, le café Patin est royaliste, le café du Rendez-Vous attaque la garde nationale, le café de la Porte-Saint-Martin la défend, le café de la Régence est contre Brissot, le café Corazza est pour, le café Procope jure par Diderot, le café

---

1. Dénombrement visant les « généraux aristocratiques », dont Marat et les sans-culottes réclamaient l'« épuration ».   **2.** Chargé de la défense de Mayence, le général comte de Custine (voir n. 1, p. 79) avait décidé, malgré les ordres de la Convention, de pousser l'ennemi jusqu'à Francfort. Destitué le 12 juillet et guillotiné le 27 août. Danton et les siens avaient pris sa défense, comme du reste celle de Dumouriez, devant le Comité de salut public.   **3.** Le roi de Prusse. Le marquisat de Brandebourg était réuni à la Prusse depuis 1618.   **4.** Propos d'actualité après l'achèvement de l'unité allemande et la proclamation du *Deuxième Reich* à Versailles, le 18 janvier 1871. Victor Hugo avait dénoncé l'hégémonie allemande dans sa lettre du 20 septembre 1872 aux membres du Congrès de la paix.

du Théâtre-Français jure par Voltaire, à la Rotonde on déchire les assignats, les cafés Saint-Marceau sont en fureur, le café Manouri agite la question des farines, au café de Foy tapages et gourmades, au Perron bourdonnement des frêlons de finance[1]. Voilà ce qui est sérieux.

Danton ne riait plus. Marat souriait toujours. Sourire de nain, pire qu'un rire de colosse.

— Vous moquez-vous, Marat ? gronda Danton.

Marat eut ce mouvement de hanche convulsif, qui était célèbre. Son sourire s'était effacé.

— Ah ! je vous retrouve, citoyen Danton. C'est bien vous qui en pleine Convention m'avez appelé « l'individu Marat »[2]. Écoutez. Je vous pardonne. Nous traversons un moment imbécile. Ah ! je me moque ? En effet, quel homme suis-je ? J'ai dénoncé Chazot, j'ai dénoncé Pétion, j'ai dénoncé Kersaint, j'ai dénoncé Moreton, j'ai dénoncé Dufriche-Valazé, j'ai dénoncé Ligonnier, j'ai dénoncé Menou, j'ai dénoncé Banneville, j'ai dénoncé Gensonné, j'ai dénoncé Biron, j'ai dénoncé Lidon et Chambon ; ai-je eu tort ? je flaire la trahison dans le traître, et je trouve utile de dénoncer le criminel avant le crime. J'ai l'habitude de dire la veille ce que vous autres vous dites le lendemain. Je suis l'homme qui a proposé à l'Assemblée un plan complet de législation criminelle. Qu'ai-je fait jusqu'à présent ? J'ai demandé qu'on instruise les sections afin de les discipliner à la révolution, j'ai fait lever les scellés des trente-deux cartons, j'ai réclamé les diamants déposés dans les mains de Roland, j'ai prouvé que les Brissotins avaient donné au Comité de sûreté générale des mandats d'arrêt en blanc, j'ai signalé les omissions du rapport de Lindet sur les crimes de Capet, j'ai voté le supplice du tyran dans les vingt-quatre heures, j'ai défendu les bataillons le Mauconseil et le Républicain, j'ai empêché la lecture de la lettre de

---

1. Ces « cafés » et « tripots » sont évoqués par Louis Blanc (t. I, p. 588). Le café Corazza était plutôt le rendez-vous, selon Garat, des Montagnards qui « arrangeaient la révolte » contre Brissot et la Gironde (*Mémoires*, p. 169).   2. Séance du 29 octobre 1792 : « Je déclare que je n'aime point l'individu Marat » (Louis Blanc).

Narbonne et de Malouet, j'ai fait une motion pour les soldats blessés, j'ai fait supprimer la commission des six, j'ai pressenti dans l'affaire de Mons la trahison de Dumouriez, j'ai demandé qu'on prît cent mille parents d'émigrés comme otages pour les commissaires livrés à l'ennemi, j'ai proposé de déclarer traître tout représentant qui passerait les barrières, j'ai démasqué la faction rolandine dans les troubles de Marseille, j'ai insisté pour qu'on mît à prix la tête d'Égalité fils, j'ai défendu Bouchotte, j'ai voulu l'appel nominal pour chasser Isnard du fauteuil, j'ai fait déclarer que les Parisiens ont bien mérité de la patrie ; c'est pourquoi je suis traité de pantin par Louvet, le Finistère demande qu'on m'expulse, la ville de Loudun souhaite qu'on m'exile, la ville d'Amiens désire qu'on me mette une muselière, Cobourg veut qu'on m'arrête, et Lecointe-Puiraveau propose à la Convention de me décréter fou[1]. Ah çà ! citoyen Danton, pourquoi m'avez-vous fait venir à votre conciliabule[2], si ce n'est pour avoir mon avis ? Est-ce que je vous demandais d'en être ? loin de là. Je n'ai aucun goût pour les tête-à-tête avec des contre-révolutionnaires tels que Robespierre et vous. Du reste, je devais m'y attendre, vous ne m'avez pas compris ; pas plus vous que Robespierre, pas plus Robespierre que vous. Il n'y a donc pas d'homme d'État ici[3] ? Il faut donc vous faire épeler la politique, il faut donc vous mettre les points sur les *i*. Ce que je vous ai dit voulait dire ceci : vous vous trompez tous les deux. Le danger n'est ni à Londres, comme le croit Robespierre, ni à Berlin, comme le croit Danton ; il est à Paris. Il est dans l'absence d'unité, dans le droit qu'a chacun de tirer de son côté, à

---

1. Emprunts à l'article « Marat » de la table du *Moniteur*, dont Hugo reprend jusqu'aux formulations.   **2.** On parlait beaucoup des « conciliabules » qu'auraient tenus en mai 93 à Charenton Robespierre, Danton, Pache et Santerre sur la tactique à adopter contre la Gironde.   **3.** Marat considérait que Robespierre réunissait « l'intégrité d'un véritable homme de bien et le zèle d'un vrai patriote, mais qu'il manquait également et des vues et de l'audace d'un homme d'État » (Louis Blanc). Il dénonçait la « prétention des Girondins à jouer le rôle d'hommes d'État ».

commencer par vous deux, dans la mise en poussière des esprits, dans l'anarchie des volontés...

— L'anarchie ! interrompit Danton, qui la fait, si ce n'est vous ?

Marat ne s'arrêta pas.

— Robespierre, Danton, le danger est dans ce tas de cafés, dans ce tas de brelans [1], dans ce tas de clubs, club des Noirs, club des Fédérés, club des Dames, club des Impartiaux, qui date de Clermont-Tonnerre, et qui a été le club monarchique de 1790, cercle social imaginé par le prêtre Claude Fauchet, club des Bonnets de laine, fondé par le gazetier Prudhomme, *et cœtera* ; sans compter votre club des Jacobins, Robespierre, et votre club des Cordeliers, Danton [2]. Le danger est dans la famine, qui fait que le porte-sacs Blin a accroché à la lanterne de l'Hôtel de ville le boulanger du marché Palu, François Denis, et dans la justice, qui a pendu le porte-sacs Blin pour avoir pendu le boulanger Denis. Le danger est dans le papier-monnaie qu'on déprécie. Rue du Temple, un assignat de cent francs est tombé à terre, et un passant, un homme du peuple, a dit : *Il ne vaut pas la peine d'être ramassé.* Les agioteurs et les accapareurs, voilà le danger. Arborer le drapeau noir à l'Hôtel de ville, la belle avance [3] ! Vous arrêtez le baron de Trenck [4], cela ne suffit pas. Tordez-moi le cou à ce vieil intrigant de prison. Vous croyez-vous tirés d'affaire parce que le président de la Convention pose une couronne civique sur la tête de Labertèche, qui a reçu quarante et un coups de sabre à Jemmapes, et dont Chénier [5] se fait le cornac ? Comédies et batelages. Ah ! vous ne regardez pas Paris ! Ah ! vous cherchez le danger loin, quand il est près.

---

1. *Brelans*, maisons de jeu.   2. Danton n'a eu que peu de rapports avec le club des Cordeliers, à la différence de Marat. 3. Associé au canon d'alarme, le drapeau noir donnait le signal de l'insurrection.   4. Homme de cour et de lettres, auteur de *Mémoires* à succès, le baron de Trenck, « Latude des Bastilles prussiennes », avait fui à Paris la disgrâce où le tenaient les souverains d'Autriche et de Prusse. Guillotiné en 1794, en même temps qu'André Chénier.   5. Marie-Joseph Chénier, conventionnel régicide et frère puîné du poète André Chénier, guillotiné le 25 juillet 1794.

À quoi vous sert votre police, Robespierre ? Car vous avez
vos espions, Payan, à la Commune, Coffinhal, au Tribunal
révolutionnaire, David, au Comité de sûreté générale, Couthon, au Comité de salut public[1]. Vous voyez que je suis
informé. Eh bien, sachez ceci : le danger est sur vos têtes,
le danger est sous vos pieds ; on conspire, on conspire, on
conspire ; les passants dans les rues s'entre-lisent les journaux et se font des signes de tête ; six mille hommes, sans
cartes de civisme[2], émigrés rentrés, muscadins et mathe-
vons[3], sont cachés dans les caves et dans les greniers, et
dans les galeries de bois du Palais-Royal ; on fait queue
chez les boulangers ; les bonnes femmes, sur le pas des
portes, joignent les mains et disent : Quand aura-t-on la
paix ? Vous avez beau aller vous enfermer, pour être entre
vous, dans la salle du Conseil exécutif[4], on sait tout ce que
vous y dites ; et la preuve, Robespierre, c'est que voici les
paroles que vous avez dites hier soir à Saint-Just : « Barbaroux commence à prendre du ventre, cela va le gêner dans
sa fuite. » Oui, le danger est partout, et surtout au centre. À
Paris, les ci-devant complotent, les patriotes vont pieds
nus, les aristocrates arrêtés le 9 mars[5] sont déjà relâchés,
les chevaux de luxe qui devraient être attelés aux canons
sur la frontière nous éclaboussent dans les rues, le pain de
quatre livres vaut trois francs douze sous, les théâtres

---

1. Arrivé du Midi en 1793, Claude Payan ne fit la connaissance
de Robespierre qu'au courant du mois d'août et ne devint agent de
la Commune qu'en mars 1794. Coffinhal-Dubail, jacobin et juge au
Tribunal révolutionnaire. Louis David, le peintre du *Serment du Jeu
de Paume*, de *Marat mort* et plus tard du *Sacre de Napoléon*, était
membre du Comité de sûreté générale. Georges Couthon, chargé de
la correspondance générale (30 mai), puis membre du Comité de
salut public (10 juillet), guillotiné en même temps que Robespierre
et Saint-Just le lendemain du 9 Thermidor.   **2.** Plus exactement :
« Certificats de civisme », délivrés aux citoyens dévoués à la Révolution.   **3.** *Mathévon* n'est attesté qu'après Thermidor, pour désigner les royalistes de la Terreur blanche dans le Midi.   **4.** La
création du Comité de salut public avait enlevé beaucoup de son
importance au Conseil exécutif, où siégeaient les ministres et dont
ni Robespierre ni Saint-Just ne firent jamais partie. Barbaroux (voir
n. 3, p. 189) se trouvait pour lors réfugié à Caen, et l'objet des
assiduités de Charlotte Corday.   **5.** Voir n. 1, p. 190.

jouent des pièces impures, et Robespierre fera guillotiner Danton.

— Ouiche ! dit Danton.

Robespierre regardait attentivement la carte.

— Ce qu'il faut, cria brusquement Marat, c'est un dictateur. Robespierre, vous savez que je veux un dictateur[1].

Robespierre releva la tête.

— Je sais, Marat, vous ou moi.

— Moi ou vous, dit Marat.

Danton grommela entre ses dents :

— La dictature, touchez-y !

Marat vit le froncement de sourcil de Danton.

— Tenez, reprit-il. Un dernier effort. Mettons-nous d'accord. La situation en vaut la peine. Ne nous sommes-nous déjà pas mis d'accord pour la journée du 31 mai ? La question d'ensemble est plus grave encore que le girondinisme qui est une question de détail. Il y a du vrai dans ce que vous dites ; mais le vrai, tout le vrai, le vrai vrai, c'est ce que je dis. Au midi, le fédéralisme[2] ; à l'ouest, le royalisme ; à Paris, le duel de la Convention et de la Commune ; aux frontières, la reculade de Custine et la trahison de Dumouriez. Qu'est-ce que tout cela ? Le démembrement. Que nous faut-il ? L'unité. Là est le salut ; mais hâtons-nous. Il faut que Paris prenne le gouvernement de la Révolution. Si nous perdons une heure, demain les Vendéens peuvent être à Orléans, et les Prussiens à Paris. Je vous accorde ceci, Danton, je vous concède cela, Robespierre. Soit. Eh bien, la conclusion, c'est la dictature. Prenons la dictature, à nous trois nous représentons la Révolution. Nous sommes les trois têtes de Cerbère. De ces trois têtes, l'une parle, c'est vous, Robespierre ; l'autre rugit, c'est vous, Danton[3]...

---

1. « Vous n'en sortirez que par un dictateur, vrai patriote et homme de bien » (*L'Ami du Peuple*, 20 septembre 1792). Marat avait en vue l'institution romaine du *dictateur*, nommé pour six mois en cas de péril extrême. **2.** Voir n. 5, p. 173. **3.** Marat avait suggéré aux « braves Parisiens » de nommer, pour « sauver le peuple », un « triumvirat d'hommes les plus éclairés, les plus intègres et les plus intrépides » (26 août 1792). Cerbère, chien à *trois* têtes, préposé à la garde des Enfers, et de leurs *trois* juges (voir n. 1, p. 189).

— L'autre mord, dit Danton, c'est vous, Marat.

— Toutes trois mordent, dit Robespierre.

Il y eut un silence. Puis le dialogue, plein de secousses sombres, recommença.

— Écoutez, Marat, avant de s'épouser, il faut se connaître. Comment avez-vous su le mot que j'ai dit hier à Saint-Just ?

— Ceci me regarde, Robespierre.

— Marat !

— C'est mon devoir de m'éclairer, et c'est mon affaire de me renseigner.

— Marat !

— J'aime à savoir.

— Marat !

— Robespierre, je sais ce que vous dites à Saint-Just, comme je sais ce que Danton dit à Lacroix ; comme je sais ce qui se passe quai des Théatins, à l'hôtel de Labriffe, repaire où se rendent les nymphes de l'émigration ; comme je sais ce qui se passe dans la maison des Thilles, près Gonesse, qui est à Valmerange, l'ancien administrateur des postes, où allaient jadis Maury et Cazalès, où sont allés depuis Sieyès et Vergniaud, et où, maintenant, on va une fois par semaine [1].

En prononçant cet *on*, Marat regarda Danton.

Danton s'écria :

— Si j'avais deux liards de pouvoir, ce serait terrible.

Marat poursuivit :

— Je sais ce que vous dites, Robespierre, comme je sais ce qui se passait à la tour du Temple quand on y engraissait Louis XVI, si bien que, seulement dans le mois de septembre, le loup, la louve et les louveteaux ont mangé quatre-vingt-six paniers de pêches. Pendant ce

---

1. Jean-François de Lacroix (ou Delacroix) avait accompagné Danton dans ses missions en Belgique (décembre 1792-avril 1793) et fut guillotiné avec lui le 5 avril 1794. L'hôtel de Labriffe, aujourd'hui 5, quai Voltaire. L'abbé Maury et l'avocat Cazalès, tous deux passés à l'émigration, le premier à Rome, où le pape le fit cardinal, le second en Angleterre. L'ex-abbé Sieyès, « taupe de la Révolution », selon Robespierre, et futur consul du 18 Brumaire. Vergniaud, l'« aigle de la Gironde ».

temps-là le peuple est affamé. Je sais cela, comme je sais que Roland a été caché dans un logis donnant sur une arrière-cour, rue de la Harpe[1] ; comme je sais que six cents des piques du 14 juillet avaient été fabriquées par Faure, serrurier du duc d'Orléans ; comme je sais ce qu'on fait chez la Saint-Hilaire, maîtresse de Sillery ; les jours de bal, c'est le vieux Sillery qui frotte lui-même, avec de la craie, les parquets du salon jaune de la rue Neuve-des-Mathurins ; Buzot et Kersaint y dînaient. Saladin y a dîné le 27 et avec qui, Robespierre ? Avec votre ami Lasource[2].

— Verbiage, murmura Robespierre. Lasource n'est pas mon ami.

Et il ajouta, pensif :

— En attendant il y a à Londres dix-huit fabriques de faux assignats.

Marat continua d'une voix tranquille, mais avec un léger tremblement, qui était effrayant :

— Vous êtes la faction des importants. Oui, je sais tout, malgré ce que Saint-Just appelle *le silence d'État*...

Marat souligna ce mot par l'accent, regarda Robespierre, et poursuivit :

— Je sais ce qu'on dit à votre table les jours où Lebas invite David à venir manger la cuisine faite par sa promise, Élisabeth Duplay, votre future belle-sœur, Robespierre[3]. Je suis l'œil énorme du peuple, et du fond de ma cave[4], je regarde. Oui, je vois, oui, j'entends, oui, je sais. Les petites choses vous suffisent. Vous vous admirez. Robespierre se

---

1. Décrété d'arrestation le 2 juin, Roland se cacha d'abord à Paris, chez le naturaliste Bosc, puis à Rouen. Il se suicida le 15 novembre, à la nouvelle de l'exécution de Mme Roland.   **2.** Buzot se suicida en même temps que Pétion, en Gironde. Kersaint démissionna de la Convention pendant le procès de Louis XVI et fut exécuté en décembre. Lasource, adversaire des Jacobins, guillotiné avec les députés girondins. **3.** Philippe Lebas épousa, le 26 août 1793, Élisabeth Duplay (voir n. 1, p. 170), dont la sœur aimait Robespierre. Louis David, le peintre. **4.** Décrété d'arrestation le 3 mai 1792, Marat avait passé dans la clandestinité, d'une « cave » à l'autre, les mois précédant la journée du 10 août et son élection, le 9 septembre, à la Convention. Il était à jamais devenu l'« homme du souterrain ».

fait contempler par sa madame de Chalabre, la fille de ce marquis de Chalabre qui fit le whist avec Louis XV le soir de l'exécution de Damiens[1]. Oui, on porte haut la tête. Saint-Just habite une cravate. Legendre est correct ; lévite neuve et gilet blanc, et un jabot pour faire oublier son tablier. Robespierre s'imagine que l'histoire voudra savoir qu'il avait une redingote olive à la Constituante et un habit bleu-ciel à la Convention. Il a son portrait sur tous les murs de sa chambre...

Robespierre interrompit d'une voix plus calme encore que celle de Marat.

— Et vous, Marat, vous avez le vôtre dans tous les égouts.

Ils continuèrent sur un ton de causerie dont la lenteur accentuait la violence des répliques et des ripostes, et ajoutait on ne sait quelle ironie à la menace.

— Robespierre, vous avez qualifié ceux qui veulent le renversement des trônes, *les Don Quichottes du genre humain*[2].

— Et vous, Marat, après le 4 août, dans votre numéro 559 de *l'Ami du Peuple*, ah ! j'ai retenu le chiffre, c'est utile, vous avez demandé qu'on rendît aux nobles leurs titres. Vous avez dit : *Un duc est toujours un duc*[3].

— Robespierre, dans la séance du 7 décembre, vous avez défendu la femme Roland contre Viard[4].

---

1. Robespierre, en 1790, était en correspondance suivie avec madame de Chalabre, femme « d'une grande naissance et d'une fortune considérable », une « Spartiate, dont l'amour de la liberté et de l'égalité avait embrasé le cœur » (Hamel, *Robespierre*). Damiens, écartelé à quatre chevaux le 28 mars 1757 pour tentative d'assassinat sur la personne de Louis XV. Le moment était celui de la naissance, « vers ce temps-là », de Robespierre et de Danton, et de l'adolescence de Marat. Robespierre passait pour un « rejeton de Damiens » dans la propagande girondine.   2. Référence au discours de Robespierre sur le procès de Louis XVI (3 décembre 1792).   3. Marat s'en était pris, en septembre 1792, trois ans après la nuit du 4 août, aux « ignares faiseurs de décrets » qui, en abolissant les titres de noblesse, pensaient « détruire les *rapports de la nature* et les rapports de la société ». 4. Séance du 7 décembre 1792, au cours de laquelle madame Roland avait été attaquée par Marat sur la foi du rapport d'un certain Viard, agent double de l'émigration.

— De même que mon frère[1] vous a défendu, Marat, quand on vous a attaqué aux Jacobins. Qu'est-ce que cela prouve ? rien.

— Robespierre, on connaît le cabinet des Tuileries où vous avez dit à Garat : *Je suis las de la Révolution.*

— Marat, c'est ici, dans ce cabaret, que, le 29 octobre, vous avez embrassé Barbaroux[2].

— Robespierre, vous avez dit à Buzot : *La République, qu'est-ce que cela*[3] *?*

— Marat, c'est dans ce cabaret que vous avez invité à déjeuner trois Marseillais par compagnie[4].

— Robespierre, vous vous faites escorter d'un fort de la halle armé d'un bâton.

— Et vous, Marat, la veille du 10 août, vous avez demandé à Buzot de vous aider à fuir à Marseille déguisé en jockey.

— Pendant les justices de septembre, vous vous êtes caché, Robespierre.

— Et vous, Marat, vous vous êtes montré[5].

— Robespierre, vous avez jeté à terre le bonnet rouge.

— Oui, quand un traître l'arborait. Ce qui pare Dumouriez souille Robespierre[6].

— Robespierre, vous avez refusé, pendant le passage

---

1. Frère puîné de Maximilien, Augustin-Bon-Joseph, dit « Robespierre jeune », servait souvent d'intermédiaire à Marat dans ses relations avec la Montagne et les jacobins.   **2.** Voir n. 3, p. 189. **3.** Intervention du 13 juillet 1792, aux Jacobins : « Le mot *république* ne signifie aucune forme particulière de gouvernement. Il appartient à tout gouvernement d'hommes libres. »   **4.** À l'occasion de l'arrivée à Paris, le 19 octobre 1792, d'un nouveau contingent de fédérés marseillais, appelés par Barbaroux. Ils se joignirent aux dragons de l'École militaire pour réclamer la tête de Marat. **5.** On ne saurait attribuer à Marat, ni à Robespierre, non plus qu'à aucun pouvoir institutionnel, la responsabilité des massacres de septembre (2-6 septembre 1792).   **6.** Le 19 mars 1792, aux Jacobins, Robespierre jeta à terre le bonnet rouge dont on l'avait coiffé de force, alors que Dumouriez s'en était ostensiblement paré.

des soldats de Chateauvieux, de couvrir d'un voile la tête de Louis XVI[1].

— J'ai fait mieux que lui voiler la tête, je la lui ai coupée.

Danton intervint, mais comme l'huile intervient dans le feu.

— Robespierre, Marat, dit-il, calmez-vous.

Marat n'aimait pas à être nommé le second. Il se retourna.

— De quoi se mêle Danton ? dit-il.

Danton bondit.

— De quoi je me mêle ? de ceci. Qu'il ne faut pas de fratricide ; qu'il ne faut pas de lutte entre deux hommes qui servent le peuple ; que c'est assez de la guerre étrangère, que c'est assez de la guerre civile, et que ce serait trop de la guerre domestique ; que c'est moi qui ai fait la Révolution, et que je ne veux pas qu'on la défasse. Voilà de quoi je me mêle.

Marat répondit sans élever la voix.

— Mêlez-vous de rendre vos comptes.

— Mes comptes ! cria Danton. Allez les demander aux défilés de l'Argonne, à la Champagne délivrée, à la Belgique conquise, aux armées où j'ai été quatre fois déjà offrir ma poitrine à la mitraille ! allez les demander à la place de la Révolution, à l'échafaud du 21 janvier, au trône jeté à terre, à la guillotine, cette veuve...

Marat interrompit Danton.

— La guillotine est une vierge ; on se couche sur elle, on ne la féconde pas.

— Qu'en savez-vous ? répliqua Danton, je la féconderais, moi !

---

1. Le marquis de Bouillé avait réprimé dans le sang, sur l'ordre de La Fayette et en accord avec Louis XVI, la mutinerie, à Nancy, des « soldats de Chateauvieux » (août 1790), et fait condamner au bagne 41 d'entre eux. Leur retour à Paris fut l'occasion d'une « Fête de la Liberté » (15 avril 1792). Tallien avait demandé, en guise de réparation, de couvrir partout d'un voile le buste de Louis XVI. « Fidèle en son système de respect envers la Constitution », Robespierre s'y était refusé dans les locaux du club des Jacobins (Ernest Hamel, *Robespierre*).

— Nous verrons, dit Marat.

Et il sourit.

Danton vit ce sourire.

— Marat, cria-t-il, vous êtes l'homme caché, moi je suis l'homme du grand air et du grand jour. Je hais la vie reptile. Être cloporte ne me va pas. Vous habitez une cave ; moi j'habite la rue. Vous ne communiquez avec personne ; moi, quiconque passe peut me voir et me parler.

— Joli garçon, voulez-vous monter chez moi ? grommela Marat.

Et, cessant de sourire, il reprit d'un accent péremptoire :

— Danton, rendez compte des trente-trois mille écus, argent sonnant, que Montmorin vous a payés au nom du roi, sous prétexte de vous indemniser de votre charge de procureur au Châtelet[1].

— J'étais du 14 juillet, dit Danton avec hauteur.

— Et le garde-meuble ? et les diamants de la couronne ?

— J'étais du 6 octobre[2].

— Et les vols de votre *alter ego*, Lacroix, en Belgique ?

— J'étais du 20 juin[3].

— Et les prêts faits à la Montansier ?

---

1. Après la suppression des offices, Danton avait été indemnisé du prix qu'il avait payé sa charge d'avocat aux Conseils du roi (et non de procureur au Châtelet) par décret du 7 mai 1791, Montmorin étant ministre des Affaires étrangères.   2. On accusa surtout Roland et sa « faction » de complicité dans le cambriolage du garde-meuble, à la mi-août 1792. Le 6 octobre 1789, le peuple en armes avait ramené Louis XVI et sa famille (« le boulanger, la boulangère et le petit mitron ») de Versailles aux Tuileries.   3. Au nom du Comité des finances, Joseph Cambon avait accusé Danton et son *alter ego* (voir n. 1, p. 204) de malversations en Belgique à la séance de la Convention du 1er avril 1793. Danton ne fut pour rien dans l'invasion des Tuileries, le 20 juin 1792.

— Je poussais le peuple au retour de Varennes [1].

— Et la salle de l'Opéra qu'on bâtit avec de l'argent fourni par vous ?

— J'ai armé les sections de Paris.

— Et les cent mille livres de fonds secrets du ministère de la justice ?

— J'ai fait le 10 août.

— Et les deux millions de dépenses secrètes de l'Assemblée dont vous avez pris le quart [2] ?

— J'ai arrêté l'ennemi en marche et j'ai barré le passage aux rois coalisés.

— Prostitué ! dit Marat.

Danton se dressa, effrayant.

— Oui, cria-t-il ! je suis une fille publique, j'ai vendu mon ventre, mais j'ai sauvé le monde [3].

Robespierre s'était remis à se ronger les ongles. Il ne pouvait, lui, ni rire, ni sourire. Le rire, éclair de Danton, et le sourire, piqûre de Marat, lui manquaient.

Danton reprit :

— Je suis comme l'océan ; j'ai mon flux et mon reflux ; à mer basse on voit mes bas-fonds, à mer haute on voit mes flots.

— Votre écume, dit Marat.

— Ma tempête, dit Danton.

En même temps que Danton, Marat s'était levé. Lui aussi éclata. La couleuvre devint subitement dragon.

— Ah ! cria-t-il, ah ! Robespierre ! ah ! Danton ! vous ne voulez pas m'écouter ! Eh bien, je vous le dis, vous êtes perdus. Votre politique aboutit à des impossibilités d'aller plus loin ; vous n'avez plus d'issue ; et vous faites

---

1. Sur Mlle Montansier et son théâtre, voir n. 4, p. 175. Après la fuite du roi à Varennes (20 juin 1791), Danton avait tenu au Palais-Royal des propos incendiaires, mais il s'opposa à la pétition des Cordeliers réclamant l'organisation d'un « nouveau pouvoir exécutif ». Il passa en Angleterre les mois qui suivirent la fusillade du Champ-de-Mars. **2.** Ministre de la Justice du 12 août au 9 octobre 1792, Danton eut à répondre de l'utilisation des « fonds secrets » dès le lendemain de sa démission. Il n'avait fait que suivre les préparatifs du 10 août. **3.** La vénalité de Danton ne fait plus de doute aujourd'hui.

des choses qui ferment devant vous toutes les portes,
excepté celle du tombeau.

— C'est notre grandeur, dit Danton.

Et il haussa les épaules.

Marat continua :

— Danton, prends garde. Vergniaud aussi a la bouche
large et les lèvres épaisses et les sourcils en colère ; Vergniaud aussi est grêlé comme Mirabeau et comme toi ;
cela n'a pas empêché le 31 mai[1]. Ah ! tu hausses les
épaules. Quelquefois hausser les épaules fait tomber la
tête. Danton, je te le dis, ta grosse voix, ta cravate lâche,
tes bottes molles, tes petits soupers, tes grandes poches,
cela regarde Louisette.

Louisette était le nom d'amitié que Marat donnait à la
guillotine[2].

Il poursuivit :

— Et quant à toi, Robespierre, tu es un modéré, mais
cela ne te servira de rien. Va, poudre-toi, coiffe-toi,
brosse-toi, fais le faraud, aie du linge, sois pincé, frisé,
calamistré, tu n'en iras pas moins place de Grève[3] ; lis la
déclaration de Brunswick[4] ; tu n'en seras pas moins traité
comme le régicide Damiens[5], et tu es tiré à quatre
épingles en attendant que tu sois tiré à quatre chevaux.

— Écho de Coblentz ! dit Robespierre entre ses
dents[6].

— Robespierre, je ne suis l'écho de rien, je suis le cri
de tout. Ah ! vous êtes jeunes, vous. Quel âge as-tu, Danton ? trente-quatre ans. Quel âge as-tu, Robespierre ?

---

1. Le 31 mai 1793, première journée insurrectionnelle contre la
Gironde.   **2.** En souvenir du docteur Antoine Louis, inventeur,
sous la Législative, du « mécanisme de décapitation égalitaire » dont
Joseph Guillotin avait préconisé l'usage. La décapitation était jusqu'alors un privilège réservé aux nobles.   **3.** Aujourd'hui place de
l'Hôtel-de-Ville, la place de Grève était le lieu des exécutions
publiques, avant et après la Révolution, pendant laquelle on y pendait
aussi « à la lanterne ».   **4.** Brunswick, voir n. 3, p. 182.
5. Damiens, déjà nommé p. 206.   **6.** Coblentz, en Prusse, repaire
de l'émigration et des intrigues royalistes.

trente-trois ans [1]. Eh bien, moi, j'ai toujours vécu, je suis la vieille souffrance humaine, j'ai six mille ans [2].

— C'est vrai, répliqua Danton, depuis six mille ans, Caïn s'est conservé dans la haine comme le crapaud dans la pierre, le bloc se casse, Caïn saute parmi les hommes, et c'est Marat [3].

— Danton ! cria Marat. Et une lueur livide apparut dans ses yeux.

— Eh bien quoi ? dit Danton.

Ainsi parlaient ces trois hommes formidables. Querelle de tonnerres.

III

TRESSAILLEMENT DES FIBRES PROFONDES

Le dialogue eut un répit ; ces titans rentrèrent un moment chacun dans sa pensée.

Les lions s'inquiètent des hydres. Robespierre était devenu très pâle et Danton très rouge. Tous deux avaient un frémissement. La prunelle fauve de Marat s'était éteinte ; le calme, un calme impérieux, s'était refait sur la face de cet homme, redouté des redoutables.

Danton se sentait vaincu, mais ne voulait pas se rendre. Il reprit :

— Marat parle très haut de dictature et d'unité, mais il n'a qu'une puissance, dissoudre.

Robespierre, desserrant ses lèvres étroites, ajouta :

---

1. Trente-cinq ans en fait. Trente-trois ans, l'âge auquel serait mort le « citoyen Jésus ».   **2.** Ce chiffre de six mille ans était souvent donné comme mesure de la durée du drame humain, notamment par les « illuminés », Claude de Saint-Martin ou Pasqually (Paul Zumthor, *Victor Hugo poète de Satan*).   **3.** Crié par Satan dans sa chute, le mot Mort « plus tard fut homme et s'appela Caïn » (*La Fin de Satan*, « Et nox facta est »).

— Moi, je suis de l'avis d'Anacharsis Cloots ; je dis : Ni Roland, ni Marat[1].

— Et moi, répondit Marat, je dis : Ni Danton, ni Robespierre.

Il les regarda tous deux fixement et ajouta :

— Laissez-moi vous donner un conseil, Danton. Vous êtes amoureux, vous songez à vous remarier[2], ne vous mêlez plus de politique, soyez sage.

Et reculant d'un pas vers la porte pour sortir, il leur fit ce salut sinistre :

— Adieu, messieurs.

Danton et Robespierre eurent un frisson.

En ce moment une voix s'éleva au fond de la salle, et dit :

— Tu as tort, Marat.

Tous se retournèrent. Pendant l'explosion de Marat, et sans qu'ils s'en fussent aperçus, quelqu'un était entré par la porte du fond.

— C'est toi, citoyen Cimourdain ? dit Marat. Bonjour. C'était Cimourdain en effet.

— Je dis que tu as tort, Marat, reprit-il.

Marat verdit, ce qui était sa façon de pâlir.

Cimourdain ajouta :

— Tu es utile, mais Robespierre et Danton sont nécessaires. Pourquoi les menacer ? Union ! union, citoyens ! le peuple veut qu'on soit uni.

Cette entrée fit un effet d'eau froide, et, comme l'arrivée d'un étranger dans une querelle de ménage, apaisa, sinon le fond, du moins la surface.

---

1. Titre d'un pamphlet d'Anacharsis Cloots, l'« orateur du genre humain », selon qui Roland avait l'« œil louche » et Marat l'« œil hagard » (Louis Blanc).   **2.** Voir la note de Victor Hugo : « Danton épousa en secondes noces Mlle Louis Gély. La famille voulut un mariage catholique. Danton amoureux y consentit. Il fut marié dans une chambre, par un prêtre non assermenté, l'abbé de Kéravenanc, plus tard curé de Saint-Germain-des-Prés, et qui m'a souvent dit la messe, en 1815, 1816, 1817, 1818, quand j'étais écolier à la pension Cordier-Decotte, rue Saint-Marguerite » (*Reliquat*). Mariage célébré le 17 juin 1793, moins de six mois après la mort de la première femme de Danton, qui affichait son athéisme.

Cimourdain s'avança vers la table.

Danton et Robespierre le connaissaient. Ils avaient souvent remarqué dans les tribunes publiques de la Convention ce puissant homme obscur que le peuple saluait. Robespierre pourtant, formaliste, demanda :

— Citoyen, comment êtes-vous entré ?

— Il est de l'Évêché, répondit Marat d'une voix où l'on sentait on ne sait quelle soumission.

Marat bravait la Convention, menait la Commune et craignait l'Évêché[1].

Ceci est une loi.

Mirabeau sent remuer à une profondeur inconnue Robespierre, Robespierre sent remuer Marat, Marat sent remuer Hébert, Hébert sent remuer Babeuf. Tant que les couches souterraines sont tranquilles, l'homme politique peut marcher ; mais sous le plus révolutionnaire il y a un sous-sol, et les plus hardis s'arrêtent inquiets quand ils sentent sous leurs pieds le mouvement qu'ils ont créé sur leur tête[2].

Savoir distinguer le mouvement qui vient des convoitises du mouvement qui vient des principes, combattre l'un et seconder l'autre, c'est là le génie et la vertu des grands révolutionnaires.

Danton vit plier Marat.

— Oh ! le citoyen Cimourdain n'est pas de trop, dit-il.

Et il tendit la main à Cimourdain.

Puis :

— Parbleu, dit-il, expliquons la situation au citoyen Cimourdain. Il vient à propos. Je représente la Montagne, Robespierre représente le Comité de salut public, Marat

---

1. Il y avait néanmoins prononcé un important discours le 30 mai au soir, selon Esquiros, qui le tenait d'Albertine Marat. **2.** Voir, dans *Les Misérables*, les chapitres « Les mines et les mineurs » et « Le bas-fond » (III, 7, 1-2). Hébert, déjà nommé p. 185. Gracchus Babeuf, organisateur, sous le Directoire, de la « Conjuration des Égaux » et théoricien du « communisme ».

représente la Commune [1], Cimourdain représente l'Évêché. Il va nous départager.

— Soit, dit Cimourdain, grave et simple. De quoi s'agit-il ?

— De la Vendée, répondit Robespierre.

— La Vendée ! dit Cimourdain.

Et il reprit :

— C'est la grande menace. Si la Révolution meurt, elle mourra par la Vendée. Une Vendée est plus redoutable que dix Allemagnes. Pour que la France vive, il faut tuer la Vendée.

Ces quelques mots lui gagnèrent Robespierre.

Robespierre pourtant fit cette question :

— N'êtes-vous pas un ancien prêtre ?

L'air prêtre n'échappait pas à Robespierre. Il reconnaissait hors de lui ce qu'il avait au dedans de lui.

Cimourdain répondit :

— Oui, citoyen.

— Qu'est-ce que cela fait ? s'écria Danton. Quand les prêtres sont bons, ils valent mieux que les autres. En temps de révolution, les prêtres se fondent en citoyens comme les cloches en sous et en canons. Danjou est prêtre, Daunou est prêtre. Thomas Lindet est évêque d'Évreux. Robespierre, vous vous asseyez à la Convention coude à coude avec Massieu, évêque de Beauvais. Le grand-vicaire Vaugeois était du comité d'insurrection du 10 août. Chabot est capucin. C'est dom Gerle qui a fait le serment du Jeu de paume [2] ; c'est l'abbé Audran [3] qui a fait déclarer l'Assemblée nationale supérieure au roi ; c'est l'abbé Goutte qui a demandé à la Législative qu'on ôtât le dais du fauteuil de Louis XVI ; c'est l'abbé Grégoire qui a provoqué l'abolition de la royauté.

---

1. « Représentation triplement fausse » (J. Massin). Le « grand Comité » ne sera constitué qu'en juillet, avec l'élimination de Danton, le 10, et l'élection de Robespierre, le 27.   **2.** Dom Gerle est représenté au premier plan du tableau de David.   **3.** Lire : Audrein.

— Appuyé, ricana Marat, par l'histrion Collot-d'Herbois[1]. À eux deux, il ont fait la besogne ; le prêtre a renversé le trône, le comédien a jeté bas le roi.

— Revenons à la Vendée, dit Robespierre.

— Eh bien, demanda Cimourdain, qu'y a-t-il ? qu'est-
ce qu'elle fait, cette Vendée ?

Robespierre répondit :

— Ceci : elle a un chef. Elle va devenir épouvantable.

— Qui est ce chef, citoyen Robespierre ?

— C'est un ci-devant marquis de Lantenac, qui s'inti-
tule prince breton.

Cimourdain fit un mouvement.

— Je le connais, dit-il. J'ai été prêtre chez lui.

Il songea un moment, et reprit :

— C'était un homme à femmes avant d'être un homme
de guerre.

— Comme Biron qui a été Lauzun[2], dit Danton.

Et Cimourdain, pensif, ajouta :

— Oui, c'est un ancien homme de plaisir. Il doit être
terrible.

— Affreux, dit Robespierre. Il brûle les villages,
achève les blessés, massacre les prisonniers, fusille les
femmes.

— Les femmes ?

— Oui. Il a fait fusiller entre autres une mère de trois
enfants. On ne sait ce que les enfants sont devenus. En
outre, c'est un capitaine. Il sait la guerre.

— En effet, répondit Cimourdain. Il a fait la guerre
de Hanovre, et les soldats disaient : Richelieu en dessus,
Lantenac en dessous ; c'est Lantenac qui a été le vrai
général. Parlez-en à Dussaulx, votre collègue[3].

---

1. Ancien auteur dramatique, acteur et directeur du théâtre de
Lyon (1787), Collot d'Herbois fit effectivement voter l'abolition de
la royauté le 21 septembre 1792. **2.** Voir n. 1, p. 79.
3. Au début de la guerre de Sept ans (1757-1763), finalement perdue
par Louis XV contre le roi de Prusse, le duc de Richelieu avait
occupé le Hanovre. Jean Dussaulx avait fait la campagne comme
commissaire de la gendarmerie.

Robespierre resta un moment pensif, puis le dialogue reprit entre lui et Cimourdain.

— Eh bien, citoyen Cimourdain, cet homme-là est en Vendée.

— Depuis quand ?

— Depuis trois semaines.

— Il faut le mettre hors la loi.

— C'est fait.

— Il faut mettre sa tête à prix.

— C'est fait.

— Il faut offrir, à qui le prendra, beaucoup d'argent.

— C'est fait.

— Pas en assignats.

— C'est fait.

— En or.

— C'est fait.

— Et il faut le guillotiner.

— Ce sera fait.

— Par qui ?

— Par vous.

— Par moi ?

— Oui, vous serez délégué du Comité de salut public, avec pleins pouvoirs.

— J'accepte, dit Cimourdain.

Robespierre était rapide dans ses choix ; qualité d'homme d'État. Il prit dans le dossier qui était devant lui une feuille de papier blanc sur laquelle on lisait cet en-tête imprimé : RÉPUBLIQUE FRANÇAISE, UNE ET INDIVISIBLE. COMITÉ DE SALUT PUBLIC [1].

Cimourdain continua :

— Oui, j'accepte. Terrible contre terrible. Lantenac est féroce, je le serai. Guerre à mort avec cet homme. J'en délivrerai la République, s'il plaît à Dieu.

Il s'arrêta, puis reprit :

— Je suis prêtre ; c'est égal, je crois en Dieu.

— Dieu a vieilli, dit Danton.

— Je crois en Dieu, dit Cimourdain impassible.

---

1. Impossible à cette date (voir n. 1, p. 215).

D'un signe de tête, Robespierre, sinistre, approuva[1].

Cimourdain reprit :

— Près de qui serai-je délégué ?

Robespierre répondit :

— Près du commandant de la colonne expéditionnaire envoyée contre Lantenac. Seulement, je vous en préviens, c'est un noble.

Danton s'écria :

— Voilà encore de quoi je me moque. Un noble ? Eh bien, après ? Il en est du noble comme du prêtre. Quand il est bon, il est excellent. La noblesse est un préjugé ; mais il ne faut pas plus l'avoir dans un sens que dans l'autre, pas plus contre que pour. Robespierre, est-ce que Saint-Just n'est pas un noble ? Florelle de Saint-Just, parbleu ! Anacharsis Cloots est baron. Notre ami Charles Hesse, qui ne manque pas une séance des Cordeliers, est prince et frère du landgrave régnant de Hesse-Rothenbourg. Montaut, l'intime de Marat, est marquis de Montaut. Il y a dans le tribunal révolutionnaire un juré qui est prêtre, Vilate, et un juré qui est noble, Leroy, marquis de Montflabert. Tous deux sont sûrs.

— Et vous oubliez, ajouta Robespierre, le chef du jury révolutionnaire...

— Antonelle ?

— Qui est le marquis Antonelle, dit Robespierre[2].

Danton reprit :

— C'est un noble, Dampierre, qui vient de se faire tuer devant Condé pour la République, et c'est un noble,

---

1. Robespierre fit décréter que « le peuple français reconnaissait l'existence de l'Être suprême et de l'immortalité de l'âme » (7 mai 1794). **2.** Antoine-Louis-Léon Florelle dit *de* Saint-Just était d'une famille de moyenne bourgeoisie. Anacharsis Cloots, de noblesse hollandaise, était « baron du Val-de-Grâce ». Général allemand passé au service de la France, Charles, prince de Hesse-Rhinfelds-Rothenbourg, était jacobin. Le marquis de Montaut fit décréter l'Apothéose de Marat. Vilate, un « prêtre », et Leroy, un « marquis », sont cités par Louis Blanc au nombre des « membres les plus farouches du Tribunal ». Le marquis d'Antonelle, nommé par Babeuf, en 1796, au « Directoire secret des Égaux ».

Beaurepaire, qui s'est brûlé la cervelle plutôt que d'ouvrir les portes de Verdun aux Prussiens [1].

— Ce qui n'empêche pas, grommela Marat, que, le jour où Condorcet a dit : *Les Gracques* [2] *étaient des nobles*, Danton n'ait crié à Condorcet : *Tous les nobles sont des traîtres, à commencer par Mirabeau et à finir par toi.*

La voix grave de Cimourdain s'éleva.

— Citoyen Danton, citoyen Robespierre, vous avez raison peut-être de vous confier, mais le peuple se défie, et il n'a pas tort de se défier. Quand c'est un prêtre qui est chargé de surveiller un noble, la responsabilité est double, et il faut que le prêtre soit inflexible.

— Certes, dit Robespierre.

Cimourdain ajouta :

— Et inexorable.

Robespierre reprit :

— C'est bien dit, citoyen Cimourdain. Vous aurez affaire à un jeune homme. Vous aurez de l'ascendant sur lui, ayant le double de son âge. Il faut le diriger, mais le ménager. Il paraît qu'il a des talents militaires, tous les rapports sont unanimes là-dessus. Il fait partie d'un corps qu'on a détaché de l'armée du Rhin pour aller en Vendée. Il arrive de la frontière où il a été admirable d'intelligence et de bravoure. Il mène supérieurement la colonne expéditionnaire. Depuis quinze jours, il tient en échec ce vieux marquis de Lantenac. Il le réprime et le chasse devant lui. Il finira par l'acculer à la mer et par l'y culbuter. Lantenac a la ruse d'un vieux général et lui a l'audace d'un jeune capitaine. Ce jeune homme a déjà des ennemis et des envieux. L'adjudant général Léchelle est jaloux de lui...

— Ce Léchelle, interrompit Danton, il veut être général en chef ! il n'a pour lui qu'un calembour : *Il faut*

---

1. Le général de Dampierre, déjà cité par La Vieuville (p. 81). Le général de Beaurepaire, panthéonisé après son suicide, le 1ᵉʳ septembre 1792, veille de la capitulation de Verdun.   **2.** Petit-fils de Scipion l'Africain, Tiberius Gracchus fit voter une loi agraire prévoyant le partage du domaine public, que tenta vainement de faire appliquer son frère Caïus (133 av. J.-C.).

Léchelle pour monter sur Charette[1]. En attendant Charette le bat.

— Et il ne veut pas, poursuivit Robespierre, qu'un autre que lui batte Lantenac. Le malheur de la guerre de Vendée est dans ces rivalités-là. Des héros mal commandés, voilà nos soldats. Un simple capitaine de hussards, Chérin, entre dans Saumur avec un trompette en sonnant *Ça ira* ; il prend Saumur[2] ; il pourrait continuer et prendre Cholet, mais il n'a pas d'ordres, et il s'arrête. Il faut remanier tous les commandements de la Vendée. On éparpille les corps de garde, on disperse les forces ; une armée éparse est une armée paralysée ; c'est un bloc dont on fait de la poussière. Au camp de Paramé il n'y a plus que des tentes. Il y a entre Tréguier et Dinan cent petits postes inutiles avec lesquels on pourrait faire une division et couvrir tout le littoral. Léchelle, appuyé par Parein, dégarnit la côte nord sous prétexte de protéger la côte sud, et ouvre ainsi la France aux Anglais. Un demi-million de paysans soulevés, et une descente de l'Angleterre en France, tel est le plan de Lantenac. Le jeune commandant de la colonne expéditionnaire met l'épée aux reins à ce Lantenac et le presse et le bat, sans la permission de Léchelle ; or Léchelle est son chef ; aussi Léchelle le dénonce. Les avis sont partagés sur ce jeune homme. Léchelle veut le faire fusiller. Prieur de la Marne veut le faire adjudant général.

— Ce jeune homme, dit Cimourdain, me semble avoir de grandes qualités.

— Mais il a un défaut !

---

1. « Calembour » emprunté aux *Brigands démasqués*, d'Auguste Danican (Londres, 1796, p. 160), dédiés « aux veuves et aux orphelins des Français assassinés par la Convention ». L'« imbécile et vain général Léchelle », vaincu par Charette devant Laval le 27 octobre 1793, serait mort de honte et de chagrin en prison. « Adjudant », c'est-à-dire adjoint au général, emploi créé en 1790.   2. Le général Chérin, adjudant général à l'armée du Nord, puis adjoint de Hoche, en Vendée. Tombée le 9 juin aux mains des Vendéens, Saumur fut réinvestie par les Bleus à la fin du mois, pratiquement sans combat, La Rochejaquelein « n'ayant pu y retenir ses paysans » (Louis Blanc, t..II, p. 287).

L'interruption était de Marat.

— Lequel ? demanda Cimourdain.

— La clémence, dit Marat.

Et Marat poursuivit :

— C'est ferme au combat, et mou après. Ça donne dans l'indulgence, ça pardonne, ça fait grâce, ça protège les religieuses et les nonnes, ça sauve les femmes et les filles des aristocrates, ça relâche les prisonniers, ça met en liberté les prêtres.

— Grave faute, murmura Cimourdain.

— Crime, dit Marat.

— Quelquefois, dit Danton.

— Souvent, dit Robespierre.

— Presque toujours, reprit Marat.

— Quand on a affaire aux ennemis de la patrie, toujours, dit Cimourdain.

Marat se tourna vers Cimourdain.

— Et que ferais-tu donc d'un chef républicain qui mettrait en liberté un chef royaliste ?

— Je serais de l'avis de Léchelle, je le ferais fusiller.

— Ou guillotiner, dit Marat.

— Au choix, dit Cimourdain.

Danton se mit à rire.

— J'aime autant l'un que l'autre.

— Tu es sûr d'avoir l'un ou l'autre, grommela Marat.

Et son regard, quittant Danton, revint sur Cimourdain.

— Ainsi, citoyen Cimourdain, si un chef républicain bronchait, tu lui ferais couper la tête ?

— Dans les vingt-quatre heures.

— Eh bien, repartit Marat, je suis de l'avis de Robespierre, il faut envoyer le citoyen Cimourdain comme commissaire délégué du Comité de salut public, près du commandant de la colonne expéditionnaire de l'armée des côtes. Comment s'appelle-t-il déjà, ce commandant ?

Robespierre répondit :

— C'est un ci-devant, un noble.

Et il se mit à feuilleter le dossier.

— Donnons au prêtre le noble à garder, dit Danton. Je me défie d'un prêtre qui est seul ; je me défie d'un noble

qui est seul ; quand ils sont ensemble, je ne les crains
pas ; l'un surveille l'autre, et ils vont.

L'indignation propre au sourcil de Cimourdain s'accen-
tua, mais trouvant sans doute l'observation juste au fond, il
ne se tourna point vers Danton, et il éleva sa voix sévère.

— Si le commandant républicain qui m'est confié fait
un faux pas, peine de mort.

Robespierre, les yeux sur le dossier, dit :

— Voici le nom. Citoyen Cimourdain, le commandant
sur qui vous aurez pleins pouvoirs est un ci-devant
vicomte, il s'appelle Gauvain.

Cimourdain pâlit.

— Gauvain ! s'écria-t-il.

Marat vit la pâleur de Cimourdain.

— Le vicomte Gauvain ! répéta Cimourdain.

— Oui, dit Robespierre.

— Eh bien ? dit Marat, l'œil fixé sur Cimourdain.

Il y eut un temps d'arrêt. Marat reprit :

— Citoyen Cimourdain, aux conditions indiquées par
vous-même, acceptez-vous la mission de commissaire
délégué près le commandant Gauvain ? Est-ce dit ?

— C'est dit, répondit Cimourdain.

Il était de plus en plus pâle.

Robespierre prit la plume qui était près de lui, écrivit
de son écriture lente et correcte quatre lignes sur la feuille
de papier portant en tête : Comité de salut public, signa,
et passa la feuille et la plume à Danton ; Danton signa,
et Marat, qui ne quittait pas des yeux la face livide de
Cimourdain, signa après Danton.

Robespierre, reprenant la feuille, la data et la remit à
Cimourdain qui lut :

AN II DE LA RÉPUBLIQUE [1]

« Pleins pouvoirs sont donnés au citoyen Cimourdain,
commissaire délégué du Comité de salut public près le

---

1. L'An II ne commence que le 22 septembre 1793, par référence
à la proclamation de l'« An I de la République », le 22 septembre
1792.

citoyen Gauvain, commandant la colonne expéditionnaire
de l'armée des côtes.

« Robespierre. — Danton. — Marat. »

Et au-dessous des signatures :

« 28 juin 1793. »

Le calendrier révolutionnaire, dit calendrier civil,
n'existait pas encore légalement à cette époque, et ne
devait être adopté par la Convention, sur la proposition
de Romme, que le 5 octobre 1793.

Pendant que Cimourdain lisait, Marat le regardait.

Marat dit à demi-voix, comme se parlant à lui-même :

— Il faudra faire préciser tout cela par un décret de la
Convention ou par un arrêté spécial du Comité de salut
public. Il reste quelque chose à faire.

— Citoyen Cimourdain, demanda Robespierre, où
demeurez-vous ?

— Cour du Commerce [1].

— Tiens, moi aussi, dit Danton, vous êtes mon voisin.

Robespierre reprit :

— Il n'y a pas un moment à perdre. Demain vous rece-
vrez votre commission en règle, signée de tous les
membres du Comité de salut public. Ceci est une confirmation de la commission, qui vous accréditera spécialement près des représentants en mission, Philippeaux,
Prieur de la Marne, Lecointre, Alquier et les autres. Nous
savons qui vous êtes. Vos pouvoirs sont illimités. Vous
pouvez faire Gauvain général ou l'envoyer à l'échafaud.
Vous aurez votre commission demain à trois heures.
Quand partirez-vous ?

— À quatre heures, dit Cimourdain.

Et ils se séparèrent.

En rentrant chez lui, Marat prévint Simonne Évrard [2]
qu'il irait le lendemain à la Convention.

---

1. La Cour du Commerce se prolongeait jusqu'à la rue des Cordeliers (aujourd'hui rue de l'École-de-Médecine), à l'emplacement de
l'actuel carrefour de l'Odéon.   **2.** Simonne Évrard, collaboratrice
et compagne de Marat depuis l'automne 1790, de vingt et un ans
moins âgée que lui.

À la Convention, la tête du représentant Féraud est présentée au bout d'une pique au président de séance. Planche en partie utilisée par Hugo comme dossier (BNF, Mss, n.a.f. 24750, f. 683-684).

LIVRE TROISIÈME

LA CONVENTION

I

LA CONVENTION [1]

I

Nous approchons de la grande cime [2].

Voici la Convention.

Le regard devient fixe en présence de ce sommet.

Jamais rien de plus haut n'est apparu sur l'horizon des hommes.

Il y a l'Himalaya et il y a la Convention.

La Convention est peut-être le point culminant de l'histoire.

Du vivant de la Convention, car cela vit, une assemblée, on ne se rendait pas compte de ce qu'elle était. Ce qui échappait aux contemporains, c'était précisément sa grandeur ; on était trop effrayé pour être ébloui. Tout ce

---

1. Manuscrit : « 1er février [1872] ». La rédaction de ce chapitre, subdivisé en paragraphes numérotés après coup, s'est faite par enchaînement des § I et II (jusqu'à : « ... la France a fait de l'éternel », p. 227) au § IX, puis par intercalation, en plusieurs temps, des développements intermédiaires et en dernier lieu du § III. **2.** La Convention, identifiée, par le parti montagnard, au Sinaï, nommé p. 174.

qui est grand a une horreur sacrée. Admirer les médiocres et les collines, c'est aisé ; mais ce qui est trop haut, un génie aussi bien qu'une montagne, une assemblée aussi bien qu'un chef-d'œuvre, vus de trop près, épouvantent. Toute cime semble une exagération. Gravir fatigue. On s'essouffle aux escarpements, on glisse sur les pentes, on se blesse à des aspérités qui sont des beautés ; les torrents, en écumant, dénoncent les précipices, les nuages cachent les sommets ; l'ascension terrifie autant que la chute. De là plus d'effroi que d'admiration. On éprouve ce sentiment bizarre, l'aversion du grand. On voit les abîmes, on ne voit pas les sublimités ; on voit le monstre, on ne voit pas le prodige [1]. Ainsi fut d'abord jugée la Convention. La Convention fut toisée par les myopes, elle, faite pour être contemplée par les aigles.

Aujourd'hui elle est en perspective, et elle dessine sur le ciel profond, dans un lointain serein et tragique, l'immense profil de la révolution française.

II

Le 14 juillet avait délivré.

Le 10 août avait foudroyé.

Le 21 septembre fonda.

Le 21 septembre, l'équinoxe, l'équilibre. *Libra*. La balance. Ce fut, suivant la remarque de Romme, sous ce signe de l'Égalité et de la Justice que la république fut proclamée. Une constellation fit l'annonce [2].

La Convention est le premier avatar du peuple. C'est

---

1. Voir n. 1, p. 91.　　**2.** Les dates retenues sont celles de la prise de la Bastille (1789), de la prise des Tuileries (1792) et de l'abolition de la royauté, le 21 septembre 1792. La République fut proclamée le lendemain, 22 septembre, en même temps que le « soleil arrivait à l'équinoxe vrai d'automne en entrant dans le signe de la Balance », selon ce qu'en dira Gilbert Romme un an plus tard, faisant valoir qu'« ainsi l'égalité des jours et des nuits était marquée dans le ciel au moment même où l'égalité civile et morale était proclamée sur la terre » (Louis Blanc).

par la Convention que s'ouvrit la grande page nouvelle et que l'avenir d'aujourd'hui commença.

À toute idée il faut une enveloppe visible, à tout principe il faut une habitation ; une église, c'est Dieu entre quatre murs ; à tout dogme, il faut un temple. Quand la Convention fut, il y eut un premier problème à résoudre, loger la Convention.

On prit d'abord le Manège, puis les Tuileries[1]. On y dressa un châssis, un décor, une grande grisaille peinte par David, des bancs symétriques, une tribune carrée, des pilastres parallèles, des socles pareils à des billots, de longues étraves rectilignes, des alvéoles rectangulaires où se pressait la multitude et qu'on appelait les tribunes publiques, un velarium[2] romain, des draperies grecques, et dans ces angles droits et dans ces lignes droites on installa la Convention ; dans cette géométrie on mit la tempête. Sur la tribune le bonnet rouge était peint en gris. Les royalistes commencèrent par rire de ce bonnet rouge gris, de cette salle postiche, de ce monument de carton, de ce sanctuaire de papier mâché, de ce panthéon de boue et de crachat. Comme cela devait disparaître vite ! Les colonnes étaient en douves de tonneau, les voûtes étaient en volige[3], les bas-reliefs étaient en mastic, les entablements étaient en sapin, les statues étaient en plâtre, les marbres étaient en peinture, les murailles étaient en toile, et dans ce provisoire la France a fait de l'éternel.

Les murailles de la salle du Manège, quand la Convention vint y tenir séance, étaient toutes couvertes des affiches qui avaient pullulé dans Paris à l'époque du

---

1. La salle du Manège, où siégèrent la Constituante, la Législative et la Convention, du 9 novembre 1789 au 9 mai 1793. Une plaque en signale aujourd'hui l'emplacement, sur un pilier de la grille du jardin des Tuileries, face au n° 230 de la rue de Rivoli. La Convention s'installa ensuite au premier étage du château des Tuileries, dans l'ancienne salle des Machines, transformée en Opéra sous Louis XV. Incendié en mai 1871, le château des Tuileries occupait l'espace compris entre le pavillon de Marsan au nord et le pavillon de Flore au sud.   2. *Velarium*, toile tendue au-dessus des amphithéâtres et théâtres romains.   3. *Volige*, planche en bois de sapin ou autre bois blanc.

retour de Varennes. On lisait sur l'une : — *Le roi rentre. Bâtonner qui l'applaudira, pendre qui l'insultera.* — Sur une autre : — *Paix là. Chapeaux sur la tête. Il va passer devant ses juges.* — Sur une autre : — *Le roi a couché la nation en joue. Il a fait long feu, à la nation de tirer maintenant.* — Sur une autre : — *La Loi ! La Loi*[1] *!* Ce fut entre ces murs-là que la Convention jugea Louis XVI.

Aux Tuileries, où la Convention vint siéger le 10 mai 1793, et qui s'appelèrent le Palais-National, la salle des séances occupait tout l'intervalle entre le pavillon de l'Horloge appelé pavillon-Unité et le pavillon Marsan appelé pavillon-Liberté. Le pavillon de Flore s'appelait pavillon-Égalité. C'est par le grand escalier de Jean Bullant[2] qu'on montait à la salle des séances. Sous le premier étage occupé par l'assemblée, tout le rez-de-chaussée du palais était une sorte de longue salle des gardes encombrée des faisceaux et des lits de camp des troupes de toutes armes qui veillaient autour de la Convention. L'assemblée avait une garde d'honneur qu'on appelait « les grenadiers de la Convention ».

Un ruban tricolore séparait le château où était l'assemblée du jardin où le peuple allait et venait.

III

Ce qu'était la salle des séances, achevons de le dire. Tout intéresse de ce lieu terrible.

Ce qui, en entrant, frappait d'abord le regard, c'était entre deux larges fenêtres une haute statue de la Liberté.

Quarante-deux mètres de longueur, dix mètres de largeur, onze mètres de hauteur, telles étaient les dimensions de ce qui avait été le théâtre du roi et de ce qui devint le théâtre de la révolution. L'élégante et magnifique salle

---

1. Emprunts à Louis Blanc.   **2.** Il s'agissait de l'escalier du pavillon central ou pavillon de l'Horloge, conçu par Philibert de l'Orme, ami de Rabelais, sur le modèle de celui de Michel-Ange à la *Laurentiana* de Florence. Jean Bullant, collaborateur de Philibert de l'Orme.

bâtie par Vigarani[1] pour les courtisans disparut sous la sauvage charpente qui en 93 dut subir le poids du peuple. Cette charpente, sur laquelle s'échafaudaient les tribunes publiques, avait, détail qui vaut la peine d'être noté, pour point d'appui unique un poteau. Ce poteau était d'un seul morceau, et avait dix mètres de portée. Peu de cariatides ont travaillé comme ce poteau ; il a soutenu pendant des années la rude poussée de la révolution. Il a porté l'acclamation, l'enthousiasme, l'injure, le bruit, le tumulte, l'immense chaos des colères, l'émeute. Il n'a pas fléchi. Après la Convention, il a vu le conseil des Anciens[2]. Le 18 brumaire l'a relayé.

Percier[3] alors remplaça le pilier de bois par des colonnes de marbre, qui ont moins duré.

L'idéal des architectes est parfois singulier ; l'architecte de la rue de Rivoli a eu pour idéal la trajectoire d'un boulet de canon[4], l'architecte de Carlsruhe a eu pour idéal un éventail ; un gigantesque tiroir de commode, tel semble avoir été l'idéal de l'architecte qui construisit la salle où la Convention vint siéger le 10 mai 1793 ; c'était long, haut et plat[5]. À l'un des grands côtés du parallélogramme était adossé un vaste demi-cirque, c'était l'amphithéâtre des bancs des représentants, sans tables ni pupitres ; Garan-Coulon, qui écrivait beaucoup, écrivait sur son genou ; en face des bancs, la tribune ; devant la

---

1. Gaspare Vigarani (1586-1663), architecte de théâtres.   2. Le Consulat institua le bicamérisme, avec un Conseil des Cinq-Cents, qui avait l'initiative des lois, et un Conseil des Anciens, qui les adoptait ou les rejetait en bloc.   3. Architecte de la Malmaison, Charles Percier fut chargé de reconvertir la salle de la Convention en salle de spectacle.   4. Le percement de la rue de Rivoli se fit en deux temps : 1806-1835, de la Concorde au Palais-Royal ; 1851-1855, de la rue du Louvre à l'Hôtel-de-Ville, conjointement au projet haussmanien de la « Grande Croisée de Paris ». La tour du château de Carlsruhe est le « centre d'où rayonnent en éventail toutes les rues de la ville » (Pierre Larousse).   5. La description qui va suivre s'inspire d'une gravure représentant la salle de la Convention le jour de l'assassinat, le 20 mai 1795, du représentant Féraud, extraite d'un portefeuille de quinze estampes « dessinées » par Charles Monnet (*La Révolution française* [...] *en quinze tableaux*), publié sous le Directoire et réédité en 1838.

tribune, le buste de Lepelletier-Saint-Fargeau [1] ; derrière
la tribune, le fauteuil du président.

La tête du buste dépassait un peu le rebord de la tribune ; ce qui fit que, plus tard, on l'ôta de là.

L'amphithéâtre se composait de dix-neuf bancs demi-
circulaires, étagés les uns derrière les autres ; des tronçons
de bancs prolongeaient cet amphithéâtre dans les deux
encoignures.

En bas, dans le fer à cheval au pied de la tribune, se
tenaient les huissiers.

D'un autre côté de la tribune, dans un cadre de bois
noir, était appliquée au mur une pancarte de neuf pieds
de haut, portant sur deux pages séparées par une sorte de
sceptre la Déclaration des droits de l'homme ; de l'autre
côté il y avait une place vide qui plus tard fut occupée
par un cadre pareil contenant la Constitution de l'an II [2],
dont les deux pages étaient séparées par un glaive. Au-
dessus de la tribune, au-dessus de la tête de l'orateur,
frissonnaient, sortant d'une profonde loge à deux compartiments pleine de peuple, trois immenses drapeaux tricolores, presque horizontaux, appuyés à un autel sur lequel
on lisait ce mot : LA LOI. Derrière cet autel se dressait,
comme la sentinelle de la parole libre, un énorme faisceau
romain, haut comme une colonne. Des statues colossales,
droites contre le mur, faisaient face aux représentants. Le
président avait à sa droite Lycurgue et à sa gauche
Solon [3] ; au-dessus de la Montagne il y avait Platon.

Ces statues avaient pour piédestaux de simples dés,
posés sur une longue corniche saillante qui faisait le tour
de la salle et séparait le peuple de l'assemblée. Les spectateurs s'accoudaient à cette corniche.

Le cadre de bois noir du placard des *Droits de*

---

1. Michel Lepelletier de Saint-Fargeau, conventionnel régicide,
assassiné le 20 janvier 1793 par un royaliste. Sa mort fut le sujet
d'une toile de David, destinée à la Convention et aujourd'hui dispa-
rue.   **2.** Constitution de l'an I (et non de l'an II), adoptée le 24 juin
1793.   **3.** Lycurgue et Solon, législateurs de Sparte et d'Athènes.

l'*Homme* montait jusqu'à la corniche et entamait le dessin de l'entablement, effraction de la ligne droite qui faisait murmurer Chabot. — *C'est laid*, disait-il à Vadier.

Sur les têtes des statues, alternaient des couronnes de chêne et de laurier.

Une draperie verte, où étaient peintes en vert plus foncé les mêmes couronnes, descendait à gros plis droits de la corniche de pourtour et tapissait tout le rez-de-chaussée de la salle occupée par l'assemblée. Au-dessus de cette draperie la muraille était blanche et froide. Dans cette muraille se creusaient, coupés comme à l'emporte-pièce, sans moulure ni rinceau, deux étages de tribunes publiques, les carrées en bas, les rondes en haut ; selon la règle, car Vitruve[1] n'était pas détrôné, les archivoltes étaient superposées aux architraves. Il y avait dix tribunes sur chacun des grands côtés de la salle, et à chacune des deux extrémités deux loges démesurées ; en tout vingt-quatre. Là s'entassaient les foules.

Les spectateurs des tribunes inférieures débordaient sur tous les plats-bords et se groupaient sur les reliefs de l'architecture. Une longue barre de fer, solidement scellée à hauteur d'appui, servait de garde-fou aux tribunes hautes, et garantissait les spectateurs contre la pression des cohues montant les escaliers. Une fois pourtant un homme fut précipité dans l'Assemblée, il tomba un peu sur Massieu, évêque de Beauvais, ne se tua pas, et dit : *Tiens ! c'est donc bon à quelque chose, un évêque !*

La salle de la Convention pouvait contenir deux mille personnes, et, les jours d'insurrection, trois mille.

La Convention avait deux séances, une du jour, une du soir.

Le dossier du président était rond, à clous dorés. Sa table était contrebutée par quatre monstres ailés à un seul pied, qu'on eût dit sortis de l'Apocalypse pour assister à

---

1. Vitruve, architecte du temps d'Auguste, et théoricien d'un style réputé « classique ».

la révolution[1]. Ils semblaient avoir été dételés du char d'Ézéchiel pour venir traîner le tombereau de Sanson[2].

Sur la table du président il y avait une grosse sonnette, presque une cloche, un large encrier de cuivre, et un in-folio relié en parchemin qui était le livre des procès-verbaux.

Des têtes coupées, portées au bout d'une pique, se sont égouttées sur cette table[3].

On montait à la tribune par un degré de neuf marches. Ces marches étaient hautes, roides et assez difficiles ; elles firent un jour trébucher Gensonné qui les gravissait. *C'est un escalier d'échafaud !* dit-il. — *Fais ton apprentissage*, lui cria Carrier[4].

Là où le mur avait paru trop nu, dans les angles de la salle, l'architecte avait appliqué pour ornements des faisceaux, la hache en dehors.

À droite et à gauche de la tribune, des socles portaient deux candélabres de douze pieds de haut, ayant à leur sommet quatre paires de quinquets. Il y avait dans chaque loge publique un candélabre pareil. Sur les socles de ces candélabres étaient sculptés des ronds que le peuple appelait « colliers de guillotine ».

Les bancs de l'Assemblée montaient presque jusqu'à la corniche des tribunes ; les représentants et le peuple pouvaient dialoguer.

Les vomitoires des tribunes se dégorgeaient dans un labyrinthe de corridors plein parfois d'un bruit farouche.

---

1. Il s'agit des quatre monstres à forme humaine attelés au char de la divinité dans la vision d'Ézéchiel (Éz., I, 4-28), et que l'on retrouve, semblables cette fois à un lion, un veau, un homme et un aigle, dans l'Apocalypse de Jean (Ap., IV, 6-7).   2. Charles-Henri Sanson, mort en 1793, ou son fils Henri, bourreaux de père en fils, exécuteurs de Louis XVI et de Marie-Antoinette.   3. C'est le cas pour la tête du représentant Féraud sur la gravure décrite par Hugo. 4. Président du Tribunal révolutionnaire de Nantes, Carrier se signala par la férocité et la nouveauté de ses méthodes (« bateaux à soupapes » et « mariages républicains », par noyade dans la Loire). Il fut rappelé par la Convention le 8 février 1794, sur un rapport de Jullien de Paris. Le grand-père maternel de Sophie Trébuchet, mère de Victor Hugo, était juge sous Carrier.

La Convention encombrait le palais et refluait jusque dans les hôtels voisins, l'hôtel de Longueville, l'hôtel de Coigny. C'est à l'hôtel de Coigny qu'après le 10 août, si l'on en croit une lettre de lord Bradford, on transporta le mobilier royal. Il fallut deux mois pour vider les Tuileries.

Les comités étaient logés aux environs de la salle ; au pavillon-Égalité, la législation, l'agriculture et le commerce ; au pavillon-Liberté, la marine, les colonies, les finances, les assignats, le salut public ; au pavillon-Unité, la guerre.

Le Comité de sûreté générale communiquait directement avec le Comité de salut public par un couloir obscur, éclairé nuit et jour d'un réverbère, où allaient et venaient les espions de tous les partis. On n'y parlait pas.

La barre de la Convention a été plusieurs fois déplacée. Habituellement elle était à droite du président.

Aux deux extrémités de la salle, les deux cloisons verticales qui fermaient du côté droit et du côté gauche les demi-cercles concentriques de l'amphithéâtre laissaient entre elles et le mur deux couloirs étroits et profonds sur lesquels s'ouvraient deux sombres portes carrées. On entrait et on sortait par là.

Les représentants entraient directement dans la salle par une porte donnant sur la terrasse des Feuillants.

Cette salle, peu éclairée le jour par de pâles fenêtres, mal éclairée, quand venait le crépuscule, par des flambeaux livides, avait on ne sait quoi de nocturne. Ce demi-éclairage s'ajoutait aux ténèbres du soir ; les séances aux lampes étaient lugubres. On ne se voyait pas ; d'un bout de la salle à l'autre, de la droite à la gauche, des groupes de faces vagues s'insultaient. On se rencontrait sans se reconnaître. Un jour Laignelot, courant à la tribune, se heurte, dans le couloir de descente, à quelqu'un. — Pardon, Robespierre, dit-il. — Pour qui me prends-tu ? répond une voix rauque. — Pardon, Marat, dit Laignelot.

En bas, à droite et à gauche du président, deux tribunes étaient réservées ; car, chose étrange, il y avait à la Convention des spectateurs privilégiés. Ces tribunes étaient les seules qui eussent une draperie. Au milieu de l'architrave, deux glands d'or relevaient cette draperie. Les tribunes du peuple étaient nues.

Tout cet ensemble était violent, sauvage, régulier. Le correct dans le farouche ; c'est un peu toute la révolution. La salle de la Convention offrait le plus complet spécimen de ce que les artistes ont appelé depuis « l'architecture messidor » ; c'était massif et grêle. Les bâtisseurs de ce temps-là prenaient le symétrique pour le beau. Le dernier mot de la Renaissance avait été dit sous Louis XV, et une réaction s'était faite. On avait poussé le noble jusqu'au fade, et la pureté jusqu'à l'ennui. La pruderie existe en architecture. Après les éblouissantes orgies de forme et de couleur du dix-huitième siècle, l'art s'était mis à la diète, et ne se permettait plus que la ligne droite. Ce genre de progrès aboutit à la laideur. L'art réduit au squelette, tel est le phénomène. C'est l'inconvénient de ces sortes de sagesses et d'abstinences ; le style est si sobre qu'il devient maigre.

En dehors de toute émotion politique, et à ne voir que l'architecture, un certain frisson se dégageait de cette salle. On se rappelait confusément l'ancien théâtre, les loges enguirlandées, le plafond d'azur et de pourpre, le lustre à facettes, les girandoles à reflets de diamants, les tentures gorge de pigeon, la profusion d'amours et de nymphes sur le rideau et sur les draperies, toute l'idylle royale et galante, peinte, sculptée et dorée, qui avait empli de son sourire ce lieu sévère, et l'on regardait partout autour de soi ces durs angles rectilignes, froids et tranchants comme l'acier ; c'était quelque chose comme Boucher[1] guillotiné par David.

---

1. François Boucher (1703-1776), peintre favori de Louis XV et de la Pompadour, surnommé le « Raphaël du Parc-aux-Cerfs » (Pierre Larousse). Les frères Goncourt l'avaient remis, sous l'Empire, au goût du jour (L'Art au XVIIIe siècle, 1859).

IV

Qui voyait l'Assemblée ne songeait plus à la salle. Qui voyait le drame ne pensait plus au théâtre. Rien de plus difforme et de plus sublime. Un tas de héros, un troupeau de lâches. Des fauves sur une montagne, des reptiles dans un marais. Là fourmillaient, se coudoyaient, se provoquaient, se menaçaient, luttaient et vivaient tous ces combattants qui sont aujourd'hui des fantômes.

Dénombrement titanique [1].

À droite, la Gironde, légion de penseurs ; à gauche, la Montagne, groupe d'athlètes. D'un côté, Brissot, qui avait reçu les clefs de la Bastille ; Barbaroux, auquel obéissaient les Marseillais ; Kervélégan, qui avait sous la main le bataillon de Brest caserné au faubourg Saint-Marceau ; Gensonné, qui avait établi la suprématie des représentants sur les généraux ; le fatal Guadet, auquel une nuit, aux Tuileries, la reine avait montré le dauphin endormi ; Guadet baisa le front de l'enfant et fit tomber la tête du père [2] ; Salles, le dénonciateur chimérique des intimités de la Montagne avec l'Autriche ; Sillery, le boiteux de la droite, comme Couthon était le cul-de-jatte de la gauche ; Lause-Duperret, qui, traité de *scélérat* par un journaliste, l'invita à dîner en lui disant : « *Je sais que "scélérat" veut simplement dire "l'homme qui ne pense pas comme nous"* » ; Rabaut-Saint-Étienne, qui avait commencé son Almanach de 1790 par ce mot : *La Révolution est finie* [3] ;

---

1. Victor Hugo a procédé, pour ce « dénombrement », à partir d'emprunts aux tables du *Moniteur* et à Louis Blanc, relevés d'abord sur un double feuillet qui en constitue l'ébauche. L'accumulation « titanique » des noms, proliférante mais non exhaustive, tend à montrer que l'unité, qu'il s'agisse de la Gironde ou de la Montagne, se compose d'infini.   **2.** En correspondance secrète avec Louis XVI, Élie Guadet avait été le porte-parole de la Gironde auprès du roi en juillet 1792.   **3.** Rabaut Saint-Étienne, rédacteur en chef du *Moniteur* et auteur de l'*Almanach historique de la Révolution* (1791), plus connu sous le titre de *Précis d'histoire de la Révolution française*. Victor Hugo en interprète les attendus : « La Constitution est faite et le moment est venu où l'on peut écrire l'histoire de la Révolution française. »

Quinette, un de ceux qui précipitèrent Louis XVI ; le janséniste Camus, qui rédigeait la constitution civile du
clergé, croyait aux miracles du diacre Pâris, et se proster-
nait toutes les nuits devant un Christ de sept pieds de haut
cloué au mur de sa chambre[1] ; Fauchet, un prêtre qui,
avec Camille Desmoulins, avait fait le 14 juillet ; Isnard,
qui commit le crime de dire : *Paris sera détruit*, au
moment même où Brunswick disait : *Paris sera brûlé*[2] ;
Jacob Dupont, le premier qui cria : *Je suis athée*, et à qui
Robespierre répondit : *L'athéisme est aristocratique*[3] ;
Lanjuinais, dure, sagace et vaillante tête bretonne ;
Ducos, l'Euryale de Boyer-Fonfrède ; Rebecqui, le
Pylade de Barbaroux[4] ; Rebecqui donnait sa démission
parce qu'on n'avait pas encore guillotiné Robespierre ;
Richaud, qui combattait la permanence des sections ;
Lasource[5], qui avait émis cet apophthegme meurtrier :
Malheur aux nations reconnaissantes ! et qui, au pied de
l'échafaud, devait se contredire par cette fière parole jetée
aux montagnards : *Nous mourons parce que le peuple
dort, et vous mourrez parce que le peuple se réveillera* ;
Biroteau, qui fit décréter l'abolition de l'inviolabilité, fut
ainsi, sans le savoir, le forgeron du couperet, et dressa
l'échafaud pour lui-même ; Charles Villatte[6], qui abrita
sa conscience sous cette protestation : *Je ne veux pas
voter sous les couteaux* ; Louvet, l'auteur de *Faublas*, qui
devait finir libraire au Palais-Royal avec Lodoïska au

---

1. Rédacteur de la Constitution civile du clergé, né en 1740,
Armand Camus n'était pas de ce monde au moment de l'affaire dite
des « convulsionnaires de Saint-Médard », liée aux miracles accomplis sur la tombe du diacre Pâris, mort en 1723. C'était, selon Louis
Blanc, un « Saint-Cyran ami des pauvres », en qui brillait un « reflet
de la tendresse de Fénelon ».   2. Voir n. 3 et 4, p. 182.
3. Réponse de Robespierre à Hébert, le 21 novembre 1792 au club
des Jacobins.   4. Allusion à l'amitié de Nisus pour Euryale, dans
l'*Énéide*. Pylade, compagnon d'Oreste, dont il épousa la sœur,
Électre, après les avoir secondés dans le meurtre d'Égisthe et de
Clytemnestre.   5. Lasource, déjà nommé, p. 205.   6. Confusion
entre Joachim Vilate, juré au Tribunal révolutionnaire, déjà nommé
p. 218, et le conventionnel Charles Villette.

comptoir [1] ; Mercier, l'auteur du *Tableau de Paris*, qui s'écriait : *Tous les rois ont senti sur leurs nuques le 21 janvier* ; Marec, qui avait pour souci « la faction des anciennes limites » ; le journaliste Carra qui, au pied de l'échafaud, dit au bourreau : *Ça m'ennuie de mourir. J'aurais voulu voir la suite* ; Vigée, qui s'intitulait grenadier dans le deuxième bataillon de Mayenne-et-Loire, et qui, menacé par les tribunes publiques, s'écriait : *Je demande qu'au premier murmure des tribunes, nous nous retirions tous, et marchions à Versailles, le sabre à la main !* Buzot, réservé à la mort de faim ; Valazé, promis à son propre poignard ; Condorcet, qui devait périr à Bourg-la-Reine devenu Bourg-Égalité, dénoncé par l'Horace qu'il avait dans sa poche ; Pétion, dont la destinée était d'être adoré par la foule en 1792 et dévoré par les loups en 1793 [2] ; vingt autres encore, Pontécoulant, Marboz, Lidon, Saint-Martin, Dussaulx, traducteur de Juvénal, qui avait fait la campagne de Hanovre, Boilleau, Bertrand, Lesterp-Beauvais, Lesage, Gomaire, Gardien, Mainvielle, Duplantier, Lacaze, Antiboul, et en tête un Barnave qu'on appelait Vergniaud.

De l'autre côté, Antoine-Louis-Léon Florelle de Saint-Just, pâle, front bas, profil correct, œil mystérieux, tristesse profonde, vingt-trois ans ; Merlin de Thionville, que les Allemands appelaient Feuer-Teufel, « le diable de feu » ; Merlin de Douai, le coupable auteur de la loi des suspects ; Soubrany, que le peuple de Paris, au premier prairial,

---

1. Louvet de Couvrai avait donné à sa maîtresse, épouse d'un riche joaillier, le nom de Lodoïska, héroïne de son roman, *Les Amours du chevalier Faublas* (1787).   2. Décrétés d'arrestation le 2 juin 1793, Buzot et Pétion vécurent cachés pendant dix mois à Saint-Émilion avant de se suicider, le 18 juin 1794. Leurs cadavres furent retrouvés dans les bois, à demi dévorés par les loups. Condamné à mort le 30 octobre 1793, Valazé se poignarda devant ses juges. Arrêté dans un cabaret avec sur lui un exemplaire des *Épîtres* d'Horace, l'auteur de *L'Esquisse d'un tableau des progrès de l'esprit humain* s'empoisonna dans sa prison, à Bourg-la-Reine, le 30 mars 1794.

demanda pour général[1] ; l'ancien curé Lebon, tenant un
sabre de la main qui avait jeté de l'eau bénite ; Billaud-
Varennes, qui entrevoyait la magistrature de l'avenir[2] ; pas
de juges, des arbitres ; Fabre d'Églantine, qui eut une trou-
vaille charmante, le calendrier républicain, comme Rouget
de Lisle eut une inspiration sublime, la Marseillaise, mais
l'un et l'autre sans récidive ; Manuel, le procureur de la
Commune, qui avait dit : *Un roi mort n'est pas un homme
de moins* ; Goujon, qui était entré dans Tripstadt, dans New-
stadt et dans Spire, et avait vu fuir l'armée prussienne[3] ;
Lacroix, avocat changé en général, fait chevalier de Saint-
Louis six jours avant le 10 août ; Fréron-Thersite, fils de
Fréron-Zoïle[4] ; Rulh, l'inexorable fouilleur de l'armoire de
fer, prédestiné au grand suicide républicain, devant se tuer
le jour où mourrait la république[5] ; Fouché, âme de démon,
face de cadavre[6] ; Camboulas, l'ami du père Duchesne,
lequel disait à Guillotin : *Tu es du club des Feuillants, mais
ta fille est du club des Jacobins* ; Jagot, qui à ceux qui plai-
gnaient la nudité des prisonniers répondait ce mot farouche.
Une prison est un habit de pierre ; Javogues, l'effrayant
déterreur des tombeaux de Saint-Denis[7] ; Osselin, proscripteur qui cachait chez lui une proscrite, madame Charry ;
Bentabolle, qui, lorsqu'il présidait, faisait signe aux tribunes d'applaudir ou de huer ; le journaliste Robert, mari de

---

1. Lors de l'insurrection de Prairial (20 mai 1795), Soubrany
refusa le commandement de la force armée parisienne chargée de la
réprimer. Il se poignarda, lors de son procès, avec les autres « martyrs de Prairial ».   **2.** Billaud-Varennes plaida pour la suppression
des tribunaux, au nom d'un nouveau « lien social ». Victor Hugo lui-
même était hostile à l'inamovibilité des juges.   **3.** Allusion à la campagne du Palatinat et à la prise de Spire, le 29 septembre 1792.   **4.** Voir
n. 2, p. 170. Thersite, le plus lâche des guerriers du siège de Troie, selon
Homère. Zoïle, grammairien grec, surnommé le « fléau d'Homère »,
modèle, selon Hugo, de la critique bornée (*William Shakespeare*, II, 1, 3).
5. Coquille, pour : Rühl, « martyr de Prairial », comme Soubrany.
Découverte aux Tuileries le 20 novembre 1792, l'« armoire de fer »
contenait des documents sur les trahisons du roi.   **6.** La carrière du
futur ministre de la Police, fait duc d'Otrante par Napoléon, ne faisait que
commencer.   **7.** Allusion à la destruction des « mausolées » des rois à
Saint-Denis, décrétée par la Convention le 31 juillet 1793. En mission
dans la Saône-et-Loire, Javogues ne saurait y avoir participé.

mademoiselle Kéralio, laquelle écrivait : *Ni Robespierre, ni Marat ne viennent chez moi ; Robespierre y viendra quand il voudra, Marat jamais* ; Garan-Coulon, qui avait fièrement demandé, quand l'Espagne était intervenue dans le procès de Louis XVI, que l'Assemblée ne daignât pas lire la lettre d'un roi pour un roi ; Grégoire, évêque, digne d'abord de la primitive Église, mais qui plus tard sous l'empire effaça le républicain Grégoire par le comte Grégoire ; Amar qui disait : *Toute la terre condamne Louis XVI. À qui donc appeler du jugement ? aux planètes* ; Rouyer, qui s'était opposé, le 21 janvier, à ce qu'on tirât le canon du Pont-Neuf, disant : *Une tête de roi ne doit pas faire en tombant plus de bruit que la tête d'un autre homme* ; Chénier, frère d'André[1] ; Vadier, un de ceux qui posaient un pistolet sur la tribune ; Panis, qui disait à Momoro : — *Je veux que Marat et Robespierre s'embrassent à ma table chez moi. — Où demeures-tu ? — À Charenton. — Ailleurs m'eût étonné*, disait Momoro[2] ; Legendre, qui fut le boucher de la révolution de France comme Pride avait été le boucher de la révolution d'Angleterre[3] ; — *Viens, que je t'assomme*, criait-il à Lanjuinais. Et Lanjuinais répondait : *Fais d'abord décréter que je suis un bœuf* ; Collot d'Herbois, ce lugubre comédien, ayant sur la face l'antique masque aux deux bouches qui disent Oui et Non, approuvant par l'une ce qu'il blâmait par l'autre, flétrissant Carrier à Nantes et déifiant Châlier à Lyon[4], envoyant Robespierre à l'échafaud et Marat au Panthéon ; Génissieux, qui demandait la peine de mort contre quiconque aurait sur lui la médaille *Louis XVI martyrisé* ; Léonard Bourdon, le maître d'école qui avait offert sa mai-

---

1. Marie-Joseph Chénier (voir n. 5, p. 201). 2. Voir n. 3, p. 189. 3. Son état de maître boucher servait d'argument aux adversaires girondins de Legendre. Le colonel Pride, auteur de la « purge » du Parlement anglais, prélude à l'exécution de Charles Ier, le 30 janvier 1648. 4. Carrier et Châlier, « missionnaires de la Terreur » à Nantes (voir n. 4, p. 232) et à Lyon. L'exécution de Châlier, en juillet 1793, lors d'un soulèvement royaliste, fit de lui un « martyr de la liberté », auquel furent dédiées les festivités organisées par Collot d'Herbois à Lyon en décembre suivant, avec « âne mitré » et autodafé de « guenilles sacerdotales » (décembre 1793).

son au vieillard du Mont-Jura[1] ; Topsent, marin, Goupilleau, avocat, Laurent Lecointre, marchand, Duhem, médecin, Sergent, statuaire, David, peintre, Joseph Égalité, prince. D'autres encore : Lecointe Puiraveau, qui demandait que Marat fût déclaré par décret « en état de démence » ; Robert Lindet, l'inquiétant créateur de cette pieuvre dont la tête était le Comité de sûreté générale et qui couvrait la France de ses vingt et un mille bras, qu'on appelait les comités révolutionnaires[2] ; Lebœuf, sur qui Girey-Dupré[3], dans son *Noël des faux patriotes*, avait fait ce vers :

Lebœuf vit Legendre et beugla.

Thomas Payne, Américain, et clément ; Anacharsis Cloots, Allemand, baron, millionnaire, athée, hébertiste, candide ; l'intègre Lebas, l'ami des Duplay ; Rovère, un des rares hommes qui sont méchants pour la méchanceté, car l'art pour l'art existe plus qu'on ne croit[4] ; Charlier, qui voulait qu'on dît *vous* aux aristocrates ; Tallien, élégiaque et féroce, qui fera le 9 thermidor par amour[5] ; Cambacérès, procureur qui sera prince, Carrier, procureur qui sera tigre ; Laplanche, qui s'écria un jour : *Je demande la priorité pour le canon d'alarme* ; Thuriot qui voulait le vote à haute voix des jurés du tribunal révolu-

---

1. Âgé de cent vingt et un ans et originaire du Jura, le « doyen du genre humain » avait été solennellement fêté par l'Assemblée constituante, le 23 octobre 1789. Léonard Bourdon, fondateur, en 1788, de la *Société royale d'émulation*, maison d'éducation devenue en 1791 la *Société des Jeunes Français*, puis, en 1792, l'*Institut des enfants de la patrie*. **2.** Créés le 21 mars 1793, nommés dans toute la France par les assemblées de section, les Comités révolutionnaires, ou Comités de surveillance, faisaient arrêter les suspects. **3.** Guillotiné le 20 novembre 1793, Girey-Dupré avait publié en janvier son *Noël patriotique*, où Robespierre, l'« orateur blême », était qualifié de « Dieu des sans-culottes ». Le *boucher* Legendre fait beugler *Lebœuf*, membre du conseil de la Commune. **4.** Le nom de Rovère, marquis de Fontvielle et ancien lieutenant dans le Midi de Jourdan « coupe têtes », est associé aux massacres perpétrés en Avignon le 16 octobre 1791. **5.** Tallien avait juré la perte de Robespierre après l'arrestation, en mai 1794, de Theresia de Cabarrus, sa maîtresse, fille d'un banquier espagnol armateur à Bordeaux. Il l'épousa après le 9 Thermidor.

tionnaire ; Bourdon de l'Oise, qui provoquait en duel
Chambon, dénonçait Payne, et était dénoncé par Hébert ;
Fayau, qui proposait « l'envoi d'une armée incendiaire »
dans la Vendée ; Tavaux, qui le 13 avril[1] fut presque un
médiateur entre la Gironde et la Montagne ; Vernier, qui
demandait que les chefs girondins et les chefs montagnards allassent servir comme simples soldats ; Rewbell
qui s'enferma dans Mayence ; Bourbotte qui eut son cheval tué sous lui à la prise de Saumur ; Guimberteau qui
dirigea l'armée des Côtes de Cherbourg ; Jard-Panvilliers
qui dirigea l'armée des Côtes de la Rochelle, Lecarpentier
qui dirigea l'escadre de Cancale ; Roberjot qu'attendait le
guet-apens de Rastadt[2] ; Prieur de la Marne qui portait
dans les camps sa vieille contre-épaulette de chef d'escadron ; Levasseur de la Sarthe qui, d'un mot, décidait Ser-
rent, commandant du bataillon de Saint-Amand, à se faire
tuer ; Reverchon, Maure, Bernard de Saintes, Charles
Richard, Lequinio, et au sommet de ce groupe un Mirabeau qu'on appelait Danton.

En dehors de ces deux camps, et les tenant tous deux
en respect, se dressait un homme, Robespierre[3].

V

Au-dessous se courbaient l'épouvante, qui peut être
noble, et la peur, qui est basse. Sous les passions, sous
les héroïsmes, sous les dévouements, sous les rages, la
morne cohue des anonymes. Les bas-fonds de l'Assemblée s'appelaient la Plaine. Il y avait là tout ce qui flotte ;
les hommes qui doutent, qui hésitent, qui reculent, qui
ajournent, qui épient, chacun craignant quelqu'un. La

---

1. Le 13 avril 1793, jour du vote, à la Convention, du décret
d'accusation de Marat.   2. Roberjot, ancien conventionnel et plé-
nipotentiaire français au congrès de Rastadt, assassiné sur l'ordre du
cabinet autrichien le 28 avril 1799.   3. L'isolement de Robespierre, face au duel, à égalité de grandeur, de la Gironde et de la
Montagne, « ébauche une structure ternaire » (Y. Gohin), que
compromet l'existence des « bas-fonds », de la Plaine et du Marais.
Il tient aussi à ce que Robespierre « croyait en Dieu ».

Montagne, c'était une élite ; la Gironde, c'était une élite ;
la Plaine, c'était la foule. La Plaine se résumait et se
condensait en Sieyès.

Sieyès, homme profond qui était devenu creux. Il
s'était arrêté au tiers-état, et n'avait pu monter jusqu'au
peuple. De certains esprits sont faits pour rester à mi-côte.
Sieyès appelait tigre Robespierre qui l'appelait taupe. Ce
métaphysicien avait abouti, non à la sagesse, mais à la
prudence. Il était courtisan et non serviteur de la révolution. Il prenait une pelle et allait, avec le peuple, travailler
au Champ de Mars, attelé à la même charrette
qu'Alexandre de Beauharnais[1]. Il conseillait l'énergie
dont il n'usait point. Il disait aux Girondins : *Mettez le
canon de votre parti.* Il y a les penseurs qui sont les lut-
teurs ; ceux-là étaient, comme Condorcet, avec Vergniaud, ou, comme Camille Desmoulins, avec Danton. Il
y a les penseurs qui veulent vivre, ceux-ci étaient avec
Sieyès.

Les cuves les plus généreuses ont leur lie. Au-dessous
même de la Plaine, il y avait le Marais[2]. Stagnation
hideuse laissant voir les transparences de l'égoïsme. Là
grelottait l'attente muette des trembleurs. Rien de plus
misérable. Tous les opprobres, et aucune honte ; la colère
latente ; la révolte sous la servitude. Ils étaient cynique-
ment effrayés ; ils avaient tous les courages de la lâcheté ;
ils préféraient la Gironde et choisissaient la Montagne ;
le dénoûment dépendait d'eux ; ils versaient du côté qui
réussissait ; ils livraient Louis XVI à Vergniaud, Vergniaud à Danton, Danton à Robespierre, Robespierre à
Tallien. Ils piloriaient Marat vivant et divinisaient Marat
mort. Ils soutenaient tout jusqu'au jour où ils renversaient

----

1. Plus de trois cent mille ouvriers volontaires de toute condition
travaillèrent à l'aménagement du Champ de Mars en vue de la célébration, le 14 juillet 1790, de la Fête de la fédération, où fut prêté le
serment de rester « à jamais fidèles à la nation, à la loi et au roi ».
On y remarqua « Sieyès et Beauharnais qui piochaient côte à côte »
(Louis Blanc). Sieyès, auteur de *Qu'est-ce que le Tiers État ?*
(1789).   **2.** Les « crapauds du Marais », selon Louis Blanc. La
Plaine a pour « sous-sol » le Marais, comme « sous le plus révolutionnaire », il y a aussi un « sous-sol » (p. 214).

tout. Ils avaient l'instinct de la poussée décisive à donner
à tout ce qui chancelle. À leurs yeux, comme ils s'étaient
mis en service à la condition qu'on fût solide, chanceler,
c'était les trahir. Ils étaient le nombre, ils étaient la force,
ils étaient la peur. De là l'audace des turpitudes.

De là le 31 mai, le 11 germinal, le 9 thermidor[1] ; tragédies nouées par les géants et dénouées par les nains.

VI

À ces hommes pleins de passions étaient mêlés les
hommes pleins de songes. L'utopie était là sous toutes
ses formes, sous sa forme belliqueuse qui admettait
l'échafaud, et sous sa forme innocente qui abolissait la
peine de mort ; spectre du côté des trônes, ange du côté
des peuples. En regard des esprits qui combattaient, il y
avait les esprits qui couvaient. Les uns avaient dans la tête
la guerre, les autres la paix ; un cerveau, Carnot, enfantait
quatorze armées ; un autre cerveau, Jean Debry, méditait
une fédération démocratique universelle[2]. Parmi ces élo-
quences furieuses, parmi ces voix hurlantes et grondantes,
il y avait des silences féconds. Lakanal se taisait, et
combinait dans sa pensée l'éducation publique nationale ;
Lanthenas se taisait, et créait les écoles primaires[3] ;
Révellière-Lépeaux se taisait, et rêvait l'élévation de la
philosophie à la dignité de religion. D'autres s'occupaient
de questions de détail, plus petites et plus pratiques. Guy-
ton-Morveau étudiait l'assainissement des hôpitaux[4],
Maire l'abolition des servitudes réelles, Jean-Bon-Saint-
André la suppression de la prison pour dettes et de la

---

1. Chute des Girondins, chute des dantonistes, chute de Robespierre.   **2.** Jean Debry, rapporteur girondin, le 30 juin 1792, des
mesures à prendre en cas de « danger » de la Patrie, officiellement
déclarée « en danger » le 10 juillet suivant.   **3.** Lakanal et Lanthenas, membres du Comité d'instruction publique. Le plan d'éducation
présenté par Lanthenas insistait plutôt sur le rôle des Sociétés populaires.   **4.** L'« assainissement des hôpitaux » fut décrété le 7 mars
1793, quelques jours avant la suppression de la contrainte par corps
(9-12 mars).

contrainte par corps, Romme la proposition de Chappe[1], Duboë la mise en ordre des archives, Coren-Fustier la création du cabinet d'anatomie et du muséum d'histoire naturelle[2], Guyomard la navigation fluviale et le barrage de l'Escaut. L'art avait ses fanatiques et même ses mono-manes ; le 21 janvier, pendant que la tête de la monarchie tombait sur la place de la Révolution, Bézard, représen-tant de l'Oise, allait voir un tableau de Rubens trouvé dans un galetas de la rue Saint-Lazare[3]. Artistes, orateurs, prophètes, hommes-colosses comme Danton, hommes-enfants comme Cloots, gladiateurs et philosophes, tous allaient au même but, le progrès. Rien ne les déconcertait. La grandeur de la Convention fut de chercher la quantité de réel qui est dans ce que les hommes appellent l'impos-sible. À l'une de ses extrémités, Robespierre avait l'œil fixé sur le droit ; à l'autre extrémité, Condorcet avait l'œil fixé sur le devoir.

Condorcet était un homme de rêverie et de clarté ; Robespierre était un homme d'exécution ; et quelquefois, dans les crises finales des sociétés vieillies, exécution signifie extermination. Les révolutions ont deux versants, montée et descente, et portent étagées sur ces versants toutes les saisons, depuis la glace jusqu'aux fleurs. Chaque zone de ces versants produit les hommes qui conviennent à son climat, depuis ceux qui vivent dans le soleil jusqu'à ceux qui vivent dans la foudre.

VII

On se montrait le repli du couloir de gauche où Robes-pierre avait dit bas à l'oreille de Garat, l'ami de Clavière, ce mot redoutable : *Clavière a conspiré partout où il a*

---

1. Inventeur de la télégraphie optique, Claude Chappe fut promu par la Convention « ingénieur télégraphe » le 26 juillet 1793. 2. La transformation du Jardin du Roi ou Jardin des plantes en Muséum d'histoire naturelle fut décrétée le 10 juin 1793, avec création de douze chaires d'enseignement. Voir « Le poème au Jardin des Plan-tes », dans *L'Art d'être grand-père*. 3. Emprunt à Louis Blanc.

respiré[1]. Dans ce même recoin, commode aux apartés et
aux colères à demi-voix, Fabre d'Églantine avait querellé
Romme, et lui avait reproché de défigurer son calendrier
par le changement de *Fervidor* en *Thermidor*. On se montrait l'angle où siégeaient, se touchant le coude, les sept
représentants de la Haute-Garonne qui, appelés les premiers à prononcer leur verdict sur Louis XVI[2], avaient
ainsi répondu l'un après l'autre : Mailhe : la mort. — Del-
mas : la mort. — Projean : la mort. — Calès : la mort.
— Ayral : la mort. — Julien : la mort. — Desaby : la mort.
Éternelle répercussion qui emplit toute l'histoire, et qui,
depuis que la justice humaine existe, a toujours mis l'écho
du sépulcre sur le mur du tribunal. On désignait du doigt,
dans la tumultueuse mêlée des visages, tous ces hommes
d'où était sorti le brouhaha des votes tragiques ; Paganel,
qui avait dit : *La mort. Un roi n'est utile que par sa mort* ;
Millaud, qui avait dit : *Aujourd'hui, si la mort n'existait
pas, il faudrait l'inventer* ; le vieux Raffron du Trouillet,
qui avait dit : *La mort vite !* Goupilleau, qui avait crié :
L'échafaud tout de suite. La lenteur aggrave la mort ;
Sieyès, qui avait eu cette concision funèbre : *La mort* ;
Thuriot, qui avait rejeté l'appel au peuple proposé par
Buzot : *Quoi ! les assemblées primaires ! quoi ! qua-
rante-quatre mille tribunaux ! Procès sans terme. La tête
de Louis XVI aurait le temps de blanchir avant de tomber* ; Augustin-Bon Robespierre, qui, après son frère,
s'était écrié : *Je ne connais point l'humanité qui égorge
les peuples, et qui pardonne aux despotes. La mort !
demander un sursis c'est substituer à l'appel au peuple
un appel aux tyrans* ; Foussedoire, le remplaçant de Ber-
nardin de Saint-Pierre, qui avait dit : *J'ai en horreur l'ef-
fusion du sang humain, mais le sang d'un roi n'est pas
le sang d'un homme. La mort* ; Jean-Bon-Saint-André,

---

1. Garat, *Mémoires*.   **2.** Il s'agit de l'ouverture du scrutin par
appel nominal des 16 et 17 janvier 1793, sur la peine à infliger à
« Louis Capet », décrété coupable, le 15, de conspiration contre la
liberté publique. La peine de mort fut acquise par 387 voix contre
334. Pour ce nouveau « dénombrement », Hugo s'inspire, en les
reformulant, des « opinions » citées par Louis Blanc et le *Moniteur*.

qui avait dit : *Pas de peuple libre sans le tyran mort* ;
Lavicomterie, qui avait proclamé cette formule : *Tant que
le tyran respire, la liberté étouffe. La mort.* Chateauneuf-
Randon, qui avait jeté ce cri : *La mort de Louis le Dernier !* Guyardin, qui avait émis ce vœu : *Qu'on l'exécute
Barrière-Renversée !* la Barrière-Renversée c'était la barrière du Trône ; Tellier, qui avait dit : *Qu'on forge, pour
tirer contre l'ennemi, un canon du calibre de la tête de
Louis XVI.* Et les indulgents : Gentil, qui avait dit : *Je
vote la réclusion. Faire un Charles Ier, c'est faire un
Cromwell* ; Bancal, qui avait dit : *L'exil. Je veux voir le
premier roi de l'univers condamné à faire un métier pour
gagner sa vie* ; Albouys, qui avait dit : *Le bannissement.
Que ce spectre vivant aille errer autour des trônes ;* Zan-
giacomi, qui avait dit : *La détention. Gardons Capet
vivant comme épouvantail* ; Chaillon, qui avait dit : *Qu'il
vive. Je ne veux pas faire un mort dont Rome fera un
saint.* Pendant que ces sentences tombaient de ces lèvres
sévères et, l'une après l'autre, se dispersaient dans l'histoire, dans les tribunes des femmes décolletées et parées
comptaient les voix, une liste à la main, et piquaient des
épingles sous chaque vote.

Où est entrée la tragédie, l'horreur et la pitié restent.

Voir la Convention, à quelque époque de son règne que
ce fût, c'était revoir le jugement du dernier Capet ; la
légende du 21 janvier semblait mêlée à tous ses actes[1] ;
la redoutable assemblée était pleine de ces haleines fatales
qui avaient passé sur le vieux flambeau monarchique
allumé depuis dix-huit siècles, et l'avaient éteint ; le décisif procès de tous les rois dans un roi était comme le point
de départ de la grande guerre qu'elle faisait au passé ;
quelle que fût la séance de la Convention à laquelle on

---

1. Effet de légende, comparable à celui dont fait état Hugo dans
son récit de la Crucifixion : « La légende sinistre, éparse dans les
bouches, / Passe, et dans le ciel noir vole en haillons farouches ; / Si
bien que cette foule humaine a la stupeur / Du fait toujours présent
là-haut dans la vapeur, / Vrai, réel, et pourtant traversé par des
rêves » (*La Fin de Satan*, « Le Gibet », III). — « La légende est
aussi vraie et aussi fausse que l'histoire. C'est la légende que
j'écris » (*Reliquat*).

assistât, on voyait s'y projeter l'ombre portée de l'échafaud de Louis XVI ; les spectateurs se racontaient les uns
aux autres la démission de Kersaint, la démission de
Roland[1], Duchâtel le député des Deux-Sèvres, qui se fit
apporter malade sur son lit, et, mourant, vota la vie, ce qui
fit rire Marat[2] ; et l'on cherchait des yeux le représentant,
oublié par l'histoire aujourd'hui, qui, après cette séance
de trente-sept heures, tombé de lassitude et de sommeil
sur son banc, et réveillé par l'huissier quand ce fut son
tour de voter, entr'ouvrit les yeux, dit : *La mort !* et se
rendormit[3].

Au moment où ils condamnèrent à mort Louis XVI,
Robespierre avait encore dix-huit mois à vivre, Danton
quinze mois, Vergniaud neuf mois, Marat cinq mois et
trois semaines, Lepelletier-Saint-Fargeau[4] un jour. Court
et terrible souffle des bouches humaines !

VIII

Le peuple avait sur la Convention une fenêtre ouverte,
les tribunes publiques, et, quand la fenêtre ne suffisait
pas, il ouvrait la porte, et la rue entrait dans l'assemblée.
Ces invasions de la foule dans ce sénat sont une des plus
surprenantes visions de l'histoire. Habituellement, ces
irruptions étaient cordiales. Le carrefour fraternisait avec
la chaise curule[5]. Mais c'est une cordialité redoutable que
celle d'un peuple qui, un jour, en trois heures, avait pris
les canons des Invalides et quarante mille fusils. À chaque
instant, un défilé interrompait la séance ; c'étaient des
députations admises à la barre, des pétitions, des hommages, des offrandes. La pique d'honneur du faubourg
Saint-Antoine entrait, portée par des femmes. Des

---

1. « Je rentre dans le sein du peuple », avait écrit Kersaint dans
sa lettre de démission, adressée le 18 janvier à la Convention. Roland
démissionna le 22 janvier de sa charge de ministre de l'Intérieur.
2. Emprunt à Louis Blanc (t. II, p. 120), qui ne mentionne pas le rire
de Marat.   3. Louis Blanc, t. II, p. 117.   4. Voir n. 1, p. 230.
5. Fauteuil d'ivoire, où siégeaient les consuls de l'ancienne Rome.

Anglais offraient vingt mille souliers aux pieds nus de nos soldats. « Le citoyen Arnoux, disait le *Moniteur*, curé d'Aubignan, commandant du bataillon de la Drôme, demande à marcher aux frontières, et que sa cure lui soit conservée. » Les délégués des sections arrivaient apportant sur des brancards des plats, des patènes, des calices, des ostensoirs, des monceaux d'or, d'argent et de vermeil, offerts à la patrie par cette multitude en haillons, et demandaient pour récompense la permission de danser la carmagnole [1] devant la Convention. Chenard, Narbonne et Vallière venaient chanter des couplets en l'honneur de la Montagne. La section du Mont-Blanc apportait le buste de Lepelletier, et une femme posait un bonnet rouge sur la tête du président qui l'embrassait ; « les citoyennes de la section du Mail » jetaient des fleurs « aux législateurs » ; les « élèves de la patrie » venaient, musique en tête, remercier la Convention d'avoir « préparé la prospérité du siècle » ; les femmes de la section des Gardes-Françaises offraient des roses ; les femmes de la section des Champs-Élysées offraient une couronne de chêne ; les femmes de la section du Temple venaient à la barre jurer *de ne s'unir qu'à de vrais républicains* ; la section de Molière présentait une médaille de Franklin qu'on suspendait, par décret, à la couronne de la statue de la Liberté ; les Enfants-Trouvés, déclarés Enfants de la République, défilaient, revêtus de l'uniforme national ; les jeunes filles de la section de Quatrevingt-douze arrivaient en longues robes blanches, et le lendemain le *Moniteur* contenait cette ligne : « Le président reçoit un bouquet des mains innocentes d'une jeune beauté [2]. » Les orateurs saluaient les foules ; parfois ils les flattaient ; ils disaient à la multitude : — *Tu es infaillible, tu es irréprochable, tu es sublime* ; — le peuple a un côté enfant ; il

---

1. La *Carmagnole* (« Vive le son du canon... »), chantée et dansée après la journée du 10 août 1792, en l'honneur des Marseillais et des « sans-culottes des faubourgs », devait son nom à celui d'une veste portée dans le Midi.   **2.** « Chenard, Narbonne [...] d'une jeune beauté », emprunts au compte rendu par le *Moniteur* de la séance du 7 juillet 1793.

aime ces sucreries. Quelquefois l'émeute traversait l'assemblée, y entrait furieuse et sortait apaisée, comme le Rhône qui traverse le lac Léman, et qui est de fange en y entrant, et d'azur en en sortant.

Parfois c'était moins pacifique, et Henriot faisait apporter devant la porte des Tuileries des grils à rougir les boulets[1].

IX

En même temps qu'elle dégageait[2] de la révolution, cette assemblée produisait de la civilisation. Fournaise, mais forge. Dans cette cuve où bouillonnait la terreur, le progrès fermentait. De ce chaos d'ombre et de cette tumultueuse fuite de nuages, sortaient d'immenses rayons de lumière parallèles aux lois éternelles. Rayons restés sur l'horizon, visibles à jamais dans le ciel des peuples, et qui sont, l'un la justice, l'autre la tolérance, l'autre la bonté, l'autre la raison, l'autre la vérité, l'autre l'amour. La Convention promulguait ce grand axiome : *La liberté du citoyen finit où la liberté d'un autre citoyen commence*[3] ; ce qui résume en deux lignes toute la sociabilité humaine[4]. Elle déclarait l'indigence sacrée ; elle déclarait l'infirmité sacrée dans l'aveugle et dans le sourd-muet devenus pupilles de l'État, la maternité sacrée dans la fille-mère qu'elle consolait et relevait, l'enfance sacrée dans l'orphe-

---

1. Nouvelle allusion à la journée du 2 juin, où Henriot fit pointer ses canons contre la Convention. **2.** « Dégager », au sens physique du terme, comme on parlait du « calorique », ou principe de chaleur, que « dégage » un corps. « En France, il y a toujours une révolution à l'état de calorique latent », avait noté Hugo après l'insurrection de juin 1832. **3.** C'est, en substance, l'article 4 de la *Déclaration des droits de l'homme et du citoyen*, publiée en préambule de la Constitution de 1791 : « La liberté consiste à pouvoir faire ce qui ne nuit pas à autrui », reformulé par Hugo en des termes qu'il attribue ailleurs à Grantaire (*Les Misérables*, IV, 1, 6). **4.** « Sociabilité » appartient au vocabulaire des Lumières et de Rousseau, qui opposait les « sentiments de sociabilité » aux « dogmes de religion » (Louis Blanc).

lin qu'elle faisait adopter par la patrie, l'innocence sacrée dans l'accusé acquitté qu'elle indemnisait. Elle flétrissait la traite des noirs ; elle abolissait l'esclavage. Elle proclamait la solidarité civique. Elle décrétait l'instruction gratuite. Elle organisait l'éducation nationale par l'école normale à Paris, l'école centrale au chef-lieu, et l'école primaire dans la commune. Elle créait les conservatoires et les musées. Elle décrétait l'unité de code, l'unité de poids et de mesures, et l'unité de calcul par le système décimal. Elle fondait les finances de la France, et à la longue banqueroute monarchique elle faisait succéder le crédit public. Elle donnait à la circulation le télégraphe, à la vieillesse les hospices dotés, à la maladie les hôpitaux purifiés [1], à l'enseignement l'école polytechnique, à la science le bureau des longitudes, à l'esprit humain l'institut. En même temps que nationale, elle était cosmopolite. Des onze mille deux cent dix décrets qui sont sortis de la Convention [2], un tiers a un but politique, les deux tiers ont un but humain. Elle déclarait la morale universelle base de la société et la conscience universelle base de la loi. Et tout cela, servitude abolie, fraternité proclamée, humanité protégée, conscience humaine rectifiée, loi du travail transformée en droit et d'onéreuse devenue secourable, richesse nationale consolidée, enfance éclairée et assistée, lettres et sciences propagées, lumière allumée sur tous les sommets, aide à toutes les misères, promulgation de tous les principes, la Convention le faisait, ayant dans les entrailles cette hydre, la Vendée, et sur les épaules ce tas de tigres, les rois.

X

Lieu immense. Tous les types humains, inhumains et surhumains étaient là. Amas épique d'antagonismes. Guillotin évitant David, Bazire insultant Chabot, Guadet raillant Saint-Just, Vergniaud dédaignant Danton, Louvet

---

1. Voir n. 4, p. 243.   **2.** Chiffre cité par Louis Blanc dans la « Conclusion historique » de son *Histoire*.

attaquant Robespierre, Buzot dénonçant Égalité, Chambon flétrissant Pache, tous exécrant Marat. Et que de noms encore il faudrait enregistrer ! Armonville[1], dit Bonnet-Rouge, parce qu'il ne siégeait qu'en bonnet phrygien, ami de Robespierre, et voulant, « après Louis XVI, guillotiner Robespierre » par goût de l'équilibre ; Massieu, collègue et ménechme de ce bon Lamourette, évêque fait pour laisser son nom à un baiser[2] ; Lehardy du Morbihan stigmatisant les prêtres de Bretagne ; Barère, l'homme des majorités, qui présidait quand Louis XVI parut à la barre, et qui était à Paméla ce que Louvet était à Lodoïska[3] ; l'oratorien Daunou qui disait : *Gagnons du temps* ; Dubois-Crancé à l'oreille de qui se penchait Marat ; le marquis de Chateauneuf, Laclos[4], Hérault de Séchelles qui reculait devant Henriot criant : *Canonniers, à vos pièces !* Julien, qui comparait la Montagne aux Thermopyles ; Gamon, qui voulait une tribune publique réservée uniquement aux femmes ; Laloy, qui décerna les honneurs de la séance à l'évêque Gobel venant à la Convention déposer la mitre et coiffer le bonnet rouge[5] ; Lecomte, qui s'écriait : *C'est donc à qui se déprêtrisera !* Féraud, dont Boissy-d'Anglas saluera la tête[6], laissant à l'histoire cette question : — Boissy-d'Anglas a-t-il salué la tête, c'est-à-dire la victime, ou la pique, c'est-à-dire les assassins ? — Les deux frères Duprat[7], l'un montagnard,

---

1. Jean-Baptiste Armonville, ancien fileur de laine et l'un des seuls représentants ouvriers de la Convention.   2. Allusion à l'embrassade générale provoquée le 7 juillet 1792 par un discours du « bon Lamourette ». « Ménechme », frère jumeau, par référence au titre d'une comédie de Plaute, *Les Ménechmes*.   3. Voir n. 1, p. 237. Robespierre dénonçait en Barère le « tuteur » de Paméla, fille putative de Philippe Égalité et de Mme de Genlis.   4. L'auteur des *Liaisons dangereuses* (1782) n'était que membre de la société des Jacobins.   5. Jean-Baptiste Gobel, évêque constitutionnel de Paris, déposa ses insignes et ses lettres de prêtrise à la barre de la Convention avant de se coiffer du bonnet rouge le 7 novembre 1793. Guillotiné le 13 avril 1794 en même temps que Lucile Desmoulins.   6. Boissy d'Anglas présidait la séance de la Convention le jour de l'assassinat de Féraud (voir n. 5, p. 229 et n. 3, p. 232).   7. Jean Duprat, conventionnel girondin, et son frère Louis, coresponsable des massacres d'Avignon (n. 4, p. 240).

l'autre girondin, qui se haïssaient comme les deux frères Chénier.

Il s'est dit à cette tribune de ces vertigineuses paroles qui ont, quelquefois, à l'insu même de celui qui les prononce, l'accent fatidique des révolutions, et à la suite desquelles les faits matériels paraissent avoir brusquement on ne sait quoi de mécontent et de passionné, comme s'ils avaient mal pris les choses qu'on vient d'entendre ; ce qui se passe semble courroucé de ce qui se dit ; les catastrophes surviennent furieuses et comme exaspérées par les paroles des hommes. Ainsi une voix dans la montagne suffit pour détacher l'avalanche. Un mot de trop peut être suivi d'un écroulement. Si l'on n'avait pas parlé, cela ne serait pas arrivé. On dirait parfois que les événements sont irascibles.

C'est de cette façon, c'est par le hasard d'un mot d'orateur mal compris qu'est tombée la tête de madame Élisabeth [1].

À la Convention l'intempérance de langage était de droit.

Les menaces volaient et se croisaient dans la discussion comme les flammèches dans l'incendie. — PÉTION : Robespierre, venez au fait. — ROBESPIERRE : Le fait, c'est vous, Pétion. J'y viendrai, et vous le verrez. — UNE VOIX : Mort à Marat ! — MARAT : Le jour où Marat mourra, il n'y aura plus de Paris, et le jour où Paris périra, il n'y aura plus de République. — Billaud-Varennes se lève et dit : Nous voulons... — Barrère l'interrompt : Tu parles comme un roi. — Un autre jour, PHILIPPEAUX : Un membre a tiré l'épée contre moi. — AUDOUIN : Président, rappelez à l'ordre l'assassin. — LE PRÉSIDENT : Attendez. — PANIS : Président, je vous rappelle à l'ordre, moi. — On riait aussi, rudement : LECOINTRE : Le curé du Chant-de-Bout se plaint de Fauchet, son évêque, qui lui défend de se marier. — UNE VOIX : Je ne vois pas pourquoi Fauchet, qui a des

---

1. Madame Élisabeth, sœur de Louis XVI, guillotinée le 10 mai 1794. Robespierre passait pour être intervenu en sa faveur contre Collot d'Herbois.

maîtresses, veut empêcher les autres d'avoir des épouses.
— Une autre voix : Prêtre, prends femme ! — Les tribunes
se mêlaient à la conversation. Elles tutoyaient l'Assemblée.
Un jour le représentant Ruamps monte à la tribune. Il avait
une « hanche » beaucoup plus grosse que l'autre. Un des
spectateurs lui cria : — Tourne ça du côté de la droite,
puisque tu as une « joue » à la David ! — Telles étaient les
libertés que le peuple prenait avec la Convention. Une fois
pourtant, dans le tumulte du 11 avril 1793 [1], le président fit
arrêter un interrupteur des tribunes.

Un jour, cette séance a eu pour témoin le vieux Buonarotti [2], Robespierre prend la parole et parle deux heures,
regardant Danton, tantôt fixement, ce qui était grave, tantôt obliquement, ce qui était pire. Il foudroie à bout portant. Il termine par une explosion indignée, pleine de mots
funèbres : — On connaît les intrigants, on connaît les
corrupteurs et les corrompus, on connaît les traîtres ; ils
sont dans cette assemblée. Ils nous entendent ; nous les
voyons et nous ne les quittons pas des yeux. Qu'ils regardent au-dessus de leur tête, et ils y verront le glaive de la
loi ; qu'ils regardent dans leur conscience, et ils y verront
leur infamie. Qu'ils prennent garde à eux. — Et quand
Robespierre a fini, Danton, la face au plafond, les yeux à
demi fermés, un bras pendant par-dessus le dossier de son
banc, se renverse en arrière, et on l'entend fredonner :

> Cadet Roussel fait des discours
> Qui ne sont pas longs quand ils sont courts.

Les imprécations se donnaient la réplique. — Conspira-
teur ! — Assassin ! — Scélérat ! — Factieux ! — Modéré !
— On se dénonçait au buste de Brutus qui était là. Apo-
strophes, injures, défis. Regards furieux d'un côté à
l'autre, poings montrés, pistolets entrevus, poignards à
demi tirés. Énorme flamboiement de la tribune. Quelques-
uns parlaient comme s'ils étaient adossés à la guillotine.

---

1. Lors de la séance du 11 avril 1793, Pétion avait réclamé l'échafaud pour tous les montagnards.   **2.** Historien de la *Conspiration
pour l'Égalité, dite de Babeuf* (1828) et théoricien du « communisme », Filippo Buonarotti s'était lié en avril 1793 avec Robespierre.

Les têtes ondulaient, épouvantées et terribles. Montagnards, Girondins, Feuillants, Modérantistes, Terroristes,
Jacobins, Cordeliers ; dix-huit prêtres régicides.

Tous ces hommes ! tas de fumées poussées dans tous
les sens.

XI

Esprits en proie au vent.

Mais ce vent était un vent de prodige[1].

Être un membre de la Convention, c'était être une
vague de l'Océan. Et ceci était vrai des plus grands. La
force d'impulsion venait d'en haut. Il y avait dans la
Convention une volonté qui était celle de tous et n'était
celle de personne. Cette volonté était une idée, idée
indomptable et démesurée qui soufflait dans l'ombre du
haut du ciel. Nous appelons cela la Révolution. Quand
cette idée passait, elle abattait l'un et soulevait l'autre ;
elle emportait celui-ci en écume et brisait celui-là aux
écueils. Cette idée savait où elle allait, et poussait le
gouffre devant elle. Imputer la révolution aux hommes,
c'est imputer la marée aux flots.

La révolution est une action de l'Inconnu. Appelez-la
bonne action ou mauvaise action, selon que vous aspirez
à l'avenir ou au passé, mais laissez-la à celui qui l'a faite.
Elle semble l'œuvre en commun des grands événements
et des grands individus mêlés, mais elle est en réalité la
résultante des événements. Les événements dépensent, les
hommes payent. Les événements dictent, les hommes
signent. Le 14 juillet est signé Camille Desmoulins, le
10 août est signé Danton, le 2 septembre est signé Marat[2],
le 21 septembre est signé Grégoire, le 21 janvier est signé
Robespierre ; mais Desmoulins, Danton, Marat, Grégoire
et Robespierre ne sont que des greffiers. Le rédacteur

---

1. Voir n. 1, p. 91.   **2.** Contrairement à la légende, Marat n'eut
aucune part dans les massacres de septembre (2-3 septembre 1792).

énorme et sinistre de ces grandes pages a un nom, Dieu, et un masque, Destin. Robespierre croyait en Dieu. Certes !

La Révolution est une forme du phénomène immanent qui nous presse de toutes parts et que nous appelons la Nécessité[1].

Devant cette mystérieuse complication de bienfaits et de souffrances se dresse le Pourquoi ? de l'histoire.

Parce que. Cette réponse de celui qui ne sait rien est aussi la réponse de celui qui sait tout[2].

En présence de ces catastrophes climatériques qui dévastent et vivifient la civilisation, on hésite à juger le détail. Blâmer ou louer les hommes à cause du résultat, c'est presque comme si on louait ou blâmait les chiffres à cause du total. Ce qui doit passer passe, ce qui doit souffler souffle. La sérénité éternelle ne souffre pas de ces aquilons. Au-dessus des révolutions la vérité et la justice demeurent comme le ciel étoilé au-dessus des tempêtes.

XII

Telle était cette Convention démesurée ; camp retranché du genre humain attaqué par toutes les ténèbres à la fois, feux nocturnes d'une armée d'idées assiégées, immense bivouac d'esprits sur un versant d'abîme. Rien dans l'histoire n'est comparable à ce groupe, à la fois sénat et populace, conclave et carrefour, aréopage et place publique, tribunal et accusé.

---

1. « Nécessité », nom donné par Hugo, dans *Châtiments*, au « Titan quatre-vingt-treize » (*Nox*, VIII). C'est l'équivalent français du grec *anankè*, mot que l'auteur de *Notre-Dame de Paris* avait trouvé « gravé à la main » sur l'une des tours de la cathédrale. La préface des *Travailleurs de la mer* évoquait la « triple anankè » des « lois », des « choses » et du « cœur humain ». Le principe d'« immanence » consiste dans l'« interaction des forces universelles par quoi s'accomplit l'œuvre d'une volonté inconnue », quelque chose comme le *Deus sive natura*, « Dieu ou Nature », de Spinoza (Y. Gohin). **2.** Il en résulte comme une aporie, de la pensée et du langage : le « parce que » de l'histoire renvoie à « un absolu si absolu qu'il équivaut à un vide : Dieu, autrement dit un nom recouvrant l'Inconnu, comme Dieu est masqué par le Destin » (G. Gengembre).

La Convention a toujours ployé au vent ; mais ce vent
sortait de la bouche du peuple et était le souffle de Dieu.

Et aujourd'hui, après quatre-vingts ans écoulés, chaque
fois que devant la pensée d'un homme, quel qu'il soit,
historien ou philosophe, la Convention apparaît, cet
homme s'arrête et médite. Impossible de ne pas être attentif à ce grand passage d'ombres.

II

MARAT DANS LA COULISSE

Comme il l'avait annoncé à Simonne Évrard, Marat, le
lendemain de la rencontre de la rue du Paon, alla à la
Convention.

Il y avait à la Convention un marquis maratiste, Louis
de Montaut, celui qui plus tard offrit à la Convention une
pendule décimale surmontée du buste de Marat[1].

Au moment où Marat entrait, Chabot venait de s'approcher de Montaut.

— Ci-devant... dit-il.

Montaut leva les yeux.

— Pourquoi m'appelles-tu ci-devant ?

— Parce que tu l'es.

— Moi ?

— Puisque tu étais marquis.

— Jamais.

— Bah !

— Mon père était soldat, mon grand-père était tis-
serand.

— Qu'est-ce que tu nous chantes là, Montaut ?

— Je ne m'appelle pas Montaut.

— Comment donc t'appelles-tu ?

---

1. Gilbert Romme avait proposé, le 5 novembre 1793, qu'on y
mette celui de Rousseau, mais Montaut obtint la « priorité » pour
Marat (*Moniteur*, 8 novembre 1793).

— Je m'appelle Maribon.

— Au fait, dit Chabot, cela m'est égal[1].

Et il ajouta entre ses dents :

— C'est à qui ne sera pas marquis.

Marat s'était arrêté dans le couloir de gauche et regardait Montaut et Chabot.

Toutes les fois que Marat entrait, il y avait une rumeur ; mais loin de lui. Autour de lui on se taisait. Marat n'y prenait pas garde. Il dédaignait le « coassement du marais ».

Dans la pénombre des bancs obscurs d'en bas, Conpé de l'Oise, Prunelle, Villars, évêque, qui plus tard fut membre de l'Académie française, Boutroue, Petit, Plaichard, Bonet, Thibaudeau, Valdruche, se le montraient du doigt.

— Tiens, Marat !

— Il n'est donc pas malade[2] ?

— Si, puisqu'il est en robe de chambre.

— En robe de chambre ?

— Pardieu oui !

— Il se permet tout !

— Il ose venir ainsi à la Convention !

— Puisqu'un jour il y est venu coiffé de lauriers, il peut bien y venir en robe de chambre !

— Face de cuivre et dents de vert-de-gris.

— Sa robe de chambre paraît neuve.

— En quoi est-elle ?

— En reps.

— Rayé.

— Regardez donc les revers.

— Ils sont en peau.

— De tigre.

---

1. Écho du « scrutin opératoire » de novembre 1793 aux Jacobins, où chacun eut à répondre de ses antécédents (Ernest Hamel, *Robespierre*). Louis de Maribon de Montaut, selon Robespierre, était « jadis aussi enorgueilli de son titre de marquis et de sa noblesse financière qu'il était maintenant hardi à les nier ». François Chabot, guillotiné le 5 avril 1794 avec les dantonistes.   **2.** Voir n. 2, p. 190.

— Non, d'hermine.

— Fausse.

— Et il a des bas !

— C'est étrange.

— Et des souliers à boucles.

— D'argent !

— Voilà ce que les sabots de Camboulas[1] ne lui pardonneront pas.

Sur d'autres bancs on affectait de ne pas voir Marat. On causait d'autre chose. Santhonax[2] abordait Dussaulx.

— Vous savez, Dussaulx ?

— Quoi ?

— Le ci-devant comte de Brienne ?

— Qui était à la Force avec le ci-devant duc de Villeroy ?

— Oui.

— Je les ai connus tous les deux. Eh bien ?

— Ils avaient si grand'peur qu'ils saluaient tous les bonnets rouges de tous les guichetiers, et qu'un jour ils ont refusé de jouer une partie de piquet parce qu'on leur présentait un jeu de cartes à rois et à reines.

— Eh bien ?

— On les a guillotinés hier[3].

— Tous les deux ?

— Tous les deux.

— En somme, comment avaient-ils été dans la prison ?

— Lâches.

— Et comment ont-ils été sur l'échafaud ?

— Intrépides.

Et Dussaulx jetait cette exclamation :

— Mourir est plus facile que vivre.

Barère était en train de lire un rapport : il s'agissait de

---

1. Député de l'Aveyron, Joseph Camboulas affectait une tenue rustique.   2. Sonthonax (et non : « Santhonax ») n'était pas membre de la Convention et se trouvait pour lors à Saint-Domingue, où il fit décréter, le 29 août 1793, l'abolition de l'esclavage dans le nord de l'île.   3. Impossible. Marat avait fait rayer du décret de mise en accusation des députés girondins. Jean Dussaulx (voir n. 3, p. 216), qui retrouva son siège après Thermidor. On ne lui connaît aucun titre de noblesse. Le duc de Villeroi ne fut guillotiné qu'en 1794.

la Vendée. Neuf cents hommes du Morbihan étaient partis avec du canon pour secourir Nantes [1]. Redon était menacé par les paysans. Paimbœuf était attaqué. Une station navale croisait à Maindrin pour empêcher les descentes. Depuis Ingrande jusqu'à Maure, toute la rive gauche de la Loire était hérissée de batteries royalistes. Trois mille paysans étaient maîtres de Pornic. Ils criaient *Vivent les Anglais !* Une lettre de Santerre à la Convention, que Barère lisait, se terminait ainsi : « Sept mille paysans ont attaqué Vannes. Nous les avons repoussés, et ils ont laissé dans nos mains quatre canons... »

— Et combien de prisonniers ? interrompit une voix.

Barère continua... — Post-scriptum de la lettre : « Nous n'avons pas de prisonniers, parce que nous n'en faisons plus [*2]. »

Marat toujours immobile n'écoutait pas, il était comme absorbé par une préoccupation sévère.

Il tenait dans sa main et froissait entre ses doigts un papier sur lequel quelqu'un qui l'eût déplié eût pu lire ces lignes, qui étaient de l'écriture de Momoro et qui étaient probablement une réponse à une question posée par Marat :

« — Il n'y a rien à faire contre l'omnipotence des commissaires délégués, surtout contre les délégués du Comité de salut public. Génissieux a eu beau dire dans la séance du 6 mai : « *Chaque commissaire est plus qu'un roi* », cela n'y fait rien [3]. Ils ont pouvoir de vie et de mort. Massade à Angers, Trullard à Saint-Amand, Nyon près

---

* *Moniteur*, t. XIX, p. 84.

---

1. Le dernier en date des rapports de Barère sur la Vendée remontait au 6 mai. Les Vendéens furent repoussés le 29 juin devant Nantes. 2. Il s'agit en fait d'un rapport de Lequinio à la Convention : « J'ai crié partout qu'il ne fallait pas faire de prisonniers et [...] voudrais qu'on adoptât les mêmes mesures dans toutes nos armées » (*Moniteur*, 23 décembre 1793). 3. Génissieux avait regretté en ces termes la difficulté d'assortir la loi du 30 avril de recommandations appelant notamment les commissaires à « se concilier la confiance des généraux » (*Moniteur*, 9 mai 1793). Les conflits étaient fréquents entre les représentants en mission désignés par l'exécutif (la Convention) et ceux des Comités, ou du Gouvernement révolutionnaire.

du général Marcé, Parrein à l'armée des Sables, Millier à
l'armée de Niort, sont tout-puissants. Le club des Jacobins a été jusqu'à nommer Parrein général de brigade.
Les circonstances absolvent tout. Un délégué du Comité
de salut public tient en échec un général en chef. »

Marat acheva de froisser le papier, le mit dans sa poche
et s'avança lentement vers Montaut et Chabot qui continuaient à causer et ne l'avaient pas vu entrer.

Chabot disait :

— Maribon ou Montaut, écoute ceci : je sors du
Comité de salut public[1].

— Et qu'y fait-on ?

— On y donne un noble à garder à un prêtre.

— Ah !

— Un noble comme toi...

— Je ne suis pas noble, dit Montaut.

— À un prêtre...

— Comme toi.

— Je ne suis pas prêtre, dit Chabot.

Tous deux se mirent à rire.

— Précise l'anecdote, repartit Montaut.

— Voici ce que c'est. Un prêtre appelé Cimourdain est
délégué avec pleins pouvoirs près d'un vicomte nommé
Gauvain ; ce vicomte commande la colonne expéditionnaire de l'armée des Côtes. Il s'agit d'empêcher le noble
de tricher et le prêtre de trahir.

— C'est bien simple, répondit Montaut. Il n'y a qu'à
mettre la mort dans l'aventure.

— Je viens pour cela, dit Marat.

Ils levèrent la tête.

— Bonjour, Marat, dit Chabot, tu assistes rarement à
nos séances.

— Mon médecin me commande les bains, répondit
Marat.

---

1. Chabot était membre du Comité de sûreté général, et non du
Comité de salut public.

— Il faut se défier des bains, reprit Chabot ; Sénèque est mort dans un bain[1].

Marat sourit :

— Chabot, il n'y a pas ici de Néron.

— Il y a toi, dit une voix rude.

C'était Danton qui passait et qui montait à son banc.

Marat ne se retourna pas.

Il pencha sa tête entre les deux visages de Montaut et de Chabot.

— Écoutez, je viens pour une chose sérieuse, il faut qu'un de nous trois propose aujourd'hui un projet de décret à la Convention.

— Pas moi, dit Montaut, on ne m'écoute pas, je suis marquis.

— Moi, dit Chabot, on ne m'écoute pas, je suis capucin.

— Et moi, dit Marat, on ne m'écoute pas, je suis Marat.

Il y eut entre eux un silence.

Marat préoccupé n'était pas aisé à interroger. Montaut pourtant hasarda une question.

— Marat, quel est le décret que tu désires ?

— Un décret qui punisse de mort tout chef militaire qui fait évader un rebelle prisonnier.

Chabot intervint.

— Ce décret existe, on a voté cela fin avril[2].

— Alors c'est comme s'il n'existait pas, dit Marat. Partout, dans toute la Vendée, c'est à qui fera évader les prisonniers, et l'asile est impuni.

— Marat, c'est que le décret est en désuétude.

— Chabot, il faut le remettre en vigueur.

— Sans doute.

— Et pour cela parler à la Convention.

---

1. Le philosophe Sénèque fut contraint par Néron de s'ouvrir les veines dans son bain et Marat fut assassiné dans sa baignoire.
2. Décret du 30 avril, fixant pour mission aux représentants « envoyés près les armées » de découvrir et faire arrêter les généraux qui auraient « aidé, favorisé ou conseillé un complot contre la liberté ou la sûreté de la République » (*Moniteur*, 3 mai 1793).

— Marat, la Convention n'est pas nécessaire ; le Comité de salut public suffit.

— Le but est atteint, ajouta Montaut, si le Comité de salut public fait placarder le décret dans toutes les communes de la Vendée, et fait deux ou trois bons exemples.

— Sur les grandes têtes, reprit Chabot. Sur les généraux.

Marat grommela : — En effet, cela suffira.

— Marat, repartit Chabot, va toi-même dire cela au Comité de salut public.

Marat le regarda entre les deux yeux, ce qui n'était pas agréable, même pour Chabot.

— Chabot, dit-il, le Comité de salut public, c'est chez Robespierre ; je ne vais pas chez Robespierre.

— J'irai, moi, dit Montaut.

— Bien, dit Marat.

Le lendemain était expédié dans toutes les directions un ordre du Comité de salut public enjoignant d'afficher dans les villes et villages de Vendée et de faire exécuter strictement le décret portant peine de mort contre toute connivence dans les évasions de brigands et d'insurgés prisonniers.

Ce décret n'était qu'un premier pas ; la Convention devait aller plus loin encore. Quelques mois après, le 11 brumaire an II (novembre 1793), à propos de Laval qui avait ouvert ses portes aux Vendéens fugitifs, elle décréta que toute ville qui donnerait asile aux rebelles serait démolie et détruite [1].

De leur côté, les princes de l'Europe, dans le manifeste du duc de Brunswick, inspiré par les émigrés et rédigé par le marquis de Linnon, intendant du duc d'Orléans,

---

1. Décret du 1ᵉʳ novembre : « Toute ville qui recevra dans son sein des brigands ou qui leur donnera des secours ou qui ne les aura pas repoussés avec tous les moyens dont elle est capable sera punie comme une ville rebelle et en conséquence elle sera rasée et les biens de ses habitants seront confisqués au profit de la République » (*Moniteur*, 3 novembre 1793).

avaient déclaré que tout Français pris les armes à la main serait fusillé, et que, si un cheveu tombait de la tête du roi, Paris serait rasé [1].

Sauvagerie contre barbarie.

---

1. Voir n. 3, p. 182.

TROISIÈME PARTIE

EN VENDÉE

« Diogènes couvert d'un Bonnet rouge quitte son Tonneau pour donner la main à Marat qui sort d'une Cave par le Soupirail. »

« ... et du fond de ma cave, je regarde. » (p. 205)

LIVRE PREMIER

LA VENDÉE[1]

I

LES FORÊTS

Il y avait alors en Bretagne sept forêts horribles. La Vendée, c'est la révolte-prêtre. Cette révolte a eu pour auxiliaire la forêt. Les ténèbres s'entr'aident.

Les sept Forêts-Noires de Bretagne étaient la forêt de Fougères qui barre le passage entre Dol et Avranches ; la forêt de Princé qui a huit lieues de tour ; la forêt de Paimpont, pleine de ravines et de ruisseaux, presque inaccessible du côté de Baignon, avec une retraite facile sur Concornet qui était un bourg royaliste ; la forêt de Rennes d'où l'on entendait le tocsin des paroisses républicaines, toujours nombreuses près des villes ; c'est là que Puysaye perdit Focard ; la forêt de Machecoul qui avait Charette pour bête fauve ; la forêt de Garnache qui était aux La Trémoille, aux Gauvain et aux Rohan ; la forêt de Brocéliande qui était aux fées[2].

---

1. Livre en partie improvisé à Paris en moins d'une semaine, par amplification d'une rédaction antérieure, pour « obvier au déficit » provoqué par une erreur de pagination de la copie, constatée le 8 décembre 1873. La troisième partie commençait alors par l'actuel livre II (« Les trois enfants »). 2. Forêt légendaire des romans de la Table ronde, souvent identifiée à la forêt de Paimpont. Princé, en Ille-et-Vilaine, sans forêt connue de ce nom. Bainon et Concornet, au lieu de Beignon et Concoret. Machecoul et La Garnache, en pays

Un gentilhomme en Bretagne avait le titre de *seigneur des Sept-Forêts*. C'était le vicomte de Fontenay, prince breton.

Car le prince breton existait, distinct du prince français[1]. Les Rohan étaient princes bretons. Garnier de Saintes, dans son rapport à la Convention, 15 nivôse an II, qualifie ainsi le prince de Talmont : « Ce Capet des brigands, souverain du Maine et de la Normandie. »

L'histoire des forêts bretonnes, de 1792 à 1800, pourrait être faite à part, et elle se mêlerait à la vaste aventure de la Vendée comme une légende.

L'histoire a sa vérité, la légende a la sienne. La vérité légendaire est d'une autre nature que la vérité historique. La vérité légendaire, c'est l'invention ayant pour résultat la réalité[2]. Du reste l'histoire et la légende ont le même but, peindre sous l'homme momentané l'homme éternel.

La Vendée ne peut être complètement expliquée que si la légende complète l'histoire ; il faut l'histoire pour l'ensemble et la légende pour le détail.

Disons que la Vendée en vaut la peine. La Vendée est un prodige[3].

Cette Guerre des Ignorants, si stupide et si splendide, abominable et magnifique, a désolé et enorgueilli la France. La Vendée est une plaie qui est une gloire.

À de certaines heures la société humaine a ses énigmes, énigmes qui pour les sages se résolvent en lumière et pour les ignorants en obscurité, en violence et en barbarie. Le philosophe hésite à accuser. Il tient compte du trouble que produisent les problèmes. Les problèmes ne passent point sans jeter au-dessous d'eux une ombre comme les nuages.

Si l'on veut comprendre la Vendée, qu'on se figure cet antagonisme : d'un côté la révolution française, de l'autre le paysan breton. En face de ces événements incompa-

---

de Retz, c'est-à-dire de marais. Ancien chirurgien-major du baron de Wimpfen, Focard trouva la mort lors d'un engagement à Bédée, le 7 mai 1794.

1. Voir n. 1, p. 76.   **2.** Voir n. 1, p. 246.   **3.** Voir n. 1, p. 91.

rables, menace immense de tous les bienfaits à la fois, accès de colère de la civilisation, excès du progrès furieux, amélioration démesurée et inintelligible, qu'on place ce sauvage grave et singulier, cet homme à l'œil clair et aux longs cheveux, vivant de lait et de châtaignes, borné à son toit de chaume, à sa haie et à son fossé, distinguant chaque hameau du voisinage au son de la cloche, ne se servant de l'eau que pour boire, ayant sur le dos une veste de cuir avec des arabesques de soie, inculte et brodé, tatouant ses habits comme ses ancêtres les Celtes[1] avaient tatoué leurs visages, respectant son maître dans son bourreau, parlant une langue morte, ce qui est faire habiter une tombe à sa pensée, piquant ses bœufs, aiguisant sa faulx, sarclant son blé noir, pétrissant sa galette de sarrasin, vénérant sa charrue d'abord, sa grand'mère ensuite, croyant à la sainte Vierge et à la Dame blanche[2], dévot à l'autel et aussi à la haute pierre mystérieuse debout au milieu de la lande, laboureur dans la plaine, pêcheur sur la côte, braconnier dans le hallier, aimant ses rois, ses seigneurs, ses prêtres, ses poux ; pensif, immobile souvent des heures entières sur la grande grève déserte, sombre écouteur de la mer.

Et qu'on se demande si cet aveugle pouvait accepter cette clarté.

---

1. Une tradition remontant à Sieyès (*Qu'est-ce que le Tiers-État ?* 1789) et à Augustin Thierry (*Lettres sur l'Histoire de France*, 1820) assimilait la bourgeoisie et l'aristocratie à la « race conquise » des Celtes et à la « race conquérante » des Francs. L'« antagonisme » décrit par Hugo se double d'une complicité paradoxale, interne à la race conquise.   **2.** Allusion au fantôme de *La Dame blanche*, opéra-comique de Boïeldieu, adapté par Scribe d'un roman de Walter Scott et très souvent repris depuis sa création en 1825.

II

LES HOMMES

Le paysan a deux points d'appui : le champ qui le nourrit, le bois qui le cache[1].

Ce qu'étaient les forêts bretonnes, on se le figurerait difficilement ; c'étaient des villes. Rien de plus sourd, de plus muet et de plus sauvage que ces inextricables enchevêtrements d'épines et de branchages ; ces vastes broussailles étaient des gîtes d'immobilité et de silence ; pas de solitude d'apparence plus morte et plus sépulcrale ; si l'on eût pu, subitement et d'un seul coup pareil à l'éclair, couper les arbres, on eût brusquement vu dans cette ombre un fourmillement d'hommes.

Des puits ronds et étroits, masqués au dehors par des couvercles de pierre et de branches, verticaux, puis horizontaux, s'élargissant sous terre en entonnoir, et aboutissant à des chambres ténébreuses[2], voilà ce que Cambyse trouva en Égypte et ce que Westermann trouva en Bretagne[3] ; là c'était dans le désert, ici c'était dans la forêt ; dans les caves d'Égypte il y avait des morts, dans les caves de Bretagne il y avait des vivants. Une des plus sauvages clairières du bois de Misdon, toute perforée de galeries et de cellules où allait et venait un peuple mystérieux, s'appelait « la Grande ville ». Une autre clairière, non moins déserte en dessus et non moins habitée en dessous, s'appelait « la Place royale »[4].

---

1. Manuscrit : « Cette page, qui faisait partie du premier chapitre, est mieux à sa place ici. 20 janvier 1873. »   **2.** Descépeaux a décrit ces « puits » et leur environnement, dont l'évocation se rattache au motif piranésien de la « Babel en creux », récurrent chez Hugo depuis le poème des *Rayons et les Ombres* : « Puits de l'Inde ! tombeaux ! monuments constellés ! » (XIII).   **3.** Cambyse, fils de Cyrus, roi des Perses, et conquérant très cruel de l'ancienne Égypte. « Boucher de la Vendée », le général Westermann remporta plusieurs victoires sur les Vendéens avant d'être guillotiné avec Danton, le 5 avril 1794.   **4.** La « Grande Ville » et la « Place Royale », dans le bois de Misdon, où mourut Jean Chouan, clairières « formées par les fourneaux à charbon qui brûlent les racines des arbres lorsqu'on exploite les coupes » (Descépeaux).

Cette vie souterraine était immémoriale en Bretagne. De tout temps l'homme y avait été en fuite devant l'homme. De là les tanières de reptiles creusées sous les arbres. Cela datait des druides, et quelques-unes de ces cryptes étaient aussi anciennes que les dolmens. Les larves de la légende et les monstres de l'histoire, tout avait passé sur ce noir pays, Teutatès, César, Hoël, Néomène, Geoffroy d'Angleterre, Alain-gant-de-fer, Pierre Mauclerc, la maison française de Blois, la maison anglaise de Montfort, les rois et les ducs, les neuf barons de Bretagne, les juges des Grands-Jours, les comtes de Nantes querellant les comtes de Rennes, les routiers, les malandrins, les grandes compagnies, René II, vicomte de Rohan, les gouverneurs pour le roi, le « bon duc de Chaulnes » branchant les paysans sous les fenêtres de madame de Sévigné, au quinzième siècle les boucheries seigneuriales, au seizième et au dix-septième siècle les guerres de religion, au dix-huitième siècle les trente mille chiens dressés à chasser aux hommes ; sous ce piétinement effroyable le peuple avait pris le parti de disparaître[1]. Tour à tour les troglodytes pour échapper aux Celtes, les Celtes pour échapper aux Romains, les Bretons pour échapper aux Normands, les huguenots pour échapper aux catholiques, les contrebandiers pour échapper aux gabelous[2], s'étaient réfugiés d'abord dans les forêts, puis sous la terre. Ressource des bêtes. C'est là que la tyrannie réduit les nations. Depuis deux mille ans, le despotisme sous toutes ses espèces, la conquête, la féodalité, le fanatisme, le fisc, tra-

---

1. Survol de l'histoire de Bretagne, de Teutatès, dieu gaulois, aux « boucheries seigneuriales », en passant par l'occupation romaine, l'époque des chefs de guerre, Hoël et Néomène (ou Nomenoë), les règnes de Geoffroy, fils de Henri II Plantagenêt, et de son gendre Pierre Mauclerc, les conflits, au XIVe siècle, de Charles de Blois et de Jean IV de Montfort, l'époque de René de Rohan, fait sire de Pontivy au XVIe siècle (J. Boudout). Affaires civiles et criminelles relevaient en Bretagne sous la monarchie française de la juridiction des Grands-Jours. Routiers, malandrins et grandes compagnies écumaient le pays depuis le Moyen Âge. Dans ses lettres, Mme de Sévigné évoque avec désinvolture, sans y avoir elle-même assisté, les pendaisons ordonnées à Rennes par le duc de Chaulnes, appelé à réprimer, en octobre 1675, la « révolte de Bretagne ». *Brancher*, pendre à un arbre ou à un gibet.   2. Voir n. 1, p. 124.

quait cette misérable Bretagne éperdue ; sorte de battue inexorable qui ne cessait sous une forme que pour recommencer sous l'autre. Les hommes se terraient.

L'épouvante, qui est une sorte de colère, était toute prête dans les âmes, et les tanières étaient toutes prêtes dans les bois, quand la république française éclata. La Bretagne se révolta, se trouvant opprimée par cette délivrance de force. Méprise habituelle aux esclaves.

III

CONNIVENCE [1] DES HOMMES ET DES FORÊTS

Les tragiques forêts bretonnes reprirent leur vieux rôle et furent servantes et complices de cette rébellion, comme elles l'avaient été de toutes les autres.

Le sous-sol de telle forêt était une sorte de madrépore [2] percé et traversé en tous sens par une voirie inconnue de sapes, de cellules et de galeries. Chacune de ces cellules aveugles abritait cinq ou six hommes. La difficulté était d'y respirer. On a de certains chiffres étranges qui font comprendre cette puissante organisation de la vaste émeute paysanne. En Ille-et-Vilaine, dans la forêt du Pertre, asile du prince de Talmont, on n'entendait pas un souffle, on ne trouvait pas une trace humaine, et il y avait six mille hommes avec Focard ; en Morbihan, dans la forêt de Meulac, on ne voyait personne, et il y avait huit mille hommes. Ces deux forêts, le Pertre et Meulac, ne comptent pourtant pas parmi les grandes forêts bretonnes. Si l'on marchait là-dessus, c'était terrible. Ces halliers

---

1. *Connivence*, action de prêter les mains à quelque chose de coupable (Littré). À l'inverse de Montesquieu, comme ensuite de Michelet, Puisaye estimait que « ce ne sont ni le climat, ni le sol, ni la naissance qui forment l'esprit des peuples, ce sont leurs institutions ».   2. *Madrépores*, concrétions arborescentes évoquées admirativement par Michelet dans *La Mer* (1861).

hypocrites, pleins de combattants tapis dans une sorte de labyrinthe sous-jacent, étaient comme d'énormes éponges obscures d'où, sous la pression de ce pied gigantesque, la révolution, jaillissait la guerre civile.

Des bataillons invisibles guettaient. Ces armées ignorées serpentaient sous les armées républicaines, sortaient de terre tout à coup et y rentraient, bondissaient innombrables et s'évanouissaient, douées d'ubiquité et de dispersion, avalanche, puis poussière, colosses ayant le don du rapetissement, géants pour combattre, nains pour disparaître. Des jaguars ayant des mœurs de taupes.

Il n'y avait pas que les forêts, il y avait les bois. De même qu'au-dessous des cités il y a les villages, au-dessous des forêts il y avait les broussailles. Les forêts se reliaient entre elles par le dédale, partout épars, des bois. Les anciens châteaux qui étaient des forteresses, les hameaux qui étaient des camps, les fermes qui étaient des enclos faits d'embûches et de pièges, les métairies, ravinées de fossés et palissadées d'arbres, étaient les mailles de ce filet où se prirent les armées républicaines.

Cet ensemble était ce qu'on appelait le Bocage.

Il y avait le bois de Misdon, au centre duquel était un étang, et qui était à Jean Chouan ; il y avait le bois de Gennes qui était à Taillefer ; il y avait le bois de la Huisserie, qui était à Gouge-le-Bruant ; le bois de la Charnie qui était à Courtillé-le-Bâtard, dit l'Apôtre saint Paul, chef du camp de la Vache-Noire ; le bois de Burgault qui était à cet énigmatique Monsieur Jacques, réservé à une fin mystérieuse dans le souterrain de Juvardeil ; il y avait le bois de Charreau où Pimousse et Petit-Prince, attaqués par la garnison de Châteauneuf, allaient prendre à bras-le-corps dans les rangs républicains des grenadiers qu'ils rapportaient prisonniers ; le bois de la Heureuserie, témoin de la déroute du poste de la Longue-Faye ; le bois de l'Aulne d'où l'on épiait la route entre Rennes et Laval ; le bois de la Gravelle qu'un prince de La Trémoille avait gagné en jouant à la boule ; le bois de Lorges dans les Côtes-du-Nord, où Charles de Boishardy régna après Bernard de Villeneuve ; le bois de Bagnard, près

Fontenay, où Lescure offrit le combat à Chalbos qui, étant un contre cinq, l'accepta ; le bois de la Durondais que se disputèrent jadis Alain le Redru et Hérispoux, fils de Charles le Chauve ; le bois de Croqueloup, sur la lisière de cette lande où Coquereau tondait les prisonniers ; le bois de la Croix-Bataille qui assista aux insultes homériques de Jambe-d'Argent à Morière et de Morière à Jambe-d'Argent ; le bois de la Saudraie que nous avons vu fouiller par un bataillon de Paris. Bien d'autres encore.

Dans plusieurs de ces forêts et de ces bois, il n'y avait pas seulement des villages souterrains groupés autour du terrier du chef ; mais il y avait encore de véritables hameaux de huttes basses cachés sous les arbres, et si nombreux que parfois la forêt en était remplie. Souvent les fumées les trahissaient. Deux de ces hameaux du bois de Misdon sont restés célèbres, Lorrière, près de Létang, et, du côté de Saint-Ouen-les-Toits, le groupe de cabanes appelé la Rue-de-Bau.

Les femmes vivaient dans les huttes et les hommes dans les cryptes. Ils utilisaient pour cette guerre les galeries des fées et les vieilles sapes celtiques. On apportait à manger aux hommes enfouis. Il y en eut qui, oubliés, moururent de faim. C'étaient d'ailleurs des maladroits qui n'avaient pas su rouvrir leurs puits. Habituellement le couvercle, fait de mousse et de branches, était si artistement façonné, qu'impossible à distinguer du dehors dans l'herbe, il était très facile à ouvrir et à fermer du dedans. Ces repaires étaient creusés avec soin. On allait jeter à quelque étang voisin la terre qu'on ôtait du puits. La paroi intérieure et le sol étaient tapissés de fougère et de mousse. Ils appelaient ce réduit « la loge ». On était bien là, à cela près qu'on était sans jour, sans feu, sans pain et sans air.

Remonter sans précaution parmi les vivants et se déterrer hors de propos était grave. On pouvait se trouver entre les jambes d'une armée en marche. Bois redoutables ; pièges à doubles trappes. Les bleus n'osaient entrer, les blancs n'osaient sortir.

IV

LEUR VIE SOUS TERRE

Les hommes dans ces caves de bêtes s'ennuyaient. La nuit, quelquefois, à tout risque, ils sortaient et s'en allaient danser sur la lande voisine. Ou bien ils priaient pour tuer le temps. *Tout le jour*, dit Bourdoiseau, *Jean Chouan nous faisait chapeletter*[1].

Il était presque impossible, la saison venue, d'empêcher ceux du Bas-Maine de sortir pour se rendre à la Fête de la Gerbe. Quelques-uns avaient des idées à eux. Denys, dit Tranche-Montagne, se déguisait en femme pour aller à la comédie à Laval ; puis il rentrait dans son trou.

Brusquement ils allaient se faire tuer, quittant le cachot pour le sépulcre.

Quelquefois ils soulevaient le couvercle de leur fosse, et ils écoutaient si l'on se battait au loin ; ils suivaient de l'oreille le combat. Le feu des républicains était régulier, le feu des royalistes était éparpillé ; ceci les guidait. Si les feux de peloton cessaient subitement, c'était signe que les royalistes avaient le dessous ; si les feux saccadés continuaient et s'enfonçaient à l'horizon, c'était signe qu'ils avaient le dessus. Les blancs poursuivaient toujours ; les bleus jamais, ayant le pays contre eux.

Ces belligérants souterrains étaient admirablement renseignés. Rien de plus rapide que leurs communications, rien de plus mystérieux. Ils avaient rompu tous les ponts, ils avaient démonté toutes les charrettes, et ils trouvaient moyen de tout se dire et de s'avertir de tout. Des relais d'émissaires étaient établis de forêt à forêt, de village à village, de ferme à ferme, de chaumière à chaumière, de buisson à buisson.

Tel paysan qui avait l'air stupide passait portant des dépêches dans son bâton, qui était creux.

---

1. Emprunt à Descépeaux.

Un ancien constituant, Boétidoux[1], leur fournissait, pour aller et venir d'un bout à l'autre de la Bretagne, des passeports républicains nouveau modèle, avec les noms en blanc, dont ce traître avait des liasses. Il était impossible de les surprendre. *Des secrets livrés*, dit Puysaye[*], *à plus de quatre cent mille individus ont été religieusement gardés.*

Il semblait que ce quadrilatère[2] fermé au sud par la ligne des Sables à Thouars, à l'est par la ligne de Thouars à Saumur et par la rivière de Thoué, au nord par la Loire et à l'ouest par l'Océan, eût un même appareil nerveux, et qu'un point de ce sol ne pût tressaillir sans que tout s'ébranlât. En un clin d'œil on était informé de Noirmoutier à Luçon et le camp de La Loué savait ce que faisait le camp de la Croix-Morineau. On eût dit que les oiseaux s'en mêlaient. Hoche écrivait, 7 messidor an III : *On croirait qu'ils ont des télégraphes.*

C'étaient des clans, comme en Écosse. Chaque paroisse avait son capitaine. Cette guerre, mon père l'a faite, et j'en puis parler[3].

V

LEUR VIE EN GUERRE

Beaucoup n'avaient que des piques. Les bonnes carabines de chasse abondaient. Pas de plus adroits tireurs

---

* Tome II, page 35.

---

1. Jean-François Le Deist de Botidoux, ancien député de Ploërmel aux États généraux, devenu l'un des principaux agents de Puisaye, membre du Comité insurrectionnel du Morbihan en 1794.   2. Victor Hugo avait dessiné le plan de ce « quadrilatère », correspondant à la véritable Vendée, celle du Bocage.   3. Léopold Hugo servit trois ans en Vendée, avec le 8e Bataillon du Bas-Rhin, de juillet 1793 à l'été 1796, mais Victor Hugo ne s'inspire nulle part dans le roman des *Mémoires* publiés par son père en 1823.

que les braconniers du Bocage et les contrebandiers du Loroux[1]. C'étaient des combattants étranges, affreux et intrépides. Le décret de la levée des trois cent mille hommes avait fait sonner le tocsin dans six cents villages[2]. Le pétillement de l'incendie éclata sur tous les points à la fois. Le Poitou et l'Anjou firent explosion le même jour. Disons qu'un premier grondement s'était fait entendre dès 1792, le 8 juillet, un mois avant le 10 août, sur la lande de Kerbader[3]. Alain Redeler, aujourd'hui ignoré, fut le précurseur de La Rochejaquelein et de Jean Chouan. Les royalistes forçaient, sous peine de mort, tous les hommes valides à marcher. Ils réquisitionnaient les attelages, les chariots, les vivres. Tout de suite, Sapinaud eut trois mille soldats, Cathelineau dix mille, Stofflet vingt mille, et Charette fut maître de Noirmoutier. Le vicomte de Scépeaux remua le Haut-Anjou, le chevalier de Dieuzie l'Entre-Vilaine-et-Loire, Tristan-l'Hermite le Bas-Maine, le barbier Gaston la ville de Guéménée, et l'abbé Bernier tout le reste[4]. Pour soulever ces multitudes, peu de chose suffisait. On plaçait dans le tabernacle d'un curé assermenté[5], d'un *prêtre jureur*, comme ils disaient, un gros chat noir qui sautait brusquement dehors pendant la messe. — *C'est le diable !* criaient les paysans, et tout un canton s'insurgeait. Un souffle de feu sortait des confessionnaux. Pour assaillir les bleus et pour franchir les ravins, ils avaient leur long bâton de quinze pieds de long, *la ferte*, arme de combat et de fuite[6]. Au plus fort des mêlées, quand les paysans attaquaient les carrés républicains, s'ils rencontraient sur le champ de combat une croix ou une chapelle, tous tombaient à genoux et disaient leur prière sous la mitraille ; le rosaire fini, ceux

---

1. Le Loroux, bourg de Loire-Inférieure, au nord-est de Nantes.
2. Décret du 24 février 1793, suivi des premiers troubles, le 2 mars, à Cholet.   3. Michelet date du 9 juillet 1792 une action d'Allain Nedellec à Fouesnant, près de Quimper (VIII, 2). Nous n'avons pu identifier ou situer ni Alain Redeler ni la lande de Kerbader.
4. « Gaston », déjà nommé, p. 78. L'abbé Bernier, surnommé l'« Apôtre de la Vendée ».   5. Votée le 12 juillet 1790 par la Constituante, la Constitution civile du clergé obligeait les prêtres au « serment civique ».   6. Voir n. 6, p. 123.

qui restaient se relevaient et se ruaient sur l'ennemi.
Quels géants, hélas ! Ils chargeaient leur fusil en courant ;
c'était leur talent. On leur faisait accroire ce qu'on voulait ; les prêtres leur montraient d'autres prêtres dont ils
avaient rougi le cou avec une ficelle serrée, et leur
disaient : *Ce sont des guillotinés ressuscités*[1]. Ils avaient
leurs accès de chevalerie ; ils honorèrent Fesque, un
porte-drapeau républicain qui s'est fait sabrer sans lâcher
son drapeau. Ces paysans raillaient ; ils appelaient les
prêtres mariés républicains : *des sans-calottes devenus
sans-culottes*[2]. Ils commencèrent par avoir peur des
canons ; puis ils se jetèrent dessus avec des bâtons, et ils
en prirent. Ils prirent d'abord un beau canon de bronze
qu'ils baptisèrent *le Missionnaire* ; puis un autre qui
datait des guerres catholiques et où étaient gravées les
armes de Richelieu et une figure de la Vierge ; ils l'appelèrent *Marie-Jeanne*. Quand ils perdirent Fontenay ils
perdirent Marie-Jeanne, autour de laquelle tombèrent sans
broncher six cents paysans ; puis ils reprirent Fontenay
afin de reprendre Marie-Jeanne, et ils la ramenèrent sous
le drapeau fleurdelysé en la couvrant de fleurs et en la
faisant baiser aux femmes qui passaient. Mais deux
canons, c'était peu. Stofflet avait pris Marie-Jeanne ;
Cathelineau, jaloux, partit de Pin-en-Mange, donna l'assaut à Jallais, et prit un troisième canon ; Forest attaqua
Saint-Florent et en prit un quatrième. Deux autres capitaines, Chouppes et Saint-Pol, firent mieux ; ils figurèrent
des canons par des troncs d'arbres coupés, et des canonniers par des mannequins, et avec cette artillerie, dont ils
riaient vaillamment, ils firent reculer les bleus à Mareuil[3].
C'était là leur grande époque. Plus tard, quand Chalbos
mit en déroute La Marsonnière, les paysans laissèrent derrière eux sur le champ de bataille déshonoré trente-deux
canons aux armes d'Angleterre. L'Angleterre alors payait
les princes français, et l'on envoyait « des fonds à monseigneur, écrivait Nantiat le 10 mai 1794, parce qu'on a

---

1. Emprunts à Louis Blanc.   **2.** Voir n. 1, p. 63.   **3.** Louis
Blanc, t. II, p. 200.

dit à M. Pitt [1] que cela était décent ». Mellinet, dans un
rapport du 31 mars, dit : « Le cri des rebelles est *vivent les
Anglais !* » Les paysans s'attardaient à piller. Ces dévots
étaient des voleurs. Les sauvages ont des vices. C'est par
là que les prend plus tard la civilisation. Puysaye dit,
tome II, page 187 : « J'ai préservé plusieurs fois le bourg
de Plélan du pillage. » Et plus loin, page 434, il se prive
d'entrer à Montfort : « Je fis un circuit pour éviter le
pillage des maisons des jacobins. » Ils détroussèrent Cholet ; ils mirent à sac Challans. Après avoir manqué Granville [2], ils pillèrent Ville-Dieu. Ils appelaient *masse
jacobine* ceux des campagnards qui s'étaient ralliés aux
bleus, et ils les exterminaient plus que les autres. Ils
aimaient le carnage comme des soldats, et le massacre
comme des brigands. Fusiller les « patauds », c'est-à-dire
les bourgeois, leur plaisait ; ils appelaient cela « se déca-
rêmer » [3]. À Fontenay, un de leurs prêtres, le curé Barbo-
tin, abattit un vieillard d'un coup de sabre. À Saint-
Germain-sur-Ille [*], un de leurs capitaines, gentilhomme,
tua d'un coup de fusil le procureur de la commune et lui
prit sa montre. À Machecoul, ils mirent les républicains
en coupe réglée, à trente par jour ; cela dura cinq semaines ; chaque chaîne de trente s'appelait « le chapelet » [4].
On adossait la chaîne à une fosse creusée et l'on fusillait ;
les fusillés tombaient dans la fosse parfois vivants ; on
les enterrait tout de même. Nous avons revu ces mœurs [5].

---

[*] Puysaye, t. II, p. 35.

1. William, le « second Pitt », au pouvoir en Angleterre de 1784
à 1801.   2. L'attaque manquée des Blancs contre Granville se
situe à la mi-novembre 1793.   3. Le 30 mars 1793, veille de
Pâques, à Machecoul, « vingt-quatre patriotes furent massacrés le
matin dans la prison, et les meurtriers disaient le soir en soupant :
Nous nous sommes bien décarêmés aujourd'hui » (Louis Blanc).
Patauds, voir n. 2, p. 127.   4. Les atrocités de Machecoul (11-
13 mars 1793) sont racontées par Louis Blanc et par Michelet (« La
victime abattue par terre, on sonnait l'*hallali* », X, 5).   5. « C'est
ce même écrivain, glorificateur de la Convention qui, rencontrant les
fumées scélérates de la guerre civile, ne trouve rien à dire de ces
fumées scélérates de la Commune, et, montrant les horribles massa-
creurs de 93, ne songe aux assassinats d'otages que pour faire cette

Joubert, président du district, eut les poings sciés. Ils mettaient aux prisonniers bleus des menottes coupantes, for-
gées exprès. Ils les assommaient sur les places publiques
en sonnant l'hallali. Charette, qui signait : *Fraternité ; le
chevalier Charette*, et qui avait pour coiffure, comme
Marat, un mouchoir noué sur les sourcils, brûla la ville
de Pornic et les habitants dans les maisons. Pendant ce
temps-là, Carrier était épouvantable[1]. La terreur répliquait à la terreur. L'insurgé breton avait presque la figure
de l'insurgé grec, veste courte, fusil en bandoulière, jam-
bières, larges braies pareilles à la fustanelle ; le gars ressemblait au klephte[2]. Henri de La Rochejaquelein, à vingt
et un ans, partait pour cette guerre avec un bâton et une
paire de pistolets. L'armée vendéenne comptait cent cin-
quante-quatre divisions. Ils faisaient des sièges en règle ;
ils tinrent trois jours Bressuire bloquée. Dix mille paysans, un vendredi saint, canonnèrent la ville des Sables à
boulets rouges. Il leur arriva de détruire en un seul jour
quatorze cantonnements républicains, de Montigné à
Courbeveilles. À Thouars, sur la haute muraille, on entendit ce dialogue superbe entre La Rochejaquelein et un
gars : — Carle ! — Me voilà. — Tes épaules que je
monte dessus. — Faites. — Ton fusil. — Prenez. — Et
La Rochejaquelein sauta dans la ville, et l'on prit sans
échelles ces tours qu'avait assiégées Duguesclin[3]. Ils préféraient une cartouche à un louis d'or. Ils pleuraient
quand ils perdaient de vue leur clocher. Fuir leur semblait
simple ; alors les chefs criaient : — *Jetez vos sabots, gardez vos fusils !* Quand les munitions manquaient, ils
disaient leur chapelet et allaient prendre de la poudre dans
les caissons de l'artillerie républicaine ; plus tard d'Elbée
en demanda aux Anglais. Quand l'ennemi approchait,

---

réflexion anodine : *Cela s'est vu depuis* » (M. de Lescure, *La Presse*,
1er mars 1874). Mais Hugo a en vue la répression versaillaise.
   1. Déjà nommé p. 232.   **2.** *Klephte*, montagnard grec en jupe
courte (la « fustanelle »), héros de la lutte contre les Turcs et symbole, sous la Restauration, de la résistance à l'oppression étrangère.
Le *gars*, voir n. 3, p. 83.   **3.** Tombée le 5 mai, Thouars fut presque
aussitôt reprise. Possession du Prince Noir, la place s'était rendue à
Duguesclin le 28 septembre 1372.

s'ils avaient des blessés, ils les cachaient dans les grands blés ou dans les fougères vierges, et, l'affaire finie, venaient les reprendre. D'uniformes point. Leurs vêtements se délabraient. Paysans et gentilshommes s'habillaient des premiers haillons venus. Roger Mouliniers portait un turban et un dolman pris au magasin de costumes du théâtre de La Flèche ; le chevalier de Beauvilliers avait une robe de procureur et un chapeau de femme par-dessus un bonnet de laine. Tous portaient l'écharpe et la ceinture blanche ; les grades se distinguaient par les nœuds. Stofflet avait un nœud rouge ; La Rochejaquelein avait un nœud noir ; Wimpfen, demi-girondin, qui du reste ne sortit pas de Normandie, portait le brassard des carabots[1] de Caen. Ils avaient dans leurs rangs des femmes, madame de Lescure, qui fut plus tard madame de La Rochejaquelein ; Thérèse de Mollien, maîtresse de La Rouarie, laquelle brûla la liste des chefs de paroisse ; madame de La Rochefoucauld, belle, jeune, le sabre à la main, ralliant les paysans au pied de la grosse tour du château du Puy-Rousseau, et cette Antoinette Adams, dite le chevalier Adams, si vaillante que, prise, on la fusilla, mais debout, par respect[2]. Ce temps épique était cruel. On était des furieux. Madame de Lescure faisait exprès marcher son cheval sur les républicains gisant hors de combat ; *morts*, dit-elle ; blessés peut-être. Quelquefois les hommes trahirent, les femmes jamais. Mademoiselle Fleury, du Théâtre-Français, passa de La Rouarie à Marat, mais par amour[3]. Les capitaines étaient souvent aussi

---

1. Après la journée du 2 juin 1793, le parti girondin tenta de soulever la province contre la Convention montagnarde, allié à Caen aux *carabots* (« Il y avait à Caen une assemblée populaire appelée les *carabots*. Les membres portaient un brassard où il y avait une tête de mort et deux os en croix. Étaient fédéralistes », *Reliquat*).   2. Mme de Lescure épousa en secondes noces le frère d'Henri de La Rochejaquelein, son cousin. Hugo s'inspire de Louis Blanc pour les portraits de l'épouse d'Alexandre, comte de La Rochefoucauld, effectivement passé à l'émigration en 1792, et d'Antoinette Adams, épouse séparée d'un épicier patriote.   3. Le jeune marquis de La Rouarie avait eu un duel avec le comte de Bourbon-Busset, son rival auprès de Marie-Anne Fleury (1761-1818).

ignorants que les soldats ; M. de Sapinaud ne savait pas l'orthographe ; il écrivait : « nous *orions* de notre *cauté* ». Les chefs s'entre-haïssaient ; les capitaines du Marais criaient : *À bas ceux du pays haut*[1] ! Leur cavalerie était peu nombreuse et difficile à former. Puysaye écrit : *Tel homme qui me donne gaiement ses deux fils devient froid si je lui demande un de ses chevaux.* Fertes, fourches, faulx, fusils vieux et neufs, couteaux de braconnage, broches, gourdins ferrés et cloutés, c'étaient là leurs armes ; quelques-uns portaient en sautoir une croix faite de deux os de mort. Ils attaquaient à grands cris, surgissaient subitement de partout, des bois, des collines, des cépées, des chemins creux, s'égaillaient, c'est-à-dire faisaient le croissant, tuaient, exterminaient, foudroyaient, et se dissipaient. Quand ils traversaient un bourg républicain, ils coupaient l'Arbre de la Liberté[2], le brûlaient et dansaient en rond autour du feu. Toutes leurs allures étaient nocturnes. Règle du Vendéen : être toujours inattendu. Ils faisaient quinze lieues en silence, sans courber une herbe sur leur passage. Le soir venu, après avoir fixé, entre chefs et en conseil de guerre, le lieu où le lendemain matin ils surprendraient les postes républicains, ils chargeaient leurs fusils, marmottaient leur prière, ôtaient leurs sabots et filaient en longues colonnes, à travers les bois, pieds nus sur la bruyère et sur la mousse, sans un bruit, sans un mot, sans un souffle. Marche de chats dans les ténèbres.

---

1. Lettre de Charles-Henri de Sapinaud de la Rairie, postérieure à la prise de Fontenay (25 mai 1793) : « Marie-Jeanne ne se dirigera pas de votre *cauté*, elle prend la route de Saumur. Nous *orions* bien désiré qu'une partie des forces se fût *joint* à nous. La prise de Fontenay est *immense*, mais nous en tirons peu d'avantage, puisqu'y *ayent* grandement participé. Cela s'est toujours ainsi pratiqué avec les gens du pays haut » (Louis Blanc).   2. La plantation des « arbres de la liberté », dont l'usage remontait à 1790, fut officialisée le 20 juin 1792, sur la terrasse des Feuillants, aux Tuileries.

VI

L'ÂME DE LA TERRE PASSE DANS L'HOMME

La Vendée insurgée ne peut être évaluée à moins de cinq cent mille hommes, femmes et enfants. Un demi-million de combattants, c'est le chiffre donné par Tuffin de La Rouarie.

Les fédéralistes aidaient ; la Vendée eut pour complice la Gironde [1]. La Lozère envoyait au Bocage trente mille hommes. Huit départements se coalisaient, cinq en Bretagne, trois en Normandie. Évreux, qui fraternisait avec Caen, se faisait représenter dans la rébellion par Chaumont, son maire, et Gardembas, notable. Buzot, Gorsas et Barbaroux à Caen, Brissot à Moulins, Chassan à Lyon, Rabaut-Saint-Étienne à Nismes, Meillan et Duchâtel en Bretagne, toutes ces bouches soufflaient sur la fournaise.

Il y a eu deux Vendées ; la grande qui faisait la guerre des forêts, la petite qui faisait la guerre des buissons ; là est la nuance qui sépare Charette de Jean Chouan. La petite Vendée était naïve, la grande était corrompue ; la petite valait mieux. Charette fut fait marquis, lieutenant-général des armées du roi, et grand-croix de Saint-Louis ; Jean Chouan resta Jean Chouan. Charette confine au bandit, Jean Chouan au paladin.

Quant à ces chefs magnanimes, Bonchamps, Lescure, La Rochejaquelein, ils se trompèrent. La grande armée catholique [2] a été un effort insensé ; le désastre devait suivre ; se figure-t-on une tempête paysanne attaquant Paris, une coalition de villages assiégeant le Panthéon, une meute de noëls et d'oremus aboyant autour de la Marseillaise, la cohue des sabots se ruant sur la légion des esprits ? Le Mans et Savenay châtièrent cette folie. Passer

---

1. Les « fédéralistes » sont les députés girondins en fuite après le 2 juin 1793.   **2.** Les bandes angevines placées en mars 1793 sous le commandement de Bonchamps se baptisèrent « Armée chrétienne », puis « catholique romaine » et enfin « catholique et royale », anéantie à Savenay le 23 décembre.

la Loire était impossible à la Vendée. Elle pouvait tout, excepté cette enjambée. La guerre civile ne conquiert point. Passer le Rhin complète César et augmente Napoléon ; passer la Loire tue La Rochejaquelein[1].

La vraie Vendée, c'est la Vendée chez elle ; là elle est plus qu'invulnérable, elle est insaisissable. Le Vendéen chez lui est contrebandier, laboureur, soldat, pâtre, braconnier, franc-tireur, chevrier, sonneur de cloches, paysan, espion, assassin, sacristain, bête des bois.

La Rochejaquelein n'est qu'Achille, Jean Chouan est Protée[2].

La Vendée a avorté. D'autres révoltes ont réussi, la Suisse par exemple. Il y a cette différence entre l'insurgé de montagne comme le Suisse et l'insurgé de forêt comme le Vendéen, que, presque toujours, fatale influence du milieu, l'un se bat pour un idéal, et l'autre pour des préjugés[3]. L'un plane, l'autre rampe. L'un combat pour l'humanité, l'autre pour la solitude ; l'un veut la liberté, l'autre veut l'isolement ; l'un défend la commune, l'autre la paroisse. Communes ! communes ! criaient les héros de Morat[4]. L'un a affaire aux précipices, l'autre aux fondrières ; l'un est l'homme des torrents et des écumes, l'autre est l'homme des flaques stagnantes d'où sort la fièvre ; l'un a sur la tête l'azur,

---

1. Allusion à la désastreuse équipée de l'Armée catholique et royale au nord de la Loire (18 octobre-16 décembre 1793). Stofflet et La Rochejaquelein la repassèrent à Ancenis le 16 décembre, mais le gros de leurs troupes resta sur la rive droite où il se fit massacrer. Après la victoire décisive des Bleus à Savenay, La Rochejaquelein fut abattu par un grenadier qu'il poursuivait, le 28 janvier 1794, près de Cholet, à 21 ans.   2. Achille, héros grec de la guerre de Troie, vainqueur d'Hector. Protée, dieu amphibie et protéiforme.   3. La Suisse, berceau, selon Hugo, de l'émancipation du « peuple », par référence au serment prêté le 17 novembre 1307 d'en finir avec la domination autrichienne, et à la fondation de la Ligue helvétique (Le Rhin, XXV). Voir aussi la prosopopée de l'Aigle, dans « Le régiment du baron Madruce » (La Légende des siècles, 1859).   4. Victoire des Suisses confédérés contre Charles le Téméraire (22 juin 1475). Hugo voulait la « commune souveraine, régie par un maire élu », au rebours de l'« administration centralisée », obstacle à la « réalisation de l'idéal démocratique » (Napoléon-le-Petit, VIII, 2).

l'autre une broussaille ; l'un est sur une cime, l'autre est dans une ombre.

L'éducation n'est point la même, faite par les sommets ou par les bas-fonds.

La montagne est une citadelle, la forêt est une embuscade ; l'une inspire l'audace, l'autre le piège. L'antiquité plaçait les dieux sur les faîtes et les satyres dans les halliers. Le satyre c'est le sauvage ; demi-homme, demi-bête. Les pays libres ont des Apennins, des Alpes, des Pyrénées, un Olympe. Le Parnasse est un mont. Le mont Blanc était le colossal auxiliaire de Guillaume Tell[1] ; au fond et au-dessus des immenses luttes des esprits contre la nuit qui emplissent les poëmes de l'Inde[2], on aperçoit l'Himalaya. La Grèce, l'Espagne, l'Italie, l'Helvétie, ont pour figure la montagne ; la Cimmérie[3], Germanie ou Bretagne, a le bois. La forêt est barbare.

La configuration du sol conseille à l'homme beaucoup d'actions. Elle est complice, plus qu'on ne croit. En présence de certains paysages féroces, on est tenté d'exonérer l'homme et d'incriminer la création ; on sent une sourde provocation de la nature ; le désert est parfois malsain à la conscience, surtout à la conscience peu éclairée ; la conscience peut être géante, cela fait Socrate et Jésus[4] ; elle peut être naine, cela fait Atrée et Judas[5]. La conscience petite est vite reptile ; les futaies crépusculaires, les ronces, les épines, les marais sous les branches,

---

1. Héros suisse et légendaire de la rébellion de 1307 contre l'Autriche, d'un drame de Schiller (1804) et de nombreux opéras (Grétry, 1791, Rossini, 1829).   **2.** « Noirs chefs-d'œuvre à plusieurs têtes », célébrés par Michelet dans *La Bible de l'Humanité* (1864), exclus par Hugo de la « région des Égaux » (*William Shakespeare*, 1864, I, 2, 4).   **3.** La Cimmérie, identifiable à l'ancienne Tauride ou à l'actuelle Crimée, renommée pour la barbarie de ses sacrifices humains et ses habitations troglodytes.   **4.** Avatar de la *Confirmatio Christianorum per Socratica*, et « preuve par les grands hommes » : « Repris de justice : Socrate, Jésus ; en d'autres termes : la sagesse, Dieu » (« *Reliquat* » de *William Shakespeare*).   **5.** Atrée, ancêtre mythique de la dynastie des Atrides, qui s'illustra par le parricide, l'adultère et l'inceste et dont la fin est racontée par Eschyle dans son *Orestie*. Judas Iscariote livra Jésus pour « trente pièces d'argent (Mt 26, 15). « Ce que la fable a inventé, l'histoire le reproduit parfois » (préface des *Burgraves*).

sont une fatale fréquentation pour elle ; elle subit là la mystérieuse infiltration des persuasions mauvaises. Les illusions d'optique, les mirages inexpliqués, les effarements d'heure ou de lieu, jettent l'homme dans cette sorte d'effroi, demi-religieux, demi-bestial, qui engendre, en temps ordinaires, la superstition, et dans les époques violentes, la brutalité. Les hallucinations tiennent la torche qui éclaire le chemin du meurtre. Il y a du vertige dans le brigand. La prodigieuse nature a un double sens qui éblouit les grands esprits et aveugle les âmes fauves. Quand l'homme est ignorant, quand le désert est visionnaire, l'obscurité de la solitude s'ajoute à l'obscurité de l'intelligence ; de là dans l'homme des ouvertures d'abîmes. De certains rochers, de certains ravins, de certains taillis, de certaines claires-voies farouches du soir à travers les arbres, poussent l'homme aux actions folles et atroces. On pourrait presque dire qu'il y a des lieux scélérats.

Que de choses tragiques a vues la sombre colline qui est entre Baignon et Plélan [1] !

Les vastes horizons conduisent l'âme aux idées générales ; les horizons circonscrits engendrent les idées partielles ; ce qui condamne quelquefois de grands cœurs à être de petits esprits : témoin Jean Chouan.

Les idées générales haïes par les idées partielles, c'est là la lutte même du progrès.

Pays, Patrie, ces deux mots résument toute la guerre de Vendée [2] ; querelle de l'idée locale contre l'idée universelle ; paysans contre patriotes.

---

1. « Je me portai sur une hauteur qui domine une vaste plaine que traverse la route de Rennes à Lorient, entre Pléan et Baignon » (Puisaye, t. II, p. 427). **2.** Voir n. 2, p. 57.

VII

LA VENDÉE A FINI LA BRETAGNE

La Bretagne est une vieille rebelle. Toutes les fois qu'elle s'était révoltée pendant deux mille ans, elle avait eu raison[1] ; la dernière fois, elle a eu tort. Et pourtant au fond, contre la révolution comme contre la monarchie, contre les représentants en mission comme contre les gouverneurs ducs et pairs, contre la planche aux assignats comme contre la ferme des gabelles, quels que fussent les personnages combattant, Nicolas Rapin, François de La Noue, le capitaine Pluviaut et la dame de La Garnache, ou Stofflet, Coquereau et Lechandelier de Pierreville, sous M. de Rohan contre le roi et sous M. de La Rochejaquelein pour le roi, c'était toujours la même guerre que la Bretagne faisait, la guerre de l'esprit local contre l'esprit central[2].

Ces antiques provinces étaient un étang ; courir répugnait à cette eau dormante ; le vent qui soufflait ne les vivifiait pas, il les irritait. Finisterre, c'était là que finissait la France, que le champ donné à l'homme se terminait et que la marche des générations s'arrêtait. Halte ! criait l'océan à la terre et la barbarie à la civilisation. Toutes les fois que le centre, Paris, donne une impulsion, que cette impulsion vienne de la royauté ou de la république, qu'elle soit dans le sens du despotisme ou dans le sens de la liberté, c'est une nouveauté, et la Bretagne se hérisse.

---

1. La Bretagne était « pays d'États », assemblées locales auxquelles étaient admis les nobles, des représentants du haut clergé et des députés du Tiers-État, en rébellion souvent déclarée contre le pouvoir centralisateur et ses représentants.   **2.** Nicolas Rapin (1540-1608), un des auteurs de la *Satire Ménippée*. François de la Noue (1531-1591), surnommé le « Bayard huguenot ». La Garnache, forteresse vendéenne disputée entre catholiques et protestants et démantelée par Louis XIII. Le duc de Rohan, gendre de Sully, déjà nommé p. 125. Hugo suggère un parallèle entre résistance huguenote et insurrection vendéenne, à l'avantage de la première. Le grand-père de la Fléchard était « huguenot » (p. 60).

Laissez-nous tranquilles. Qu'est-ce qu'on nous veut ? Le Marais prend sa fourche, le Bocage prend sa carabine[1]. Toutes nos tentatives, notre initiative en législation et en éducation, nos encyclopédies, nos philosophies, nos génies, nos gloires, viennent échouer devant le Houroux ; le tocsin de Bazouges menace la révolution française, la lande du Faou s'insurge contre nos orageuses places publiques, et la cloche du Haut-des-Prés déclare la guerre à la Tour du Louvre.

Surdité terrible.

L'insurrection vendéenne est un lugubre malentendu[2].

Échauffourée colossale, chicane de titans, rébellion démesurée, destinée à ne laisser dans l'histoire qu'un mot, la Vendée, mot illustre et noir ; se suicidant pour des absents[3], dévouée à l'égoïsme, passant son temps à faire à la lâcheté l'offre d'une immense bravoure ; sans calcul, sans stratégie, sans tactique, sans plan, sans but, sans chef, sans responsabilité ; montrant à quel point la volonté peut être l'impuissance ; chevaleresque et sauvage ; l'absurdité en rut, bâtissant contre la lumière un garde-fou de ténèbres ; l'ignorance faisant à la vérité, à la justice, au droit, à la raison, à la délivrance, une longue résistance bête et superbe ; l'épouvante de huit années, le ravage de quatorze départements, la dévastation des champs, l'écrasement des moissons, l'incendie des villages, la ruine des villes, le pillage des maisons, le massacre des femmes et des enfants, la torche dans les chaumes, l'épée dans les cœurs, l'effroi de la civilisation, l'espérance de M. Pitt[4] ; telle fut cette guerre, essai inconscient de parricide.

En somme, en démontrant la nécessité de trouer dans tous les sens la vieille ombre bretonne et de percer cette

---

1. Le Bas-Maine et la Vendée.   2. Le « malentendu » n'épargne pas les positions prises par Hugo en faveur de la « commune » et de la décentralisation (n. 4, p. 284), et la contradiction qui pouvait en résulter entre l'« idée locale » et l'« idée universelle ».   3. Les aristocrates passés à l'émigration.   4. Allusion au soutien apporté par le gouvernement anglais à la cause des Princes et aux divers projets de débarquement en France de forces royalistes.

broussaille de toutes les flèches de la lumière à la fois, la Vendée a servi le progrès. Les catastrophes ont une sombre façon d'arranger les choses.

Le château de Vianden, par Victor Hugo.

« C'était dans cette chambre que se faisait l'écartèlement [...] On peut voir encore aujourd'hui une chambre de ce genre à Vianden. » (p. 340-341)

LIVRE DEUXIÈME

LES TROIS ENFANTS

I

PLUS QUAM CIVILIA BELLA [1]

L'été de 1792 avait été très pluvieux ; l'été de 1793 fut très chaud. Par suite de la guerre civile, il n'y avait pour ainsi dire plus de chemins en Bretagne. On y voyageait pourtant, grâce à la beauté de l'été. La meilleure route est une terre sèche.

À la fin d'une sereine journée de juillet, une heure environ après le soleil couché, un homme à cheval, qui venait du côté d'Avranches, s'arrêta devant la petite auberge dite la Croix-Branchard, qui était à l'entrée de Pontorson, et dont l'enseigne portait cette inscription qu'on y lisait encore il y a quelques années : *Bon cidre à*

---

1. Citation incomplète du premier vers de la *Pharsale* de Lucain : *Plus quam civilia bella jusque datum sceleri* (« Des guerres plus que civiles et la consécration du droit accordée au crime »). César l'avait emporté sur Pompée à la bataille de Pharsale en 48 av. J.-C. La fin du vers est citée dans *Napoléon-le-Petit* pour stigmatiser le coup d'État (VI, 7). On comparera avec la méditation de Marius « dans l'intérieur de la barricade » : « Est-ce que toute guerre entre hommes n'est pas la guerre entre frères ? Il n'y a ni guerre étrangère, ni guerre civile. Il n'y a que la guerre injuste et la guerre juste » (*Les Misérables*, IV, 13, 3).

dépoteyer[1]. Il avait fait chaud tout le jour, mais le vent commençait à souffler.

Ce voyageur était enveloppé d'un ample manteau qui couvrait la croupe de son cheval. Il portait un large chapeau avec cocarde tricolore, ce qui n'était point sans hardiesse dans ce pays de haies et de coups de fusil, où une cocarde était une cible. Le manteau noué au cou s'écartait pour laisser les bras libres et dessous on pouvait entrevoir une ceinture tricolore et deux pommeaux de pistolets sortant de la ceinture. Un sabre qui pendait dépassait le manteau.

Au bruit du cheval qui s'arrêtait, la porte de l'auberge s'ouvrit, et l'aubergiste parut, une lanterne à la main. C'était l'heure intermédiaire ; il faisait jour sur la route et nuit dans la maison.

L'hôte regarda la cocarde.

— Citoyen, dit-il, vous arrêtez-vous ici ?

— Non.

— Où donc allez-vous ?

— À Dol.

— En ce cas, retournez à Avranches ou restez à Pontorson.

— Pourquoi ?

— Parce qu'on se bat à Dol[2].

— Ah ! dit le cavalier.

Et il reprit :

— Donnez l'avoine à mon cheval.

L'hôte apporta l'auge, y vida un sac d'avoine, et débrida le cheval qui se mit à souffler et à manger.

Le dialogue continua.

— Citoyen, est-ce un cheval de réquisition ?

— Non.

---

1. Régionalisme : vendre du cidre au détail, en pot (J. Gaudon). Hugo était passé à Pontorson en 1836. **2.** Personnages de roman, Cimourdain, Gauvain et Lantenac font basculer l'histoire dans la fiction, qui n'est pas mensonge. Nous sommes en août. Ce n'est qu'après l'échec de l'Armée catholique et royale devant Granville (14 novembre 1793) que fut livrée la bataille de Dol-de-Bretagne (21-23 novembre). Elle s'acheva, contrairement au récit qu'en fait plus loin Hugo, par une déroute des Bleus.

— Il est à vous ?

— Oui. Je l'ai acheté et payé.

— D'où venez-vous ?

— De Paris.

— Pas directement ?

— Non.

— Je crois bien, les routes sont interceptées. Mais la poste marche encore[1].

— Jusqu'à Alençon. J'ai quitté la poste là.

— Ah ! il n'y aura bientôt plus de postes en France. Il n'y a plus de chevaux. Un cheval de trois cents francs se paye six cents francs, et les fourrages sont hors de prix. J'ai été maître de poste et me voilà gargotier. Sur treize cent treize maîtres de poste qu'il y avait, deux cents ont donné leur démission. Citoyen, vous avez voyagé d'après le nouveau tarif ?

— Du premier mai. Oui.

— Vingt sous par poste dans la voiture, douze sous dans le cabriolet, cinq sous dans le fourgon[2]. C'est à Alençon que vous avez acheté ce cheval ?

— Oui.

— Vous avez marché[3] aujourd'hui toute la journée ?

— Depuis l'aube.

— Et hier ?

— Et avant-hier.

— Je vois cela. Vous êtes venu par Domfront et Mortain.

— Et Avranches.

— Croyez-moi, reposez-vous, citoyen. Vous devez être fatigué ? votre cheval l'est.

— Les chevaux ont droit à la fatigue, les hommes non.

---

1. La *poste*, manière de voyager de « poste » en « poste », de relais en relais, tenus par des maîtres de poste et où l'on changeait de chevaux. Réservée en principe au service du courrier, la poste était en crise depuis la suppression des privilèges et en raison des réquisitions, en temps de guerre, des chevaux et des fourrages.
2. Compartiments de la malle-poste, « voiture », « cabriolet » et « fourgon » étaient inconnus à cette date, où il ne s'agissait que d'une caisse en osier montée sur deux roues et couverte d'une bâche.
3. Terme de manège, pour parler de la conduite d'un cheval.

Le regard de l'hôte se fixa de nouveau sur le voyageur. C'était une figure grave, calme et sévère, encadrée de cheveux gris.

L'hôtelier jeta un coup d'œil sur la route qui était déserte à perte de vue, et dit :

— Et vous voyagez seul comme cela ?

— J'ai une escorte.

— Où ça ?

— Mon sabre et mes pistolets.

L'aubergiste alla chercher un seau d'eau et fit boire le cheval, et, pendant que le cheval buvait, l'hôte considérait le voyageur et se disait en lui-même :

— C'est égal, il a l'air d'un prêtre.

Le cavalier reprit :

— Vous dites qu'on se bat à Dol ?

— Oui. Ça doit commencer dans ce moment-ci.

— Qui est-ce qui se bat ?

— Un ci-devant contre un ci-devant.

— Vous dites ?

— Je dis qu'un ci-devant qui est pour la république se bat contre un ci-devant qui est pour le roi.

— Mais il n'y a plus de roi.

— Il y a le petit[1]. Et le curieux, c'est que les deux ci-devant sont deux parents.

Le cavalier écoutait attentivement. L'aubergiste poursuivit :

— L'un est jeune, l'autre est vieux ; c'est le petit-neveu qui se bat contre le grand-oncle. L'oncle est royaliste, le neveu est patriote. L'oncle commande les blancs, le neveu commande les bleus. Ah ! ils ne se feront pas quartier, allez. C'est une guerre à mort.

— À mort ?

— Oui, citoyen. Tenez, voulez-vous voir les politesses qu'ils se jettent à la tête ? Ceci est une affiche que le vieux trouve moyen de faire placarder partout, sur toutes les maisons et sur tous les arbres, et qu'il a fait coller jusque sur ma porte.

---

1. Louis XVII.

L'hôte approcha sa lanterne d'un carré de papier appliqué sur un des battants de sa porte, et, comme l'affiche était en très gros caractères, le cavalier, du haut de son cheval, put lire :

« — Le marquis de Lantenac a l'honneur d'informer son petit-neveu, monsieur le vicomte Gauvain, que, si monsieur le marquis a la bonne fortune de se saisir de sa personne, il fera bellement arquebuser monsieur le vicomte. »

— Et, poursuivit l'hôtelier, voici la réponse.

Il se retourna, et éclaira de sa lanterne une autre affiche placée en regard de la première sur l'autre battant de la porte. Le voyageur lut :

« — Gauvain prévient Lantenac que s'il le prend il le fera fusiller. »

— Hier, dit l'hôte, le premier placard a été collé sur ma porte, et ce matin le second. La réplique ne s'est pas fait attendre.

Le voyageur, à demi-voix, et comme se parlant à lui-même, prononça ces quelques mots que l'aubergiste entendit sans trop les comprendre :

— Oui, c'est plus que la guerre dans la patrie, c'est la guerre dans la famille. Il le faut, et c'est bien. Les grands rajeunissements des peuples sont à ce prix.

Et le voyageur portant la main à son chapeau, l'œil fixé sur la deuxième affiche, la salua.

L'hôte continua :

— Voyez-vous, citoyen, voici l'affaire. Dans les villes et dans les gros bourgs, nous sommes pour la révolution, dans la campagne ils sont contre ; autant dire dans les villes on est français et dans les villages on est breton. C'est une guerre de bourgeois à paysans. Ils nous appellent patauds, nous les appelons rustauds. Les nobles et les prêtres sont avec eux.

— Pas tous, interrompit le cavalier.

— Sans doute, citoyen, puisque nous avons ici un vicomte contre un marquis.

Et il ajouta à part lui :

— Et que je crois bien que je parle à un prêtre.

Le cavalier continua :

— Et lequel des deux l'emporte ?

— Jusqu'à présent, le vicomte. Mais il a de la peine.
Le vieux est rude. Ces gens-là, c'est la famille Gauvain,
des nobles d'ici. C'est une famille à deux branches ; il y
a la grande branche dont le chef s'appelle le marquis de
Lantenac, et la petite branche dont le chef s'appelle le
vicomte Gauvain. Aujourd'hui les deux branches se battent. Cela ne se voit pas chez les arbres, mais cela se
voit chez les hommes. Ce marquis de Lantenac est tout-
puissant en Bretagne ; pour les paysans, c'est un prince.
Le jour de son débarquement, il a eu tout de suite huit
mille hommes ; en une semaine trois cents paroisses ont
été soulevées. S'il avait pu prendre un coin de la côte,
les Anglais débarquaient. Heureusement ce Gauvain s'est
trouvé là, qui est son petit-neveu, drôle d'aventure. Il est
commandant républicain, et il a rembarré son grand-
oncle. Et puis le bonheur a voulu que ce Lantenac, en
arrivant et en massacrant une masse de prisonniers, ait
fait fusiller deux femmes, dont une avait trois enfants qui
étaient adoptés par un bataillon de Paris. Alors cela a fait
un bataillon terrible. Il s'appelle le bataillon du Bonnet-
Rouge. Il n'en reste pas beaucoup de ces Parisiens-là,
mais ce sont de furieuses bayonnettes. Ils ont été incor-
porés dans la colonne du commandant Gauvain. Rien ne
leur résiste. Ils veulent venger les femmes et ravoir les
enfants. On ne sait pas ce que le vieux en a fait, de ces
petits. C'est ce qui enrage les grenadiers de Paris. Suppo-
sez que ces enfants n'y soient pas mêlés, cette guerre-là
ne serait pas ce qu'elle est. Le vicomte est un bon et brave
jeune homme. Mais le vieux est un effroyable marquis.
Les paysans appellent ça la guerre de saint Michel contre
Belzébuth [1]. Vous savez peut-être que saint Michel est un
ange du pays. Il a une montagne à lui au milieu de la mer
dans la baie. Il passe pour avoir fait tomber le démon et

---

1. Protecteur attitré de l'Église et des rois de France, l'archange
Michel passait dans la tradition juive pour avoir commandé aux
Légions qui terrassèrent le Démon. Il était apparu à l'évêque
d'Avranches pour lui ordonner d'élever une église au Mont.

pour l'avoir enterré sous une autre montagne qui est près d'ici, et qu'on appelle Tombelaine[1].

— Oui, murmura le cavalier, Tumba Beleni, la tombe de Belenus, de Belus, de Bel, de Bélial, de Belzébuth.

— Je vois que vous êtes informé.

Et l'hôte se dit en aparté :

— Décidément, il sait le latin, c'est un prêtre[2].

Puis il reprit :

— Eh bien, citoyen, pour les paysans, c'est cette guerre-là qui recommence. Il va sans dire que pour eux saint Michel, c'est le général royaliste, et Belzébuth, c'est le commandant patriote ; mais s'il y a un diable, c'est bien Lantenac, et s'il y a un ange, c'est Gauvain. Vous ne prenez rien, citoyen ?

— J'ai ma gourde et un morceau de pain. Mais vous ne me dites pas ce qui se passe à Dol.

— Voici. Gauvain commande la colonne d'expédition de la côte. Le but de Lantenac était d'insurger tout, d'appuyer la Basse-Bretagne sur la Basse-Normandie, d'ouvrir la porte à Pitt, et de donner un coup d'épaule à la grande armée vendéenne avec vingt mille Anglais et deux cent mille paysans. Gauvain a coupé court à ce plan. Il tient la côte, et il repousse Lantenac dans l'intérieur et les Anglais dans la mer. Lantenac était ici, et il l'en a délogé ; il lui a repris le Pont-au-Beau ; il l'a chassé d'Avranches, il l'a chassé de Villedieu, il l'a empêché d'arriver à Granville[3]. Il manœuvre pour le refouler dans la forêt de Fougères, et l'y cerner. Tout allait bien hier, Gauvain était ici[4] avec sa colonne. Tout à coup, alerte. Le vieux, qui

---

1. Tombelaine, îlot de pleine mer, au nord du Mont, dont il est question dans les romans de la Table ronde comme de la « tombe d'Hélène », parente du roi Arthur. 2. L'aubergiste républicain s'en laisse un peu vite conter par le « latin » de Cimourdain, dont les étymologies procèdent du coq à l'âne, de Belenus, identifiable à Apollon, à Belzébuth, dieu des mouches et prince des démons, en passant par Belus, souverain assyrien (ou phénicien) et Bélial, démon de la pédérastie, le même que Baal ou « Bel ». Science de prêtre, fausse science. 3. Voir n. 2, p. 279. 4. À Pontorson, successivement occupé par les Blancs et les Bleus les 18 et 20 novembre 1793.

est habile, a fait une pointe ; on apprend qu'il a marché
sur Dol. S'il prend Dol, et s'il établit sur le Mont-Dol[1]
une batterie, car il a du canon, voilà un point de la côte
où les Anglais peuvent aborder, et tout est perdu. C'est
pourquoi, comme il n'y avait pas une minute à perdre,
Gauvain, qui est un homme de tête, n'a pris conseil que
de lui-même, n'a pas demandé d'ordre et n'en a pas
attendu, a sonné le boute-selle, attelé son artillerie,
ramassé sa troupe, tiré son sabre, et voilà comment, pendant que Lantenac se jette sur Dol, Gauvain se jette sur
Lantenac. C'est à Dol que ces deux fronts bretons vont
se cogner. Ce sera un fier choc. Ils y sont maintenant.

— Combien de temps faut-il pour aller à Dol ?

— À une troupe qui a des charrois, au moins trois
heures ; mais ils y sont.

Le voyageur prêta l'oreille et dit :

— En effet, il me semble que j'entends le canon.

L'hôte écouta.

— Oui, citoyen. Et la fusillade. On déchire de la toile[2].
Vous devriez passer la nuit ici. Il n'y a rien de bon à
attraper par là.

— Je ne puis m'arrêter. Je dois continuer ma route.

— Vous avez tort. Je ne connais pas vos affaires, mais
le risque est grand, et, à moins qu'il ne s'agisse de ce que
vous avez de plus cher au monde...

— C'est en effet de cela qu'il s'agit, répondit le
cavalier.

— ... De quelque chose comme votre fils...

— À peu près, dit le cavalier.

L'aubergiste leva la tête et se dit à part soi :

— Ce citoyen me fait pourtant l'effet d'être un prêtre.

Puis, après réflexion :

— Après ça, un prêtre, ça a des enfants.

— Rebridez mon cheval, dit le voyageur. Combien
vous dois-je ?

---

1. Éminence granitique au nord-ouest de Dol, où Saint-Michel
passait pour avoir livré son combat.   **2.** *Déchirer de la toile*, exécuter sans ensemble des tirs d'infanterie, par allusion au bruit d'une
toile déchirée.

Et il paya.

L'hôte rangea l'auge et le seau le long de son mur, et revint vers le voyageur.

— Puisque vous êtes décidé à partir, écoutez mon conseil. Il est clair que vous allez à Saint-Malo. Eh bien, n'allez pas par Dol. Il y a deux chemins, le chemin par Dol, et le chemin le long de la mer. L'un n'est guère plus court que l'autre. Le chemin le long de la mer va par Saint-Georges de Brehaigne, Cherrueix, et Hirel-le-Vivier. Vous laissez Dol au sud et Cancale au nord. Citoyen, au bout de la rue, vous allez trouver l'embranchement des deux routes ; celle de Dol est à gauche, celle de Saint-Georges de Brehaigne est à droite. Écoutez-moi bien, si vous allez par Dol, vous tombez dans le massacre. C'est pourquoi ne prenez pas à gauche, prenez à droite.

— Merci, dit le voyageur.

Et il piqua son cheval.

L'obscurité s'était faite, il s'enfonça dans la nuit.

L'aubergiste le perdit de vue.

Quand le voyageur fut au bout de la rue à l'embranchement des deux chemins, il entendit la voix de l'aubergiste qui lui criait de loin :

— Prenez à droite !

Il prit à gauche.

II

DOL

Dol, ville espagnole de France en Bretagne [1], ainsi la qualifient les cartulaires, n'est pas une ville, c'est une rue.

---

1. Dol-de-Bretagne, conquise par Roland et « coupée » par Durandal : « Ô Durandal, ayant coupé Dol en Bretagne, / Tu peux bien me couper encore cette montagne » (« Le petit roi de Galice », *La Légende des siècles*, éd. Claude Millet, « Le Livre de Poche classique », p. 201). Hugo avait d'abord écrit : « Dol en Espagne ». Nous n'en savons pas plus.

Grande vieille rue gothique, toute bordée à droite et à gauche de maisons à piliers, point alignées, qui font des caps et des coudes dans la rue, d'ailleurs très large[1]. Le reste de la ville n'est qu'un réseau de ruelles se rattachant à cette grande rue diamétrale et y aboutissant comme des ruisseaux à une rivière. La ville, sans portes ni murailles, ouverte, dominée par le Mont-Dol, ne pourrait soutenir un siège ; mais la rue en peut soutenir un. Les promontoires de maisons qu'on y voyait encore il y a cinquante ans, et les deux galeries sous piliers qui la bordent en faisaient un lieu de combat très solide et très résistant. Autant de maisons, autant de forteresses ; et il fallait enlever l'une après l'autre. La vieille halle était à peu près au milieu de la rue.

L'aubergiste de la Croix-Branchard avait dit vrai, une mêlée forcenée emplissait Dol au moment où il parlait. Un duel nocturne entre les blancs arrivés le matin et les bleus survenus le soir avait brusquement éclaté dans la ville[2]. Les forces étaient inégales, les blancs étaient six mille, les bleus étaient quinze cents, mais il y avait égalité d'acharnement. Chose remarquable, c'étaient les quinze cents qui avaient attaqué les six mille.

D'un côté une cohue, de l'autre une phalange. D'un côté six mille paysans, avec des cœurs-de-Jésus sur leurs vestes de cuir, des rubans blancs à leurs chapeaux ronds, des devises chrétiennes sur leurs brassards, des chapelets à leurs ceinturons, ayant plus de fourches que de sabres et des carabines sans bayonnettes, traînant des canons attelés de cordes, mal équipés, mal disciplinés, mal armés, mais frénétiques. De l'autre quinze cents soldats avec le tricorne à cocarde tricolore, l'habit à grandes basques et à grands revers, le baudrier croisé, le briquet à poignée de cuivre et le fusil à longue bayonnette, dressés, alignés, dociles et farouches, sachant obéir en gens qui sauraient

---

1. « Dol a une belle vieille rue presque romane avec des piliers à chapiteaux sous les maisons » (à Mme Victor Hugo, 25 juin 1836). *Romane*, par dénégation du rôle attribué aux races « barbares » dans l'invention du style « gothique ». **2.** Le général Westermann attaqua la ville occupée par les Vendéens au soir du 21 novembre 1793.

commander, volontaires eux aussi, mais volontaires de la patrie, en haillons du reste, et sans souliers ; pour la monarchie, des paysans paladins, pour la révolution, des héros va-nu-pieds ; et chacune des deux troupes ayant pour âme son chef ; les royalistes un vieillard, les républicains un jeune homme. D'un côté Lantenac, de l'autre Gauvain[1].

La révolution, à côté des jeunes figures gigantesques, telles que Danton, Saint-Just, et Robespierre, a les jeunes figures idéales, comme Hoche et Marceau. Gauvain était une de ces figures.

Gauvain avait trente ans, une encolure d'Hercule, l'œil sérieux d'un prophète et le rire d'un enfant. Il ne fumait pas, il ne buvait pas, il ne jurait pas. Il emportait à travers la guerre un nécessaire de toilette ; il avait grand soin de ses ongles, de ses dents, de ses cheveux qui étaient bruns et superbes ; et dans les haltes il secouait lui-même au vent son habit de capitaine qui était troué de balles et blanc de poussière[2]. Toujours rué éperdument dans les mêlées, il n'avait jamais été blessé. Sa voix très douce avait à propos les éclats brusques du commandement. Il donnait l'exemple de coucher à terre, sous la bise, sous la pluie, dans la neige, roulé dans son manteau, et sa tête charmante posée sur une pierre. C'était une âme héroïque et innocente. Le sabre au poing le transfigurait. Il avait cet air efféminé qui dans la bataille est formidable.

Avec cela penseur et philosophe, un jeune sage ; Alcibiade pour qui le voyait, Socrate pour qui l'entendait.

Dans cette immense improvisation qui est la révolution française, ce jeune homme avait été tout de suite un chef de guerre.

Sa colonne, formée par lui, était comme la légion romaine, une sorte de petite armée complète ; elle se composait d'infanterie et de cavalerie ; elle avait des

---

1. D'un côté La Rochejaquelein, Stofflet et le prince de Talmont, de l'autre Westermann, Marceau et Kléber.   **2.** Comme le manteau de Jean Chouan, don du prince de Talmont, « tellement percé de balles et de coups de sabre qu'il ne put le garder davantage » (Descépeaux).

éclaireurs, des pionniers, des sapeurs, des pontonniers ;
et, de même que la légion romaine avait des catapultes,
elle avait des canons. Trois pièces bien attelées faisaient
la colonne forte en la laissant maniable.

Lantenac aussi était un chef de guerre, pire encore. Il
était à la fois plus réfléchi et plus hardi. Les vrais vieux
héros ont plus de froideur que les jeunes parce qu'ils sont
loin de l'aurore, et plus d'audace parce qu'ils sont près
de la mort. Qu'ont-il à perdre ? si peu de chose. De là les
manœuvres téméraires, en même temps que savantes, de
Lantenac. Mais en somme, et presque toujours, dans cet
opiniâtre corps à corps du vieux et du jeune, Gauvain
avait le dessus. C'était plutôt fortune qu'autre chose. Tous
les bonheurs, même le bonheur terrible, font partie de la
jeunesse. La victoire est un peu fille.

Lantenac était exaspéré contre Gauvain ; d'abord parce
que Gauvain le battait, ensuite parce que c'était son
parent. Quelle idée a-t-il d'être jacobin ? ce Gauvain ! ce
polisson ! son héritier, car le marquis n'avait pas d'enfants, un petit-neveu, presque un petit-fils ! — *Ah !* disait
ce quasi grand-père, *si je mets la main dessus, je le tue
comme un chien !*

Du reste, la République avait raison de s'inquiéter de
ce marquis de Lantenac. À peine débarqué, il faisait trem-
bler. Son nom avait couru dans l'insurrection vendéenne
comme une traînée de poudre, et Lantenac était tout de
suite devenu centre. Dans une révolte de cette nature où
tous se jalousent et où chacun a son buisson ou son ravin,
quelqu'un de haut qui survient rallie les chefs épars égaux
entre eux. Presque tous les capitaines des bois s'étaient
joints à Lantenac, et, de près ou de loin, lui obéissaient.
Un seul l'avait quitté, c'était le premier qui s'était joint à
lui, Gavard[1]. Pourquoi ? C'est que c'était un homme de
confiance. Gavard avait eu tous les secrets et adopté tous
les plans de l'ancien système de guerre civile que Lantenac venait supplanter et remplacer. On n'hérite pas d'un

---

1. Jean-Louis Gavard, déjà nommé p. 155.

homme de confiance ; le soulier de la Rouarie n'avait pu chausser Lantenac. Gavard était allé rejoindre Bonchamp.

Lantenac, comme homme de guerre, était de l'école de Frédéric II[1] ; il entendait combiner la grande guerre avec la petite. Il ne voulait ni d'une « masse confuse », comme la grosse armée catholique et royale, foule destinée à l'écrasement ; ni d'un éparpillement dans les halliers et les taillis, bon pour harceler, impuissant pour terrasser. La guérilla ne conclut pas, ou conclut mal ; on commence par attaquer une république et l'on finit par détrousser une diligence. Lantenac ne comprenait cette guerre bretonne, ni toute en rase campagne comme La Rochejaquelein, ni toute dans la forêt comme Jean Chouan ; ni Vendée, ni Chouannerie ; il voulait la vraie guerre ; se servir du paysan, mais l'appuyer sur le soldat. Il voulait des bandes pour la stratégie et des régiments pour la tactique. Il trouvait excellentes pour l'attaque, l'embuscade et la surprise, ces armées de village, tout de suite assemblées, tout de suite dispersées ; mais il les sentait trop fluides ; elles étaient dans sa main comme de l'eau ; il voulait dans cette guerre flottante et diffuse créer un point solide ; il voulait ajouter à la sauvage armée des forêts une troupe régulière qui fût le pivot de manœuvre des paysans. Pensée profonde et affreuse ; si elle eût réussi, la Vendée eût été inexpugnable.

Mais où trouver une troupe régulière ? où trouver des soldats ? où trouver des régiments ? où trouver une armée toute faite ? en Angleterre. De là l'idée fixe de Lantenac : faire débarquer les Anglais[2]. Ainsi capitule la conscience des partis ; la cocarde blanche lui cachait l'habit rouge. Lantenac n'avait qu'une pensée : s'emparer d'un point du littoral, et le livrer à Pitt. C'est pourquoi, voyant Dol sans défense, il s'était jeté dessus, afin d'avoir par Dol le Mont-Dol, et par le Mont-Dol la côte.

---

1. Frédéric II dit « le Grand » (1712-1786), roi de Prusse, chef de guerre et libre penseur, ami de Voltaire.   **2.** But de la tentative avortée sur Granville (14 novembre 1793). Il ne sera plus question, à Dol, en novembre, d'une pareille stratégie, ni de s'emparer du Mont-Dol. L'« habit rouge », uniforme des soldats anglais.

Le lieu était bien choisi. Le canon du Mont-Dol balayerait d'un côté le Fresnois, de l'autre Saint-Brelade, tiendrait à distance la croisière de Cancale et ferait toute la plage libre à une descente, du Raz-sur-Couesnon à Saint-Mêloir-des-Ondes.

Pour faire réussir cette tentative décisive, Lantenac avait amené avec lui un peu plus de six mille hommes, ce qu'il avait de plus robuste dans les bandes dont il disposait, et toute son artillerie, dix couleuvrines de seize, une bâtarde de huit et une pièce de régiment de quatre livres de balles. Il entendait établir une forte batterie sur le Mont-Dol, d'après ce principe que mille coups tirés avec dix canons font plus de besogne que quinze cents coups tirés avec cinq canons.

Le succès semblait certain. On était six mille hommes. On n'avait à craindre, vers Avranches, que Gauvain et ses quinze cents hommes, et vers Dinan que Léchelle[1]. Léchelle, il est vrai, avait vingt-cinq mille hommes, mais il était à vingt lieues. Lantenac était donc rassuré, du côté de Léchelle, par la grande distance contre le grand nombre, et, du côté de Gauvain, par le petit nombre contre la petite distance. Ajoutons que Léchelle était imbécile, et que, plus tard, il fit écraser ses vingt-cinq mille hommes aux landes de la Croix-Bataille, échec qu'il paya de son suicide.

Lantenac avait donc une sécurité complète. Son entrée à Dol fut brusque et dure. Le marquis de Lantenac avait une rude renommée, on le savait sans miséricorde. Aucune résistance ne fut essayée. Les habitants terrifiés se barricadèrent dans leurs maisons. Les six mille Vendéens s'installèrent dans la ville avec la confusion campagnarde, presque un champ de foire, sans fourriers, sans logis marqués, bivouaquant au hasard, faisant la cuisine en plein vent, s'éparpillant dans les églises, quittant les fusils pour les rosaires. Lantenac alla en hâte avec quelques officiers d'artillerie reconnaître le Mont-Dol,

---

1. Voir n. 1, p. 220.

laissant la lieutenance à Gouge-le-Bruant, qu'il avait nommé sergent de bataille[1].

Ce Gouge-le-Bruant a laissé une vague trace dans l'histoire. Il avait deux surnoms, *Brise-bleu*, à cause de ses carnages de patriotes, et *l'Imânus*, parce qu'il avait en lui on ne sait quoi d'inexprimablement horrible. *Imânus*, dérivé d'*immanis*, est un vieux mot bas-normand qui exprime la laideur surhumaine, et quasi divine dans l'épouvante, le démon, le satyre, l'ogre. Un ancien manuscrit dit : *d'mes daeux iers j'vis l'imânus*[2]. Les vieillards du Bocage ne savent plus aujourd'hui ce que c'est que Gouge-le-Bruant, ni ce que signifie Brise-bleu ; mais ils connaissent confusément l'Imânus. L'Imânus est mêlé aux superstitions locales. On parle encore de l'Imânus à Trémorel et Plumaugat, deux villages où Gouge-le-Bruant a laissé la marque de son pied sinistre. Dans la Vendée, les autres étaient les sauvages, Gouge-le-Bruant était le barbare. C'était une espèce de cacique[3], tatoué de croix-de-par-Dieu et de fleurs-de-lys ; il avait sur sa face la lueur hideuse, et presque surnaturelle, d'une âme à laquelle ne ressemblait aucune autre âme humaine. Il était infernalement brave dans le combat, ensuite atroce. C'était un cœur plein d'aboutissements tortueux, porté à

---

1. « Gouge-le-Bruant » (voir p. 273), en surcharge, dans le manuscrit, sur : « Brise-Bleu », seul nommé dans une première rédaction dont le portrait qui va suivre est l'amplification postérieure. *Gouge*, arme ou ciseau à pointe recourbée, mais aussi servante ou putain. *Bruant*, nom générique d'une famille de petits passereaux (comme l'ortolan et le bruant éperonnier), particulièrement *bruyants*. *Sergent de bataille*, officier chargé temporairement de faire ranger une armée en ordre de bataille.   2. Emprunts au *Dictionnaire franco-normand*. *Immanis*, cruel, farouche, monstrueux, comme *immensis*, en latin. « L'Imânus est la forme humaine de l'*immanence* » (Y. Gohin ; voir n. 1, p. 255). On croit entendre aussi les premiers mots de la dernière des « sept paroles du Christ en croix », devenue prière des agonisants : « In manus *tuas, Domine, commendo spiritum meum* » (Je remets mon esprit, seigneur, entre tes mains). Quasimodo était lui-même « d'un monstrueux troupeau le gardien plus monstrueux encore », selon le titre d'un chapitre de *Notre-Dame de Paris* (« *Immanis pecoris custos immanior ipse* », IV, 3). 3. *Cacique*, chef indigène dans l'ancienne Amérique centrale.

tous les dévouements, enclin à toutes les fureurs. Raison-
nait-il ? Oui, mais comme les serpents rampent ; en spirale. Il partait de l'héroïsme pour arriver à l'assassinat. Il
était impossible de deviner d'où lui venaient ses résolutions, parfois grandioses à force d'être monstrueuses. Il
était capable de tous les inattendus horribles. Il avait la
férocité épique.

De là ce surnom difforme, *l'Imânus.*

Le marquis de Lantenac avait confiance en sa cruauté.

Cruauté, c'était juste, l'Imânus y excellait ; mais en
stratégie et en tactique, il était moins supérieur, et peut-
être le marquis avait-il tort d'en faire son sergent de
bataille. Quoi qu'il en soit, il laissa derrière lui l'Imânus
avec charge de le remplacer et de veiller à tout.

Gouge-le-Bruant, homme plus guerrier que militaire,
était plus propre à égorger un clan qu'à garder une ville.
Pourtant il posa des grand'gardes.

Le soir venu, comme le marquis de Lantenac, après
avoir reconnu l'emplacement de la batterie projetée, s'en
retournait vers Dol, tout à coup, il entendit le canon. Il
regarda. Une fumée rouge s'élevait de la grande rue. Il y
avait surprise, irruption, assaut ; on se battait dans la ville.

Bien que difficile à étonner, il fut stupéfait. Il ne s'attendait à rien de pareil. Qui cela pouvait-il être ? Évidemment ce n'était pas Gauvain. On n'attaque pas à un contre
quatre. Était-ce Léchelle ? Mais alors quelle marche forcée ! Léchelle était improbable, Gauvain impossible.

Lantenac poussa son cheval ; chemin faisant il rencontra des habitants qui s'enfuyaient ; il les questionna, ils
étaient fous de peur ; ils criaient : Les bleus ! les bleus !
et quand il arriva, la situation était mauvaise.

Voici ce qui s'était passé.

III

PETITES ARMÉES ET GRANDES BATAILLES

En arrivant à Dol, les paysans, on vient de le voir, s'étaient dispersés dans la ville, chacun faisant à sa guise, comme cela arrive quand « *on obéit d'amitié* », c'était le mot des Vendéens[1]. Genre d'obéissance qui fait des héros, mais non des troupiers. Ils avaient garé leur artillerie avec les bagages sous les voûtes de la vieille halle, et, las, buvant, mangeant, « chapelettant », ils s'étaient couchés pêle-mêle en travers de la grande rue, plutôt encombrée que gardée. Comme la nuit tombait, la plupart s'endormirent, la tête sur leurs sacs, quelques-uns ayant leur femme à côté d'eux ; car souvent les paysannes suivaient les paysans ; en Vendée, les femmes grosses servaient d'espion. C'était une douce nuit de juillet ; les constellations resplendissaient dans le profond bleu noir du ciel. Tout ce bivouac, qui était plutôt une halte de caravane qu'un campement d'armée, se mit à sommeiller paisiblement. Tout à coup, à la lueur du crépuscule, ceux qui n'avaient pas encore fermé les yeux virent trois pièces de canon braquées à l'entrée de la grande rue.

C'était Gauvain. Il avait surpris les grand'gardes, il était dans la ville, et il tenait avec sa colonne la tête de la rue.

Un paysan se dressa, cria qui vive ? et lâcha son coup de fusil, un coup de canon répliqua. Puis une mousqueterie furieuse éclata. Toute la cohue assoupie se leva en sursaut. Rude secousse. S'endormir sous les étoiles et se réveiller sous la mitraille.

Le premier moment fut terrible. Rien de tragique comme le fourmillement d'une foule foudroyée. Ils se

---

1. Tout se réglait, en chouannerie, « par le suffrage d'hommes qui se considéraient comme égaux et libres [...], regardaient leur dépendance comme volontaire et, suivant leur expression *obéissaient d'amitié* », à l'exemple d'une « confédération républicaine » (Descépeaux).

jetèrent sur leurs armes. On criait, on courait, beaucoup
tombaient. Les gars, assaillis, ne savaient plus ce qu'ils
faisaient et s'arquebusaient les uns les autres. Il y avait
des gens ahuris qui sortaient des maisons, qui y rentraient,
qui sortaient encore, et qui erraient dans la bagarre, éperdus. Des familles s'appelaient. Combat lugubre, mêlé de
femmes et d'enfants. Les balles sifflantes rayaient l'obscurité. La fusillade partait de tous les coins noirs. Tout
était fumée et tumulte. L'enchevêtrement des fourgons et
des charrois s'y ajoutait. Les chevaux ruaient. On marchait sur des blessés. On entendait à terre des hurlements.
Horreur de ceux-ci, stupeur de ceux-là. Les soldats et les
officiers se cherchaient. Au milieu de tout cela, de
sombres indifférences. Une femme allaitait son nouveau-
né, assise contre un pan de mur auquel était adossé son
mari qui avait la jambe cassée et qui, pendant que son
sang coulait, chargeait tranquillement sa carabine et tirait
au hasard, tuant devant lui dans l'ombre. Des hommes à
plat ventre tiraient à travers les roues des charrettes. Par
moments il s'élevait un hourvari de clameurs. La grosse
voix du canon couvrait tout. C'était épouvantable.

Ce fut comme un abatis d'arbres ; tous tombaient les
uns sur les autres. Gauvain, embusqué, mitraillait à coup
sûr, et perdait peu de monde.

Pourtant l'intrépide désordre des paysans finit par se
mettre sur la défensive ; ils se replièrent sous la halle,
vaste redoute obscure, forêt de piliers de pierre[1]. Là ils
reprirent pied ; tout ce qui ressemblait à un bois leur donnait confiance. L'Imânus suppléait de son mieux à l'absence de Lantenac. Ils avaient du canon, mais, au grand
étonnement de Gauvain, ils ne s'en servaient point ; cela
tenait à ce que, les officiers d'artillerie étant allés avec le
marquis reconnaître le Mont-Dol, les gars ne savaient que
faire des couleuvrines et des bâtardes ; mais ils criblaient

---

1. Cela fait de la halle un « temple gothique ». La comparaison
de l'architecture gothique à une « forêt de piliers de pierre » était
courante, depuis que l'auteur du *Génie du christianisme* en avait
popularisé l'image, héritée du XVIIIe siècle et souvent reprise par
Hugo.

de balles les bleus qui les canonnaient. Les paysans ripostaient par la mousqueterie à la mitraille. C'étaient eux
maintenant qui étaient abrités. Ils avaient entassé les
haquets, les tombereaux, les bagages, toutes les futailles
de la vieille halle, et improvisé une haute barricade avec
des claires-voies par où passaient leurs carabines. Par ces
trous leur fusillade était meurtrière. Tout cela se fit vite.
En un quart d'heure la halle eut un front imprenable.

Ceci devenait grave pour Gauvain. Cette halle brusquement transformée en citadelle, c'était l'inattendu. Les
paysans étaient là, massés et solides. Gauvain avait réussi
la surprise et manqué la déroute. Il avait mis pied à terre.
Attentif, ayant son épée au poing sous ses bras croisés,
debout dans la lueur d'une torche qui éclairait sa batterie,
il regardait toute cette ombre.

Sa haute taille dans cette clarté le faisait visible aux
hommes de la barricade [1]. Il était point de mire, mais il
n'y songeait pas.

Les volées de balles qu'envoyait la barricade s'abat-
taient autour de Gauvain, pensif.

Mais contre toutes ces carabines il avait du canon. Le
boulet finit toujours par avoir raison. Qui a l'artillerie a la
victoire. Sa batterie, bien servie, lui assurait la supériorité.

Subitement, un éclair jaillit de la halle pleine de
ténèbres, on entendit comme un coup de foudre, et un
boulet vint trouer une maison au-dessus de la tête de
Gauvain.

La barricade répondait au canon par le canon.

Que se passait-il ? Il y avait du nouveau. L'artillerie
maintenant n'était plus d'un seul côté.

Un second boulet suivit le premier et vint s'enfoncer
dans le mur tout près de Gauvain. Un troisième boulet
jeta à terre son chapeau.

Ces boulets étaient de gros calibre. C'était une pièce
de seize qui tirait.

— On vous vise, commandant, crièrent les artilleurs.

---

1. Hugo se souvient des barricades de juin 1848, qu'il avait eu à
affronter en tant que « commissaire-représentant », et s'inspire des
combats livrés au Mans, le 12 décembre 1793, autour de la halle.

Et ils éteignirent la torche. Gauvain, rêveur, ramassa son chapeau.

Quelqu'un en effet visait Gauvain, c'était Lantenac.

Le marquis venait d'arriver dans la barricade par le côté opposé.

L'Imânus avait couru à lui.

— Monseigneur, nous sommes surpris.

— Par qui ?

— Je ne sais.

— La route de Dinan est-elle libre ?

— Je le crois.

— Il faut commencer la retraite.

— Elle commence. Beaucoup se sont déjà sauvés.

— Il ne faut pas se sauver ; il faut se retirer. Pourquoi ne vous servez-vous pas de l'artillerie ?

— On a perdu la tête, et puis les officiers n'étaient pas là.

— J'y vais.

— Monseigneur, j'ai dirigé sur Fougères le plus que j'ai pu des bagages, les femmes, tout l'inutile. Que faut-il faire des trois petits prisonniers ?

— Ah ! ces enfants ?

— Oui.

— Ils sont nos otages. Fais-les conduire à la Tourgue.

Cela dit, le marquis alla à la barricade. Le chef venu, tout changea de face. La barricade était mal faite pour l'artillerie, il n'y avait place que pour deux canons ; le marquis mit en batterie deux pièces de seize auxquelles on fit des embrasures. Comme il était penché sur un de ces canons, observant la batterie ennemie par l'embrasure, il aperçut Gauvain.

— C'est lui ! cria-t-il.

Alors il prit lui-même l'écouvillon et le fouloir, chargea la pièce, fixa le fronton de mire et pointa.

Trois fois il ajusta Gauvain, et le manqua. Le troisième coup ne réussit qu'à le décoiffer.

— Maladroit ! murmura Lantenac. Un peu plus bas, j'avais la tête.

Brusquement la torche s'éteignit, et il n'eut plus devant lui que les ténèbres.

— Soit, dit-il.

Et se tournant vers les canonniers paysans, il cria :

— À mitraille !

Gauvain de son côté n'était pas moins sérieux. La situation s'aggravait. Une phase nouvelle du combat se dessinait. La barricade en était à le canonner. Qui sait si elle n'allait point passer de la défensive à l'offensive ? Il avait devant lui, en défalquant les morts et les fuyards, au moins cinq mille combattants, et il ne lui restait à lui que douze cents hommes maniables. Que deviendraient les républicains si l'ennemi s'apercevait de leur petit nombre ? Les rôles seraient intervertis. On était assaillant, on serait assailli. Que la barricade fît une sortie, tout pouvait être perdu.

Que faire ? il ne fallait point songer à attaquer la barricade de front ; un coup de vive force était chimérique ; douze cents hommes ne débusquent pas cinq mille hommes. Brusquer était impossible, attendre était funeste. Il fallait en finir. Mais comment ?

Gauvain était du pays, il connaissait la ville ; il savait que la vieille halle, où les Vendéens s'étaient crénelés, était adossée à un dédale de ruelles étroites et tortueuses.

Il se tourna vers son lieutenant qui était ce vaillant capitaine Guéchamp, fameux plus tard pour avoir nettoyé la forêt de Concise où était né Jean Chouan, et pour avoir, en barrant aux rebelles la chaussée de l'étang de la Chaîne, empêché la prise de Bourgneuf.

— Guéchamp, dit-il, je vous remets le commandement. Faites tout le feu que vous pourrez. Trouez la barricade à coups de canon. Occupez-moi tous ces gens-là.

— C'est compris, dit Guéchamp.

— Massez toute la colonne, armes chargées, et tenez-la prête à l'attaque.

Il ajouta quelques mots à l'oreille de Guéchamp.

— C'est entendu, dit Guéchamp.

Gauvain reprit :

— Tous nos tambours sont-ils sur pied ?

— Oui.

— Nous en avons neuf. Gardez-en deux, donnez-m'en
sept.

Les sept tambours vinrent en silence se ranger devant
Gauvain.

Alors Gauvain cria :

— À moi le bataillon du Bonnet-Rouge !

Douze hommes, dont un sergent, sortirent du gros de
la troupe.

— Je demande tout le bataillon, dit Gauvain.

— Le voilà, répondit le sergent.

— Vous êtes douze !

— Nous restons douze.

— C'est bien, dit Gauvain.

Ce sergent était le bon et rude troupier Radoub qui
avait adopté au nom du bataillon les trois enfants rencontrés dans le bois de la Saudraie.

Un demi-bataillon seulement, on s'en souvient, avait
été exterminé à Herbe-en-Pail, et Radoub avait eu ce bon
hasard de n'en point faire partie.

Un fourgon de fourrage était proche ; Gauvain le montra du doigt au sergent.

— Sergent, faites faire à vos hommes des liens de
paille, et qu'on torde cette paille autour des fusils pour
qu'on n'entende pas de bruit s'ils s'entrechoquent.

Une minute s'écoula, l'ordre fut exécuté, en silence et
dans l'obscurité.

— C'est fait, dit le sergent.

— Soldats, ôtez vos souliers, reprit Gauvain.

— Nous n'en avons pas, dit le sergent.

Cela faisait, avec les sept tambours, dix-neuf hommes ;
Gauvain était le vingtième.

Il cria :

— Sur une seule file. Suivez-moi. Les tambours derrière moi. Le bataillon ensuite. Sergent, vous commande-
rez le bataillon.

Il prit la tête de la colonne, et, pendant que la canonnade continuait des deux côtés, ces vingt hommes, glis-

sant comme des ombres, s'enfoncèrent dans les ruelles
désertes.

Ils marchèrent quelque temps de la sorte serpentant le
long des maisons. Tout semblait mort dans la ville ; les
bourgeois s'étaient blottis dans les caves. Pas une porte
qui ne fût barrée, pas un volet qui ne fût fermé. De
lumière nulle part.

La grande rue faisait dans ce silence un fracas furieux ;
le combat au canon continuait ; la batterie républicaine et
la barricade royaliste se crachaient toute leur mitraille
avec rage.

Après vingt minutes de marche tortueuse, Gauvain, qui
dans cette obscurité cheminait avec certitude, arriva à
l'extrémité d'une ruelle d'où l'on rentrait dans la grande
rue ; seulement on était de l'autre côté de la halle.

La position était tournée. De ce côté-ci il n'y avait pas
de retranchement, ceci est l'éternelle imprudence des
constructeurs de barricades, la halle était ouverte, et l'on
pouvait entrer sous les piliers où étaient attelés quelques
chariots de bagages prêts à partir. Gauvain et ses dix-neuf
hommes avaient devant eux les cinq mille Vendéens,
mais de dos et non de front.

Gauvain parla à voix basse au sergent ; on défit la
paille nouée autour des fusils ; les douze grenadiers se
postèrent en bataille derrière l'angle de la ruelle, et les
sept tambours, la baguette haute, attendirent.

Les décharges d'artillerie étaient intermittentes. Tout à
coup, dans un intervalle entre deux détonations, Gauvain
leva son épée, et d'une voix qui, dans ce silence, sembla
un éclat de clairon, il cria :

— Deux cents hommes par la droite, deux cents
hommes par la gauche, tout le reste sur le centre !

Les douze coups de fusil partirent et les sept tambours
sonnèrent la charge.

Et Gauvain jeta le cri redoutable des bleus :

— À la bayonnette ! Fonçons[1] !

---

1. C'est au Mans qu'une arrière-garde vendéenne fut « exterminée » à la baïonnette (Louis Blanc).

L'effet fut inouï.

Toute cette masse paysanne se sentit prise à revers, et s'imagina avoir une nouvelle armée dans le dos. En même temps, entendant le tambour, la colonne qui tenait le haut de la grande rue et que commandait Guéchamp s'ébranla, battant la charge de son côté, et se jeta au pas de course sur la barricade ; les paysans se virent entre deux feux ; la panique est un grossissement, dans la panique un coup de pistolet fait le bruit d'un coup de canon, toute clameur est fantôme, et l'aboiement d'un chien semble le rugissement d'un lion. Ajoutons que le paysan prend peur comme le chaume prend feu, et, aussi aisément qu'un feu de chaume devient incendie, une peur de paysan devient déroute. Ce fut une fuite inexprimable.

En quelques instants la halle fut vide, les gars terrifiés se désagrégèrent, rien à faire pour les officiers, l'Imânus tua inutilement deux ou trois fuyards, on n'entendait que ce cri : *Sauve qui peut !* et cette armée, à travers les rues de la ville comme à travers les trous d'un crible, se dispersa dans la campagne, avec une rapidité de nuée emportée par l'ouragan.

Les uns s'enfuirent vers Châteauneuf, les autres vers Plerguer, les autres vers Antrain.

Le marquis de Lantenac vit cette déroute. Il encloua de sa main les canons [1], puis il se retira, le dernier, lentement et froidement, et il dit : Décidément les paysans ne tiennent pas. Il nous faut les Anglais.

---

1. Opération destinée à rendre inutilisable un canon au moyen d'un *clou*.

IV

C'EST LA SECONDE FOIS

La victoire était complète.

Gauvain se tourna vers les hommes du bataillon du Bonnet-Rouge, et leur dit :

— Vous êtes douze, mais vous en valez mille.

Un mot du chef, c'était la croix d'honneur de ce temps-là.

Guéchamp, lancé par Gauvain hors de la ville, poursuivit les fuyards et en prit beaucoup.

On alluma des torches et l'on fouilla la ville.

Tout ce qui ne put s'évader se rendit. On illumina la grande rue avec des pots à feu. Elle était jonchée de morts et de blessés. La fin d'un combat s'arrache toujours, quelques groupes désespérés résistaient encore çà et là, on les cerna, et ils mirent bas les armes.

Gauvain avait remarqué dans le pêle-mêle effréné de la déroute un homme intrépide, espèce de faune agile et robuste, qui avait protégé la fuite des autres et ne s'était pas enfui. Ce paysan s'était magistralement servi de sa carabine, fusillant avec le canon, assommant avec la crosse, si bien qu'il l'avait cassée ; maintenant il avait un pistolet dans un poing et un sabre dans l'autre. On n'osait l'approcher. Tout à coup Gauvain le vit qui chancelait et qui s'adossait à un pilier de la grande rue. Cet homme venait d'être blessé. Mais il avait toujours aux poings son sabre et son pistolet. Gauvain mit son épée sous son bras et alla à lui.

— Rends-toi, dit-il.

L'homme le regarda fixement. Son sang coulait sous ses vêtements d'une blessure qu'il avait, et faisait une mare à ses pieds.

— Tu es mon prisonnier, reprit Gauvain.

L'homme resta muet.

— Comment t'appelles-tu ?

L'homme dit :

— Je m'appelle Danse-à-l'Ombre.

— Tu es un vaillant, dit Gauvain.

Et il lui tendit la main.

L'homme répondit :

— Vive le roi !

Et ramassant ce qui lui restait de force, levant les deux bras à la fois, il tira au cœur de Gauvain un coup de pistolet et lui asséna sur la tête un coup de sabre.

Il fit cela avec une promptitude de tigre ; mais quelqu'un fut plus prompt encore. Ce fut un homme à cheval qui venait d'arriver et qui était là depuis quelques instants, sans qu'on eût fait attention à lui. Cet homme, voyant le Vendéen lever le sabre et le pistolet, se jeta entre lui et Gauvain. Sans cet homme, Gauvain était mort. Le cheval reçut le coup de pistolet, l'homme reçut le coup de sabre, et tous deux tombèrent. Tout cela se fit le temps de jeter un cri.

Le Vendéen de son côté s'était affaissé sur le pavé.

Le coup de sabre avait frappé l'homme en plein visage ; il était à terre, évanoui. Le cheval était tué.

Gauvain s'approcha.

— Qui est cet homme ? dit-il.

Il le considéra. Le sang de la balafre inondait le blessé, et lui faisait un masque rouge. Il était impossible de distinguer sa figure. On lui voyait des cheveux gris.

— Cet homme m'a sauvé la vie, poursuivit Gauvain. Quelqu'un d'ici le connaît-il ?

— Mon commandant, dit un soldat, cet homme est entré dans la ville tout à l'heure. Je l'ai vu arriver. Il venait par la route de Pontorson.

Le chirurgien-major de la colonne était accouru avec sa trousse. Le blessé était toujours sans connaissance. Le chirurgien l'examina et dit :

— Une simple balafre. Ce n'est rien. Cela se recoud. Dans huit jours il sera sur pied. C'est un beau coup de sabre.

Le blessé avait un manteau, une ceinture tricolore, des pistolets, un sabre. On le coucha sur une civière. On le déshabilla. On apporta un seau d'eau fraîche, le chirurgien lava la plaie, le visage commença à apparaître, Gauvain le regardait avec une attention profonde.

— A-t-il des papiers sur lui ? demanda Gauvain.

Le chirurgien tâta la poche de côté et en tira un portefeuille qu'il tendit à Gauvain.

Cependant le blessé, ranimé par l'eau froide, revenait à lui. Ses paupières remuaient vaguement.

Gauvain fouillait le portefeuille ; il y trouva une feuille de papier pliée en quatre, il la déplia, il lut :

« Comité de salut public. Le citoyen Cimourdain... »

Il jeta un cri :

— Cimourdain !

Ce cri fit ouvrir les yeux au blessé.

Gauvain était éperdu.

— Cimourdain ! c'est vous ! c'est la seconde fois que vous me sauvez la vie [1].

Cimourdain regardait Gauvain. Un ineffable éclair de joie illuminait sa face sanglante.

Gauvain tomba à genoux devant le blessé en criant :

— Mon maître !

— Ton père, dit Cimourdain.

V

LA GOUTTE D'EAU FROIDE

Ils ne s'étaient pas vus depuis beaucoup d'années, mais leurs cœurs ne s'étaient jamais quittés ; ils se reconnurent comme s'ils s'étaient séparés la veille.

On avait improvisé une ambulance à l'hôtel de ville de Dol. On porta Cimourdain sur un lit dans une petite chambre contiguë à la grande salle commune aux blessés. Le chirurgien, qui avait recousu la balafre, mit fin aux épanchements entre ces deux hommes, et jugea qu'il fal-

---

1. Voir p. 187.

lait laisser dormir Cimourdain. Gauvain d'ailleurs était réclamé par ces mille soins que sont les devoirs et les soucis de la victoire. Cimourdain resta seul ; mais il ne dormit pas ; il avait deux fièvres, la fièvre de sa blessure et la fièvre de sa joie.

Il ne dormit pas, et pourtant il ne lui semblait pas être éveillé. Était-ce possible ? son rêve était réalisé. Cimourdain était de ceux qui ne croient pas au quine[1], et il l'avait. Il retrouvait Gauvain. Il l'avait quitté enfant, il le retrouvait homme ; il le retrouvait grand, redoutable, intrépide. Il le retrouvait triomphant, et triomphant pour le peuple. Gauvain était en Vendée le point d'appui de la révolution, et c'était lui, Cimourdain, qui avait fait cette colonne à la république. Ce victorieux était son élève. Ce qu'il voyait rayonner à travers cette jeune figure réservée peut-être au panthéon républicain, c'était sa pensée, à lui Cimourdain ; son disciple, l'enfant de son esprit, était dès à présent un héros et serait avant peu une gloire ; il semblait à Cimourdain qu'il revoyait sa propre âme faite Génie. Il venait de voir de ses yeux comment Gauvain faisait la guerre ; il était comme Chiron[2] ayant vu combattre Achille. Rapport mystérieux entre le prêtre et le centaure, car le prêtre n'est homme qu'à mi-corps.

Tous les hasards de cette aventure, mêlés à l'insomnie de sa blessure, emplissaient Cimourdain d'une sorte d'enivrement mystérieux. Une jeune destinée se levait, magnifique, et, ce qui ajoutait à sa joie profonde, il avait plein pouvoir sur cette destinée ; encore un succès comme celui qu'il venait de voir, et Cimourdain n'aurait qu'un mot à dire pour que la république confiât à Gauvain une armée. Rien n'éblouit comme l'étonnement de voir tout réussir. C'était le temps où chacun avait son rêve militaire ; chacun voulait faire un général ; Danton voulait faire Westermann, Marat voulait faire Rossignol, Hébert voulait faire Ronsin ; Robespierre voulait les défaire tous. Pourquoi pas Gauvain ? se disait Cimourdain ; et

---

1. Voir n. 1, p. 101.   **2.** Le centaure Chiron eut de nombreux élèves, qu'il initia à la chasse et aux arts, comme la médecine.

il songeait [1]. L'illimité était devant lui ; il passait d'une hypothèse à l'autre ; tous les obstacles s'évanouissaient ; une fois qu'on a mis le pied sur cette échelle-là, on ne s'arrête plus, c'est la montée infinie, on part de l'homme et l'on arrive à l'étoile. Un grand général n'est qu'un chef d'armées ; un grand capitaine est en même temps un chef d'idées ; Cimourdain rêvait Gauvain grand capitaine. Il lui semblait, car la rêverie va vite, voir Gauvain sur l'Océan, chassant les Anglais ; sur le Rhin, châtiant les rois du Nord ; aux Pyrénées, repoussant l'Espagne ; aux Alpes, faisant signe à Rome de se lever. Il y avait en Cimourdain deux hommes, un homme tendre, et un homme sombre ; tous deux étaient contents ; car, l'inexorable étant son idéal, en même temps qu'il voyait Gauvain superbe, il le voyait terrible. Cimourdain pensait à tout ce qu'il fallait détruire avant de construire, et, certes, se disait-il, ce n'est pas l'heure des attendrissements. Gauvain sera « à la hauteur », mot du temps. Cimourdain se figurait Gauvain écrasant du pied les ténèbres, cuirassé de lumière, avec une lueur de météore au front, ouvrant les grandes ailes idéales de la justice, de la raison et du progrès, et une épée à la main ; ange, mais exterminateur.

Au plus fort de cette rêverie qui était presque une extase [2], il entendit, par la porte entr'ouverte, qu'on parlait dans la grande salle de l'ambulance, voisine de sa chambre ; il reconnut la voix de Gauvain ; cette voix, malgré les années d'absence, avait toujours été dans son oreille, et la voix de l'enfant se retrouve dans la voix de l'homme. Il écouta. Il y avait un bruit de pas. Des soldats disaient :

— Mon commandant, cet homme-ci est celui qui a tiré

---

1. François-Joseph Westermann, déjà nommé, p. 270, Charles-Philippe Ronsin, guillotiné le 24 mars 1794 avec les hébertistes. Soutenu par Marat et les chefs cordeliers, destitué le 5 mars 1794, Jean-Antoine Rossignol (1759-1802) rallia les babouvistes et mourut en déportation.   2. « Ainsi parlait Booz dans le rêve et l'extase... » (« Booz endormi », *La Légende des siècles*, 1859). Rêve à demi prophétique : le Gauvain qu'imagine Cimourdain serait Bonaparte si lui-même avait été Saint-Just (Y. Gohin).

sur vous. Pendant qu'on ne le voyait pas, il s'était traîné dans une cave. Nous l'avons trouvé. Le voilà.

Alors Cimourdain entendit ce dialogue entre Gauvain et l'homme :

— Tu es blessé ?

— Je me porte assez bien pour être fusillé.

— Mettez cet homme dans un lit. Pansez-le, soignez-le, guérissez-le.

— Je veux mourir.

— Tu vivras. Tu as voulu me tuer au nom du roi ; je te fais grâce au nom de la république [1].

Une ombre passa sur le front de Cimourdain. Il eut comme un réveil en sursaut, et il murmura avec une sorte d'accablement sinistre :

— En effet, c'est un clément.

VI

SEIN GUÉRI, CŒUR SAIGNANT

Une balafre se guérit vite ; mais il y avait quelque part quelqu'un de plus gravement blessé que Cimourdain. C'était la femme fusillée que le mendiant Tellmarch avait ramassée dans la grande mare de sang de la ferme d'Herbe-en-Pail.

Michelle Fléchard était plus en danger encore que Tellmarch ne l'avait cru ; au trou qu'elle avait au-dessus du sein correspondait un trou dans l'omoplate ; en même temps qu'une balle lui cassait la clavicule, une autre balle lui traversait l'épaule ; mais, comme le poumon n'avait pas été touché, elle put guérir. Tellmarch était « un philo-

---

1. Lantenac, lui aussi, avait « fait grâce » (p. 118), mais Gauvain agit au nom de la République, c'est-à-dire de la « grâce que nous nommons droit ». La grâce accordée à Javert dans l'« épopée rue Saint-Denis » est encore d'un autre ordre : Jean Valjean « se venge » (*Les Misérables*, V, 1, 19).

sophe[1] », mot de paysans qui signifie un peu médecin, un peu chirurgien et un peu sorcier. Il soigna la blessée dans sa tanière de bête sur son grabat de varech, avec ces choses mystérieuses qu'on appelle « des simples », et, grâce à lui, elle vécut.

La clavicule se ressouda, les trous de la poitrine et de l'épaule se fermèrent ; après quelques semaines, la blessée fut convalescente.

Un matin, elle put sortir du carnichot appuyée sur Tellmarch, et alla s'asseoir sous les arbres au soleil. Tellmarch savait d'elle peu de chose, les plaies de poitrine exigent le silence, et, pendant la quasi-agonie qui avait précédé sa guérison, elle avait à peine dit quelques paroles. Quand elle voulait parler, Tellmarch la faisait taire ; mais elle avait une rêverie opiniâtre, et Tellmarch observait dans ses yeux une sombre allée et venue de pensées poignantes. Ce matin-là, elle était forte, elle pouvait presque marcher seule ; une cure, c'est une paternité, et Tellmarch la regardait, heureux. Ce bon vieux homme se mit à sourire. Il lui parla.

— Eh bien, nous sommes debout, nous n'avons plus de plaie.

— Qu'au cœur, dit-elle.

Et elle reprit :

— Alors vous ne savez pas du tout où ils sont ?

— Qui ça ? demanda Tellmarch.

— Mes enfants.

Cet « alors » exprimait tout un monde de pensées ; cela signifiait : « puisque vous ne m'en parlez pas, puisque depuis tant de jours vous êtes près de moi sans m'en ouvrir la bouche, puisque vous me faites taire chaque fois que je veux rompre le silence, puisque vous semblez craindre que je n'en parle, c'est que vous n'avez rien à

---

1. Philosophe « naturel », comme Gilliatt (*Les Travailleurs de la mer*, II, 2, 5) et Ursus, « Ursus philosophe » (*L'Homme qui rit*, I, 3, 5). *Philosophie naturelle*, somme irraisonnée des connaissances acquises, à laquelle prétend s'opposer, au XIXᵉ siècle, la philosophie « positive » d'Auguste Comte et de ses disciples, « manière uniforme de raisonner applicable à tous les sujets ».

m'en dire. » Souvent, dans la fièvre, dans l'égarement, dans le délire, elle avait appelé ses enfants, et elle avait bien vu, car le délire fait ses remarques, que le vieux homme ne lui répondait pas.

C'est qu'en effet Tellmarch ne savait que lui dire. Ce n'est pas aisé de parler à une mère de ses enfants perdus. Et puis, que savait-il ? rien. Il savait qu'une mère avait été fusillée, que cette mère avait été trouvée à terre par lui, que, lorsqu'il l'avait ramassée, c'était à peu près un cadavre, que ce cadavre avait trois enfants, et que le marquis de Lantenac, après avoir fait fusiller la mère, avait emmené les enfants. Toutes ses informations s'arrêtaient là. Qu'est-ce que ces enfants étaient devenus ? Étaient-ils même encore vivants ? Il savait, pour s'en être informé, qu'il y avait deux garçons et une petite fille, à peine sevrée. Rien de plus. Il se faisait sur ce groupe infortuné une foule de questions, mais il n'y pouvait répondre. Les gens du pays qu'il avait interrogés s'étaient bornés à hocher la tête. M. de Lantenac était un homme dont on ne causait pas volontiers[1].

On ne parlait pas volontiers de Lantenac et on ne parlait pas volontiers à Tellmarch. Les paysans ont un genre de soupçon à eux. Ils n'aimaient pas Tellmarch. Tellmarch le Caimand était un homme inquiétant. Qu'avait-il à regarder toujours le ciel ? que faisait-il, et à quoi pensait-il dans ses longues heures d'immobilité ? certes, il était étrange. Dans ce pays en pleine guerre, en pleine conflagration, en pleine combustion, où tous les hommes n'avaient qu'une affaire, la dévastation, et qu'un travail, le carnage, où c'était à qui brûlerait une maison, égorgerait une famille, massacrerait un poste, saccagerait un village, où l'on ne songeait qu'à se tendre des embuscades, qu'à s'attirer dans des pièges, et qu'à s'entre-tuer les uns les autres, ce solitaire, absorbé dans la nature, comme submergé dans la paix immense des choses, cueillant des herbes et des plantes, uniquement occupé des fleurs, des

---

1. Victor Hugo a renoncé à un développement concernant les « questions » que se faisait Tellmarch. (MASSIN, t. XV, p. 544)

oiseaux et des étoiles, était évidemment dangereux. Visiblement, il n'avait pas sa raison ; il ne s'embusquait derrière aucun buisson, il ne tirait de coup de fusil à personne. De là une certaine crainte autour de lui.

— Cet homme est fou, disaient les passants.

Tellmarch était plus qu'un homme isolé, c'était un homme évité.

On ne lui faisait point de questions, et on ne lui faisait guère de réponses. Il n'avait donc pu se renseigner autant qu'il l'aurait voulu. La guerre s'était répandue ailleurs, on était allé se battre plus loin, le marquis de Lantenac avait disparu de l'horizon, et dans l'état d'esprit où était Tellmarch, pour qu'il s'aperçût de la guerre, il fallait qu'elle mît le pied sur lui.

Après ce mot, — *mes enfants*, — Tellmarch avait cessé de sourire, et la mère s'était mise à penser. Que se passait-il dans cette âme ? Elle était comme au fond d'un gouffre. Brusquement elle regarda Tellmarch, et cria de nouveau et presque avec un accent de colère :

— Mes enfants !

Tellmarch baissa la tête comme un coupable.

Il songeait à ce marquis de Lantenac qui certes ne pensait pas à lui, et qui, probablement, ne savait même plus qu'il existât. Il s'en rendait compte, il se disait : — Un seigneur, quand c'est dans le danger, ça vous connaît ; quand c'est dehors, ça ne vous connaît plus.

Et il se demandait : — Mais alors pourquoi ai-je sauvé ce seigneur ?

Et il se répondait : — Parce que c'est un homme [1].

Il fut là-dessus quelque temps pensif, et il reprit en lui-même : — En suis-je bien sûr ?

Et il se répéta son mot amer : — Si j'avais su !

Toute cette aventure l'accablait ; car dans ce qu'il avait fait, il voyait une sorte d'énigme. Il méditait douloureuse-

---

1. L'« homme » de la Déclaration des droits, héritée de l'universalisme des Lumières, et rendue problématique par les « mœurs » de Lantenac. Tellmarch, comme Ursus dans *L'Homme qui rit*, « soliloque » et « se pérore » : cela « fait l'effet d'un dialogue avec le dieu qu'on a en soi ».

ment. Une bonne action peut donc être une mauvaise action. Qui sauve le loup tue les brebis. Qui raccommode l'aile du vautour est responsable de sa griffe.

Il se sentait en effet coupable. La colère inconsciente de cette mère avait raison.

Pourtant, avoir sauvé cette mère le consolait d'avoir sauvé ce marquis.

Mais les enfants ?

La mère aussi songeait. Ces deux pensées se côtoyaient et, sans se le dire, se rencontraient peut-être, dans les ténèbres de la rêverie.

Cependant son regard, au fond duquel était la nuit, se fixa de nouveau sur Tellmarch.

— Ça ne peut pourtant pas se passer comme ça, dit-elle.

— Chut ! fit Tellmarch, et il mit le doigt sur sa bouche.

Elle poursuivit :

— Vous avez eu tort de me sauver, et je vous en veux. J'aimerais mieux être morte, parce que je suis sûre que je les verrais. Je saurais où ils sont. Ils ne me verraient pas, mais je serais près d'eux. Une morte, ça doit pouvoir protéger.

Il lui prit le bras et lui tâta le pouls.

— Calmez-vous, vous vous redonnez la fièvre.

Elle lui demanda presque durement :

— Quand pourrai-je m'en aller ?

— Vous en aller ?

— Oui. Marcher.

— Jamais, si vous n'êtes pas raisonnable. Demain, si vous êtes sage.

— Qu'appelez-vous être sage ?

— Avoir confiance en Dieu.

— Dieu ! où m'a-t-il mis mes enfants ?

Elle était comme égarée. Sa voix devint très douce.

— Vous comprenez, lui dit-elle, je ne peux pas rester comme cela. Vous n'avez pas eu d'enfants, moi j'en ai eu. Cela fait une différence. On ne peut pas juger d'une

chose quand on ne sait pas ce que c'est. Vous n'avez pas
eu d'enfants, n'est-ce pas ?

— Non, répondit Tellmarch.

— Moi, je n'ai eu que ça. Sans mes enfants, est-ce que
je suis ? Je voudrais qu'on m'expliquât pourquoi je n'ai
pas mes enfants. Je sens bien qu'il se passe quelque
chose, puisque je ne comprends pas. On a tué mon mari,
on m'a fusillée, mais c'est égal, je ne comprends pas.

— Allons, dit Tellmarch, voilà que la fièvre vous
reprend. Ne parlez plus.

Elle le regarda, et se tut.

À partir de ce jour, elle ne parla plus.

Tellmarch fut obéi plus qu'il ne voulait. Elle passait de
longues heures accroupie au pied du vieux arbre, stupéfaite. Elle songeait et se taisait. Le silence offre on ne sait
quel abri aux âmes simples qui ont subi l'approfondissement sinistre de la douleur. Elle semblait renoncer à
comprendre. À un certain degré le désespoir est inintelligible au désespéré.

Tellmarch l'examinait, ému. En présence de cette souffrance, ce vieux homme avait des pensées de femme[1].

— Oh oui, se disait-il, ses lèvres ne parlent pas, mais ses
yeux parlent, je vois bien ce qu'elle a, une idée fixe.
Avoir été mère, et ne plus l'être ! avoir été nourrice, et
ne plus l'être ! Elle ne peut pas se résigner. Elle pense à
la toute petite qu'elle allaitait il n'y a pas longtemps. Elle
y pense, elle y pense, elle y pense. Au fait, ce doit être si
charmant de sentir une petite bouche rose qui vous tire
votre âme de dedans le corps et qui avec votre vie à vous
se fait une vie à elle !

Il se taisait de son côté, comprenant, devant un tel accablement, l'impuissance de la parole. Le silence d'une idée
fixe est terrible. Et comment faire entendre raison à l'idée
fixe d'une mère ? La maternité est sans issue ; on ne dis-
cute pas avec elle. Ce qui fait qu'une mère est sublime,
c'est que c'est une espèce de bête. L'instinct maternel est

---

1. Le « vieux homme » avec des « pensées de femme » tend à
incarner le rêve d'une origine indivise de la vie, contre toute filiation
naturelle (Y. Gohin).

divinement animal. La mère n'est plus femme, elle est femelle.

Les enfants sont des petits.

De là dans la mère quelque chose d'inférieur et de supérieur au raisonnement. Une mère a un flair. L'immense volonté ténébreuse de la création est en elle, et la mène. Aveuglement plein de clairvoyance.

Tellmarch maintenant voulait faire parler cette malheureuse ; il n'y réussissait pas. Une fois, il lui dit :

— Par malheur, je suis vieux, et je ne marche plus. J'ai plus vite trouvé le bout de ma force que le bout de mon chemin. Après un quart d'heure, mes jambes refusent, et il faut que je m'arrête ; sans quoi je pourrais vous accompagner. Au fait, c'est peut-être un bien que je ne puisse pas. Je serais pour vous plus dangereux qu'utile ; on me tolère ici ; mais je suis suspect aux bleus comme paysan et aux paysans comme sorcier.

Il attendit ce qu'elle répondrait. Elle ne leva même pas les yeux.

Une idée fixe aboutit à la folie ou à l'héroïsme. Mais de quel héroïsme peut être capable une pauvre paysanne ? d'aucun. Elle peut être mère, et voilà tout. Chaque jour elle s'enfonçait davantage dans sa rêverie. Tellmarch l'observait.

Il chercha à l'occuper ; il lui apporta du fil, des aiguilles, un dé ; et en effet, ce qui fit plaisir au pauvre caimand, elle se mit à coudre ; elle songeait, mais elle travaillait, signe de santé ; les forces lui revenaient peu à peu ; elle raccommoda son linge, ses vêtements, ses souliers ; mais sa prunelle restait vitreuse. Tout en cousant elle chantait à demi voix des chansons obscures. Elle murmurait des noms, probablement des noms d'enfants, pas assez distinctement pour que Tellmarch les entendît. Elle s'interrompait et écoutait les oiseaux, comme s'ils avaient des nouvelles à lui donner. Elle regardait le temps qu'il faisait. Ses lèvres remuaient. Elle se parlait bas. Elle fit un sac et elle le remplit de châtaignes. Un matin Tellmarch la vit qui se mettait en marche, l'œil fixé au hasard sur les profondeurs de la forêt.

— Où allez-vous ? lui demanda-t-il.

Elle répondit :

— Je vais les chercher.

Il n'essaya pas de la retenir.

VII

LES DEUX PÔLES DU VRAI [1]

Au bout de quelques semaines pleines de tous les va-et-vient de la guerre civile, il n'était bruit dans le pays de Fougères que de deux hommes dont l'un était l'opposé de l'autre, et qui cependant faisaient la même œuvre, c'est-à-dire combattaient côte à côte le grand combat révolutionnaire.

Le sauvage duel vendéen continuait, mais la Vendée perdait du terrain. Dans l'Ille-et-Vilaine en particulier, grâce au jeune commandant qui, à Dol, avait si à propos riposté à l'audace des six mille royalistes par l'audace des quinze cents patriotes, l'insurrection était, sinon éteinte, du moins très amoindrie et très circonscrite [2]. Plusieurs coups heureux avaient suivi celui-là, et de ces succès multipliés était née une situation nouvelle.

---

1. Ces deux « pôles » sont comme le « recto » et le « verso » d'une même page, et le dialogue qui suit n'est jamais que celui « de l'épée et de la hache » (p. 334). Une même action s'y partage en deux acteurs, aux arguments antinomiques, mais dont aucun n'est décisif. La tempête sous le crâne de Jean Valjean, elle non plus, ne décide rien.   **2.** D'abord favorable aux Blancs, le rapport des forces tend à s'équilibrer pendant l'été, après leur défaite aux Sables-d'Olonne (24 mars) et devant Nantes (29 juin) et la victoire des Bleus à Luçon (14 août). Mais la situation reste indécise jusqu'à la fin de l'année. La plupart des places furent prises et reprises entre mars et septembre. Noirmoutier ne sera définitivement reconquise qu'en janvier 1794. La débâcle des Blancs à Ancenis, au retour de leur marche d'outre-Loire, précéda, le 16 décembre, la victoire des Bleus à Savenay.

Les choses avaient changé de face, mais une singulière complication était survenue.

Dans toute cette partie de la Vendée, la république avait le dessus, ceci était hors de doute ; mais quelle république ? Dans le triomphe qui s'ébauchait, deux formes de la république étaient en présence, la république de la terreur et la république de la clémence, l'une voulant vaincre par la rigueur et l'autre par la douceur. Laquelle prévaudrait ? Ces deux formes, la forme conciliante et la forme implacable, étaient représentées par deux hommes ayant chacun son influence et son autorité, l'un commandant militaire, l'autre délégué civil ; lequel de ces deux hommes l'emporterait ? De ces deux hommes, l'un, le délégué, avait de redoutables points d'appui ; il était arrivé apportant la menaçante consigne de la commune de Paris aux bataillons de Santerre : *« Pas de grâce, pas de quartier ! »* Il avait, pour tout soumettre à son autorité, le décret de la Convention portant « peine de mort contre quiconque mettrait en liberté et ferait évader un chef rebelle prisonnier », de pleins pouvoirs émanés du Comité de salut public, et une injonction de lui obéir, à lui délégué, signée ROBESPIERRE, DANTON, MARAT. L'autre, le soldat, n'avait pour lui que cette force, la pitié.

Il n'avait pour lui que son bras, qui battait les ennemis, et son cœur, qui leur faisait grâce. Vainqueur, il se croyait le droit d'épargner les vaincus.

De là un conflit latent, mais profond, entre ces deux hommes. Ils étaient tous les deux dans des nuages différents, tous les deux combattant la rébellion, et chacun ayant sa foudre à lui, l'un la victoire, l'autre la terreur.

Dans tout le Bocage, on ne parlait que d'eux ; et, ce qui ajoutait à l'anxiété des regards fixés sur eux de toutes parts, c'est que ces deux hommes, si absolument opposés, étaient en même temps étroitement unis. Ces deux antagonistes étaient deux amis. Jamais sympathie plus haute et plus profonde n'avait rapproché deux cœurs ; le farouche avait sauvé la vie au débonnaire, et il en avait la balafre au visage. Ces deux hommes incarnaient, l'un la mort, l'autre la vie ; l'un était le principe terrible, l'autre le principe pacifique, et ils s'aimaient. Problème étrange. Qu'on se figure Oreste miséricordieux et Pylade inclément. Qu'on se figure Arimane frère d'Ormus[1].

Ajoutons que celui des deux qu'on appelait « le féroce » était en même temps le plus fraternel des hommes[2] ; il pansait les blessés, soignait les malades, passait ses jours et ses nuits dans les ambulances et les hôpitaux, s'attendrissait sur des enfants pieds nus, n'avait rien à lui, donnait tout aux pauvres. Quand on se battait, il y allait ; il marchait à la tête des colonnes et au plus fort du combat, armé, car il avait à sa ceinture un sabre et deux pistolets, et désarmé, car jamais on ne l'avait vu tirer son sabre et toucher à ses pistolets. Il affrontait les coups, et n'en rendait pas. On disait qu'il avait été prêtre.

L'un de ces hommes était Gauvain, l'autre était Cimourdain.

L'amitié était entre les deux hommes, mais la haine était entre les deux principes ; c'était comme une âme coupée en deux, et partagée ; Gauvain, en effet, avait reçu une moitié de l'âme de Cimourdain, mais la moitié douce. Il semblait que Gauvain avait eu le rayon blanc, et que Cimourdain avait gardé pour lui ce qu'on pourrait appeler le rayon noir. De là un désaccord intime. Cette sourde guerre ne pouvait pas ne point éclater. Un matin la bataille commença.

Cimourdain dit à Gauvain :

— Où en sommes-nous ?

Gauvain répondit :

— Vous le savez aussi bien que moi. J'ai dispersé les bandes de Lantenac. Il n'a plus avec lui que quelques hommes. Le voilà acculé à la forêt de Fougères. Dans huit jours, il sera cerné.

— Et dans quinze jours ?

— Il sera pris.

— Et puis ?

---

1. Voir n. 4, p. 236. Ahrimane et Ormuz, génies du mal et du bien, en perpétuel conflit jusqu'à la fin du monde, dans la religion perse de Zoroastre. **2.** L'« inexorabilité » de Cimourdain a donc son « verso ».

— Vous avez vu mon affiche ?

— Oui. Eh bien ?

— Il sera fusillé.

— Encore de la clémence. Il faut qu'il soit guillotiné.

— Moi, dit Gauvain, je suis pour la mort militaire.

— Et moi, répliqua Cimourdain, pour la mort révolutionnaire.

Il regarda Gauvain en face et lui dit :

— Pourquoi as-tu fait mettre en liberté ces religieuses du couvent de Saint-Marc-le-Blanc[1] ?

— Je ne fais pas la guerre aux femmes, répondit Gauvain.

— Ces femmes-là haïssent le peuple. Et pour la haine une femme vaut dix hommes. Pourquoi as-tu refusé d'envoyer au tribunal révolutionnaire tout ce troupeau de vieux prêtres fanatiques pris à Louvigné ?

— Je ne fais pas la guerre aux vieillards.

— Un vieux prêtre est pire qu'un jeune. La rébellion est plus dangereuse, prêchée par les cheveux blancs. On a foi dans les rides. Pas de fausse pitié, Gauvain. Les régicides sont les libérateurs. Aie l'œil fixé sur la tour du Temple.

— La tour du Temple ! J'en ferais sortir le dauphin. Je ne fais pas la guerre aux enfants.

L'œil de Cimourdain devint sévère.

— Gauvain, sache qu'il faut faire la guerre à la femme quand elle se nomme Marie-Antoinette, au vieillard quand il se nomme Pie VI, pape, et à l'enfant quand il se nomme Louis Capet[2].

— Mon maître, je ne suis pas un homme politique.

— Tâche de ne pas être un homme dangereux. Pourquoi, à l'attaque du poste de Cossé, quand le rebelle Jean Treton, acculé et perdu, s'est rué seul, le sabre au poing,

---

1. Saint-Marc-le-Blanc, commune d'Ille-et-Vilaine, comme plus loin Louvigné.   2. Élu en 1775, le pape Pie VI avait multiplié les brefs contre la Révolution et inspiré le massacre, en 1793, d'un envoyé de la République. Louis Capet, autrement dit Louis XVII, fils de Louis XVI, mort à la prison du Temple en 1795 à l'âge de dix ans.

contre toute ta colonne, as-tu crié : *Ouvrez les rangs. Laissez passer ?*

— Parce qu'on ne se met pas à quinze cents pour tuer un homme.

— Pourquoi, à la Cailleterie d'Astillé, quand tu as vu que tes soldats allaient tuer le Vendéen Joseph Bézier, qui était blessé et qui se traînait, as-tu crié : *Allez en avant ! J'en fais mon affaire !* et as-tu tiré ton coup de pistolet en l'air[1] ?

— Parce qu'on ne tue pas un homme à terre.

— Et tu as eu tort. Tous deux sont aujourd'hui chefs de bande ; Joseph Bézier, c'est Moustache, et Jean Treton, c'est Jambe-d'Argent[2]. En sauvant ces deux hommes, tu as donné deux ennemis à la république.

— Certes, je voudrais lui faire des amis, et non lui donner des ennemis.

— Pourquoi, après la victoire de Landéan, n'as-tu pas fait fusiller tes trois cents paysans prisonniers ».

— Parce que, Bonchamp ayant fait grâce aux prisonniers républicains[3], j'ai voulu qu'il fût dit que la république faisait grâce aux prisonniers royalistes.

— Mais alors, si tu prends Lantenac, tu lui feras grâce ?

— Non.

— Pourquoi ? Puisque tu as fait grâce aux trois cents paysans ?

---

1. Souvenir du coup de pistolet tiré en l'air par Jean Valjean censé exécuter Javert (*Les Misérables*, V, 1, 19). **2.** Moustache (Jean, et non Joseph, Bézier) et Jambe-d'Argent (Jean Treton), souvent nommés par Descépeaux. Jambe-d'Argent fut « chef du pays qui s'étend depuis Laval jusque vers Château-Gontier » et « sa troupe égalait à elle seule toutes les autres en nombre ». **3.** Nouvel anachronisme. Mortellement blessé devant Cholet le 17 octobre 1793 et transporté mourant à Saint-Florent-le-Vieil, sur la Loire, le marquis de Bonchamps ordonna l'élargissement des prisonniers républicains sur le point d'être massacrés. Parmi eux, le père du sculpteur David d'Angers, qui consacra un monument à la « clémence de Bonchamps » (Salon de 1824), aujourd'hui dans l'église de Saint-Florent, aperçue et dessinée par Hugo en 1834. On doit aussi à David d'Angers plusieurs bustes ou médaillons de Victor Hugo.

— Les paysans sont des ignorants ; Lantenac sait ce qu'il fait.

— Mais Lantenac est ton parent ?

— La France est la grande parente.

— Lantenac est un vieillard.

— Lantenac est un étranger. Lantenac n'a pas d'âge. Lantenac appelle les Anglais. Lantenac c'est l'invasion. Lantenac est l'ennemi de la patrie. Le duel entre lui et moi ne peut finir que par sa mort, ou par la mienne.

— Gauvain, souviens-toi de cette parole.

— Elle est dite.

Il y eut un silence, et tous deux se regardèrent.

Et Gauvain reprit :

— Ce sera une date sanglante que cette année 93 où nous sommes.

— Prends garde, s'écria Cimourdain. Les devoirs terribles existent. N'accuse pas qui n'est point accusable. Depuis quand la maladie est-elle la faute du médecin ? Oui, ce qui caractérise cette année énorme, c'est d'être sans pitié. Pourquoi ? parce qu'elle est la grande année révolutionnaire. Cette année où nous sommes incarne la révolution. La révolution a un ennemi, le vieux monde, et elle est sans pitié pour lui, de même que le chirurgien a un ennemi, la gangrène, et est sans pitié pour elle. La révolution extirpe la royauté dans le roi, l'aristocratie dans le noble, le despotisme dans le soldat, la superstition dans le prêtre, la barbarie dans le juge, en un mot, tout ce qui est la tyrannie dans tout ce qui est le tyran. L'opération est effrayante, la révolution la fait d'une main sûre. Quant à la quantité de chair saine qu'elle sacrifie, demande à Boerhave[1] ce qu'il en pense. Quelle tumeur à couper n'entraîne une perte de sang ? Quel incendie à éteindre n'exige la part du feu ? Ces nécessités redoutables sont la condition même du succès. Un chirurgien ressemble à un boucher ; un guérisseur peut faire l'effet d'un bourreau. La révolution se dévoue à son œuvre

---

1. Hermann Boerhaave (1668-1738), médecin hollandais de renommée européenne, grand clinicien et disciple de Descartes.

fatale. Elle mutile, mais elle sauve. Quoi ! vous lui demandez grâce pour le virus ! vous voulez qu'elle soit clémente pour ce qui est vénéneux ! Elle n'écoute pas. Elle tient le passé, elle l'achèvera. Elle fait à la civilisation une incision profonde, d'où sortira la santé du genre humain. Vous souffrez ? sans doute. Combien de temps cela durera-t-il ? le temps de l'opération. Ensuite vous vivrez. La révolution ampute le monde. De là cette hémorragie, 93.

— Le chirurgien est calme, dit Gauvain, et les hommes que je vois sont violents.

— La révolution, répliqua Cimourdain, veut pour l'aider des ouvriers farouches. Elle repousse toute main qui tremble. Elle n'a foi qu'aux inexorables. Danton, c'est le terrible, Robespierre, c'est l'inflexible, Saint-Just, c'est l'irréductible, Marat, c'est l'implacable. Prends-y garde, Gauvain. Ces noms-là sont nécessaires. Ils valent pour nous des armées. Ils terrifieront l'Europe.

— Et peut-être aussi l'avenir, dit Gauvain.

Il s'arrêta, et repartit :

— Du reste, mon maître, vous faites erreur, je n'accuse personne. Selon moi, le vrai point de vue de la révolution, c'est l'irresponsabilité. Personne n'est innocent, personne n'est coupable. Louis XVI, c'est un mouton jeté parmi des lions. Il veut fuir, il veut se sauver, il cherche à se défendre ; il mordrait, s'il pouvait. Mais n'est pas lion qui veut. Sa velléité passe pour crime. Ce mouton en colère montre les dents. Le traître ! disent les lions. Et ils le mangent. Cela fait, ils se battent entre eux.

— Le mouton est une bête.

— Et les lions, que sont-ils ?

Cette réplique fit songer Cimourdain. Il releva la tête et dit : Ces lions-là sont des consciences. Ces lions-là sont des idées. Ces lions-là sont des principes.

— Ils font la Terreur.

— Un jour, la révolution sera la justification de la Terreur.

— Craignez que la Terreur ne soit la calomnie de la révolution.

Et Gauvain reprit :

— Liberté, Égalité, Fraternité, ce sont des dogmes de paix et d'harmonie. Pourquoi leur donner un aspect effrayant ? Que voulons-nous ? conquérir les peuples à la république universelle. Eh bien, ne leur faisons pas peur. À quoi bon l'intimidation ? Pas plus que les oiseaux, les peuples ne sont attirés par l'épouvantail. Il ne faut pas faire le mal pour faire le bien. On ne renverse pas le trône pour laisser l'échafaud debout. Mort aux rois, et vie aux nations. Abattons les couronnes, épargnons les têtes. La révolution, c'est la concorde, et non l'effroi. Les idées douces sont mal servies par les hommes incléments. Amnistie est pour moi le plus beau mot de la langue humaine. Je ne veux verser de sang qu'en risquant le mien. Du reste je ne sais que combattre, et je ne suis qu'un soldat. Mais si l'on ne peut pardonner, cela ne vaut pas la peine de vaincre. Soyons pendant la bataille les ennemis de nos ennemis, et après la victoire leurs frères.

— Prends garde, répéta Cimourdain pour la troisième fois. Gauvain, tu es pour moi plus que mon fils, prends garde !

Et il ajouta, pensif :

— Dans des temps comme les nôtres, la pitié peut être une des formes de la trahison.

En entendant parler ces deux hommes, on eût cru entendre le dialogue de l'épée et de la hache.

VIII

DOLOROSA [1]

Cependant la mère cherchait ses petits.

Elle allait devant elle. Comment vivait-elle ? Impos-

----

1. Allusion à la prose mariale du *Stabat mater dolorosa* : « Elle était debout [au pied de la Croix] la mère douloureuse... ».

sible de le dire. Elle ne le savait pas elle-même. Elle marcha des jours et des nuits ; elle mendia, elle mangea de
l'herbe, elle coucha à terre, elle dormit en plein air, dans
les broussailles, sous les étoiles, quelquefois sous la pluie
et la bise.

Elle rôdait de village en village, de métairie en métairie, s'informant. Elle s'arrêtait aux seuils. Sa robe était en
haillons. Quelquefois on l'accueillait, quelquefois on la
chassait. Quand elle ne pouvait entrer dans les maisons,
elle allait dans les bois.

Elle ne connaissait pas le pays, elle ignorait tout,
excepté Siscoignard et la paroisse d'Azé, elle n'avait
point d'itinéraire, elle revenait sur ses pas, recommençait
une route déjà parcourue, faisait du chemin inutile. Elle
suivait tantôt le pavé, tantôt l'ornière d'une charrette, tantôt les sentiers dans les taillis. À cette vie au hasard, elle
avait usé ses misérables vêtements. Elle avait marché
d'abord avec ses souliers, puis avec ses pieds nus, puis
avec ses pieds sanglants.

Elle allait à travers la guerre, à travers les coups de
fusil, sans rien entendre, sans rien voir, sans rien éviter,
cherchant ses enfants. Tout étant en révolte, il n'y avait
plus de gendarmes, plus de maires, plus d'autorité. Elle
n'avait affaire qu'aux passants.

Elle leur parlait. Elle demandait :

— Avez-vous vu quelque part trois petits enfants ?

Les passants levaient la tête.

— Deux garçons et une fille, disait-elle.

Elle continuait :

— René-Jean, Gros-Alain, Georgette ? Vous n'avez
pas vu ça ?

Elle poursuivait :

— L'aîné a quatre ans et demi, la petite a vingt mois.

Elle ajoutait :

— Savez-vous où ils sont ? on me les a pris.

On la regardait et c'était tout.

Voyant qu'on ne la comprenait pas, elle disait :

— C'est qu'ils sont à moi. Voilà pourquoi.

Les gens passaient leur chemin. Alors elle s'arrêtait et ne disait plus rien, et se déchirait le sein avec les ongles.

Un jour pourtant un paysan l'écouta. Le bonhomme se mit à réfléchir.

— Attendez donc, dit-il. Trois enfants ?

— Oui.

— Deux garçons ?

— Et une fille.

— C'est ça que vous cherchez ?

— Oui.

— J'ai ouï parler d'un seigneur qui avait pris trois petits enfants et qui les avait avec lui.

— Où est cet homme ? cria-t-elle. Où sont-ils ?

Le paysan répondit :

— Allez à la Tourgue.

— Est-ce que c'est là que je trouverai mes enfants ?

— Peut-être bien que oui.

— Vous dites ?...

— La Tourgue.

— Qu'est-ce que c'est que la Tourgue ?

— C'est un endroit.

— Est-ce un village ? un château ? une métairie ?

— Je n'y suis jamais allé.

— Est-ce loin ?

— Ce n'est pas près.

— De quel côté ?

— Du côté de Fougères.

— Par où y va-t-on ?

— Vous êtes à Ventortes [1], dit le paysan, vous laisserez Ernée à gauche et Coxelles à droite, vous passerez par Lorchamps et vous traverserez le Leroux.

Et le paysan leva sa main vers l'occident.

— Toujours devant vous en allant du côté où le soleil se couche.

---

1. *Vautortes*, à la sortie d'Ernée, vers Mayenne. Venue de la baie du Mont-Saint-Michel, la Flécharde se retrouve à l'est de la forêt de Fougères, où la conduira, « du côté où le soleil se couche », l'itinéraire du « paysan », par *Larchamp* et *Le Loroux*. Lire *Carelles*, au lieu de Coxelles.

Avant que le paysan eût baissé son bras, elle était en marche.

Le paysan lui cria :

— Mais prenez garde. On se bat par là.

Elle ne se retourna point pour lui répondre, et continua d'aller en avant.

IX

UNE BASTILLE DE PROVINCE [1]

I. La Tourgue [2]

Le voyageur qui, il y a quarante ans, entré dans la forêt de Fougères du côté de Laignelet en ressortait du côté de Parigné [3], faisait, sur la lisière de cette profonde futaie, une rencontre sinistre. En débouchant du hallier, il avait brusquement devant lui la Tourgue.

Non la Tourgue vivante, mais la Tourgue morte. La Tourgue lézardée, sabordée, balafrée, démantelée. La ruine est à l'édifice ce que le fantôme est à l'homme. Pas de plus lugubre vision que la Tourgue. Ce qu'on avait sous les yeux, c'était une haute tour ronde, toute seule au coin du bois comme un malfaiteur. Cette tour, droite sur un bloc de roche à pic, avait presque l'aspect romain tant

---

1. *Bastille*, nom commun ou nom propre, selon qu'il s'agit d'un château fort ou d'une prison d'État, symbole, en Province comme à Paris ou en Europe, de toutes les oppressions.   **2.** La Tourgue, ou « Tour-Gauvain », nom de l'une des tours du château de Mauvaise dans le « roman de la Monarchie ». On en chercherait en vain le modèle, sinon dans le souvenir de toutes les ruines visitées ou rêvées et dessinées par Hugo en marge de ses voyages en France, en Rhénanie en Belgique et au Luxembourg. Incendiée par son prisonnier, la Tour-Maudite du bourreau Orugix, dans *Han d'Islande* (1823), ne se soutenait déjà d'aucun modèle, autre que fantastique. La Tourgue est une « Tour-Hugo ».   **3.** Laignelet, au sud, et Parigné, au nord de la forêt de Fougères.

elle était correcte et solide, et tant dans cette masse
robuste l'idée de la puissance était mêlée à l'idée de la
chute. Romaine, elle l'était même un peu, car elle était
romane ; commencée au neuvième siècle, elle avait été
achevée au douzième, après la troisième croisade[1]. Les
impostes à oreillons de ses baies[2] disaient son âge. On
approchait, on gravissait l'escarpement, on apercevait une
brèche, on se risquait à entrer, on était dedans, c'était
vide. C'était quelque chose comme l'intérieur d'un clairon de pierre posé debout sur le sol[3]. Du haut en bas,
aucun diaphragme ; pas de toit, pas de plafonds, pas de
planchers, des arrachements de voûtes et de cheminées,
des embrasures à fauconneaux, à des hauteurs diverses,
des cordons de corbeaux de granit[4] et quelques poutres
transversales marquant les étages, sur les poutres les
fientes des oiseaux de nuit, la muraille colossale, quinze
pieds d'épaisseur à la base et douze au sommet, çà et là
des crevasses, et des trous qui avaient été des portes, par
où l'on entrevoyait des escaliers dans l'intérieur ténébreux du mur. Le passant qui pénétrait là le soir entendait
crier les hulottes, les tête-chèvres, les bihoreaux et les
crapauds-volants[5], et voyait sous ses pieds des ronces,
des pierres, des reptiles, et sur sa tête, à travers une rondeur noire qui était le haut de la tour et qui semblait la
bouche d'un puits énorme, les étoiles.

C'était la tradition du pays qu'aux étages supérieurs de
cette tour il y avait des portes secrètes faites, comme les

---

1. « Le style *roman* n'est pas autre chose que le style de l'architecture romaine corrompu et transformé par les barbares du VIe au
XIIe siècle » (P. Larousse). La date d'achèvement, après la troisième
croisade (1189-1193), correspond au début de la construction du
donjon du Temple, future prison de Louis XVI.   2. *Imposte*, pierre
saillante qui supporte le début du cintre d'une arcade. *Oreillon*, angle
d'un bastion en saillie sur son flanc.   3. Le clocher de pierre de
l'église d'Oberwesel était déjà apparu à Hugo en 1840, « vu du
dedans et d'en bas comme un immense clairon du ciel à la terre »
(*Le Rhin*, éd. J. Gaudon, Imprimerie nationale, 1985, t. II, p. 373).
4. *Fauconneau*, bouche à feu de petit calibre. *Corbeau*, pièce en
saillie de pierre ou de bois servant de support.   5. *Tête-chèvre,
crapaud-volant*, noms vulgaires de l'engoulevent (l'« avaleur de
vent »). *Bihoreau*, échassier de la famille du héron.

portes des tombeaux des rois de Juda[1], d'une grosse
pierre tournant sur pivot, s'ouvrant, puis se refermant, et
s'effaçant dans la muraille ; mode architecturale rapportée
des croisades avec l'ogive[2]. Quand ces portes étaient
closes, il était impossible de les retrouver, tant elles
étaient bien mêlées aux autres pierres du mur. On voit
encore aujourd'hui de ces portes-là dans les mystérieuses
cités de l'Anti-Liban[3], échappées au tremblement des
douze villes sous Tibère.

II. La brèche

La brèche par où l'on entrait dans la ruine était une
trouée de mine. Pour un connaisseur, familier avec
Errard, Sardi et Pagan[4], cette mine avait été savamment
faite. La chambre à feu en bonnet de prêtre était propor-
tionnée à la puissance du donjon qu'elle avait à éventrer.
Elle avait dû contenir au moins deux quintaux de poudre.
On y arrivait par un canal serpentant qui vaut mieux que
le canal droit ; l'écroulement produit par la mine montrait
à nu dans le déchirement de la pierre le saucisson[5], qui
avait le diamètre voulu d'un œuf de poule. L'explosion
avait fait à la muraille une blessure profonde par où les
assiégeants avaient dû pouvoir entrer. Cette tour avait évidemment soutenu, à diverses époques, de vrais sièges en
règle ; elle était criblée de mitrailles ; et ces mitrailles

---

1. Le royaume de Juda, un des deux états juifs, avec Israël,
remontant au schisme des dix tribus, après la mort de Salomon. Les
tombeaux des rois de Juda sont décrits dans le *Dictionnaire des Anti-
quités bibliques*, t. XLV de l'*Encyclopédie* de l'abbé Migne (J. Mallion).   **2.** La théorie de l'origine islamique du style « ogival » (ou
« gothique ») concurrençait, depuis le XVIIIe siècle, celle de l'architecture « romane » (n. 1, p. 300) ou « sylvestre » (n. 1, p. 302).   **3.** La
région est celle de l'ancienne Lydie, en Anatolie. Raconté par Tacite
(*Annales*, XLVII), le séisme, sous Tibère, toucha notamment la ville
de Sardes et son importante nécropole.   **4.** Jean Errard (1554-
1610), Pierre Sardi et Blaise Pagan (1604-1665), célèbres ingénieurs
militaires.   **5.** *Saucisson*, charge de poudre disposée en rouleau
dans une toile.

n'étaient pas toutes du même temps ; chaque projectile a sa façon de marquer un rempart ; et tous avaient laissé à ce donjon leur balafre, depuis les boulets de pierre du quatorzième siècle jusqu'aux boulets de fer du dix-huitième.

La brèche donnait entrée dans ce qui avait dû être le rez-de-chaussée. Vis-à-vis de la brèche, dans le mur de la tour, s'ouvrait le guichet d'une crypte taillée dans le roc et se prolongeant dans les fondations de la tour jusque sous la salle du rez-de-chaussée.

Cette crypte, aux trois quarts comblée, a été déblayée en 1855 par les soins de M. Auguste Le Prévost[1], l'antiquaire de Bernay.

III. L'Oubliette

Cette crypte était l'oubliette. Tout donjon avait la sienne. Cette crypte, comme beaucoup de caves pénales des mêmes époques, avait deux étages[2]. Le premier étage, où l'on pénétrait par le guichet, était une chambre voûtée assez vaste, de plain-pied avec la salle du rez-de-chaussée. On voyait sur la paroi de cette chambre deux sillons parallèles et verticaux qui allaient d'un mur à l'autre en passant par la voûte où ils étaient profondément empreints, et qui donnaient l'idée de deux ornières. C'étaient deux ornières en effet. Ces deux sillons avaient été creusés par deux roues. Jadis, aux temps féodaux, c'était dans cette chambre que se faisait l'écartèlement, par un procédé moins tapageur que les quatre chevaux[3]. Il y avait là deux roues, si fortes et si grandes qu'elles touchaient les murs et la voûte. On attachait à chacune de

---

1. Victor Hugo avait été le collègue d'Auguste Leprévost (1787-1859), historien, antiquaire et député de l'Eure, au Comité des monuments inédits (1835), puis au Comité historique des monuments et des arts (1838). **2.** Celle de Southwark, où Gwynplaine redevient lord Clancharlie, n'en comporte qu'un (*L'Homme qui rit*, II, 4, « La cave pénale »). **3.** « Procédé » appliqué au régicide Damiens (n. 1, p. 206).

ces roues un bras et une jambe du patient, puis on faisait tourner les deux roues en sens inverse, ce qui arrachait l'homme. Il fallait de l'effort ; de là les ornières creusées dans la pierre que les roues effleuraient. On peut voir encore aujourd'hui une chambre de ce genre à Vianden[1].

Au-dessous de cette chambre il y en avait une autre. C'était l'oubliette véritable. On n'y entrait point par une porte, on y pénétrait par un trou ; le patient, nu, était descendu, au moyen d'une corde sous les aisselles, dans la chambre d'en bas par un soupirail pratiqué au milieu du dallage de la chambre d'en haut. S'il s'obstinait à vivre, on lui jetait sa nourriture par ce trou. On voit encore aujourd'hui un trou de ce genre à Bouillon[2].

Par ce trou il venait du vent. La chambre d'en bas, creusée sous la salle du rez-de-chaussée, était plutôt un puits qu'une chambre. Elle aboutissait à de l'eau et un souffle glacial l'emplissait. Ce vent qui faisait mourir le prisonnier d'en bas faisait vivre le prisonnier d'en haut. Il rendait la prison respirable. Le prisonnier d'en haut, à tâtons sous sa voûte, ne recevait d'air que par ce trou. Du reste, qui y entrait, ou qui y tombait, n'en sortait plus. C'était au prisonnier à s'en garer dans l'obscurité. Un faux pas pouvait du patient d'en haut faire le patient d'en bas. Cela le regardait. S'il tenait à la vie, ce trou était son danger ; s'il s'ennuyait, ce trou était sa ressource. L'étage supérieur était le cachot, l'étage inférieur était le tombeau. Superposition ressemblante à la société d'alors.

C'est là ce que nos aïeux appelaient « un cul-de-basse-fosse ». La chose ayant disparu, le nom pour nous n'a plus de sens. Grâce à la révolution, nous entendons prononcer ces mots-là avec indifférence.

Du dehors de la tour, au-dessus de la brèche qui en était, il y a quarante ans, l'entrée unique, on apercevait

---

1. Oubliettes, cachots et « chambre d'écartèlement » sont légendés par Hugo en marge d'un dessin du château de Vianden.   2. Bouillon, dans le Luxembourg belge, visité par Hugo le 30 août 1862 : « Vu le château à moitié taillé dans le roc. — Les cachots — l'oubliette — les deux niches — chaises taillées dans le roc. — Le puits, 187 pieds de profondeur. »

une embrasure plus large que les autres meurtrières, à laquelle pendait un grillage de fer descellé et défoncé[1].

IV. Le Pont-châtelet

À cette tour, et du côté opposé à la brèche, se rattachait un pont de pierre de trois arches peu endommagées[2]. Le pont avait porté un corps de logis dont il restait quelques tronçons. Ce corps de logis, où étaient visibles les marques d'un incendie, n'avait plus que sa charpente noircie, sorte d'ossature à travers laquelle passait le jour, et qui se dressait auprès de la tour, comme un squelette à côté d'un fantôme.

Cette ruine est aujourd'hui tout à fait démolie, et il n'en reste aucune trace. Ce qu'ont fait beaucoup de siècles et beaucoup de rois, il suffit d'un jour et d'un paysan pour le défaire.

La Tourgue, abréviation paysanne, signifie la Tour-Gauvain, de même que *la Jupelle* signifie la Jupellière[3], et que ce nom d'un bossu chef de bande, *Pinson-le-Tort*, signifie Pinson-le-Tortu.

La Tourgue, qui il y a quarante ans était une ruine et qui aujourd'hui est une ombre, était en 1793 une forteresse. C'était la vieille bastille des Gauvain, gardant à l'occident l'entrée de la forêt de Fougères, forêt qui, elle-même, est à peine un bois maintenant.

On avait construit cette citadelle sur un de ces gros blocs de schiste qui abondent entre Mayenne et Dinan, et qui sont partout épars parmi les halliers et les bruyères, comme si les titans s'étaient jeté des pavés à la tête.

La tour était toute la forteresse ; sous la tour le rocher, au pied du rocher un de ces cours d'eau que le mois de janvier change en torrents et que le mois de juin met à sec.

Simplifiée à ce point, cette forteresse était, au moyen

---

1. « C'était la tradition (p. 338) [...] descellé et défoncé. » : inter-calation postérieure à la première rédaction.   2. Comme à Chenonceaux, nommé plus loin (p. 343).   3. Voir n. 1, p. 125.

âge, à peu près imprenable. Le pont l'affaiblissait. Les Gauvain gothiques l'avaient bâtie sans pont. On y abordait par une de ces passerelles branlantes qu'un coup de hache suffisait à rompre. Tant que les Gauvain furent vicomtes, elle leur plut ainsi, et ils s'en contentèrent ; mais quand ils furent marquis, et quand ils quittèrent la caverne pour la cour, ils jetèrent trois arches sur le torrent, et ils se firent accessibles du côté de la plaine de même qu'ils s'étaient faits accessibles du côté du roi. Les marquis au dix-septième siècle, et les marquises au dix-huitième, ne tenaient plus à être imprenables. Copier Versailles remplaça ceci : continuer les aïeux.

En face de la tour, du côté occidental, il y avait un plateau assez élevé allant aboutir aux plaines ; ce plateau venait presque toucher la tour, et n'en était séparé que par un ravin très creux où coulait le cours d'eau qui est un affluent du Couesnon[1]. Le pont, trait d'union entre la forteresse et le plateau, fut fait haut sur piles ; et sur ces piles on construisit, comme à Chenonceaux, un édifice en style Mansard[2], plus logeable que la tour. Mais les mœurs étaient encore très rudes ; les seigneurs gardèrent la coutume d'habiter les chambres du donjon pareilles à des cachots. Quant au bâtiment sur le pont, qui était une sorte de petit châtelet, on y pratiqua un long couloir qui servait d'entrée et qu'on appela la salle des gardes ; au-dessus de cette salle des gardes, qui était une sorte d'entresol, on mit une bibliothèque, au-dessus de la bibliothèque un grenier. De longues fenêtres à petites vitres en verre de Bohême, des pilastres entre les fenêtres, des médaillons sculptés dans le mur ; trois étages ; en bas, des pertuisanes

---

1. Le Nançon, affluent du Couesnon, en bordure, côté ouest, de la forêt de Fougères. L'un des accès au château de Mauvaise se faisait aussi par un ravin : « Tout à coup on entendait un bruit d'eau et d'écume, on apercevait à ses pieds un torrent, on se trouvait presque à l'improviste au fond du ravin ; il y a à cet endroit une brusque éclaircie d'arbres, on levait la tête vers ce soupirail de lumière, et l'on avait une apparition farouche. [...] C'était le château de Mauvaise » (*Reliquat*). **2.** Jules Hardouin-Mansard (1645-1708), architecte de Versailles.

et des mousquets ; au milieu, des livres ; en haut, des sacs d'avoine ; tout cela était un peu sauvage et fort noble.

La tour à côté était farouche.

Elle dominait cette bâtisse coquette de toute sa hauteur lugubre. De la plate-forme on pouvait foudroyer le pont.

Les deux édifices, l'un abrupt, l'autre poli, se choquaient plus qu'ils ne s'accostaient. Les deux styles n'étaient point d'accord ; bien que deux demi-cercles semblent devoir être identiques, rien ne ressemble moins à un plein-cintre roman qu'une archivolte classique. Cette tour digne des forêts était une étrange voisine pour ce pont digne de Versailles. Qu'on se figure Alain Barbe-Torte[1] donnant le bras à Louis XIV. L'ensemble terrifiait. Des deux majestés mêlées sortait on ne sait quoi de féroce.

Au point de vue militaire, le pont, insistons-y, livrait presque la tour. Il l'embellissait et la désarmait ; en gagnant de l'ornement elle avait perdu de la force. Le pont la mettait de plain-pied avec le plateau. Toujours inexpugnable du côté de la forêt, elle était maintenant vulnérable du côté de la plaine. Autrefois elle commandait le plateau, à présent le plateau la commandait. Un ennemi installé là serait vite maître du pont. La bibliothèque et le grenier étaient pour l'assiégeant, et contre la forteresse. Une bibliothèque et un grenier se ressemblent en ceci que les livres et la paille sont du combustible[2]. Pour un assiégeant qui utilise l'incendie, brûler Homère ou brûler une botte de foin, pourvu que cela brûle, c'est la même chose. Les Français l'ont prouvé aux Allemands en brûlant la bibliothèque de Heidelberg[3], et les Allemands l'ont prouvé aux Français en brûlant la biblio-

---

1. Alain Barbe-Torte, duc de Bretagne au Xe siècle. Les « deux styles » se retrouvent au château de Beaufort, visité par Hugo le 12 juin 1871.   2. Mlle Poingdextre, dans le « roman de la Monarchie », affichait le même dédain à l'égard des livres : « Quand tout cela brûlerait, le beau malheur ! » L'incendie de la bibliothèque était prévu.   3. Allusion au bombardement français de 1693, évoqué par Hugo dans *Le Rhin* (XXVIII) à propos de la destruction du Palatinat, ordonnée par Louvois : « Ô représailles de la destinée ! 1693, 1793 ! Équation sinistre ! Châtiment, châtiment ! ».

thèque de Strasbourg [1]. Ce pont, ajouté à la Tourgue, était donc stratégiquement une faute ; mais au dix-septième siècle, sous Colbert et Louvois, les princes Gauvain, pas plus que les princes de Rohan ou les princes de la Trémoille, ne se croyaient désormais assiégeables. Pourtant les constructeurs du pont avaient pris quelques précautions. Premièrement, ils avaient prévu l'incendie ; au-dessous des trois fenêtres du côté aval, ils avaient accroché transversalement, à des crampons qu'on voyait encore il y a un demi-siècle, une forte échelle de sauvetage ayant pour longueur la hauteur des deux premiers étages du pont, hauteur qui dépassait celle de trois étages ordinaires ; deuxièmement, ils avaient prévu l'assaut ; ils avaient isolé le pont de la tour au moyen d'une lourde et basse porte de fer ; cette porte était cintrée ; on la fermait avec une grosse clef qui était dans une cachette connue du maître seul, et, une fois fermée, cette porte pouvait défier le bélier, et presque braver le boulet.

Il fallait passer par le pont pour arriver à cette porte, et passer par cette porte pour pénétrer dans la tour. Pas d'autre entrée.

V. La porte de fer [2]

Le deuxième étage du châtelet du pont, surélevé à cause des piles, correspondait avec le deuxième étage de la tour ; c'est à cette hauteur que, pour plus de sûreté, avait été placée la porte de fer.

La porte de fer s'ouvrait du côté du pont sur la bibliothèque et du côté de la tour sur une grande salle voûtée avec pilier au centre. Cette salle, on vient de le dire, était le second étage du donjon. Elle était ronde comme la tour ; de longues meurtrières, donnant sur la campagne, l'éclairaient. La muraille, toute sauvage, était nue, et rien n'en cachait les pierres, d'ailleurs très symétriquement

---

1. Pendant le siège de la ville par les Prussiens (9 août-28 septembre 1870).   **2.** Le § V est une addition postérieure à la première rédaction.

ajustées. On arrivait à cette salle par un escalier en colimaçon[1] pratiqué dans la muraille, chose toute simple
quand les murs ont quinze pieds d'épaisseur. Au moyen
âge on prenait une ville rue par rue, une rue maison par
maison, une maison chambre par chambre. On assiégeait
une forteresse étage par étage. La Tourgue était sous ce
rapport fort savamment disposée et très revêche et très
difficile. On montait d'un étage à l'autre par un escalier
en spirale d'un abord malaisé ; les portes étaient de biais
et n'avaient pas hauteur d'homme, et il fallait baisser la
tête pour y passer ; or, tête baissée c'est tête assommée ;
et, à chaque porte, l'assiégé attendait l'assiégeant.

Il y avait au-dessous de la salle ronde à pilier deux
chambres pareilles, qui étaient le premier étage et le rez-
de-chaussée, et au-dessus trois ; sur ces six chambres
superposées la tour se fermait par un couvercle de pierre
qui était la plate-forme, et où l'on arrivait par une étroite
guérite.

Les quinze pieds d'épaisseur de muraille qu'on avait
dû percer pour y placer la porte de fer, et au milieu desquels elle était scellée, l'emboîtaient dans une longue
voussure ; de sorte que la porte, quand elle était fermée,
était, tant du côté de la tour que du côté du pont, sous un
porche de six ou sept pieds de profondeur ; quand elle
était ouverte, ces deux porches se confondaient et faisaient la voûte d'entrée.

Sous le porche du côté du pont s'ouvrait dans l'épaisseur du mur le guichet bas d'une vis-de-Saint-Gilles qui
menait au couloir du premier étage sous la bibliothèque ;
c'était encore là une difficulté pour l'assiégeant. Le châtelet sur le pont n'offrait à son extrémité du côté du plateau
qu'un mur à pic, et le pont était coupé là. Un pont-levis,
appliqué contre une porte basse, le mettait en communication avec le plateau, et ce pont-levis, qui, à cause de la
hauteur du plateau, ne s'abaissait jamais qu'en plan
incliné, donnait dans le long couloir dit salle des gardes.

_____

  1. Cet escalier en colimaçon ou, comme plus loin, en vis-de-Saint-
Gilles rappelle l'escalier « construit en coquille de limaçon » du donjon du Temple (Louis Blanc).

Une fois maître de ce couloir, l'assiégeant, pour arriver à la porte de fer, était forcé d'enlever de vive force l'escalier en vis-de-Saint-Gilles qui montait au deuxième étage.

VI. La Bibliothèque

Quant à la bibliothèque, c'était une salle oblongue ayant la largeur et la longueur du pont, et une porte unique, la porte de fer. Une fausse porte battante, capitonnée de drap vert, et qu'il suffisait de pousser, masquait à l'intérieur la voussure d'entrée de la tour. Le mur de la bibliothèque était du haut en bas, et du plancher au plafond, revêtu d'armoires vitrées dans le beau goût de menuiserie du dix-septième siècle. Six grandes fenêtres, trois de chaque côté, une au-dessus de chaque arche, éclairaient cette bibliothèque. Par ces fenêtres, du dehors et du haut du plateau, on en voyait l'intérieur. Dans les entre-deux de ces fenêtres se dressaient sur des gaînes de chêne sculpté six bustes de marbre, Hermolaüs de Byzance, Athénée, grammairien naucratique, Suidas, Casaubon[1], Clovis, roi de France, et son chancelier Anachalus, lequel du reste n'était pas plus chancelier que Clovis n'était roi[2].

Il y avait dans cette bibliothèque des livres quelconques. Un est resté célèbre. C'était un vieil in-quarto avec estampes, portant pour titre en grosses lettres *Saint-Barthélemy*, et pour sous-titre *Évangile selon saint Barthélemy, précédé d'une dissertation de Pantœnus, philosophe chrétien, sur la question de savoir si cet évangile doit être réputé apocryphe et si saint Barthélemy est le*

---

1. Hermolaos, Athénée de Naucratis (ville grecque de l'ancienne Égypte), Suidas et Casaubon (1559-1614), sont autant de « zoïles » (n. 4, p. 238).   **2.** Le « premier roi chrétien » n'avait jamais été proclamé que « roi des Francs », à Cologne et par les siens (les *leudes*), avant son baptême à Reims, qui ne suffisait pas à faire de lui un « roi de France ».

même que Nathanaël [1]. Ce livre, considéré comme exemplaire unique, était sur un pupitre au milieu de la bibliothèque. Au dernier siècle on le venait voir par curiosité.

VII. Le grenier

Quant au grenier, qui avait, comme la bibliothèque, la forme oblongue du pont, c'était simplement le dessous de la charpente du toit. Cela faisait une grande halle encombrée de paille et de foin, et éclairée par six mansardes. Pas d'autre ornement qu'une figure de saint Barnabé sculptée sur la porte et au-dessous ce vers :

Barnabus sanctus falcem jubet ire per herbam [2].

Ainsi une haute et large tour, à six étages, percée çà et là de quelques meurtrières, ayant pour entrée et pour issue unique une porte de fer donnant sur un pont-châtelet fermé par un pont-levis ; derrière la tour, la forêt ; devant

---

1. Il s'agit de l'in-quarto voué plus loin à l'« écartèlement » (p. 381), ni plus ni moins réel que les « beaux livres de la librairie de Saint Victor » dans le *Pantagruel* de Rabelais. Hugo s'était documenté : « Saint-Barthélemy-Apôtre. L'an 30 après Jésus-Christ. Écorché vif l'an 71. Appelé aussi Nathanaël. A laissé un évangile qui fait partie des Apocryphes. Avait converti la Lycaonie. Biographe (IIᵉ siècle), Pantoenus. Annotateur et commentateur, Baronius » (*Reliquat*). La référence concerne l'*Histoire universelle sacrée* de dom Auguste Calmet (Strasbourg, 1741). Saint Pantène (*Pantoenus*) prétendait avoir retrouvé en Inde un « évangile » de Barthélemy, déclaré apocryphe par le pape Gélase. Nathanaël et Barthélemy ne seraient qu'un même personnage, désigné comme l'un des douze apôtres par Jean sous son propre nom et par les synoptiques sous son patronyme (Bar Tolmaï, « fils de Tolmaï »). César Baronius (1538-1607), successeur de saint Philippe de Néri à la congrégation de l'Oratoire et rédacteur des *Annales ecclésiastiques*, en 38 volumes in-folio. **2.** « Saint Barnabé fait aller la faux à travers l'herbe. » Originaire de Chypre, saint Barnabé fit don d'une terre qu'il possédait à Jérusalem pour nourrir la communauté chrétienne (J. Boudout). Victor Hugo avait multiplié devises et inscriptions à Hauteville House, comme Ursus dans sa « Green Box » (*L'Homme qui rit*).

la tour, un plateau de bruyères, plus haut que le pont, plus bas que la tour ; sous le pont, entre la tour et le plateau, un ravin profond, étroit, plein de broussailles, torrent en hiver, ruisseau au printemps, fossé pierreux l'été, voilà ce que c'était que la Tour-Gauvain, dite la Tourgue.

X

LES OTAGES

Juillet s'écoula, août vint, un souffle héroïque et féroce passait sur la France, deux spectres venaient de traverser l'horizon, Marat[1] un couteau au flanc, Charlotte Corday sans tête, tout devenait formidable. Quant à la Vendée, battue dans la grande stratégie, elle se réfugiait dans la petite, plus redoutable, nous l'avons dit ; cette guerre était maintenant une immense bataille, déchiquetée dans les bois ; les désastres de la grosse armée, dite catholique et royale, commençaient ; un décret envoyait en Vendée l'armée de Mayence[2] ; huit mille Vendéens étaient morts à Ancenis ; les Vendéens étaient repoussés de Nantes, débusqués de Montaigu, expulsés de Thouars, chassés de Noirmoutier, culbutés hors de Cholet, de Mortagne et de Saumur ; ils évacuaient Parthenay ; ils abandonnaient Clisson ; ils lâchaient pied à Châtillon ; ils perdaient un drapeau à Saint-Hilaire, ils étaient battus à Pornic, aux Sables, à Fontenay, à Doué, au Château-d'Eau[3], aux Ponts-de-Cé ; ils étaient en échec à Luçon, en retraite à la

---

1. Marat, assassiné le 13 juillet 1793 par Charlotte Corday, elle-même guillotinée le 17 juillet.   **2.** Décret du 1er août. L'armée de Mayence avait capitulé le 23 juillet avec les « honneurs de la guerre », en s'engageant à ne plus combattre sur les théâtres d'opérations extérieurs.   **3.** Le « Château-d'Eau » est le Château d'Aux (ou d'O), près de Nantes, autrement dit « camp de la Hunaudière », première affectation en Vendée du père de Victor Hugo (septembre 1793-décembre 1794). Il y siégea comme greffier à la Commission militaire, en relation avec Carrier.

Châtaigneraye, en déroute à la Roche-sur-Yon ; mais, d'une part, ils menaçaient la Rochelle, et d'autre part, dans les eaux de Guernesey, une flotte anglaise, aux ordres du général Craig[1], portant, mêlés aux meilleurs officiers de la marine française, plusieurs régiments anglais, n'attendait qu'un signal du marquis de Lantenac pour débarquer. Ce débarquement pouvait redonner la victoire à la révolte royaliste. Pitt[2] était d'ailleurs un malfaiteur d'État ; dans la politique il y a la trahison de même que dans la panoplie il y a le poignard ; Pitt poignardait notre pays et trahissait le sien ; c'est trahir son pays que de le déshonorer ; l'Angleterre, sous lui et par lui, faisait la guerre punique[3]. Elle espionnait, fraudait, mentait. Braconnière et faussaire, rien ne lui répugnait ; elle descendait jusqu'aux minuties de la haine. Elle faisait accaparer le suif, qui coûtait cinq francs la livre ; on saisissait à Lille, sur un Anglais, une lettre de Prigent, agent de Pitt en Vendée, où on lisait ces lignes : « Je vous prie de ne pas épargner l'argent. Nous espérons que les assassinats se feront avec prudence, les prêtres déguisés et les femmes sont les personnes les plus propres à cette opération. Envoyez soixante mille livres à Rouen et cinquante mille livres à Caen. » Cette lettre fut lue par Barère à la Convention le 1er août. À ces perfidies ripostaient les sauvageries de Parrein et plus tard les atrocités de Carrier[4]. Les républicains de Metz et les républicains du Midi demandaient à marcher contre les rebelles. Un décret ordonnait la formation de vingt-quatre compagnies de pionniers pour incendier les haies et les clôtures du Bocage[5]. Crise inouïe.

---

1. Voir n. 1, p. 195.   **2.** William Pitt (voir n. 1, p. 279), décrété « ennemi du genre humain » le 7 août 1793 par la Convention. **3.** Punique, carthaginois. Allusion aux guerres entre Rome et Carthage, et à la perfidie attribuée par les Romains aux Carthaginois.   **4.** Parrein, voir n. 3, p. 84. Carrier, voir n. 4, p. 232.   **5.** « Il sera envoyé en Vendée des matières combustibles pour incendier les bois, les taillis et les genêts. Les forêts seront battues, les repaires des rebelles seront détruits, les récoltes seront coupées par des compagnies d'ouvriers pour être portées sur les derrières de l'armée, les bestiaux seront saisis. Les femmes, les enfants, les vieillards seront conduits à l'intérieur, où il sera pourvu à leur sûreté et à leur subsistance avec tous les égards dus à l'humanité » (Louis Blanc).

La guerre ne cessait sur un point que pour recommencer sur l'autre. Pas de grâce ! pas de prisonniers ! était le cri des deux partis. L'histoire était pleine d'une ombre terrible.

Dans ce mois d'août la Tourgue était assiégée.

Un soir, pendant le lever des étoiles, dans le calme d'un crépuscule caniculaire, pas une feuille ne remuant dans la forêt, pas une herbe ne frissonnant dans la plaine, à travers le silence de la nuit tombante, un son de trompe se fit entendre. Ce son de trompe venait du haut de la tour.

À ce son de trompe répondit un coup de clairon qui venait d'en bas.

Au haut de la tour il y avait un homme armé ; en bas, dans l'ombre, il y avait un camp.

On distinguait confusément dans l'obscurité autour de la Tour-Gauvain un fourmillement de formes noires. Ce fourmillement était un bivouac. Quelques feux commençaient à s'y allumer sous les arbres de la forêt et parmi les bruyères du plateau, et piquaient çà et là de points lumineux les ténèbres, comme si la terre voulait s'étoiler en même temps que le ciel. Sombres étoiles que celles de la guerre ! Le bivouac du côté du plateau se prolongeait jusqu'aux plaines et du côté de la forêt s'enfonçait dans le hallier. La Tourgue était bloquée.

L'étendue du bivouac des assiégeants indiquait une troupe nombreuse.

Le camp serrait la forteresse étroitement, et venait du côté de la tour jusqu'au rocher et du côté du pont jusqu'au ravin.

Il y eut un deuxième bruit de trompe que suivit un deuxième coup de clairon.

Cette trompe interrogeait et ce clairon répondait.

Cette trompe, c'était la tour qui demandait au camp : peut-on vous parler ? et ce clairon, c'était le camp qui répondait oui.

À cette époque, les Vendéens n'étant pas considérés par la Convention comme belligérants, et défense étant faite par décret d'échanger avec « les brigands » des parlementaires, on suppléait comme on pouvait aux communications que le droit des gens autorise dans la guerre ordinaire et interdit dans la guerre civile. De là, dans l'occasion, une certaine entente entre la trompe paysanne et le clairon militaire. Le premier appel n'était qu'une entrée en matière, le second appel posait la question : Voulez-vous écouter ? Si, à ce second appel, le clairon se taisait, refus ; si le clairon répondait, consentement. Cela signifiait : trêve de quelques instants.

Le clairon ayant répondu au deuxième appel, l'homme qui était au haut de la tour parla, et l'on entendit ceci :

— Hommes qui m'écoutez, je suis Gouge-le-Bruant, surnommé Brise-bleu, parce que j'ai exterminé beaucoup des vôtres, et surnommé aussi l'Imânus, parce que j'en tuerai encore plus que je n'en ai tué ; j'ai eu le doigt coupé d'un coup de sabre sur le canon de mon fusil à l'attaque de Granville [1], et vous avez fait guillotiner à Laval mon père et ma mère et ma sœur Jacqueline, âgée de dix-huit ans. Voilà ce que je suis.

Je vous parle au nom de monseigneur le marquis Gauvain de Lantenac, vicomte de Fontenay, prince breton, seigneur des sept forêts, mon maître.

Sachez d'abord que monseigneur le marquis, avant de s'enfermer dans cette tour où vous le tenez bloqué, a distribué la guerre entre six chefs, ses lieutenants ; il a donné à Delière le pays entre la route de Brest et la route d'Ernée ; à Treton le pays entre la Roë et Laval ; à Jacquet, dit Taillefer, la lisière du Haut-Maine ; à Gaulier, dit Grand-Pierre, Château-Gontier ; à Lecomte, Craon ; Fougères, à monsieur Dubois-Guy, et toute la Mayenne à monsieur de Rochambeau [2] ; de sorte que rien n'est fini pour vous par la prise de cette forteresse, et que, lors même que monseigneur le marquis mourrait, la Vendée de Dieu et du Roi ne mourra pas.

---

1. Voir n. 2, p. 279. **2.** Descépeaux évoque l'organisation à laquelle il procéda en 1794 de l'« insurrection royaliste du Bas-Maine » en six « divisions ». Delière, ancien soldat et garde-chasse de la terre de Frenay. Jean Treton, autrement dit Jambe-d'Argent. Pierre-Marie Gaulier, dit Grand-Pierre, à cause de sa taille. Métayer, dit Rochambeau.

Ce que j'en dis, sachez cela, est pour vous avertir. Monseigneur est là, à mes côtés. Je suis la bouche par où passent ses paroles. Hommes qui nous assiégez, faites silence.

Voici ce qu'il importe que vous entendiez :

N'oubliez pas que la guerre que vous nous faites n'est point juste. Nous sommes des gens qui habitons notre pays[1], et nous combattons honnêtement, et nous sommes simples et purs sous la volonté de Dieu comme l'herbe sous la rosée. C'est la république qui nous a attaqués ; elle est venue nous troubler dans nos campagnes, et elle a brûlé nos maisons et nos récoltes et mitraillé nos métairies, et nos femmes et nos enfants ont été obligés de s'enfuir pieds nus dans les bois pendant que la fauvette d'hiver chantait encore.

Vous qui êtes ici et qui m'entendez, vous nous avez traqués dans la forêt, et vous nous cernez dans cette tour ; vous avez tué ou dispersé ceux qui s'étaient joints à nous ; vous avez du canon ; vous avez réuni à votre colonne les garnisons et postes de Mortain, de Barenton, de Teilleul, de Landivy, d'Évran, de Tinteniac et de Vitré, ce qui fait que vous êtes quatre mille cinq cents soldats qui nous attaquez ; et nous, nous sommes dix-neuf hommes qui nous défendons.

Nous avons des vivres et des munitions.

Vous avez réussi à pratiquer une mine et à faire sauter un morceau de notre rocher et un morceau de notre mur.

Cela a fait un trou au pied de la tour, et ce trou est une brèche par laquelle vous pouvez entrer, bien qu'elle ne soit pas à ciel ouvert et que la tour, toujours forte et debout, fasse voûte au-dessus d'elle.

Maintenant vous préparez l'assaut.

Et nous, d'abord monseigneur le marquis, qui est prince de Bretagne et prieur séculier de l'abbaye de Sainte-Marie de Lantenac, où une messe de tous les jours

---

1. Voir n. 2, p. 57.

a été fondée par la reine Jeanne [1], ensuite les autres défenseurs de la tour, dont est monsieur l'abbé Turmeau, en guerre Grand-Francœur [2], mon camarade Guinoiseau, qui est capitaine du Camp-Vert, mon camarade Chante-en-Hiver, qui est capitaine du camp de l'Avoine, mon camarade la Musette, qui est capitaine du camp des Fourmis, et moi, paysan, qui suis né au bourg de Daon [3], où coule le ruisseau Moriandre, nous tous, nous avons une chose à vous dire.

Hommes qui êtes au bas de cette tour, écoutez.

Nous avons en nos mains trois prisonniers, qui sont trois enfants. Ces enfants ont été adoptés par un de vos bataillons, et ils sont à vous. Nous vous offrons de vous rendre ces trois enfants.

À une condition.

C'est que nous aurons la sortie libre.

Si vous refusez, écoutez bien, vous ne pouvez attaquer que de deux façons : par la brèche, du côté de la forêt ; ou par le pont, du côté du plateau. Le bâtiment sur le pont a trois étages ; dans l'étage d'en bas, moi l'Imânus, moi qui vous parle, j'ai fait mettre six tonnes de goudron et cent fascines de bruyères sèches ; dans l'étage d'en haut, il y a de la paille ; dans l'étage du milieu, il y a des livres et des papiers ; la porte de fer qui communique du pont avec la tour est fermée, et monseigneur en a la clef sur

---

1. Sainte-Marie de Lantenac (aujourd'hui Lanthénac, près de La Chèze dans le diocèse de Saint-Brieuc), abbaye bénédictine (1149), puis mauriste (1638). Elle avait abrité, à la fin du XVe siècle, l'atelier de Jehan Crès, premier imprimeur de Bretagne. Jeanne d'Albret, reine de Navarre et mère de Henri IV, s'était convertie au calvinisme en 1570. René de Rohan, son cousin, résidait au château de Loudéac, à une dizaine de kilomètres au nord-ouest de l'abbaye, dont il ne reste presque rien.   **2.** Grand-Francœur, fils de parents laboureurs. Sa piété lui fit d'abord « délaisser la charrue pour prendre l'épée » et ce n'est qu'au prix d'études tardives qu'il devint prêtre, « afin de pouvoir encore consacrer aux autels les restes d'une vie qu'il avait vouée d'abord à leur défense » (Descépeaux).   **3.** Comme Jean-Juste Coquereau, né en 1768 à Daon, sur la Mayenne, au sud de Château-Gontier. « Ses excès et ses cruautés compromirent la cause qu'il faisait profession de défendre », selon Descépeaux. L'Imânus tient de lui, comme de Mousqueton.

lui ; moi, j'ai fait sous la porte un trou, et par ce trou passe une mèche soufrée dont un bout est dans une des tonnes de goudron et l'autre bout à la portée de ma main, dans l'intérieur de la tour ; j'y mettrai le feu quand bon me semblera. Si vous refusez de nous laisser sortir, les trois enfants seront placés dans le deuxième étage du pont, entre l'étage où aboutit la mèche soufrée et où est le goudron, et l'étage où est la paille, et la porte de fer sera refermée sur eux. Si vous attaquez par le pont, ce sera vous qui incendierez le bâtiment ; si vous attaquez par la brèche, ce sera nous ; si vous attaquez à la fois par la brèche et par le pont, le feu sera mis à la fois par vous et par nous ; et, dans tous les cas, les trois enfants périront.

À présent, acceptez ou refusez.

Si vous acceptez, nous sortons.

Si vous refusez, les enfants meurent.

J'ai dit. —

L'homme qui parlait du haut de la tour se tut.

Une voix d'en bas cria :

— Nous refusons.

Cette voix était brève et sévère. Une autre voix moins dure, ferme pourtant, ajouta :

— Nous vous donnons vingt-quatre heures pour vous rendre à discrétion.

Il y eut un silence, et la même voix continua :

— Demain, à pareille heure, si vous n'êtes pas rendus, nous donnons l'assaut.

Et la première voix reprit :

— Et alors pas de quartier.

À cette voix farouche, une autre voix répondit du haut de la tour. On vit entre deux créneaux se pencher une haute silhouette[1] dans laquelle on put, à la lueur des étoiles, reconnaître la redoutable figure du marquis de

---

1. L'apparition rappelle celle, « entre deux créneaux », à la tombée du jour, de Welf, castellan d'Osbor, assiégé dans son nid d'aigle (*La Légende des siècles*, Nouvelle série, 1877, VIII, [1869]). Mais Welf y tient tête aux rois, « preneurs de villes », « voleurs de nations » et « chefs de l'éternel pillage ».

Lantenac, et cette figure d'où un regard tombait dans l'ombre et semblait chercher quelqu'un, cria :

— Tiens, c'est toi, prêtre !

— Oui, c'est moi, traître ! répondit la rude voix d'en bas.

XI

AFFREUX COMME L'ANTIQUE

La voix implacable en effet était la voix de Cimourdain ; la voix plus jeune et moins absolue était celle de Gauvain.

Le marquis de Lantenac, en reconnaissant l'abbé Cimourdain, ne s'était pas trompé.

En peu de semaines, dans ce pays que la guerre civile faisait sanglant, Cimourdain, on le sait, était devenu fameux ; pas de notoriété plus lugubre que la sienne ; on disait : Marat à Paris, Châlier[1] à Lyon, Cimourdain en Vendée. On flétrissait l'abbé Cimourdain de tout le respect qu'on avait eu pour lui autrefois ; c'est là l'effet de l'habit de prêtre retourné. Cimourdain faisait horreur. Les sévères sont des infortunés ; qui voit leurs actes les condamne, qui verrait leur conscience les absoudrait peut-être. Un Lycurgue qui n'est pas expliqué semble un Tibère[2]. Quoi qu'il en fût, deux hommes, le marquis de Lantenac et l'abbé Cimourdain, étaient égaux dans la balance de haine ; la malédiction des royalistes sur Cimourdain faisait contre-poids à l'exécration des républicains pour Lantenac. Chacun de ces deux hommes était, pour le camp opposé, le monstre ; à tel point qu'il se produisit ce fait singulier que, tandis que Prieur de la

---

1. Voir n. 4, p. 239.   **2.** Lycurgue, législateur de l'ancienne Sparte et de sa caste militaire. L'empereur Tibère, successeur d'Auguste et digne prédécesseur de Caligula par la cruauté de son règne.

Marne à Granville mettait à prix la tête de Lantenac, Charette à Noirmoutier mettait à prix la tête de Cimourdain.

Disons-le, ces deux hommes, le marquis et le prêtre, étaient jusqu'à un certain point le même homme. Le masque de bronze de la guerre civile a deux profils, l'un tourné vers le passé, l'autre tourné vers l'avenir, mais aussi tragiques l'un que l'autre. Lantenac était le premier de ces profils, Cimourdain était le second ; seulement l'amer rictus de Lantenac était couvert d'ombre et de nuit, et sur le front fatal de Cimourdain il y avait une lueur d'aurore.

Cependant la Tourgue assiégée avait un répit.

Grâce à l'intervention de Gauvain, on vient de le voir, une sorte de trêve de vingt-quatre heures avait été convenue.

L'Imânus, du reste, était bien renseigné, et, par suite des réquisitions de Cimourdain, Gauvain avait maintenant sous ses ordres quatre mille cinq cents hommes, tant garde nationale que troupe de ligne, avec lesquels il cernait Lantenac dans la Tourgue, et il avait pu braquer contre la forteresse douze pièces de canon, six du côté de la tour, sur la lisière de la forêt, en batterie enterrée, et six du côté du pont, sur le plateau, en batterie haute. Il avait pu faire jouer la mine, et la brèche était ouverte au pied de la tour.

Ainsi, sitôt les vingt-quatre heures de trêve expirées, la lutte allait s'engager dans les conditions que voici :

Sur le plateau et dans la forêt, on était quatre mille cinq cents.

Dans la tour, dix-neuf.

Les noms de ces dix-neuf assiégés peuvent être retrouvés par l'histoire dans les affiches de mise hors la loi. Nous les rencontrerons peut-être.

Pour commander à ces quatre mille cinq cents hommes qui étaient presque une armée, Cimourdain aurait voulu que Gauvain se laissât faire adjudant général [1]. Gauvain

---

1. Adjudant, c'est-à-dire adjoint du général.

avait refusé, et avait dit : « Quand Lantenac sera pris, nous verrons. Je n'ai encore rien mérité. »

Ces grands commandements avec d'humbles grades étaient d'ailleurs dans les mœurs républicaines. Bonaparte, plus tard, fut en même temps chef d'escadron d'artillerie et général en chef de l'armée d'Italie [1].

La Tour-Gauvain avait une destinée étrange : un Gauvain l'attaquait, un Gauvain la défendait. De là, une certaine réserve dans l'attaque, mais non dans la défense, car M. de Lantenac était de ceux qui ne ménagent rien, et d'ailleurs il avait surtout habité Versailles et n'avait aucune superstition pour la Tourgue, qu'il connaissait à peine. Il était venu s'y réfugier, n'ayant plus d'autre asile, voilà tout ; mais il l'eût démolie sans scrupule. Gauvain était plus respectueux.

Le point faible de la forteresse était le pont ; mais dans la bibliothèque, qui était sur le pont, il y avait les archives de la famille ; si l'assaut était donné là, l'incendie du pont était inévitable ; il semblait à Gauvain que brûler les archives, c'était attaquer ses pères. La Tourgue était le manoir de famille des Gauvain ; c'est de cette tour que mouvaient [2] tous leurs fiefs de Bretagne, de même que tous les fiefs de France mouvaient de la tour du Louvre ; les souvenirs domestiques des Gauvain étaient là ; lui-même, il y était né ; les fatalités tortueuses de la vie l'amenaient à attaquer, homme, cette muraille vénérable qui l'avait protégé enfant. Serait-il impie envers cette demeure jusqu'à la mettre en cendres ? Peut-être son propre berceau, à lui Gauvain, était-il dans quelque coin du grenier de la bibliothèque. Certaines réflexions sont des émotions. Gauvain, en présence de l'antique maison de famille, se sentait ému [3]. C'est pourquoi il avait épargné le pont. Il s'était borné à

---

1. Après le siège de Toulon, le capitaine Bonaparte fut promu général en chef de l'armée d'Italie le 24 mars 1794, mais n'en exerça la charge que deux ans plus tard.   **2.** En jurisprudence féodale, la « mouvance » est la dépendance d'un fief à l'égard d'un autre, « active » ou « passive » selon l'ordre hiérarchique.   **3.** « La Tourgue était le manoir [...] ému. » : addition postérieure à la première rédaction.

rendre toute sortie ou toute évasion impossible par cette issue et à tenir le pont en respect par une batterie, et il avait choisi pour l'attaque le côté opposé. De là, la mine et la sape au pied de la tour.

Cimourdain l'avait laissé faire ; il se le reprochait ; car son âpreté fronçait le sourcil devant toutes ces vieilleries gothiques, et il ne voulait pas plus l'indulgence pour les édifices que pour les hommes. Ménager un château, c'était un commencement de clémence. Or la clémence était le côté faible de Gauvain. Cimourdain, on le sait, le surveillait et l'arrêtait sur cette pente, à ses yeux funeste. Pourtant lui-même, et en ne se l'avouant qu'avec une sorte de colère, il n'avait pas revu la Tourgue sans un secret tressaillement ; il se sentait attendri devant cette salle studieuse où étaient les premiers livres qu'il eût fait lire à Gauvain ; il avait été curé du village voisin, Parigné ; il avait, lui Cimourdain, habité les combles du châtelet du pont ; c'est dans la bibliothèque qu'il tenait entre ses genoux le petit Gauvain épelant l'alphabet ; c'est entre ces vieux quatre murs-là qu'il avait vu son élève bien-aimé, le fils de son âme, grandir comme homme et croître comme esprit. Cette bibliothèque, ce châtelet, ces murs pleins de ses bénédictions sur l'enfant, allait-il les foudroyer et les brûler ? Il leur faisait grâce. Non sans remords[1].

Il avait laissé Gauvain entamer le siège sur le point opposé. La Tourgue avait son côté sauvage, la tour, et son côté civilisé, la bibliothèque. Cimourdain avait permis à Gauvain de ne battre en brèche que le côté sauvage.

Du reste, attaquée par un Gauvain, défendue par un Gauvain, cette vieille demeure revenait, en pleine révolution française, à ses habitudes féodales. Les guerres entre parents sont toute l'histoire du moyen âge ; les Étéocles et les Polynices sont gothiques aussi bien que grecs, et Hamlet fait dans Elseneur ce qu'Oreste a fait dans Argos[2].

---

1. « Cimourdain l'avait [...] remords », nouvelle addition.   **2.** Shakespeare, selon Hugo, recommence Eschyle, nommé par lui « Shakespeare l'ancien ». Eschyle « a deux Caïns, Étéocle et Polynice », fils

XII

LE SAUVETAGE S'ÉBAUCHE [1]

Toute la nuit se passa de part et d'autre en préparatifs.

Sitôt le sombre pourparler qu'on vient d'entendre terminé, le premier soin de Gauvain fut d'appeler son lieutenant.

Guéchamp, qu'il faut un peu connaître, était un homme de second plan, honnête, intrépide, médiocre, meilleur soldat que chef, rigoureusement intelligent jusqu'au point où c'est le devoir de ne plus comprendre, jamais attendri, inaccessible à la corruption, quelle qu'elle fût, aussi bien à la vénalité qui corrompt la conscience qu'à la pitié qui corrompt la justice. Il avait sur l'âme et sur le cœur ces deux abat-jour, la discipline et la consigne, comme un cheval a ses garde-vue sur les deux yeux, et il marchait devant lui dans l'espace que cela lui laissait libre. Son pas était droit, mais sa route était étroite.

Du reste, homme sûr ; rigide dans le commandement, exact dans l'obéissance.

Gauvain adressa vivement la parole à Guéchamp.

— Guéchamp, une échelle.

— Mon commandant, nous n'en avons pas.

— Il faut en avoir une.

— Pour escalade ?

— Non. Pour sauvetage.

Guéchamp réfléchit et répondit :

---

de Jocaste et d'Œdipe (*William Shakespeare*, I, 2). Sujet des *Sept contre Thèbes*, leur lutte fratricide met un terme à la malédiction frappant la dynastie thébaine, ainsi vouée à l'extinction. *Hamlet* et l'*Orestie* sont comme le « recto et verso de la même idée » (II, 4), à ceci près qu'Hamlet ne fait que « rêver » le matricide accompli par Oreste, vengeur d'Agamemnon, son père, assassiné par Égisthe, amant de sa mère Clytemnestre. Hamlet était prince d'Elseneur, au Danemark, et Agamemnon seigneur de l'Argolide. Le titre du chapitre — « Affreux comme l'antique » — trouve ici son explication.

1. L'enchaînement se faisait d'abord de l'actuel chapitre XI au chapitre XIII. Le chapitre XII est une addition postérieure à la première rédaction.

— Je comprends. Mais pour ce que vous voulez, il la faut très haute.

— D'au moins trois étages.

— Oui, mon commandant, c'est à peu près la hauteur.

— Et il faut dépasser cette hauteur, car il faut être sûr de réussir.

— Sans doute.

— Comment se fait-il que vous n'ayez pas d'échelle ?

— Mon commandant, vous n'avez pas jugé à propos d'assiéger la Tourgue par le plateau ; vous vous êtes contenté de la bloquer de ce côté-là ; vous avez voulu attaquer, non par le pont, mais par la tour. On ne s'est plus occupé que de la mine, et l'on a renoncé à l'escalade. C'est pourquoi nous n'avons pas d'échelles.

— Faites-en faire une sur-le-champ.

— Une échelle de trois étages ne s'improvise pas.

— Faites ajouter bout à bout plusieurs échelles courtes.

— Il faut en avoir.

— Trouvez-en.

— On n'en trouvera pas. Partout les paysans détruisent les échelles, de même qu'ils démontent les charrettes et qu'ils coupent les ponts.

— Ils veulent paralyser la république, c'est vrai.

— Ils veulent que nous ne puissions ni traîner un charroi, ni passer une rivière, ni escalader un mur.

— Il me faut une échelle, pourtant.

— J'y songe, mon commandant, il y a à Javené, près de Fougères, une grande charpenterie. On peut en avoir une là.

— Il n'y a pas une minute à perdre.

— Quand voulez-vous avoir l'échelle ?

— Demain, à pareille heure, au plus tard.

— Je vais envoyer à Javené un exprès à franc-étrier. Il portera l'ordre de réquisition. Il y a à Javené un poste de cavalerie qui fournira l'escorte. L'échelle pourra être ici demain avant le coucher du soleil.

— C'est bien, cela suffira, dit Gauvain, faites vite. Allez.

Dix minutes après, Guéchamp revint et dit à Gauvain :
— Mon commandant, l'exprès est parti pour Javené.

Gauvain monta sur le plateau et demeura longtemps l'œil fixé sur le pont-châtelet qui était en travers du ravin. Le pignon du châtelet, sans autre baie que la basse entrée fermée par le pont-levis dressé, faisait face à l'escarpement du ravin. Pour arriver du plateau au pied des piles du pont, il fallait descendre le long de cet escarpement, ce qui n'était pas impossible, de broussaille en broussaille. Mais une fois dans le fossé, l'assaillant serait exposé à tous les projectiles pouvant pleuvoir des trois étages. Gauvain acheva de se convaincre qu'au point où le siège en était, la véritable attaque était par la brèche de la tour.

Il prit toutes ses mesures pour qu'aucune fuite ne fût possible ; il compléta l'étroit blocus de la Tourgue ; il resserra les mailles de ses bataillons de façon que rien ne pût passer au travers. Gauvain et Cimourdain se partagèrent l'investissement de la forteresse ; Gauvain se réserva le côté de la forêt et donna à Cimourdain le côté du plateau. Il fut convenu que, tandis que Gauvain, secondé par Guéchamp, conduirait l'assaut par la sape, Cimourdain, toutes les mèches de la batterie haute allumées, observerait le pont et le ravin.

XIII

CE QUE FAIT LE MARQUIS

Pendant qu'au dehors tout s'apprêtait pour l'attaque, au dedans tout s'apprêtait pour la résistance.

Ce n'est pas sans une réelle analogie qu'une tour se nomme une douve[1], et l'on frappe quelquefois une tour

---

1. *Douve* n'est attesté qu'au sens de paroi des fossés d'un château et pour désigner les bois dont on fait les tonneaux, par cerclage. Purement hugolienne, l'« analogie » doit s'entendre par référence

d'un coup de mine comme une douve d'un coup de poinçon. La muraille se perce comme une bonde. C'est ce qui
était arrivé à la Tourgue.

Le puissant coup de poinçon donné par deux ou trois
quintaux de poudre avait troué de part en part le mur
énorme. Ce trou partait du pied de la tour, traversait la
muraille dans sa plus grande épaisseur et venait aboutir
en arcade informe dans le rez-de-chaussée de la forteresse. Du dehors, les assiégeants, afin de rendre ce trou
praticable à l'assaut, l'avaient élargi et façonné à coups
de canon.

Le rez-de-chaussée où pénétrait cette brèche était une
grande salle ronde toute nue, avec pilier central portant
la clef de voûte. Cette salle qui était la plus vaste de tout
le donjon n'avait pas moins de quarante pieds de diamètre. Chacun des étages de la tour se composait d'une
chambre pareille, mais moins large, avec des logettes
dans les embrasures des meurtrières. La salle du rez-de-
chaussée n'avait pas de meurtrières, pas de soupiraux, pas
de lucarnes ; juste autant de jour et d'air qu'une tombe.

La porte des oubliettes, faite de plus de fer que de bois,
était dans la salle du rez-de-chaussée. Une autre porte
de cette salle ouvrait sur un escalier qui conduisait aux
chambres supérieures. Tous les escaliers étaient pratiqués
dans l'épaisseur du mur.

C'est dans cette salle basse que les assiégés avaient
chance d'arriver par la brèche qu'ils avaient faite. Cette
salle prise, il leur restait la tour à prendre.

On n'avait jamais respiré dans cette salle basse. Nul
n'y passait vingt-quatre heures sans être asphyxié. Maintenant, grâce à la brèche, on y pouvait vivre.

C'est pourquoi les assiégés ne fermèrent pas la brèche.

D'ailleurs à quoi bon ? Le canon l'eût rouverte.

---

aux rochers Douvres (p. 74) ou *Dover*, dont l'une des « tours » avait
été « renversée » par un « coup d'équinoxe » (*Les Travailleurs de la
mer*, I, 6, 1, éd. Y. Gohin, Bibliothèque de la Pléiade, p. 758, 760 et
notes). Percée dans une douve, la *bonde* permet de remplir ou vider
le tonneau. On notera l'assonance bonde/tombe, à quelques lignes
de distance.

Ils piquèrent dans le mur une torchère de fer, y plantèrent une torche, et cela éclaira le rez-de-chaussée.

Maintenant comment s'y défendre ?

Murer le trou était facile, mais inutile. Une retirade valait mieux. Une retirade, c'est un retranchement à angle rentrant, sorte de barricade chevronnée qui permet de faire converger les feux sur les assaillants, et qui, en laissant à l'extérieur la brèche ouverte, la bouche à l'intérieur. Les matériaux ne leur manquaient pas, ils construisirent une retirade, avec fissures pour le passage des canons de fusil. L'angle de la retirade s'appuyait au pilier central ; les deux ailes touchaient le mur des deux côtés. Cela fait, on disposa dans les bons endroits des fougasses.

Le marquis dirigeait tout. Inspirateur, ordonnateur, guide et maître, âme terrible.

Lantenac était de cette race d'hommes de guerre du dix-huitième siècle qui, à quatre-vingts ans, sauvaient des villes. Il ressemblait à ce comte d'Alberg qui presque centenaire, chassa de Riga le roi de Pologne[1].

— Courage, amis, disait le marquis, au commencement de ce siècle, en 1713, à Bender, Charles XII, enfermé dans une maison, a tenu tête, avec trois cents Suédois, à vingt mille Turcs[2].

On barricada les deux étages d'en bas, on fortifia les chambres, on crénela les alcôves, on contrebuta les portes avec des solives enfoncées à coups de maillet qui faisaient comme des arcs-boutants ; seulement on dut laisser libre l'escalier en spirale qui communiquait à tous les étages, car il fallait pouvoir y circuler ; et l'entraver pour l'assiégeant, c'eût été l'entraver pour l'assiégé. La défense des places a toujours ainsi un côté faible.

Le marquis, infatigable, robuste comme un jeune

---

1. Allusion à la conquête de la Livonie par le comte d'Alberg, lieutenant de Gustave-Adolphe, roi de Suède (1621). **2.** Vaincu par Pierre le Grand à Poultava (1709), Charles XII, roi de Suède, se réfugia en Bessarabie, sous domination turque. En résidence à Bender, il refusa de quitter les lieux. Ce fut la « journée de Bender » (11 février 1713), racontée par Voltaire dans son *Histoire de Charles XII*. Sa résistance valut à Charles XII le surnom de « Tête de fer ».

homme, soulevant des poutres, portant des pierres, donnait l'exemple, mettait la main à la besogne, commandait, aidait, fraternisait, riait avec ce clan féroce, toujours le seigneur pourtant, haut, familier, élégant, farouche.

Il ne fallait pas lui répliquer. Il disait : *Si une moitié de vous se révoltait, je la ferais fusiller par l'autre, et je défendrais la place avec le reste.* Ces choses-là font qu'on adore un chef.

XIV

CE QUE FAIT L'IMÂNUS

Pendant que le marquis s'occupait de la brèche et de la tour, l'Imânus s'occupait du pont. Dès le commencement du siège, l'échelle de sauvetage suspendue transversalement en dehors et au-dessous des fenêtres du deuxième étage, avait été retirée par ordre du marquis, et placée par l'Imânus dans la salle de la bibliothèque. C'est peut-être à cette échelle-là que Gauvain voulait suppléer. Les fenêtres du premier étage entresol, dit salle des gardes, étaient défendues par une triple armature de barreaux de fer scellés dans la pierre, et l'on ne pouvait ni entrer ni sortir par là.

Il n'y avait point de barreaux aux fenêtres de la bibliothèque, mais elles étaient très hautes.

L'Imânus se fit accompagner de trois hommes, comme lui capables de tout et résolus à tout. Ces hommes étaient Hoisnard, dit Branche-d'Or, et les deux frères Pique-en-Bois. L'Imânus prit une lanterne sourde, ouvrit la porte de fer, et visita minutieusement les trois étages du châtelet du pont. Hoisnard Branche-d'Or était aussi implacable que l'Imânus, ayant eu un frère tué par les républicains.

L'Imânus examina l'étage d'en haut, regorgeant de foin et de paille, et l'étage d'en bas, dans lequel il fit apporter quelques pots à feu, qu'il ajouta aux tonnes de goudron ; il fit mettre le tas de fascines de bruyères en contact avec les tonnes de goudron, et il s'assura du bon état de la mèche soufrée dont une extrémité était dans le pont et l'autre dans la tour. Il répandit sur le plancher, sous les tonnes et sous les fascines, une mare de goudron où il immergea le bout de la mèche soufrée ; puis il fit placer, dans la salle de la bibliothèque, entre le rez-de-chaussée où était le goudron et le grenier où était la paille, les trois berceaux où étaient René-Jean, Gros-Alain et Georgette, plongés dans un profond sommeil. On apporta les berceaux très doucement pour ne point réveiller les petits.

C'étaient de simples petites crèches de campagne, sorte de corbeilles d'osier très basses qu'on pose à terre, ce qui permet à l'enfant de sortir du berceau seul et sans aide. Près de chaque berceau, l'Imânus fit placer une écuelle de soupe avec une cuiller de bois. L'échelle de sauvetage décrochée de ses crampons avait été déposée sur le plancher, contre le mur ; l'Imânus fit ranger les trois berceaux bout à bout le long de l'autre mur en regard de l'échelle. Puis, pensant que des courants d'air pouvaient être utiles, il ouvrit toutes grandes les six fenêtres de la bibliothèque. C'était une nuit d'été, bleue et tiède.

Il envoya les frères Pique-en-Bois ouvrir les fenêtres de l'étage inférieur et de l'étage supérieur ; il avait remarqué, sur la façade orientale de l'édifice, un grand vieux lierre desséché, couleur d'amadou, qui couvrait tout un côté du pont du haut en bas et encadrait les fenêtres des trois étages. Il pensa que ce lierre ne nuirait pas. L'Imânus jeta partout un dernier coup d'œil ; après quoi, ces quatre hommes sortirent du châtelet et rentrèrent dans le donjon. L'Imânus referma la lourde porte de fer à double tour, considéra attentivement la serrure énorme et terrible, et examina, avec un signe de tête satisfait, la mèche soufrée qui passait par le trou pratiqué par lui, et était désormais la seule communication entre la tour et le pont. Cette mèche partait de la chambre ronde, passait sous la porte de fer, entrait sous la voussure, descendait l'escalier du rez-de-chaussée du pont, serpentait sur les degrés en spirale, rampait sur le plancher du couloir entre-sol, et allait aboutir à la mare de goudron sous le tas de fascines sèches. L'Imânus avait calculé qu'il fallait environ un quart d'heure pour que cette mèche, allumée dans l'intérieur de la tour, mît le feu à la mare de goudron sous la bibliothèque. Tous ces arrangements pris, et toutes ces inspections faites, il rapporta la clef de la porte de fer au marquis de Lantenac qui la mit dans sa poche.

Il importait de surveiller tous les mouvements des assiégeants. L'Imânus alla se poster en vedette, sa trompe de bouvier à la ceinture, dans la guérite de la plate-forme, au haut de la tour. Tout en observant, un œil sur la forêt, un œil sur le plateau, il avait près de lui, dans l'embrasure de la lucarne de la guérite, une poire à poudre, un sac de toile plein de balles de calibre, et de vieux journaux qu'il déchirait, et il faisait des cartouches.

Quand le soleil parut, il éclaira dans la forêt huit bataillons, le sabre au côté, la giberne au dos, la bayonnette au fusil, prêts à l'assaut ; sur le plateau, une batterie de canons, avec caissons, gargousses et boîtes à mitraille ; dans la forteresse dix-neuf hommes chargeant des tromblons, des mousquets, des pistolets et des espingoles, et dans les trois berceaux trois enfants endormis.

Le château de Beaufort, par Victor Hugo.

« La Tourgue était en 1793 une forteresse.
C'était la vieille bastille des Gauvain. » (p. 342)

LIVRE TROISIÈME

LE MASSACRE DE SAINT-BARTHÉLEMY [1]

I

Les enfants se réveillèrent.

Ce fut d'abord la petite.

Un réveil d'enfants, c'est une ouverture de fleurs ; il semble qu'un parfum sorte de ces fraîches âmes.

Georgette, celle de vingt mois, la dernière née des trois, qui tétait encore en mai, souleva sa petite tête, se dressa sur son séant, regarda ses pieds, et se mit à jaser.

Un rayon du matin était sur son berceau [2] ; il eût été difficile de dire quel était le plus rose, du pied de Georgette ou de l'aurore.

Les deux autres dormaient encore ; c'est plus lourd, les hommes ; Georgette, gaie et calme, jasait.

René-Jean était brun, Gros-Alain était châtain, Geor-

---

1. Voir n. 1, p. 348. Mais la Saint-Barthélemy est aussi une date, celle du massacre au Louvre des protestants, ordonné le 24 août 1572 par Charles IX à l'instigation de la reine-mère, Catherine de Médicis, et devenu emblématique des Terreurs de l'Ancien Régime. « Souviens-toi de la Saint-Barthélemy ! » est le titre du chapitre consacré par Louis Blanc aux massacres de septembre 1792. Victor Hugo entendait comparer « les quatre-vingt-treize aux Saint-Barthélemy » (« Écrit en 1846 », *Les Contemplations*, V, 3, 4), et qu'on en finisse avec la « pesée équitable des violences contraires » (Y. Gohin).
2. Il pourrait s'agir du berceau de Gauvain, évoqué p. 358.

gette était blonde. Ces nuances des cheveux, d'accord dans l'enfance avec l'âge, peuvent changer plus tard. René-Jean avait l'air d'un petit Hercule ; il dormait sur le ventre, avec ses deux poings dans ses yeux. Gros-Alain avait les deux jambes hors de son petit lit.

Tous trois étaient en haillons ; les vêtements que leur avait donnés le bataillon du Bonnet-Rouge s'en étaient allés en loques ; ce qu'ils avaient sur eux n'était même pas une chemise ; les deux garçons étaient presque nus, Georgette était affublée d'une guenille qui avait été une jupe et qui n'était plus guère qu'une brassière. Qui avait soin de ces enfants ? on n'eût pu le dire. Pas de mère. Ces sauvages paysans combattants, qui les traînaient avec eux de forêt en forêt, leur donnaient leur part de soupe. Voilà tout. Les petits s'en tiraient comme ils pouvaient. Ils avaient tout le monde pour maître et personne pour père. Mais les haillons des enfants, c'est plein de lumière. Ils étaient charmants.

Georgette jasait.

Ce qu'un oiseau chante, un enfant le jase. C'est le même hymne. Hymne indistinct, balbutié, profond. L'enfant a de plus que l'oiseau la sombre destinée humaine devant lui. De là la tristesse des hommes qui écoutent mêlée à la joie du petit qui chante. Le cantique le plus sublime qu'on puisse entendre sur la terre, c'est le bégaiement de l'âme humaine sur les lèvres de l'enfance[1]. Ce chuchotement confus d'une pensée qui n'est encore qu'un instinct contient on ne sait quel appel inconscient à la justice éternelle ; peut-être est-ce une protestation sur le seuil avant d'entrer ; protestation humble et poignante ; cette ignorance souriant à l'infini compromet toute la création dans le sort qui sera fait à l'être faible et désarmé. Le malheur, s'il arrive, sera un abus de confiance.

---

1. Un poème de *L'Art d'être grand-père* évoque ces « chants où flotte un mot », cette parole encore inarticulée « où tremblent des ébauches » et ces « bruits de vision » qui n'attendent que d'être interprétés : « Si les astres chantaient, ils bégaieraient ainsi » (« Georges et Jeanne », I, 6).

Le murmure de l'enfant, c'est plus et moins que la parole ; ce ne sont pas des notes, et c'est un chant ; ce ne sont pas des syllabes, et c'est un langage ; ce murmure a eu son commencement dans le ciel et n'aura pas sa fin sur la terre ; il est d'avant la naissance, et il continue, c'est une suite. Ce bégaiement se compose de ce que l'enfant disait quand il était ange et de ce qu'il dira quand il sera homme ; le berceau a un Hier de même que la tombe a un Demain ; ce demain et cet hier amalgament dans ce gazouillement obscur leur double inconnu ; et rien ne prouve Dieu, l'éternité, la responsabilité, la dualité du destin, comme cette ombre formidable dans cette âme rose.

Ce que balbutiait Georgette ne l'attristait pas, car tout son beau visage était un sourire. Sa bouche souriait, ses yeux souriaient, les fossettes de ses joues souriaient. Il se dégageait de ce sourire une mystérieuse acceptation du matin. L'âme a foi dans le rayon. Le ciel était bleu, il faisait chaud, il faisait beau. La frêle créature, sans rien savoir, sans rien connaître, sans rien comprendre, mollement noyée dans la rêverie qui ne pense pas, se sentait en sûreté dans cette nature, dans ces arbres honnêtes, dans cette verdure sincère, dans cette campagne pure et paisible, dans ces bruits de nids, de sources, de mouches, de feuilles, au-dessus desquels resplendissait l'immense innocence du soleil.

Après Georgette, René-Jean, l'aîné, le grand, qui avait quatre ans passés, se réveilla. Il se leva debout, enjamba virilement son berceau, aperçut son écuelle, trouva cela tout simple, s'assit par terre et commença à manger sa soupe.

La jaserie de Georgette n'avait pas éveillé Gros-Alain, mais au bruit de la cuiller dans l'écuelle, il se retourna en sursaut, et ouvrit les yeux, Gros-Alain était celui de trois ans. Il vit son écuelle, il n'avait que le bras à étendre, il la prit, et, sans sortir de son lit, son écuelle sur ses genoux, sa cuiller au poing, il fit comme René-Jean, il se mit à manger.

Georgette ne les entendait pas, et les ondulations de sa

voix semblaient moduler le bercement d'un rêve. Ses yeux grands ouverts regardaient en haut, et étaient divins ; quel que soit le plafond ou la voûte qu'un enfant a au-dessus de sa tête, ce qui se reflète dans ses yeux, c'est le ciel.

Quand René-Jean eut fini, il gratta avec la cuiller le fond de l'écuelle, soupira, et dit avec dignité :

— J'ai mangé ma soupe.

Ceci tira Georgette de sa rêverie.

— Poupoupe, dit-elle[1].

Et voyant que René-Jean avait mangé et que Gros-Alain mangeait, elle prit l'écuelle de soupe qui était à côté d'elle, et mangea, non sans porter sa cuiller beaucoup plus souvent à son oreille qu'à sa bouche.

De temps en temps elle renonçait à la civilisation et mangeait avec ses doigts.

Gros-Alain, après avoir, comme son frère, gratté le fond de l'écuelle, était allé le rejoindre et courait derrière lui.

II

Tout à coup on entendit au dehors, en bas, du côté de la forêt, un bruit de clairon, sorte de fanfare hautaine et sévère. À ce bruit de clairon répondit du haut de la tour un son de trompe.

Cette fois, c'était le clairon qui appelait et la trompe qui donnait la réplique.

Il y eut un deuxième coup de clairon que suivit un deuxième son de trompe.

Puis, de la lisière de la forêt, s'éleva une voix lointaine, mais précise, qui cria distinctement ceci :

— Brigands ! sommation. Si vous n'êtes pas rendus à discrétion au coucher du soleil, nous attaquons.

---

1. « Victor Hugo copie les mots d'enfant, puis les intègre à son texte, comme dans *L'Art d'être grand-père* » (H. Meschonnic).

Une voix, qui ressemblait à un grondement, répondit de la plate-forme de la tour :

— Attaquez.

La voix d'en bas reprit :

— Un coup de canon sera tiré, comme dernier avertissement, une demi-heure avant l'assaut.

Et la voix d'en haut répéta :

— Attaquez.

Ces voix n'arrivaient pas jusqu'aux enfants, mais le clairon et la trompe portaient plus haut et plus loin, et Georgette, au premier coup de clairon, dressa le cou, et cessa de manger ; au son de trompe, elle posa sa cuiller dans son écuelle ; au deuxième coup de clairon, elle leva le petit index de sa main droite, et l'abaissant et le relevant tour à tour, marqua les cadences de la fanfare, que vint prolonger le deuxième son de trompe ; quand la trompe et le clairon se turent, elle demeura pensive le doigt en l'air, et murmura à demi-voix : — Misique.

Nous pensons qu'elle voulait dire « musique ».

Les deux aînés, René-Jean et Gros-Alain, n'avaient pas fait attention à la trompe et au clairon ; ils étaient absorbés par autre chose ; un cloporte était en train de traverser la bibliothèque.

Gros-Alain l'aperçut et cria :

— Une bête.

René-Jean accourut.

Gros-Alain reprit :

— Ça pique.

— Ne lui fais pas de mal, dit René-Jean.

Et tous deux se mirent à regarder ce passant.

Cependant Georgette avait fini sa soupe ; elle chercha des yeux ses frères. René-Jean et Gros-Alain étaient dans l'embrasure d'une fenêtre, accroupis et graves au-dessus du cloporte ; ils se touchaient du front et mêlaient leurs cheveux ; ils retenaient leur respiration, émerveillés, et considéraient la bête, qui s'était arrêtée et ne bougeait plus, peu contente de tant d'admiration.

Georgette, voyant ses frères en contemplation, voulut savoir ce que c'était. Il n'était pas aisé d'arriver jusqu'à

eux, elle l'entreprit pourtant ; le trajet était hérissé de dif-
ficultés ; il y avait des choses par terre, des tabourets ren-
versés, des tas de paperasses, des caisses d'emballage
déclouées et vides, des bahuts, des monceaux quelconques autour desquels il fallait cheminer, tout un archipel d'écueils ; Georgette s'y hasarda. Elle commença par
sortir de son berceau, premier travail ; puis elle s'engagea
dans les récifs, serpenta dans les détroits, poussa un
tabouret, rampa entre deux coffres, passa par-dessus une
liasse de papiers, grimpant d'un côté, roulant de l'autre,
montrant avec douceur sa pauvre petite nudité, et parvint
ainsi à ce qu'un marin appellerait la mer libre, c'est-à-
dire à un assez large espace de plancher qui n'était plus
obstrué et où il n'y avait plus de périls ; alors elle
s'élança, traversa cet espace qui était tout le diamètre de
la salle, à quatre pattes, avec une vitesse de chat, et arriva
près de la fenêtre ; là il y avait un obstacle redoutable, la
grande échelle dépassait un peu le coin de l'embrasure ;
cela faisait entre Georgette et ses frères une sorte de cap à
franchir ; elle s'arrêta et médita ; son monologue intérieur
terminé, elle prit son parti ; elle empoigna résolument de
ses doigts roses un des échelons, lesquels étaient verticaux et non horizontaux, l'échelle étant couchée sur un
de ses montants ; elle essaya de se lever sur ses pieds et
retomba ; elle recommença deux fois, elle échoua ; à la
troisième fois, elle réussit ; alors, droite et debout, s'ap-
puyant successivement à chacun des échelons, elle se mit
à marcher le long de l'échelle ; arrivée à l'extrémité, le
point d'appui lui manquait, elle trébucha, mais saisissant
de ses petites mains le bout du montant qui était énorme,
elle se redressa, doubla le promontoire, regarda René-
Jean et Gros-Alain, et rit.

III

En ce moment-là, René-Jean, satisfait du résultat de ses
observations sur le cloporte, relevait la tête et disait :
— C'est une femelle.

Le rire de Georgette fit rire René-Jean, et le rire de René-Jean fit rire Gros-Alain.

Georgette opéra sa jonction avec ses frères, et cela fit un petit cénacle assis par terre.

Mais le cloporte avait disparu.

Il avait profité du rire de Georgette pour se fourrer dans un trou du plancher.

D'autres événements suivirent le cloporte.

D'abord, des hirondelles passèrent.

Leurs nids étaient probablement sous le rebord du toit. Elles vinrent voler tout près de la fenêtre, un peu inquiètes des enfants, décrivant de grands cercles dans l'air, et poussant leur doux cri du printemps. Cela fit lever les yeux aux trois enfants et le cloporte fut oublié.

Georgette braqua son doigt sur les hirondelles et cria :
— Coco !

René-Jean la réprimanda.

— Mamoiselle, on ne dit pas des cocos, on dit des oseaux.

— Zozo, dit Georgette.

Et tous les trois regardèrent les hirondelles.

Puis une abeille entra.

Rien ne ressemble à une âme comme une abeille. Elle va de fleur en fleur comme une âme d'étoile en étoile, et elle rapporte le miel comme l'âme rapporte la lumière.

Celle-ci fit grand bruit en entrant, elle bourdonnait à voix haute, et elle avait l'air de dire : J'arrive, je viens de voir les roses, maintenant je viens voir les enfants. Qu'est-ce qui se passe ici ?

Une abeille, c'est une ménagère, et cela gronde en chantant.

Tant que l'abeille fut là, les trois petits ne la quittèrent pas des yeux.

L'abeille explora toute la bibliothèque, fureta les recoins, voleta ayant l'air d'être chez elle et dans une ruche, et rôda, ailée et mélodieuse, d'armoire en armoire, regardant à travers les vitres les titres des livres, comme si elle eût été un esprit.

Sa visite faite, elle partit.

— Elle va dans sa maison, dit René-Jean.

— C'est une bête, dit Gros-Alain.

— Non, repartit René-Jean, c'est une mouche.

— Muche, dit Georgette.

Là-dessus, Gros-Alain, qui venait de trouver à terre une ficelle à l'extrémité de laquelle il y avait un nœud, prit entre son pouce et son index le bout opposé au nœud, fit de la ficelle une sorte de moulinet, et la regarda tourner avec une attention profonde.

De son côté, Georgette, redevenue quadrupède et ayant repris son va-et-vient capricieux sur le plancher, avait découvert un vénérable fauteuil de tapisserie mangé des vers dont le crin sortait par plusieurs trous. Elle s'était arrêtée à ce fauteuil. Elle élargissait les trous et tirait le crin avec recueillement.

Brusquement, elle leva un doigt, ce qui voulait dire :
— Écoutez.

Les deux frères tournèrent la tête.

Un fracas vague et lointain s'entendait au dehors ; c'était probablement le camp d'attaque qui exécutait quelque mouvement stratégique dans la forêt ; des chevaux hennissaient, des tambours battaient, des caissons roulaient, des chaînes s'entre-heurtaient, des sonneries militaires s'appelaient et se répondaient, confusion de bruits farouches qui en se mêlant devenaient une sorte d'harmonie ; les enfants écoutaient, charmés.

— C'est le mondieu qui fait ça, dit René-Jean.

IV

Le bruit cessa.

René-Jean était demeuré rêveur.

Comment les idées se décomposent-elles et se recomposent-elles dans ces petits cerveaux-là ? Quel est le remuement mystérieux de ces mémoires si troubles et si courtes encore ? Il se fit dans cette douce tête pensive un mélange du mondieu, de la prière, des mains jointes, d'on ne sait quel tendre sourire qu'on avait sur soi autrefois,

et qu'on n'avait plus, et René-Jean chuchota à demi-voix :
— Maman.
— Maman, dit Gros-Alain.
— Mman, dit Georgette.
Et puis René-Jean se mit à sauter.
Ce que voyant, Gros-Alain sauta.

Gros-Alain reproduisait tous les mouvements et tous les gestes de René-Jean ; Georgette moins. Trois ans, cela copie quatre ans ; mais vingt mois, cela garde son indépendance.

Georgette resta assise, disant de temps en temps un mot. Georgette ne faisait pas de phrases.

C'était une penseuse ; elle parlait par apophtegmes. Elle était monosyllabique.

Au bout de quelque temps néanmoins, l'exemple la gagna, et elle finit par tâcher de faire comme ses frères, et ces trois petites paires de pieds nus se mirent à danser, à courir et à chanceler, dans la poussière du vieux parquet de chêne poli, sous le grave regard des bustes de marbre auxquels Georgette jetait de temps en temps de côté un œil inquiet, en murmurant : — Les Momommes !

Dans le langage de Georgette, un « momomme », c'était tout ce qui ressemblait à un homme et pourtant n'en était pas un. Les êtres n'apparaissent à l'enfant que mêlés aux fantômes.

Georgette, marchant moins qu'elle n'oscillait, suivit ses frères, mais plus volontiers à quatre pattes.

Subitement, René-Jean, s'étant approché d'une croisée, leva la tête, puis la baissa, et alla se réfugier derrière le coin du mur de l'embrasure de la fenêtre. Il venait d'apercevoir quelqu'un qui le regardait. C'était un soldat bleu du campement du plateau qui, profitant de la trêve et l'enfreignant peut-être un peu, s'était hasardé jusqu'à venir au bord de l'escarpement du ravin d'où l'on découvrait l'intérieur de la bibliothèque. Voyant René-Jean se réfugier, Gros-Alain se réfugia ; il se blottit à côté de René-Jean, et Georgette vint se cacher derrière eux. Ils demeurèrent là en silence, immobiles, et Georgette mit son doigt sur ses lèvres. Au bout de quelques instants,

René-Jean se risqua à avancer la tête ; le soldat y était encore. René-Jean rentra sa tête vivement ; et les trois petits n'osèrent plus souffler. Cela dura assez longtemps. Enfin cette peur ennuya Georgette, elle eut de l'audace, elle regarda. Le soldat s'en était allé. Ils se remirent à courir et à jouer.

Gros-Alain, bien qu'imitateur et admirateur de René-Jean, avait une spécialité, les trouvailles. Son frère et sa sœur le virent tout à coup caracoler éperdument en tirant après lui un petit chariot à quatre roues qu'il avait déterré je ne sais où.

Cette voiture à poupée était là depuis des années dans la poussière, oubliée, faisant bon voisinage avec les livres des génies et les bustes des sages. C'était peut-être un des hochets avec lesquels avait joué Gauvain enfant.

Gros-Alain avait fait de sa ficelle un fouet qu'il faisait claquer ; il était très fier. Tels sont les inventeurs. Quand on ne découvre pas l'Amérique, on découvre une petite charrette. C'est toujours cela.

Mais il fallut partager. René-Jean voulut s'atteler à la voiture et Georgette voulut monter dedans.

Elle essaya de s'y asseoir. René-Jean fut le cheval. Gros-Alain fut le cocher. Mais le cocher ne savait pas son métier, le cheval le lui apprit.

René-Jean cria à Gros-Alain :

— Dis : Hu !

— Hu ! répéta Gros-Alain.

La voiture versa. Georgette roula. Cela crie, les anges. Georgette cria.

Puis elle eut une vague envie de pleurer.

— Mamoiselle, dit René-Jean, vous êtes trop grande.

— J'ai grande, fit Georgette.

Et sa grandeur la consola de sa chute.

La corniche d'entablement au-dessous des fenêtres était fort large ; la poussière des champs envolée du plateau de bruyère avait fini par s'y amasser ; les pluies avaient refait de la terre avec cette poussière ; le vent y avait apporté des graines, si bien qu'une ronce avait profité de ce peu de terre pour pousser là. Cette ronce était de l'espèce vivace dite *mûrier de renard*. On était en août, la ronce était couverte de mûres, et une branche de la ronce entrait par une fenêtre. Cette branche pendait presque jusqu'à terre.

Gros-Alain, après avoir découvert la ficelle, après avoir découvert la charrette, découvrit cette ronce. Il s'en approcha.

Il cueillit une mûre et la mangea.

— J'ai faim, dit René-Jean.

Et Georgette, galopant sur ses genoux et sur ses mains, arriva.

À eux trois, ils pillèrent la branche et mangèrent toutes les mûres. Ils s'en grisèrent et s'en barbouillèrent, et, tout vermeils de cette pourpre de la ronce, ces trois petits séraphins finirent par être trois petits faunes, ce qui eût choqué Dante et charmé Virgile. Ils riaient aux éclats.

De temps en temps la ronce leur piquait les doigts. Rien pour rien.

Georgette tendit à René-Jean son doigt où perlait une petite goutte de sang et dit en montrant la ronce :

— Pique.

Gros-Alain, piqué aussi, regarda la ronce avec défiance et dit :

— C'est une bête.

— Non, répondit René-Jean, c'est un bâton.

— Un bâton, c'est méchant, reprit Gros-Alain.

Georgette, cette fois encore, eut envie de pleurer, mais elle se mit à rire.

V

Cependant René-Jean, jaloux peut-être des découvertes de son frère cadet Gros-Alain, avait conçu un grand projet. Depuis quelque temps, tout en cueillant des mûres et en se piquant les doigts, ses yeux se tournaient fréquemment du côté du lutrin-pupitre monté sur pivot et isolé comme un monument au milieu de la bibliothèque. C'est sur ce lutrin que s'étalait le célèbre volume *Saint-Bar-thélemy*.

C'était vraiment un in-quarto magnifique et mémorable. Ce *Saint-Barthélemy* avait été publié à Cologne par le fameux éditeur de la Bible de 1682, Blœuw, en latin Cœsius [1]. Il avait été fabriqué par des presses à boîtes et à nerfs de bœuf ; il était imprimé, non sur papier de Hollande, mais sur ce beau papier arabe, si admiré par Édrisi, qui est en soie et coton et toujours blanc [2] ; la reliure était de cuir doré et les fermoirs étaient d'argent ; les gardes étaient de ce parchemin que les parcheminiers de Paris faisaient serment d'acheter à la salle Saint-Mathurin « et point ailleurs » [3]. Ce volume était plein de gravures sur bois et sur cuivre et de figures géographiques de beaucoup de pays ; il était précédé d'une protestation des imprimeurs, papetiers et libraires contre l'édit de 1635 qui frappait d'un impôt « les cuirs, les bières, le pied fourché [4], le poisson de mer et le papier » ; et au verso du frontispice on lisait une dédicace adressée aux Gryphes [5], qui sont à Lyon ce que les Elzévirs [6] sont à Amsterdam. De tout cela, il résultait un exemplaire illustre, presque aussi rare que l'*Apostol* de Moscou [7].

Ce livre était beau ; c'est pourquoi René-Jean le regardait, trop peut-être. Le volume était précisément ouvert à

---

1. Imprimeur d'Amsterdam, mort en 1638.   **2.** Fabriqués en Espagne au xiie siècle, les papiers à base de soie *ou* de coton étaient surtout connus pour leur fragilité. Édrisi, géographe arabe du xie siècle.   **3.** Le « parchemin » est une peau spécialement préparée pour l'écriture ou la reliure. La « salle Saint-Mathurin », ou « Halle aux parchemins », dépendance du couvent des Mathurins, près l'Hôtel de Cluny, aujourd'hui musée du Moyen Âge.   **4.** Bœuf, mouton ou porc, animaux à « pied fourché », ou fendu. Nous n'avons pas retrouvé cet édit, contemporain de la création, par Richelieu, de l'Académie française et d'une ordonnance réglementant la « police générale de Paris », sévère pour les gueux et les vagabonds. C'est aussi l'époque d'une fiscalité devenue écrasante.   **5.** Famille d'imprimeurs actifs à Lyon au xvie siècle. Sébastien Gryphe (1491-1556) fut l'éditeur de Marot et de Rabelais.   **6.** Famille d'imprimeurs actifs en Hollande au xviie siècle.   **7.** Les « Actes des Apôtres », premier livre imprimé en Russie (1564), conservé à la Bibliothèque de Moscou.

une grande estampe représentant saint Barthélemy portant sa peau sur son bras[1]. Cette estampe se voyait d'en bas. Quand toutes les mûres furent mangées, René-Jean la considéra avec un regard d'amour terrible, et Georgette, dont l'œil suivit la direction des yeux de son frère, aperçut l'estampe et dit : — Gimage.

Ce mot sembla déterminer René-Jean. Alors, à la grande stupeur de Gros-Alain, il fit une chose extraordinaire.

Une grosse chaise de chêne était dans un angle de la bibliothèque ; René-Jean marcha à cette chaise, la saisit et la traîna à lui tout seul jusqu'au pupitre. Puis, quand la chaise toucha le pupitre, il monta dessus et posa ses deux poings sur le livre.

Parvenu à ce sommet, il sentit le besoin d'être magnifique ; il prit la « gimage » par le coin d'en haut et la déchira soigneusement ; cette déchirure de saint Barthélemy se fit de travers, mais ce ne fut pas la faute de René-Jean ; il laissa dans le livre tout le côté gauche avec un œil et un peu de l'auréole du vieil évangéliste apocryphe, et offrit à Georgette l'autre moitié du saint et toute sa peau. Georgette reçut le saint et dit :

— Momomme.

— Et moi ! cria Gros-Alain.

Il en est de la première page arrachée comme du premier sang versé. Cela décide le carnage.

René-Jean tourna le feuillet ; derrière le saint il y avait le commentateur, Pantœnus[2] ; René-Jean décerna Pantœnus à Gros-Alain.

Cependant Georgette déchira son grand morceau en deux petits, puis les deux petits en quatre, si bien que l'histoire pourrait dire que saint Barthélemy, après avoir été écorché en Arménie, fut écartelé en Bretagne[3].

---

1. Pierre Larousse juge « indigne de l'art religieux » cette représentation du saint martyr et s'étonne que « Michel-Ange ait cru devoir le figurer portant sa peau au bout d'un bâton dans son célèbre *Jugement dernier* ». 2. Voir n. 1, p. 348. 3. Les trois enfants se sont faits bourreaux, en toute innocence. *Écartèlement* ne se disait que du supplice punissant les crimes de lèse-majesté. Ravaillac, assassin d'Henri IV, et Damiens furent écartelés, « tirés à quatre chevaux ».

VI

L'écartèlement terminé, Georgette tendit la main à René-Jean et dit : — Encore[1] !

Après le saint et le commentateur venaient, portraits rébarbatifs, les glossateurs. Le premier en date était Gavantus ; René-Jean l'arracha et mit dans la main de Georgette Gavantus.

Tous les glossateurs de saint Barthélemy y passèrent.

Donner est une supériorité. René-Jean ne se réserva rien. Gros-Alain et Georgette le contemplaient ; cela lui suffisait ; il se contenta de l'admiration de son public.

René-Jean, inépuisable et magnanime, offrit à Gros-Alain Fabricio Pignatelli et à Georgette le père Stilting ; il offrit à Gros-Alain Alphonse Tostat et à Georgette *Cornelius a Lapide* ; Gros-Alain eut Henri Hammond, et Georgette eut le père Roberti, augmenté d'une vue de la ville de Douai, où il naquit en 1619[2]. Gros-Alain reçut la protestation des papetiers et Georgette obtint la dédicace aux Gryphes. Il y avait aussi des cartes. René-Jean les distribua. Il donna l'Éthiopie à Gros-Alain et la Lycaonie[3] à Georgette. Cela fait, il jeta le livre à terre.

Ce fut un moment effrayant. Gros-Alain et Georgette virent, avec une extase mêlée d'épouvante, René-Jean froncer ses sourcils, roidir ses jarrets, crisper ses poings et pousser hors du lutrin l'in-quarto massif. Un bouquin majestueux qui perd contenance, c'est tragique. Le lourd volume désarçonné pendit un moment, hésita, se balança, puis s'écroula, et, rompu, froissé, lacéré, déboîté dans sa reliure, disloqué dans ses fermoirs, s'aplatit lamentable-

---

1. On se souvient que Georgette est « gouliafre » et que la vivandière lui reprochait de « manger sa mère » (p. 61).   **2.** Emprunts du « Nathanaël » du *Dictionnaire historique* de Chaudon et Delandine : « Le P. Roberti, Jésuite, dans *Nathanaël Bartholomoeus*, Douai, 1619, Alphonse Tostat, *Cornelius a lapide*, Henri Hammond, Gavantus, Fabricio Pignatelli, Jésuite Napolitain, dans *De Apostolatu B. Nathanaëlis Bartholomoei*, Paris, 1660, et le Père Stilting dans les *Acta sanctorum*, tome V, ont adopté le sentiment que Nathanaël était le même que St. Barthélemi. »   **3.** La Lycaonie, ancienne contrée d'Asie mineure, dans la région du Taurus, où prêcha Barthélemy.

ment sur le plancher[1]. Heureusement il ne tomba point sur eux.

Ils furent éblouis, point écrasés. Toutes les aventures des conquérants ne finissent pas aussi bien.

Comme toutes les gloires, cela fit un grand bruit et un nuage de poussière.

Ayant terrassé le livre, René-Jean descendit de la chaise.

Il y eut un instant de silence et de terreur, la victoire a ses effrois. Les trois enfants se prirent les mains et se tinrent à distance, considérant le vaste volume démantelé.

Mais après un peu de rêverie, Gros-Alain s'approcha énergiquement et lui donna un coup de pied.

Ce fut fini. L'appétit de la destruction existe. René-Jean donna son coup de pied, Georgette donna son coup de pied, ce qui la fit tomber par terre, mais assise ; elle en profita pour se jeter sur Saint-Barthélemy ; tout prestige disparut ; René-Jean se précipita, Gros-Alain se rua, et joyeux, éperdus, triomphants, impitoyables, déchirant les estampes, balafrant les feuillets, arrachant les signets, égratignant la reliure, décollant le cuir doré, déclouant les clous des coins d'argent, cassant le parchemin, déchiquetant le texte auguste, travaillant des pieds, des mains, des ongles, des dents, roses, riants, féroces, les trois anges de proie s'abattirent sur l'évangéliste sans défense[2].

Ils anéantirent l'Arménie, la Judée, le Bénévent où sont les reliques du saint, Nathanaël, qui est peut-être le même que Barthélemy, le pape Gélase, qui déclara apocryphe l'évangile Barthélemy-Nathanaël, toutes les figures, toutes les cartes, et l'exécution inexorable du vieux livre

---

1. On a rapproché de la bataille de livres dans le chant V du *Lutrin* de Boileau : « À ces mots il saisit un vieil *Infortiat* / Grossi des visions d'Accurse et d'Alciat, / Inutile ramas de gothique écriture / Dont quatre ais mal unis formaient la couverture / Entourés à demi d'un vieux parchemin noir / Où pendait par trois clous un reste de fermoir » (J. Boudout). On assiste ici à la victoire de la « bête » sur le « bouquinisme humain » (*L'Âne*, III).   **2.** L'innocence de l'enfance ne va donc pas sans férocité : ces petits anges peuvent se changer en oiseaux de proie.

les absorba tellement qu'une souris passa sans qu'ils y prissent garde.

Ce fut une extermination [1].

Tailler en pièces l'histoire, la légende, la science, les miracles vrais ou faux, le latin d'église, les superstitions, les fanatismes, les mystères, déchirer toute une religion du haut en bas, c'est un travail pour trois géants, et même pour trois enfants ; les heures s'écoulèrent dans ce labeur, mais ils en vinrent à bout ; rien ne resta de Saint-Barthélemy.

Quand ce fut fini, quand la dernière page fut détachée, quand la dernière estampe fut par terre, quand il ne resta plus du livre que des tronçons de texte et d'images dans un squelette de reliure, René-Jean se dressa debout, regarda le plancher jonché de toutes ces feuilles éparses, et battit des mains.

Gros-Alain battit des mains.

Georgette prit à terre une de ces feuilles, se leva, s'appuya contre la fenêtre qui lui venait au menton et se mit à déchiqueter par la croisée la grande page en petits morceaux.

Ce que voyant, René-Jean et Gros-Alain en firent autant. Ils ramassèrent et déchirèrent, ramassèrent encore et déchirèrent encore, par la croisée comme Georgette ; et, page à page, émietté par ces petits doigts acharnés, presque tout l'antique livre s'envola dans le vent. Georgette, pensive, regarda ces essaims de petits papiers blancs se disperser à tous les souffles de l'air, et dit :

— Papillons.

---

1. Ici figurent dans le manuscrit deux « épisodes » : « Il y eut des épisodes. Une estampe les charma et fut un moment épargnée. Elle représentait les vaches grasses et les vaches maigres. [...] De lacération en lacération ils arrivèrent à une autre estampe [...]. L'estampe représentait une petite Vierge Marie âgée de quatre ans. Cette figure fit rêver René-Jean, et parut éveiller en lui de tendres souvenirs. Il apostropha Gros-Alain : — Hein, toi, tu n'as pas de bonne amie. Et il lui tira la langue. Gros-Alain, un peu confus, baissa la tête. »

Et le massacre se termina par un évanouissement dans l'azur[1].

VII

Telle fut la deuxième mise à mort de saint Barthélemy qui avait déjà été une première fois martyr l'an 49 de Jésus-Christ.

Cependant le soir venait, la chaleur augmentait, la sieste était dans l'air, les yeux de Georgette devenaient vagues, René-Jean alla à son berceau, en tira le sac de paille qui lui tenait lieu de matelas, le traîna jusqu'à la fenêtre, s'allongea dessus et dit : — Couchons-nous. Gros-Alain mit sa tête sur René-Jean, Georgette mit sa tête sur Gros-Alain, et les trois malfaiteurs s'endormirent.

Les souffles tièdes entraient par les fenêtres ouvertes ; des parfums de fleurs sauvages, envolés des ravins et des collines, erraient mêlés aux haleines du soir ; l'espace était calme et miséricordieux ; tout rayonnait, tout s'apaisait, tout aimait tout ; le soleil donnait à la création cette caresse, la lumière ; on percevait par tous les pores l'harmonie qui se dégage de la douceur colossale des choses ; il y avait de la maternité dans l'infini ; la création est un prodige en plein épanouissement, elle complète son énormité par sa bonté ; il semblait que l'on sentît quelqu'un d'invisible prendre ces mystérieuses précautions qui dans le redoutable conflit des êtres protègent les ché-

---

1. Version humorisée de l'envoi final des *Contemplations* « à celle qui est restée en France » : « Et que, sous ton regard éblouissant et sombre, / Chaque page s'en aille en étoiles dans l'ombre ! » La fin du « massacre » (de tous les massacres) relève d'une évidence d'ordre strictement poétique, contraire à la leçon des faits comme à toute logique historique, ou du pari sur un avenir où il n'y aurait « pour ainsi dire plus d'événements » et dont on ne fait ici qu'« entrevoir la plage lumineuse et lointaine » (« Le droit et la loi »). Conclusion à la mesure des ambiguïtés d'un épisode où les deux logiques, de l'histoire et du mythe, n'en finissent pas de se contredire, comme l'« exécution inexorable » du livre-Bastille et son « évanouissement dans l'azur ».

tifs contre les forts ; en même temps, c'était beau ; la
splendeur égalait la mansuétude [1]. Le paysage, ineffable-
ment assoupi, avait cette moire magnifique que font sur
les prairies et sur les rivières les déplacements de l'ombre
et de la clarté ; les fumées montaient vers les nuages,
comme des rêveries vers des visions ; des vols d'oiseaux
tourbillonnaient au-dessus de la Tourgue ; les hirondelles
regardaient par les croisées, et avaient l'air de venir voir
si les enfants dormaient bien. Ils étaient gracieusement
groupés l'un sur l'autre, immobiles, demi-nus, dans des
poses d'amours [2] ; ils étaient adorables et purs, à eux trois
ils n'avaient pas neuf ans, ils faisaient des songes de paradis qui se reflétaient sur leurs bouches en vagues sourires,
Dieu leur parlait peut-être à l'oreille, ils étaient ceux que
toutes les langues humaines appellent les faibles et les
bénis, ils étaient les innocents vénérables ; tout faisait
silence comme si le souffle de leurs douces poitrines était
l'affaire de l'univers et était écouté de la création entière,
les feuilles ne bruissaient pas, les herbes ne frissonnaient
pas ; il semblait que le vaste monde étoilé retînt sa respiration pour ne point troubler ces trois humbles dormeurs
angéliques [3], et rien n'était sublime comme l'immense
respect de la nature autour de cette petitesse.

Le soleil allait se coucher et touchait presque à l'horizon. Tout à coup, dans cette paix profonde, éclata un
éclair qui sortit de la forêt, puis un bruit farouche. On
venait de tirer un coup de canon. Les échos s'emparèrent

---

1. Rayonnant de lumière et d'amour, le nocturne de *Booz endormi*
tient aussi du « prodige » (voir n. 1, p. 91). Le moment est ici celui
d'un crépuscule qui pourrait être du matin, comme dans « Stella » :
« C'était une clarté qui pensait... On croyait voir une âme à travers
une perle... Un ineffable amour emplissait l'étendue » (*Châtiments*,
VI, 15). On assiste à l'érotisation de « tout » : « L'espace aime »,
comme si Dieu n'avait « fait l'univers que pour faire l'amour »
(*L'Art d'être grand-père*, X, 3 et 6).   **2.** Dieux subalternes de
l'Amour, le plus souvent associés aux Ris, aux Jeux et aux Plaisirs,
sous la forme d'enfants mâles, nus et joufflus (les *putti*).   **3.** Jeu
paronomastique. On pense à Thomas d'Aquin, le « docteur angéli-
que », auteur, au XIIIe siècle, de la *Somme théologique*.

de ce bruit et en firent un fracas. Le grondement prolongé de colline en colline fut monstrueux. Il réveilla Georgette.

Elle souleva un peu sa tête, dressa son petit doigt, écouta et dit :

— Poum !

Le bruit cessa, tout rentra dans le silence, Georgette remit sa tête sur Gros-Alain, et se rendormit.

ÉLECTIONS DU 7 JANVIER

Le COMITÉ ÉLECTORAL DE LA RUE BRÉA, le COMITÉ ÉLECTORAL DES TRAVAILLEURS, le COMITÉ RÉPUBLICAIN RADICAL, le COMITÉ DE LA LIGUE D'UNION RÉPUBLICAINE DES DROITS DE PARIS, de l'UNION et de l'ALLIANCE RÉPUBLICAINES, de l'ASSOCIATION DES TRAVAILLEURS et les COMITÉS RADICAUX DES ARRONDISSEMENTS DE PARIS

Ont choisi pour candidat aux élections du 7 janvier le citoyen

VICTOR HUGO

Ce nom est pour eux l'affirmation la plus nette des principes républicains. Dans les circonstances actuelles, ce nom signifie particulièrement :

AMNISTIE

ABOLITION DE LA PEINE DE MORT

DISSOLUTION DE L'ASSEMBLÉE

RENTRÉE DU GOUVERNEMENT A PARIS

LEVÉE IMMÉDIATE DE L'ÉTAT DE SIÉGE

En haut : affiche pour les élections de 1872.
En bas : Victor Hugo met la dernière main au buste de Danton.
Sorti de sa poche, un enfant orne de graffiti le buste de Marat :
Poupoupe Coco Pipi Bobo. Au premier plan, le buste de Robespierre.
Gravure de Gill interdite par la censure.

LIVRE QUATRIÈME

LA MÈRE

I

LA MORT PASSE [1]

Ce soir-là, la mère, qu'on a vue cheminant presque au hasard, avait marché toute la journée. C'était, du reste, son histoire de tous les jours ; aller devant elle et ne jamais s'arrêter. Car ses sommeils d'accablement dans le premier coin venu n'étaient pas plus du repos que ce qu'elle mangeait çà et là, comme les oiseaux picorent, n'était de la nourriture. Elle mangeait et dormait juste autant qu'il fallait pour ne pas tomber morte.

C'était dans une grange abandonnée qu'elle avait passé la nuit précédente ; les guerres civiles font de ces masures-là ; elle avait trouvé dans un champ désert quatre murs, une porte ouverte, un peu de paille sous un reste de toit, et elle s'était couchée sur cette paille et sous ce toit, sentant à travers la paille le glissement des rats et voyant à travers le toit le lever des astres. Elle avait dormi quelques heures ; puis s'était réveillée au milieu de la nuit, et remise en route afin de faire le plus de chemin

---

1. Écho de la dernière réplique de *Marion de Lorme* : « Regardez tous ! voilà l'homme rouge qui passe ! », et de la sentence de Richelieu : « Pas de grâce ! ». La pièce venait d'être reprise (12 février 1872).

possible avant la grande chaleur du jour. Pour qui voyage
à pied l'été, minuit est plus clément que midi.

Elle suivait de son mieux l'itinéraire sommaire que lui
avait indiqué le paysan de Vautortes ; elle allait le plus
possible au couchant. Qui eût été près d'elle l'eût entendue dire sans cesse à demi-voix : — La Tourgue. — Avec
les noms de ses trois enfants, elle ne savait plus guère
que ce mot-là.

Tout en marchant, elle songeait. Elle pensait aux aventures qu'elle avait traversées ; elle pensait à tout ce
qu'elle avait souffert, à tout ce qu'elle avait accepté ; aux
rencontres, aux indignités, aux conditions faites, aux
marchés proposés et subis, tantôt pour un asile, tantôt
pour un morceau de pain, tantôt simplement pour obtenir
qu'on lui montrât sa route. Une femme misérable est plus
malheureuse qu'un homme misérable, parce qu'elle est
instrument de plaisir. Affreuse marche errante ! Du reste
tout lui était bien égal pourvu qu'elle retrouvât ses
enfants.

Sa première rencontre, ce jour-là, avait été un village
sur la route ; l'aube paraissait à peine ; tout était encore
baigné du sombre de la nuit ; pourtant quelques portes
étaient déjà entre-bâillées dans la grande rue du village,
et des têtes curieuses sortaient des fenêtres. Les habitants
avaient l'agitation d'une ruche inquiétée. Cela tenait à un
bruit de roues et de ferraille qu'on avait entendu.

Sur la place, devant l'église, un groupe ahuri, les yeux
en l'air, regardait quelque chose descendre par la route
vers le village du haut d'une colline. C'était un chariot à
quatre roues traîné par cinq chevaux attelés de chaînes.
Sur le chariot on distinguait un entassement qui ressemblait à un monceau de longues solives au milieu desquelles il y avait on ne sait quoi d'informe ; c'était
recouvert d'une grande bâche, qui avait l'air d'un lin-
ceul [1]. Dix hommes à cheval marchaient en avant du chariot et dix autres en arrière. Ces hommes avaient des

---

1. Description en « champ restreint », par les yeux de Michelle
Fléchard, qui « ne savait pas ce que c'était ».

chapeaux à trois cornes et l'on voyait se dresser au-dessus de leurs épaules des pointes qui paraissaient être des sabres nus. Tout ce cortège, avançant lentement, se découpait en vive noirceur sur l'horizon. Le chariot semblait noir, l'attelage semblait noir, les cavaliers semblaient noirs. Le matin blêmissait derrière.

Cela entra dans le village et se dirigea vers la place.

Il s'était fait un peu de jour pendant la descente de ce chariot et l'on put voir distinctement le cortège, qui paraissait une marche d'ombres, car il n'en sortait pas une parole.

Les cavaliers étaient des gendarmes[1]. Ils avaient en effet le sabre nu. La bâche était noire.

La misérable mère errante entra de son côté dans le village et s'approcha de l'attroupement des paysans au moment où arrivaient sur la place cette voiture et ces gendarmes. Dans l'attroupement, des voix chuchotaient des questions et des réponses :

— Qu'est-ce que c'est que ça ?

— C'est la guillotine qui passe.

— D'où vient-elle ?

— De Fougères.

— Où va-t-elle ?

— Je ne sais pas. On dit qu'elle va à un château du côté de Parigné.

— À Parigné !

— Qu'elle aille où elle voudra, pourvu qu'elle ne s'arrête pas ici !

Cette grande charrette avec son chargement voilé d'une sorte de suaire, cet attelage, ces gendarmes, le bruit de ces chaînes, le silence de ces hommes, l'heure crépusculaire, tout cet ensemble était spectral.

Ce groupe traversa la place et sortit du village ; le village était dans un fond entre une montée et une descente ; au bout d'un quart d'heure, les paysans, restés là comme pétrifiés, virent reparaître la lugubre procession au som-

---

1. La gendarmerie avait été créée par la Constituante, en remplacement de l'ancienne maréchaussée, supprimée en 1790, mais les chapeaux des gendarmes n'avaient que deux cornes.

met de la colline qui était à l'occident. Les ornières caho-
taient les grosses roues, les chaînes de l'attelage
grelottaient au vent du matin, les sabres brillaient ; le
soleil se levait, la route tourna, tout disparut.

C'était le moment même où Georgette, dans la salle de
la bibliothèque, se réveillait à côté de ses frères encore
endormis, et disait bonjour à ses pieds roses.

II

LA MORT PARLE

La mère avait regardé cette chose obscure passer, mais
n'avait pas compris ni cherché à comprendre, ayant
devant les yeux une autre vision, ses enfants perdus dans
les ténèbres.

Elle sortit du village, elle aussi, peu après le cortège
qui venait de défiler, et suivit la même route, à quelque
distance en arrière de la deuxième escouade de gendarmes. Subitement le mot « guillotine » lui revint ;
« guillotine », pensa-t-elle ; cette sauvage, Michelle Fléchard, ne savait pas ce que c'était ; mais l'instinct avertit ;
elle eut, sans pouvoir dire pourquoi, un frémissement, il
lui sembla horrible de marcher derrière cela, et elle prit à
gauche, quitta la route, et s'engagea sous des arbres qui
étaient la forêt de Fougères.

Après avoir rôdé quelque temps, elle aperçut un clocher et des toits, c'était un des villages de la lisière du
bois, elle y alla. Elle avait faim.

Ce village était un de ceux où les républicains avaient
établi des postes militaires.

Elle pénétra jusqu'à la place de la mairie.

Dans ce village-là aussi il y avait émoi et anxiété. Un
rassemblement se pressait devant un perron de quelques
marches qui était l'entrée de la mairie. Sur ce perron on
apercevait un homme escorté de soldats qui tenait à la

main un grand placard[1] déployé. Cet homme avait à sa droite un tambour et à sa gauche un afficheur portant un pot à colle et un pinceau.

Sur le balcon au-dessus de la porte le maire était debout, ayant son écharpe tricolore mêlée à ses habits de paysan.

L'homme au placard était un crieur public.

Il avait son baudrier de tournée auquel était suspendue une petite sacoche, ce qui indiquait qu'il allait de village en village et qu'il avait quelque chose à crier dans tout le pays.

Au moment où Michelle Fléchard approcha, il venait de déployer le placard, et il en commençait la lecture. Il dit d'une voix haute :

— « République française. Une et indivisible. »

Le tambour fit un roulement. Il y eut dans le rassemblement une sorte d'ondulation. Quelques-uns ôtèrent leurs bonnets ; d'autres renfoncèrent leurs chapeaux. Dans ce temps-là et dans ce pays-là, on pouvait presque reconnaître l'opinion à la coiffure ; les chapeaux étaient royalistes, les bonnets étaient républicains. Les murmures de voix confuses cessèrent, on écouta, le crieur lut :

« ... En vertu des ordres à nous donnés et des pouvoirs à nous délégués par le Comité de salut public...

Il y eut un deuxième roulement de tambour. Le crieur poursuivit :

« ... Et en exécution du décret de la Convention nationale qui met hors la loi les rebelles pris les armes à la main, et qui frappe de la peine capitale quiconque leur donnera asile ou les fera évader... »

Un paysan demanda bas à son voisin :

— Qu'est-ce que c'est que ça, la peine capitale ?

Le voisin répondit :

— Je ne sais pas.

Le crieur agita le placard :

« ... Vu l'article 17 de la loi du 30 avril qui donne

---

1. Écrit destiné à être placardé.

tout pouvoir aux délégués et aux subdélégués contre les rebelles,

« Sont mis hors la loi... »

Il fit une pause et reprit :

— « ... Les individus désignés sous les noms et surnoms qui suivent... »

Tout l'attroupement prêta l'oreille.

La voix du crieur devint tonnante. Il dit :

— « ... Lantenac, brigand[1]. »

— C'est monseigneur, murmura un paysan.

Et l'on entendit dans la foule ce chuchotement :

— C'est monseigneur.

Le crieur reprit :

« ... Lantenac, ci-devant marquis, brigand. — L'Imânus, brigand... »

Deux paysans se regardèrent de côté.

— C'est Gouge-le-Bruant.

— Oui, c'est Brise-Bleu.

Le crieur continuait de lire la liste :

— « ... Grand-Francœur, brigand... »

Le rassemblement murmura :

— C'est un prêtre.

— Oui, monsieur l'abbé Turmeau.

— Oui, quelque part, du côté du bois de la Chapelle, il est curé.

— Et brigand, dit un homme à bonnet.

Le crieur lut :

— « ... Boisnouveau, brigand. — Les deux frères Pique-en-bois, brigands. — Houzard, brigand... »

— C'est monsieur de Quélen, dit un paysan.

— « Panier, brigand... »

---

1. Désignation officielle des Vendéens et des Chouans. « Dans les temps de révolution, tout est bouleversé, même la signification des mots », note à ce propos Descépeaux. Victor Hugo se plaisait à croire que sa mère avait été une *brigande*, « pauvre fille de quinze ans en fuite à travers la bocage » (Préface des *Feuilles d'automne*, 1831). La même appellation s'appliqua, en 1815, aux réfractaires de l'armée de Davout, repliée derrière la Loire après la chute de Paris. Le colonel Pontmercy, père de Marius, dans *Les Misérables*, était un « brigand de la Loire ».

— C'est monsieur Sepher.

— « ... Place-nette, brigand... »

— C'est monsieur Jamois.

Le crieur poursuivait sa lecture sans s'occuper de ces commentaires.

— « ... Guinoiseau, brigand. — Chatenay, dit Robi, brigand... »

Un paysan chuchota :

— Guinoiseau est le même que le Blond, Chatenay est de Saint-Ouen.

— « ... Hoisnard, brigand », reprit le crieur.

Et l'on entendit dans la foule :

— Il est de Ruillé.

— Oui, c'est Branche-d'Or.

— Il a eu son frère tué à l'attaque de Pontorson.

— Oui, Hoisnard-Malonnière.

— Un beau jeune homme de dix-neuf ans.

— Attention, dit le crieur. Voici la fin de la liste :

— « ... Belle-Vigne, brigand. — La Musette, brigand. Sabre-tout, brigand. — Brin-d'Amour, brigand... » Un garçon poussa le coude d'une fille. La fille sourit. Le crieur continua :

— « ... Chante-en-hiver, brigand. — Le Chat, brigand... »

Un paysan dit :

— C'est Moulard.

— « ... Tabouze, brigand... »

Un paysan dit :

— C'est Gauffre.

— Ils sont deux, les Gauffre, ajouta une femme.

— Tous des bons, grommela un gars.

Le crieur secoua l'affiche et le tambour battit un ban.

Le crieur reprit sa lecture :

— « ... Les susnommés, en quelque lieu qu'ils soient saisis, et après l'identité constatée, seront immédiatement mis à mort. »

Il y eut un mouvement.

Le crieur poursuivit :

— « ... Quiconque leur donnera asile ou aidera à leur

évasion sera traduit en cour martiale, et mis à mort. Signé... »

Le silence devint profond.

— « ... Signé : le délégué du Comité de salut public, CIMOURDAIN. »

— Un prêtre, dit un paysan.

— L'ancien curé de Parigné, dit un autre.

Un bourgeois ajouta :

— Turmeau et Cimourdain. Un prêtre blanc et un prêtre bleu.

— Tous deux noirs, dit un autre bourgeois.

Le maire, qui était sur le balcon, souleva son chapeau, et cria :

— Vive la république !

Un roulement de tambour annonça que le crieur n'avait pas fini. En effet il fit un signe de la main.

— Attention, dit-il. Voici les quatre dernières lignes de l'affiche du gouvernement. Elles sont signées du chef de la colonne d'expédition des Côtes-du-Nord, qui est le commandant Gauvain.

— Écoutez ! dirent les voix de la foule.

Et le crieur lut :

— « Sous peine de mort... »

Tous se turent.

— « ... Défense est faite, en exécution de l'ordre ci-dessus, de porter aide et secours aux dix-neuf rebelles susnommés [1] qui sont à cette heure investis et cernés dans la Tourgue. »

— Hein ? dit une voix.

C'était une voix de femme. C'était la voix de la mère.

---

1. Les surnoms des « dix-neuf » sont empruntés à Descépeaux. Pierre Larousse les compare aux noms des « Peaux-Rouges de l'Amérique », popularisés au début du siècle par les romans de Fenimore Cooper (article « Chouan »).

III

BOURDONNEMENT DE PAYSANS

Michelle Fléchard était mêlée à la foule. Elle n'avait rien écouté, mais ce qu'on n'écoute pas, on l'entend. Elle avait entendu ce mot, la Tourgue. Elle dressait la tête.

— Hein ? répéta-t-elle, la Tourgue ?

On la regarda. Elle avait l'air égaré. Elle était en haillons. Des voix murmurèrent : — Ça a l'air d'une brigande.

Une paysanne qui portait des galettes de sarrasin dans un panier s'approcha et lui dit tout bas :

— Taisez-vous.

Michelle Fléchard considéra cette femme avec stupeur. De nouveau, elle ne comprenait plus. Ce nom, la Tourgue, avait passé comme un éclair, et la nuit se refaisait. Est-ce qu'elle n'avait pas le droit de s'informer ? Qu'est-ce qu'on avait donc à la regarder ainsi ?

Cependant le tambour avait battu un dernier ban, l'afficheur avait collé l'affiche, le maire était rentré dans la mairie, le crieur était parti pour quelque autre village, et l'attroupement se dispersait.

Un groupe était resté devant l'affiche. Michelle Fléchard alla à ce groupe.

On commentait les noms des hommes mis hors la loi.

Il y avait là des paysans et des bourgeois ; c'est-à-dire des blancs et des bleus.

Un paysan disait :

— C'est égal, ils ne tiennent pas tout le monde. Dix-neuf, ça n'est que dix-neuf. Ils ne tiennent pas Priou [1], ils ne tiennent pas Benjamin Moulins, ils ne tiennent pas Goupil, de la paroisse d'Andouillé.

— Ni Lorieul, de Monjean, dit un autre.

D'autres ajoutèrent :

---

1. Curé de Machecoul, l'abbé Priou avait fait dresser son autel sur le lieu des massacres, « afin que, tandis qu'il priait Dieu, le bas de son aube traînât dans le sang » (Louis Blanc).

— Ni Brice-Denys.

— Ni François Dudouet.

— Oui, celui de Laval.

— Ni Huet, de Launey-Villiers.

— Ni Grégis.

— Ni Pilon.

— Ni Filleul.

— Ni Ménicent.

— Ni Guéharrée.

— Ni les trois frères Logerais.

— Ni M. Lechandelier de Pierreville.

— Imbéciles ! dit un vieux sévère à cheveux blancs. Ils ont tout, s'ils ont Lantenac.

— Ils ne l'ont pas encore, murmura un des jeunes.

Le vieillard répliqua :

— Lantenac pris, l'âme est prise. Lantenac mort, la Vendée est tuée.

— Qu'est-ce que c'est donc que ce Lantenac ? demanda un bourgeois.

Un bourgeois répondit :

— C'est un ci-devant.

Et un autre reprit :

— C'est un de ceux qui fusillent les femmes.

Michelle Fléchard entendit, et dit :

— C'est vrai.

On se retourna.

Et elle ajouta :

— Puisqu'on m'a fusillée.

Le mot était singulier ; il fit l'effet d'une vivante qui se dit morte. On se mit à l'examiner, un peu de travers.

Elle était inquiétante à voir en effet, tressaillant de tout, effarée, frissonnante, ayant une anxiété fauve, et si effrayée qu'elle était effrayante. Il y a dans le désespoir de la femme on ne sait quoi de faible qui est terrible. On croit voir un être suspendu à l'extrémité du sort. Mais les paysans prennent la chose plus en gros. L'un d'eux grommela : — Ça pourrait bien être une espionne.

— Taisez-vous donc, et allez-vous-en, lui dit tout bas la bonne femme qui lui avait déjà parlé.

Michelle Fléchard répondit :

— Je ne fais pas de mal. Je cherche mes enfants.

La bonne femme regarda ceux qui regardaient Michelle Fléchard, se toucha le front du doigt en clignant de l'œil, et dit :

— C'est une innocente [1].

Puis elle la prit à part, et lui donna une galette de sarrasin.

Michelle Fléchard, sans remercier, mordit avidement dans la galette.

— Oui, dirent les paysans, elle mange comme une bête, c'est une innocente.

Et le reste du rassemblement se dissipa. Tous s'en allèrent l'un après l'autre.

Quand Michelle Fléchard eut mangé, elle dit à la paysanne :

— C'est bon, j'ai mangé. Maintenant, la Tourgue ?

— Voilà que ça la reprend ! s'écria la paysanne.

— Il faut que j'aille à la Tourgue. Dites-moi le chemin de la Tourgue.

— Jamais ! dit la paysanne. Pour vous faire tuer, n'est-ce pas ? D'ailleurs, je ne sais pas. Ah çà, vous êtes donc vraiment folle ? Écoutez, pauvre femme, vous avez l'air fatigué. Voulez-vous vous reposer chez moi ?

— Je ne me repose pas, dit la mère.

— Elle a les pieds tout écorchés, murmura la paysanne.

Michelle Fléchard reprit :

— Puisque je vous dis qu'on m'a volé mes enfants. Une petite fille et deux petits garçons. Je viens du carnichot qui est dans la forêt. On peut parler de moi à Tellmarch-le-Caimand. Et puis à l'homme que j'ai rencontré dans le champ là-bas. C'est le caimand qui m'a guérie. Il paraît que j'avais quelque chose de cassé. Tout cela, ce sont des choses qui sont arrivées. Il dira. Puisque c'est lui qui nous a rencontrés dans un bois. Trois. Je vous dis

---

1. Simple d'esprit et sans malice, et par là marginalisée, « comme une bête » ou une élue, par décret humain ou divin.

trois enfants. Même que l'aîné s'appelle René-Jean. Je puis prouver tout cela. L'autre s'appelle Gros-Alain, et l'autre s'appelle Georgette. Mon mari est mort. On l'a tué. Il était métayer à Siscoignard. Vous avez l'air d'une bonne femme. Enseignez-moi mon chemin. Je ne suis pas une folle, je suis une mère. J'ai perdu mes enfants. Je les cherche. Voilà tout. Je ne sais pas au juste d'où je viens. J'ai dormi cette nuit-ci sur de la paille dans une grange. La Tourgue, voilà où je vais. Je ne suis pas une voleuse. Vous voyez bien que je dis la vérité. On devrait m'aider à retrouver mes enfants. Je ne suis pas du pays. J'ai été fusillée, mais je ne sais pas où.

La paysanne hocha la tête et dit :

— Écoutez, la passante. Dans des temps de révolution, il ne faut pas dire des choses qu'on ne comprend pas. Ça peut vous faire arrêter.

— Mais la Tourgue ! cria la mère. Madame, pour l'amour de l'enfant Jésus et de la sainte bonne Vierge du paradis, je vous en prie, madame, je vous en supplie, je vous en conjure, dites-moi par où l'on va pour aller à la Tourgue !

La paysanne se mit en colère.

— Je ne le sais pas ! et je le saurais que je ne le dirais pas ! Ce sont là de mauvais endroits. On ne va pas là.

— J'y vais pourtant, dit la mère.

Et elle se remit en route.

La paysanne la regarda s'éloigner et grommela :

— Il faut cependant qu'elle mange.

Elle courut après Michelle Fléchard et lui mit une galette de blé noir dans la main.

— Voilà pour votre souper.

Michelle Fléchard prit le pain de sarrasin, ne répondit pas, ne tourna pas la tête, et continua de marcher.

Elle sortit du village. Comme elle atteignait les dernières maisons, elle rencontra trois petits enfants déguenillés et pieds nus, qui passaient. Elle s'approcha d'eux et dit :

— Ceux-ci, c'est deux filles et un garçon.

Et voyant qu'ils regardaient son pain, elle le leur donna.

Les enfants prirent le pain et eurent peur[1].

Elle s'enfonça dans la forêt[2].

IV

UNE MÉPRISE[3]

Cependant, ce jour-là même, avant que l'aube parût, dans l'obscurité indistincte de la forêt, il s'était passé, sur le tronçon de chemin qui va de Javené à Lécousse, ceci :

Tout est chemin creux dans le Bocage, et, entre toutes, la route de Javené à Parigné par Lécousse est très encaissée. De plus, tortueuse. C'est plutôt un ravin qu'un chemin. Cette route vient de Vitré et a eu l'honneur de cahoter le carrosse de madame de Sévigné. Elle est comme murée à droite et à gauche par les haies. Pas de lieu meilleur pour une embuscade.

Ce matin-là, une heure avant que Michelle Fléchard, sur un autre point de la forêt, arrivât dans ce premier village où elle avait eu la sépulcrale apparition de la charrette escortée de gendarmes, il y avait dans les halliers que la route de Javené traverse au sortir du pont sur le Couesnon, un pêle-mêle d'hommes invisibles. Les branches cachaient tout. Ces hommes étaient des paysans, tous vêtus du grigo, sayon de poil que portaient les rois de Bretagne au sixième siècle et les paysans au dix-huitième. Ces hommes étaient armés, les uns de fusils, les autres de cognées. Ceux qui avaient des cognées venaient

---

1. Leur bienfaitrice était « inquiétante à voir ». Mais son geste, en termes pascaliens, peut aussi passer pour « surnaturel », comme tout « mouvement de vraie charité ».   2. L'enchaînement se faisait de la fin de ce chapitre à l'actuel chapitre V, avant intercalation du chapitre IV.   3. L'utilisation de la « méprise » est systématique dans le théâtre hugolien.

de préparer dans une clairière une sorte de bûcher de
fagots secs et de rondins auxquels on n'avait plus qu'à
mettre le feu. Ceux qui avaient des fusils étaient groupés
des deux côtés du chemin dans une posture d'attente. Qui
eût pu voir à travers les feuilles eût aperçu partout des
doigts sur des détentes et des canons de carabine braqués
dans les embrasures que font les entrecroisements des
branchages. Ces gens étaient à l'affût. Tous les fusils
convergeaient sur la route, que le point du jour blanchissait.

Dans ce crépuscule des voix basses dialoguaient.

— Es-tu sûr de ça ?

— Dame, on le dit.

— Elle va passer ?

— On dit qu'elle est dans le pays.

— Il ne faut pas qu'elle en sorte.

— Il faut la brûler.

— Nous sommes trois villages venus pour cela.

— Oui, mais l'escorte ?

— On tuera l'escorte.

— Mais est-ce que c'est par cette route-ci qu'elle
passe ?

— On le dit.

— C'est donc alors qu'elle viendrait de Vitré ?

— Pourquoi pas ?

— Mais c'est qu'on disait qu'elle venait de Fougères.

— Qu'elle vienne de Fougères ou de Vitré, elle vient
du diable.

— Oui.

— Et il faut qu'elle y retourne.

— Oui.

— C'est donc à Parigné qu'elle irait ?

— Il paraît.

— Elle n'ira pas.

— Non.

— Non, non, non !

— Attention.

Il devenait utile de se taire en effet, car il commençait
à faire un peu jour.

Tout à coup les hommes embusqués retinrent leur respiration ; on entendit un bruit de roues et de chevaux. Ils regardèrent à travers les branches et distinguèrent confusément dans le chemin creux une longue charrette, une escorte à cheval, quelque chose sur la charrette ; cela venait à eux.

— La voilà ! dit celui qui paraissait le chef.

— Oui, dit un des guetteurs, avec l'escorte.

— Combien d'hommes d'escorte ?

— Douze.

— On disait qu'ils étaient vingt.

— Douze ou vingt, tuons tout.

— Attendons qu'ils soient en pleine portée.

Peu après, à un tournant du chemin, la charrette et l'escorte apparurent.

— Vive le roi ! cria le chef paysan.

Cent coups de fusil partirent à la fois.

Quand la fumée se dissipa, l'escorte aussi était dissipée. Sept cavaliers étaient tombés, cinq s'étaient enfuis. Les paysans coururent à la charrette.

— Tiens, s'écria le chef, ce n'est pas la guillotine. C'est une échelle.

La charrette avait en effet pour tout chargement une longue échelle.

Les deux chevaux s'étaient abattus, blessés ; le charretier avait été tué, mais pas exprès.

— C'est égal, dit le chef, une échelle escortée est suspecte. Cela allait du côté de Parigné. C'était pour l'escalade de la Tourgue, bien sûr.

— Brûlons l'échelle, crièrent les paysans.

Et ils brûlèrent l'échelle.

Quant à la funèbre charrette qu'ils attendaient, elle suivait une autre route, et elle était déjà à deux lieues plus loin, dans ce village où Michelle Fléchard la vit passer au soleil levant.

V

VOX IN DESERTO [1]

Michelle Fléchard, en quittant les trois enfants auxquels elle avait donné son pain, s'était mise à marcher au
hasard à travers le bois.

Puisqu'on ne voulait pas lui montrer son chemin, il
fallait bien qu'elle le trouvât toute seule. Par instants elle
s'asseyait, et elle se relevait, et elle s'asseyait encore. Elle
avait cette fatigue lugubre qu'on a d'abord dans les
muscles, puis qui passe dans les os ; fatigue d'esclave.
Elle était esclave en effet. Esclave de ses enfants perdus.
Il fallait les retrouver ; chaque minute écoulée pouvait
être leur perte ; qui a un tel devoir n'a plus de droit ;
reprendre haleine lui était interdit. Mais elle était bien
lasse. À ce degré d'épuisement, un pas de plus est une
question. Le pourra-t-on faire ? Elle marchait depuis le
matin ; elle n'avait plus rencontré de village, ni même de
maison. Elle prit d'abord le sentier qu'il fallait, puis celui
qu'il ne fallait pas, et elle finit par se perdre au milieu
des branches pareilles les unes aux autres. Approchait-
elle du but ? touchait-elle au terme de sa passion ? Elle
était dans la Voie Douloureuse [2], et elle sentait l'accablement de la dernière station. Allait-elle tomber sur la route
et expirer là ? À un certain moment, avancer encore lui
sembla impossible, le soleil déclinait, la forêt était obscure, les sentiers s'étaient effacés sous l'herbe, et elle ne
sut plus que devenir. Elle n'avait plus que Dieu. Elle se
mit à appeler, personne ne répondit.

Elle regarda autour d'elle, elle vit une claire-voie dans
les branches, elle se dirigea de ce côté-là, et brusquement
se trouva hors du bois.

---

1. « Une voix dans le désert », écho de Jean-Baptiste : « Je suis
la voix de celui qui crie dans le désert » (Jean, I, 23), et de l'épigraphe des *Odes et Poésies diverses* (1822) : *Vox clamabat in
deserto*.   2. La formule désignait l'« exercice » du Chemin de la
Croix et de ses quatorze « stations », ponctuées d'*Ave Maria*.

Elle avait devant elle un vallon étroit comme une tranchée, au fond duquel coulait dans les pierres un clair filet d'eau [1]. Elle s'aperçut alors qu'elle avait une soif ardente. Elle alla à cette eau, s'agenouilla, et but.

Elle profita de ce qu'elle était à genoux pour faire sa prière.

En se relevant, elle chercha à s'orienter.

Elle enjamba le ruisseau.

Au delà du petit vallon se prolongeait à perte de vue un vaste plateau couvert de broussailles courtes, qui, à partir du ruisseau, montait en plan incliné et emplissait tout l'horizon. La forêt était une solitude, ce plateau était un désert. Dans la forêt, derrière chaque buisson on pouvait rencontrer quelqu'un ; sur le plateau, aussi loin que le regard pouvait s'étendre, on ne voyait rien. Quelques oiseaux qui avaient l'air de fuir volaient dans les bruyères.

Alors, en présence de cet abandon immense, sentant fléchir ses genoux, et comme devenue insensée, la mère éperdue jeta à la solitude ce cri étrange : — Y a-t-il quelqu'un ici ?

Et elle attendit la réponse.

On répondit.

Une voix sourde et profonde éclata, cette voix venait du fond de l'horizon, elle se répercuta d'écho en écho ; cela ressemblait à un coup de tonnerre à moins que ce ne fût un coup de canon ; et il semblait que cette voix répliquait à la question de la mère et qu'elle disait : — Oui.

Puis le silence se fit.

La mère se dressa, ranimée ; il y avait quelqu'un. Il lui paraissait qu'elle avait maintenant à qui parler ; elle venait de boire et de prier ; les forces lui revenaient, elle se mit à gravir le plateau du côté où elle avait entendu l'énorme voix lointaine.

Tout à coup elle vit sortir de l'extrême horizon une haute tour. Cette tour était seule dans ce sauvage paysage ; un rayon du soleil couchant l'empourprait. Elle était

---

1. Il s'agit du Nançon.

à plus d'une lieue de distance. Derrière cette tour se perdait dans la brume une grande verdure diffuse qui était la forêt de Fougères.

Cette tour lui apparaissait sur le même point de l'horizon d'où était venu ce grondement qui lui avait semblé un appel. Était-ce cette tour qui avait fait ce bruit ?

Michelle Fléchard était arrivée sur le sommet du plateau ; elle n'avait plus devant elle que de la plaine.

Elle marcha vers la tour.

VI

SITUATION

Le moment était venu.

L'inexorable tenait l'impitoyable.

Cimourdain avait Lantenac dans sa main.

Le vieux royaliste rebelle était pris au gîte ; évidemment il ne pouvait échapper ; et Cimourdain entendait que le marquis fût décapité chez lui, sur place, sur ses terres, et en quelque sorte dans sa maison, afin que la demeure féodale vît tomber la tête de l'homme féodal, et que l'exemple fût mémorable.

C'est pourquoi il avait envoyé chercher à Fougères la guillotine. On vient de la voir en route.

Tuer Lantenac, c'était tuer la Vendée ; tuer la Vendée, c'était sauver la France. Cimourdain n'hésitait pas. Cet homme était à l'aise dans la férocité du devoir.

Le marquis semblait perdu ; de ce côté Cimourdain était tranquille, mais il était inquiet d'un autre côté. La lutte serait certainement affreuse ; Gauvain la dirigerait, et voudrait s'y mêler peut-être ; il y avait du soldat dans ce jeune chef ; il était homme à se jeter dans ce pugilat ; pourvu qu'il n'y fût pas tué ? Gauvain ! son enfant ! l'unique affection qu'il eût sur la terre ! Gauvain avait eu du bonheur jusque-là, mais le bonheur se lasse. Cimour-

dain tremblait. Sa destinée avait cela d'étrange qu'il était
entre deux Gauvain, l'un dont il voulait la mort, l'autre
dont il voulait la vie.

Le coup de canon qui avait secoué Georgette dans son
berceau et appelé la mère du fond des solitudes n'avait
pas fait que cela. Soit hasard, soit intention du pointeur, le
boulet, qui n'était pourtant qu'un boulet d'avertissement,
avait frappé, crevé et arraché à demi l'armature de barreaux de fer qui masquait et fermait la grande meurtrière
du premier étage de la tour. Les assiégés n'avaient pas eu
le temps de réparer cette avarie.

Les assiégés s'étaient vantés. Ils avaient très peu de
munitions. Leur situation, insistons-y, était plus critique
encore que les assiégeants ne le supposaient. S'ils avaient
eu assez de poudre, ils auraient fait sauter la Tourgue,
eux et l'ennemi dedans ; c'était leur rêve ; mais toutes
leurs réserves étaient épuisées. À peine avaient-ils trente
coups à tirer par homme. Ils avaient beaucoup de fusils,
d'espingoles et de pistolets, et peu de cartouches. Ils
avaient chargé toutes les armes afin de pouvoir faire un
feu continu ; mais combien de temps durerait ce feu ? Il
fallait à la fois le nourrir et le ménager. Là était la difficulté. Heureusement — bonheur sinistre — la lutte serait
surtout d'homme à homme, et à l'arme blanche ; au sabre
et au poignard. On se colletterait plus qu'on ne se fusille-
rait. On se hacherait ; c'était là leur espérance.

L'intérieur de la tour semblait inexpugnable. Dans la
salle basse où aboutissait le trou de brèche, était la retirade, cette barricade savamment construite par Lantenac,
qui obstruait l'entrée. En arrière de la retirade, une longue
table était couverte d'armes chargées, tromblons, carabines et mousquetons, et de sabres, de haches et de poignards. N'ayant pu utiliser pour faire sauter la tour le
cachot-crypte des oubliettes qui communiquait avec la
salle basse, le marquis avait fait fermer la porte de ce
caveau. Au-dessus de la salle basse était la chambre ronde
du premier étage à laquelle on n'arrivait que par une vis-
de-Saint-Gilles très étroite ; cette chambre, meublée,
comme la salle basse, d'une table couverte d'armes toutes

prêtes et sur lesquelles on n'avait qu'à mettre la main,
était éclairée par la grande meurtrière dont un boulet
venait de défoncer le grillage ; au-dessus de cette
chambre, l'escalier en spirale menait à la chambre ronde
du second étage où était la porte de fer donnant sur le
pont-châtelet. Cette chambre du second s'appelait indis-
tinctement *la chambre de la porte de fer* ou *la chambre
des miroirs*, à cause de beaucoup de petits miroirs,
accrochés à cru sur la pierre nue à de vieux clous rouillés,
bizarre recherche mêlée à la sauvagerie. Les chambres
d'en haut ne pouvant être utilement défendues, cette
chambre des miroirs était ce que Mannesson-Mallet[1], le
législateur des places fortes, appelle « le dernier poste où
les assiégés font une capitulation ». Il s'agissait, nous
l'avons dit déjà, d'empêcher les assiégeants d'arriver là.

Cette chambre ronde du second étage était éclairée par
des meurtrières ; pourtant une torche y brûlait. Cette
torche, plantée dans une torchère de fer pareille à celle
de la salle basse, avait été allumée par l'Imânus qui avait
placé tout à côté l'extrémité de la mèche soufrée. Soins
horribles.

Au fond de la salle basse, sur un long tréteau, il y
avait à manger, comme dans une caverne homérique ; de
grands plats de riz, du fur, qui est une bouillie de blé noir,
de la godnivelle, qui est un hachis de veau, des rondeaux
de houichepote, pâte de farine et de fruits cuits à l'eau,
de la badrée, des pots de cidre[2]. Buvait et mangeait qui
voulait.

Le coup de canon les mit tous en arrêt. On n'avait plus
qu'une demi-heure devant soi.

L'Imânus, du haut de la tour, surveillait l'approche des
assiégeants. Lantenac avait commandé de ne pas tirer et

---

1. Alain Manesson-Mallet (1630-1706), ingénieur des camps et
armées du roi de Portugal, auteur des *Travaux de Mars* ou *L'Art de
la guerre tant pour l'attaque que pour la défense des places*, en trois
volumes (Paris, 1671-1685), que possédait Victor Hugo. **2.** « -
Godnivelles : hachis de chair de veau. *Houichepote* : rondeau de pâte
farçie de fruits et cuite à l'eau. C'est aussi le nom du *riz* et de la
badrée cuits au four. La *houichepote* est le *far* de nos voisins les
Bretons » (*Dictionnaire franco-normand*).

de les laisser arriver. Il avait dit : — Ils sont quatre mille cinq cents. Tuer dehors est inutile. Ne tuez que dedans. Dedans, l'égalité se refait.

Et il avait ajouté en riant : — Égalité, Fraternité.

Il était convenu que lorsque l'ennemi commencerait son mouvement, l'Imânus, avec sa trompe, avertirait.

Tous, en silence, postés derrière la retirade, ou sur les marches des escaliers, attendaient, une main sur leur mousquet, l'autre sur leur rosaire.

La situation se précisait, et était ceci :

Pour les assaillants, une brèche à gravir, une barricade à forcer, trois salles superposées à prendre de haute lutte, l'une après l'autre, deux escaliers tournants à emporter marche par marche, sous une nuée de mitraille ; pour les assiégés, mourir.

VII

PRÉLIMINAIRES

Gauvain de son côté mettait en ordre l'attaque. Il donnait ses dernières instructions à Cimourdain, qui, on s'en souvient, devait, sans prendre part à l'action, garder le plateau, et à Guéchamp qui devait rester en observation avec le gros de l'armée dans le camp de la forêt. Il était entendu que ni la batterie basse du bois ni la batterie haute du plateau ne tireraient, à moins qu'il n'y eût sortie ou tentative d'évasion. Gauvain se réservait le commandement de la colonne de brèche. C'est là ce qui troublait Cimourdain.

Le soleil venait de se coucher.

Une tour en rase campagne ressemble à un navire en pleine mer. Elle doit être attaquée de la même façon. C'est plutôt un abordage qu'un assaut. Pas de canon. Rien d'inutile. À quoi bon canonner des murs de quinze pieds d'épaisseur ? Un trou dans le sabord, les uns qui le forcent, les autres qui le barrent, des haches, des couteaux, des pistolets, les poings et les dents. Telle est l'aventure.

Gauvain sentait qu'il n'y avait pas d'autre moyen d'enlever la Tourgue. Une attaque où l'on se voit le blanc des yeux, rien de plus meurtrier. Il connaissait le redoutable intérieur de la tour, y ayant été enfant.

Il songeait profondément.

Cependant, à quelques pas de lui, son lieutenant, Guéchamp, une longue-vue à la main, examinait l'horizon du côté de Parigné. Tout à coup Guéchamp s'écria :

— Ah ! enfin !

Cette exclamation tira Gauvain de sa rêverie.

— Qu'y a-t-il, Guéchamp ?

— Mon commandant, il y a que voici l'échelle.

— L'échelle de sauvetage ?

— Oui.

— Comment ? nous ne l'avions pas encore ?

— Non, commandant. Et j'étais inquiet. L'exprès que j'avais envoyé à Javené était revenu.

— Je le sais.

— Il avait annoncé qu'il avait trouvé à la charpenterie de Javené l'échelle de la dimension voulue, qu'il l'avait réquisitionnée, qu'il avait fait mettre l'échelle sur une charrette, qu'il avait requis une escorte de douze cavaliers, et qu'il avait vu partir pour Parigné la charrette, l'escorte et l'échelle. Sur quoi, il était revenu à franc étrier.

— Et nous avait fait ce rapport. Et il avait ajouté que la charrette, étant bien attelée et partie vers deux heures du matin, serait ici avant le coucher du soleil. Je sais tout cela. Eh bien ?

— Eh bien, mon commandant, le soleil vient de se coucher et la charrette qui apporte l'échelle n'est pas encore arrivée.

— Est-ce possible ? Mais il faut pourtant que nous attaquions. L'heure est venue. Si nous tardions, les assiégés croiraient que nous reculons.

— Commandant, on peut attaquer.

— Mais l'échelle de sauvetage est nécessaire.

— Sans doute.

— Mais nous ne l'avons pas.

— Nous l'avons.

— Comment ?

— C'est ce qui m'a fait dire : Ah ! enfin ! La charrette n'arrivait pas ; j'ai pris ma longue-vue, et j'ai examiné la route de Parigné à la Tourgue, et, mon commandant, je suis content. La charrette est là-bas avec l'escorte ; elle descend une côte. Vous pouvez la voir.

Gauvain prit la longue-vue et regarda [1].

— En effet. La voici. Il ne fait plus assez de jour pour tout distinguer. Mais on voit l'escorte, c'est bien cela. Seulement l'escorte me paraît plus nombreuse que vous ne le disiez, Guéchamp.

— Et à moi aussi.

— Ils sont à environ un quart de lieue.

— Mon commandant, l'échelle de sauvetage sera ici dans un quart d'heure.

— On peut attaquer.

C'était bien une charrette en effet qui arrivait, mais ce n'était pas celle qu'ils croyaient.

Gauvain, en se retournant, vit derrière lui le sergent Radoub, droit, les yeux baissés, dans l'attitude du salut militaire.

— Qu'est-ce, sergent Radoub ?

— Citoyen commandant, nous, les hommes du bataillon du Bonnet-Rouge, nous avons une grâce à vous demander.

— Laquelle ?

— De nous faire tuer.

— Ah ! dit Gauvain.

— Voulez-vous avoir cette bonté ?

— Mais... c'est selon, dit Gauvain.

— Voici, commandant. Depuis l'affaire de Dol, vous nous ménagez. Nous sommes encore douze.

— Eh bien ?

---

1. Dans une première rédaction, antérieure à l'intercalation du chapitre IV (« La méprise »), Gauvain se contentait d'« attendre d'un moment à l'autre » l'arrivée de la charrette.

— Ça nous humilie.

— Vous êtes la réserve.

— Nous aimons mieux être l'avant-garde.

— Mais j'ai besoin de vous pour décider le succès à la fin d'une action. Je vous conserve.

— Trop.

— C'est égal. Vous êtes dans la colonne. Vous marchez.

— Derrière. C'est le droit de Paris de marcher devant.

— J'y penserai, sergent Radoub.

— Pensez-y aujourd'hui, mon commandant. Voici une occasion. Il va y avoir un rude croc-en-jambe à donner ou à recevoir. Ce sera dru. La Tourgue brûlera les doigts de ceux qui y toucheront. Nous demandons la faveur d'en être.

Le sergent s'interrompit, se tordit la moustache, et reprit d'une voix altérée :

— Et puis, voyez-vous, mon commandant, dans cette tour, il y a nos mômes. Nous avons là nos enfants, les enfants du bataillon, nos trois enfants. Cette affreuse face de Gribouille-mon-cul-te-baise, le nommé Brise-Bleu, le nommé Imânus, ce Gouge-le-Bruand, ce Bouge-le-Gruand, ce Fouge-le-Truand, ce tonnerre de Dieu d'homme du diable, menace nos enfants. Nos enfants, nos mioches, mon commandant. Quand tous les tremblements s'en mêleraient, nous ne voulons pas qu'il leur arrive malheur. Entendez-vous ça, autorité ? Nous ne le voulons pas. Tantôt, j'ai profité de ce qu'on ne se battait pas, et je suis monté sur le plateau, et je les ai regardés par une fenêtre, oui, ils sont vraiment là, on peut les voir du bord du ravin, et je les ai vus, et je leur ai fait peur, à ces amours. Mon commandant, s'il tombe un seul cheveu de leurs petites caboches de chérubins, je le jure, mille noms de noms de tout ce qu'il y a de sacré, moi le sergent Radoub, je m'en prends à la carcasse du Père Éternel. Et voici ce que dit le bataillon : nous voulons que les mômes soient sauvés, ou être tous tués. C'est notre droit, ventra-boumine ! oui, tous tués. Et maintenant, salut et respect.

Gauvain tendit la main à Radoub, et dit :

— Vous êtes des braves. Vous serez de la colonne d'attaque. Je vous partage en deux. Je mets six de vous à l'avant-garde, afin qu'on avance, et j'en mets six à l'arrière-garde, afin qu'on ne recule pas.

— Est-ce toujours moi qui commande les douze ?

— Certes.

— Alors, mon commandant, merci. Car je suis de l'avant-garde.

Radoub refit le salut militaire et regagna le rang.

Gauvain tira sa montre, dit quelques mots à l'oreille de Guéchamp, et la colonne d'attaque commença à se former.

VIII

LE VERBE ET LE RUGISSEMENT

Cependant Cimourdain, qui n'avait pas encore gagné son poste du plateau, et qui était à côté de Gauvain, s'approcha d'un clairon.

— Sonne à la trompe, lui dit-il.

Le clairon sonna, la trompe répondit.

Un son de clairon et un son de trompe s'échangèrent encore.

— Qu'est-ce que c'est ? demanda Gauvain à Guéchamp. Que veut Cimourdain ?

Cimourdain s'était avancé vers la tour, un mouchoir blanc à la main.

Il éleva la voix.

— Hommes qui êtes dans la tour, me connaissez-vous ?

Une voix, la voix de l'Imânus, répliqua du haut de la tour :

— Oui.

Les deux voix alors se parlèrent et se répondirent, et l'on entendit ceci :

— Je suis l'envoyé de la République.

— Tu es l'ancien curé de Parigné.

— Je suis le délégué du Comité de salut public.

— Tu es un prêtre.

— Je suis le représentant de la loi.

— Tu es un renégat.

— Je suis le commissaire de la Révolution.

— Tu es un apostat.

— Je suis Cimourdain.

— Tu es le démon.

— Vous me connaissez ?

— Nous t'exécrons.

— Seriez-vous contents de me tenir en votre pouvoir ?

— Nous sommes ici dix-huit qui donnerions nos têtes pour avoir la tienne.

— Eh bien, je viens me livrer à vous.

On entendit au haut de la tour un éclat de rire sauvage et ce cri :

— Viens !

Il y avait dans le camp un profond silence d'attente.

Cimourdain reprit :

— À une condition.

— Laquelle ?

— Écoutez.

— Parle.

— Vous me haïssez ?

— Oui.

— Moi, je vous aime. Je suis votre frère.

La voix du haut de la tour répondit :

— Oui, Caïn.

Cimourdain repartit avec une inflexion singulière, qui était à la fois haute et douce :

— Insultez, mais écoutez. Je viens ici en parlementaire. Oui, vous êtes mes frères. Vous êtes de pauvres hommes égarés. Je suis votre ami. Je suis la lumière et je parle à l'ignorance. La lumière contient toujours de la fraternité. D'ailleurs, est-ce que nous n'avons pas tous la même mère, la patrie ? Eh bien, écoutez-moi. Vous saurez plus tard, ou vos enfants sauront, ou les enfants de vos enfants sauront que tout ce qui se fait en ce moment se fait par l'accomplissement des lois d'en haut, et que ce qu'il y a dans la Révolution, c'est Dieu. En attendant le moment où toutes les consciences, même les vôtres, comprendront, et où tous les fanatismes, même les nôtres, s'évanouiront, en attendant que cette grande clarté soit faite, personne n'aura-t-il pitié de vos ténèbres ? Je viens à vous, je vous offre ma tête ; je fais plus, je vous tends la main. Je vous demande la grâce de me perdre pour vous sauver. J'ai pleins pouvoirs, et ce que je dis, je le puis. C'est un instant suprême ; je fais un dernier effort. Oui, celui qui vous parle est un citoyen, et dans ce citoyen, oui, il y a un prêtre. Le citoyen vous combat, mais le prêtre vous supplie. Écoutez-moi. Beaucoup d'entre vous ont des femmes et des enfants. Je prends la défense de vos enfants et de vos femmes. Je prends leur défense contre vous. Ô mes frères...

— Va, prêche ! ricana l'Imânus.

Cimourdain continua :

— Mes frères, ne laissez pas sonner l'heure exécrable. On va ici s'entr'égorger. Beaucoup d'entre nous qui sommes ici devant vous ne verront pas le soleil de demain ; oui, beaucoup d'entre nous périront, et vous, vous tous, vous allez mourir. Faites-vous grâce à vous-mêmes. Pourquoi verser tout ce sang quand c'est inutile ? Pourquoi tuer tant d'hommes quand deux suffisent ?

— Deux ? dit l'Imânus.

— Oui. Deux.

— Qui ?

— Lantenac et moi.

Et Cimourdain éleva la voix :

— Deux hommes sont de trop, Lantenac pour nous, moi pour vous. Voici ce que je vous offre, et vous aurez tous la vie sauve : donnez-nous Lantenac, et prenez-moi. Lantenac sera guillotiné, et vous ferez de moi ce que vous voudrez.

— Prêtre, hurla l'Imânus, si nous t'avions, nous te brûlerions à petit feu.

— J'y consens, dit Cimourdain.

Et il reprit :

— Vous, les condamnés qui êtes dans cette tour, vous pouvez tous dans une heure être vivants et libres. Je vous apporte le salut. Acceptez-vous ?

L'Imânus éclata.

— Tu n'es pas seulement scélérat, tu es fou. Ah çà, pourquoi viens-tu nous déranger ? Qui est-ce qui te prie de venir nous parler ? Nous, livrer monseigneur ! Qu'est-ce que tu veux ?

— Sa tête. Et je vous offre...

— Ta peau. Car nous t'écorcherions comme un chien [1], curé Cimourdain. Eh bien, non, ta peau ne vaut pas sa tête. Va-t'en.

— Cela va être horrible. Une dernière fois, réfléchissez.

La nuit venait pendant ces paroles sombres qu'on entendait au dedans de la tour comme au dehors. Le marquis de Lantenac se taisait et laissait faire. Les chefs ont de ces sinistres égoïsmes. C'est un des droits de la responsabilité.

L'Imânus jeta sa voix par-dessus Cimourdain, et cria :

— Hommes qui nous attaquez, nous vous avons dit nos propositions, elles sont faites, et nous n'avons rien à y changer. Acceptez-les, sinon, malheur ! Consentez-vous ? Nous vous rendrons les trois enfants qui sont là, et vous nous donnerez la sortie libre et la vie sauve, à tous.

— À tous, oui, répondit Cimourdain, excepté un.

— Lequel ?

— Lantenac.

— Monseigneur ! livrer monseigneur ! Jamais.

— Il nous faut Lantenac.

— Jamais.

— Nous ne pouvons traiter qu'à cette condition.

— Alors commencez.

Le silence se fit.

L'Imânus, après avoir sonné avec sa trompe le coup de signal, redescendit ; le marquis mit l'épée à la main ; les

---

1. Comme saint Barthélemy.

dix-neuf assiégés se groupèrent en silence dans la salle basse, en arrière de la retirade, et se mirent à genoux ; ils entendaient le pas mesuré de la colonne d'attaque[1] qui avançait vers la tour dans l'obscurité ; ce bruit se rapprochait ; tout à coup ils le sentirent tout près d'eux, à la bouche même de la brèche. Alors tous, agenouillés, épaulèrent à travers les fentes de la retirade leurs fusils et leurs espingoles, et l'un d'eux, Grand-Francœur, qui était le prêtre Turmeau, se leva, et, un sabre nu dans la main droite, un crucifix dans la main gauche, dit d'une voix grave :

— Au nom du Père, du Fils et du Saint-Esprit !

Tous firent feu à la fois, et la lutte s'engagea.

IX

TITANS CONTRE GÉANTS[2]

Cela fut en effet épouvantable.

Ce corps à corps dépassa tout ce qu'on avait pu rêver.

Pour trouver quelque chose de pareil, il faudrait remonter aux grands duels d'Eschyle[3] ou aux antiques tueries féodales ; à ces *attaques à armes courtes* » qui ont duré jusqu'au dix-septième siècle, quand on pénétrait dans les places fortes par les fausses brayes, assauts tragiques, où,

---

1. On pense aux « colonnes d'attaque » chargées de prendre d'assaut les barricades lors des insurrections parisiennes. Hugo les accompagna en juin 1848, avec le titre de « commissaire-représentant ». La « retirade » est une barricade. **2.** Fils de la Terre, Titans et Géants se posaient en adversaires des dieux olympiens, comme dans le cycle « Entre Géants et Dieux » de la « nouvelle série » de *La Légende des siècles* (1877), achevé en 1875. Ils se livrent ici une guerre fratricide et « plus que civile » (III, 2, 1). Les combats qui vont suivre sont « affreux comme l'antique » (III, 2, 11), à l'image des assauts subis par la barricade de la rue de la Chanvrerie, « lutte digne d'une muraille de Troie » (*Les Misérables*, V, 1, 21). **3.** Voir n. 1, p. 359.

dit le vieux sergent de la province d'Alentejo [1], « les fourneaux ayant fait leur effet, les assiégeants s'avanceront
portant des planches couvertes de lames de fer-blanc,
armés de rondaches et de mantelets, et fournis de quantité
de grenades, faisant abandonner les retranchements ou
retirades à ceux de la place, et s'en rendront maîtres,
poussant vigoureusement les assiégés ».

Le lieu d'attaque était horrible ; c'était une de ces
brèches qu'on appelle en langue du métier *brèches sous
voûte*, c'est-à-dire, on se le rappelle, une crevasse traver-
sant le mur de part en part et non une fracture évasée à
ciel ouvert. La poudre avait agi comme une vrille. L'effet
de la mine avait été si violent que la tour avait été fendue
par l'explosion à plus de quarante pieds au-dessus du
fourneau, mais ce n'était qu'une lézarde, et la déchirure
praticable qui servait de brèche et donnait entrée dans la
salle basse ressemblait plutôt au coup de lance qui perce
qu'au coup de hache qui entaille.

C'était une ponction au flanc de la tour, une longue
fracture pénétrante, quelque chose comme un puits
couché à terre, un couloir serpentant et montant comme
un intestin à travers une muraille de quinze pieds d'épaisseur, on ne sait quel informe cylindre encombré d'obstacles, de pièges, d'explosions, où l'on se heurtait le front
aux granits, les pieds aux gravats, les yeux aux ténèbres.

Les assaillants avaient devant eux ce porche noir,
bouche de gouffre ayant pour mâchoires, en bas et en
haut, toutes les pierres de la muraille déchiquetée ; une
gueule de requin n'a pas plus de dents que cet arrache-
ment effroyable. Il fallait entrer dans ce trou et en sortir.

Dedans éclatait la mitraille, dehors se dressait la retirade. Dehors, c'est-à-dire dans la salle basse du rez-de-
chaussée.

Les rencontres de sapeurs dans les galeries couvertes
quand la contre-mine vient couper la mine, les boucheries
à la hache sous les entreponts des vaisseaux qui s'abor-

---

1. Voir n. 1, p. 408. *Fausses brayes*, défenses avancées d'une
fortification. L'*Alentejo*, province du Portugal.

dent dans les batailles navales, ont seules cette férocité.
Se battre au fond d'une fosse, c'est le dernier degré de
l'horreur. Il est affreux de s'entretuer avec un plafond sur
la tête. Au moment où le premier flot des assiégeants
entra, toute la retirade se couvrit d'éclairs, et ce fut
quelque chose comme la foudre éclatant sous terre. Le
tonnerre assaillant répliqua au tonnerre embusqué. Les
détonations se ripostèrent ; le cri de Gauvain s'éleva :
Fonçons ! Puis le cri de Lantenac : Faites ferme contre
l'ennemi ! Puis le cri de l'Imânus : À moi les Mainiaux [1] !
Puis des cliquetis, sabres contre sabres, et, coup sur coup,
d'effroyables décharges tuant tout. La torche accrochée
au mur éclairait vaguement toute cette épouvante. Impossible de rien distinguer ; on était dans une noirceur rou-
geâtre ; qui entrait là était subitement sourd et aveugle,
sourd du bruit, aveugle de la fumée. Les hommes mis
hors de combat gisaient parmi les décombres. On marchait sur des cadavres, on écrasait des plaies, on broyait
des membres cassés d'où sortaient des hurlements, on
avait les pieds mordus par des mourants ; par instants, il
y avait des silences plus hideux que le bruit. On se colle-
tait, on entendait l'effrayant souffle des bouches, puis des
grincements, des râles, des imprécations, et le tonnerre
recommençait. Un ruisseau de sang sortait de la tour par
la brèche, et se répandait dans l'ombre. Cette flaque
sombre fumait dehors dans l'herbe.

On eût dit que c'était la tour elle-même qui saignait et
que la géante était blessée.

Chose surprenante, cela ne faisait presque pas de bruit
dehors. La nuit était très noire, et dans la plaine et dans
la forêt il y avait autour de la forteresse attaquée une sorte
de paix funèbre. Dedans c'était l'enfer, dehors c'était le
sépulcre. Ce choc d'hommes s'exterminant dans les
ténèbres, ces mousqueteries, ces clameurs, ces rages, tout
ce tumulte expirait sous la masse des murs et des voûtes,
l'air manquait au bruit, et au carnage s'ajoutait l'étouffe-

---

1. « Jean Chouan en danger criait : *à moi les Mainiaux* »
(*Reliquat*).

ment. Hors de la tour, cela s'entendait à peine. Les petits enfants dormaient pendant ce temps-là.

L'acharnement augmentait. La retirade tenait bon. Rien de plus malaisé à forcer que ce genre de barricade en chevron rentrant. Si les assiégés avaient contre eux le nombre, ils avaient pour eux la position. La colonne d'attaque perdait beaucoup de monde. Alignée et allongée dehors au pied de la tour, elle s'enfonçait lentement dans l'ouverture de la brèche, et se raccourcissait, comme une couleuvre qui entre dans son trou.

Gauvain, qui avait des imprudences de jeune chef, était dans la salle basse au plus fort de la mêlée, avec toute la mitraille autour de lui. Ajoutons qu'il avait la confiance de l'homme qui n'a jamais été blessé.

Comme il se retournait pour donner un ordre, une lueur de mousqueterie éclaira un visage tout près de lui.

— Cimourdain ! s'écria-t-il, qu'est-ce que vous venez faire ici ?

C'était Cimourdain en effet. Cimourdain répondit :

— Je viens être près de toi.

— Mais vous allez vous faire tuer !

— Hé bien, toi, qu'est-ce que tu fais donc ?

— Mais je suis nécessaire ici. Vous pas.

— Puisque tu y es, il faut que j'y sois.

— Non, mon maître.

— Si, mon enfant !

Et Cimourdain resta près de Gauvain.

Les morts s'entassaient sur les pavés de la salle basse.

Bien que la retirade ne fût pas forcée encore, le nombre évidemment devait finir par vaincre. Les assaillants étaient à découvert et les assaillis étaient à l'abri ; dix assiégeants tombaient contre un assiégé, mais les assiégeants se renouvelaient. Les assiégeants croissaient et les assiégés décroissaient.

Les dix-neuf assiégés étaient tous derrière la retirade, l'attaque étant là. Ils avaient des morts et des blessés. Quinze tout au plus combattaient encore. Un des plus farouches, Chante-en-hiver, avait été affreusement mutilé. C'était un Breton trapu et crépu, de l'espèce petite et vivace. Il avait un œil crevé et la mâchoire brisée[1]. Il pouvait encore marcher. Il se traîna dans l'escalier en spirale, et monta dans la chambre du premier étage, espérant pouvoir là prier et mourir.

Il s'était adossé au mur près de la meurtrière pour tâcher de respirer un peu.

En bas la boucherie devant la retirade était de plus en plus horrible. Dans une intermittence, entre deux décharges, Cimourdain éleva la voix :

— Assiégés ! cria-t-il. Pourquoi faire couler le sang plus longtemps ? Vous êtes pris. Rendez-vous. Songez que nous sommes quatre mille cinq cents contre dix-neuf, c'est-à-dire plus de deux cents contre un. Rendez-vous.

— Cessons ce marivaudage, répondit le marquis de Lantenac.

Et vingt balles ripostèrent à Cimourdain.

La retirade ne montait pas jusqu'à la voûte ; cela permettait aux assiégés de tirer par-dessus, mais cela permettait aux assiégeants de l'escalader.

— L'assaut à la retirade ! cria Gauvain. Y a-t-il quelqu'un de bonne volonté pour escalader la retirade ?

— Moi, dit le sergent Radoub.

X

RADOUB

Ici les assaillants eurent une stupeur. Radoub était entré par le trou de brèche, à la tête de la colonne d'attaque, lui sixième, et sur ces six hommes du bataillon parisien, quatre étaient déjà tombés. Après qu'il eut jeté ce cri :

---

1. On se souvient de Robespierre qui, dans la nuit du 9 Thermidor tenta de se suicider et ne réussit qu'à se fracasser la mâchoire, contrairement à la légende thermidorienne d'un coup tiré par le gendarme Merda. Nouvel exemple de brouillage ou d'inversion des signes.

Moi ! on le vit, non avancer, mais reculer, et, baissé, courbé, rampant presque entre les jambes des combattants, regagner l'ouverture de la brèche, et sortir. Était-ce une fuite ? Un tel homme fuir ? Qu'est-ce que cela voulait dire ?

Arrivé hors de la brèche, Radoub, encore aveuglé par la fumée, se frotta les yeux comme pour en ôter l'horreur et la nuit, et, à la lueur des étoiles, regarda la muraille de la tour. Il fit ce signe de tête satisfait qui veut dire : Je ne m'étais pas trompé.

Radoub avait remarqué que la lézarde profonde de l'explosion de la mine montait au-dessus de la brèche jusqu'à cette meurtrière du premier étage dont un boulet avait défoncé et disloqué l'armature de fer. Le réseau des barreaux rompus pendait à demi arraché, et un homme pouvait passer.

Un homme pouvait passer, mais un homme pouvait-il monter ? Par la lézarde, oui, à la condition d'être un chat.

C'est ce qu'était Radoub. Il était de cette race que Pindare[1] appelle « les athlètes agiles ». On peut être vieux soldat et homme jeune ; Radoub, qui avait été garde-française, n'avait pas quarante ans. C'était un Hercule leste.

Radoub posa à terre son mousqueton, ôta sa buffleterie, quitta son habit et sa veste, et ne garda que ses deux pistolets qu'il mit dans la ceinture de son pantalon et son sabre nu qu'il prit entre ses dents. La crosse des deux pistolets passait au-dessus de sa ceinture.

Ainsi allégé de l'inutile, et suivi des yeux dans l'obscurité par tous ceux de la colonne d'attaque qui n'étaient pas encore entrés dans la brèche, il se mit à gravir les pierres de la lézarde du mur comme les marches d'un escalier. N'avoir pas de souliers lui fut utile ; rien ne grimpe comme un pied nu ; il crispait ses orteils dans les trous des pierres. Il se hissait avec ses poings et s'affermissait avec ses genoux. La montée était rude. C'était quelque chose comme une ascension le long des dents

---

1. Le poète grec Pindare, dont les odes chantaient les victoires des athlètes aux exercices du stade dans les Jeux olympiques et autres (VIᵉ siècle av. J.-C.).

d'une scie. — Heureusement, pensait-il, qu'il n'y a personne dans la chambre du premier étage, car on ne me laisserait pas escalader ainsi.

Il n'avait pas moins de quarante pieds à gravir de cette façon. À mesure qu'il montait, un peu gêné par les pommeaux saillants de ses pistolets, la lézarde allait se rétrécissant, et l'ascension devenait de plus en plus difficile. Le risque de la chute augmentait en même temps que la profondeur du précipice.

Enfin il parvint au rebord de la meurtrière ; il écarta le grillage tordu et descellé, il avait largement de quoi passer, il se souleva d'un effort puissant, appuya son genou sur la corniche du rebord, saisit d'une main un tronçon de barreau à droite, de l'autre main un tronçon à gauche, et se dressa jusqu'à mi-corps devant l'embrasure de la meurtrière, le sabre aux dents, suspendu par ses deux poings sur l'abîme.

Il n'avait plus qu'une enjambée à faire pour sauter dans la salle du premier étage.

Mais une face apparut dans la meurtrière.

Radoub vit brusquement devant lui dans l'ombre quelque chose d'effroyable ; un œil crevé, une mâchoire fracassée, un masque sanglant.

Ce masque, qui n'avait plus qu'une prunelle, le regardait.

Ce masque avait deux mains ; ces deux mains sortirent de l'ombre et s'avancèrent vers Radoub ; l'une, d'une seule poignée, lui prit ses deux pistolets dans sa ceinture, l'autre lui ôta son sabre des dents.

Radoub était désarmé. Son genou glissait sur le plan incliné de la corniche, ses deux poings crispés aux tronçons du grillage suffisaient à peine à le soutenir, et il avait derrière lui quarante pieds de précipice.

Ce masque et ces mains, c'était Chante-en-hiver.

Chante-en-hiver, suffoqué par la fumée qui montait d'en bas, avait réussi à entrer dans l'embrasure de la meurtrière, là l'air extérieur l'avait ranimé, la fraîcheur de la nuit avait figé son sang, et il avait repris un peu de force ; tout à coup il avait vu surgir au dehors devant l'ouverture le torse de Radoub ; alors, Radoub ayant les mains cramponnées aux barreaux et n'ayant que le choix de se laisser tomber ou de se laisser désarmer, Chante-en-hiver, épouvantable et tranquille, lui avait cueilli ses pistolets à sa ceinture et son sabre entre les dents.

Un duel inouï commença. Le duel du désarmé et du blessé.

Évidemment, le vainqueur c'était le mourant. Une balle suffisait pour jeter Radoub dans le gouffre béant sous ses pieds.

Par bonheur pour Radoub, Chante-en-hiver, ayant les deux pistolets dans une seule main, ne put en tirer un et fut forcé de se servir du sabre. Il porta un coup de pointe à l'épaule de Radoub. Ce coup de sabre blessa Radoub et le sauva.

Radoub, sans armes, mais ayant toute sa force, dédaigna sa blessure qui d'ailleurs n'avait pas entamé l'os, fit un soubresaut en avant, lâcha les barreaux et bondit dans l'embrasure.

Là il se trouva face à face avec Chante-en-hiver, qui avait jeté le sabre derrière lui et qui tenait les deux pistolets dans ses deux poings.

Chante-en-hiver, dressé sur ses genoux, ajusta Radoub presque à bout portant, mais son bras affaibli tremblait, et il ne tira pas tout de suite.

Radoub profita de ce répit pour éclater de rire.

— Dis donc, cria-t-il, Vilain-à-voir ! est-ce que tu crois me faire peur avec ta gueule en bœuf à la mode ? Sapristi, comme on t'a délabré le minois[1] !

Chante-en-hiver le visait.

Radoub continua :

— Ce n'est pas pour dire, mais tu as eu la gargoine joliment chiffonnée par la mitraille. Mon pauvre garçon,

---

1. Chante-en-hiver avait « un œil crevé et la mâchoire brisée ». D'homérique, l'épopée devient rabelaisienne. Le rire « gaulois » du sergent est celui du peuple, dont il incarne l'avenir, et l'expression du grotesque, ainsi « accroché » au faux sublime des « tueries médiévales » et des massacres mythologiques, « Titans contre Géants ».

Bellone[1] t'a fracassé la physionomie. Allons, allons, crache ton petit coup de pistolet, mon bonhomme.

Le coup partit et passa si près de la tête qu'il arracha à Radoub la moitié de l'oreille. Chante-en-hiver éleva l'autre bras armé du second pistolet, mais Radoub ne lui laissa pas le temps de viser.

— J'ai assez d'une oreille de moins, cria-t-il. Tu m'as blessé deux fois. À moi la belle !

Et il se rua sur Chante-en-hiver, lui rejeta le bras en l'air, fit partir le coup qui alla n'importe où, et lui saisit et lui mania sa mâchoire disloquée[2].

Chante-en-hiver poussa un rugissement et s'évanouit.

Radoub l'enjamba et le laissa dans l'embrasure.

— Maintenant que je t'ai fait savoir mon ultimatum, dit-il, ne bouge plus. Reste là, méchant traîne-à-terre. Tu penses bien que je ne vais pas à présent m'amuser à te massacrer. Rampe à ton aise sur le sol, concitoyen de mes savates. Meurs, c'est toujours ça de fait. C'est tout à l'heure que tu vas savoir que ton curé ne te disait que des bêtises. Va-t'en dans le grand mystère, paysan.

Et il sauta dans la salle du premier étage.

— On n'y voit goutte, grommela-t-il.

Chante-en-hiver s'agitait convulsivement et hurlait à travers l'agonie. Radoub se retourna.

— Silence ! fais-moi le plaisir de te taire, citoyen sans le savoir. Je ne me mêle plus de ton affaire. Je méprise de t'achever. Fiche-moi la paix.

Et, inquiet, il fourra son poing dans ses cheveux, tout en considérant Chante-en-hiver.

— Ah çà, qu'est-ce que je vais faire ? C'est bon tout ça, mais me voilà désarmé. J'avais deux coups à tirer. Tu me les as gaspillés, animal ! Et avec ça une fumée qui vous fait aux yeux un mal de chien !

Et rencontrant son oreille déchirée :

---

1. Bellone, déesse de la guerre chez les Romains, inséparable du dieu Mars.   **2.** Écho de Rabelais : « Aux uns écrabouillait la cervelle, aux autres [...] fendait les mandibules, enfonçait les dents en la gueule » (*Gargantua*, XXVII). Radoub tient de Frère Jean des Entommeurs (ou des « Entamures »).

— Aïe ! dit-il.

Et il reprit :

— Te voilà bien avancé de m'avoir confisqué une oreille ! Au fait, j'aime mieux avoir ça de moins qu'autre chose, ça n'est guère qu'un ornement. Tu m'as aussi égratigné à l'épaule, mais ce n'est rien. Expire, villageois, je te pardonne.

Il écouta. Le bruit dans la salle basse était effrayant. Le combat était plus forcené que jamais.

— Ça va bien en bas. C'est égal, ils gueulent vive le roi. Ils crèvent noblement.

Ses pieds cognèrent son sabre à terre. Il le ramassa, et il dit à Chante-en-hiver qui ne bougeait plus et qui était peut-être mort :

— Vois-tu, homme des bois, pour ce que je voulais faire, mon sabre ou zut, c'est la même chose. Je le reprends par amitié. Mais il me fallait mes pistolets. Que le diable t'emporte, sauvage ! Ah çà, qu'est-ce que je vais faire ? Je ne suis bon à rien ici.

Il avança dans la salle tâchant de voir et de s'orienter. Tout à coup dans la pénombre, derrière le pilier du milieu, il aperçut une longue table, et sur cette table quelque chose qui brillait vaguement. Il tâta. C'étaient des tromblons, des pistolets, des carabines, une rangée d'armes à feu disposées en ordre et semblant n'attendre que des mains pour les saisir ; c'était la réserve de combat préparée par les assiégés pour la deuxième phase de l'assaut ; tout un arsenal.

— Un buffet ! s'écria Radoub.

Et il se jeta dessus, ébloui.

Alors il devint formidable.

La porte de l'escalier communiquant aux étages d'en haut et d'en bas était visible, toute grande ouverte, à côté de la table chargée d'armes. Radoub laissa tomber son sabre, prit dans ses deux mains deux pistolets à deux coups et les déchargea à la fois au hasard sous la porte dans la spirale de l'escalier, puis il saisit une espingole et la déchargea, puis il empoigna un tromblon gorgé de chevrotines et le déchargea. Le tromblon, vomissant quinze balles, sembla un coup de mitraille. Alors Radoub, reprenant haleine, cria d'une voix tonnante dans l'escalier : Vive Paris[1] !

Et s'emparant d'un deuxième tromblon plus gros que le premier, il le braqua sous la voûte tortueuse de la vis de Saint-Gilles, et attendit.

Le désarroi dans la salle basse fut indescriptible. Ces étonnements imprévus désagrègent la résistance.

Deux des balles de la triple décharge de Radoub avaient porté ; l'une avait tué l'aîné des frères Pique-en-bois, l'autre avait tué Houzard, qui était M. de Quélen.

— Ils sont en haut ! cria le marquis.

Ce cri détermina l'abandon de la retirade, une volée d'oiseaux n'est pas plus vite en déroute, et ce fut à qui se précipiterait dans l'escalier. Le marquis encourageait cette fuite.

— Faites vite, disait-il. Le courage est d'échapper. Montons tous au deuxième étage ! Là nous recommencerons[2].

Il quitta la retirade le dernier.

Cette bravoure le sauva.

Radoub, embusqué au haut du premier étage de l'escalier, le doigt sur la détente du tromblon, guettait la déroute. Les premiers qui apparurent au tournant de la spirale reçurent la décharge en pleine face, et tombèrent foudroyés. Si le marquis en eût été, il était mort. Avant que Radoub eût eu le temps de saisir une nouvelle arme, les autres passèrent, le marquis après tous, et plus lent que les autres. Ils croyaient la chambre du premier pleine d'assiégeants, ils ne s'y arrêtèrent pas, et gagnèrent la salle du second étage, la chambre des miroirs. C'est là

---

1. Réplique aux cris de « Vive le roi », lancés d'« en bas » par ceux qui « crèvent noblement » (p. 426). C'est à Paris, lieu de la « révélation révolutionnaire », « sorti de 93 avec la langue de feu de l'avenir sur le front », que « la France commence » (Introduction à *Paris-Guide*, III, « Suprématie de Paris »).   **2.** Les insurgés de la rue de la Chanvrerie livrent aussi leur dernier combat à l'étage du « cabaret appelé Corinthe » (*Les Misérables*, V, 1, 23).

qu'était la porte de fer, c'est là qu'était la mèche soufrée, c'est là qu'il fallait capituler ou mourir.

Gauvain, aussi surpris qu'eux-mêmes des détonations de l'escalier et ne s'expliquant pas le secours qui lui arrivait, en avait profité sans chercher à comprendre, avait sauté, lui et les siens, par-dessus la retirade, et avait poussé les assiégés l'épée aux reins jusqu'au premier étage.

Là il trouva Radoub.

Radoub commença par le salut militaire et dit :

— Une minute, mon commandant. C'est moi qui ai fait ça. Je me suis souvenu de Dol. J'ai fait comme vous. J'ai pris l'ennemi entre deux feux.

— Bon élève, dit Gauvain en souriant.

Quand on est un certain temps dans l'obscurité, les yeux finissent par se faire à l'ombre comme ceux des oiseaux de nuit ; Gauvain s'aperçut que Radoub était tout en sang.

— Mais tu es blessé, camarade !

— Ne faites pas attention, mon commandant. Qu'est-ce que c'est que ça, une oreille de plus ou de moins ? J'ai aussi un coup de sabre, je m'en fiche. Quand on casse un carreau, on s'y coupe toujours un peu. D'ailleurs il n'y a pas que de mon sang.

On fit une sorte de halte dans la salle du premier étage, conquise par Radoub. On apporta une lanterne. Cimourdain rejoignit Gauvain. Ils délibérèrent. Il y avait lieu à réfléchir en effet. Les assiégeants n'étaient pas dans le secret des assiégés ; ils ignoraient leur pénurie de munitions ; ils ne savaient pas que les défenseurs de la place étaient à court de poudre ; le deuxième étage était le dernier poste de résistance ; les assiégeants pouvaient croire l'escalier miné.

Ce qui était certain, c'est que l'ennemi ne pouvait échapper. Ceux qui n'étaient pas morts étaient là comme sous clef. Lantenac était dans la souricière.

Avec cette certitude, on pouvait se donner un peu le temps de chercher le meilleur dénoûment possible. On avait déjà bien des morts. Il fallait tâcher de ne pas perdre trop de monde dans ce dernier assaut.

Le risque de cette suprême attaque serait grand. Il y aurait probablement un rude premier feu à essuyer.

Le combat était interrompu. Les assiégeants, maîtres du rez-de-chaussée et du premier étage, attendaient, pour continuer, le commandement du chef. Gauvain et Cimourdain tenaient conseil. Radoub assistait en silence à leur délibération.

Il hasarda un nouveau salut militaire, timide.

— Mon commandant ?

— Qu'est-ce, Radoub ?

— Ai-je droit à une petite récompense ?

— Certes. Demande ce que tu voudras.

— Je demande à monter le premier.

On ne pouvait le lui refuser. D'ailleurs il l'eût fait sans permission.

XI

LES DÉSESPÉRÉS

Pendant qu'on délibérait au premier étage, on se barricadait au second. Le succès est une fureur, la défaite est une rage. Les deux étages allaient se heurter éperdument. Toucher à la victoire, c'est une ivresse. En bas il y avait l'espérance, qui serait la plus grande des forces humaines si le désespoir n'existait pas.

Le désespoir était en haut.

Un désespoir calme, froid, sinistre.

En arrivant à cette salle de refuge, au delà de laquelle il n'y avait rien pour eux, le premier soin des assiégés fut de barrer l'entrée. Fermer la porte était inutile, encombrer l'escalier valait mieux. En pareil cas, un obstacle à travers lequel on peut voir et combattre vaut mieux qu'une porte fermée.

La torche plantée dans la torchère du mur par l'Imânus près de la mèche soufrée les éclairait.

Il y avait dans cette salle du second un de ces gros et lourds coffres de chênes où l'on serrait les vêtements et le linge avant l'invention des meubles à tiroirs.

Ils traînèrent ce coffre et le dressèrent debout sous la porte de l'escalier. Il s'y emboîtait solidement et bouchait l'entrée. Il ne laissait d'ouvert, près de la voûte, qu'un espace étroit, pouvant laisser passer un homme, excellent pour tuer les assaillants un à un. Il était douteux qu'on s'y risquât.

L'entrée obstruée leur donnait un répit.

Ils se comptèrent.

Les dix-neuf n'étaient plus que sept, dont l'Imânus. Excepté l'Imânus et le marquis, tous étaient blessés.

Les cinq qui étaient blessés, mais très vivants, car, dans la chaleur du combat, toute blessure qui n'est pas mortelle vous laisse aller et venir, étaient Chatenay, dit Robi, Guinoiseau, Hoisnard Branche-d'Or, Brin-d'Amour et Grand-Francœur. Tout le reste était mort.

Ils n'avaient plus de munitions. Les gibernes étaient épuisées. Ils comptèrent les cartouches. Combien, à eux sept, avaient-ils de coups à tirer ? Quatre.

On était arrivé à ce moment où il n'y a plus qu'à tomber. On était acculé à l'escarpement, béant et terrible. Il était difficile d'être plus près du bord.

Cependant l'attaque venait de recommencer ; mais lente et d'autant plus sûre. On entendait les coups de crosse des assiégeants sondant l'escalier marche à marche.

Nul moyen de fuir. Par la bibliothèque ? Il y avait là sur le plateau six canons braqués, mèche allumée. Par les chambres d'en haut ? À quoi bon ? elles aboutissaient à la plate-forme. Là on trouvait la ressource de se jeter du haut en bas de la tour.

Les sept survivants de cette bande épique se voyaient inexorablement enfermés et saisis par cette épaisse muraille qui les protégeait et qui les livrait. Ils n'étaient pas encore pris ; mais ils étaient déjà prisonniers.

Le marquis éleva la voix :

— Mes amis, tout est fini.

Et après un silence, il ajouta :

— Grand-Francœur redevient l'abbé Turmeau.

Tous s'agenouillèrent, le rosaire à la main. Les coups de crosse des assaillants se rapprochaient.

Grand-Francœur, tout sanglant d'une balle qui lui avait effleuré le crâne et arraché le cuir chevelu, dressa de la main droite son crucifix. Le marquis, sceptique au fond[1], mit un genou en terre.

— Que chacun, dit Grand-Francœur, confesse ses fautes à haute voix. Monseigneur, parlez.

Le marquis répondit :

— J'ai tué.

— J'ai tué, dit Hoisnard.

— J'ai tué, dit Guinoiseau.

— J'ai tué, dit Brin-d'Amour.

— J'ai tué, dit Chatenay.

— J'ai tué, dit l'Imânus.

Et Grand-Francœur reprit :

— Au nom de la très sainte Trinité, je vous absous. Que vos âmes aillent en paix.

— Ainsi soit-il, répondirent toutes les voix.

Le marquis se releva.

— Maintenant, dit-il, mourons.

— Et tuons, dit l'Imânus.

Les coups de crosse commençaient à ébranler le coffre qui barrait la porte.

---

1. « Sceptique », comme le duc de Réthel dans le « roman de la Monarchie ». Hugo lui avait attribué cette réplique : « Ah ! ça, mon cher, qu'est-ce que c'est que ces bêtises ? Vous croyez en Dieu à présent ? », et cette déclaration : « Il s'agit, interrompit le duc, de choisir entre la foi et la science. L'une affirme, l'autre prouve. [...] À entendre les leçons des religions, [...] c'est pour le simple éclairage de l'homme, de ses batailles, de ses intrigues, de ses tricheries, de sa civilisation, de ses rois, de ses dames et de ses valets que le Grand Être [...] fait tous ces frais d'étoiles. En vérité, le jeu n'en vaut pas la chandelle » (*Reliquat*). Le personnage tient aussi de M. Gillenormand, qui, né en 1740, « croyait fort peu en Dieu » (*Les Misérables*, III, 2, 6).

— Pensez à Dieu, dit le prêtre. La terre n'existe plus pour vous.

— Oui, reprit le marquis, nous sommes dans la tombe.

Tous courbèrent le front et se frappèrent la poitrine. Le marquis seul et le prêtre étaient debout. Les yeux étaient fixés à terre, le prêtre priait, les paysans priaient, le marquis songeait. Le coffre, battu comme par des marteaux, sonnait lugubrement.

En ce moment une voix vive et forte, éclatant brusquement derrière eux, cria :

— Je vous l'avais bien dit, monseigneur !

Toutes les têtes se retournèrent, stupéfaites.

Un trou venait de s'ouvrir dans le mur.

Une pierre, parfaitement rejointoyée avec les autres, mais non cimentée, et ayant un piton en haut et un piton en bas, venait de pivoter sur elle-même à la façon des tourniquets, et en tournant avait ouvert la muraille. La pierre ayant évolué sur son axe, l'ouverture était double et offrait deux passages, l'un à droite, l'autre à gauche, étroits, mais suffisants pour laisser passer un homme. Au delà de cette porte inattendue on apercevait les premières marches d'un escalier en spirale. Une face d'homme apparaissait à l'ouverture.

Le marquis reconnut Halmalo.

XII

SAUVEUR [1]

— C'est toi, Halmalo ?

— Moi, monseigneur. Vous voyez bien que les pierres qui tournent, cela existe, et qu'on peut sortir d'ici. J'arrive

---

1. Premier titre : « Où diable un héros va-t-il se nicher ? », remplacé sur épreuves.

à temps, mais faites vite. Dans dix minutes, vous serez en pleine forêt.

— Dieu est grand, dit le prêtre.

— Sauvez-vous, monseigneur, crièrent toutes les voix.

— Vous tous d'abord, dit le marquis.

— Vous le premier, monseigneur, dit l'abbé Turmeau.

— Moi le dernier.

Et le marquis reprit d'une voix sévère :

— Pas de combat de générosité. Nous n'avons pas le temps d'être magnanimes. Vous êtes blessés. Je vous ordonne de vivre et de fuir. Vite ! et profitez de cette issue. Merci, Halmalo.

— Monsieur le marquis, dit l'abbé Turmeau, nous allons nous séparer ?

— En bas, sans doute. On ne s'échappe jamais qu'un à un.

— Monseigneur nous assigne-t-il un rendez-vous ?

— Oui. Une clairière dans la forêt. La Pierre-Gauvaine. Connaissez-vous l'endroit ?

— Nous le connaissons tous.

— J'y serai demain, à midi. Que tous ceux qui pourront marcher s'y trouvent.

— On y sera.

— Et nous recommencerons la guerre, dit le marquis.

Cependant Halmalo, en pesant sur la pierre tournante, venait de s'apercevoir qu'elle ne bougeait plus. L'ouverture ne pouvait plus se clore.

— Monseigneur, dit-il, dépêchons-nous, la pierre résiste à présent. J'ai pu ouvrir le passage, mais je ne pourrai le fermer.

La pierre, en effet, après une longue désuétude, était comme ankylosée dans sa charnière. Impossible désormais de lui imprimer un mouvement.

— Monseigneur, reprit Halmalo, j'espérais refermer le passage, et que les bleus, quand ils entreraient, ne trouveraient plus personne, et n'y comprendraient rien, et vous croiraient en allés en fumée. Mais voilà la pierre qui ne veut pas. L'ennemi verra la sortie ouverte et pourra poursuivre. Au moins ne perdons pas une minute. Vite, tous dans l'escalier.

L'Imânus posa la main sur l'épaule de Halmalo :

— Camarade, combien de temps faut-il pour qu'on sorte par cette passe et qu'on soit en sûreté dans la forêt ?

— Personne n'est blessé grièvement ? demanda Halmalo.

Ils répondirent :

— Personne.

— En ce cas, un quart d'heure suffit.

— Ainsi, repartit l'Imânus, si l'ennemi n'entrait ici que dans un quart d'heure...

— Il pourrait nous poursuivre, il ne nous atteindrait pas.

— Mais, dit le marquis, ils seront ici dans cinq minutes, ce vieux coffre n'est pas pour les gêner long-temps. Quelques coups de crosse en viendront à bout. Un quart d'heure ! qui est-ce qui les arrêtera un quart d'heure ?

— Moi, dit l'Imânus.

— Toi, Gouge-le-Bruant ?

— Moi, monseigneur. Écoutez. Sur six, vous êtes cinq blessés. Moi je n'ai pas une égratignure.

— Ni moi, dit le marquis.

— Vous êtes le chef, monseigneur. Je suis le soldat. Le chef et le soldat, c'est deux.

— Je le sais, nous avons chacun un devoir différent.

— Non, monseigneur, nous avons, vous et moi, le même devoir, qui est de vous sauver.

L'Imânus se tourna vers ses camarades.

— Camarades, il s'agit de tenir en échec l'ennemi et de retarder la poursuite le plus possible. Écoutez. J'ai toute ma force, je n'ai pas perdu une goutte de sang ; n'étant pas blessé, je durerai plus longtemps qu'un autre. Partez tous. Laissez-moi vos armes. J'en ferai bon usage. Je me charge d'arrêter l'ennemi une bonne demi-heure. Combien y a-t-il de pistolets chargés ?

— Quatre.

— Mettez-les à terre.

On fit ce qu'il voulait.

— C'est bien. Je reste. Ils trouveront à qui parler. Maintenant, vite, allez-vous-en.

Les situations à pic suppriment les remercîments. À peine prit-on le temps de lui serrer la main.

— À bientôt, lui dit le marquis.

— Non, monseigneur. J'espère que non. Pas à bientôt ; car je vais mourir.

Tous s'engagèrent l'un après l'autre dans l'étroit escalier, les blessés d'abord. Pendant qu'ils descendaient, le marquis prit le crayon de son carnet de poche, et écrivit quelques mots sur la pierre qui ne pouvait plus tourner et qui laissait le passage béant.

— Venez, monseigneur, il n'y a plus que vous, dit Halmalo.

Et Halmalo commença à descendre.

Le marquis le suivit.

L'Imânus resta seul.

XIII

BOURREAU

Les quatre pistolets avaient été posés sur les dalles, car cette salle n'avait pas de plancher. L'Imânus en prit deux, un dans chaque main.

Il s'avança obliquement vers l'entrée de l'escalier que le coffre obstruait et masquait.

Les assaillants craignaient évidemment quelque surprise, une de ces explosions finales qui sont la catastrophe du vainqueur en même temps que celle du vaincu. Autant la première attaque avait été impétueuse, autant la dernière était lente et prudente. Ils n'avaient pas pu, ils n'avaient pas voulu peut-être, enfoncer violemment le coffre ; ils en avaient démoli le fond à coups de crosse, et troué le couvercle à coups de bayonnette, et par ces trous ils tâchaient de voir dans la salle avant de se risquer à y pénétrer.

La lueur des lanternes dont ils éclairaient l'escalier passait à travers ces trous.

L'Imânus aperçut à un de ces trous une de ces prunelles qui regardaient. Il ajusta brusquement à ce trou le canon d'un de ses pistolets et pressa la détente. Le coup partit, et l'Imânus, joyeux, entendit un cri horrible. La balle avait crevé l'œil et traversé la tête, et le soldat qui regardait venait de tomber dans l'escalier à la renverse.

Les assaillants avaient entamé assez largement le bas du couvercle en deux endroits, et y avaient pratiqué deux espèces de meurtrières, l'Imânus profita de l'une de ces entailles, y passa le bras, et lâcha au hasard dans le tas des assiégeants son deuxième coup de pistolet. La balle ricocha probablement, car on entendit plusieurs cris, comme si trois ou quatre étaient tués ou blessés, et il se fit dans l'escalier un grand tumulte d'hommes qui lâchent pied et qui reculent.

L'Imânus jeta les deux pistolets qu'il venait de décharger, et prit les deux qui restaient, puis, les deux pistolets à ses deux poings, il regarda par les trous du coffre.

Il constata le premier effet produit.

Les assaillants avaient redescendu l'escalier. Des mourants se tordaient sur les marches ; le tournant de la spirale ne laissait voir que trois ou quatre degrés.

L'Imânus attendit.

— C'est du temps de gagné, pensait-il.

Cependant il vit un homme, à plat ventre, monter en rampant les marches de l'escalier, et en même temps, plus bas, une tête de soldat apparut derrière le pilier central de la spirale. L'Imânus visa cette tête et tira. Il y eut un cri, le soldat tomba, et l'Imânus fit passer de sa main gauche dans sa main droite le dernier pistolet chargé qui lui restait.

En ce moment-là il sentit une affreuse douleur, et ce fut lui qui, à son tour, jeta un hurlement. Un sabre lui fouillait les entrailles. Un poing, le poing de l'homme qui rampait, venait de passer à travers la deuxième meurtrière du bas du coffre, et ce poing avait plongé un sabre dans le ventre de l'Imânus.

La blessure était effroyable. Le ventre était fendu de part en part.

L'Imânus ne tomba pas. Il grinça des dents, et dit :

— C'est bon !

Puis chancelant et se traînant, il recula jusqu'à la torche qui brûlait à côté de la porte de fer, il posa son pistolet à terre et empoigna la torche, et, soutenant de la main gauche ses intestins qui sortaient, de la main droite il abaissa la torche et mit le feu à la mèche soufrée.

Le feu prit, la mèche flamba. L'Imânus lâcha la torche, qui continua de brûler à terre, ressaisit son pistolet, et, tombé sur la dalle, mais se soulevant encore, attisa la mèche du peu de souffle qui lui restait.

La flamme courut, passa sous la porte de fer et gagna le pont-châtelet.

Alors, voyant cette exécrable réussite, plus satisfait peut-être de son crime que de sa vertu, cet homme qui venait d'être un héros et qui n'était plus qu'un assassin, et qui allait mourir, sourit.

— Ils se souviendront de moi, murmura-t-il. Je venge, sur leurs petits, notre petit à nous, le roi qui est au Temple[1].

XIV

L'IMÂNUS AUSSI S'ÉVADE

En cet instant-là, un grand bruit se fit, le coffre violemment poussé s'effondra, et livra passage à un homme qui se rua dans la salle, le sabre à la main.

— C'est moi, Radoub ; qui en veut ? Ça m'ennuie d'attendre. Je me risque. C'est égal, je viens toujours d'en

---

1. Louis XVII.

éventrer un. Maintenant je vous attaque tous. Qu'on me suive ou qu'on ne me suive pas, me voilà. Combien êtes-vous ?

C'était Radoub, en effet, et il était seul. Après le massacre que l'Imânus venait de faire dans l'escalier, Gauvain, redoutant quelque fougasse masquée, avait fait replier ses hommes et se concertait avec Cimourdain.

Radoub, le sabre à la main sur le seuil, dans cette obscurité où la torche presque éteinte jetait à peine une lueur, répéta sa question :

— Je suis un. Combien êtes-vous ?

N'entendant rien, il avança. Un de ces jets de clarté qu'exhalent par instants les foyers agonisants et qu'on pourrait appeler des sanglots de lumière, jaillit de la torche et illumina toute la salle.

Radoub avisa un des petits miroirs accrochés au mur, s'en approcha, regarda sa face ensanglantée et son oreille pendante, et dit :

— Démantibulage hideux.

Puis il se retourna, stupéfait de voir la salle vide.

— Il n'y a personne ! s'écria-t-il. Zéro d'effectif.

Il aperçut la pierre qui avait tourné, l'ouverture et l'escalier.

— Ah ! je comprends. Clef des champs. Venez donc tous ! camarades, venez ! ils s'en sont allés. Ils ont filé, fusé, fouiné, fichu le camp. Cette cruche de vieille tour était fêlée. Voici le trou par où ils ont passé, canailles ! Comment veut-on qu'on vienne à bout de Pitt et Cobourg[1] avec des farces comme ça ! C'est le bon Dieu du diable qui est venu à leur secours ! Il n'y a plus personne !

Un coup de pistolet partit, une balle lui effleura le coude et s'aplatit contre le mur.

— Mais si ! il y a quelqu'un. Qui est-ce qui a la bonté de me faire cette politesse ?

— Moi, dit une voix.

1. William Pitt (voir n. 1, p. 279) et le duc de Saxe-Cobourg, symboles de la coalition des rois et de la subversion intérieure.

Radoub avança la tête et distingua dans le clair-obscur quelque chose qui était l'Imânus.

— Ah ! cria-t-il. J'en tiens un. Les autres se sont échappés, mais toi, tu n'échapperas pas.

— Crois-tu ? répondit l'Imânus.

Radoub fit un pas et s'arrêta.

— Hé, l'homme qui est par terre, qui es-tu ?

— Je suis celui qui est par terre et qui se moque de ceux qui sont debout.

— Qu'est-ce que tu as dans ta main droite ?

— Un pistolet.

— Et dans ta main gauche ?

— Mes boyaux.

— Je te fais prisonnier.

— Je t'en défie.

Et l'Imânus, se penchant sur la mèche en combustion, soufflant son dernier soupir sur l'incendie, expira.

Quelques instants après, Gauvain et Cimourdain, et tous, étaient dans la salle. Tous virent l'ouverture. On fouilla les recoins, on sonda l'escalier ; il aboutissait à une sortie dans le ravin. On constata l'évasion. On secoua l'Imânus, il était mort. Gauvain, une lanterne à la main, examina la pierre qui avait donné issue aux assiégés ; il avait entendu parler de cette pierre tournante, mais lui aussi tenait cette légende pour une fable. Tout en considérant la pierre, il aperçut quelque chose qui était écrit au crayon ; il approcha la lanterne et lut ceci :

— *Au revoir, monsieur le vicomte.* —

Lantenac [1].

Guéchamp avait rejoint Gauvain. La poursuite était évidemment inutile, la fuite était consommée et complète, les évadés avaient pour eux tout le pays, le buisson, le ravin, le taillis, l'habitant ; ils étaient sans doute déjà bien loin ; nul moyen de les retrouver ; et la forêt de Fougères tout entière était une immense cachette. Que faire ? Tout

---

1. Manuscrit : « 1er mai [1873]. »

était à recommencer. Gauvain et Guéchamp échangeaient leurs désappointements et leurs conjectures.

Cimourdain écoutait, grave, sans dire une parole.

— À propos, Guéchamp, dit Gauvain, et l'échelle ?

— Commandant, elle n'est pas arrivée.

— Mais pourtant nous avons vu venir une voiture escortée par des gendarmes.

Guéchamp répondit :

— Elle n'apportait pas l'échelle.

— Qu'est-ce donc qu'elle apportait ?

— La guillotine, dit Cimourdain.

XV

NE PAS METTRE DANS LA MÊME POCHE UNE MONTRE ET UNE CLEF

Le marquis de Lantenac n'était pas si loin qu'ils le croyaient.

Il n'en était pas moins entièrement en sûreté et hors de leur atteinte.

Il avait suivi Halmalo.

L'escalier par où Halmalo et lui étaient descendus, à la suite des autres fugitifs, se terminait tout près du ravin et des arches du pont par un étroit couloir voûté. Ce couloir s'ouvrait sur une profonde fissure naturelle du sol qui d'un côté aboutissait au ravin, et de l'autre à la forêt. Cette fissure, absolument dérobée aux regards, serpentait sous des végétations impénétrables. Impossible de reprendre là un homme. Un évadé, une fois parvenu dans cette fissure, n'avait plus qu'à faire une fuite de couleuvre, et était introuvable. L'entrée du couloir secret de l'escalier était tellement obstruée de ronces que les constructeurs du passage souterrain avaient considéré comme inutile de la fermer autrement.

Le marquis n'avait plus maintenant qu'à s'en aller. Il n'avait pas à s'inquiéter d'un déguisement. Depuis son arrivée en Bretagne, il n'avait pas quitté ses habits de paysan, se jugeant plus grand seigneur ainsi.

Il s'était borné à ôter son épée, dont il avait débouclé et jeté le ceinturon.

Quand Halmalo et le marquis débouchèrent du couloir dans la fissure, les cinq autres, Guinoiseau, Hoisnard Branche-d'Or, Brin-d'Amour, Chatenay et l'abbé Turmeau, n'y étaient déjà plus.

— Ils n'ont pas été longtemps à prendre leur volée, dit Halmalo.

— Fais comme eux, dit le marquis.

— Monseigneur veut que je le quitte ?

— Sans doute. Je te l'ai dit déjà. On ne s'évade bien que seul. Où un passe, deux ne passent pas. Ensemble nous appellerions l'attention. Tu me ferais prendre et je te ferais prendre.

— Monseigneur connaît le pays ?

— Oui.

— Monseigneur maintient le rendez-vous à la Pierre-Gauvaine ?

— Demain. À midi.

— J'y serai. Nous y serons.

Halmalo s'interrompit.

— Ah ! monseigneur, quand je pense que nous avons été en pleine mer, que nous étions seuls, que je voulais vous tuer, que vous étiez mon seigneur, que vous pouviez me le dire, et que vous ne me l'avez pas dit ! Quel homme vous êtes !

Le marquis reprit :

— L'Angleterre. Il n'y a plus d'autre ressource. Il faut que dans quinze jours les Anglais soient en France.

— J'aurai bien des comptes à rendre à monseigneur. J'ai fait ses commissions.

— Nous parlerons de tout cela demain.

— À demain, monseigneur.

— À propos, as-tu faim ?

— Peut-être, monseigneur. J'étais si pressé d'arriver que je ne sais pas si j'ai mangé aujourd'hui.

Le marquis tira de sa poche une tablette de chocolat,

la cassa en deux, en donna une moitié à Halmalo et se mit à manger l'autre.

— Monseigneur, dit Halmalo, à votre droite, c'est le ravin ; à votre gauche, c'est la forêt.

— C'est bien. Laisse-moi. Va de ton côté.

Halmalo obéit. Il s'enfonça dans l'obscurité. On entendit un bruit de broussailles froissées, puis plus rien. Au bout de quelques secondes il eût été impossible de ressaisir sa trace. Cette terre du Bocage, hérissée et inextricable, était l'auxiliaire du fugitif. On ne disparaissait pas, on s'évanouissait. C'est cette facilité des dispersions rapides qui faisait hésiter nos armées devant cette Vendée toujours reculante, et devant ses combattants si formidablement fuyards.

Le marquis demeura immobile. Il était de ces hommes qui s'efforcent de ne rien éprouver ; mais il ne put se soustraire à l'émotion de respirer l'air libre après avoir respiré tant de sang et de carnage. Se sentir complètement sauvé après avoir été complètement perdu ; après la tombe, vue de si près, prendre possession de la pleine sécurité ; sortir de la mort et rentrer dans la vie, c'était là, même pour un homme comme Lantenac, une secousse ; et, bien qu'il en eût déjà traversé de pareilles, il ne put soustraire son âme imperturbable à un ébranlement de quelques instants. Il s'avoua à lui-même qu'il était content. Il dompta vite ce mouvement qui ressemblait presque à de la joie. Il tira sa montre, et la fit sonner. Quelle heure était-il ?

À son grand étonnement, il n'était que dix heures. Quand on vient de subir une de ces péripéties de la vie humaine où tout a été mis en question, on est toujours stupéfait que des minutes si pleines ne soient pas plus longues que les autres. Le coup de canon d'avertissement avait été tiré un peu avant le coucher du soleil, et la Tourgue avait été abordée par la colonne d'attaque une demi-heure après, entre sept et huit heures, à la nuit tombante. Ainsi, ce colossal combat, commencé à huit heures, était fini à dix. Toute cette épopée avait duré cent vingt minutes. Quelquefois une rapidité d'éclair est mêlée aux

catastrophes. Les événements ont de ces raccourcis surprenants.

En y réfléchissant, c'est le contraire qui eût pu étonner ; une résistance de deux heures d'un si petit nombre
contre un si grand nombre était extraordinaire, et certes
elle n'avait pas été courte, ni tout de suite finie, cette
bataille de dix-neuf contre quatre mille.

Cependant il était temps de s'en aller, Halmalo devait
être loin, et le marquis jugea qu'il n'était pas nécessaire
de rester là plus longtemps. Il remit sa montre dans sa
veste, non dans la même poche, car il venait de remarquer
qu'elle y était en contact avec la clef de la porte de fer
que lui avait rapportée l'Imânus, et que le verre de sa
montre pouvait se briser contre cette clef ; et il se disposa[1] à gagner à son tour la forêt. Comme il allait prendre
à gauche, il lui sembla qu'une sorte de rayon vague pénétrait jusqu'à lui.

Il se retourna, et, à travers les broussailles nettement
découpées sur un fond rouge et devenues tout à coup
visibles dans leurs moindres détails, il aperçut une grande
lueur dans le ravin. Quelques enjambées seulement le
séparaient du ravin. Il y marcha, puis se ravisa, trouvant
inutile de s'exposer à cette clarté ; quelle qu'elle fût, ce
n'était pas son affaire après tout ; il reprit la direction que
lui avait montrée Halmalo et fit quelques pas vers la forêt.

Tout à coup, profondément enfoui et caché sous les
ronces, il entendit sur sa tête un cri terrible ; ce cri semblait partir du rebord même du plateau au-dessus du ravin.
Le marquis leva les yeux, et s'arrêta.

---

1. Première rédaction : « Il remit sa montre dans sa poche et il se
disposa... » L'addition a décidé du titre du chapitre.

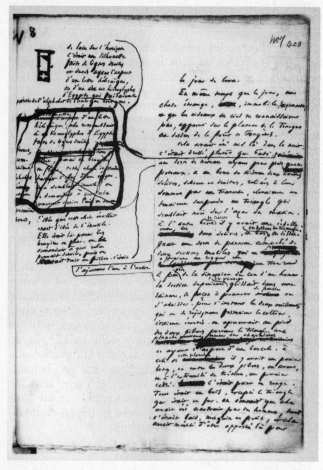

Manuscrit du dernier chapitre de *Quatrevingt-Treize* (BNF, Mss.,
n.a.f. 24749, f. 408). Victor Hugo a dessiné une petite guillotine à l'appui
de sa description et rectifié la première phrase du chapitre, qui n'a pas
encore de titre ni de numéro.

LIVRE CINQUIÈME

IN DÆMONE DEUS[1]

I

TROUVÉS, MAIS PERDUS

Au moment où Michelle Fléchard avait aperçu la tour rougie par le soleil couchant, elle en était à plus d'une lieue. Elle qui pouvait à peine faire un pas, elle n'avait point hésité devant cette lieue à faire. Les femmes sont faibles, mais les mères sont fortes. Elle avait marché.

Le soleil s'était couché ; le crépuscule était venu, puis l'obscurité profonde ; elle avait entendu, marchant toujours, sonner au loin, à un clocher qu'on ne voyait pas, huit heures, puis neuf heures. Ce clocher était probablement celui de Parigné. De temps en temps elle s'arrêtait pour écouter des espèces de coups sourds, qui étaient peut-être un des fracas vagues de la nuit.

Elle avançait droit devant elle, cassant les ajoncs et les landes aiguës sous ses pieds sanglants. Elle était guidée par une faible clarté qui se dégageait du donjon lointain, le faisait saillir, et donnait dans l'ombre à cette tour un

---

1. « Un dieu dans un démon », ou plutôt, selon Yves Gohin : « Dans le Diable il y a Dieu », le « bon Dieu », dit Radoub (p. 458), identifiable ici au *deus ex machina* de la tragédie et du drame. Dans *La Fin de Satan*, l'Ange Liberté est « sœur de l'Enfer », née d'une plume de l'« archange englouti ».

rayonnement mystérieux. Cette clarté devenait plus vive
quand les coups devenaient plus distincts, puis elle s'effaçait.

Le vaste plateau où avançait Michelle Fléchard n'était
qu'herbe et bruyère, sans une maison ni un arbre ; il s'élevait insensiblement, et, à perte de vue, appuyait sa longue
ligne droite et dure sur le sombre horizon étoilé. Ce qui
la soutint dans cette montée, c'est qu'elle avait toujours
la tour sous les yeux.

Elle la voyait grandir lentement.

Les détonations étouffées et les lueurs pâles qui sortaient de la tour avaient, nous venons de le dire, des intermittences ; elles s'interrompaient, puis reprenaient,
proposant on ne sait quelle poignante énigme à la misérable mère en détresse.

Brusquement elles cessèrent ; tout s'éteignit, bruit et
clarté ; il y eut un moment de plein silence, une sorte de
paix lugubre se fit.

C'est en cet instant-là que Michelle Fléchard arriva au
bord du plateau.

Elle aperçut à ses pieds un ravin dont le fond se perdait
dans une blême épaisseur de nuit ; à quelque distance, sur
le haut du plateau, un enchevêtrement de roues, de talus
et d'embrasures qui était une batterie de canons, et devant
elle, confusément éclairé par les mèches allumées de la
batterie, un énorme édifice qui semblait bâti avec des
ténèbres plus noires que toutes les autres ténèbres qui
l'entouraient.

Cet édifice se composait d'un pont dont les arches
plongeaient dans le ravin, et d'une sorte de château qui
s'élevait sur le pont, et le château et le pont s'appuyaient
à une haute rondeur obscure, qui était la tour vers laquelle
cette mère avait marché de si loin.

On voyait des clartés aller et venir aux lucarnes de la
tour, et, à une rumeur qui en sortait, on la devinait pleine
d'une foule d'hommes dont quelques silhouettes débordaient en haut jusque sur la plate-forme.

Il y avait près de la batterie un campement dont

Michelle Fléchard distinguait les vedettes[1], mais, dans l'obscurité et dans les broussailles, elle n'en avait pas été aperçue.

Elle était parvenue au bord du plateau, si près du pont qu'il lui semblait presque qu'elle y pouvait toucher avec la main. La profondeur du ravin l'en séparait. Elle distinguait dans l'ombre les trois étages du château du pont.

Elle resta un temps quelconque, car les mesures du temps s'effaçaient dans son esprit, absorbée et muette devant ce ravin béant et cette bâtisse ténébreuse. Qu'était-ce que cela ? Que se passait-il là ? Était-ce la Tourgue ? Elle avait le vertige d'on ne sait quelle attente qui ressemblait à l'arrivée et au départ. Elle se demandait pourquoi elle était là.

Elle regardait, elle écoutait.

Subitement elle ne vit plus rien.

Un voile de fumée venait de monter entre elle et ce qu'elle regardait. Une âcre cuisson lui fit fermer les yeux. À peine avait-elle clos les paupières qu'elles s'empourprèrent et devinrent lumineuses. Elle les rouvrit.

Ce n'était plus la nuit qu'elle avait devant elle, c'était le jour ; mais une espèce de jour funeste, le jour qui sort du feu. Elle avait sous les yeux un commencement d'incendie.

La fumée de noire était devenue écarlate, et une grande flamme était dedans ; cette flamme apparaissait, puis disparaissait, avec ces torsions farouches qu'ont les éclairs et les serpents.

Cette flamme sortait comme une langue de quelque chose qui ressemblait à une gueule et qui était une fenêtre pleine de feu. Cette fenêtre, grillée de barreaux de fer déjà rouges, était une des croisées de l'étage inférieur du château construit sur le pont. De tout l'édifice on n'apercevait que cette fenêtre. La fumée couvrait tout, même le plateau, et l'on ne distinguait que le bord du ravin, noir sur la flamme vermeille.

Michelle Fléchard, étonnée, regardait. La fumée est nuage, le nuage est rêve ; elle ne savait plus ce qu'elle

---

1. Sentinelles. *Vedettes* se dirait plutôt dans la cavalerie.

voyait. Devait-elle fuir ? Devait-elle rester ? Elle se sentait presque hors du réel.

Un souffle de vent passa et fendit le rideau de fumée, et dans la déchirure la tragique bastille, soudainement démasquée, se dressa visible tout entière, donjon, pont, châtelet, éblouissante, horrible, avec la magnifique dorure de l'incendie, réverbéré sur elle de haut en bas. Michelle Fléchard put tout voir dans la netteté sinistre du feu.

L'étage inférieur du château bâti sur le pont brûlait.

Au-dessus on distinguait les deux autres étages encore intacts, mais comme portés par une corbeille de flammes. Du rebord du plateau, où était Michelle Fléchard, on en voyait vaguement l'intérieur à travers des interpositions de feu et de fumée. Toutes les fenêtres étaient ouvertes.

Par les fenêtres du second étage qui étaient très grandes, Michelle Fléchard apercevait, le long des murs, des armoires qui lui semblaient pleines de livres, et, devant une des croisées, à terre, dans la pénombre, un petit groupe confus, quelque chose qui avait l'aspect indistinct et amoncelé d'un nid ou d'une couvée, et qui lui faisait l'effet de remuer par moments.

Elle regardait cela.

Qu'était-ce que ce petit groupe d'ombre ?

À de certains instants, il lui venait à l'esprit que cela ressemblait à des formes vivantes, elle avait la fièvre, elle n'avait pas mangé depuis le matin, elle avait marché sans relâche, elle était exténuée, elle se sentait dans une sorte d'hallucination dont elle se défiait instinctivement ; pourtant ses yeux de plus en plus fixes ne pouvaient se détacher de cet obscur entassement d'objets quelconques, inanimés probablement, et en apparence inertes, qui gisait là sur le parquet de cette salle superposée à l'incendie.

Tout à coup le feu, comme s'il avait une volonté, allongea d'en bas un de ses jets vers le grand lierre mort qui couvrait précisément cette façade que Michelle Fléchard regardait. On eût dit que la flamme venait de découvrir ce réseau de branches sèches ; une étincelle s'en empara avidement, et se mit à monter le long des sarments avec l'agilité affreuse des traînées de poudre. En un clin d'œil, la flamme atteignit le second étage. Alors, d'en haut, elle éclaira l'intérieur du premier. Une vive lueur mit subitement en relief trois petits êtres endormis.

C'était un petit tas charmant, bras et jambes mêlés, paupières fermées, blondes têtes souriantes.

La mère reconnut ses enfants [1].

Elle jeta un cri effrayant.

Ce cri de l'inexprimable angoisse n'est donné qu'aux mères. Rien n'est plus farouche et rien n'est plus touchant. Quand une femme le jette, on croit entendre une louve ; quand une louve le pousse, on croit entendre une femme.

Ce cri de Michelle Fléchard fut un hurlement. Hécube aboya, dit Homère [2].

C'était ce cri que le marquis de Lantenac venait d'entendre.

On a vu qu'il s'était arrêté.

Le marquis était entre l'issue du passage par où Halmalo l'avait fait échapper, et le ravin. À travers les broussailles entre-croisées sur lui, il vit le pont en flammes, la Tourgue rouge de la réverbération, et, par l'écartement de deux branches, il aperçut au-dessus de sa tête, de l'autre côté, sur le rebord du plateau, vis-à-vis du château brûlant et dans le plein jour de l'incendie, une figure hagarde et lamentable, une femme penchée sur le ravin.

C'était de cette femme qu'était venu ce cri.

Cette figure, ce n'était plus Michelle Fléchard, c'était Gorgone [3]. Les misérables sont les formidables. La pay-

---

1. Vision hallucinante (« On regardait, et l'on n'y pouvait rien », p. 450), qui n'est pas sans rappeler la légende des trois jeunes Hébreux, compagnons du prophète Daniel, jetés dans une fournaise par ordre de Nabuchodonosor, roi de Babylone, pour avoir refusé d'adorer une idole. Ils survécurent miraculeusement et le roi rendit hommage au Dieu de Daniel (Daniel, 3). Voir n. 2, p. 36.
2. *Iliade*, XXIV, 200, où Hécube « éclate en sanglots ». Épouse de Priam, roi de Troie, Hécube eut à pleurer la mort de son fils Hector (XXII) et tenta vainement de détourner Priam de réclamer son corps (XXIV).   **3.** Créatures fabuleuses, les Gorgones avaient le « chef hérissé d'écailles de serpent » et « convertissaient de leur regard les hommes en pierre » (Apollodore).

sanne s'était transfigurée en euménide [1]. Cette villageoise quelconque, vulgaire, ignorante, inconsciente, venait de prendre brusquement les proportions épiques du désespoir. Les grandes douleurs sont une dilatation gigantesque de l'âme ; cette mère, c'était la maternité ; tout ce qui résume l'humanité est surhumain ; elle se dressait là, au bord de ce ravin, devant cet embrasement, devant ce crime, comme une puissance sépulcrale ; elle avait le cri de la bête et le geste de la déesse ; sa face, d'où tombaient des imprécations, semblait un masque de flamboiement. Rien de souverain comme l'éclair de ses yeux noyés de larmes ; son regard foudroyait l'incendie.

Le marquis écoutait. Cela tombait sur sa tête ; il entendait on ne sait quoi d'inarticulé et de déchirant, plutôt des sanglots que des paroles.

— Ah ! mon Dieu ! mes enfants ! Ce sont mes enfants ! au secours ! au feu ! au feu ! au feu ! Mais vous êtes donc des bandits ! Est-ce qu'il n'y a personne là ? Mais mes enfants vont brûler ! Ah ! voilà une chose ! Georgette ! mes enfants ! Gros-Alain, René-Jean ! Mais qu'est-ce que cela veut dire ? Qui donc a mis mes enfants là ? Ils dorment. Je suis folle ! C'est une chose impossible. Au secours !

Cependant un grand mouvement se faisait dans la Tourgue et sur le plateau. Tout le camp accourait autour du feu qui venait d'éclater. Les assiégeants, après avoir eu affaire à la mitraille, avaient affaire à l'incendie. Gauvain, Cimourdain, Guéchamp donnaient des ordres. Que faire ? Il y avait à peine quelques seaux d'eau à puiser dans le maigre ruisseau du ravin. L'angoisse allait croissant. Tout le rebord du plateau était couvert de visages effarés qui regardaient.

Ce qu'on voyait était effroyable.

On regardait, et l'on n'y pouvait rien.

La flamme, par le lierre qui avait pris feu, avait gagné l'étage d'en haut. Là elle avait trouvé le grenier plein de

---

1. Les Grecs donnaient par euphémisme le nom d'Euménides (les « bienveillantes ») aux Érinyes, que les Romains appelaient Furies.

paille et elle s'y était précipitée. Tout le grenier brûlait maintenant. La flamme dansait ; la joie de la flamme, chose lugubre. Il semblait qu'un souffle scélérat attisait ce bûcher. On eût dit que l'épouvantable Imânus tout entier était là changé en tourbillon d'étincelles, vivant de la vie meurtrière du feu, et que cette âme monstre s'était faite incendie. L'étage de la bibliothèque n'était pas encore atteint, la hauteur de son plafond et l'épaisseur de ses murs retardaient l'instant où il prendrait feu, mais cette minute fatale approchait ; il était léché par l'incendie du premier étage et caressé par celui du troisième. L'affreux baiser de la mort l'effleurait. En bas une cave de lave, en haut une voûte de braise ; qu'un trou se fît au plancher, c'était l'écroulement dans la cendre rouge ; qu'un trou se fît au plafond, c'était l'ensevelissement sous les charbons ardents. René-Jean, Gros-Alain et Georgette ne s'étaient pas encore réveillés, ils dormaient du sommeil profond et simple de l'enfance, et, à travers les plis de flamme et de fumée qui tour à tour couvraient et découvraient les fenêtres, on les apercevait dans cette grotte de feu, au fond d'une lueur de météore, paisibles, gracieux, immobiles, comme trois enfants-Jésus confiants endormis dans un enfer ; et un tigre eût pleuré de voir ces roses dans cette fournaise et ces berceaux dans ce tombeau.

Cependant la mère se tordait les bras :

— Au feu ! je crie au feu ! on est donc des sourds qu'on ne vient pas ! on me brûle mes enfants ! arrivez donc, vous les hommes qui êtes là. Voilà des jours et des jours que je marche, et c'est comme ça que je les retrouve ! Au feu ! au secours ! des anges ! dire que ce sont des anges ! Qu'est-ce qu'ils ont fait, ces innocents-là ! moi on m'a fusillée, eux on les brûle ! qui est-ce donc qui fait ces choses-là ! Au secours ! sauvez mes enfants ! est-ce que vous ne m'entendez pas ? une chienne, on aurait pitié d'une chienne ! Mes enfants ! mes enfants ! ils dorment ! Ah ! Georgette ! je vois son petit ventre à cet amour ! René-Jean ! Gros-Alain ! c'est comme cela qu'ils s'appellent. Vous voyez bien que je suis leur mère. Ce qui se passe dans ce temps-ci est abominable. J'ai marché des jours et des nuits. Même que j'ai parlé ce matin à une femme. Au secours ! au secours ! au feu ! On est donc des monstres ! C'est une horreur ! l'aîné n'a pas cinq ans, la petite n'a pas deux ans. Je vois leurs petites jambes nues. Ils dorment, bonne sainte Vierge ! la main du ciel me les rend et la main de l'enfer me les reprend. Dire que j'ai tant marché ! Mes enfants que j'ai nourris de mon lait ! moi qui me croyais malheureuse de ne pas les retrouver ! Ayez pitié de moi ! Je veux mes enfants, il me faut mes enfants ! C'est pourtant vrai qu'ils sont là dans le feu ! Voyez mes pauvres pieds comme ils sont tout en sang. Au secours ! Ce n'est pas possible qu'il y ait des hommes sur la terre et qu'on laisse ces pauvres petits mourir comme cela ! au secours ! à l'assassin ! Des choses comme on n'en voit pas de pareilles. Ah ! les brigands ! Qu'est-ce que c'est que cette affreuse maison-là ? On me les a volés pour me les tuer ! Jésus misère ! je veux mes enfants. Oh ! je ne sais pas ce que je ferais ! Je ne veux pas qu'ils meurent ! au secours ! au secours ! au secours ! Oh ! s'ils devaient mourir comme cela, je tuerais Dieu [1] !

En même temps que la supplication terrible de la mère, des voix s'élevaient sur le plateau et dans le ravin :

— Une échelle !

— On n'a pas d'échelle !

— De l'eau !

— On n'a pas d'eau !

— Là-haut, dans la tour, au second étage, il y a une porte !

— Elle est en fer.

— Enfoncez-la !

— On ne peut pas.

Et la mère redoublait ses appels désespérés :

— Au feu ! au secours ! Mais dépêchez-vous donc !

---

1. « C'est donc Dieu que Hugo ne peut pas tuer » (Henri Meschonnic), et les trois enfants seront sauvés.

Alors, tuez-moi ! Mes enfants ! mes enfants ! Ah ! l'horrible feu ! qu'on les en ôte, ou qu'on m'y jette !

Dans les intervalles de ces clameurs on entendait le pétillement tranquille de l'incendie.

Le marquis tâta sa poche et y toucha la clef de la porte de fer. Alors, se courbant sous la voûte par laquelle il s'était évadé [1], il rentra dans le passage d'où il venait de sortir.

II

DE LA PORTE DE PIERRE À LA PORTE DE FER

Toute une armée éperdue autour d'un sauvetage impossible ; quatre mille hommes ne pouvant secourir trois enfants ; telle était la situation.

On n'avait pas d'échelle en effet ; l'échelle envoyée de Javené n'était pas arrivée ; l'embrasement s'élargissait comme un cratère qui s'ouvre ; essayer de l'éteindre avec le ruisseau du ravin presque à sec était dérisoire ; autant jeter un verre d'eau sur un volcan.

Cimourdain, Guéchamp et Radoub étaient descendus dans le ravin ; Gauvain était remonté dans la salle du deuxième étage de la Tourgue où étaient la pierre tournante, l'issue secrète et la porte de fer de la bibliothèque. C'est là qu'avait été la mèche soufrée allumée par l'Imânus ; c'était de là que l'incendie était parti.

Gauvain avait amené avec lui vingt sapeurs. Enfoncer la porte de fer, il n'y avait plus que cette ressource. Elle était effroyablement bien fermée.

On commença par des coups de hache. Les haches cassèrent. Un sapeur dit :

— L'acier est du verre sur ce fer-là.

----

1. Comme on passe sous le joug ou les fourches caudines.

La porte était en effet de fer battu, et faite de doubles lames boulonnées ayant chacune trois pouces d'épaisseur.

On prit des barres de fer et l'on essaya des pesées sous la porte. Les barres de fer cassèrent.

— Comme des allumettes, dit le sapeur.

Gauvain, sombre, murmura :

— Il n'y a qu'un boulet qui ouvrirait cette porte.

Il faudrait pouvoir monter ici une pièce de canon.

— Et encore ! dit le sapeur.

Il y eut un moment d'accablement. Tous ces bras impuissants s'arrêtèrent. Muets, vaincus, consternés, ces hommes considéraient l'horrible porte inébranlable. Une réverbération rouge passait par-dessous. Derrière, l'incendie croissait.

L'affreux cadavre de l'Imânus était là, sinistre victorieux.

Encore quelques minutes peut-être, et tout allait s'effondrer.

Que faire ? Il n'y avait plus d'espérance.

Gauvain exaspéré s'écria, l'œil fixé sur la pierre tournante du mur et sur l'issue ouverte de l'évasion :

— C'est pourtant par là que le marquis de Lantenac s'en est allé !

— Et qu'il revient, dit une voix.

Et une tête blanche se dessina dans l'encadrement de pierre de l'issue secrète.

C'était le marquis.

Depuis bien des années Gauvain ne l'avait pas vu de si près. Il recula.

Tous ceux qui étaient là restèrent dans l'attitude où ils étaient, pétrifiés.

Le marquis avait une grosse clef à la main, il refoula d'un regard altier quelques-uns des sapeurs qui étaient devant lui, marcha droit à la porte de fer, se courba sous la voûte et mit la clef dans la serrure. La serrure grinça, la porte s'ouvrit, on vit un gouffre de flamme, le marquis y entra.

Il y entra d'un pied ferme, la tête haute.

Tous le suivaient des yeux, frissonnants.

À peine le marquis eut-il fait quelques pas dans la salle incendiée que le parquet miné par le feu et ébranlé par son talon s'effondra derrière lui et mit entre lui et la porte un précipice. Le marquis ne tourna pas la tête et continua d'avancer. Il disparut dans la fumée.

On ne vit plus rien.

Avait-il pu aller plus loin ? Une nouvelle fondrière de feu s'était-elle ouverte sous lui ? N'avait-il réussi qu'à se perdre lui-même ? On ne pouvait rien dire. On n'avait devant soi qu'une muraille de fumée et de flamme. Le marquis était au delà, mort ou vivant.

III

OÙ L'ON VOIT SE RÉVEILLER LES ENFANTS
QU'ON A VUS SE RENDORMIR

Cependant les enfants avaient fini par ouvrir les yeux.

L'incendie, qui n'était pas encore entré dans la salle de la bibliothèque, jetait au plafond un reflet rose. Les enfants ne connaissaient pas cette espèce d'aurore-là. Ils la regardèrent, Georgette la contempla.

Toutes les splendeurs de l'incendie se déployaient ; l'hydre noire et le dragon écarlate apparaissaient dans la fumée difforme, superbement sombre et vermeille. De longues flammèches s'envolaient au loin et rayaient l'ombre, et l'on eût dit des comètes combattantes, courant les unes après les autres. Le feu est une prodigalité ; les brasiers sont pleins d'écrins qu'ils sèment au vent ; ce n'est pas pour rien que le charbon est identique au diamant. Il s'était fait au mur du troisième étage des crevasses par où la braise versait dans le ravin des cascades de pierreries ; les tas de paille et d'avoine qui brûlaient dans le grenier commençaient à ruisseler par les fenêtres en avalanches de poudre d'or, et les avoines devenaient

des améthystes, et les brins de paille devenaient des escar-
boucles.

— Joli ! dit Georgette.

Ils s'étaient dressés tous les trois.

— Ah ! cria la mère, ils se réveillent !

René-Jean se leva, alors Gros-Alain se leva, alors
Georgette se leva.

René-Jean étira ses bras, alla vers la croisée et dit :

— J'ai chaud.

— Ai chaud, répéta Georgette.

La mère les appela.

— Mes enfants ! René ! Alain ! Georgette !

Les enfants regardaient autour d'eux. Ils cherchaient à
comprendre. Où les hommes sont terrifiés, les enfants
sont curieux. Qui s'étonne aisément s'effraye difficilement ; l'ignorance contient de l'intrépidité. Les enfants
ont si peu droit à l'enfer que, s'ils le voyaient, ils l'admi-
reraient.

La mère répéta :

— René ! Alain ! Georgette !

René-Jean tourna la tête ; cette voix le tira de sa distraction ; les enfants ont la mémoire courte, mais ils ont
le souvenir rapide ; tout le passé est pour eux hier ; René-
Jean vit sa mère, trouva cela tout simple, et, entouré
comme il l'était de choses étranges, sentant un vague
besoin d'appui, il cria :

— Maman !

— Maman ! dit Gros-Alain.

— M'man ! dit Georgette.

Et elle tendit ses petits bras.

Et la mère hurla :

— Mes enfants !

Tous les trois vinrent au bord de la fenêtre ; par bonheur, l'embrasement n'était pas de ce côté-là.

— J'ai trop chaud, dit René-Jean.

Il ajouta :

— Ça brûle.

Et il chercha des yeux sa mère.

— Viens donc, maman !

— Don, m'man, répéta Georgette.

La mère échevelée, déchirée, saignante, s'était laissé rouler de broussaille en broussaille dans le ravin. Cimourdain y était avec Guéchamp, aussi impuissants en bas que Gauvain en haut. Les soldats désespérés d'être inutiles fourmillaient autour d'eux. La chaleur était insupportable, personne ne la sentait. On considérait l'escarpement du pont, la hauteur des arches, l'élévation des étages, les fenêtres inaccessibles, et la nécessité d'agir vite. Trois étages à franchir. Nul moyen d'arriver là. Radoub, blessé, un coup de sabre à l'épaule, une oreille arrachée, ruisselant de sueur et de sang, était accouru ; il vit Michelle Fléchard. — Tiens, dit-il, la fusillée ! vous êtes donc ressuscitée ? — Mes enfants ! dit la mère. — C'est juste, répondit Radoub ; nous n'avons pas le temps de nous occuper des revenants. Et il se mit à escalader le pont, essai inutile, il enfonça ses ongles dans la pierre, il grimpa quelques instants ; mais les assises étaient lisses, pas une cassure, pas un relief, la muraille était aussi correctement rejointoyée qu'une muraille neuve, et Radoub retomba. L'incendie continuait, épouvantable ; on apercevait, dans l'encadrement de la croisée toute rouge, les trois têtes blondes. Radoub, alors, montra le poing au ciel, comme s'il cherchait quelqu'un du regard, et dit : — C'est donc ça une conduite, bon Dieu ! La mère embrassait à genoux les piles du pont en criant : Grâce !

De sourds craquements se mêlaient aux pétillements du brasier. Les vitres des armoires de la bibliothèque se fêlaient, et tombaient avec bruit. Il était évident que la charpente cédait. Aucune force humaine n'y pouvait rien. Encore un moment et tout allait s'abîmer. On n'attendait plus que la catastrophe. On entendait les petites voix répéter : Maman ! maman ! On était au paroxysme de l'effroi.

Tout à coup, à la fenêtre voisine de celle où étaient les enfants, sur le fond pourpre du flamboiement, une haute figure apparut.

Toutes les têtes se levèrent, tous les yeux devinrent fixes. Un homme était là-haut, un homme était dans la salle de la bibliothèque, un homme était dans la fournaise.

Cette figure se découpait en noir sur la flamme, mais elle avait des cheveux blancs. On reconnut le marquis de Lantenac.

Il disparut, puis il reparut.

L'effrayant vieillard se dressa à la fenêtre maniant une énorme échelle. C'était l'échelle de sauvetage déposée dans la bibliothèque qu'il était allé chercher le long du mur et qu'il avait traînée jusqu'à la fenêtre. Il la saisit par une extrémité, et, avec l'agilité magistrale d'un athlète, il la fit glisser hors de la croisée, sur le rebord de l'appui extérieur jusqu'au fond du ravin. Radoub, en bas, éperdu, tendit les mains, reçut l'échelle, la serra dans ses bras, et cria : — Vive la République !

Le marquis répondit : — Vive le Roi[1] !

Et Radoub grommela : — Tu peux bien crier tout ce que tu voudras, et dire des bêtises si tu veux, tu es le bon Dieu[2].

L'échelle était posée ; la communication était établie entre la salle incendiée et la terre ; vingt hommes accoururent, Radoub en tête, et en un clin d'œil ils s'étagèrent du haut en bas, adossés aux échelons, comme les maçons qui montent et qui descendent des pierres. Cela fit sur l'échelle de bois une échelle humaine. Radoub, au faîte de l'échelle, touchait à la fenêtre. Il était, lui, tourné vers l'incendie.

La petite armée, éparse dans les bruyères et sur les pentes, se pressait, bouleversée de toutes les émotions à la fois, sur le plateau, dans le ravin, sur la plate-forme de la tour.

Le marquis disparut encore, puis reparut, apportant un enfant.

Il y eut un immense battement de mains.

C'était le premier que le marquis avait saisi au hasard. C'était Gros-Alain.

Gros-Alain criait : — J'ai peur.

---

1. Écho inversé de l'échange de la page 109.   2. Instant précaire, où la « victoire de la Révolution s'identifie à l'effacement des oppositions partisanes » (G. Rosa), comme le calme se fait dans l'œil du cyclone.

Le marquis donna Gros-Alain à Radoub, qui le passa derrière lui et au-dessous de lui à un soldat qui le passa à un autre, et, pendant que Gros-Alain, très effrayé et criant, arrivait ainsi de bras en bras jusqu'au bas de l'échelle, le marquis, un moment absent, revint à la fenêtre avec René-Jean qui résistait et pleurait, et qui battit Radoub au moment où le marquis le passa au sergent.

Le marquis rentra dans la salle pleine de flammes. Georgette était restée seule. Il alla à elle. Elle sourit. Cet homme de granit sentit quelque chose d'humide lui venir aux yeux. Il demanda : — Comment t'appelles-tu ?

— Orgette, dit-elle.

Il la prit dans ses bras, elle souriait toujours, et au moment où il la remettait à Radoub, cette conscience si haute et si obscure eut l'éblouissement de l'innocence, le vieillard donna à l'enfant un baiser.

— C'est la petite môme ! dirent les soldats ; et Georgette, à son tour, descendit de bras en bras jusqu'à terre parmi des cris d'adoration. On battait des mains, on trépignait ; les vieux grenadiers sanglotaient, et elle leur souriait.

La mère était au pied de l'échelle, haletante, insensée, ivre de tout cet inattendu, jetée sans transition de l'enfer dans le paradis. L'excès de joie meurtrit le cœur à sa façon. Elle tendait les bras, elle reçut d'abord Gros-Alain, ensuite René-Jean, ensuite Georgette, elle les couvrit pêle-mêle de baisers, puis elle éclata de rire et tomba évanouie.

Un grand cri s'éleva :

— Tous sont sauvés !

Tous étaient sauvés, en effet, excepté le vieillard.

Mais personne n'y songeait, pas même lui peut-être.

Il resta quelques instants rêveur au bord de la fenêtre, comme s'il voulait laisser au gouffre de flamme le temps de prendre un parti. Puis sans se hâter, lentement, fièrement, il enjamba l'appui de la croisée, et, sans se retourner, droit, debout, adossé aux échelons, ayant derrière lui l'incendie, faisant face au précipice, il se mit à descendre l'échelle en silence avec une majesté de fantôme. Ceux qui étaient sur l'échelle se précipitèrent en bas, tous les assistants tressaillirent, il se fit autour de cet homme qui arrivait d'en haut un recul d'horreur sacré comme autour d'une vision. Lui, cependant, s'enfonçait gravement dans l'ombre qu'il avait devant lui ; pendant qu'ils reculaient, il s'approchait d'eux ; sa pâleur de marbre n'avait pas un pli, son regard de spectre n'avait pas un éclair ; à chaque pas qu'il faisait vers ces hommes dont les prunelles effarées se fixaient sur lui dans les ténèbres, il semblait plus grand, l'échelle tremblait et sonnait sous son pied lugubre, et l'on eût dit la statue du commandeur[1] redescendant dans le sépulcre.

Quand le marquis fut en bas, quand il eut atteint le dernier échelon et posé son pied à terre, une main s'abattit sur son collet. Il se retourna.

— Je t'arrête, dit Cimourdain.

— Je t'approuve, dit Lantenac.

---

1. C'est l'« homme de pierre » de *La Claymore* (p. 89).

LIVRE SIXIÈME

C'EST APRÈS LA VICTOIRE
QU'A LIEU LE COMBAT

I

LANTENAC PRIS

C'était dans le sépulcre en effet que le marquis était redescendu.

On l'emmena.

La crypte-oubliette du rez-de-chaussée de la Tourgue fut immédiatement rouverte sous l'œil sévère de Cimourdain ; on y mit une lampe, une cruche d'eau et un pain de soldat, on y jeta une botte de paille, et, moins d'un quart d'heure après la minute où la main du prêtre avait saisi le marquis, la porte du cachot se refermait sur Lantenac.

Cela fait, Cimourdain alla trouver Gauvain ; en ce moment-là l'église lointaine de Parigné sonnait onze heures du soir ; Cimourdain dit à Gauvain :

— Je vais convoquer la cour martiale, tu n'en seras pas. Tu es Gauvain et Lantenac est Gauvain. Tu es trop proche parent pour être juge, et je blâme Égalité d'avoir jugé Capet[1]. La cour martiale sera composée de trois juges, un officier, le capitaine Guéchamp, un sous-offi-

---

1. Voir n. 2, p. 79.

cier, le sergent Radoub, et moi, qui présiderai. Rien de
tout cela ne te regarde plus. Nous nous conformerons au
décret de la Convention ; nous nous bornerons à constater
l'identité du ci-devant marquis de Lantenac[1]. Demain la
cour martiale, après-demain la guillotine. La Vendée est
morte.

Gauvain ne répliqua pas une parole, et Cimourdain,
préoccupé de la chose suprême qui lui restait à faire, le
quitta. Cimourdain avait des hommes à désigner et des
emplacements à choisir. Il avait comme Lequinio à Granville, comme Tallien à Bordeaux, comme Châlier à Lyon,
comme Saint-Just à Strasbourg, l'habitude, réputée de
bon exemple, d'assister de sa personne aux exécutions ;
le juge venant voir travailler le bourreau ; usage emprunté
par la Terreur de 93 aux parlements de France et à l'inqui-
sition d'Espagne.

Gauvain aussi était préoccupé.

Un vent froid soufflait de la forêt. Gauvain, laissant
Guéchamp donner les ordres nécessaires, alla à sa tente
qui était dans le pré de la lisière du bois, au pied de la
Tourgue, et y prit son manteau à capuchon, dont il s'enve-
loppa. Ce manteau était bordé de ce simple galon qui,
selon la mode républicaine, sobre d'ornements, désignait
le commandant en chef. Il se mit à marcher dans ce pré
sanglant où l'assaut avait commencé. Il était là seul. L'incendie continuait, désormais dédaigné ; Radoub était près
des enfants et de la mère, presque aussi maternel qu'elle ;
le châtelet du pont achevait de brûler, les sapeurs faisaient
la part du feu, on creusait des fosses, on enterrait les
morts, on pansait les blessés, on avait démoli la retirade,
on désencombrait de cadavres les chambres et les escaliers, on nettoyait le lieu du carnage, on balayait le tas
d'ordures terrible de la victoire, les soldats faisaient, avec

---

1. Décrets des 22 septembre-29 octobre 1790, organisant sous le
nom de « cours martiales » des tribunaux militaires, avec un jury
d'accusation et un jury de jugement, composés d'officiers, de sous-
officiers et de soldats. La Convention supprima le jury d'accusation
par décrets des 12-16 mai 1793.

la rapidité militaire, ce qu'on pourrait appeler le ménage de la bataille finie. Gauvain ne voyait rien de tout cela.

À peine jetait-il un regard, à travers sa rêverie, au poste de la brèche doublé sur l'ordre de Cimourdain.

Cette brèche, il la distinguait dans l'obscurité, à environ deux cents pas du coin de la prairie où il s'était comme réfugié. Il voyait cette ouverture noire. C'était par là que l'attaque avait commencé, il y avait trois heures de cela ; c'était par là que lui Gauvain avait pénétré dans la tour ; c'était là le rez-de-chaussée où était la retirade ; c'était dans ce rez-de-chaussée que s'ouvrait la porte du cachot où était le marquis. Ce poste de la brèche gardait ce cachot.

En même temps que son regard apercevait vaguement cette brèche, son oreille entendait confusément revenir, comme un glas qui tinte, ces paroles : Demain la cour martiale, après-demain la guillotine.

L'incendie, qu'on avait isolé et sur lequel les sapeurs lançaient toute l'eau qu'on avait pu se procurer, ne s'éteignait pas sans résistance et jetait des flammes intermittentes ; on entendait par instants craquer les plafonds et se précipiter l'un sur l'autre les étages croulants ; alors des tourbillons d'étincelles s'envolaient comme d'une torche secouée, une clarté d'éclair faisait visible l'extrême horizon, et l'ombre de la Tourgue, subitement gigantesque, s'allongeait jusqu'à la forêt[1].

Gauvain allait et venait à pas lents dans cette ombre et devant la brèche de l'assaut. Par moments il croisait ses deux mains derrière sa tête recouverte de son capuchon de guerre. Il songeait.

---

1. L'effet était déjà celui des « bûchers » allumés par Quasimodo dans les hauteurs de la cathédrale assiégée sur le « bûcheron des collines de Bicêtre, épouvanté de voir chanceler sur ses bruyères l'ombre gigantesque des tours de Notre-Dame » (*Notre-Dame de Paris*, X, 4).

II

Sa rêverie était insondable [1].

Un changement à vue inouï venait de se faire.

Le marquis de Lantenac s'était transfiguré.

Gauvain avait été témoin de cette transfiguration [2].

Jamais il n'aurait cru que de telles choses pussent résulter d'une complication d'incidents, quels qu'ils fussent. Jamais il n'aurait, même en rêve, imaginé qu'il pût arriver rien de pareil.

L'imprévu, cet on ne sait quoi de hautain qui joue avec l'homme, avait saisi Gauvain et le tenait.

Gauvain avait devant lui l'impossible devenu réel, visible, palpable, inévitable, inexorable.

Que pensait-il de cela, lui, Gauvain ?

Il ne s'agissait pas de tergiverser ; il fallait conclure.

Une question lui était posée ; il ne pouvait prendre la fuite devant elle.

Posée par qui ?

Par les événements.

Et pas seulement par les événements.

Car lorsque les événements, qui sont variables, nous font une question, la justice, qui est immuable, nous somme de répondre.

Derrière le nuage, qui nous jette son ombre, il y a l'étoile, qui nous jette sa clarté.

Nous ne pouvons pas plus nous soustraire à la clarté qu'à l'ombre.

Gauvain subissait un interrogatoire.

---

1. Aussi « insondable » que celle de Jean Valjean, à laquelle avait pensé Hugo : « Le peloton d'exécution attend. Autre tempête sous un crâne » (*Reliquat*). Voir *Les Misérables*, I, 7, 3 : « Une tempête sous un crâne ». La conscience morale est celle, selon Kant, d'un « tribunal intérieur en l'homme », qui se partage alors en un « double moi ».   2. La « transfiguration » est l'état glorieux dans lequel Jésus-Christ se montra à trois de ses disciples (Mat., 17).

Il comparaissait devant quelqu'un.

Devant quelqu'un de redoutable.

Sa conscience.

Gauvain sentait tout vaciller en lui. Ses résolutions les plus solides, ses promesses les plus fermement faites, ses décisions les plus irrévocables, tout cela chancelait dans les profondeurs de sa volonté.

Il y a des tremblements d'âme.

Plus il réfléchissait à ce qu'il venait de voir, plus il était bouleversé.

Gauvain, républicain, croyait être, et était, dans l'absolu. Un absolu supérieur venait de se révéler.

Au-dessus de l'absolu révolutionnaire, il y a l'absolu humain.

Ce qui se passait ne pouvait être éludé ; le fait était grave ; Gauvain faisait partie de ce fait ; il en était, il ne pouvait s'en retirer ; et, bien que Cimourdain lui eût dit : — « Cela ne te regarde plus, » — il sentait en lui quelque chose comme ce qu'éprouve l'arbre au moment où on l'arrache de sa racine.

Tout homme a une base ; un ébranlement à cette base cause un trouble profond ; Gauvain sentait ce trouble.

Il pressait sa tête dans ses deux mains, comme pour en faire jaillir la vérité. Préciser une telle situation n'était pas facile ; rien de plus malaisé ; il avait devant lui de redoutables chiffres dont il fallait faire le total ; faire l'addition de la destinée, quel vertige ! il l'essayait ; il tâchait de se rendre compte ; il s'efforçait de rassembler ses idées, de discipliner les résistances qu'il sentait en lui, et de récapituler les faits.

Il se les exposait à lui-même.

À qui n'est-il pas arrivé de se faire un rapport, et de s'interroger, dans une circonstance suprême, sur l'itinéraire à suivre, soit pour avancer, soit pour reculer ?

Gauvain venait d'assister à un prodige[1].

En même temps que le combat terrestre, il y avait eu un combat céleste.

---

1. Voir n. 1, p. 91.

Le combat du bien contre le mal.

Un cœur effrayant venait d'être vaincu.

Étant donné l'homme avec tout ce qui est mauvais en lui, la violence, l'erreur, l'aveuglement, l'opiniâtreté malsaine, l'orgueil, l'égoïsme, Gauvain venait de voir un miracle.

La victoire de l'humanité sur l'homme.

L'humanité avait vaincu l'inhumain.

Et par quel moyen ? de quelle façon ? comment avait-elle terrassé un colosse de colère et de haine ? quelles armes avait-elle employées ? quelle machine de guerre ? le berceau.

Un éblouissement venait de passer sur Gauvain. En pleine guerre sociale, en pleine conflagration de toutes les inimitiés et de toutes les vengeances, au moment le plus obscur et le plus furieux du tumulte, à l'heure où le crime donnait toute sa flamme et la haine toutes ses ténèbres, à cet instant des luttes où tout devient projectile, où la mêlée est si funèbre qu'on ne sait plus où est le juste, où est l'honnête, où est le vrai ; brusquement, l'Inconnu [1], l'avertisseur mystérieux des âmes, venait de faire resplendir, au-dessus des clartés et des noirceurs humaines, la grande lueur éternelle.

Au-dessus du sombre duel entre le faux et le relatif, dans les profondeurs, la face de la vérité avait tout à coup apparu.

Subitement la force des faibles était intervenue [2].

On avait vu trois pauvres êtres, à peine nés, inconscients, abandonnés, orphelins, seuls, bégayants, souriants, ayant contre eux la guerre civile, le talion [3], l'affreuse logique des représailles, le meurtre, le carnage, le fratri-

---

1. Autre nom de l'« Imprévu » (p. 464).   **2.** Force des faibles, ou grandeur du petit (« Magnitudo parvi », *Les Contemplations*, III, 30), du tout-petit (« Parvulus », *Les Misérables*, III, 1, 1), des « petits », auxquels il convient d'« obéir » (*L'Art d'être grand-père* ; « Les Petits », *La Légende des siècles*, 1877, XXIII), ou de l'infinité-simal (« Suprématie », ou « Disparaître c'est se montrer », *La Légende des siècles*, 1877, II).   **3.** Châtiment de la loi mosaïque : « Œil pour œil, dent pour dent » (Exode, XXI, 23-25). C'est la « routine du sang » (p. 469), toujours d'actualité après la Commune.

cide, la rage, la rancune, toutes les gorgones, triompher ; on avait vu l'avortement et la défaite d'un infâme incendie, chargé de commettre un crime ; on avait vu les préméditations atroces déconcertées et déjouées ; on avait vu l'antique férocité féodale, le vieux dédain inexorable, la prétendue expérience des nécessités de la guerre, la raison d'État, tous les arrogants partis pris de la vieillesse farouche, s'évanouir devant le bleu regard de ceux qui n'ont pas vécu ; et c'est tout simple, car celui qui n'a pas vécu encore n'a pas fait le mal, il est la justice, il est la vérité, il est la blancheur, et les immenses anges du ciel sont dans les petits enfants.

Spectacle utile ; conseil ; leçon ; les combattants frénétiques de la guerre sans merci avaient soudainement vu, en face de tous les forfaits, de tous les attentats, de tous les fanatismes, de l'assassinat, de la vengeance attisant les bûchers, de la mort arrivant une torche à la main, au-dessus de l'énorme légion des crimes, se dresser cette toute-puissance, l'innocence.

Et l'innocence avait vaincu.

Et l'on pouvait dire : Non, la guerre civile n'existe cas, la barbarie n'existe pas, la haine n'existe pas, le crime n'existe pas, les ténèbres n'existent pas ; pour dissiper ces spectres, il suffit de cette aurore, l'enfance.

Jamais, dans aucun combat, Satan n'avait été plus visible, ni Dieu.

Ce combat avait eu pour arène une conscience.

La conscience de Lantenac.

Maintenant il recommençait, plus acharné et plus décisif encore peut-être, dans une autre conscience.

La conscience de Gauvain.

Quel champ de bataille que l'homme !

Nous sommes livrés à ces dieux, à ces monstres, à ces géants, nos pensées.

Souvent ces belligérants terribles foulent aux pieds notre âme.

Gauvain méditait.

Le marquis de Lantenac, cerné, bloqué, condamné, mis

hors la loi, serré, comme la bête dans le cirque, comme
le clou dans la tenaille, enfermé dans son gîte devenu sa
prison, étreint de toutes parts par une muraille de fer et
de feu, était parvenu à se dérober. Il avait fait ce miracle
d'échapper. Il avait réussi ce chef-d'œuvre, le plus difficile de tous dans une telle guerre, la fuite. Il avait repris
possession de la forêt pour s'y retrancher, du pays pour
y combattre, de l'ombre pour y disparaître. Il était redevenu le redoutable allant et venant, l'errant sinistre, le
capitaine des invisibles, le chef des hommes souterrains,
le maître des bois. Gauvain avait la victoire, mais Lantenac avait la liberté. Lantenac désormais avait la sécurité,
la course illimitée devant lui, le choix inépuisable des
asiles. Il était insaisissable, introuvable, inaccessible. Le
lion avait été pris au piège, et il en était sorti.

Eh bien, il y était rentré.

Le marquis de Lantenac avait, volontairement [1], sponta-
nément, de sa pleine préférence, quitté la forêt, l'ombre,
la sécurité, la liberté, pour rentrer dans le plus effroyable
péril, intrépidement, une première fois, Gauvain l'avait
vu, en se précipitant dans l'incendie au risque de s'y
engouffrer, une deuxième fois, en descendant cette
échelle qui le rendait à ses ennemis, et qui, échelle de
sauvetage pour les autres, était pour lui échelle de perdition.

Et pourquoi avait-il fait cela ?

Pour sauver trois enfants.

Et maintenant qu'allait-on en faire de cet homme ?

Le guillotiner.

Ainsi, cet homme, pour trois enfants, les siens ? non ;
de sa famille ? non ; de sa caste ? non ; pour trois petits
pauvres, les premiers venus, des enfants trouvés, des
inconnus, des déguenillés, des va-nu-pieds, ce gentilhomme, ce prince, ce vieillard, sauvé, délivré, vainqueur,

---

1. Effet plutôt d'une « préméditation involontaire » : ce n'est
qu'après avoir comme machinalement « tâté » sa poche et au contact
de la clef que le marquis avait fait demi-tour (p. 453). Mais l'« Imprévu » a ses lois, comme les tempêtes.

car l'évasion est un triomphe, avait tout risqué, tout compromis, tout remis en question, et, hautainement, en même temps qu'il rendait les enfants, il avait apporté sa tête, et cette tête, jusqu'alors terrible, maintenant auguste, il l'avait offerte.

Et qu'allait-on faire ?

L'accepter.

Le marquis de Lantenac avait eu le choix entre la vie d'autrui et la sienne ; dans cette option superbe, il avait choisi sa mort.

Et on allait la lui accorder.

On allait le tuer.

Quel salaire de l'héroïsme !

Répondre à un acte généreux par un acte sauvage !

Donner ce dessous à la révolution !

Quel rapetissement pour la république !

Tandis que l'homme des préjugés et des servitudes, subitement transformé, rentrait dans l'humanité, eux, les hommes de la délivrance et de l'affranchissement, ils resteraient dans la guerre civile, dans la routine du sang, dans le fratricide !

Et la haute loi divine de pardon, d'abnégation, de rédemption, de sacrifice, existerait pour les combattants de l'erreur, et n'existerait pas pour les soldats de la vérité !

Quoi ! ne pas lutter de magnanimité ! se résigner à cette défaite, étant les plus forts, d'être les plus faibles, étant les victorieux, d'être les meurtriers, et de faire dire qu'il y a, du côté de la monarchie, ceux qui sauvent les enfants, et du côté de la république, ceux qui tuent les vieillards !

On verrait ce grand soldat, cet octogénaire puissant, ce combattant désarmé, volé plutôt que pris, saisi en pleine bonne action, garrotté avec sa permission, ayant encore au front la sueur d'un dévouement grandiose, monter les marches de l'échafaud comme on monte les degrés d'une apothéose ! Et l'on mettrait sous le couperet cette tête, autour de laquelle voleraient suppliantes les trois âmes des petits anges sauvés ! et, devant ce supplice infamant pour les bourreaux, on verrait le sourire sur la face de cet homme, et sur la face de la république la rougeur !

Et cela s'accomplirait en présence de Gauvain, chef !

Et pouvant l'empêcher, il s'abstiendrait ! Et il se contenterait de ce congé altier, — *cela ne te regarde plus !* — Et il ne se dirait point qu'en pareil cas, abdication, c'est complicité ! Et il ne s'apercevrait pas que, dans une action si énorme, entre celui qui fait et celui qui laisse faire, celui qui laisse faire est le pire, étant le lâche !

Mais cette mort, ne l'avait-il pas promise ? lui, Gauvain, l'homme clément, n'avait-il pas déclaré que Lantenac faisait exception à la clémence, et qu'il livrerait Lantenac à Cimourdain ?

Cette tête, il la devait. Eh bien, il la payait. Voilà tout. Mais était-ce bien la même tête ?

Jusqu'ici Gauvain n'avait vu dans Lantenac que le combattant barbare, le fanatique de royauté et de féodalité, le massacreur de prisonniers, l'assassin déchaîné par la guerre, l'homme sanglant. Cet homme-là, il ne le craignait pas ; ce proscripteur, il le proscrirait ; cet implacable le trouverait implacable. Rien de plus simple, le chemin était tracé et lugubrement facile à suivre, tout était prévu, on tuera celui qui tue, on était dans la ligne droite de l'horreur. Inopinément, cette ligne droite s'était rompue, un tournant imprévu révélait un horizon nouveau, une métamorphose avait eu lieu. Un Lantenac inattendu entrait en scène. Un héros sortait du monstre ; plus qu'un héros, un homme. Plus qu'une âme, un cœur. Ce n'était plus un tueur que Gauvain avait devant lui, mais un sauveur. Gauvain était terrassé par un flot de clarté céleste. Lantenac venait de le frapper d'un coup de foudre de bonté.

Et Lantenac transfiguré ne transfigurerait pas Gauvain ! Quoi ! ce coup de lumière serait sans contre-coup ! L'homme du passé irait en avant, et l'homme de l'avenir en arrière ! L'homme des barbaries et des superstitions ouvrirait des ailes subites, et planerait, et regarderait ramper sous lui, dans de la fange et dans de la nuit, l'homme de l'idéal ! Gauvain resterait à plat ventre dans la vieille ornière féroce, tandis que Lantenac irait dans le sublime courir les aventures !

Autre chose encore.

Et la famille !

Ce sang qu'il allait répandre, — car le laisser verser, c'est le verser soi-même, — est-ce que ce n'était pas son sang, à lui Gauvain ? Son grand-père était mort, mais son grand-oncle vivait ; et ce grand-oncle, c'était le marquis de Lantenac. Est-ce que celui des deux frères qui était dans le tombeau ne se dresserait pas pour empêcher l'autre d'y entrer ? Est-ce qu'il n'ordonnerait pas à son petit-fils de respecter désormais cette couronne de cheveux blancs, sœur de sa propre auréole ? Est-ce qu'il n'y avait pas là, entre Gauvain et Lantenac, le regard indigné d'un spectre ?

Est-ce donc que la révolution avait pour but de dénaturer l'homme ? Est-ce pour briser la famille, est-ce pour étouffer l'humanité, qu'elle était faite ? Loin de là. C'est pour affirmer ces réalités suprêmes, et non pour les nier, que 89 avait surgi. Renverser les bastilles, c'est délivrer l'humanité ; abolir la féodalité, c'est fonder la famille. L'auteur étant le point de départ de l'autorité, et l'autorité étant incluse dans l'auteur, il n'y a point d'autre autorité que la paternité[1] ; de là la légitimité de la reine-abeille qui crée son peuple, et qui, étant mère, est reine ; de là l'absurdité du roi-homme, qui, n'étant pas le père, ne peut être le maître ; de là la suppression du roi ; de là la république. Qu'est-ce que tout cela ? C'est la famille, c'est l'humanité, c'est la révolution. La révolution, c'est l'avè-

---

1. « Il n'y a pas de roi parce qu'il y a un Dieu ; toute monarchie est une usurpation de providence. Pourquoi ? Parce que tout ce qui n'est pas l'auteur est sans droit à l'autorité. De là l'inanité du Chef de Peuple et la majesté du Père de Famille » (*Philosophie*, 1860, *Critique*, Bouquins, p. 520, cité et commenté par J. Seebacher, « Poétique et politique de la paternité », MASSIN, t. XII, p. XXVIII).

nement des peuples ; et, au fond, le Peuple, c'est l'Homme[1].

Il s'agissait de savoir si, quand Lantenac venait de rentrer dans l'humanité, Gauvain, allait, lui, rentrer dans la famille[2].

Il s'agissait de savoir si l'oncle et le neveu allaient se rejoindre dans la lumière supérieure, ou bien si à un progrès de l'oncle répondrait un recul du neveu.

La question, dans ce débat pathétique de Gauvain avec sa conscience, arrivait à se poser ainsi, et la solution semblait se dégager d'elle-même : sauver Lantenac.

Oui, mais la France ?

Ici le vertigineux problème changeait de face brusquement.

Quoi ! la France était aux abois ! la France était livrée, ouverte, démantelée ! Elle n'avait plus de fossé, l'Allemagne passait le Rhin ; elle n'avait plus de muraille, l'Italie enjambait les Alpes et l'Espagne les Pyrénées. Il lui restait le grand abîme, l'Océan. Elle avait pour elle le gouffre. Elle pouvait s'y adosser, et, géante, appuyée à toute la mer, combattre toute la terre. Situation, après tout, inexpugnable. Eh bien non, cette situation allait lui manquer. Cet Océan n'était plus à elle. Dans cet Océan, il y avait l'Angleterre. L'Angleterre, il est vrai, ne savait comment passer. Eh bien, un homme allait lui jeter le pont, un homme allait lui tendre la main, un homme allait dire à Pitt, à Craig, à Cornwallis, à Dundas, aux pirates[3] : venez ! un homme allait crier : Angleterre, prends la France ! Et cet homme était le marquis de Lantenac.

Cet homme, on le tenait. Après trois mois de chasse, de poursuite, d'acharnement, on l'avait enfin saisi. La

---

1. « Le peuple est deux fois cas particulier de l'homme : il a été sa dégradation dans la misère, il pourra être le moyen, parce que damné, par lequel l'homme sera refait, illuminé par le divin. D'où l'utilité du beau, du prophétisme et de Hugo » (J. Seebacher).   2. « Rentrer », comme plus loin « rétrograder vers le jour », au propre et au figuré : Lantenac est revenu sur ses pas et Gauvain entrera dans le cachot comme on fait « deux pas en avant et trois pas en arrière » (p. 479).   3. Pitt, Craig, Cornwallis, déjà nommés (voir p. 195, 279, 350). Le vicomte Melville Dundas, ministre de Pitt.

main de la révolution venait de s'abattre sur le maudit ;
le poing crispé de 93 avait pris le meurtrier royaliste au
collet ; par un de ces effets de la préméditation mystérieuse qui se mêle d'en haut aux choses humaines, c'était
dans son propre cachot de famille que ce parricide attendait maintenant son châtiment ; l'homme féodal était dans
l'oubliette féodale ; les pierres de son château se dressaient contre lui et se fermaient sur lui, et celui qui voulait
livrer son pays était livré par sa maison. Dieu avait visiblement édifié tout cela ; l'heure juste avait sonné ; la
révolution avait fait prisonnier cet ennemi public [1] ; il ne
pouvait plus combattre, il ne pouvait plus lutter, il ne
pouvait plus nuire ; dans cette Vendée où il y avait tant
de bras, il était le seul cerveau ; lui fini, la guerre civile
était finie ; on l'avait ; dénouement tragique et heureux ;
après tant de massacres et de carnages, il était là,
l'homme qui avait tué, et c'était son tour de mourir.

Et il se trouverait quelqu'un pour le sauver !

Cimourdain, c'est-à-dire 93, tenait Lantenac, c'est-à-
dire la monarchie, et il se trouverait quelqu'un pour ôter
de cette serre de bronze cette proie ! Lantenac, l'homme
en qui se concentrait cette gerbe de fléaux qu'on nomme
le passé, le marquis de Lantenac était dans la tombe, la
lourde porte éternelle s'était refermée sur lui, et quelqu'un viendrait, du dehors, tirer le verrou ! ce malfaiteur
social était mort, et avec lui la révolte, la lutte fratricide,
la guerre bestiale, et quelqu'un le ressusciterait !

Oh ! comme cette tête de mort rirait [2] !

Comme ce spectre dirait : c'est bon, me voilà vivant,
imbéciles !

Comme il se remettrait à son œuvre hideuse ! comme
Lantenac se replongerait, implacable et joyeux, dans le

---

1. Première rédaction : « ce Caïn ». **2.** Rire diabolique,
comme celui de Satan « sous la terre » avant la Crucifixion (*La Fin
de Satan*, II, 2, 19). Dans le théâtre de Hugo, « le rire est un masque
rivé au visage du traître » (J. Gaudon). Il est associé au « matérialisme » dans cette ébauche de personnage pour le « roman de la Monarchie » : « ... il était de ce matérialisme qui bouffonne dans le sinistre.
[...] La philosophie de ce philosophe était une tête de mort avec un
nez de carton » (*Reliquat*).

gouffre de haine et de guerre ! comme on reverrait, dès le lendemain, les maisons brûlées, les prisonniers massacrés, les blessés achevés, les femmes fusillées !

Et après tout, cette action qui fascinait Gauvain, Gauvain ne se l'exagérait-il pas ?

Trois enfants étaient perdus ; Lantenac les avait sauvés.

Mais qui donc les avait perdus ?

N'était-ce pas Lantenac ?

Qui avait mis ces berceaux dans cet incendie ?

N'était-ce pas l'Imânus ?

Qu'était-ce que l'Imânus ?

Le lieutenant du marquis.

Le responsable, c'est le chef.

Donc l'incendiaire et l'assassin, c'était Lantenac.

Qu'avait-il donc fait de si admirable ?

Il n'avait point persisté, rien de plus.

Après avoir construit le crime, il avait reculé devant. Il s'était fait horreur à lui-même. Le cri de la mère avait réveillé en lui ce fond de vieille pitié humaine, sorte de dépôt de la vie universelle, qui est dans toutes les âmes, même les plus fatales. À ce cri, il était revenu sur ses pas. De la nuit où il s'enfonçait, il avait rétrogradé vers le jour. Après avoir fait le crime, il l'avait défait. Tout son mérite était ceci : n'avoir pas été un monstre jusqu'au bout.

Et pour si peu, lui rendre tout ! lui rendre l'espace, les champs, les plaines, l'air, le jour, lui rendre la forêt dont il userait pour le banditisme, lui rendre la liberté dont il userait pour la servitude, lui rendre la vie dont il userait pour la mort !

Quant à essayer de s'entendre avec lui, quant à vouloir traiter avec cette âme altière, quant à lui proposer sa délivrance sous condition, quant à lui demander s'il consentirait, moyennant la vie sauve, à s'abstenir désormais de toute hostilité et de toute révolte ; quelle faute ce serait qu'une telle offre, quel avantage on lui donnerait, à quel dédain on se heurterait, comme il soufffletterait la question par la réponse ! comme il dirait : Gardez les hontes pour vous. Tuez-moi !

Rien à faire en effet avec cet homme, que le tuer ou le délivrer. Cet homme était à pic. Il était toujours prêt à s'envoler ou à se sacrifier ; il était à lui-même son aigle et son précipice. Âme étrange.

Le tuer ? quelle anxiété ! le délivrer ? quelle responsabilité !

Lantenac sauvé, tout serait à recommencer avec la Vendée comme avec l'hydre tant que la tête n'est pas coupée. En un clin d'œil, et avec une course de météore, toute la flamme, éteinte par la disparition de cet homme, se rallumerait. Lantenac ne se reposerait pas tant qu'il n'aurait point réalisé ce plan exécrable, poser, comme un couvercle de tombe, la monarchie sur la république et l'Angleterre sur la France. Sauver Lantenac, c'était sacrifier la France ; la vie de Lantenac, c'était la mort d'une foule d'êtres innocents, hommes, femmes, enfants, repris par la guerre domestique ; c'était le débarquement des Anglais, le recul de la révolution, les villes saccagées, le peuple déchiré, la Bretagne sanglante, la proie rendue à la griffe. Et Gauvain, au milieu de toutes sortes de lueurs incertaines et de clartés en sens contraires, voyait vaguement s'ébaucher dans sa rêverie et se poser devant lui ce problème : la mise en liberté du tigre.

Et puis, la question reparaissait sous son premier aspect ; la pierre de Sisyphe, qui n'est pas autre chose que la querelle de l'homme avec lui-même, retombait : Lantenac, était-ce donc le tigre ?

Peut-être l'avait-il été ; mais l'était-il encore ? Gauvain subissait ces spirales vertigineuses de l'esprit revenant sur lui-même, qui font la pensée pareille à la couleuvre. Décidément, même après examen, pouvait-on nier le dévouement de Lantenac, son abnégation stoïque, son désintéressement superbe ? Quoi ! en présence de toutes les gueules de la guerre civile ouvertes, attester l'humanité ! quoi ! dans le conflit des vérités inférieures, apporter la vérité supérieure ! quoi ! prouver qu'au-dessus des royautés, au-dessus des révolutions, au-dessus des questions terrestres, il y a l'immense attendrissement de l'âme humaine, la protection due aux faibles par les forts, le

salut dû à ceux qui sont perdus par ceux qui sont sauvés,
la paternité due à tous les enfants par tous les vieillards !
Prouver ces choses magnifiques, et les prouver par le don
de sa tête ! quoi, être un général et renoncer à la stratégie,
à la bataille, à la revanche ! quoi, être un royaliste,
prendre une balance, mettre dans un plateau le roi de
France, une monarchie de quinze siècles, les vieilles lois
à rétablir, l'antique société à restaurer, et dans l'autre,
trois petits paysans quelconques, et trouver le roi, le trône,
le sceptre et les quinze siècles de monarchie légers, pesés
à ce poids de trois innocences[1] ! quoi ! tout cela ne serait
rien ! quoi ! celui qui a fait cela resterait le tigre et devrait
être traité en bête fauve ! non ! non ! non ! ce n'était pas
un monstre l'homme qui venait d'illuminer de la clarté
d'une action divine le précipice des guerres civiles ! le
porte-glaive s'était métamorphosé en porte-lumière. L'in-
fernal Satan était redevenu le Lucifer céleste[2]. Lantenac
s'était racheté de toutes ses barbaries par un acte de sacrifice ; en se perdant matériellement il s'était sauvé moralement ; il s'était refait innocent ; il avait signé sa propre
grâce. Est-ce que le droit de se pardonner à soi-même
n'existe pas ? Désormais il était vénérable.

Lantenac venait d'être extraordinaire. C'était maintenant le tour de Gauvain.

Gauvain était chargé de lui donner la réplique.

La lutte des passions bonnes et des passions mauvaises
faisait en ce moment sur le monde le chaos ; Lantenac,
dominant ce chaos, venait d'en dégager l'humanité ;
c'était à Gauvain maintenant d'en dégager la famille.

Qu'allait-il faire ?

Gauvain allait-il tromper la confiance de Dieu ?

Non. Et il balbutiait en lui-même : — Sauvons Lantenac.

Alors c'est bien. Va, fais les affaires des Anglais.

---

1. Voir I, 2, 3 : « Les deux plateaux de la balance ».   **2.** Dans
le mythe de « Satan pardonné », celui-ci redevient ce qu'il avait été,
Lucifer, le « grand Porte-Flambeau » : « Satan est mort ; revis, ô
Lucifer céleste ! » (ébauche de « dénouement » pour *La Fin de
Satan*).

Déserte. Passe à l'ennemi. Sauve Lantenac et trahis la France.

Et il frémissait.

Ta solution n'en est pas une, ô songeur ! — Gauvain voyait dans l'ombre le sinistre sourire du sphinx.

Cette situation était une sorte de carrefour redoutable où les vérités combattantes venaient aboutir et se confronter, et où se regardaient fixement les trois idées suprêmes de l'homme, l'humanité, la famille, la patrie.

Chacune de ces voix prenait à son tour la parole, et chacune à son tour disait vrai. Comment choisir ? chacune à son tour semblait trouver le joint de sagesse et de justice, et disait : Fais cela. Était-ce cela qu'il fallait faire ? Oui. Non. Le raisonnement disait une chose ; le sentiment en disait une autre ; les deux conseils étaient contraires [1]. Le raisonnement n'est que la raison ; le sentiment est souvent la conscience ; l'un vient de l'homme, l'autre de plus haut [2].

C'est ce qui fait que le sentiment a moins de clarté et plus de puissance.

Quelle force pourtant dans la raison sévère !

Gauvain hésitait [3].

Perplexités farouches.

Deux abîmes s'ouvraient devant Gauvain. Perdre le marquis ? ou le sauver ? Il fallait se précipiter dans l'un ou dans l'autre.

Lequel de ces deux gouffres était le devoir [4] ?

---

1. Le conflit du « raisonnement » et du « sentiment » est illustré, dans la « Profession de foi du vivaire savoyard », par le dialogue du « Raisonneur » et de l'« Inspiré » (Rousseau, *Émile*, IV).   2. La conscience, « c'est-à-dire Dieu » (*Les Misérables*, I, 7, 3). 3. Gauvain « hésite » et « temporise » au seuil de la « religion vraie » : « Dieu, l'âme, la responsabilité. [...] C'est la religion vraie. J'ai vécu en elle. Je meurs en elle. Vérité, lumière, justice, conscience, c'est Dieu » (testament de Victor Hugo, 31 août 1881).   4. Comme Jean Valjean, Gauvain semble n'être « pas plus avancé qu'au commencement ». La preuve se fait, à son insu, par les « abîmes » que le « raisonnement » lui a fait découvrir.

III

LE CAPUCHON DU CHEF

C'est au devoir en effet qu'on avait affaire.

Le devoir se dressait ; sinistre devant Cimourdain, formidable devant Gauvain.

Simple devant l'un ; multiple, divers, tortueux, devant l'autre.

Minuit sonna, puis une heure du matin.

Gauvain s'était, sans s'en apercevoir, insensiblement rapproché de l'entrée de la brèche [1].

L'incendie ne jetait plus qu'une réverbération diffuse et s'éteignait.

Le plateau, de l'autre côté de la tour, en avait le reflet, et devenait visible par instants, puis s'éclipsait, quand la fumée couvrait le feu. Cette lueur, ravivée par soubresauts et coupée d'obscurités subites, disproportionnait les objets et donnait aux sentinelles du camp des aspects de larves [2]. Gauvain, à travers sa méditation, considérait vaguement ces effacements de la fumée par le flamboiement et du flamboiement par la fumée. Ces apparitions et ces disparitions de la clarté devant ses yeux avaient on ne sait quelle analogie avec les apparitions et les disparitions de la vérité dans son esprit.

Soudain, entre deux tourbillons de fumée une flamme-mèche envolée du brasier décroissant éclaira vivement le sommet du plateau et y fit saillir la silhouette vermeille d'une charrette. Gauvain regarda cette charrette ; elle était entourée de cavaliers qui avaient des chapeaux de gendarme. Il lui sembla que c'était la charrette que la longue-vue de Guéchamp lui avait fait voir à l'horizon, quelques heures auparavant, au moment où le soleil se couchait. Des

---

1. Nouvel effet de « préméditation involontaire », comme pour Lantenac (voir n. 1, p. 468). Gauvain avait déjà revêtu le « manteau à capuchon » qui permettra, par substitution de personnes, l'évasion de Lantenac (p. 462).   **2.** Génie malfaisant ou premier état des insectes.

hommes étaient sur la charrette et avaient l'air occupés à la décharger. Ce qu'ils retiraient de la charrette paraissait pesant, et rendait par moments un son de ferraille ; il eût été difficile de dire ce que c'était ; cela ressemblait à des charpentes ; deux d'entre eux descendirent et posèrent à terre une caisse qui, à en juger par sa forme, devait contenir un objet triangulaire. La flammèche s'éteignit, tout rentra dans les ténèbres ; Gauvain, l'œil fixe, demeura pensif devant ce qu'il y avait là dans l'obscurité.

Des lanternes s'étaient allumées, on allait et venait sur le plateau, mais les formes qui se mouvaient étaient confuses, et d'ailleurs Gauvain d'en bas, et de l'autre côté du ravin, ne pouvait voir que ce qui était tout à fait sur le bord du plateau.

Des voix parlaient, mais on ne percevait pas les paroles. Çà et là, des chocs sonnaient sur du bois. On entendait aussi on ne sait quel grincement métallique pareil au bruit d'une faulx qu'on aiguise.

Deux heures sonnèrent.

Gauvain lentement, et comme quelqu'un qui ferait volontiers deux pas en avant et trois pas en arrière, se dirigea vers la brèche. À son approche, reconnaissant dans la pénombre le manteau et le capuchon galonné du commandant, la sentinelle présenta les armes. Gauvain pénétra dans la salle du rez-de-chaussée, transformée en corps de garde. Une lanterne était pendue à la voûte. Elle éclairait juste assez pour qu'on pût traverser la salle sans marcher sur les hommes du poste, gisant à terre sur de la paille, et la plupart endormis.

Ils étaient couchés là ; ils s'y étaient battus quelques heures auparavant ; la mitraille, éparse sous eux en grains de fer et de plomb, et mal balayée, les gênait un peu pour dormir ; mais ils étaient fatigués, et ils se reposaient. Cette salle avait été le lieu horrible ; là on avait attaqué ; là on avait rugi, hurlé, grincé, frappé, tué, expiré ; beaucoup des leurs étaient tombés morts sur ce pavé où ils se couchaient assoupis ; cette paille qui servait à leur sommeil buvait le sang de leurs camarades ; maintenant c'était fini, le sang était étanché, les sabres étaient

essuyés, les morts étaient morts ; eux ils dormaient paisibles. Telle est la guerre. Et puis, demain, tout le monde
aura le même sommeil.

À l'entrée de Gauvain, quelques-uns de ces hommes
assoupis se levèrent, entre autres l'officier qui commandait le poste. Gauvain lui désigna la porte du cachot :

— Ouvrez-moi, dit-il.

Les verrous furent tirés, la porte s'ouvrit.

Gauvain entra dans le cachot.

La porte se referma derrière lui.

LIVRE SEPTIÈME

FÉODALITÉ ET RÉVOLUTION

I

L'ANCÊTRE

Une lampe était posée sur la dalle de la crypte, à côté du soupirail carré de l'oubliette.

On apercevait aussi sur la dalle la cruche pleine d'eau, le pain de munition et la botte de paille. La crypte étant taillée dans le roc, le prisonnier qui eût eu la fantaisie de mettre le feu à la paille eût perdu sa peine ; aucun risque d'incendie pour la prison, certitude d'asphyxie pour le prisonnier.

À l'instant où la porte tourna sur ses gonds, le marquis marchait dans son cachot ; va-et-vient machinal propre à tous les fauves mis en cage.

Au bruit que fit la porte en s'ouvrant puis en se refermant, il leva la tête, et la lampe qui était à terre entre Gauvain et le marquis éclaira ces deux hommes en plein visage.

Ils se regardèrent, et ce regard était tel qu'il les fit tous deux immobiles.

Le marquis éclata de rire et s'écria :

— Bonjour, monsieur. Voilà pas mal d'années que je n'ai eu la bonne fortune de vous rencontrer. Vous me faites la grâce de venir me voir. Je vous remercie. Je ne

demande pas mieux que de causer un peu. Je commençais
à m'ennuyer. Vos amis perdent le temps, des constata-
tions d'identité, des cours martiales, c'est long toutes ces
manières-là. J'irais plus vite en besogne. Je suis ici chez
moi. Donnez-vous la peine d'entrer. Eh bien, qu'est-ce
que vous dites de tout ce qui se passe ? C'est original,
n'est-ce pas ? Il y avait une fois un roi et une reine ; le
roi, c'était le roi ; la reine, c'était la France. On a tranché
la tête au roi et marié la reine à Robespierre ; ce monsieur
et cette dame ont eu une fille qu'on nomme la guillotine,
et avec laquelle il paraît que je ferai connaissance demain
matin. J'en serai charmé. Comme de vous voir. Venez-
vous pour cela ? Avez-vous monté en grade ? Seriez-vous
le bourreau ? Si c'est une simple visite d'amitié, j'en suis
touché. Monsieur le vicomte, vous ne savez peut-être plus
ce que c'est qu'un gentilhomme. Eh bien, en voilà un,
c'est moi. Regardez ça. C'est curieux ; ça croit en Dieu,
ça croit à la tradition, ça croit à la famille, ça croit à ses
aïeux, ça croit à l'exemple de son père, à la fidélité, à la
loyauté, au devoir envers son prince, au respect des
vieilles lois, à la vertu, à la justice ; et ça vous ferait
fusiller avec plaisir. Ayez, je vous prie, la bonté de vous
asseoir. Sur le pavé, c'est vrai ; car il n'y a pas de fauteuil
dans ce salon ; mais qui vit dans la boue peut s'asseoir
par terre. Je ne dis pas cela pour vous offenser, car ce
que nous appelons la boue, vous l'appelez la nation. Vous
n'exigez sans doute pas que je crie Liberté, Égalité, Fraternité ? Ceci est une ancienne chambre de ma maison ;
jadis les seigneurs y mettaient les manants ; maintenant
les manants y mettent les seigneurs. Ces niaiseries-là se
nomment une révolution. Il paraît qu'on me coupera le
cou d'ici à trente-six heures. Je n'y vois pas d'inconvénient. Par exemple, si l'on était poli, on m'aurait envoyé
ma tabatière, qui est là-haut dans la chambre des miroirs,
où vous avez joué tout enfant et où je vous ai fait sauter
sur mes genoux. Monsieur, je vais vous apprendre une
chose, vous vous appelez Gauvain, et, chose bizarre, vous
avez du sang noble dans les veines, pardieu, le même
sang que le mien, et ce sang qui fait de moi un homme

d'honneur fait de vous un gueusard. Telles sont les parti-
cularités. Vous me direz que ce n'est pas votre faute. Ni
la mienne. Parbleu, on est un malfaiteur sans le savoir.
Cela tient à l'air qu'on respire ; dans des temps comme
les nôtres, on n'est pas responsable de ce qu'on fait, la
révolution est coquine pour tout le monde ; et tous vos
grands criminels sont de grands innocents. Quelles
buses ! À commencer par vous. Souffrez que je vous
admire. Oui, j'admire un garçon tel que vous, qui, homme
de qualité, bien situé dans l'État, ayant un grand sang à
répandre pour les grandes causes, vicomte de cette Tour-
Gauvain, prince de Bretagne, pouvant être duc par droit
et pair de France par héritage, ce qui est à peu près tout
ce que peut désirer ici-bas un homme de bon sens,
s'amuse, étant ce qu'il est, à être ce que vous êtes, si bien
qu'il fait à ses ennemis l'effet d'un scélérat et à ses amis
l'effet d'un imbécile. À propos, faites mes compliments
à monsieur l'abbé Cimourdain [1].

Le marquis parlait à son aise, paisiblement, sans rien
souligner, avec sa voix de bonne compagnie, avec son œil
clair et tranquille, les deux mains dans ses goussets. Il
s'interrompit, respira longuement, et reprit :

— Je ne vous cache pas que j'ai fait ce que j'ai pu
pour vous tuer. Tel que vous me voyez, j'ai trois fois,
moi-même, en personne, pointé un canon sur vous. Procédé discourtois, je l'avoue ; mais ce serait faire fond sur
une mauvaise maxime que de s'imaginer qu'en guerre
l'ennemi cherche à nous être agréable. Car nous sommes
en guerre, monsieur mon neveu. Tout est à feu et à sang.
C'est pourtant vrai qu'on a tué le roi. Joli siècle.

Il s'arrêta encore, puis poursuivit :

— Quand on pense que rien de tout cela ne serait
arrivé si l'on avait pendu Voltaire et mis Rousseau aux
galères ! Ah ! les gens d'esprit, quel fléau ! Ah çà, qu'est-

---

1. Le ton est celui du duc de Réthel dans le « roman de la Monarchie » et des homélies de M. Gillenormand à son petit-fils Marius
dans *Les Misérables*. Mais s'agit-il d'une parodie ? « La verve réactionnaire de Lantenac, entièrement assumée par le personnage, ne
peut passer purement et simplement pour aberrante » (J. Gaudon).

ce que vous lui reprochez, à cette monarchie ? c'est vrai,
on envoyait l'abbé Pucelle à son abbaye de Corbigny, en
lui laissant le choix de la voiture et tout le temps qu'il
voudrait pour faire le chemin, et quant à votre monsieur
Titon, qui avait été, s'il vous plaît, un fort débauché, et
qui allait chez les filles avant d'aller aux miracles du
diacre Pâris, on le transférait du château de Vincennes au
château de Ham en Picardie, qui est, j'en conviens, un
assez vilain endroit[1]. Voilà les griefs ; je m'en souviens ;
j'ai crié aussi dans mon temps ; j'ai été aussi bête que
vous.

Le marquis tâta sa poche comme s'il y cherchait sa
tabatière, et continua :

— Mais pas aussi méchant. On parlait pour parler. Il
y avait aussi la mutinerie des enquêtes et des requêtes[2],
et puis ces messieurs les philosophes sont venus, on a
brûlé les écrits au lieu de brûler les auteurs, les cabales
de la cour s'en sont mêlées ; il y a eu tous ces benêts,
Turgot, Quesnay, Malesherbes, les physiocrates[3], et
cætera, et le grabuge a commencé. Tout est venu des écri-
vailleurs et des rimailleurs. L'Encyclopédie ! Diderot !
d'Alembert ! Ah ! les méchants bélîtres ! Un homme bien
né comme ce roi de Prusse, avoir donné là dedans[4] ! Moi,

---

1. Emprunt à la *Chronique de la Régence* ou « Journal de l'avocat
Barbier » (t. II, p. 271-272). Arrêtés en mai 1732, l'abbé Pucelle et
M. Titon étaient membres, au Parlement, du « parti janséniste »,
opposé aux mesures prises pour faire accepter au clergé français la
Bulle ou Constitution *Unigenitus*. On avait fermé, en janvier, le
cimetière Saint-Médard, où était la tombe du diacre janséniste Pâris
(voir n. 1, p. 236). Le fort de Ham, prison d'État, où fut emprisonné
Louis-Napoléon Bonaparte après le débarquement de Boulogne, en
1840. **2.** Les Enquêtes et Requêtes, chambres du Parlement.
M. Titon était « conseiller des Enquêtes ». Les magistrats ripostèrent
aux arrestations en démissionnant. **3.** Opposés au colbertisme, les
physiocrates soutenaient qu'il fallait laisser agir la « toute-puissance
de la nature » (François Quesnay, *Tableau économique*, 1758 ; Turgot, *Essai sur la formation et la distribution des richesses*, 1766).
Voltaire écrivit contre les physiocrates son conte de *L'Homme aux
quarante écus*. Louis Blanc en dénonce les prétentions dans son
introduction. **4.** Frédéric II, dit le Grand, passa pour le « meilleur
élève de Voltaire », jusqu'à leur brouille, qui fut définitive. Il confia
à Maupertuis la présidence de l'Académie de Berlin.

j'eusse supprimé tous les gratteurs de papier. Ah ! nous
étions des justiciers, nous autres. On peut voir ici sur le
mur la marque des roues d'écartèlement. Nous ne plaisan-
tions pas. Non, non, point d'écrivassiers ! Tant qu'il y
aura des Arouet[1], il y aura des Marat. Tant qu'il y aura
des grimauds qui griffonnent, il y aura des gredins qui
assassinent ; tant qu'il y aura de l'encre, il y aura de la
noirceur ; tant que la patte de l'homme tiendra la plume
de l'oie, les sottises frivoles engendreront les sottises
atroces. Les livres font les crimes. Le mot chimère a deux
sens, il signifie rêve, et il signifie monstre. Comme on se
paye de billevesées ! Qu'est-ce que vous nous chantez
avec vos droits ? Droits de l'homme ! droits du peuple !
Cela est-il assez creux, assez stupide, assez imaginaire,
assez vide de sens ! Moi, quand je dis : Havoise, sœur de
Conan II, apporta le comté de Bretagne à Hoël, comte de
Nantes et de Cornouailles, qui laissa le trône à Alain Fer-
gant, oncle de Berthe, qui épousa Alain le Noir, seigneur
de la Roche-sur-Yon, et en eut Conan le Petit, aïeul de
Guy ou Gauvain de Thouars[2], notre ancêtre, je dis une
chose claire, et voilà un droit. Mais vos drôles, vos
marauds, vos croquants, qu'appellent-ils leurs droits ? Le
déicide et le régicide. Si ce n'est pas hideux ! Ah ! les
maroufles ! J'en suis fâché pour vous, monsieur ; mais
vous êtes de ce fier sang de Bretagne ; vous et moi, nous
avons Gauvain de Thouars pour grand-père ; nous avons
encore pour aïeul ce grand duc de Montbazon qui fut pair
de France et honoré du collier des ordres, qui attaqua le
faubourg de Tours et fut blessé au combat d'Arques, et
qui mourut grand-veneur de France en sa maison de Cou-
zières en Touraine, âgé de quatre-vingt-six ans. Je pourrais vous parler encore du duc de Laudunois, fils de la
dame de la Garnache, de Claude de Lorraine, duc de Chevreuse, et de Henri de Lenoncourt, et de Françoise de

---

1. Voltaire, dont le père, François Arouet, notaire au Châtelet et
d'origine plébéienne, avait fait changer son nom en celui d'Arouet
de Voltaire.   2. On croise, dans *Les deux trouvailles de Gallus*,
un vicomte de Thouars, né Rohan et « breton du premier ordre »
(*Les Quatre Vents de l'esprit*).

Laval-Boisdauphin[1]. Mais à quoi bon ? Monsieur a l'honneur d'être un idiot, et il tient à être l'égal de mon palefrenier. Sachez ceci, j'étais déjà un vieil homme que vous étiez encore un marmot. Je vous ai mouché, morveux, et je vous moucherais encore. En grandissant, vous avez trouvé moyen de vous rapetisser. Depuis que nous ne nous sommes vus, nous sommes allés chacun de notre côté, moi du côté de l'honnêteté, vous du côté opposé. Ah ! je ne sais pas comment tout cela finira ; mais messieurs vos amis sont de fiers misérables. Ah ! oui, c'est beau, j'en tombe d'accord, les progrès sont superbes, on a supprimé dans l'armée la peine de la chopine d'eau infligée trois jours consécutifs au soldat ivrogne ; on a le maximum, la Convention, l'évêque Gobel, monsieur Chaumette et monsieur Hébert, et l'on extermine en masse tout le passé, depuis la Bastille jusqu'à l'almanach. On remplace les saints par les légumes[2]. Soit, messieurs les citoyens, soyez les maîtres, régnez, prenez vos aises, donnez-vous-en, ne vous gênez pas. Tout cela n'empê-chera pas que la religion ne soit la religion, que la royauté n'emplisse quinze cents ans de notre histoire, et que la vieille seigneurie française, même décapitée, ne soit plus haute que vous. Quant à vos chicanes sur le droit historique des races royales, nous en haussons les épaules. Chilpéric, au fond, n'était qu'un moine appelé Daniel ; ce fut Rainfroi qui inventa Chilpéric pour ennuyer Charles Martel[3] ; nous savons ces choses-là aussi bien que vous. Ce n'est pas la

---

1. Hercule de Rohan, duc de Montbazon, prince de Bretagne. Arques, victoire remportée par Henri IV sur le duc de Mayenne et le parti catholique en 1589. — Françoise de Rohan, dame de la Garnache, cousine de Jeanne d'Albret, reine de Navarre. — Claude de Lorraine, duc de Chevreuse, époux de Marie de Rohan-Montbazon. — Madeleine de Laval-Boisdauphin, marquise de Rochefort, petite-fille du chancelier Séguier. Cette généalogie fait de Lantenac un Rohan, avec pour devise celle des Rohan : « Roi ne puis, duc ne daigne, Rohan suis » et comme eux « prince breton ». **2.** Allusion au calendrier révolutionnaire. **3.** Le futur Chilpéric II vivait caché dans un cloître sous le nom de Daniel lorsqu'il fut proclamé roi des Francs par Rainfroi (715). Il tenta vainement de s'opposer à Charles Martel, maire du palais, qui lui laissa son titre tout en exerçant le pouvoir. Pépin le Bref succéda en 741 à son père Charles Martel comme maire du palais, et fut proclamé roi après que le successeur en titre de Chilpéric, Childéric III, eut été déposé

question. La question est ceci : être un grand royaume ; être la vieille France, être ce pays d'arrangement magnifique, où l'on considère premièrement la personne sacrée des monarques, seigneurs absolus de l'État, puis les princes, puis les officiers de la couronne, pour les armes sur terre et sur mer, pour l'artillerie, direction et surintendance des finances. Ensuite il y a la justice souveraine et subalterne, suivie du maniement des gabelles et recettes générales, et enfin la police du royaume dans ses trois ordres. Voilà qui était beau et noblement ordonné ; vous l'avez détruit. Vous avez détruit les provinces, comme de lamentables ignorants que vous êtes, sans même vous douter de ce que c'était que les provinces. Le génie de la France est composé du génie même du continent, et chacune des provinces de France représentait une vertu de l'Europe ; la franchise de l'Allemagne était en Picardie, la générosité de la Suède en Champagne, l'industrie de la Hollande en Bourgogne, l'activité de la Pologne en Languedoc, la gravité de l'Espagne en Gascogne, la sagesse de l'Italie en Provence, la subtilité de la Grèce en Normandie, la fidélité de la Suisse en Dauphiné. Vous ne saviez rien de tout cela ; vous avez cassé, brisé, fracassé, démoli, et vous avez été tranquillement des bêtes brutes. Ah ! vous ne voulez plus avoir de nobles ! Eh bien, vous n'en aurez plus. Faites-en votre deuil. Vous n'aurez plus de paladins, vous n'aurez plus de héros. Bonsoir les grandeurs anciennes. Trouvez-moi un d'Assas à présent ! Vous avez tous peur pour votre peau. Vous n'aurez plus les chevaliers de Fontenoy qui saluaient avant de tuer, vous n'aurez plus les combattants en bas de soie du siège de Lérida [1] ; vous n'aurez plus de ces fières jour-

---

(751). On passe ainsi de la première race (mérovingienne) à la deuxième (« carlovingienne »). La monarchie ne deviendra vraiment héréditaire qu'avec le premier représentant de la troisième race, Hugues Capet (987).

1. Le chevalier d'Assas, tombé à Clostercamp (1760) en donnant l'alerte (« À moi, Auvergne, ce sont les ennemis ! »). À la bataille de Fontenoy (1745), on fit d'abord assaut de courtoisie (« Messieurs les Anglais, tirez les premiers ! »). Lérida, place espagnole conquise par le duc d'Angoulême en 1707 après un siège aussi renommé que celui de Mahon (1756), cité plus loin.

nées militaires où les panaches passaient comme des météores ; vous êtes un peuple fini ; vous subirez ce viol, l'invasion [1] ; si Alaric II revient, il ne trouvera plus en face de lui Clovis ; si Abdérame revient, il ne trouvera plus en face de lui Charles Martel [2] ; si les Saxons reviennent, ils ne trouveront plus devant eux Pépin ; vous n'aurez plus Agnadel, Rocroy, Lens, Staffarde, Nerwinde, Steinkerque, la Marsaille, Raucoux, Lawfeld, Mahon ; vous n'aurez plus Marignan avec François Ier ; vous n'aurez plus Bouvines avec Philippe Auguste faisant prisonnier, d'une main, Renaud, comte de Boulogne, et de l'autre, Ferrand, comte de Flandre [3]. Vous aurez Azincourt, mais vous n'aurez plus pour s'y faire tuer, enveloppé de son drapeau, le sieur de Bacqueville, le grand porte-oriflamme [4] ! Allez ! allez ! faites ! Soyez les hommes nouveaux. Devenez petits [5] !

Le marquis fit un moment silence, et repartit :

— Mais laissez-nous grands. Tuez les rois, tuez les nobles, tuez les prêtres, abattez, ruinez, massacrez, foulez tout aux pieds, mettez les maximes antiques sous le talon de vos bottes, piétinez le trône, trépignez l'autel, écrasez Dieu, dansez dessus ! C'est votre affaire. Vous êtes des traîtres et des lâches, incapables de dévouement et de sacrifice. J'ai dit. Maintenant faites-moi guillotiner, monsieur le vicomte. J'ai l'honneur d'être votre très humble.

Et il ajouta :

— Ah ! je vous dis vos vérités ! Qu'est-ce que cela me fait ? Je suis mort.

---

1. Après la défaite de 1870-1871, la phrase ne saurait « être prise seulement comme une parodie du discours d'Ancien Régime » (J. Gaudon).   **2.** Charles Martel écrasa l'émir Abdérame à Poitiers (732).   **3.** Palmarès de victoires de l'ancienne Monarchie, du XVIe (Agnadel, 1509) au XVIIIe siècle. Mais « Nerwinde » (1693) est aussi une défaite de Dumouriez (1793). Marignan (1515), victoire, à vingt ans, de François Ier sur les Piémontais. Bouvines (1214), victoire de Philippe-Auguste sur les Impériaux.   **4.** Après sa victoire à Azincourt (1415), Henri V, roi d'Angleterre, s'empara de la Normandie. Qualifié aujourd'hui de « Munich du XVe siècle », le traité de Troyes (1420) instaure en France la « double monarchie », par exhérédation du dauphin, et Charles VI, en accordant la main de sa fille à Henri V, en fera son héritier.   **5.** Comme Louis Bonaparte, « Napoléon-le-Petit ».

— Vous êtes libre, dit Gauvain[1].

Et Gauvain s'avança vers le marquis, défit son manteau de commandant, le lui jeta sur les épaules, et lui rabattit le capuchon sur les yeux. Tous deux étaient de même taille.

— Eh bien, qu'est-ce que tu fais ? dit le marquis.

Gauvain éleva la voix et cria :

— Lieutenant, ouvrez-moi.

La porte s'ouvrit.

Gauvain cria :

— Vous aurez soin de refermer la porte derrière moi.

Et il poussa dehors le marquis stupéfait.

La salle basse, transformée en corps de garde, avait, on s'en souvient, pour tout éclairage, une lanterne de corne qui faisait tout voir trouble, et donnait plus de nuit que de jour. Dans cette lueur confuse, ceux des soldats qui ne dormaient pas virent marcher au milieu d'eux, se dirigeant vers la sortie, un homme de haute stature ayant le manteau et le capuchon galonné de commandant en chef ; ils firent le salut militaire, et l'homme passa.

Le marquis, lentement, traversa le corps de garde, traversa la brèche, non sans s'y heurter la tête plus d'une fois, et sortit.

La sentinelle, croyant voir Gauvain, lui présenta les armes.

Quand il fut dehors, ayant sous ses pieds l'herbe des champs, à deux cents pas la forêt, et devant lui l'espace, la nuit, la liberté, la vie, il s'arrêta et demeura un moment immobile comme un homme qui s'est laissé faire, qui a cédé à la surprise, et qui, ayant profité d'une porte ouverte, cherche s'il a bien ou mal agi, hésite avant d'aller plus loin, et donne audience à une dernière pensée. Après quelques secondes de rêverie attentive, il leva sa main droite, fit claquer son médius contre son pouce et dit : Ma foi !

---

1. On notera qu'il n'y a pas eu débat, comme ce sera le cas entre Gauvain et Cimourdain.

Et il s'en alla.

La porte du cachot s'était refermée. Gauvain était dedans.

II

LA COUR MARTIALE

Tout alors dans les cours martiales était à peu près discrétionnaire. Dumas, à l'assemblée législative, avait esquissé une ébauche de législation militaire, retravaillée plus tard par Talot au conseil des Cinq-Cents, mais le code définitif des conseils de guerre n'a été rédigé que sous l'empire[1]. C'est de l'empire que date, par parenthèse, l'obligation imposée aux tribunaux militaires de ne recueillir les votes qu'en commençant par le grade inférieur. Sous la révolution cette loi n'existait pas.

En 1793, le président d'un tribunal militaire était presque à lui seul tout le tribunal ; il choisissait les membres, classait l'ordre des grades, réglait le mode du vote ; il était le maître en même temps que le juge.

Cimourdain avait désigné, pour prétoire de la cour martiale, cette salle même du rez-de-chaussée où avait été la retirade et où était maintenant le corps de garde. Il tenait à tout abréger, le chemin de la prison au tribunal et le trajet du tribunal à l'échafaud.

À midi, conformément à ses ordres, la cour était en séance avec l'apparat que voici : trois chaises de paille,

---

1. Voir n. 1, p. 462. Législation « retravaillée » par décret du 13 brumaire an V (3 novembre 1796). Pierre Foucher, beau-père de Victor Hugo, avait été commis-greffier au Conseil de guerre de Paris, puis employé, sous l'Empire, au Service général de la conscription, dirigé par le comte Mathieu Dumas. Michel Talot, ancien représentant en mission à l'armée de Sambre-et-Meuse, membre du conseil des Cinq-Cents, conserva son mandat législatif malgré son opposition au Coup d'État du 18 brumaire.

une table de sapin, deux chandelles allumées, un tabouret devant la table.

Les chaises étaient pour les juges et le tabouret pour l'accusé. Aux deux bouts de la table il y avait deux autres tabourets, l'un pour le commissaire-auditeur qui était un fourrier, l'autre pour le greffier qui était un caporal.

Il y avait sur la table un bâton de cire rouge, le sceau de la République en cuivre, deux écritoires, des dossiers de papier blanc, et deux affiches imprimées, étalées toutes grandes ouvertes, contenant l'une, la mise hors la loi, l'autre, le décret de la Convention.

La chaise du milieu était adossée à un faisceau de drapeaux tricolores ; dans ces temps de rude simplicité, un décor était vite posé, et il fallait peu de temps pour changer un corps de garde en cour de justice.

La chaise du milieu, destinée au président, faisait face à la porte du cachot.

Pour public, les soldats.

Deux gendarmes gardaient la sellette[1].

Cimourdain était assis sur la chaise du milieu, ayant à sa droite le capitaine Guéchamp, premier juge, et à sa gauche le sergent Radoub, deuxième juge.

Il avait sur la tête son chapeau à panache tricolore, à son côté son sabre, dans sa ceinture ses deux pistolets[2]. Sa balafre, qui était d'un rouge vif, ajoutait à son air farouche.

Radoub avait fini par se faire panser. Il avait autour de la tête un mouchoir sur lequel s'élargissait lentement une plaque de sang.

À midi, l'audience n'était pas encore ouverte, une estafette, dont on entendait dehors piaffer le cheval, était

---

1. Le « tabouret » est devenu « sellette », siège sur lequel on faisait asseoir le condamné pour un dernier interrogatoire et dont l'usage avait été aboli en 1780, en même temps que celui de la torture. Un décret de la Constituante confirma, en 1789, la « déclaration royale ». **2.** « Costume décrété le 10 avril 1793 pour les représentants en mission. Sabre nu. Demi-espadon pendu à un baudrier de cuir noir. Écharpe en ceinture. Sur la tête un chapeau rond surmonté de plumes aux trois couleurs » (*Reliquat*).

debout près de la table du tribunal. Cimourdain écrivait.
Il écrivait ceci :

« Citoyens membres du Comité de salut public.

« Lantenac est pris. Il sera exécuté demain [1]. »

Il data et signa, plia et cacheta la dépêche, et la remit
à l'estafette, qui partit.

Cela fait, Cimourdain dit d'une voix haute :

— Ouvrez le cachot.

Les deux gendarmes tirèrent les verrous, ouvrirent le
cachot, et y entrèrent.

Cimourdain leva la tête, croisa les bras, regarda la
porte, et cria :

— Amenez le prisonnier.

Un homme apparut entre les deux gendarmes, sous le
cintre de la porte ouverte.

C'était Gauvain.

Cimourdain eut un tressaillement.

— Gauvain ! s'écria-t-il.

Et il reprit :

— Je demande le prisonnier.

— C'est moi, dit Gauvain.

— Toi ?

— Moi.

— Et Lantenac ?

— Il est libre.

— Libre !

— Oui.

— Évadé ?

— Évadé.

Cimourdain balbutia avec un tremblement :

— En effet, ce château est à lui, il en connaît toutes les
issues, l'oubliette communique peut-être à quelque sortie,
j'aurais dû y songer, il aura trouvé moyen de s'enfuir, il
n'aura eu besoin pour cela de l'aide de personne.

— Il a été aidé, dit Gauvain.

— À s'évader ?

— À s'évader.

---

1. Le 20 août (*Reliquat*).

— Qui l'a aidé ?

— Moi.

— Toi !

— Moi.

— Tu rêves !

— Je suis entré dans le cachot, j'étais seul avec le prisonnier, j'ai ôté mon manteau, je le lui ai mis sur le dos, je lui ai rabattu le capuchon sur le visage, il est sorti à ma place et je suis resté à la sienne. Me voici.

— Tu n'as pas fait cela !

— Je l'ai fait.

— C'est impossible.

— C'est réel.

— Amenez-moi Lantenac !

— Il n'est plus ici. Les soldats, lui voyant le manteau de commandant, l'ont pris pour moi et l'ont laissé passer. Il faisait encore nuit.

— Tu es fou.

— Je dis ce qui est.

Il y eut un silence. Cimourdain bégaya :

— Alors tu mérites...

— La mort, dit Gauvain.

Cimourdain était pâle comme une tête coupée. Il était immobile comme un homme sur qui vient de tomber la foudre. Il semblait ne plus respirer. Une grosse goutte de sueur perla sur son front.

Il raffermit sa voix et dit :

— Gendarmes, faites asseoir l'accusé.

Gauvain se plaça sur le tabouret.

Cimourdain reprit :

— Gendarmes, tirez vos sabres.

C'était la formule usitée quand l'accusé était sous le poids d'une sentence capitale.

Les gendarmes tirèrent leurs sabres.

La voix de Cimourdain avait repris son accent ordinaire.

— Accusé, dit-il, levez-vous.

Il ne tutoyait plus Gauvain.

III

Gauvain se leva.

— Comment vous nommez-vous ? demanda Cimourdain.

Gauvain répondit :

— Gauvain.

Cimourdain continua l'interrogatoire.

— Qui êtes-vous ?

— Je suis commandant en chef de la colonne expéditionnaire des Côtes-du-Nord.

— Êtes-vous parent ou allié de l'homme évadé ?

— Je suis son petit-neveu.

— Vous connaissez le décret de la Convention ?

— J'en vois l'affiche sur votre table.

— Qu'avez-vous à dire sur ce décret ?

— Que je l'ai contresigné, que j'en ai ordonné l'exécution, et que c'est moi qui ai fait faire cette affiche au
bas de laquelle est mon nom.

— Faites choix d'un défenseur.

— Je me défendrai moi-même.

— Vous avez la parole.

Cimourdain était redevenu impassible. Seulement son
impassibilité ressemblait moins au calme d'un homme
qu'à la tranquillité d'un rocher.

Gauvain demeura un moment silencieux et comme
recueilli.

Cimourdain reprit :

— Qu'avez-vous à dire pour votre défense ?

Gauvain leva lentement la tête, ne regarda personne, et
répondit :

— Ceci : une chose m'a empêché d'en voir une autre ;
une bonne action, vue de trop près, m'a caché cent actions
criminelles ; d'un côté un vieillard, de l'autre des enfants,
tout cela s'est mis entre moi et le devoir. J'ai oublié les
villages incendiés, les champs ravagés, les prisonniers

massacrés, les blessés achevés, les femmes fusillées, j'ai oublié la France livrée à l'Angleterre ; j'ai mis en liberté le meurtrier de la patrie. Je suis coupable. En parlant ainsi, je semble parler contre moi ; c'est une erreur. Je parle pour moi. Quand le coupable reconnaît sa faute, il sauve la seule chose qui vaille la peine d'être sauvée, l'honneur.

— Est-ce là, repartit Cimourdain, tout ce que vous avez à dire pour votre défense ?

— J'ajoute qu'étant le chef, je devais l'exemple, et qu'à votre tour, étant les juges, vous le devez.

— Quel exemple demandez-vous ?

— Ma mort.

— Vous la trouvez juste ?

— Et nécessaire.

— Asseyez-vous.

Le fourrier, commissaire-auditeur, se leva et donna lecture, premièrement, de l'arrêté qui mettait hors la loi le ci-devant marquis de Lantenac ; deuxièmement, du décret de la Convention édictant la peine capitale contre quiconque favoriserait l'évasion d'un rebelle prisonnier. Il termina par les quelques lignes imprimées au bas de l'affiche du décret, intimant défense « de porter aide et secours » au rebelle susnommé « sous peine de mort », et signées : *le commandant en chef de la colonne expéditionnaire*, GAUVAIN.

Ces lectures faites, le commissaire-auditeur se rassit.

Cimourdain croisa les bras et dit :

— Accusé, soyez attentif. Public, écoutez, regardez, et taisez-vous. Vous avez devant vous la loi. Il va être procédé au vote. La sentence sera rendue à la majorité simple. Chaque juge opinera à son tour, à haute voix, en présence de l'accusé, la justice n'ayant rien à cacher.

Cimourdain continua :

— La parole est au premier juge. Parlez, capitaine Guéchamp [1].

Le capitaine Guéchamp ne semblait voir ni Cimour-

---

1. Voir p. 360.

dain, ni Gauvain. Ses paupières abaissées cachaient ses yeux immobiles fixés sur l'affiche du décret et la considérant comme on considérerait un gouffre. Il dit :

— La loi est formelle. Un juge est plus et moins qu'un homme ; il est moins qu'un homme, car il n'a pas de cœur ; il est plus qu'un homme, car il a le glaive. L'an 414 de Rome, Manlius fit mourir son fils pour le crime d'avoir vaincu sans son ordre [1]. La discipline violée voulait une expiation. Ici, c'est la loi qui a été violée ; et la loi est plus haute encore que la discipline. Par suite d'un accès de pitié, la patrie est remise en danger. La pitié peut avoir les proportions d'un crime. Le commandant Gauvain a fait évader le rebelle Lantenac. Gauvain est coupable. Je vote la mort.

— Écrivez, greffier, dit Cimourdain.

Le greffier écrivit : « Capitaine Guéchamp : la mort. »

Gauvain éleva la voix.

— Guéchamp, dit-il, vous avez bien voté, et je vous remercie.

Cimourdain reprit :

— La parole est au deuxième juge. Parlez, sergent Radoub.

Radoub se leva, se tourna vers Gauvain et fit à l'accusé le salut militaire. Puis il s'écria :

— Si c'est ça, alors, guillotinez-moi, car j'en donne ici ma nom de Dieu de parole d'honneur la plus sacrée, je voudrais avoir fait, d'abord ce qu'a fait le vieux, et ensuite ce qu'a fait mon commandant. Quand j'ai vu cet individu de quatre-vingts ans se jeter dans le feu pour en tirer les trois mioches, j'ai dit : Bonhomme, tu es un brave homme ! et quand j'apprends que c'est mon commandant qui a sauvé ce vieux de votre bête de guillotine, mille noms de noms, je dis : Mon commandant, vous devriez être mon général, et vous êtes un vrai homme, et moi,

---

1. Épisode mal daté de la guerre de Rome contre les Latins (340-338), raconté par Tite-Live (VIII). Il s'agit du jeune Titus Manlius *Torquatus*, mis à mort sur ordre de son père, le consul Lucius Manlius. Son surnom lui venait du *collier* qu'il avait arraché en combat singulier à un Gaulois aussi féroce que l'Imânus.

tonnerre ! je vous donnerais la croix de Saint-Louis[1], s'il
y avait encore des croix, s'il y avait encore des saints, et
s'il y avait encore des louis ! Ah çà ! est-ce qu'on va être
des imbéciles, à présent ? Si c'est pour des choses comme
ça qu'on a gagné la bataille de Jemmapes, la bataille de
Valmy, la bataille de Fleurus[2] et la bataille de Wattignies,
alors il faut le dire. Comment ! voilà le commandant Gauvain qui depuis quatre mois mène toutes ces bourriques
de royalistes tambour battant, et qui sauve la république
à coups de sabre, et qui a fait la chose de Dol où il fallait
joliment de l'esprit, et, quand vous avez cet homme-là,
vous tâchez de ne plus l'avoir ! et, au lieu d'en faire votre
général, vous voulez lui couper le cou ! je dis que c'est à
se jeter la tête la première par-dessus le parapet du Pont-
Neuf, et que vous-même, citoyen Gauvain, mon commandant, si, au lieu d'être mon général, vous étiez mon caporal, je vous dirais que vous avez dit de fichues bêtises
tout à l'heure. Le vieux a bien fait de sauver les enfants,
vous avez bien fait de sauver le vieux, et si l'on guillotine
les gens parce qu'ils ont fait de bonnes actions, alors va-
t'en à tous les diables, je ne sais plus du tout de quoi il
est question. Il n'y a plus de raison pour qu'on s'arrête.
C'est pas vrai, n'est-ce pas, tout ça ? Je me pince pour
savoir si je suis éveillé. Je ne comprends pas. Il fallait
donc que le vieux laisse brûler les mômes tout vifs, il
fallait donc que mon commandant laisse couper le cou au
vieux. Tenez, oui, guillotinez-moi. J'aime autant ça. Une
supposition, les mioches seraient morts, le bataillon du
Bonnet-Rouge était déshonoré. Est-ce que c'est ça qu'on
voulait ? Alors mangeons-nous les uns les autres. Je me
connais en politique aussi bien que vous qui êtes là, j'étais
du club de la section des Piques[3]. Sapristi ! nous nous
abrutissons à la fin ! Je résume ma façon de voir. Je
n'aime pas les choses qui ont l'inconvénient de faire

---

1. Voir n. 2, p. 71.   **2.** Anticipation : la victoire de Marceau
sur les coalisés à Fleurus est du 26 juin 1794. Elle encouragea les
visées expansionnistes de la bourgeoisie montagnarde dans son
opposition à Robespierre, partisan de la paix, une fois les frontières
dégagées.   **3.** Voir n. 2, p. 176.

qu'on ne sait plus du tout où on en est. Pourquoi diable
nous faisons-nous tuer ? Pour qu'on nous tue notre chef !
Pas de ça, Lisette[1]. Je veux mon chef ! Il me faut mon
chef. Je l'aime encore mieux aujourd'hui qu'hier. L'envoyer à la guillotine, mais vous me faites rire ! Tout ça,
nous n'en voulons pas. J'ai écouté. On dira tout ce qu'on
voudra. D'abord, pas possible.

Et Radoub se rassit. Sa blessure s'était rouverte. Un
filet de sang qui sortait du bandeau coulait le long de son
cou, de l'endroit où avait été son oreille.

Cimourdain se tourna vers Radoub.

— Vous votez pour que l'accusé soit absous ?

— Je vote, dit Radoub, pour qu'on le fasse général.

— Je vous demande si vous votez pour qu'il soit
acquitté.

— Je vote pour qu'on le fasse le premier de la république.

— Sergent Radoub, votez-vous pour que le commandant Gauvain soit acquitté, oui ou non ?

— Je vote pour qu'on me coupe la tête à sa place.

— Acquittement, dit Cimourdain. Écrivez, greffier.

Le greffier écrivit : « Sergent Radoub : acquittement. »
Puis le greffier dit :

— Une voix pour la mort. Une voix pour l'acquittement. Partage.

C'était à Cimourdain de voter.

Il se leva. Il ôta son chapeau et le posa sur la table.

Il n'était plus pâle ni livide. Sa face était couleur de
terre.

Tous ceux qui étaient là eussent été couchés dans des
suaires que le silence n'eût pas été plus profond.

Cimourdain dit d'une voix grave, lente et ferme :

— Accusé Gauvain, la cause est entendue. Au nom de

---

1. Locution familière attestée en 1786 et connue d'Éponine (*Les
Misérables*, IV, 8, 4). Lisette, emploi de soubrette dans la comédie
classique et sylphide populaire dans les chansons de Béranger.

la république[1], la cour martiale, à la majorité de deux voix contre une...

Il s'interrompit, il eut comme un temps d'arrêt ; hésitait-il devant la mort ? hésitait-il devant la vie ? toutes les poitrines étaient haletantes. Cimourdain continua :

— ... Vous condamne à la peine de mort.

Son visage exprimait la torture du triomphe sinistre. Quand Jacob dans les ténèbres se fit bénir par l'ange qu'il avait terrassé[2], il devait avoir ce sourire effrayant.

Ce ne fut qu'une lueur, et cela passa. Cimourdain redevint de marbre, se rassit, remit son chapeau sur sa tête, et ajouta :

— Gauvain, vous serez exécuté demain, au lever du soleil.

Gauvain se leva, salua et dit :

— Je remercie la cour.

— Emmenez le condamné, dit Cimourdain.

Cimourdain fit un signe, la porte du cachot se rouvrit, Gauvain y entra, le cachot se referma. Les deux gendarmes restèrent en faction des deux côtés de la porte, le sabre nu.

On emporta Radoub, qui venait de tomber sans connaissance.

---

1. « Je maintiens : au nom de la république, parce qu'ici la formule rigoureusement légale [« Au nom du peuple français »] doit céder le pas à la pensée de Cimourdain. Le *peuple français* existait avant la république ; et c'est pour la république que Cimourdain tue Gauvain. Il voit l'idée, *la république*, il ne voit plus le fait, *la France*. C'est ce qui le fait Brutus — pire ou plus grand » (Victor Hugo à Paul Meurice, 30 décembre 1873).   **2.** Allusion à la lutte, au gué du Jaboq, du patriarche Jacob, « face à face » avec Élohim, son Dieu (Genèse, 32, 25-32).

IV

Un camp, c'est un guêpier. En temps de révolution surtout. L'aiguillon civique, qui est dans le soldat, sort volontiers et vite, et ne se gêne pas pour piquer le chef après avoir chassé l'ennemi. La vaillante troupe qui avait pris la Tourgue eut des bourdonnements variés, d'abord contre le commandant Gauvain quand on apprit l'évasion de Lantenac. Lorsqu'on vit Gauvain sortir du cachot où l'on croyait tenir Lantenac, ce fut comme une commotion électrique, et en moins d'une minute tout le corps fut informé. Un murmure éclata dans la petite armée, ce premier murmure fut : — Ils sont en train de juger Gauvain. Mais c'est pour la frime. Fiez-vous donc aux ci-devant et aux calotins ! Nous venons de voir un vicomte qui sauve un marquis, et nous allons voir un prêtre qui absout un noble !

— Quand on sut la condamnation de Gauvain, il y eut un deuxième murmure : — Voilà qui est fort ! notre chef, notre brave chef, notre jeune commandant, un héros ! C'est un vicomte, eh bien, il n'en a que plus de mérite à être républicain ! comment ! lui, le libérateur de Pontorson, de Villedieu, de Pont-au-Beau ! le vainqueur de Dol et de la Tourgue ! celui par qui nous sommes invincibles ! celui qui est l'épée de la république dans la Vendée ! l'homme qui depuis cinq mois tient tête aux chouans et répare toutes les sottises de Léchelle et des autres ! ce Cimourdain ose le condamner à mort ! pourquoi ? parce qu'il a sauvé un vieillard qui avait sauvé trois enfants ! un prêtre tuer un soldat !

Ainsi grondait le camp victorieux et mécontent. Une sombre colère entourait Cimourdain. Quatre mille hommes contre un seul, il semble que ce soit une force ; ce n'en est pas une. Ces quatre mille hommes étaient une foule, et Cimourdain était une volonté. On savait que Cimourdain fronçait aisément le sourcil, et il n'en fallait pas davantage pour tenir l'armée en respect. Dans ces temps sévères, il suffisait que l'ombre du Comité de salut public fût derrière un homme pour faire cet homme redoutable et pour faire aboutir l'imprécation au chuchotement et le chuchotement au silence. Avant comme après les murmures, Cimourdain restait l'arbitre du sort de Gauvain comme du sort de tous. On savait qu'il n'y avait rien à lui demander et qu'il n'obéirait qu'à sa conscience, voix surhumaine entendue de lui seul. Tout dépendait de lui. Ce qu'il avait fait comme juge martial, seul, il pouvait le défaire comme délégué civil. Seul il pouvait faire grâce. Il avait pleins pouvoirs ; d'un signe il pouvait mettre Gauvain en liberté ; il était le maître de la vie et de la mort ; il commandait à la guillotine. En ce moment tragique, il était l'homme suprême.

On ne pouvait qu'attendre.

La nuit vint.

V

LE CACHOT [1]

La salle de justice était redevenue corps de garde ; le poste était doublé comme la veille ; deux factionnaires gardaient la porte du cachot fermée.

Vers minuit, un homme, qui tenait une lanterne à la main, traversa le corps de garde, se fit reconnaître et se fit ouvrir le cachot. C'était Cimourdain.

Il entra et la porte resta entr'ouverte derrière lui.

---

1. Plusieurs ébauches de scénario : « Souper du guillotineur et du guillotiné, vieux amis. Le guillotiné donne raison au guillotineur. Nuit passée à causer philosophie et nature. La guillotine le matin. » ; « Conversation suprême entre Gauvain et Cimourdain. Pas un mot de ce qui se passera le lendemain matin. L'absolu. L'avenir du genre humain. Le monde tel que le fera la révolution. La fin de l'échafaud. La fin de la guerre. Relever la femme. Élever l'enfant. La femme relevée, l'enfant élevé. L'Europe uni. Le globe un. » *(Reliquat).*

Le cachot était ténébreux et silencieux. Cimourdain fit un pas dans cette obscurité, posa la lanterne à terre, et s'arrêta. On entendait dans l'ombre la respiration égale d'un homme endormi. Cimourdain écouta, pensif, ce bruit paisible.

Gauvain était au fond du cachot, sur la botte de paille. C'était son souffle qu'on entendait. Il dormait profondément.

Cimourdain s'avança avec le moins de bruit possible, vint tout près et se mit à regarder Gauvain ; une mère regardant son nourrisson dormir n'aurait pas un plus tendre et plus inexprimable regard. Ce regard était plus fort peut-être que Cimourdain ; Cimourdain appuya, comme font quelquefois les enfants, ses deux poings sur ses yeux, et demeura un moment immobile. Puis il s'agenouilla [1], souleva doucement la main de Gauvain et posa ses lèvres dessus.

Gauvain fit un mouvement. Il ouvrit les yeux, avec le vague étonnement du réveil en sursaut. La lanterne éclairait faiblement la cave. Il reconnut Cimourdain.

— Tiens, dit-il, c'est vous, mon maître.

Et il ajouta :

— Je rêvais que la mort me baisait la main [2].

Cimourdain eut cette secousse que nous donne parfois la brusque invasion d'un flot de pensées ; quelquefois ce flot est si haut et si orageux qu'il semble qu'il va éteindre l'âme. Rien ne sortit du profond cœur de Cimourdain. Il ne put dire que : Gauvain !

Et tous deux se regardèrent ; Cimourdain avec des yeux pleins de ces flammes qui brûlent les larmes, Gauvain avec son plus doux sourire.

---

1. L'évêque Myriel, dans *Les Misérables*, s'agenouille aux pieds du conventionnel mourant pour lui demander sa bénédiction (I, 1, 10), comme Jacob à l'issue de son « face à face » avec Élohim.
2. « 28 décembre [1873]. Le 26, je corrigeais les dernières feuilles du t. III de *Quatrevingt-Treize*, j'avais l'œil sur ceci que Gauvain dit à Cimourdain : "Je rêvais que la mort me baisait la main..." C'est à ce moment-là qu'on m'a apporté le billet m'appelant en hâte près de Victor. » Fils cadet de Victor Hugo, François-Victor mourut dans la matinée.

Gauvain se souleva sur son coude et dit :

— Cette balafre que je vois sur votre visage, c'est le coup de sabre que vous avez reçu pour moi. Hier encore vous étiez dans cette mêlée à côté de moi et à cause de moi. Si la providence ne vous avait pas mis près de mon berceau, où serais-je aujourd'hui ? dans les ténèbres. Si j'ai la notion du devoir, c'est de vous qu'elle me vient. J'étais né noué[1]. Les préjugés sont des ligatures, vous m'avez ôté ces bandelettes, vous avez remis ma croissance en liberté, et de ce qui n'était déjà plus qu'une momie, vous avez refait un enfant. Dans l'avorton probable vous avez mis une conscience. Sans vous, j'aurais grandi petit. J'existe par vous. Je n'étais qu'un seigneur, vous avez fait de moi un citoyen ; je n'étais qu'un citoyen, vous avez fait de moi un esprit ; vous m'avez fait propre, comme homme, à la vie terrestre, et, comme âme, à la vie céleste. Vous m'avez donné, pour aller dans la réalité humaine, la clef de vérité, et, pour aller au delà, la clef de lumière. Ô mon maître, je vous remercie. C'est vous qui m'avez créé.

Cimourdain s'assit sur la paille à côté de Gauvain et lui dit :

— Je viens souper avec toi[2].

Gauvain rompit le pain noir, et le lui présenta. Cimourdain en prit un morceau ; puis Gauvain lui tendit la cruche d'eau.

— Bois le premier, dit Cimourdain.

Gauvain but et passa la cruche à Cimourdain qui but après lui. Gauvain n'avait bu qu'une gorgée.

Cimourdain but à longs traits.

Dans ce souper, Gauvain mangeait et Cimourdain buvait, signe du calme de l'un et de la fièvre de l'autre.

---

1. Dans l'ancienne médecine, « noué » se disait d'un enfant rachitique, paralysé dans son développement, comme le petit Hugo à sa naissance.   2. « On a vu, au commencement de ce livre, entre le marquis et le mendiant, quelque chose de pareil à ce souper » (*Reliquat*).

On ne sait quelle sérénité terrible était dans ce cachot. Ces deux hommes causaient[1].

Gauvain disait :

— Les grandes choses s'ébauchent. Ce que la révolution fait en ce moment est mystérieux. Derrière l'œuvre visible il y a l'œuvre invisible. L'une cache l'autre. L'œuvre visible est farouche, l'œuvre invisible est sublime. En cet instant je distingue tout très nettement. C'est étrange et beau. Il a bien fallu se servir des matériaux du passé. De là cet extraordinaire 93. Sous un échafaudage de barbarie se construit un temple de civilisation.

— Oui, répondit Cimourdain. De ce provisoire sortira le définitif. Le définitif, c'est-à-dire le droit et le devoir parallèles, l'impôt proportionnel et progressif, le service militaire obligatoire, le nivellement, aucune déviation, et, au-dessus de tous et de tout, cette ligne droite, la loi. La république de l'absolu.

— Je préfère, dit Gauvain, la république de l'idéal.

Il s'interrompit, puis continua :

— Ô mon maître, dans tout ce que vous venez de dire, où placez-vous le dévouement, le sacrifice, l'abnégation, l'entrelacement magnanime des bienveillances, l'amour ? Mettre tout en équilibre, c'est bien ; mettre tout en harmonie, c'est mieux. Au-dessus de la balance il y a la lyre. Votre république dose, mesure et règle l'homme ; la mienne l'emporte en plein azur ; c'est la différence qu'il y a entre un théorème et un aigle.

— Tu te perds dans le nuage.

— Et vous dans le calcul.

— Il y a du rêve dans l'harmonie.

— Il y en a aussi dans l'algèbre.

— Je voudrais l'homme fait par Euclide.

---

1. Leur « causerie » reprend des arguments souvent développés ailleurs, dans *Napoléon-le-Petit* (VIII, 2), dans l'introduction à *Paris-Guide*, et, plus récemment, dans la lettre « à MM. Paul Meurice et Auguste Vacquerie », datée du « 28 avril » 1871 et publiée dans *Le Rappel* du 6 mars 1872.

— Et moi, dit Gauvain, je l'aimerais mieux fait par Homère[1].

Le sourire sévère de Cimourdain s'arrêta sur Gauvain comme pour tenir cette âme en arrêt.

— Poésie. Défie-toi des poëtes.

— Oui, je connais ce mot. Défie-toi des souffles, défie-toi des rayons, défie-toi des parfums, défie-toi des fleurs, défie-toi des constellations.

— Rien de tout cela ne donne à manger.

— Qu'en savez-vous ? l'idée aussi est nourriture. Penser, c'est manger[2].

— Pas d'abstraction. La république c'est deux et deux font quatre. Quand j'ai donné à chacun ce qui lui revient...

— Il vous reste à donner à chacun ce qui ne lui revient pas.

— Qu'entends-tu par là ?

— J'entends l'immense concession réciproque que chacun doit à tous et que tous doivent à chacun, et qui est toute la vie sociale[3].

— Hors du droit strict, il n'y a rien.

— Il y a tout.

— Je ne vois que la justice.

— Moi, je regarde plus haut.

---

1. La science n'est que l'« asymptote de la vérité » et ne saurait rien fonder de « définitif » ni d'« absolu » : elle « approche sans cesse et ne touche jamais », au lieu que l'art, par définition non perfectible, témoigne de la « puissance continuante de Dieu » à travers la relativité du « successif », en un sens qui ne peut être qu'utopique, en « rêvant l'utopie » (*William Shakespeare*, « L'art et la science », I, 3). « L'humanité a deux pôles, le vrai et le beau ; elle sera régie dans l'un par l'exact, dans l'autre par l'idéal » (« Le droit et la loi », I). D'où l'« utilité du beau », garant de l'« idéal ». **2.** « Dans ce souper, Gauvain mangeait et Cimourdain buvait » (p. 503). **3.** Écho du discours tenu par Enjolras « du haut de la barricade », à l'aube du 6 juin 1832 : « Le droit commun n'est pas autre chose que la protection de tous rayonnant sur le droit de chacun. Le point d'intersection de toutes ces souverainetés qui s'agrègent s'appelle Société. [...] Quelques-uns disent contrat social » (*Les Misérables*, V, 1, 5). Au « système insensé de la guerre naturelle de tous contre tous », celui de Hobbes, Rousseau opposait l'« acte d'association » ou « pacte social » (*Du Contrat social*, 1767).

— qu'y a-t-il donc au-dessus de la justice ?

— L'équité[1].

Par moments ils s'arrêtaient comme si des lueurs passaient.

Cimourdain reprit :

— Précise, je t'en défie.

— Soit. Vous voulez le service militaire obligatoire. Contre qui ? contre d'autres hommes. Moi, je ne veux pas de service militaire. Je veux la paix. Vous voulez les misérables secourus, moi je veux la misère supprimée. Vous voulez l'impôt proportionnel. Je ne veux point d'impôt du tout. Je veux la dépense commune réduite à sa plus simple expression et payée par la plus-value sociale[2].

— Qu'entends-tu par là ?

— Ceci : d'abord supprimez les parasitismes ; le parasitisme du prêtre, le parasitisme du juge, le parasitisme du soldat. Ensuite, tirez parti de vos richesses ; vous jetez l'engrais à l'égout, jetez-le au sillon[3]. Les trois quarts du sol sont en friche, défrichez la France, supprimez les vaines pâtures ; partagez les terres communales. Que tout homme ait une terre, et que toute terre ait un homme. Vous centuplerez le produit social. La France, à cette heure, ne donne à ses paysans que quatre jours de viande par an ; bien cultivée, elle nourrirait trois cent millions d'hommes, toute l'Europe. Utilisez la nature, cette immense auxiliaire

---

1. Autrement dit le « droit », une fois de plus opposé au « droit strict », et à la « justice », telle que l'entend Cimourdain, c'est-à-dire à la « loi ».   2. Hugo avait imaginé l'« incalculable plus-value » qui résulterait de l'« abolition des parasitismes », comme l'« armée permanente », et rêvé d'une économie libérée, « la circulation décuplée ayant pour résultat la production et la consommation centuplée » (Introduction à *Paris-Guide*, I, « L'avenir »), grâce à la « mise en œuvre » de la matière par le travail. Cette « métaphysique » doit beaucoup au « socialisme » de Louis Blanc, partisan, selon Hugo, de l'« amalgame du capitaliste avec l'ouvrier », et d'Émile de Girardin, qui proposait de remplacer l'impôt par une prime d'assurance, donnant droit à la justice et à l'instruction gratuites.   3. L'idée fait l'objet d'une longue digression dans *Les Misérables* (V, 2, 1), inspirée d'une brochure de Pierre Leroux (*Aux états de Jersey sur un moyen de quintupler, pour ne pas dire plus, la production agricole du pays*, Londres et Jersey, 1853).

dédaignée. Faites travailler pour vous tous les souffles de vent, toutes les chutes d'eau, tous les effluves magnétiques[1]. Le globe a un réseau veineux souterrain ; il y a dans ce réseau une circulation prodigieuse d'eau, d'huile, de feu ; piquez la veine du globe, et faites jaillir cette eau pour vos fontaines, cette huile pour vos lampes, ce feu pour vos foyers. Réfléchissez au mouvement des vagues, au flux et reflux, au va-et-vient des marées. Qu'est-ce que l'océan ? une énorme force perdue. Comme la terre est bête ! ne pas employer l'océan !

— Te voilà en plein songe.

— C'est-à-dire en pleine réalité.

Gauvain reprit :

— Et la femme ? qu'en faites-vous ?

Cimourdain répondit :

— Ce qu'elle est. La servante de l'homme.

— Oui. À une condition.

— Laquelle ?

— C'est que l'homme sera le serviteur de la femme.

— Y penses-tu ? s'écria Cimourdain, l'homme serviteur ! jamais. L'homme est maître. Je n'admets qu'une royauté, celle du foyer. L'homme chez lui est roi.

— Oui. À une condition.

— Laquelle ?

— C'est que la femme y sera reine.

— C'est-à-dire que tu veux pour l'homme et pour la femme...

— L'égalité.

— L'égalité ! y songes-tu ? les deux êtres sont divers.

— J'ai dit l'égalité. Je n'ai pas dit l'identité[2].

---

1. D'abord émanations délétères, dans l'ancienne langue médicale, les effluves, devenus « magnétiques » dans celle des magnétiseurs, sont invoqués par la théorie « électrique » des tempêtes, telle qu'exposée par Michelet (*La Mer*, 1861) et reprise par Hugo (*L'Homme qui rit*, I, 2, 1).   2. Décrétée sous la Révolution et inscrite dans le Code civil, l'égalité de l'homme et de la femme cessait dans le mariage, à l'avantage de la puissance maritale. Hugo aurait souhaité voir la Commune prendre position pour le vote des femmes. Il soutenait, en 1872, l'action de la « Société pour l'amélioration du sort des femmes ».

Il y eut encore une pause, comme une sorte de trêve entre ces deux esprits échangeant des éclairs. Cimourdain la rompit.

— Et l'enfant ! à qui le donnes-tu ?

— D'abord au père qui l'engendre, puis à la mère qui l'enfante, puis au maître qui l'élève, puis à la cité qui le virilise, puis à la patrie qui est la mère suprême, puis à l'humanité qui est la grande aïeule.

— Tu ne parles pas de Dieu.

— Chacun de ces degrés, père, mère, maître, cité, patrie, humanité, est un des échelons de l'échelle qui monte à Dieu.

Cimourdain se taisait, Gauvain poursuivit :

— Quand on est au haut de l'échelle, on est arrivé à Dieu. Dieu s'ouvre ; on n'a plus qu'à entrer[1].

Cimourdain fit le geste d'un homme qui en rappelle un autre.

— Gauvain, reviens sur la terre. Nous voulons réaliser le possible.

— Commencez par ne pas le rendre impossible.

— Le possible se réalise toujours.

— Pas toujours. Si l'on rudoie l'utopie, on la tue. Rien n'est plus sans défense que l'œuf.

— Il faut pourtant saisir l'utopie, lui imposer le joug du réel, et l'encadrer dans le fait. L'idée abstraite doit se transformer en idée concrète ; ce qu'elle perd en beauté, elle le regagne en utilité ; elle est moindre, mais meilleure. Il faut que le droit entre dans la loi ; et, quand le droit s'est fait loi, il est absolu[2]. C'est là ce que j'appelle le possible.

— Le possible est plus que cela.

— Ah ! te revoilà dans le rêve.

— Le possible est un oiseau mystérieux toujours planant au-dessus de l'homme.

— Il faut le prendre.

---

1. « Dieu existe pour Hugo plus que lui-même, et existe devant lui comme la totalité devant l'atome » (J. Seebacher).   2. L'« ombre » de l'un mêlée à la « lumière » de l'autre, comme ce sera le cas pour les « deux âmes » de Cimourdain et de Gauvain.

— Vivant.

Gauvain continua :

— Ma pensée est : Toujours en avant. Si Dieu avait voulu que l'homme reculât, il lui aurait mis un œil derrière la tête. Regardons toujours du côté de l'aurore, de l'éclosion, de la naissance. Ce qui tombe encourage ce qui monte. Le craquement du vieil arbre est un appel à l'arbre nouveau. Chaque siècle fera son œuvre, aujourd'hui civique, demain humaine. Aujourd'hui la question du droit, demain la question du salaire[1]. Salaire et droit, au fond c'est le même mot. L'homme ne vit pas pour n'être point payé ; Dieu en donnant la vie contracte une dette ; le droit, c'est le salaire inné ; le salaire, c'est le droit acquis.

Gauvain parlait avec le recueillement d'un prophète. Cimourdain écoutait. Les rôles étaient intervertis, et maintenant il semblait que c'était l'élève qui était le maître.

Cimourdain murmura :

— Tu vas vite.

— C'est que je suis peut-être un peu pressé, dit Gauvain en souriant.

Et il reprit :

— Ô mon maître, voici la différence entre nos deux utopies. Vous voulez la caserne obligatoire, moi, je veux l'école. Vous rêvez l'homme soldat, je rêve l'homme citoyen. Vous le voulez terrible, je le veux pensif. Vous fondez une république de glaives, je fonde...

Il s'interrompit :

— Je fonderais une république d'esprits.

Cimourdain regarda le pavé du cachot, et dit :

— Et en attendant que veux-tu ?

— Ce qui est.

---

1. La « question du salaire » est celle, surtout, du « droit au travail », revendiqué par Hugo lui-même en 1871. Louis Blanc fut l'auteur, en 1848, du décret par lequel le Gouvernement provisoire s'engageait à « garantir le travail à tous les citoyens », mais le préambule de la Constitution se contenta de garantir aux « citoyens nécessiteux » une « assistance fraternelle ».

— Tu absous donc le moment présent ?

— Oui.

— Pourquoi ?

— Parce que c'est une tempête. Une tempête sait toujours ce qu'elle fait. Pour un chêne foudroyé, que de forêts assainies ! La civilisation avait une peste, ce grand vent l'en délivre. Il ne choisit pas assez peut-être. Peut-il faire autrement ? Il est chargé d'un si rude balayage ! Devant l'horreur du miasme, je comprends la fureur du souffle.

Gauvain continua :

— D'ailleurs, que m'importe la tempête, si j'ai la boussole, et que me font les événements, si j'ai ma conscience !

Et il ajouta de cette voix basse qui est aussi la voix solennelle :

— Il y a quelqu'un qu'il faut toujours laisser faire.

— Qui ? demanda Cimourdain.

Gauvain leva le doigt au-dessus de sa tête. Cimourdain suivit du regard la direction de ce doigt levé, et, à travers la voûte du cachot, il lui sembla voir le ciel étoilé.

Ils se turent encore.

Cimourdain reprit :

— Société plus grande que nature. Je te le dis, ce n'est plus le possible, c'est le rêve.

— C'est le but. Autrement, à quoi bon la société ? Restez dans la nature. Soyez les sauvages. Otaïti est un paradis [1]. Seulement, dans ce paradis on ne pense pas. Mieux vaudrait encore un enfer intelligent qu'un paradis bête. Mais non, point d'enfer. Soyons la société humaine. Plus grande que nature. Oui. Si vous n'ajoutez rien à la nature, pourquoi sortir de la nature ? Alors, contentez-vous du travail comme la fourmi, et du miel comme l'abeille. Restez la bête ouvrière au lieu d'être l'intelligence reine. Si vous ajoutez quelque chose à la nature, vous serez nécessairement plus grand qu'elle ; ajouter, c'est augmenter ; augmenter, c'est grandir. La société,

---

1. Tahiti, île édénique de Polynésie, découverte par Bougainville et revisitée par Diderot (*Supplément au voyage de Bougainville*, 1773).

c'est la nature sublimée. Je veux tout ce qui manque aux ruches, tout ce qui manque aux fourmilières, les monuments, les arts, la poésie, les héros, les génies[1]. Porter des fardeaux éternels, ce n'est pas la loi de l'homme. Non, non, non, plus de parias, plus d'esclaves, plus de forçats, plus de damnés ! Je veux que chacun des attributs de l'homme soit un symbole de civilisation et un patron de progrès ; je veux la liberté devant l'esprit, l'égalité devant le cœur, la fraternité devant l'âme. Non ! plus de joug ! l'homme est fait, non pour traîner des chaînes, mais pour ouvrir des ailes. Plus d'homme reptile. Je veux la transfiguration de la larve en lépidoptère ; je veux que le ver de terre se change en une fleur vivante, et s'envole. Je veux...

Il s'arrêta. Son œil devint éclatant.

Ses lèvres remuaient. Il cessa de parler.

La porte était restée ouverte. Quelque chose des rumeurs du dehors pénétrait dans le cachot. On entendait de vagues clairons, c'était probablement la diane ; puis des crosses de fusil sonnant à terre, c'étaient les sentinelles qu'on relevait ; puis, assez près de la tour, autant qu'on en pouvait juger dans l'obscurité, un mouvement pareil à un remuement de planches et de madriers, avec des bruits sourds et intermittents qui ressemblaient à des coups de marteau.

Cimourdain, pâle, écoutait. Gauvain n'entendait pas.

Sa rêverie était de plus en plus profonde. Il semblait qu'il ne respirât plus, tant il était attentif à ce qu'il voyait sous la voûte visionnaire de son cerveau[2]. Il avait de doux

---

1. Victor Hugo avait posé, dans *William Shakespeare*, les lois de cette « paternité immense » qui fonde sur un droit non usurpé, celui de l'« auteur », la « dynastie des génies appartenant au peuple », dont ils sont à la fois les fils et les pères. Le génie, disait déjà Michelet, est « en société avec tout le genre humain » (*Le Peuple*, 1846), aussi éloigné que possible d'un quelconque « sacre » de l'écrivain. **2.** Le passage se fait de la « voûte du cachot » (p. 510) à la « voûte visionnaire de son cerveau ». L'image du crâne du poète qui contient tout un monde se retrouve ailleurs, à propos, par exemple, de Shakespeare : « Son crâne transparent est plein d'âmes, de corps, / De rêves, dont on voit la lueur du dehors » (*Les Contemplations*, III, 28).

tressaillements. La clarté d'aurore qu'il avait dans la prunelle grandissait [1].

Un certain temps se passa ainsi. Cimourdain lui demanda :

— À quoi penses-tu ?

— À l'avenir, dit Gauvain [2].

Et il retomba dans sa méditation. Cimourdain se leva du lit de paille où ils étaient assis tous les deux. Gauvain ne s'en aperçut pas. Cimourdain, couvant du regard le jeune homme pensif, recula lentement jusqu'à la porte, et sortit. Le cachot se referma.

VI

CEPENDANT LE SOLEIL SE LÈVE

Le jour ne tarda pas à poindre à l'horizon.

En même temps que le jour, une chose étrange, immobile, surprenante, et que les oiseaux du ciel ne connaissaient pas, apparut sur le plateau de la Tourgue au-dessus de la forêt de Fougères.

Cela avait été mis là dans la nuit. C'était dressé, plutôt que bâti. De loin sur l'horizon c'était une silhouette faite de lignes droites et dures ayant l'aspect d'une lettre hébraïque ou d'un de ces hiéroglyphes d'Égypte qui faisaient partie de l'alphabet de l'antique énigme.

Au premier abord, l'idée que cette chose éveillait était l'idée de l'inutile. Elle était là parmi les bruyères en fleur.

---

1. Métaphore réalisée au chapitre suivant : « Le jour ne tarda pas à poindre à l'horizon... », comme à l'heure de la mort un « commencement d'astre éclôt dans la prunelle » (« Cadaver », *Les Contemplations*, VI, 13).   **2.** À l'« utopie consolidée en progrès » et à sa propre mort. « Déjà comme mort à l'instant où il parle, Gauvain affirme sa foi dans un avenir à la venue duquel il reconnaît ne pouvoir ni ne devoir participer autrement qu'en s'en excluant par le sacrifice » (G. Rosa). En acceptant que s'appliquent à lui les décrets terroristes, le « guillotiné » donne raison au « guillotineur ».

On se demandait à quoi cela pouvait servir. Puis on sentait venir un frisson. C'était une sorte de tréteau ayant pour pieds quatre poteaux. À un bout du tréteau, deux hautes solives, debout et droites, reliées à leur sommet par une traverse, élevaient et tenaient suspendu un triangle qui semblait noir sur l'azur du matin. À l'autre bout du tréteau, il y avait une échelle. Entre les deux solives, en bas, au-dessous du triangle, on distinguait une sorte de panneau composé de deux sections mobiles qui, en s'ajustant l'une à l'autre, offraient au regard un trou rond à peu près de la dimension du cou d'un homme. La section supérieure du panneau glissait dans une rainure, de façon à pouvoir se hausser ou s'abaisser. Pour l'instant, les deux croissants qui en se rejoignant formaient le collier étaient écartés. On apercevait au pied des deux piliers portant le triangle une planche pouvant tourner sur charnière et ayant l'aspect d'une bascule. À côté de cette planche il y avait un panier long, et entre les deux piliers, en avant, et à l'extrémité du tréteau, un panier carré. C'était peint en rouge. Tout était en bois, excepté le triangle qui était en fer. On sentait que cela avait été construit par des hommes, tant c'était laid, mesquin et petit ; et cela aurait mérité d'être apporté là par des génies, tant c'était formidable[1].

Cette bâtisse difforme, c'était la guillotine.

En face, à quelques pas, dans le ravin, il y avait un autre monstre, la Tourgue. Un monstre de pierre faisant pendant au monstre de bois. Et, disons-le, quand l'homme a touché au bois et à la pierre, le bois et la pierre ne sont plus ni bois ni pierre, et prennent quelque chose de l'homme[2]. Un édifice est un dogme[3], une machine est une idée.

---

1. Description en « champ restreint » (voir n. 1, p. 390).
2. Dans *La Fin de Satan*, Isis-Lilith, l'« âme du monde mort », se réapproprie « l'airain, le bois, la pierre », instruments du meurtre d'Abel par Caïn, identifiables « sur terre » au Glaive, au Gibet et à la Prison. Le « bois » est, pour Hugo, le matériau dont sont faits les trônes et les gibets. Thème « indiqué par d'Aubigné au livre VII des *Tragiques* : "Pourquoi nous avez-vous, diront les arbres, faits / D'arbres délicieux exécrables gibets ?" » (J. Boudout).   **3.** Dans *Notre-Dame de Paris*, l'invention du livre est appelée à « tuer » le dogme pétrifié en cathédrale (« Ceci tuera cela », I, 5, 2). Le livre

La Tourgue était cette résultante fatale du passé qui s'appelait la Bastille à Paris, la Tour de Londres en Angleterre, le Spielberg en Allemagne, l'Escurial en Espagne, le Kremlin à Moscou, le château Saint-Ange à Rome [1].

Dans la Tourgue étaient condensés quinze cents ans, le moyen âge, le vasselage, la glèbe [2], la féodalité ; dans la guillotine une année, 93 ; et ces douze mois faisaient contre-poids à ces quinze siècles.

La Tourgue, c'était la monarchie ; la guillotine, c'était la révolution.

Confrontation tragique.

D'un côté, la dette ; de l'autre, l'échéance. D'un côté, l'inextricable complication gothique, le serf, le seigneur, l'esclave, le maître, la roture, la noblesse, le code multiple ramifié en coutumes, le juge et le prêtre coalisés, les ligatures innombrables, le fisc, les gabelles, la mainmorte, les capitations, les exceptions [3], les prérogatives, les préjugés, les fanatismes, le privilège royal de banqueroute, le sceptre, le trône, le bon plaisir, le droit divin ; de l'autre, cette chose simple, un couperet.

D'un côté, le nœud ; de l'autre, la hache.

La Tourgue avait été longtemps seule dans ce désert. Elle était là avec ses mâchicoulis d'où avaient ruisselé l'huile bouillante, la poix enflammée et le plomb fondu, avec ses oubliettes pavées d'ossements, avec sa chambre aux écartèlements, avec la tragédie énorme dont elle était remplie ; elle avait dominé de sa figure funeste cette forêt,

---

peut lui-même devenir dogme, comme le *Saint-Barthélemy* plus haut « mis en pièces ».

1. La Bastille, la Tour de Londres et la forteresse du Spielberg, en Moravie, territoire autrichien, prisons d'État. Le monastère de l'Escurial, au nord-ouest de Madrid, construit par Philippe II, le Kremlin, résidence des tsars, et le château Saint-Ange, transformé par les papes en forteresse, symboles de l'absolutisme clérical. **2.** La *glèbe*, sol auquel étaient « attachés » les serfs chargés de le cultiver. **3.** La *gabelle*, impôt sur le sel (voir n. 1, p. 124). Le droit de *mainmorte*, en vertu duquel un seigneur héritait des biens de son tenancier. La *capitation*, taxe *par tête*, remontant au XVIIe siècle. L'*exception*, procédure juridique suspensive.

elle avait eu dans cette ombre quinze siècles de tranquillité farouche, elle avait été dans ce pays l'unique puissance, l'unique respect et l'unique effroi ; elle avait
régné ; elle avait été, sans partage, la barbarie ; et tout à
coup elle voyait se dresser devant elle et contre elle,
quelque chose, — plus que quelque chose, — quelqu'un
d'aussi horrible qu'elle, la guillotine.

La pierre semble quelquefois avoir des yeux étranges.
Une statue observe, une tour guette, une façade d'édifice
contemple. La Tourgue avait l'air d'examiner la guillotine.

Elle avait l'air de s'interroger.

Qu'était-ce que cela ?

Il semblait que cela était sorti de terre.

Et cela en était sorti en effet.

Dans la terre fatale avait germé l'arbre sinistre. De
cette terre, arrosée de tant de sueurs, de tant de larmes,
de tant de sang, de cette terre où avaient été creusées tant
de fosses, tant de tombes, tant de cavernes, tant d'embûches, de cette terre où avaient pourri toutes les espèces
de morts faites par toutes les espèces de tyrannies, de
cette terre superposée à tant d'abîmes, et où avaient été
enfouis tant de forfaits, semences affreuses, de cette terre
profonde, était sortie, au jour marqué, cette inconnue,
cette vengeresse, cette féroce machine porte-glaive, et 93
avait dit au vieux monde :

— Me voilà.

Et la guillotine avait le droit de dire au donjon :

— Je suis ta fille.

Et en même temps le donjon, car ces choses fatales
vivent d'une vie obscure, se sentait tué par elle.

La Tourgue, devant la redoutable apparition, avait on
ne sait quoi d'effaré [1]. On eût dit qu'elle avait peur. La
monstrueuse masse de granit était majestueuse et infâme,
cette planche avec son triangle était pire. La toute-puissante déchue avait l'horreur de la toute-puissante nou-

---

1. *Effaré*, effrayé ou rendu farouche (du latin *ferus*, « sauvage »).
Se dit aussi, dans l'art du blason, du cheval cabré.

velle. L'histoire criminelle considérait l'histoire justicière. La violence d'autrefois se comparait à la violence d'à présent ; l'antique forteresse, l'antique prison, l'antique seigneurie, où avaient hurlé les patients démembrés, la construction de guerre et de meurtre, hors de service et hors de combat, violée, démantelée, découronnée, tas de pierres valant un tas de cendres, hideuse, magnifique et morte, toute pleine du vertige des siècles effrayants, regardait passer la terrible heure vivante. Hier frémissait devant. Aujourd'hui, la vieille férocité constatait et subissait la nouvelle épouvante, ce qui n'était plus que le néant ouvrait des yeux d'ombre devant ce qui était la terreur, et le fantôme regardait le spectre.

La nature est impitoyable ; elle ne consent pas à retirer ses fleurs, ses musiques, ses parfums et ses rayons devant l'abomination humaine ; elle accable l'homme du contraste de la beauté divine avec la laideur sociale ; elle ne lui fait grâce ni d'une aile de papillon, ni d'un chant d'oiseau ; il faut qu'en plein meurtre, en pleine vengeance, en pleine barbarie, il subisse le regard des choses sacrées ; il ne peut se soustraire à l'immense reproche de la douceur universelle et à l'implacable sérénité de l'azur. Il faut que la difformité des lois humaines se montre toute nue au milieu de l'éblouissement éternel. L'homme brise et broie, l'homme stérilise, l'homme tue ; l'été reste l'été, le lys reste le lys, l'astre reste l'astre.

Ce matin-là, jamais le ciel frais du jour levant n'avait été plus charmant. Un vent tiède remuait les bruyères, les vapeurs rampaient mollement dans les branchages, la forêt de Fougères, toute pénétrée de l'haleine qui sort des sources, fumait dans l'aube comme une vaste cassolette pleine d'encens ; le bleu du firmament [1], la blancheur des nuées, la claire transparence des eaux, la verdure, cette gamme harmonieuse qui va de l'aigue-marine à l'émeraude, les groupes d'arbres fraternels, les nappes d'herbes, les plaines profondes, tout avait cette pureté qui

---

1. « La mort est bleue » (*Les Contemplations*, VI, 13, « Cadaver »).

est l'éternel conseil de la nature à l'homme. Au milieu de tout cela s'étalait l'affreuse impudeur humaine ; au milieu de tout cela apparaissaient la forteresse et l'échafaud, la guerre et le supplice, les deux figures de l'âge sanguinaire et de la minute sanglante ; la chouette de la nuit du passé et la chauve-souris du crépuscule de l'avenir [1]. En présence de la création fleurie, embaumée, aimante et charmante, le ciel splendide inondait d'aurore la Tourgue et la guillotine, et semblait dire aux hommes : Regardez ce que je fais et ce que vous faites.

Tels sont les formidables usages que le soleil fait de sa lumière.

Ce spectacle avait des spectateurs.

Les quatre mille hommes de la petite armée expéditionnaire étaient rangés en ordre de combat sur le plateau. Ils entouraient la guillotine de trois côtés, de façon à tracer autour d'elle, en plan géométral, la figure d'un E ; la batterie placée au centre de la plus grande ligne faisait le cran de l'E. La machine rouge était comme enfermée dans ces trois fronts de bataille, sorte de muraille de soldats repliée des deux côtés jusqu'aux bords de l'escarpement du plateau ; le quatrième côté, le côté ouvert, était le ravin même, et regardait la Tourgue.

Cela faisait une place en carré long, au milieu de laquelle était l'échafaud. À mesure que le jour montait, l'ombre portée de la guillotine décroissait sur l'herbe [2].

Les artilleurs étaient à leurs pièces, mèches allumées.

Une douce fumée bleue s'élevait du ravin ; c'était l'incendie du pont qui achevait d'expirer.

Cette fumée estompait sans la voiler la Tourgue dont la haute plate-forme dominait tout l'horizon. Entre cette plate-forme et la guillotine il n'y avait que l'intervalle du ravin. De l'une à l'autre on pouvait se parler.

Sur cette plate-forme avaient été transportées la table du tribunal et la chaise ombragée de drapeaux tricolores.

---

1. Le crépuscule est l'heure incertaine où le soleil se couche ou, comme ici, se lève.   **2.** À la lueur de l'incendie, l'« ombre gigantesque de la Tourgue, subitement gigantesque, s'allongeait jusqu'à la forêt » (p. 463).

Le jour se levait derrière la Tourgue et faisait saillir en noir la masse de la forteresse et, à son sommet, sur la chaise du tribunal et sous le faisceau de drapeaux, la figure d'un homme assis, immobile et les bras croisés.

Cet homme était Cimourdain. Il avait, comme la veille, son costume de délégué civil, sur la tête le chapeau à panache tricolore, le sabre au côté et les pistolets à la ceinture.

Il se taisait. Tous se taisaient. Les soldats avaient le fusil au pied et baissaient les yeux. Ils se touchaient du coude, mais ne se parlaient pas. Ils songeaient confusément à cette guerre, à tant de combats, aux fusillades des haies si vaillamment affrontées, aux nuées de paysans furieux chassés par leur souffle, aux citadelles prises, aux batailles gagnées, aux victoires, et il leur semblait maintenant que toute cette gloire leur tournait en honte. Une sombre attente serrait toutes les poitrines. On voyait sur l'estrade de la guillotine le bourreau qui allait et venait. La clarté grandissante du matin emplissait majestueusement le ciel.

Soudain on entendit ce bruit voilé que font les tambours couverts d'un crêpe. Ce roulement funèbre approcha ; les rangs s'ouvrirent, et un cortège entra dans le carré, et se dirigea vers l'échafaud.

D'abord, les tambours noirs, puis une compagnie de grenadiers, l'arme basse, puis un peloton de gendarmes, le sabre nu, puis le condamné, — Gauvain.

Gauvain marchait librement. Il n'avait de cordes ni aux pieds ni aux mains. Il était en petit uniforme ; il avait son épée [1].

Derrière lui venait un autre peloton de gendarmes.

Gauvain avait encore sur le visage cette joie pensive qui l'avait illuminé au moment où il avait dit à Cimourdain : Je pense à l'avenir. Rien n'était ineffable et sublime comme ce sourire continué.

En arrivant sur le lieu triste, son premier regard fut pour le haut de la tour. Il dédaigna la guillotine.

---

1. Il n'a donc pas été désarmé, ni dégradé.

Il savait que Cimourdain se ferait un devoir d'assister à l'exécution. Il le chercha des yeux sur la plate-forme. Il l'y trouva.

Cimourdain était blême et froid. Ceux qui étaient près de lui n'entendaient pas son souffle.

Quand il aperçut Gauvain, il n'eut pas un tressaillement.

Gauvain cependant s'avançait vers l'échafaud.

Tout en marchant, il regardait Cimourdain et Cimourdain le regardait. Il semblait que Cimourdain s'appuyât sur ce regard.

Gauvain arriva au pied de l'échafaud. Il y monta. L'officier qui commandait les grenadiers l'y suivit. Il défit son épée et la remit à l'officier, il ôta sa cravate et la remit au bourreau.

Il ressemblait à une vision. Jamais il n'avait apparu plus beau. Sa chevelure brune flottait au vent ; on ne coupait pas les cheveux alors. Son cou blanc faisait songer à une femme, et son œil héroïque et souverain faisait songer à un archange. Il était sur l'échafaud, rêveur. Ce lieu-là aussi est un sommet. Gauvain y était debout, superbe et tranquille. Le soleil, l'enveloppant, le mettait comme dans une gloire.

Il fallait pourtant lier le patient. Le bourreau vint, une corde à la main.

En ce moment-là, quand ils virent leur jeune capitaine si décidément engagé sous le couteau, les soldats n'y tinrent plus ; le cœur de ces gens de guerre éclata. On entendit cette chose énorme, le sanglot d'une armée. Une clameur s'éleva : Grâce ! grâce ! Quelques-uns tombèrent à genoux ; d'autres jetaient leurs fusils et levaient les bras vers la plate-forme où était Cimourdain. Un grenadier cria en montrant la guillotine :

— Reçoit-on des remplaçants pour ça ? Me voici.

— Tous répétaient frénétiquement : Grâce ! grâce ! et des lions qui auraient entendu cela eussent été émus ou effrayés, car les larmes des soldats sont terribles.

Le bourreau s'arrêta, ne sachant plus que faire.

Alors une voix brève et basse, et que tous pourtant entendirent, tant elle était sinistre, cria du haut de la tour :

— Force à la loi !

On reconnut l'accent inexorable. Cimourdain avait parlé. L'armée frissonna.

Le bourreau n'hésita plus. Il s'approcha tenant sa corde.

— Attendez, dit Gauvain.

Il se tourna vers Cimourdain, lui fit, de sa main droite encore libre, un geste d'adieu, puis se laissa lier.

Quand il fut lié, il dit au bourreau :

— Pardon. Un moment encore.

Et il cria :

— Vive la République [1] !

On le coucha sur la bascule. Cette tête charmante et fière s'emboîta dans l'infâme collier. Le bourreau lui releva doucement les cheveux, puis pressa le ressort ; le triangle se détacha et glissa lentement d'abord, puis rapidement ; on entendit un coup hideux...

Au même instant on en entendit un autre. Au coup de hache répondit un coup de pistolet. Cimourdain venait de saisir un des pistolets qu'il avait à sa ceinture, et, au moment où la tête de Gauvain roulait dans le panier, Cimourdain se traversait le cœur d'une balle. Un flot de sang lui sortit de la bouche, il tomba mort [2].

Et ces deux âmes, sœurs tragiques, s'envolèrent ensemble, l'ombre de l'une mêlée à la lumière de l'autre [3].

---

1. La République, au nom de laquelle Cimourdain avait prononcé la condamnation de son fils spirituel (p. 499).   **2.** Victor Hugo a renoncé à ce développement : « Quand on le releva, on trouva sur la table ce papier écrit de sa main : — Il y a deux choses, la loi et la justice. Toutes deux doivent être obéies. La mort de Gauvain satisfait à la loi ; la mienne satisfait à la justice » *(Reliquat).* Ce sont les « deux pôles du vrai » (III, 2, 7).   **3.** La mort, selon la conclusion des *Mages* (*Les Contemplations*, VI, 23), est « évanouissement », *dans* l'azur ou *des* cieux, par dissolution des substances particulières, dans un clair-obscur qui est le contraire d'une antithèse. Manuscrit : « (Je finis ce livre aujourd'hui 9 juin 1873, à Hauteville-house, dans l'atelier d'en bas, à midi et demi.) »

BIBLIOGRAPHIE

1. Principales éditions

Édition reproduite : *Quatrevingt-Treize*. Premier récit — La guerre civile, Michel Lévy frères, 1874, 3 vol. in-8 (18 francs les 3 volumes), édition originale, suivie de l'édition in-16 (7 francs les 2 volumes).

Quatrevingt-Treize, Eugène Hugues éditeur, 1876, gr. in-8 (60 livraisons à 10 centimes). Édition illustrée.

Quatrevingt-Treize, édition dite « définitive » ou *ne varietur*, Hetzel-Quantin, 1880.

Quatrevingt-Treize, Imprimerie Nationale, Librairie Ollendorff, 1924, gr. in-8 (*Reliquat* ; Le manuscrit de *Quatrevingt-Treize* ; Historique ; Revue de la critique).

Quatrevingt-Treize, « Classiques Garnier », Garnier frères, 1963, introduction notes et choix de variantes par Jean Boudout.

Quatrevingt-Treize, GF/Flammarion, 1965, présentation de Jacques Body.

Œuvres complètes, « Édition chronologique », sous la direction de Jean Massin, Club français du livre, t. XV, 1970. Présentation de Guy Rosa.

Quatrevingt-Treize, « Folio », Gallimard, 1979, préface et notes par Yves Gohin.

Œuvres complètes, sous la direction de Jacques Seebacher assisté de Guy Rosa, « Bouquins », *Roman III*, Robert Laffont, 1985, notice et notes par Jean Gaudon.

Quatrevingt-Treize, « Pocket Classiques », Pocket, 1992, préface et dossier de Gérard Gengembre.

2. Articles et ouvrages à consulter

Albouy (Pierre), « Une œuvre reconstituée de Victor Hugo », *Revue d'Histoire littéraire de la France*, 1960, p. 388-423 (sur *Le Verso de la page* et la « nébuleuse poétique » de l'hiver 1857).

— *La Création mythologique chez Victor Hugo*, José Corti, 1963.

Audiat (Pierre), *Ainsi vécut Victor Hugo*, Hachette, 1947.

Bach (Max), « Critique littéraire ou critique politique. Les derniers romans de Victor Hugo vus par les contemporains », *The French Review*, octobre 1954, p. 27-34.

Barbey d'Aurevilly (Jules), *Victor Hugo*, G. Crès, 1922 (« *Quatrevingt-Treize* », p. 223-240 ; *Le Constitutionnel*, 9 mars 1874).

Barrère (Jean-Bertrand), *La Fantaisie de Victor Hugo. 1852-1885*, José Corti, 1960 (p. 444-447).

Bellet (Roger), « Ordre et révolution onomastique dans *Quatrevingt-Treize* », *Europe*, mars 1985, p. 28-39.

Bernard (C.), *Le Chouan romanesque. Balzac, Hugo, Barbey d'Aurevilly*, Presses Universitaires de France, 1988.

Berret (Paul), « Comment Victor Hugo prépara son roman historique de *Quatrevingt-Treize* », *Revue Universitaire*, 1914, p. 136-145.

Brombert (Victor), *Victor Hugo et le roman visionnaire*, Presses Universitaires de France, 1985 (« La violence de l'histoire », p. 259-290).

Butor (Michel), « Victor Hugo romancier », *Répertoire II*, Éditions de Minuit, 1964.

Côte-Colisson (Benoît), *Accueil de la critique à Quatrevingt-Treize* », Mémoire de maîtrise sous la direction de Pierre Barbéris, Université de Caen, 1991 (multigraphié).

Degout (Bernard), *Le Sablier retourné. Victor Hugo (1816-1824) et le débat sur le « Romantisme »*, Honoré Champion, 1998.

Engler (Winfried), « Victor Hugo : *Quatrevingt-Treize*. Revolution, Teleologie und Menschheitsgeschichte », *Lendemains*, mai 1978, p. 55-72.

GAUDON (Jean), *Le Temps de la contemplation*, Flammarion, 1969.

— *Victor Hugo et le théâtre. Stratégie et dramaturgie*, Éditions Suger, 1985.

GEORGEL (Pierre), « Vision et imagination plastique dans *Quatrevingt-Treize* », *Les Lettres romanes*, t. XIX, n° 1, 1965, p. 3-27.

GOHIN (Yves), *Sur l'emploi des mots* immanent *et* immanence *chez Victor Hugo*, « Archives hugoliennes n° 6 », *Archives des lettres modernes*, 94 (1968), Minard.

GROSSMAN (Kathryn M.), « "Angleterre et France mêlées" : Fraternal Visions in *Quatrevingt-Treize* and *A Tale of two Cities* », *Victor Hugo et la Grande-Bretagne*, éd. A.R.W. James, Vinaver Studies in French, III, Francis Cairns, Liverpool, 1986, p. 105-120.

GUERLAC (Suzanne), « Exorbitant Geometry in Hugo's *Quatrevingt-Treize* », *Modern Language Notes*, 96 (1981), p. 856-876.

LAFORGUE (Pierre), « Mythe, Révolution et Histoire. La reprise des *Misérables* en 1860 », *La Pensée*, mai-juin 1985, p. 29-40.

— « La Révolution française vue d'Angleterre », *Victor Hugo et la Grande-Bretagne*, éd. A.R.W. James, Vinaver Studies in French, III, Francis Cairns, Liverpool, 1986, p. 121-136.

LEUILLIOT (Bernard), « La loi des tempêtes », *Hugo le fabuleux*, Seghers, 1985, p. 84-97.

— « Le "Reliquat" de *Quatrevingt-Treize* », *Hugo, de l'écrit au livre*, Presses Universitaires de Vincennes, 1987, p. 67-76.

— « *Quatrevingt-Treize* dans *Les Misérables* », *Romantisme*, 60 (1988), p. 99-107.

— « La "grande rêverie" de l'hiver 1862 et le projet *93* », *Revue d'Histoire littéraire de la France*, septembre-octobre 1992, p. 846-862.

MALLION (Jean), *Victor Hugo et l'art architectural*, Presses Universitaires de France, 1962 (p. 354-363).

MESCHONNIC (Henri), *Écrire Hugo*, Gallimard, 1977 (« *Quatrevingt-Treize* », t. II, p. 188-212).

MILLET (Claude), *Le Légendaire au XIXe siècle. Poésie, mythe et vérité*, Presses Universitaires de France, 1997.

PETREY (Sandy), *History in the Text*. Quatrevingt-Treize *and the French Revolution*, « Monographs in Romance Language, III », Purdue University, Amsterdam, John Benjamins, 1980.

PIROUÉ (Georges), *Victor Hugo romancier*, Denoël, 1964 (« *Quatrevingt-Treize* », p. 210-217).

RENOUVIER (Charles), *Victor Hugo, le philosophe*, Armand Colin, 1900.

ROBB (Graham), *Victor Hugo*, Londres, Picador, 1997.

ROGERS (Claire-Lise), « Bibliographie commentée de *Quatrevingt-Treize* », *La Revue des Lettres modernes*, « Approches critiques contemporaines. Victor Hugo, I », Minard, 1984, p. 165-188.

ROMAN (Myriam), *Victor Hugo et le roman philosophique. Du « drame dans les faits » au « drame dans les idées »*, Honoré Champion, 1999.

ROSA (Guy), « Massacrer les massacres », *L'Arc*, n° 57, 2e trimestre 1974, p. 72-80.

— « *Quatrevingt-Treize* ou la critique du roman historique », *Revue d'Histoire littéraire de la France*, mars-juin 1975, p. 329-343.

SEEBACHER (Jacques), *Victor Hugo ou le calcul des profondeurs*, Presses Universitaires de France, 1993.

SEGRESTAA (Jean-Noël) « Une "recherche en paternité" : *L'Otage* et *Quatrevingt-Treize* », *Bulletin de la Société Paul Claudel*, n° 71, 3e trimestre 1978, p. 12-16.

UBERSFELD (Anne), *Le Roi et le Bouffon*, José Corti, 1974.

VENZAC (Géraud), *Les Origines religieuses de Victor Hugo*, 1955.

ZUMTHOR (Paul), *Victor Hugo, poète de Satan*, Robert Laffont, 1946.

3. RÉVOLUTION ET RÉVOLUTIONS

Dictionnaire historique de la Révolution française, sous la direction d'Albert Soboul, Presses universitaires de France, 1989.

GÉRARD (Alice), *La Révolution française, mythes et interprétations*, « Questions d'histoire », Flammarion, 1970.

MARTIN (Jean-Clément), *La Vendée de la mémoire (1800-1980)*, Seuil, 1989.

MASSIN (Jean), *Almanach de la Révolution française*, Club français du livre, 1963 (Encyclopædia Universalis, 1988).

*

AGULHON (Maurice), *1848 ou l'apprentissage de la République*, « Nouvelle histoire de la France contemporaine. 8 », Seuil-Histoire, 1973.

— *Les Quarante-huitards*, « Archives », Gallimard, 1975.

BLAIS (Marie-Claude), *Au principe de la République. Le cas Renouvier*, « Bibliothèque des Idées », Gallimard, 2000.

LEUILLIOT (Bernard), « Les barricades mystérieuses », *Europe*, mars 1985, p. 127-136.

LOUBERE (Leo A.), *Louis Blanc. His Life and his Contribution to the Rise of French Jacobin-Socialism*, Northwestern University Press, 1961.

PELLISSIER (Pierre), *Émile de Girardin, Prince de la Presse*, Denoël, 1985.

ROSA (Guy), « Comment on devient républicain », *Revue des sciences humaines*, 1974-4, p. 653-671.

*

ALBOUY (Pierre), « Victor Hugo et la Commune » ; « Le mythe de Paris et la Commune », *Mythographies*, José Corti, 1976, p. 222-228, 353-364.

ROSA (Guy), « Politique du désastre. Hugo durant "l'année terrible" », *Europe*, mars 1985, p. 170-187.

ROUGERIE (Jacques), *La Commune de 1871*, « Que sais-je ? », 1988.

L'« ARCHIVE » DE *QUATREVINGT-TREIZE*

Auguste DANICAN, *Les Brigands démasqués ou Mémoires pour servir à l'histoire du temps présent*, Londres, 1796.

Paris pendant la Révolution (1789-1798) ou le Nouveau Paris par Sébastien MERCIER, Poulet-Malassis, 1862. Édition originale : *Le Nouveau Paris*. Par le cit. Mercier, chez Fuchs, Ch. Pougens et Ch. Fr. Cramer, libraires, [1798]. Édition citée : *Le Nouveau Paris*, sous la direction de Jean-Claude Bonnet, Mercure de France, 1994.

[Parallèllement à la rédaction de son *Tableau de Paris*, Sébastien Mercier (1740-1814) avait consacré à la rénovation du théâtre l'essentiel de son activité littéraire, et publié, en 1771, une œuvre d'anticipation, *L'An 2440, rêve s'il en fut*, avec cette épigraphe empruntée à Leibniz : « Le temps présent est gros de l'avenir ». Il y annonce, comme Jacques Coppenole dans *Notre-Dame de Paris*, la chute et la démolition de la Bastille. Acquis à la Révolution, il siégea à la Convention sur les bancs de la Gironde, où il vota contre la mort du Roi. Arrêté en 1793, libéré après Thermidor, il siégea au Conseil des Cinq-Cents. Avec son *Tableau de Paris*, suivi, en 1798, du *Nouveau Paris*, « le *détail* fait une entrée massive dans l'écriture de l'histoire » (Michel Delon), selon ce que lui-même en disait, à savoir que « les crises révolutionnaires sont composées d'infiniment petits, base essentielle de tous les événements ».]

Comte Joseph de PUISAYE, *Mémoires... qui pourront servir à l'histoire du parti royaliste français durant la dernière révolution*, Londres, 1803-1808.

J. DUCHEMIN-DESCÉPEAUX [du Chemin des Scépeaux], *Lettres sur l'origine de la Chouannerie et les chouans du Bas-Maine*, Imprimerie royale, 1825-1827.

[Les *Mémoires* du comte Joseph de Puisaye (1755-1827), ancien député de la noblesse du Perche à la Constituante passé à la contre-révolution en Bretagne, et les *Lettres sur l'origine de la chouannerie et les chouans du Bas-Maine*, de

J. Duchemin-Descépeaux, résumaient le point de vue du parti « catholique et royal ». Victor Hugo doit à Puisaye le récit, dans *Quatrevingt-Treize*, de la rencontre de Lantenac et du Caimand (I, 4, 4). Puisaye avait aussi commandé, en juillet 1795, le corps expéditionnaire français débarqué à Quiberon par la flotte anglaise, dont la défaite inspire l'ode que lui consacra Hugo en 1820. Ancien lieutenant de La Rouërie en Vendée, Descépeaux avait travaillé à la « réunion » des « deux guerres », de l'insurrection vendéenne et de la chouannerie. Son témoignage allait dans le sens du décadrage ou déplacement opéré par Hugo dans son roman, de la Vendée proprement dite à la chouannerie des départements du Bas-Maine et du Haut-Poitou.]

La Révolution française depuis l'ouverture des États généraux jusqu'au 9 Brumaire [...] *en quinze tableaux gravés par Helman d'après Monnet.* [...] Prix : 75 francs. Paris, chez Décrouan, [1838].

Réimpression de l'Ancien Moniteur, seule histoire authentique et inaltérée de la Révolution française... avec des notes explicatives, édition Plon, 32 vol. in-4, dont un d'« introduction historique » et deux de tables (acquise par Victor Hugo en 1860).

Chronique de la Régence et du règne de Louis XV. Journal de l'avocat Barbier. Première édition complète conforme au manuscrit de l'auteur, publiée avec l'autorisation de S.E. le ministre de l'Instruction publique [Hippolyte Fortoul], 8 vol., Charpentier, 1857.

[Edmond Barbier (1689-1771) était un « robin », un homme de robe, avocat au Parlement de Paris, mais qui ne plaidait pas. Il dirigeait un cabinet d'affaires hérité de son père, qui lui valait de nombreuses relations dans le mouvement parisien. Ses opinions sont d'un bourgeois plus ou moins voltairien, très hostile aux excès des « convulsionnaires » et qui répugnait à mêler sa voix au « tapage » de ses confrères, engagés, à la suite du « parti janséniste », dans les luttes du Parlement contre le pouvoir royal.]

Joseph GARAT, *Mémoires (1749-1833)*, Poulet-Malassis, 1862.

Ernest HAMEL, *Histoire de Robespierre*, Lacroix, 3 vol., 1865.

Louis BLANC, *Histoire de la Révolution française*, « Édition populaire », ornée de 600 gravures, typographie Maurice Lachâtre, 2 vol., s.d. [1868]. L'exemplaire de Victor Hugo est conservé place des Vosges. Édition originale : Langlois et Leclerc, 1847-1862. Voir les articles consacrés par Madeleine Rebérioux et Ségolène Le Men à l'*Histoire* de Louis Blanc dans le *Cahier Jaurès n° 1* (Colloque de Castres, 1989). Maurice Lachâtre fut aussi l'éditeur, en 1875, de la première traduction française du *Capital* de Karl Marx.

[Louis Blanc (1811-1882) restait pour Hugo le « grand socialiste de 1848 » : il avait accompagné le « grand mouvement coopératif » et tenté de « résoudre l'un par l'autre les deux problèmes du bien-être et du travail », par « amalgame », notamment, du « capitaliste à l'ouvrier ». L'auteur de *L'Organisation du travail* (1839) avait présidé, en 1848, la « Commission du Gouvernement pour les travailleurs », au Luxembourg, et réclamé, après sa dissolution, la création d'un ministère du Travail. Mis en accusation après Juin, il devança le verdict en s'exilant à Londres, d'où il correspondait avec Hugo. Il y travailla à la suite de son *Histoire de la Révolution française* (1847-1862), mettant à profit les ressources de la bibliothèque du British Museum, où le comte de Puisaye avait déposé d'importantes archives. Victor Hugo en a lu de près l'introduction, où Louis Blanc distingue entre deux moments : celui, en 1789, de la victoire de l'individualisme et de la liberté sur l'« autorité », aboutissement d'un long combat engagé par Luther et poursuivi jusqu'aux *philosophes* et aux *économistes* ; celui, en 1793, du gouvernement de la Terreur, où dominait l'influence de Rousseau, modèle de Robespierre, et dont il convenait d'attribuer l'échec à une société qui n'était pas prête à accepter son idéal, réputé utopique, d'égalité et de fraternité, celui-là même dont se réclame, Gauvain dans sa « causerie » avec Cimourdain (III,

7, 5). Le robespierrisme de Louis Blanc fut l'occasion, en 1868, d'une polémique — *Historikerstreit...* — avec Michelet. Tout se passe donc comme si Hugo, en 1872, avait pris le parti de Louis Blanc contre Michelet. Les deux hommes se retrouvèrent en 1870 et firent plus que se côtoyer, à l'occasion des luttes qu'ils menèrent pour l'amnistie des Communards ou contre le « cléricalisme ». Député de la Seine, Louis Blanc joua un rôle non négligeable dans l'élection de Victor Hugo au Sénat. Il prononça le discours d'usage à l'enterrement de François-Victor Hugo, comme le fit Hugo lui-même aux obsèques de Mme Louis Blanc, puis de Louis Blanc.]

Georges MÉTIVIER, *Dictionnaire franco-normand ou recueil des mots particuliers au dialecte de Guernesey...*, Londres-Edimbourg, Williams and Norgate, 1870 (sur l'usage qu'en a fait Victor Hugo : Louis Havet, *Revue critique*, 4 avril 1874, p. 218-223).

VICTOR HUGO ET LA RÉVOLUTION FRANÇAISE

Aperçu chronologique

1532
Réunion du duché de Bretagne à la couronne de France, avec maintien de ses droits et privilèges.

1572
24 août. Massacres de la Saint-Barthélemy.

1743
21 mai. Naissance de Marat à Boudry (principauté de Neuchâtel, en Suisse).

1757
28 mars. Supplice de Damiens, écartelé à quatre chevaux, né à Dieuloy, près d'Arras.

1758
6 mai. Naissance de Robespierre à Arras.

1759
26 octobre. Naissance de Danton à Arcis-sur-Aube.

1764
Pose, par Louis XV, de la première pierre de l'église Sainte-Geneviève, patronne de Paris (le futur « Panthéon »).

1772

1er juin. Naissance à Nantes de Sophie Trébuchet, mère de Victor Hugo.

1773

15 novembre. Naissance à Nancy de Léopold-Sigis-bert-Hugo, père de Victor Hugo.

1774

10 mai. Mort de Louis XV. Louis XVI roi, Marie-Antoinette reine.

1778

30 mai. Mort de Voltaire.
2 juillet. Mort de Rousseau.

1789

5 mai. Séance royale d'ouverture des États Généraux à Versailles.
20 juin. Serment du Jeu de Paume.
9 juillet. ASSEMBLÉE NATIONALE CONSTITUANTE.
14. Prise de la Bastille.
4-5 août. Nuit du 4 août : la Noblesse et le Clergé proposent l'abolition du régime féodal et le rachat des droits touchant aux propriétés.
26. *Déclaration des droits de l'homme et du citoyen* : « La liberté consiste à pouvoir faire tout ce qui ne nuit pas à autrui », dans des « bornes » fixées par la loi.
6 octobre. Le roi est ramené de Versailles à Paris.

1790

19 juin. Abolition de la noblesse et des titres hérédi-taires.
12 juillet. Constitution civile du clergé.
14. Fête de la Fédération.
21 octobre. Le drapeau tricolore remplace le drapeau blanc.

1791

4 avril. Pompe funèbre de Mirabeau en l'église Sainte-Geneviève, dédiée depuis la veille au culte des grands hommes sous le nom de Panthéon.

21 juin. Fuite du roi et de la famille royale, arrêtés à Varennes et ramenés le 25 à Paris.

17 juillet. Massacre du Champ-de-Mars, ordonné par l'Assemblée, exécuté par La Fayette.

1er octobre. ASSEMBLÉE NATIONALE LÉGISLATIVE. Les Girondins y prêchent la guerre.

1792

2 mars. Les Princes nomment La Rouarie chef des royalistes pour tout l'Ouest.

15 avril. Fête de la Liberté, avec pour devise : « Liberté, Égalité, Fraternité. »

20. La France déclare la guerre au « roi de Hongrie et de Bohême » (c'est-à-dire à un monarque et non aux peuples de l'Empire).

3 mai. Décrété d'arrestation, Marat passe dans la clandestinité et devient l'« homme du souterrain ».

20 juin. Le peuple envahit les Tuileries. Louis XVI coiffé du bonnet rouge.

11 juillet. L'Assemblée proclame « la Patrie en danger ».

25. Manifeste de Brunswick, menaçant Paris de destruction.

10 août. Commune insurrectionnelle et prise des Tuileries. Le roi se réfugie à l'Assemblée, qui décrète sa suspension provisoire et son internement.

11. La statue de Louis XV est abattue sur la place qui portait son nom, rebaptisée place de la Révolution (aujourd'hui place de la Concorde).

13. La statue de Louis XIV est abattue place des Victoires (aujourd'hui place Vendôme).

2-3 septembre. Exécutions populaires, dites « Massacres de septembre ».

9. Élection de Marat à la Convention.

20. Victoire de Valmy.

21. Première séance de la CONVENTION NATIONALE. Abolition de la royauté.

22. La Convention proclame l'« An I de la République française », décrétée le 25 « une et indivisible ».

13 novembre. Ouverture des débats sur le procès de Louis XVI (« Louis Capet »). Saint-Just : « On ne peut point régner innocemment. »

1793

17 janvier. « La peine prononcée contre Louis Capet est celle de mort » (387 voix contre 334).

21. Louis Capet est guillotiné.

1er février. La France déclare la guerre à l'Angleterre et à la Hollande.

24. La Convention décrète la levée de 300 000 volontaires.

10 mars. Création du « Tribunal criminel extraordinaire », futur « Tribunal révolutionnaire ».

11. Début de la guerre de Vendée, inaugurée par les massacres de Machecoul.

18. Défaite à Neerwinden du général Dumouriez, qui passe à l'émigration.

6 avril. Élection du premier Comité de salut public, dominé par Danton jusqu'au 10 juillet.

24. Triomphe de Marat, décrété d'accusation par la Convention, acquitté par le Tribunal révolutionnaire.

10 mai. La Convention s'installe aux Tuileries, dans la salle transformée de l'ancien opéra, où avaient eu lieu le couronnement de Voltaire et la première du *Mariage de Figaro*.

19. Santerre quitte Paris pour la Vendée à la tête d'un bataillon de volontaires.

29. Installation à l'Évêché d'un comité insurrectionnel de la Commune.

31. Première journée insurrectionnelle contre la Gironde, préparée par le comité de l'Évêché en collaboration avec Marat.

Fin mai. *Le Bataillon du Bonnet-Rouge dans le bois de la Saudraie*.

2 juin. Sous le commandement de Hanriot, la Garde nationale pointe ses canons sur la Convention, qui décrète l'arrestation de vingt-neuf députés de la Gironde. Fuite

de Roland, Buzot, Pétion et Barbaroux, qui se suicideront. *Débarquement de Lantenac.*

12. Le roturier Cathelineau est élu généralissime de l'« Armée catholique et royale ».

28. *Danton, Marat et Robespierre rue du Paon.*

29. Échec des Vendéens devant Nantes. Cathelineau mortellement blessé.

13 juillet. Assassinat de Marat par Charlotte Corday, guillotinée le 17. Marat au Panthéon.

19. D'Elbée, modeste hobereau, remplace Cathelineau à la tête de l'« Armée catholique et royale », avec le roturier Stofflet pour adjoint. Le marquis de Lescure et son cousin de La Rochejaquelein, le marquis de Bonchamps et le prince de Talmont leur sont subordonnés. Charette fait bande à part.

23. Les Français évacuent Mayence avec les honneurs de la guerre.

27. Élection de Robespierre au Comité de salut public.

Juillet. Arrivée en Vendée, avec son unité, de Léopold Hugo, adjudant-major du commandant Muscar, au 8ᵉ Bataillon du Bas-Rhin. Vaincu à Pacy-sur-Eure, le comte de Puisaye, réfugié en forêt du Pertre, tente de fédérer les bandes chouannes et travaille à la réunion des « deux guerres » (Chouannerie et Vendée). *Le bataillon du Bonnet-Rouge maître de Dol* (voir en novembre). *Cimourdain sauve la vie de Gauvain.*

23. La Convention décrète la levée en masse « contre les tyrans ».

Août. *Siège de la Tourgue.*

17. Loi des suspects (2 000 arrestations).

29. Décret sur le « maximum » des denrées et des salaires. Envoi de Carrier à Nantes.

5 octobre. Adoption du calendrier républicain. Premier mois de l'An II (Vendémiaire, 22 septembre-21 octobre).

8. Arrivée à Nantes de Jean-Baptiste Carrier, représentant en mission.

17. L'armée vendéenne est défaite à Cholet par Kléber et Marceau. D'Elbée hors de combat, remplacé le 29 par La Rochejaquelein.

18. Les Vendéens franchissent la Loire à Saint-Florent-le-Vieil. Mort de Bonchamps.

24. Ouverture du procès de Vergniaud et des députés girondins, guillotinés le 31.

30. Grand-père maternel de Sophie Trébuchet, René-Pierre Lenormand du Buisson est nommé juge, sous Carrier, au Tribunal révolutionnaire de Nantes.

14 novembre. Échec vendéen devant Granville.

19-22. Après une bataille indécise, les Vendéens restent maîtres de Dol.

16. Vaincus au Mans (12 décembre), Stofflet et La Rochejaquelein repassent la Loire à Ancenis.

23. Anéantissement de l'Armée vendéenne à Savenay. La guerre n'est pas finie pour autant.

1794

Janvier. Exécution de l'« évêque d'Agra » et de Talmont. Mort de La Rochejaquelein. Entrée en action des « colonnes infernales » du général Turreau.

6 février. Carrier est rappelé de Nantes par la Convention. Bonaparte est promu général.

8. Sophie Trébuchet quitte Nantes pour Châteaubriant, place-forte républicaine au milieu de campagnes contrôlées par les « brigands ».

21. Ouverture du procès des « hébertistes » (Hébert, Ronsin, Momoro...), condamnés et exécutés le 24.

2 avril. Ouverture du procès des « dantonistes » (Danton, Camille Desmoulins...), condamnés et exécutés le 5 mai.

7 mai. Après un rapport de Robespierre, la Convention décrète que « le peuple français reconnaît l'existence de l'Être suprême et de l'immortalité de l'âme ».

2 juin. Bataille d'Ouessant (7 vaisseaux coulés par les Anglais, dont *Le Vengeur du Peuple*).

8. Fête de l'Être suprême, célébrée par Robespierre.

10. Loi de Prairial, supprimant pratiquement toute garantie judiciaire pour les accusés. Début de la « Grande Terreur ».

26 juillet. Dernier discours de Robespierre à la Convention. Tallien prépare sa chute, qu'il négocie avec le Marais.

27 (9 THERMIDOR). Chute de Robespierre, décrété d'arrestation avec Couthon, Saint-Just, Robespierre jeune et

Lebas, qui se suicide. « La République est perdue. Les brigands triomphent. »

28. Exécution de Robespierre, de Couthon et de Saint-Just. « Réaction thermidorienne » et « Terreur blanche » dans le Midi.

16 décembre. Carrier est guillotiné.

1795

20 mai. La Convention est envahie (« Du pain et la Constitution de 93 ! »). Le représentant Féraud est tué. Le président Boissy d'Anglas salue sa tête au bout d'une pique.

20-23. Journées insurrectionnelles de Prairial, réprimées par l'armée sur l'ordre de la Convention.

8 juin. Mort au Temple du dauphin, fils de Louis XVI (Louis XVII), âgé de dix ans. Son oncle s'autoproclame roi, sous le nom de Louis XVIII.

17. Jugement, condamnation et suicide des « martyrs de Prairial » (Bourbotte, Romme, Soubrany...), derniers représentants de la Montagne et du mouvement populaire.

20 juillet. Victoire de Hoche sur le corps expéditionnaire débarqué à Quiberon par la flotte anglaise et commandé par Puisaye (intervention préparée par La Vieuville et Boisberthelot, délégués de Puisaye à Jersey).

26 octobre. La Convention se sépare. Entrée en vigueur de la Constitution de l'an III. Le Conseil des Anciens nomme un DIRECTOIRE de cinq membres sur une liste présentée par le Conseil des Cinq-Cents (Barras, Letourneur, La Revellière, Reubell, Carnot).

Novembre. Affectation à Châteaubriant de l'adjudant-major Léopold Hugo. Il y rencontrera Sophie Trébuchet.

1796

25 février. Stofflet est fusillé.

25 mars. Charette est fusillé à Nantes.

10 mai. Échec de la *Conjuration pour l'Égalité* (Babeuf, théoricien du « communisme », guillotiné le 26 mai 1797).

— Joseph de Maistre, *Considérations sur la France*. La Révolution « fléau de Dieu », à la fois divine et satanique.

1797

18 mars. Chateaubriand publie à Londres son *Essai sur les Révolutions*, qui le fera passer pour « jacobin ».

19 mai. Léopold Hugo est nommé à Paris, capitaine-rapporteur au Conseil de guerre, dont Pierre Foucher, futur beau-père de Victor Hugo, est le greffier.

4 septembre (18 fructidor). Coup d'État anti-royaliste. Le Directoire s'octroie les pleins pouvoirs.

15 novembre. Mariage civil à Paris de Léopold Hugo et de Sophie Trébuchet.

— Benjamin Constant, *Des effets de la Terreur*. Les deux révolutions : la Terreur déviation des principes de 89, article essentiel de la doctrine « libérale ».

1798

15 novembre. Naissance à Paris d'Abel Hugo, « beau comme un amour », futur spécialiste de littérature espagnole et « statisticien » de la France, mort à Paris en 1855.

— Publication du *Nouveau Paris*, de Sébastien Mercier.

1799

9-10 novembre : DIX-HUIT BRUMAIRE. Bonaparte premier consul.

1800

16 septembre 1800. Naissance à Nancy d'Eugène Hugo, le « gros père », mort à Charenton en 1837, après quatorze ans d'enfermement.

1802

26 février. Naissance de Victor Hugo à Besançon. On espérait une fille. Aucune trace de baptême. Le parrainage du général Lahorie est purement civil.

14 avril. Chateaubriand, *Le Génie du christianisme*.

2 août. Bonaparte consul à vie.

1803

28 novembre. Naissance à Paris d'Adèle Foucher, future Mme Victor Hugo.

— Publication à Londres des *Mémoires... qui pourront servir à l'histoire du parti royaliste français durant la dernière révolution*, du comte Joseph de Puisaye.

1804

18 mai. NAPOLÉON Ier, empereur des Français.

2 décembre. Sacre à Notre-Dame, peint par l'auteur de *Marat mort*, Louis David, ancien conventionnel et membre du Comité de Sûreté générale.

1805

11 avril. Naissance à Fougères de Julienne-Joséphine Gauvain, autrement dite Juliette Drouet (qui signait *Droüet*).

2 décembre. Victoire d'Austerlitz.

1806

— Napoléon rend le Panthéon au culte catholique.

1808

Janvier. Sophie Hugo et ses enfants rejoignent Léopold à Naples, auprès du roi Joseph.

2 mai. Madrid se soulève contre les Français (« Dos de Mayo », suivi de la répression du « Tres de Mayo », peints par Goya).

3 juillet. Léopold suit Joseph en Espagne.

1809

Février. Sophie et les enfants de retour à Paris.

Juin. Installation aux Feuillantines, quartier de la porte Saint-Jacques.

1810

30 décembre. Arrestation du général Lahorie, parrain de Victor, ami de Sophie.

1811

10 mars. Départ pour l'Espagne. Un mois à Bayonne (premier amour), puis Madrid (palais Masserano, Collège

des Nobles), par Ernani, Torquemada, Burgos, Valla-
dolid.

— Destruction de la Tour du Temple, ancienne prison
de Louis XVI.

1812

Avril. Retour aux Feuillantines.

19 octobre. Napoléon abandonne Moscou en flammes.
Retraite de Russie.

29. Lahorie, parrain de Victor Hugo, et le général
Malet sont fusillés dans la plaine de Grenelle.

1814

29 octobre. Abdication de Napoléon, relégué à l'île
d'Elbe, et première RESTAURATION des rois Bourbons, en
la personne de Louis XVIII.

21 novembre. Le colonel Hugo est promu général de
brigade.

1815

20 janvier. Translation à Saint-Denis des corps de
Louis XVI et de Marie-Antoinette.

1er mars-18 juin. Les Cent jours, de Golfe-Juan à
Waterloo.

22 juin. Seconde abdication de Napoléon, relégué à
Sainte-Hélène. Seconde Restauration.

17 juillet. « Vive le Roi ! » (note de Victor Hugo sur
sa grammaire latine).

1816

10 juillet : « Je veux être Chateaubriand, ou rien. »

18 septembre. Saisie de la brochure de Chateaubriand,
De la monarchie selon la Charte (sur l'impossibilité de
« vouloir » la légitimité « avec l'ancien régime »).

1818

Septembre. *Les Vierges de Verdun* (guillotinées en
1792 pour avoir offert des fleurs aux Prussiens après la
capitulation de la ville), « amaranthe réservée » au

concours de l'Académie des Jeux floraux de Toulouse (1819).

— Baronne de Staël, *Considérations sur les principaux événements de la Révolution française*. Reprise, par la fille de Necker, des thèses de Benjamin Constant (1797).

1819

5-6 février. *Le Rétablissement de la statue d'Henri IV* (« rétablie » le 13 août 1818), « lys d'or » au concours de l'Académie des Jeux floraux.

25 septembre. Victor Hugo dédie « à M. le vicomte de Chateaubriand » *Les Destins de la Vendée* : « En ces temps la France eut des victimes ; / Mais la Vendée eut des Martyrs. »

11 décembre. Premier numéro du *Conservateur littéraire*, principalement rédigé par les frères Hugo, dans la ligne de la Société des Bonnes Lettres, présidée par Chateaubriand, éditeur, par ailleurs, du *Conservateur*.

1820

19 février. Première lettre de Victor Hugo à Adèle Foucher. Leurs « fiançailles » remontent au 26 avril 1819.

27. *Ode sur la mort du duc de Berry*, assassiné le 13 par un ouvrier bonapartiste. Louis XVIII accorde à Victor Hugo une gratification de 500 francs.

Mai-juin. Longue nouvelle sur la révolution des Noirs à Saint-Domingue en 1791, *Bug-Jargal* paraît dans *Le Conservateur littéraire*.

— Début de la publication de la *Collection des mémoires relatifs à la Révolution française* (60 vol., 1820-1828).

1821

20 mars. Chateaubriand remercie Victor Hugo de l'envoi de son « ode sur *Quiberon* ».

5 mai. Mort de Napoléon, connue à Paris le 7 juillet.

27 juin. Mort de Sophie Hugo, mère de Victor Hugo, opposée à ses « fiançailles ».

17-21 août. Retraite à la Roche-Guyon, chez le duc-abbé de Rohan-Chabot.

1822

13 janvier. Proclamation à Épidaure de l'indépendance grecque. Début d'une guerre « plus que civile » contre les Turcs, qualifiée par Mme de Duras, amie de Chateaubriand, de « Vendée de la chrétienté ».

8 juin. Les *Odes et Poésies diverses* s'ouvrent sur « Le Poète dans les Révolutions ».

4 septembre. Victor Hugo reçoit de la Maison du Roi notification de sa pension (1 000 francs, portée à 2 000 francs en 1823).

12 octobre. Mariage à Saint-Sulpice de Victor Hugo et d'Adèle Foucher.

10 décembre. Lecture de *Louis XVII* à la Société des Bonnes Lettres.

1823

3 janvier. Le Panthéon est rendu au culte catholique.

8 février. *Han d'Islande*, roman noir et sarcastique. Il n'est de noblesse que du mérite.

23 novembre. Les *Mémoires* du général Hugo paraissent chez Ladvocat.

— Thiers, *Histoire de la Révolution française* (1823-1828).

1824

Mars. *Nouvelles Odes.*

6 juin. Pentecôte. Destitution de Chateaubriand de son ministère des Affaires étrangères.

7. *Ode à M. de Chateaubriand* : « Aussi dans une cour, dis-moi, qu'allais-tu faire ? »

28 août. Naissance de Léopoldine Hugo.

16 septembre. Mort de Louis XVIII. Avènement de CHARLES X, comte d'Artois, puîné de Louis XVIII.

— Mignet, *Histoire de la Révolution française de 1789 à 1814* : « Trois années de dictature de salut public, si elles ont été perdues pour la liberté, ne l'ont pas été pour la Révolution. » Protestation de Benjamin Constant : « Justifier 93, c'est nuire à la cause sacrée », celle de 89.

1825

29 avril. Victor Hugo est nommé chevalier de la Légion d'honneur (avec Lamartine). Jean Valjean, dans *Les Misérables*, refuse la « Croix ».

30. *La Ville prise*, première pièce du cycle grec des futures *Orientales*, sur les massacres d'enfants à Scio (1822). Hugo rivalise avec Delacroix, dont les *Scènes des massacres de Scio* avaient été exposées au Salon de 1824.

29 mai. Victor Hugo et Charles Nodier assistent au sacre de Charles X à Reims.

24 juin. Présentation à Charles X, en audience privée, de l'*Ode sur le Sacre*.

2 août-5 septembre. Voyage aux Alpes.

— J. Duchemin-Descépeaux [du Chemin des Scépeaux], *Lettres sur l'origine de la chouannerie et sur les chouans du Bas-Maine*, Imprimerie royale, 1825-1827.

1826

30 janvier. *Bug-Jargal*, nouvelle version, augmentée et corrigée, à la lumière de la Terreur de 1793. Le nègre Pierrot, autrement dit Bug-Jargal, paie de sa vie sa manie de « faire le généreux et le magnanime ».

12 avril. Contrat Chateaubriand-Ladvocat pour la publication des *Œuvres complètes*. La souscription est présentée comme un acte d'opposition au « parti froidement fanatique ». Victor et Abel Hugo semblent avoir servi d'intermédiaires.

Avril. Vigny, *Cinq-Mars ou une conjuration sous Louis XIII*. Victor Hugo en critiqua, dans *La Quotidienne*, le point de vue « féodaliste ».

Juin. *Les Têtes du sérail* (sur la prise de Missolonghi, tombée le 12 avril). Apparition du motif des têtes coupées.

3 novembre (veille de la fête du roi Charles et de l'inauguration de la Bourse). Naissance de Charles Hugo.

Novembre. *Odes et Ballades*, édition collective.

1827

6 septembre. Victor Hugo assiste place de Grève à l'essai de la guillotine, avant l'exécution du jeune Ulbach, assassin de vingt ans par désespoir d'amour.

24 octobre. Victor Hugo et David d'Angers assistent au ferrement des forçats à Bicêtre.

5 décembre. *Cromwell* paraît avec sa « Préface ». « Quoi donc ? un sceptre ! — Ôtez de là cette marotte. / Pour toi, mon fou ! »

1828

23 janvier. Mort à Paris du général Hugo. Un Vendéen, sauvé par lui jadis, aurait assisté à l'enterrement.

2 juin. Chateaubriand ambassadeur à Rome.

8-10 juin. *L'Enfant grec* (« Je veux de la poudre et des balles... »), avec cette épigraphe empruntée à *Macbeth* : « O horror ! horror ! horror ! ».

21 octobre. Naissance de François-Victor Hugo, futur traducteur de Shakespeare.

— Chateaubriand, *Les Quatre Stuarts* (Jacques Ier, Charles Ier, décapité en 1649, Charles II et Jacques II, détrôné en 1688). Avertissement au souverain restauré.

— Buonarotti, *Conspiration pour l'Égalité, dite de Babeuf.*

1829

23 janvier. *Les Orientales.*

7 février. *Le Dernier Jour d'un condamné* paraît sans nom d'auteur. Contre la légitimité dont se prévaut le « meurtre juridique ».

Mars. Balzac, *Le Dernier Chouan ou la Bretagne en 1800.*

7 août. Reçu en audience privée par Charles X à Saint-Cloud, Victor Hugo plaide en vain la cause de *Marion de Lorme*, interdite par la censure sous le prétexte que le traitement du personnage d'un « roi mort » (Louis XIII) portait atteinte à la légitimité du roi vivant (« Le sept août mil huit cent vingt-neuf », *Les Chants du crépuscule*, II).

8. Le très *ultra* prince de Polignac devient ministre des Affaires étrangères. Refusant de « participer au malheur de la France », Chateaubriand démissionne le 30 de son ambassade de Rome.

13. Interdiction confirmée de *Marion de Lorme*. Victor Hugo refuse une offre de nomination au Conseil d'État

et, le lendemain, d'augmentation de sa pension (de 2 000 à 6 000 francs).

30 novembre. Mort d'un jeune poète (Charles Dovalle, tué en duel à vingt-deux ans) et condamnation de Claude Gueux à huit ans de réclusion pour vol.

1830

22 février. *Lettre aux éditeurs des poésies de feu Charles Dovalle*. La « liberté » condition du romantisme.

25 février. Première d'*Hernani*, par temps de neige et de verglas.

30 juin. « C'est toujours par la mort que Dieu s'allie aux rois » (*Les Feuilles d'automne*, IV).

26 juillet. Ordonnances royales portant dissolution de la Chambre, modification du régime électoral, suppression de la liberté de la presse périodique.

27-29. Les « Trois Glorieuses ». Paris en insurrection. Le 29, occupation des Tuileries.

9 août. LOUIS-PHILIPPE, duc d'Orléans, descendant de « Monsieur », frère de Louis XIV, est proclamé « roi des Français ».

« 10 août 1830 » (anniversaire de la prise des Tuileries en 1792). Date dans le manuscrit de l'ode *À la jeune France* (« Dicté après juillet 1830 », *Les Chants du crépuscule*, I).

20. Le Panthéon est rendu au culte des grands hommes.

24. Naissance d'Adèle Hugo.

8 septembre : « Je me tiens fort à l'écart du ministère dont la marche me paraît molle et que je voudrais plus hardi dans la voie de la liberté » (à Adolphe de Saint-Valry).

1831

16 mars. *Notre-Dame de Paris. — 1482*.

1er avril. Michelet, *Introduction à l'histoire universelle*, « récit de l'interminable lutte de la liberté contre la fatalité ».

7. Note sur le château des Tuileries, qu'on parle de « remanier », pour la 5e édition de *Notre-Dame de Paris* : « chef-d'œuvre de l'art du seizième siècle » et « page de l'histoire du dix-neuvième siècle », avec, sur ses deux

façades, les « boulets » du 10 août 1792 et ceux du 29 juillet 1830, le palais « appartient au peuple », il est « saint ».

Avril. Notes de Hugo : « 89 est accouchée d'un monstre, 1830 d'un nain » ; « Patrie, pays. — Les patriotes français, les paysans vendéens ».

1er août. « *Ce siècle avait deux ans...* » paraît dans la *Revue des Deux-Mondes* : « Mon père vieux soldat, ma mère vendéenne ! » (*Les Feuilles d'automne*, I).

30. Victor Hugo renonce à un projet de drame sur Louis XVI, « abandonné pour une autre *victime* » (Triboulet ?).

7 novembre. À Clairvaux, Claude Gueux tue le gardien-chef à coups de hache.

24 novembre. Préface des *Feuilles d'automne* : « L'art a sa loi qu'il suit, comme le reste a la sienne ».

1832

16 mars. Claude Gueux est condamné à mort.

Avril. Le choléra à Paris (plus de douze mille morts dans le mois).

28. La duchesse de Berry tente de gagner la Vendée pour y ranimer la guerre.

1er juin. Claude Gueux est guillotiné.

Juin. Victor Hugo assiste, le 5, aux funérailles du général Lamarque et à leur transformation en insurrection, devenue « Épopée rue Saint-Denis » dans *Les Misérables*. « Ces gens-là effraient. 93 est un triste asticot. » Portrait d'un « patriote géomètre, [...] lourd, tranchant et triangulaire, comme le couteau de la guillotine ».

Juin. Vigny, *Stello. Première consultation du Docteur Noir* (Marie-Joseph Chénier en visite chez Robespierre pour tenter de sauver son frère de la guillotine).

Septembre. Annonce dans la *Revue de Paris* d'un projet de suite à *Notre-Dame de Paris* : *La Quiquengrogne*, « nom populaire de l'une des tours de Bourbon-l'Archambault » : le « donjon » après la « cathédrale », le « moyen âge féodal » après le « moyen âge sacerdotal ». C'est aussi le nom donné à une tour du château de Saint-Malo, en souvenir d'une réplique d'Anne de Bretagne aux

Malouins : « Qui qu'en groigne, ainsi sera, car tel est mon bon plaisir. »

22 novembre. Au Théâtre-Français, première et unique représentation du *Roi s'amuse*, interdit le lendemain. Histoire d'un régicide avorté.

23 décembre. Victor Hugo renonce à la pension qui continuait à lui être versée depuis 1822.

— Grand spectacle au Cirque olympique, avec chevaux et nombreux figurants : *La Révolution, l'Empire et les Cent jours*, 4 actes et 19 tableaux.

1833

2 février. Première de *Lucrèce Borgia* à la Porte-Saint-Martin. Juliette Drouet en princesse Negroni.

16-17 février. « Le 17 février 1833 je suis né au bonheur dans tes bras » (à Juliette Drouet, 26 février 1835).

Juillet. Le *Magasin pittoresque* publie une gravure du donjon de Bourbon-l'Archambault et annonce *La Quiquengrogne*.

6. Première de *Marie Tudor*, miroir de la Révolution de Juillet, à la Porte-Saint-Marin. Sifflée dans le rôle de Jane, Juliette Drouet abandonne le rôle.

11 décembre. Lamennais renonce à toute fonction sacerdotale.

14. Première livraison de l'*Histoire parlementaire de la Révolution française* de Buchez et Roux (40 vol., 1833-1838), profession de foi de jacobinisme mystique.

1834

15 janvier. « Étude sur Mirabeau », en préface aux *Mémoires de Mirabeau*. Auto-portrait en génie « méconnu », « envié » et « triomphant », secrètement dédié à Juliette Drouet.

19 mars. *Littérature et philosophie mêlées*. Du « jeune jacobite de 1820 » au « révolutionnaire de 1830 » : « J'admire encore La Rochejaquelein, Lescure, Cathelineau, Charette même ; je ne les aime plus. J'admire toujours Mirabeau et Napoléon ; je ne les hais plus. »

9-14 avril. Insurrection ouvrière à Lyon, durement « pacifiée ».

14-15. Insurrection à Paris. Bataille au cloître Saint-Merry et massacre de la rue Transnonain.

6 juillet. La *Revue de Paris* publie *Claude Gueux*. Contre le système carcéral et sa légitimation politique. Un négociant de Dunkerque en finança l'envoi à tous les députés.

Août. Musset, *Spectacle dans un fauteuil*, avec *Lorenzaccio*.

1835

10 janvier. Nomination de Victor Hugo au Comité des monuments historiques, futur Comité historique des monuments et des arts (1838).

28 avril. Première d'*Angelo, tyran de Padoue* au Théâtre-Français.

25 juillet-22 août. Voyage dans le Nord-Ouest (Soissons, Laon, Amiens, Dieppe, Rouen, Pierrefonds).

25 octobre. Préface des *Chants du crépuscule* : « Tout aujourd'hui est à l'état de crépuscule. »

1836

31 janvier. Musset, *Confession d'un enfant du siècle*. « Toute la maladie du siècle vient de deux causes : le peuple qui a passé par 93 et par 1814 porte au cœur deux blessures. Tout ce qui était n'est plus ; tout ce qui sera n'est pas encore. »

15 juin-21 juillet. Voyage (Chartres, Fougères, Mont-Saint-Michel, Cherbourg, Bayeux, Caen, Rouen).

6 novembre. Mort en exil de Charles X (« *Sunt lacrymae rerum...* », *Les Voix intérieures*, II).

1837

20 février. Mort à l'asile d'Eugène Hugo. Victor Hugo hérite de son titre de vicomte.

10 juin. Victor Hugo et Alexandre Dumas, en habits de gardes nationaux, assistent à l'inauguration du Musée de l'Histoire de France au château de Versailles.

24. Préface des *Voix intérieures*. *Tres radios*, ou « rayons » : la famille, la nature et la rue.

3 juillet. Victor Hugo officier de la Légion d'honneur.

Du 10 août au 14 septembre. Voyage (Amiens, Arras, Bruxelles, Gand, Bruges, Montreuil-sur-Mer, Rouen).

8 novembre. Première de *Ruy Blas*, parabole de la Révolution.

— Note sur le « double régicide » de Louis XVI et d'André Chénier, appelant à « flétrir 93 » : « Louis vient tout sanglant et Marat tout fangeux. »

1838

18-28 août. Voyage (Meaux, Varennes, Reims, Épernay). Visite de la « petite place triangulaire de Varennes qui a la forme du couteau de la guillotine ».

1839

16 avril : « Louis XVI, le jour de sa noce royale, avait déjà le pied sur la place fatale / Où formé lentement au souffle du Très-Haut, / Comme un grain dans le sol germait son échafaud » (« En passant sur la place Louis XV un jour de fête publique », *Les Rayons et les Ombres*, XXV). Note, vers la même époque, sur l'exécution de Louis XVI, d'après le récit d'un « témoin oculaire » : la guillotine, « mot hideux ».

12 mai. Insurrection de la « Société des Saisons », dirigée par Barbès et Blanqui.

12 juillet. Barbès est condamné à mort. Sa peine est commuée après intervention de Victor Hugo (« Au roi Louis-Philippe... », *Les Rayons et les Ombres*, III).

31 août-26 octobre. Voyage en Provence par l'Allemagne, la Suisse et la vallée du Rhône.

1840

4 mai. Préface des *Rayons et les Ombres*. Trois « clés » : savoir, penser, rêver.

28. Inauguration de la colonne de Juillet en lieu et place de l'éléphant de la Bastille, squatté par Gavroche dans *Les Misérables*.

6 août. Coup de main, à Boulogne, de Louis-Napoléon, incarcéré au fort de Ham.

29 août-1er novembre. Voyage au Rhin.

15 décembre. Victor Hugo assiste au transfert des

cendres de Napoléon aux Invalides (*Le Retour de l'Empereur*).

1841

7 janvier. Élection de Victor Hugo à l'Académie française (17 voix contre 15), après quatre échecs. « Ce qui m'a ouvert la carrière politique, c'est l'Académie » (par la possibilité ainsi créée de se voir nommer pair de France).

3 juin. Discours de réception, interprété par la *Revue des Deux-Mondes* comme un « programme de ministère ». Déclaration d'allégeance à la royauté citoyenne : « En 89 la France a rêvé un paradis, en 93 elle a réalisé un enfer », et fondé, en 1830, un « état libre ».

1842

12 janvier. *Le Rhin, lettres à un ami*, avec sa « conclusion politique », contre le bellicisme ambiant. Elle évoque aussi le « flamboiement hideux de ces quatre chiffres sinistres : 1793 », par association avec les décapitations de Charles Ier et de Marie Stuart.

1843

15 février. Mariage de Léopoldine Hugo.

7 mars. Première des *Burgraves* au Théâtre-Français.

18 juillet-12 septembre. Voyage au Pays basque et à Cauterets : « L'antique liberté basque fit cause commune contre l'esprit révolutionnaire avec l'antique monarchie des Espagnes et des Indes. [...] Ceci du reste n'est pas sans rappeler la Vendée. » Sur le chemin du retour, à Rochefort, Hugo et Juliette apprennent le 9, par le journal, la noyade, à Villequier, le 4 septembre, de Léopoldine et de son mari. Retour le 12 à Paris et excursion à Montargis.

1844

14 janvier. « Hugo Dundas » (*Toute la lyre*, I, 22). Sur la décapitation du « Lord Comte Hugo Dundas », héros jacobite.

Juillet. Louis Bonaparte, détenu au fort de Ham, fait publier son *Extinction du paupérisme*.

1845

13 avril. Victor Hugo est nommé pair de France.

5 juin. Constat de flagrant délit d'adultère avec Léonie Biard. Le pair de France est « inviolable ».

17 novembre. Victor Hugo aborde la rédaction de ce qui sera *Les Misérables (Les Misères)*.

1846

20 juillet. Il commence à tenir le *Journal de ce que j'apprends chaque jour* (juillet 1846-février 1848).

25 septembre. Premier pèlerinage sur la tombe de Léopoldine à Villequier, « trois ans après ».

— Retour à la poésie : une cinquantaine de poèmes, qui paraîtront dans *Les Contemplations* (« Trois ans après », « À Villequier »), *La Légende des siècles* (« Le mariage de Roland »), *Toute la lyre, Dernière Gerbe*. Ébauche de *La Vision de Dante* et de *Magnitudo parvi*. Lecture et traductions de la Bible et du Coran.

1847

6 février. Premier volume de l'*Histoire de la Révolution française* de Louis Blanc (1847-1862). Héroïsme de Robespierre.

13. Premiers volumes de l'*Histoire de la Révolution française* de Michelet (1847-1853). Contre la « secte » jacobine.

17. Longue note de Victor Hugo sur « cette immense cataracte de la civilisation qu'on appelle la Révolution française ».

17 mars. Lamartine, *Histoire des Girondins*. Victor Hugo lui reprocha de n'avoir pas été assez sévère pour Robespierre.

7 juillet. Alphonse Esquiros, *Histoire des Montagnards*.

8. Début, à la Chambre des pairs, du procès Teste et Cubières. Le régime sombre dans les scandales. « Il arrive, note Victor Hugo, qu'un bordel soit tenu par une femme honnête. »

2 août. « Le conventionnel Sergent-Marceau, qui avait été le secrétaire de Robespierre, est mort à Nice le 25 juil-

let, âgé de quatre-vingt-dix-sept ans. Il avait voté la mort de Louis XVI. Il disait que *si cela était à refaire, il le ferait encore* » (*Journal...*).

10. « Il y a aujourd'hui cinquante-cinq ans, la pierre angulaire tombait » (*Journal...*).

— *La Révolution française*, fresque à grand spectacle au Cirque Olympique.

1848

14 février. Victor Hugo abandonne la rédaction des *Misères* au chapitre IV, 14, 7 (« Gavroche profond calculateur des distances »).

22 février. Insurrection parisienne. Le 24, abdication de Louis Philippe et formation d'un gouvernement provisoire, présidé par Lamartine. Proclamation de la SECONDE RÉPUBLIQUE. Abolition, le 26, de la peine de mort en matière politique.

1ᵉʳ mars. Louis Blanc devient président, au Luxembourg, de la Commission du gouvernement pour les travailleurs.

Mars. Charles Renouvier, *Manuel républicain ` de l'homme et du citoyen*.

4 juin. Porté candidat par les Associations d'art et d'industrie, Victor Hugo est élu à l'Assemblée constituante, après un premier échec le 24 avril.

21. Dissolution des Ateliers nationaux, qui jette les ouvriers sur les barricades.

24. Proclamation de l'état de siège. Nommé « commissaire-représentant », Victor Hugo « parlemente avec l'émeute », face aux barricades.

26. Écrasement de l'insurrection par le général Cavaignac élu, le 28, président du Conseil.

4 juillet. Mort de Chateaubriand. Hugo visite le mort, rue du Bac, et assiste, le 8, aux obsèques, en la chapelle des Missions étrangères : « J'eusse voulu pour M. de Chateaubriand des funérailles royales ou le corbillard du pauvre. » Il fut question que Hugo lui rende publiquement hommage, le 22, à Saint-Malo.

31. Lancement de *L'Événement*, journal du groupe Hugo, soutenu par Émile de Girardin.

25 août. Exil de Louis Blanc en Angleterre où il achèvera son *Histoire de la Révolution*.

21 octobre. Début de la publication en feuilleton des *Mémoire d'outre-tombe* de Chateaubriand dans *La Presse*, journal d'Émile de Girardin.

Octobre-novembre. *L'Événement* soutient la candidature de Louis Bonaparte à la présidence de la République, contre celles de Lamartine et de Cavaignac.

4 novembre. Hugo vote contre le projet de Constitution et la Chambre unique (par crainte d'une nouvelle Convention ?).

10 décembre. Élection triomphale de Louis Bonaparte.

— Interventions sur la levée de l'état de siège, sur la liberté de la presse, contre la peine de mort. L'« atmosphère carnavalesque » de l'Assemblée laisse leur auteur très partagé : « J'aime mieux 93 que 48. J'aime mieux voir patauger les titans dans le chaos que les jocrisses dans le gâchis. »

1849

13 mai. Élection de Victor Hugo à l'Assemblée législative. « L'assemblée a été nommée un treize et proclamée un vendredi. »

9 juillet. Discours sur la misère, contre les tentatives d'étouffement par la droite d'une commission chargée de préparer les lois sur la « prévoyance et l'assistance publique ».

19-20 octobre. Rupture avec la droite sur les affaires de Rome, après une manœuvre de l'Élysée.

1850

15 janvier. Discours sur la « liberté » de l'enseignement, contre la loi Falloux, votée le 15 mars.

21 mai. Discours pour le suffrage universel, contre le projet de nouvelle loi électorale, adopté le 31. Dans sa réponse à Victor Hugo, Thiers s'en prend au romantisme, « cette littérature vaine, déclamatoire, née de la corruption des esprits, et qui était très digne de devenir le langage de la démagogie ».

22. Violente attaque de Montalembert sur les « causes qu'il [Victor Hugo] a reniées ».

21 août. Discours aux funérailles de Balzac, écrivain « révolutionnaire », à qui Hugo avait rendu, le 18, jour de sa mort, une dernière visite.

1851

10 février. Rejet par l'Assemblée d'une demande de dotation présidentielle. Victor Hugo est à Lille, où il visite les « caves » de la misère : « Millions ! Millions ! châteaux, liste civile ! / Un jour je descendis dans les caves de Lille ; / Je vis ce morne enfer » (*Châtiments*, III, 9).

11 juin. « Pour Charles Hugo ». Intervention aux Assises contre la peine de mort, dans le procès intenté à son fils pour un article sur l'exécution d'un braconnier.

14 juillet. Ouverture du débat sur la demande de révision de la Constitution, autorisant un deuxième mandat présidentiel. Intervention de Hugo le 16, interrompue 101 fois. Dénonciation de « Napoléon-le-Petit ». Demande rejetée le 20.

10 août. Victor Hugo signe le compte rendu de la « réunion des députés de la Montagne ».

6 novembre. Le Panthéon est rendu au culte catholique, par décret du président de la République.

2 décembre, jour anniversaire du sacre de Napoléon et d'Austerlitz. Coup d'État de Louis Bonaparte. Victor Hugo multiplie dans la clandestinité les appels aux armes.

11. Victor Hugo quitte Paris à 20 h pour Bruxelles, où il se lance presque aussitôt dans la relation des « faits et gestes du 2 décembre », future *Histoire d'un crime*.

31. Résultats du plébiscite ratifiant le coup d'État : 7 439 216 *oui*.

1852

6 janvier. Ordre aux préfets de faire disparaître partout la devise « Liberté, Égalité, Fraternité ».

9. Décret d'expulsion du territoire de 66 représentants, dont Hugo.

16 février. Le 15 août est décrété fête nationale (« Saint Napoléon »). La célébration du 24 février, anniversaire de la République de 1848, est interdite.

Mai. Abandon d'*Histoire d'un crime* au profit de

Napoléon-le-Petit. La simple relation du « fait accompli »
ne suffirait pas à prédire l'« avenir du drôle ».

1er août. À la veille de la publication à Bruxelles de
Napoléon-le-Petit, Victor Hugo s'embarque à Anvers
pour Londres et Jersey.

5. Publication de *Napoléon-le-Petit*.

7 septembre. Formulation d'un double projet poétique,
de « poésie pure » et de « flagellation de tous ces drôles
et du drôle en chef », qui donnera *Châtiments* et *Contemplations*.

28. « Ce n'est plus la révolution française qu'il nous
faut, c'est la révolution européenne » (à Louis Blanc).

7 octobre. « Mon père voudrait que Bonaparte durât le
temps de mûrir la République de progrès et de liberté
qu'il sert, et de détruire la République 1793, rétrograde
en 1852 » (*Journal* d'Adèle).

21-22 novembre. Plébiscite sur le rétablissement de
l'Empire (7 824 189 *oui*).

29. Banquet polonais à Jersey. On y porte un toast à la
mort de Louis XVI : « Cela m'a vivement contrarié », dit
Hugo.

2 décembre. Proclamation du SECOND EMPIRE.

1853

Janvier. Victor Hugo écrit le poème de Caïn, *La
Conscience*.

6 septembre. Arrivée à Jersey de Mme de Girardin.
Elle initie ses hôtes à la pratique de la « table parlante »,
que Victor Hugo n'a que très rarement « tenue », mais
avec laquelle il lui arrive de dialoguer.

29. Première manifestation de Marat à la « table » :
« Lamartine est un enfant, Thiers un sot, Lacretelle un
crétin, Louis Blanc un penseur, Cabet un rêveur. Le
peuple seul est historien. »

21 novembre. Publication de *Châtiments*. Échec relatif.

16. Machiavel, interrogé par Hugo : « Ô monde, tu
peux te réjouir, Caïn commence à pleurer. »

29. Victor Hugo dialogue avec André Chénier : « — Le
roi que la Révolution a frappé, c'est toi. — L'échafaud a
été le bourreau de Chénier royaliste et le parrain de Ché-

nier républicain. 93 est mon assassin et mon père. Je suis le fils de ma mort. » Royauté du « génie ».

Décembre (?). Victor Hugo dialogue avec Marat : « Danton, Robespierre et toi, vous êtes les trois rayons dont se compose la foudre révolutionnaire... Tu as été l'homme de l'œuvre fatale et je prends ce mot *fatale* dans le double sens de *fatale* et de *nécessaire*... Tu sais que dans ma pensée l'histoire est totalement à refaire. » — Strophe retranchée du poème « Les Mages » (*Contemplations*, VI, 23) : « Que l'idéal ceigne le glaive... / Dresse dans cette ombre irritée, / Danton, l'idée ensanglantée, / Et Marat, le haillon hurlant » (BNF, Mss. n.a.f. 24735, f. 180 ; Massin, t. IX, p. 804). Le manuscrit porte en addition postérieure la mention « 93 ».

1854

6 janvier. Robespierre à Chénier : « Recommence ton œuvre. Glorifie la Révolution que tu as outragée. Rouvre tes yeux morts, et qu'on voie le fantôme de Chénier se réconcilier avec le spectre de Robespierre. »

10 février. Exécution à Guernesey de l'assassin Charles Tapner. Appels de Victor Hugo contre la peine de mort.

24. Banquet anniversaire du 24 février 1848 : « Une date c'est une idée qui se fait chiffre. » Victor Hugo en appelle à la « révolution future », qui, réunie « au grand 24 Février 1848 et à l'immense 22 Septembre 1792, sera comme le triangle de fer de la Révolution ».

Mars. Intervention franco-anglaise en Crimée (mars 1854-janvier 1856).

3 juillet. Dicté par l'« Idée » : « L'homme qui construit une prison emprisonne les pierres. Le 14 Juillet est la grande date des pierres. »

10 août. Victor Hugo « définit » la Révolution de 93 : « La tête c'est Robespierre, le cœur c'est Danton, le ventre c'est Hébert ».

18 septembre. « Moi, si je faisais l'histoire de la Révolution (et je la ferai), je dirais tous les crimes des révolutionnaires, seulement je dirais quels sont les vrais coupables, ce sont les crimes de la monarchie ».

3 novembre. Lecture en famille par Victor Hugo d'une pièce de vers — « Satan dans la nuit » — de son poème

Satan pardonné, dont il esquisse le plan : « La Guerre sort du clou qu'enfonça Caïn, le premier criminel, dans la tête d'Abel, son frère. La Peine de Mort sera représentée par le gibet du Christ. La Prison s'incarnera dans la Bastille. La Révolution détruira la Bastille. »

12. Date, dans le manuscrit, du poème « Écrit en 1846 » (*Les Contemplations*, V, 3) : « J'ai grandi... J'ai vécu... J'ai songé... Je restai le même œil voyant un autre ciel... Texte : Dieu ; contre-sens : royauté... Ce sont les rois qui font les gouffres... »

29. Dicté par Josué : « L'homme a supprimé la distance de la prison à l'immensité par la fumée de la Bastille en cendre. »

— Auguste Comte, *Système de politique positive*, t. III. Danton, au premier Comité de Salut public, incarne la période « organique » de la Révolution.

1855

26 janvier. Suicide à Paris de Gérard de Nerval (« La nuit sera noire et blanche »). « *Dieu est peut-être mort*, disait un jour à celui qui écrit ces lignes Gérard de Nerval, confondant le progrès avec Dieu et prenant l'interruption du mouvement pour la mort de l'Être » (*Les Misérables*, V, 1, 20).

15 mai-16 octobre. Première Exposition universelle à Paris.

17 octobre. Déclaration de Victor Hugo après l'expulsion de trois proscrits : « La Révolution française est en permanence. »

31. Décrété lui-même d'expulsion, pour insulte à la reine d'Angleterre, Victor Hugo quitte Jersey pour Guernesey.

5 décembre. Visite à la cellule de Tapner. Inscription relevée sur le mur du cachot : « *Guerre / Histoire / Caïn*. Tout le crime n'est-il pas là ? »

1856

21 avril. Publication des *Contemplations*, « mémoires d'une âme ». Immense succès.

1er octobre. Début de la publication de *Madame Bovary* dans la *Revue de Paris*.

3 novembre. Emménagement à « Hauteville House », dont Hugo entreprend la décoration.

1856-1857
Projets non avenus de « Petites Épopées » : « Y mettre les géants de 93 / Montagnards et Vendéens / Convention et Bocage / Robespierre Danton et Cathelineau ». — « Révolution — Marat. Danton. Robespierre. Guillotine / le chiffonnier à la hotte fleurdelysée ».

1857
11 juillet. Baudelaire, *Les Fleurs du Mal*.

25 décembre (« Christmas »). Achèvement de *La Révolution*, futur « Livre épique » des *Quatre Vents de l'Esprit* (1881), prévu pour figurer dans *La Légende des siècles* et finalement réservé : « Deux nuages traçaient au fond des cieux ce nombre / Quatrevingt-treize, chiffre on ne sait d'où venu. »

1858
1er janvier. Achèvement de *La Pitié suprême* (1878). Renversement de la terreur en pitié.

24 février. Achèvement du *Verso de la page* : « Le dix-huitième siècle atteignit quatrevingt / Encore treize, le nombre étrange, et le jour vint » (*Toute la lyre*, I, 26).

1859
19 mars. Acquisition d'un carnet où figurent une première esquisse de la rencontre de l'évêque Myriel avec le conventionnel et des brouillons de *La Fin de Satan* (« Le Gibet »).

26 mai-10 juin. Séjour à l'île de Serk. Notes et dessins pour un roman d'aventures maritimes.

18 août. Victor Hugo refuse l'amnistie décrétée à Paris.

Août. Projet de drame sur Torquemada, l'inquisiteur espagnol.

26 septembre. Publication de *La Légende des siècles — Première série. Histoire. Les Petites Épopées*.

2 décembre. Exécution aux États-Unis de John Brown, militant antiesclavagiste. Lettre de Victor Hugo « aux

États-Unis d'Amérique » : « L'amnistie ici et la potence là. »

1860

22 mars. Date à la fin de « L'Ange Liberté », dernier épisode, « hors de la terre », de *La Fin de Satan*. Mais celui, « sur terre », de la Bastille ne sera jamais écrit et le poème restera inachevé.

25 avril. « J'ai tiré aujourd'hui *Les Misérables* de la malle aux manuscrits. » Travail de relecture et de révision du roman interrompu par le « pair de France » en 1848, « pour cause de révolution ».

Avril-mai. « La Révolution, la Terreur, c'est toute l'histoire liquidée. Hélas ! C'est la Représaille. » — 93 est le « spectre du genre humain assassiné » : « Oh ! l'épouvantable assassinat qui a duré six mille ans ! »

1861

30 juin. Achèvement (provisoire) des *Misérables*. « À présent, je vais achever *La Fin de Satan...* »

21 juillet-27 août. Voyage en Belgique (Waterloo) et en Hollande. Travail « de révision et de complément » des *Misérables*.

8-22 décembre. Rédaction, à Guernesey, du livre sur Waterloo. Napoléon, « Robespierre à cheval ».

1862

20 janvier 1862. « Le *Moniteur* Plon est arrivé. » C'est à la lecture de l'*Ancien Moniteur*, « seule histoire authentique et inaltérée de la Révolution française », que Marius, dans *Les Misérables*, devient « révolutionnaire ».

30 mars-30 juin. Publication des *Misérables*, en 10 volumes.

30 juillet-14 septembre. Voyage au Rhin (Trèves, Cologne), en compagnie, jusqu'au 16 août, de Paul Meurice, à qui Hugo fait part de son projet concernant le futur *Quatrevingt-Treize*.

27 septembre. Tome XII et dernier de l'*Histoire* de Louis Blanc.

Octobre. Acquisition des *Mémoires* de Garat (1862) et

du *Journal* de Barbier (1857), « chronique de la Régence et du règne de Louis XV », dont Hugo s'apprête à faire de très copieux « extraits ». Ils mettent en évidence la corruption du régime, avec pour toile de fond hystérie « convulsionnaire », enlèvement d'enfants et supplices en tout genre, comme celui de Damiens, sans oublier la petite guerre que se font le roi et son parlement. Recherche d'un modèle pour le personnage du « duc », futur marquis de Lantenac : « Le duc de la Meilleraye (de la famille Mazarin, éteinte) ou le duc de Réthel, de la même famille, *seraient possibles.* »

7 novembre. Acquisition d'un carnet où figureront, pêle-mêle, ébauches pour la lettre au pasteur Bost (contre les tenants « de la guillotine pour la guillotine »), la lettre « à l'armée russe », le livre sur Shakespeare et la « première page écrite » de *Quatrevingt-Treize* (« Danton, Marat et Robespierre »), accompagnées de notes sur le bourreau (« marqué du signe de Caïn »), le supplice de Damiens et le personnage du « duc », avec ce verdict devenu sans appel : « Soit : la révolution s'appelle la Terreur. La monarchie s'appelle l'Horreur. »

— *Mémoires des Sanson... publiés par Henri Sanson, exécuteur des hautes œuvres de la cour de Paris.* Hugo leur consacra une longue note, restée inédite. Mort en 1793, Charles-Henri Sanson avait été l'exécuteur de Louis XVI.

1863

12 janvier. Note sur l'incendie de la « tour Gauvain-Poingdextre » : « Chute du grain enflammé sur les livres brûlant... »

14 mai. « J'ai travaillé tout l'hiver, *passim*, la tête plongée dans cette incubation de la grande rêverie que vous savez. [...] Je suis un peu vieux pour mettre en mouvement les montagnes, et quelle montagne ! la Montagne même ! 93 ! » (à Paul Meurice). Il ne s'agit encore, prologue obligé du roman de la Montagne, que d'un « roman de la monarchie », dont les personnages se fixeront peu à peu (le duc de Réthel et le marquis de Mauvaise, le vicomte Gauvain-Poingdextre, son neveu, l'abbé Cimourdain...).

17 juin. *Victor Hugo raconté par un témoin de sa vie* (Mme Victor Hugo à l'écoute de son mari).

17 août-7 octobre. Voyage au Rhin et au Luxembourg. Visites aux châteaux d'Elz (28 août) et de Clervaux (27 septembre), avec en tête l'image du château de Mauvaise.

Octobre. Michelet, *La Régence*.

1864

14 avril. Publication, sans nom d'auteur, de *William Shakespeare*. Réponse aux critiques des *Misérables*, affirmation du « droit de la Révolution française à être représentée dans l'art », urgence de « refaire » l'histoire.

Mai. Dernier volume de la traduction du théâtre de Shakespeare par François-Victor Hugo, avec une préface de son père.

4 juin. Changement de perspective : Victor Hugo aborde la rédaction des *Travailleurs de la mer*.

— Barbey d'Aurevilly, *Le Chevalier des Touches*, chouan héroïque.

— Ernest Hamel, *Robespierre*. « L'immense plaidoyer de M. Louis Blanc était fini à peine que M. Hamel fit le sien » (Michelet).

1865

8 janvier. Fondation en France de l'Internationale des Travailleurs.

29 avril. Achèvement des *Travailleurs de la mer*, pour lors intitulés *L'Abîme*.

15 mai. Hugo a « deux ouvrages terminés » (*Travailleurs* et *Chansons*), mais hésite à publier, pour pouvoir se « mettre tout de suite à *93* ».

25 juin. Classement des « préparations de travail pour le *93* ».

28 juin-30 octobre. Séjour à Bruxelles, interrompu par un voyage au Rhin (août-septembre).

26 juillet. « Visite à la porte de Hal. J'ai dessiné tous les aspects du modèle de la Bastille, et pris toutes les mesures ».

17-18 octobre. Mariage à Bruxelles de Charles Hugo.

25. Publication des *Chansons des rues et des bois*, en

chantier depuis 1859. « Socialisme et naturalisme mêlés », avec « célébration du 14 juillet dans la forêt », en toute « Liberté, Égalité, Fraternité ».

1866

5 février-29 mars. Hugo écrit *Mille francs de récompense*. Un gueux très en verve fait échec à un homme d'affaires.

12 mars. Publication des *Travailleurs de la mer*. Histoire de la *Durande*, le « Bateau-Diable » lancé un 14 juillet, sauvé par Gilliatt-le-Malin sous la Restauration.

Avril-mai. Nouveau changement de perspective, avec l'ouverture du chantier de *L'Homme qui rit*.

7-14 mai. Hugo écrit *L'Intervention*. Ménage d'artisans contre baron et femme entretenue.

Mai. Michelet, *Louis XV*, avec le « Credo du XVIIIe siècle ».

15 juin. Victor Hugo classe ses manuscrits : « *93*. Ébauches — 2 dossiers — il y a la première page écrite ».

21 juin-10 octobre. Séjour à Bruxelles. Lecture en famille de chapitres de *L'Homme qui rit*.

— Edgar Quinet, *La Révolution française*. 93, contre-révolution au cœur de la Révolution.

1867

18 janvier. Hugo commence *Mangeront-ils ?* Autoportrait en Aïrolo.

11 mai. Publication de *Paris-Guide*, destinée aux visiteurs de l'Exposition universelle, inaugurée le 1er avril. Préface de Hugo : Paris, « lieu de la révélation révolutionnaire ».

19 juin. Mexique : renversé par Juarez, l'empereur Maximilien est fusillé. Napoléon III avait retiré du Mexique les troupes qui lui auraient permis de se défendre. Intervention, le 21, de Victor Hugo, dans les journaux anglais et belges. Manet se souvient de Goya dans *L'Exécution de l'empereur Maximilien* (1868).

19 juillet-10 octobre. Séjour à Bruxelles, coupé par une excursion en Zélande (18-24 août), avec Charles et François-Victor.

3 novembre. Les « chassepots ont fait merveille » à

Mentana, où les troupes françaises ont mis en déroute les « chemises rouges » de Garibaldi.

23. Envoi par Hugo de *La Voix de Guernesey* (« Mentana ») à Jules Claretie, en réponse à l'envoi de ses *Derniers Montagnards*.

3 décembre. Hugo refuse de conclure avec son éditeur, Albert Lacroix, un « traité d'ensemble » avant d'avoir « terminé le livre *93* » : « C'est la servitude d'un devoir, car il y a du devoir dans ce livre. »

1868

27 juillet-9 octobre. Séjour à Bruxelles.

16 août. Naissance de Georges Hugo, fils de Charles et petit-fils de Victor Hugo.

27. Mort à Bruxelles de Mme Victor Hugo, enterrée à Villequier.

« 1ᵉʳ octobre ». Préface de Michelet à la réédition de son *Histoire de la Révolution* : « Louis Blanc prend Robespierre pour un apôtre du socialisme qu'il frappait et qui le tua. » Polémique dans *Le Temps* avec Louis Blanc.

31 décembre. À propos de *L'Homme qui rit* : « Le sujet de mon livre, c'est l'*Aristocratie*. Puis je ferai la *Monarchie* (Louis XV, xviiiᵉ siècle), puis sortira de ces deux évidences *Quatrevingt-Treize*. Je crois que je ferai la vraie Révolution » (à Auguste Vacquerie). Projets de préface, vers la même époque : « Sous ce titre : *Études sociales*, l'auteur commence une série, [...] qui a aujourd'hui pour prélude *L'Homme qui rit*, c'est-à-dire *l'Angleterre avant 1688*, se continuera par *la France avant 1789* et s'achèvera par *93* » ; « 1° *L'Aristocratie* (*L'Homme qui rit*) ; 2° *La Monarchie* ; 3° *Quatrevingt-Treize*. Et j'aurai fait la preuve de la Révolution. Ce sera le pendant des *Misérables*. »

1869

15 janvier. « Le *romantisme* (mot vide imposé par nos ennemis et dédaigneusement accepté par nous), c'est la Révolution française faite littérature. »

Mars-avril. *Les Deux Trouvailles de Gallus*, futur « livre dramatique » des *Quatre Vents de l'esprit* (1881), dont l'action se situe dans les années 1780-1789. Le duc Gallus, nouvel avatar du « duc ».

19 avril-7 mai. Publication de *L'Homme qui rit*. L'enfant Gwynplaine, « vendu, défiguré et disparu », redevient lord Clancharlie, pair d'Angleterre. La « fausse révolution anglaise ». Les rues de Londres et l'intérieur de la Chambre des pairs.

4 mai. Paris : premier numéro du *Rappel*, journal du groupe Hugo.

17 mai-4 juillet. Rédaction de *Torquemada*, « bourreau par pitié », dont le projet remonte à l'été 1859. Publié en 1882.

5 août-6 novembre. Séjour à Bruxelles, interrompu en septembre par un voyage en Suisse, pour le « Congrès de la paix et de la liberté », à Lausanne.

29 septembre. Naissance de Jeanne, fille de Charles et petite-fille de Victor Hugo.

1870

8 mai. Plébiscite. Le « peuple français » approuve les « réformes libérales opérées depuis 1860 ». *Le Rappel* a préconisé le *non*, qui l'emporte dans les grandes villes.

19 juillet. Déclaration de guerre à la Prusse.

2 septembre. Encerclée, l'armée française est écrasée à Sedan. Napoléon III prisonnier de guerre.

4. Destitution de Napoléon III, proclamation de la République et installation d'un « Gouvernement de la défense nationale ».

5. La foule acclame Victor Hugo à son arrivée gare du Nord.

19. Début du siège de Paris. Édition augmentée et lectures publiques des *Châtiments*.

31 octobre. Victor Hugo refuse de s'associer à une tentative insurrectionnelle contre le Gouvernement de la Défense nationale : « Prenez garde. Vous partez d'un droit pour aboutir à un crime. »

14 décembre. « Feuilleté *Les Désastres de la guerre* [Goya], apportés par Burty ; c'est beau et hideux. »

Décembre. Hugo rédige deux projets sur l'« organisation de la Commune ».

1871

18 janvier. Le roi de Prusse est proclamé empereur d'Allemagne dans la galerie des Glaces à Versailles.

28. Armistice.

8 février. Élections législatives. Louis Blanc, Victor Hugo et Garibaldi élus les premiers à Paris.

13. Départ pour Bordeaux, où va siéger l'Assemblée, avec les manuscrits en chantier de la future *Année terrible* et du « poëme du *Grand-père* ».

18. « L'Assemblée est une *Chambre introuvable*. C'est 1815 combiné avec 1851. »

8 mars. Démission de Victor Hugo après le débat sur la validation de l'élection de Garibaldi, accusé de n'être pas français. Il avait aussi vainement travaillé à l'union des deux gauches, radicale et modérée.

13. Mort à Bordeaux de Charles Hugo.

18. Convoi et enterrement civil de Charles à Paris, en état d'insurrection. Les « Fédérés » (la Garde nationale, organisée depuis février en Fédération) présentent les armes. Thiers ordonne le repli du gouvernement à Versailles et l'évacuation militaire de Paris.

21. Hugo regagne Bruxelles, où l'appellent ses « devoirs d'aïeul et de tuteur de deux orphelins ».

24. « Thiers, c'est l'étourderie préméditée. En voulant éteindre la lutte politique, il a allumé la guerre sociale. »

28. Proclamation de la Commune.

19 avril-21 avril-7 mai. *Le Rappel* publie « Un cri » (« Le même cri : Mort ! Guerre ! — À qui ? réponds, Caïn ! »), « Pas de représailles » (réplique au décret du 5 avril, par lequel la Commune avait décidé de riposter par l'exécution d'un nombre triple d'« otages » à celles par Versailles de ses prisonniers) et « Les deux trophées » (l'Arc de Triomphe, bombardé par les Versaillais, et la colonne Vendôme, que la Commune avait décidé de faire abattre). Dans cette guerre plus que civile, « l'un a pour lui la loi, l'autre a pour lui le droit ».

10 mai. Traité de Francfort : perte de l'Alsace-Lorraine, indemnité de 5 milliards due à l'Allemagne.

16. La colonne Vendôme est abattue.

21-28. « Semaine sanglante ». Reconquête de Paris par les Versaillais. Incendie des Tuileries et de l'Hôtel de

Ville (« Paris incendié », *L'Année terrible*, Mai, III).
« Fusillades sommaires, tueries sans jugement, cours martiales de hasard, justices improvisées, c'est-à-dire aveugles. »

27. « Incident belge » : lapidation de la maison habitée à Bruxelles par Victor Hugo, qui avait offert l'asile aux réfugiés de la Commune, menacés d'extradition, suivie de son expulsion, le 30, du territoire belge.

1er juin-23 septembre. Séjour itinérant au Luxembourg.

12 juin. Visite du château de Beaufort. « Il se compose de deux châteaux, un du XVIIe siècle, et un du XIe au XVIe siècle, en ruines. Une énorme tour-donjon que j'ai dessinée. »

Juin. « À ceux qu'on foule aux pieds » (*L'Année terrible*, Juin, XIII). Flux et reflux : « Les opprimés refont plus tard des oppresseurs. »

5 juillet. « C'est par milliers qu'il faut compter les massacrés de l'ordre. Le pauvre peuple à qui l'on fait payer les crimes de dix ou douze coquins et fous de l'Hôtel de Ville m'arrache des cris de pitié. Quelle inspiration j'ai eue de sortir de cette inepte assemblée » (à Hetzel ; BNF, Mss., n.a.f. 16959, f. 426).

31 août. Thiers prend le titre de Président de la république.

25. Retour à Paris.

31 octobre. Lettre au *Rappel* : « À cette heure, l'antagonisme de la loi et du droit éclate. La révolte de l'inférieur contre le supérieur est flagrante. [...] L'amnistie, tout de suite ! » L'« inférieur », ou les enfers, *Inferi*.

1872

7 janvier. Victor Hugo est battu à l'élection partielle de Paris, sur un programme audacieux : « Amnistie / Abolition de la peine de mort / Dissolution de l'Assemblée / Rentrée du gouvernement à Paris / Levée immédiate de l'état de siège. »

5 mars. « *Le Rappel* publie ma lettre sur la Commune » (datée du « 28 avril 1871 ») : « La Commune est une bonne chose mal faite... Tôt ou tard, Paris commune s'imposera. »

3 août. Achat de cartes de la Vendée, « pour mon livre ».

10. Retour à Guernesey. Intense travail de documentation pour *Quatrevingt-Treize*. Le personnage du « duc » est en passe de devenir Lantenac.

18 août. « Vers minuit un groupe de jeunes gens est venu sous mes fenêtres crier : *À bas la Commune*. »

5. Dossier « Mirabeau / 93 ».

21. Mort de Théophile Gautier. « Des hommes de 1830, il ne reste plus que moi. »

26. Dossier « Vendée ».

« 2 novembre 1872. Jour des Morts ». « À Théophile Gautier », publié en 1873 dans *Le Tombeau de Théophile Gautier*, avec le « Toast funèbre » de Mallarmé.

21. « Je commence à écrire aujourd'hui le roman *Quatrevingt-Treize*. »

29. Dossier « Convention ».

2 décembre. Manuscrit : date en marge de II, 2, 2 (la « querelle » entre Danton, Marat et Robespierre). Faux départ.

16. « C'est aujourd'hui seulement que je commence vraiment à écrire le livre *Quatrevingt-Treize*. Depuis le 21 novembre, j'ai fait un travail de dernière incubation, qui prépare, ajuste et coordonne toute l'œuvre. Je vais maintenant écrire devant moi, tous les jours, sans m'arrêter, si Dieu veut. » Date reprise dans le manuscrit en tête du premier chapitre (« Le bois de la Saudraie »).

1873

21 janvier. « Aujourd'hui *vingt-et-un janvier* 1873 je commence à écrire cette seconde partie du livre *93*. »

26. « J'achève ces pages sur la Convention [II, 3, 1] aujourd'hui 26 février, anniversaire de ma naissance. » Le chapitre suivant (« Marat dans la coulisse ») est daté dans le manuscrit du « 1er mars ».

23 mai. Démission de Thiers. Mac-Mahon président de la République (l'« ordre moral »).

24. Ministère de Broglie (monarchiste).

26. En présence de 144 parlementaires, l'évêque de Chartres dénonce en chaire « cette République qui promet la Terreur ».

9 juin. « Je finis ce livre aujourd'hui 9 juin 1873. »

17 juillet. « Je viens d'achever *93*. Quelle que soit la bêtise régnante, elle ne pourra empêcher *93*, livre absolument impartial et vrai, parce qu'on est toujours vrai quand on est vieux » (à Hetzel ; BNF, Mss., n.a.f. 16959, f. 466).

31. Retour à Paris, avec le manuscrit de *93* et la copie destinée à l'imprimeur.

5 août. Rencontre, à Frohsdorf, du comte de Paris, petit-fils de Louis-Philippe, avec Chambord (Henri V). Hugo note que le « fusionnisme » a désormais englouti le « pauvre petit royalisme rabougri de 1815, vendéen et condéen ».

14 octobre. Début de l'impression, chez Claye, de *Quatrevingt-Treize*, et, le 19, de la correction des épreuves.

8 décembre. Découverte d'une erreur de pagination de la copie, entraînant un « déficit considérable dans le nombre de pages ». Déficit en partie comblé par le « livre spécial sur la Vendée » (III, 1).

28. Discours de Louis Blanc aux obsèques civiles de François-Victor Hugo, mort le 26.

30. Derniers bons à tirer du livre sous presse.

1874

19 février. Publication, chez Michel Lévy, de *Quatrevingt-Treize*. *Premier récit. La guerre civile*, édition in-8 (8 000 exemplaires vendus en douze jours), suivie de l'édition in-16. L'in-8 est un format que nous dirions « de luxe ».

26 avril. Début de la publication du roman en feuilleton dans *Le Rappel*, interrompue le 12 juin par la suspension du journal pour quinze jours.

28 juin. L'édition in-8 de *Quatrevingt-Treize* est épuisée. L'édition in-16 en voie d'épuisement.

— *Parodie de 93 de Victor Hugo*, par Baric. *Quatrevingt-Treize* en bande dessinée.

1875

30 janvier. Vote à une voix de majorité d'un amendement qui introduit le mot RÉPUBLIQUE dans les lois constitutionnelles.

27 mai. Date, dans le manuscrit, de la préface — « Le

droit et la loi » — d'*Actes et Paroles, I* (anniversaire du « fait de Bruxelles », 27 mai 1871), avec reprise d'un développement très antérieur sur les historiens de la Révolution (§ XI).

30 juin. « Brusque éclipse de mémoire. Cela a duré deux heures. »

« Novembre ». Date de la préface — « Ce que c'est que l'exil » — d'*Actes et Paroles, II*.

1876

30 janvier. Hugo est élu sénateur de Paris.

26 février. Mise en vente, par livraisons à 10 centimes, de l'édition Hugues de *Quatrevingt-Treize*. Édition populaire très illustrée (Gustave Brion, Riou, Daniel Vierge...), avec la Tourgue dessinée par Victor Hugo. Le tirage des éditions antérieures avait été de 200 000 exemplaires.

23 mars. Dépôt par Victor Hugo d'un projet de loi pour l'amnistie totale des Communards, rejeté le 22 mai.

25 avril. Discours aux obsèques de Mme Louis Blanc : « La femme contient le problème social. »

Juillet. Date de la préface — « Paris et Rome » — d'*Actes et Paroles, III*. « Nous sommes entre ce grand passé, la Révolution de France, et ce grand avenir, la Révolution d'Europe. »

1877

26 février. Publication de *La Légende des siècles*, nouvelle série, avec « Jean Chouan » dans la section « Le temps présent ». Se disant « seul descendant direct de Jean Chouan », Georges Chouan de Cottereau, rallié à la République, écrit à Victor Hugo : « Oui, ce fut un héros, mais un *héros de l'ombre...* »

3 avril. Remariage d'Alice, veuve de Charles Hugo, avec Édouard Lockroy, député radical et petit-fils de Jullien de Paris (1775-1848), l'« ombre » de Robespierre, chargé de mission auprès des généraux de l'Ouest en 1793 (*Une mission en Vendée. Notes recueillies par Édouard Lockroy*, Ollendorff, 1893).

14 mai. Publication de *L'Art d'être grand-père*, dernier volet d'une tétralogie dont feraient partie *L'Année ter-*

rible, Quatrevingt-Treize et la préface — « Le droit et la loi » — d'*Actes et Paroles, I*.

16. Ébauche de coup d'État. Mac-Mahon, président de la République, contraint Jules Simon à la démission. Hugo, devant l'« urgence », reprend et complète *Histoire d'un crime* (1851-1852), dont les deux volumes paraissent le 1er octobre 1877 et le 15 mars 1878.

— *Danton et Victor Hugo, par un vieux Cordelier* [le docteur Robinet, ancien médecin d'Auguste Comte]. Pour la défense de Danton, contre Victor Hugo.

1878

29 avril. Publication du *Pape* (1874-1875).

30 mai. *Discours pour le centenaire de Voltaire*.

27-28 juin. Congestion cérébrale.

1879

28 janvier. Nouvelle proposition d'amnistie « pleine et entière » déposée au Sénat « Discours sur l'amnistie » (28 février) et publication de *La Pitié suprême* (1857).

30. Démission de Mac-Mahon.

1880

26 février. Date de la préface à l'édition *ne varietur* ou « définitive » des *Œuvres complètes* (Hetzel-Quantin). « Tout homme qui écrit, écrit un livre ; ce livre, c'est lui. »

Avril. Publication de *Religions et religion* (achevé en 1870).

11 juillet. Vote de la loi d'amnistie, « sans restrictions ».

14. Célébration du 14 juillet, décrété « fête nationale ».

Octobre. Publication de *L'Ane* (1857). Violent article de Zola, le 2 novembre, dans *Le Figaro* : « Cet homme appartient au moyen-âge. »

1881

Dimanche 27 février. Manifestation monstre devant le domicile de Victor Hugo, avenue d'Eylau, pour son quatre-vingtième anniversaire, organisée par le Conseil municipal.

31 mai. Publication des *Quatre Vents de l'Esprit*, avec le « livre épique » de *La Révolution* (1857).

31 août. « Je donne tous mes manuscrits et tout ce qui sera trouvé écrit et dessiné par moi à la Bibliothèque nationale de Paris qui sera un jour la Bibliothèque des États-Unis d'Europe. » Legs accepté rétrospectivement par décret du Président de la République le 29 septembre 1892.

26 décembre. Première, au Théâtre de la Gaîté, de *Quatrevingt-Treize*, adapté par Paul Meurice.

1882

26 mai. Publication de *Torquemada* (1869).

12 décembre. Discours aux obsèques de Louis Blanc, « historien, orateur et philosophe ».

1883

11 mai. Mort de Juliette Drouet.

9 juin. Publication de *La Légende des siècles*, série complémentaire. Les trois « séries » paraissent reclassées, en septembre, dans l'édition *ne varietur*.

2 août. Hugo remet à Vacquerie un codicille à son testament. Il donne 50 000 francs (1,25 % de sa fortune) aux « pauvres » (à l'Assistance publique) et demande à être « porté au cimetière dans leur corbillard ». « Je refuse l'oraison de toutes les Églises. Je demande une prière à toutes les âmes. Je crois en Dieu. »

1885

22 mai. Mort de Victor Hugo.

31 mai-1er juin. Catafalque à l'Arc de Triomphe et veillée populaire aux Champs-Elysées.

1er juin. Obsèques civiles et nationales. Immense cortège, de l'Arc de Triomphe au Panthéon, rendu le 26 mai au culte des grands hommes.

1886

Publication de *La Fin de Satan*

1914

Quatrevingt-Treize, film d'Albert Capellani, interdit par la censure militaire et réédité en 1921, sous la signature conjointe d'André Antoine. Version restaurée en 1986 par Philippe Esnault (180 mn).

1979

« Festival national du livre vivant » : représentation, au château de Fougères, de *Quatrevingt-Treize*, avec la participation des habitants (spectacle conçu et réalisé par Michel Philippe).

1989

Bicentenaire de la Révolution française.

7-18 juillet. Reprise, au château de Fougères, de *Quatrevingt-Treize*.

Table des illustrations

Table

QUATREVINGT-TREIZE

PREMIÈRE PARTIE
EN MER

Livre Premier
LE BOIS DE LA SAUDRAIE

Livre Deuxième
LA CORVETTE *CLAYMORE*

Livre Troisième
HALMALO

Livre Quatrième
TELLMARCH

DEUXIÈME PARTIE
À PARIS

Livre Premier
CIMOURDAIN

Livre Deuxième
LE CABARET DE LA RUE DU PAON

Livre Troisième
LA CONVENTION

TROISIÈME PARTIE
EN VENDÉE

Livre Premier
LA VENDÉE

Table

Livre Deuxième
LES TROIS ENFANTS

Livre Troisième
LE MASSACRE DE SAINT-BARTHÉLEMY

Livre Quatrième
LA MÈRE

Livre Cinquième

IN DÆMONE DEUS

Livre Sixième

C'EST APRÈS LA VICTOIRE QU'A LIEU LE COMBAT

Livre Septième

FÉODALITÉ ET RÉVOLUTION

Composition réalisée par NORD COMPO

Achevé d'imprimer en septembre 2008, en France sur Presse Offset par
Maury-Imprimeur - 45330 Malesherbes
N° d'imprimeur : 139966
Dépôt légal 1re publication : septembre 2002
Édition 05 - septembre 2008
LIBRAIRIE GÉNÉRALE FRANÇAISE - 31, rue de Fleurus - 75278 Paris Cedex 06

31/6078/5